ZHEJIANG TONGZHI

浙江通志

第四十八卷

烟草业志

《浙江通志》编纂委员会　编

浙江出版联合集团
浙江人民出版社

图书在版编目（CIP）数据

浙江通志. 烟草业志 / 《浙江通志》编纂委员会编. —杭州 ：浙江人民出版社，2017.4
ISBN 978-7-213-07866-8

Ⅰ. ①浙… Ⅱ. ①浙… Ⅲ. ①浙江-地方志②烟草工业-概况-浙江 Ⅳ. ①K295.5②F426.89

中国版本图书馆CIP数据核字(2016)第325117号

浙江通志·烟草业志

《浙江通志》编纂委员会 编

出版发行	浙江人民出版社（杭州市体育场路347号 邮编 310006） 市场部电话:(0571)85061682 85176516
集团网址	浙江出版联合集团 http://www.zjcb.com
责任编辑	汪 芳
责任校对	朱 妍 张谷年 杨 帆
封面设计	厉 琳
电脑制版	杭州天一图文制作有限公司
印 刷	杭州富春印务有限公司
开 本	889毫米×1194毫米 1/16
印 张	33.25
字 数	723千字
插 页	20
版 次	2017年4月第1版
印 次	2017年4月第1次印刷
书 号	ISBN 978-7-213-07866-8
定 价	152.00元

图版 48-001-1　1991 年，中共浙江省委书记李泽民（左二）参观浙江烟草行业成果展览（浙江省烟草公司提供）

图版 48-001-2　2000 年 10 月，浙江省省长柴松岳（右）考察宁波卷烟厂（宁波卷烟厂提供）

图版 48-001-3　1986 年 11 月，国家烟草专卖局原局长李益三（右一）在温州市烟草专卖局（公司）调研（温州市烟草专卖局提供）

图版 48-002-1　1997 年 5 月，国家烟草专卖局局长倪益瑾（左一）考察杭州市烟草公司配送中心（杭州市烟草公司提供）

图版 48-002-2　1999 年 1 月 19 日，国家烟草专卖局原局长江明（右三）考察宁波卷烟厂制丝车间（宁波卷烟厂提供）

图版 48-002-3　2006 年 3 月 22 日，国家烟草专卖局局长姜成康（右一）考察杭州市烟草公司客户服务中心（杭州市烟草公司提供）

图 48–003–1 浙江是中国香料烟种植的发源地(《浙江省烟草志(1991—2010)》,浙江古籍出版社 2015 年版,彩版第 44 页)

图 48–003–2 桐乡晒红烟大田栽培(2010 年摄,桐乡烟草公司提供)

图 48–003–3 松阳晒红烟大田栽培(《浙江省烟草志(1991—2010)》,浙江古籍出版社 2015 年版,彩版第 44 页)

图 48–003–4 烤烟旺长期(《浙江省烟草志(1991—2010)》,浙江古籍出版社 2015 年版,彩版第 44 页)

图 48–003–5 兰溪白肋烟大田(《浙江省烟草志》,浙江人民出版社 1995 年版,彩版第 8 页)

图 48–003–6 松阳晒红烟帘晒(《浙江省烟草志》,浙江人民出版社 1995 年版,彩版第 7 页)

图版 48-004-1　新昌烟农收获香料烟(《浙江省烟草志(1991—2010)》,浙江古籍出版社 2015 年版,彩版第 45 页)

图版 48-004-2　香料烟投售(《浙江省烟草志》,浙江人民出版社 1995 年版,彩版第 5 页)

图版 48-004-3　2009 年,桐乡市烟农踊跃向桐乡烟草公司烟叶收购站投售晒红烟(嘉兴市烟草公司提供)

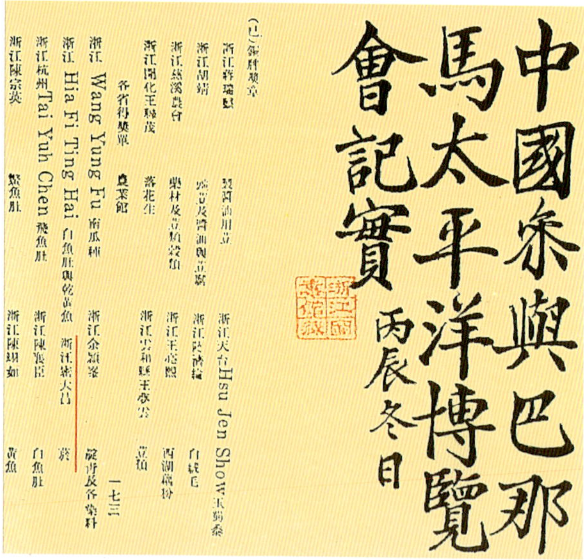

图版 48-004-4　民国 4 年(1915 年),浙江宓大昌烟丝获巴拿马太平洋万国博览会铜奖(《浙江省烟草志》,浙江人民出版社 1995 年版,彩版第 9 页)

图版 48-004-5　民国 17 年(1928 年),苍南晒烟获国际参展奖牌(《浙江省烟草志》,浙江人民出版社 1995 年版,彩版第 9 页)

图版 48-005-1　松阳烟农刨制土烟丝场景（《浙江省烟草志》，浙江人民出版社 1995 年版，彩版第 10 页）

图版 48-005-2　刨制土烟工具：烟刨、刀片、切片（《浙江省烟草志》，浙江人民出版社 1995 年版，彩版第 10 页）

图版 48-005-3　松阳县烟丝厂生产场景（《浙江省烟草志》，浙江人民出版社 1995 年版，彩版第 10 页）

图版 48-006-1　20 世纪 50 年代的宁波市联工烟厂(《浙江省烟草志》,浙江人民出版社 1995 年版,彩版第 12 页)

图版 48-006-3　桐乡雪茄烟厂(《浙江省烟草志(1991—2010)》,浙江古籍出版社 2015 年版,彩版第 23 页)

图版 48-006-5　杭州卷烟厂旧厂房(《浙江省烟草志》,浙江人民出版社 1995 年版,彩版第 13 页)

图版 48-006-2　“九五”技改后的宁波卷烟厂(2003 年摄,宁波卷烟厂提供)

图版 48-006-4　20 世纪 90 年代初的嘉兴卷烟厂(《浙江省烟草志》,浙江人民出版社 1995 年版,彩版第 13 页)

图版 48-006-6　“十二五”期间的杭州卷烟厂(2012 年摄,杭州卷烟厂提供)

图版 48-007-1 20 世纪 50 年代杭州利群烟厂手工抽梗(《浙江省烟草志》,浙江人民出版社 1995 年版,彩版第 14 页)

图版 48-007-2 20 世纪 50 年代杭州利群烟厂机械抽梗(《浙江省烟草志》,浙江人民出版社 1995 年版,彩版第 14 页)

图版 48-007-3 20 世纪 50 年代杭州利群烟厂配叶台(《浙江省烟草志》,浙江人民出版社 1995 年版,彩版第 14 页)

图版 48-007-4 20 世纪 50 年代杭州利群烟厂碎片分离机(《浙江省烟草志》,浙江人民出版社 1995 年版,彩版第 14 页)

图版 48-012-1 “上游”牌卷烟(《浙江省烟草志》,浙江人民出版社 1995 年版,彩版第 24 页)

图版 48-012-2 “五一”牌卷烟(1997 年摄,宁波卷烟厂提供)

图版 48-012-3 “宁波”牌卷烟(《浙江省烟草志》,浙江人民出版社 1995 年版,彩版第 24 页)

图版 48-013-1 “雄狮”品牌(《浙江省烟草志》,浙江人民出版社 1995 年版,彩版第 21 页)

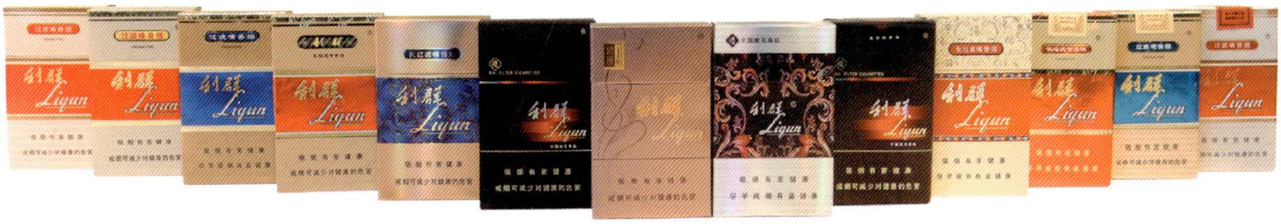

图版 48-013-2 “利群”品牌(《浙江省烟草志(1991—2010)》,浙江古籍出版社 2015 年版,彩版第 56页)

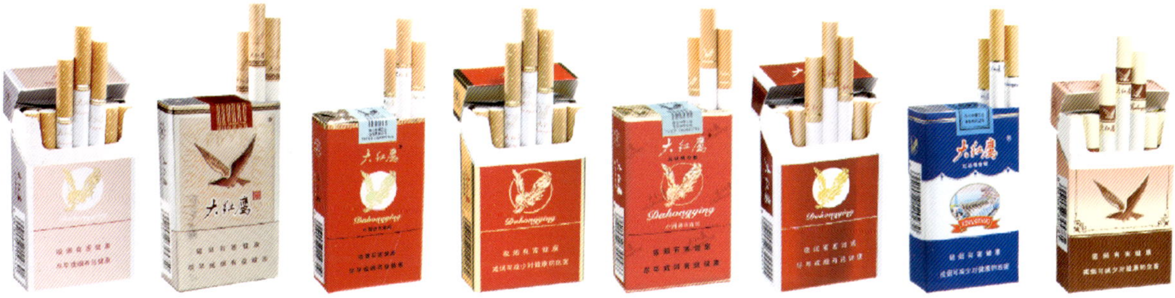

图版 48-013-3 “大红鹰”品牌(《浙江省烟草志(1991—2010)》,浙江古籍出版社 2015 年版,彩版第 57 页)

图版 48-013-4 出口产品(《浙江省烟草志(1991—2010)》,浙江古籍出版社 2015 年版,彩版第 60 页)

图版 48-014-1　位于嵊州市城关镇东后街 16 号的“江浙闽三省烟商会馆”，建于清代，重修于民国 9 年（1920 年）（中国烟草博物馆提供）

图版 48-014-2　民国时南洋兄弟烟草公司设置的卷烟销售柜（中国烟草博物馆提供）

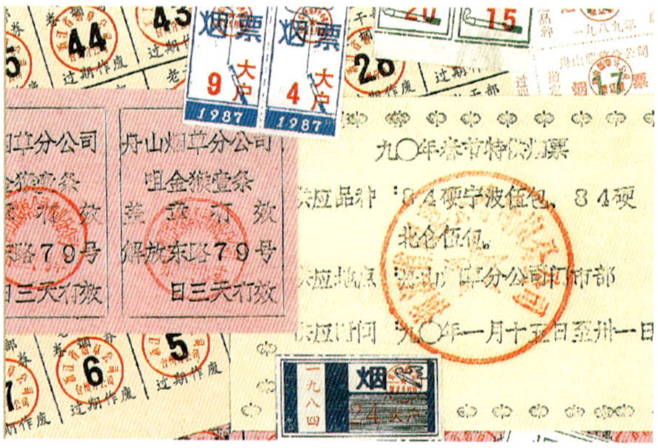

图版 48-014-3　烟票（《浙江省烟草志》，浙江人民出版社 1995 年版，彩版第 43 页）

图版 48-014-4　20 世纪 90 年代的金华市烟草公司卷烟批发部（1991 年摄，金华市烟草公司提供）

图版 48-014-5　1996 年余杭烟草公司下设的农村卷烟批发站（1996 年摄，余杭烟草公司提供）

图版 48-014-6　2003 年起，浙江省卷烟销售实行“电话订货”。图为杭州市烟草公司电话订货中心（2003 年摄，杭州市烟草公司提供）

图片 48-015-1　金华市烟草公司卷烟配送中心标准化托盘、半自动叉车、数字化仓储(2005 年摄,金华市烟草公司提供)

图版 48-015-2　杭州市烟草公司立体卷烟仓库(2005 年摄,杭州市烟草公司提供)

图版 48-015-3　天台烟草公司送货员送货到客户(2005 年摄,浙江省烟草公司提供)

图版 48-015-4　宁波市烟草公司卷烟配送中心卷烟装车(2005 年摄,浙江省烟草公司提供)

图版 48-015-5　嘉兴市烟草公司卷烟配送分拣现场(2008 年摄,嘉兴市烟草公司提供)

图版 48-015-6　嘉兴市烟草公司卷烟配送中心(2008 年摄,嘉兴市烟草公司提供)

图版 48-016-1　1991 年，宁波卷烟厂举行卷烟产品首次出口交货仪式(宁波卷烟厂提供)

图版 48-016-2　2002 年，省烟草公司与阿拉伯联合酋长国洽谈“摩登”卷烟出口中东事宜(浙江省烟草公司提供)

图版 48-016-3　设在印度尼西亚雅加达的“利群”专卖店员工在展柜前合影(2008 年摄，浙江中烟公司提供)

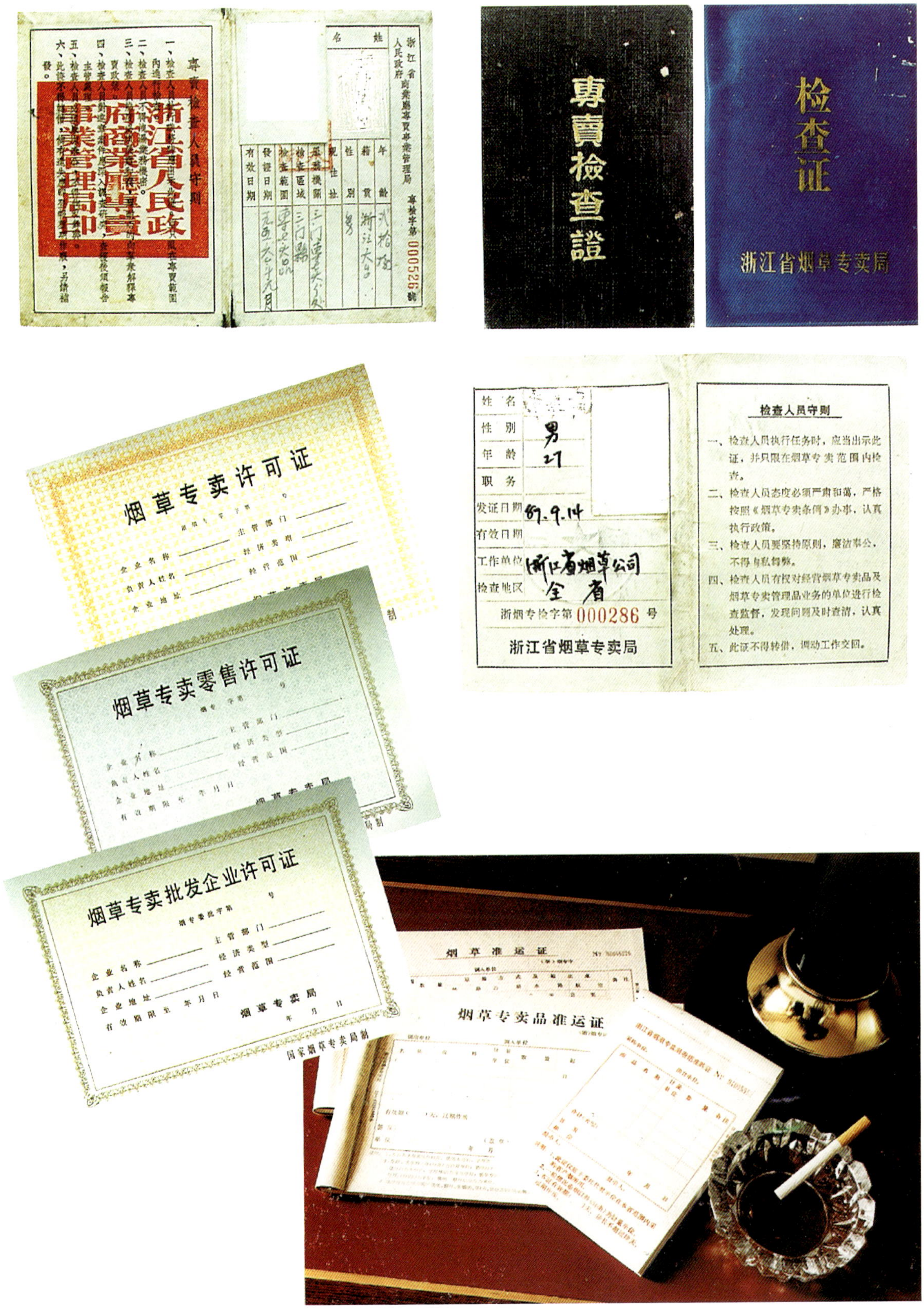

图版 48-017-1　专卖检查证、烟草专卖许可证、烟草准运证等(《浙江省烟草志》,浙江人民出版社 1995 年版,彩版第 30 页)

图版 48-018-1 民国 16 年(1927 年)浙江卷烟公卖局大门(《浙江省烟草志》,浙江人民出版社 1995 年版,彩版第 31 页)

图版 48-018-2 1999 年 3 月,宁海烟草专卖局所属各专卖管理所成立暨挂牌仪式(宁海烟草专卖局提供)

图版 48-018-3 2005 年 3 月,浙江省烟草专卖局在杭州吴山广场组织法律咨询活动(浙江省烟草专卖局提供)

图版 48-018-4 2007 年,浙江省烟草专卖局被授予"全国卷烟打假工作特殊贡献奖"(浙江省烟草专卖局提供)

图版 48-018-5 2007 年 8 月,在全国首届烟草行业卷烟产品鉴别检验技能竞赛中,浙江选手包揽质检组、专卖组前三名(浙江省烟草专卖局提供)

图版 48-018-6 专卖执法检查(《浙江省烟草志(1991—2010)》,浙江古籍出版社 2015 年版,彩版第 34 页)

图版 48-019-1　2005 年 9 月，嘉兴市烟草专卖局在公路上进行路检路查（嘉兴市烟草专卖局提供）

图版 48-019-2　公安、烟草管理部门联合执法捣毁制假窝点（2006 年摄，浙江省烟草专卖局提供）

图版 48-019-3　宁波市镇海区执法部门查缉走私烟（《浙江省烟草志（1991—2010）》，浙江古籍出版社 2015 年版，彩版第 35 页）

图版 48-019-4　焚烧假冒烟卷（《浙江省烟草志（1991—2010）》，浙江古籍出版社 2015 年版，彩版第 35 页）

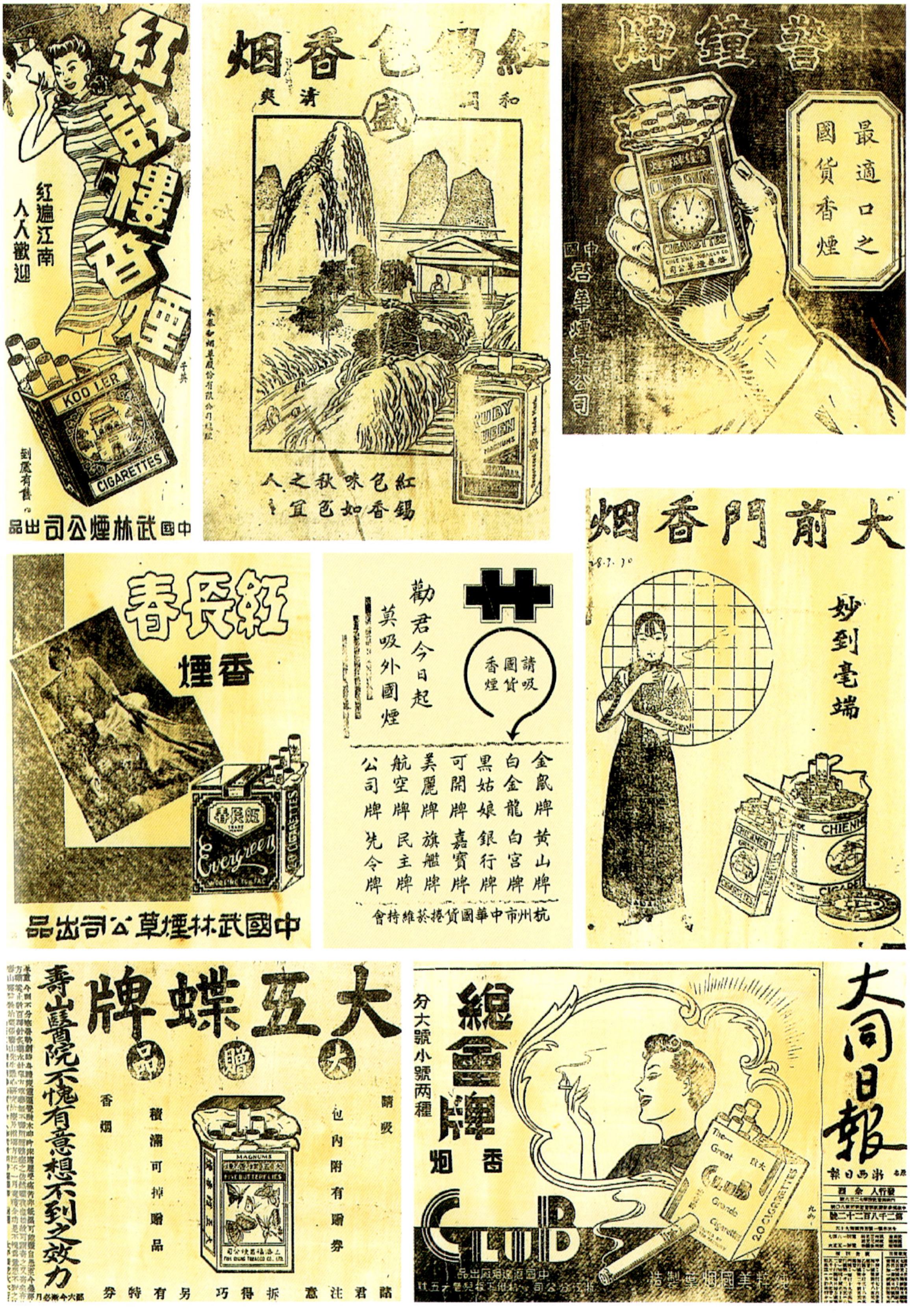

图版 48-024-1 民国时期卷烟广告(《浙江省烟草志》,浙江人民出版社 1995 年版,彩版第 41 页)

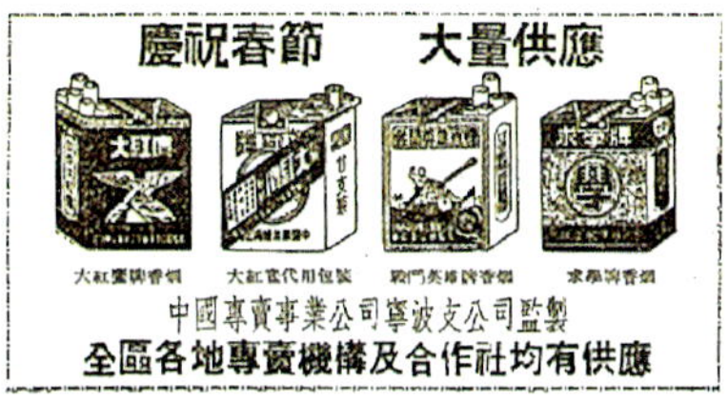

图 48-025-1　民国时期卷烟广告(《浙江省烟草志》,浙江人民出版社 1995 年版,彩版第 42 页)

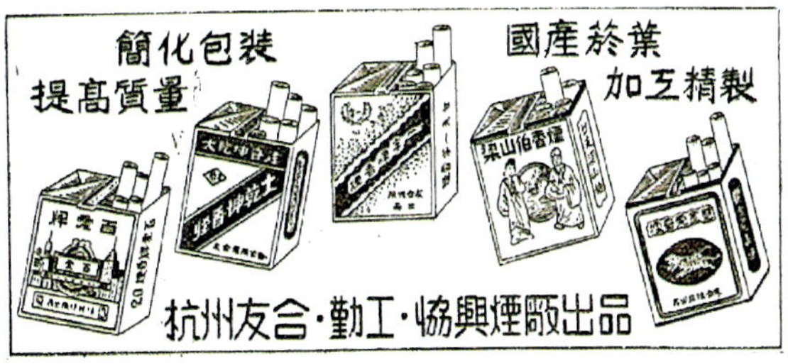

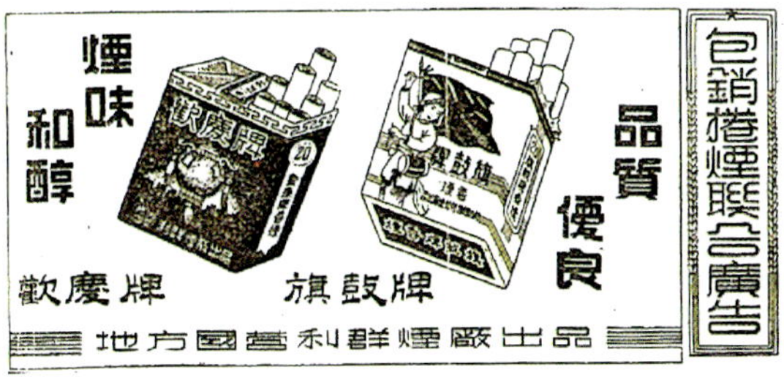

图版 48-025-2　20 世纪 50 年代初卷烟广告(《浙江省烟草志》,浙江人民出版社 1995 年版,彩版第 42 页)

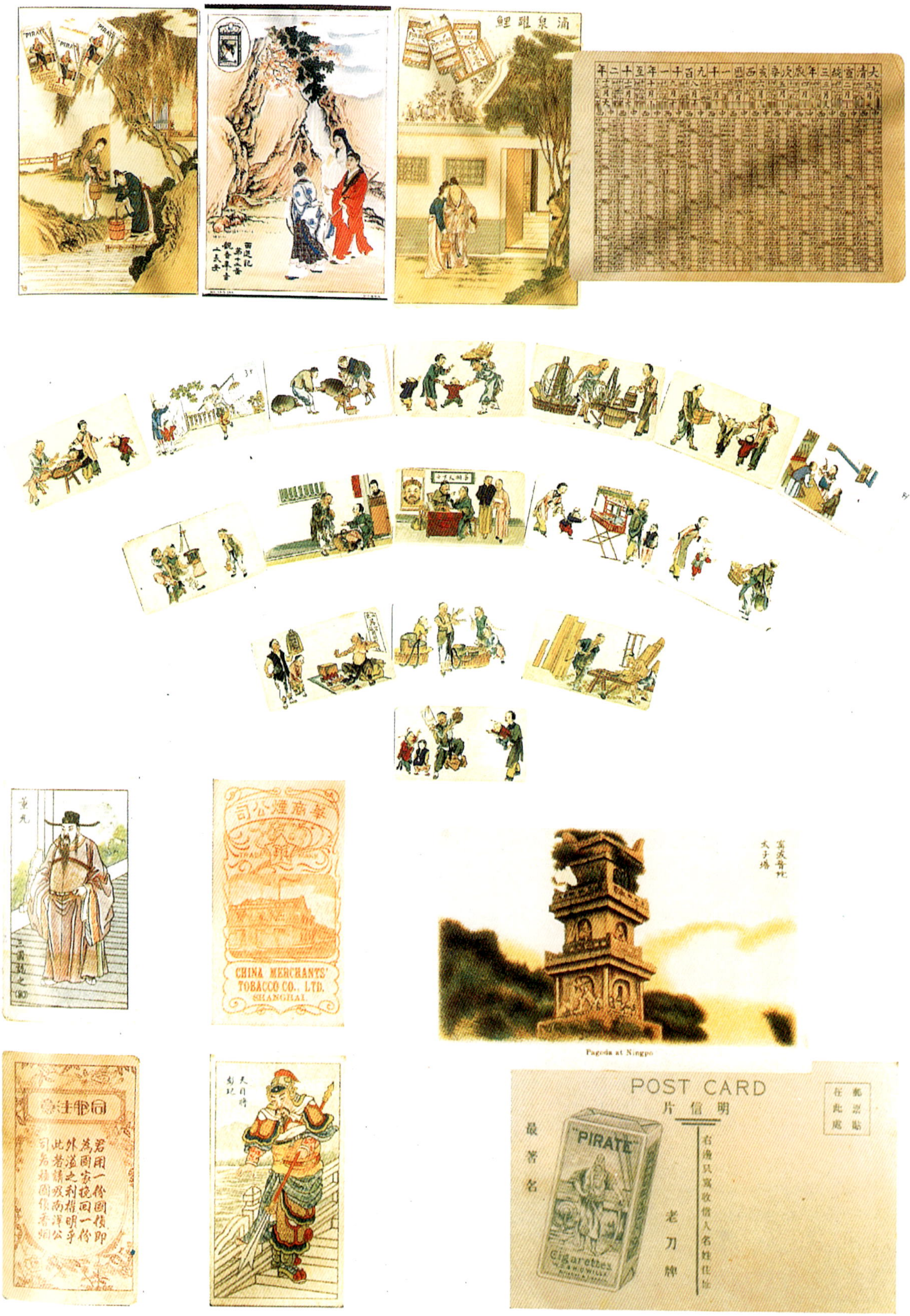

图版 48-026-1　香烟挂历、画片、明信片(《浙江省烟草志》,浙江人民出版社 1995 年版,彩版第 37 页)

图版 48-027-1 佰图卡(部分)(1998 年摄,杭州卷烟厂提供)

图版 48-028-1　20 世纪 50 年代浙江卷烟烟标（《浙江省烟草志》，浙江人民出版社 1995 年版，彩版第 39 页）

浙江省地方志编纂委员会

主　　任：吕祖善(2004.3—2011.9)
　　　　　夏宝龙(2011.9—2013.1)
　　　　　李　强(2013.1—2016.6)
　　　　　车　俊(2016.7—　　　)
副 主 任：茅临生(2010.2—2012.8)
　　　　　张　曦(2011.4—2012.9)
　　　　　葛慧君(2012.8—　　　)
　　　　　郑继伟(2010.2—2017.3)
　　　　　成岳冲(2017.3—　　　)

(以下委员名单略)

《浙江通志》编纂委员会

主　　任：李　强(2016.2—2016.7)　车　俊
副 主 任：葛慧君　郑继伟(2016.2—2017.3)　成岳冲
委　　员：李卫宁　李火林　王敏奇　王晓峰　李云林　王喜法
　　　　　张学伟　来颖杰　马　以　胡庆国　刘　芸　李学忠
　　　　　张金如　郭华巍　王剑侯　钱巨炎　王文序　金兴盛
　　　　　寿剑刚　王　杰　张伟斌　陈东凌　潘捷军　盛世豪
　　　　　刘忠诚　徐立毅　裘东耀　张　耕　钱三雄　胡海峰
　　　　　马卫光　暨军民　徐文光　温　暖　张　兵　朱　晨
　　　　　俞文华　王良仟　童芍素　郑志耿　郑明治　王卫东
　　　　　李志廷
总　　编：俞文华
副 总 编：林吕建(2011.9—2012.3)　张伟斌　潘捷军(常务)
　　　　　王良仟　童芍素　郑志耿　郑明治　王卫东
　　　　　李志廷(兼总纂)

浙江省地方志办公室

主　　任:潘捷军
副 主 任:陈　野(2007.6—2011.3)　章其祥
主任助理:韩　锴(2011.9—2016.4)
成　　员:汤敏华　董郁奎　颜越虎　周祝伟　张　勤　吴玉权
吕克军　赵海良　段　愿　袁新国　汤　敏　李迎春
林琼华　邴　波　王兆保　赵鹏团　徐　鹏　杨云婷
王　林　汪　珏　阎乐民　葛立朝　葛旭鹏　周修宇
徐由由　应秀敏　章　丽　虞　祥　俞　晨

《浙江通志》总纂、副总纂

总　　纂:李志廷(兼)
副 总 纂:廖曰文　章其祥　董郁奎　颜越虎　周祝伟　王　林

《浙江通志》总编室(《浙江通志》编辑部)

主　　任:董郁奎(2011.9—2012.7)
副 主 任:颜越虎　王　林
责任编辑:王　林　王兆保　吕克军　汤　敏　邴　波　李迎春
汪　珏　林琼华　周修宇　段　愿　赵鹏团　赵海良
徐　鹏　袁新国　阎乐民　葛立朝　葛旭鹏
白效咏(2011.9—2015.9)　刘志勇(2011.9—2012.7)
李恒悦(2011.9—2012.1)　曹爱光(2011.9—2014.9)
戴智勇(2012.7—2014.9)

《浙江通志·烟草业志》编纂委员会

顾　　问：魏　桥　潘必兴　蒋世杰　赵万兴　钱锦根　张益山
张仁琪　涂　勇　孙建民　张婉如　张玉勇　洪　波
章福祥　华夫明

主　　任：邱　萍　刘建设

副 主 任：于政雄　孟伟刚　戴伟坤　许明忠　王德源　杨柳军
潘志刚　李定晓　娄晓平　黄晓峰　徐芳权　刘亚平

主　　编：于政雄　孟伟刚

副 主 编：潘学敏　杨小泰

委　　员：（按姓氏笔画排序）
丁春生　马国强　王建军　包诚善　阮锦琛　孙　波
孙佳华　孙建华　严松涛　李　航　杨小泰　杨旭岑
邱樟海　沈自铮　张　杰　张　和　张东初　张坤堂
张思荣　张德春　陈月华　陈兴煜　陈和祥　陈征宇
陈南民　陈修年　邵作民　林少华　郑宏斌　郑敏强
赵　坚　赵　明　赵维京　洪树义　姚柏松　徐兆良
徐志明　陶建英　黄安康　黄宝生　龚一正　章志华
蒋仲泉　储国海　童循亚　潘学敏　潘昵琥

《浙江通志·烟草业志》编纂办公室

主　　任：潘学敏　杨小泰

副 主 任：金继诚　孙　琦

成　　员：（按姓氏笔画排序）
李正亮　汪火根　闫　群　贺　永　裘建荣

序

浙江是一片风光优美、令人神往的大地，是一个历史悠久、文化璀璨的家园，是一块创业创新、活力迸发的热土……在浙江人民波澜壮阔、跌宕起伏的奋斗历程中，浙江大地上涌现出无数勇立潮头的先进人物、可歌可泣的历史事件。这一切都真实准确、全面系统地记录在皇皇巨构《浙江通志》之中。《浙江通志》编纂工作自2011年9月启动以来，历届省委、省政府高度重视，各有关单位尽职尽责。《浙江通志》的出版，是全体编纂人员呕心沥血、辛勤耕耘的珍贵结晶，也是浙江文化强省建设的丰硕成果。

编纂地方志是我国源远流长的文化传统。地方志不仅能记述、反映历史的发展与社会的变化，还具有独到的“存史、资政、育人”等功能，在传承文明、开创未来的宏伟大业中具有不可替代的作用。浙江有着悠久的修志传统。早在东汉初年，被称为“方志之祖”的《越绝书》诞生在浙江；宋代，“临安三志”作为中国古代方志的定型之作，登上历史舞台；清代，浙江学者章学诚则以创立方志学闻名于世。千百年来，浙江佳志迭现，名家辈出。这些名志大家既是浙江作为“方志之乡”的最好见证，也是浙江成为“文化之邦”的重要支撑。

从上山文化、跨湖桥文化、河姆渡文化、良渚文化等史前文明，到越王勾践卧薪尝胆、雪耻复国的春秋霸业，从唐宋钱塘的富庶繁华，到明清两浙的文化昌盛，浙江先人展示的画卷光辉灿烂，令人赞叹不已。“一部民国史，半部在浙江。”民国时期，政治、经济、文化、教育、科技等领域的代表性人物成就卓著、各领风骚，推动了时代的发展和社会的进步。中华人民共和国成立后，浙江发生了翻天覆地的变化。特别是改革开放以来，经济社会全面发展，城乡各业蒸蒸日上，之江大地日新月异，人民群众安居乐业。在中国特色社会主义理论体系的指引下，浙江人民勇做时代弄潮儿，深入实施“八八战略”，努力践行“绿水青山就是金山银山”的发展理念，探索出了一条符合浙江实际、富有浙江特色的发展路子，形成了与时俱进的浙江精神，为今后可持续发展提供了强大的精神力量与广阔的提升空间。“盛世修志，志载盛世。”《浙江通志》把浙江人民所创造的辉煌业绩和奋斗精神记载下来，既可以激发当代浙江人励精图治、团结奋斗，更能够广泛宣传浙江，让全国乃至世界更加充分地了解浙江、认识浙江，作用巨大，意义深远。

“修志问道，以启未来。”今天，浙江全省上下在以习近平同志为核心的党中央领导下，按照统筹推进“五位一体”总体布局和协调推进“四个全面”战略布局的要求，正挺立在中国特色社会主义伟大事业的潮头上，正奔跑在“干在实处、走在前列”的跑道上，正站在高水平全面建成小康社会的关键节点上。《浙江通志》的编纂出版，既为我们提供了丰富宝贵的往昔经验，也为我们提供了可资借鉴的历史启示。我们要充分重视用志工作，加强宣传力度，拓宽用志途径，采用各种形式，不断扩大地方志的服务功能，不仅要让方志成为决策者的案头书，更要让志书成为广大群众喜闻乐见的精神产品，使地方志在推进全省各项事业的建设与发展，在“秉持浙江精神，干在实处、走在前列、勇立潮头”的征程中发挥越来越大的作用。

是为序。

浙江省人民政府省长 李强

2017年4月10日

凡 例

一、宗旨

以马克思列宁主义、毛泽东思想、中国特色社会主义理论体系为指导，遵循辩证唯物主义和历史唯物主义原理，全面、客观、系统地记述浙江省自然、政治、经济、文化和社会的历史与现状。服务当代，垂鉴后世。

二、起讫时间

上溯事物发端，下限为2010年12月31日，必要时以注释等形式作适当下延。

三、地域范围

以下限时浙江省行政区域为界，原则上越境不书。

四、体裁

采用述、记、志、传、图、表、录等体裁，以志体为主。

五、结构

以卷章结构为主。

卷的设置以科学分类与现实社会分工(现行管理体制)相结合。凡具有特别重要地位、文化积淀深厚且体量较大者，设为专志，各置为卷。

卷下设章、节，节下根据需要设目、子目与细目等。凡时代特征、地方特色显著，又难以在正文中展开记述者，设为专记。

六、文体

使用规范的现代语体文。直接引用资料使用原文文体。

七、文字

以经中华人民共和国国务院批准、1986年10月10日国家语言文字工作委员会重新发表的《简化字总表》，1955年12月22日中华人民共和国文化部、中国文字改革委员会发布的《第一批异体字整理表》及2013年6月5日中华人民共和国国务院公布的《通用规范汉字表》为准，异形词以 2001 年 12 月 19 日中华人民共和国教育部、国家语言文字工作委员会发布的《第一批异形词整理表》为准。

人名、地名、书名、文章篇名及引录的原著文句，凡可能引起歧义、误解者，仍用原繁体字或异体字。

八、标点符号

以 2011 年 12 月 30 日中华人民共和国国家质量监督检验检疫总局、中国国家标准化管理委员会发布的《标点符号用法》为准。

九、称谓

中华人民共和国成立前的国家、民族、地名、组织、机构、职官等名称，除明显带有歧视、污蔑含义者加以适当处理外，原则上仍用文献记载的原名称。

志书下限时的地名使用各级政府审定的标准地名，必要时括注俗称地名。地名古今不同者，各章首次出现时在其后括注志书下限时的标准地名；隶属地域变化者，注明志书下限时所属地域。

外国的国名、地名、人名、民族名，以及政府机构、党派团体、报刊等名称，主要依照《辞海》(第六版)译名及新华通讯社译名室常用译名。各章首次出现时，根据需要括注外文原名。

生物名称使用学名，记述自然资源涉及有关生物名称的，各章首次出现时采用二名法，必要时加注当地俗名。

十、简称

各种较复杂的名称重复出现时，各章首次出现时使用全称并括注简称，其后出现直接使用简称；有关机构、单位 2010 年的简称均以《有关机构、单位全称与规范化简称对照表》为准；有关机构、单位 2010 年前的简称及其他简称采用社会上通行、不产生歧义者，且全卷保持一致。

十一、纪年

干支纪年、年号纪年及其他非公历纪年等，以汉字书写，括注公历纪年；非公历纪年后有月日的，同时括注经换算后公历纪年的月日。

民国纪年以阿拉伯数字书写，括注公历纪年。

同一自然段中同一纪年多次出现时，只在首次括注公历纪年，其后不再括注。

括注公历纪年于年份后加“年”字；括注某一时间段，则只在后一个公历纪年后加“年”字。

括注公元前年份，年份前冠“前”字；括注公元元年后年份直接书写年份，不冠“公元”。

自 1949 年 10 月 1 日起，采用公历纪年。

公历纪年及公历的世纪、年代、月、日和时分，均以阿拉伯数字书写。

十二、数字

按 2011 年 7 月 29 日中华人民共和国国家质量监督检验检疫总局、中国国家标准化管理委员会发布的《出版物上数字用法》表述。凡一个数字与“以上”“以下”“以内”等连用的，均含该数字。

十三 、数据

中华人民共和国成立前的数据按文献记载入志。

中华人民共和国成立后的统计数据以统计部门公布数据为准。统计部门缺失者则采用相关部门经过核实的数据，并以注释形式说明资料来源。同一内容数据有不同者，也以注释形式加以说明。重要地理信息数据采用测绘部门公布的法定数据。

十四、计量单位

按 1984 年 2 月 27 日中华人民共和国国务院发布的《中华人民共和国法定计量单位》规定表述。行文中使用单位名称或单位符号视具体情况而定。

中华人民共和国成立前的计量单位根据需要沿用旧制。

十五、货币

中华人民共和国成立前的货币币值均按文献记载入志。

中华人民共和国成立后货币币值均指人民币币值。1953 年 3 月 1 日前后人民币各按当时币值记载，不作换算。

外国货币按文献记载入志，币值不作换算。

十六、地图

按 2015 年 11 月 26 日中华人民共和国国务院公布的《地图管理条例》和浙江省人民政府 2014 年 11 月 11 日公布、2015 年 12 月 28 日修正的《浙江省地图管理办法》的规定，采用经浙江省测绘行政主管部门审核的地图。

十七、注释

直接引用(引文)、地图、图片、表格及有关重要内容，均注明资料来源。其他需要说明者，亦酌情加以注释。

引用清代及清代以前编纂的志书，注明朝代、纪年、志书名称及卷次(或卷次与篇名)；引用民国时期编纂的志书，注明“民国”两字和志书名称、卷次(或卷次与篇名)；引用 1949 年 10 月 1 日(含)以后编纂、出版的志书，注明志书名称、出版单位、出版时间及页码。志书名称与篇名均用书名号。引用私修志书，除上述各项内容外，于志书名称前注明作者姓名。

十八、资料

取之于档案、书籍、报刊、网络及社会调查等，均经考订、核实。凡记载不一者，正文采其一说，其余说法以注释形式记述。

十九、大事记述

以编年体为主，兼用纪事本末体，专设《大事记》记载全省大事；其余各有关卷设置《大事年表》记载相关大事。

二十、人物

以“生不立传”为原则，专设《人物传》予以记载；其余各有关卷所涉人物按“以事系人”“人随事出”方法处理。

目 录

概 述

烟草，中国古代文献称为“相思草”“淡巴菰”，属茄科草本植物，原产南美洲安第斯山脉热带、亚热带地区，亦指烟叶或烟叶制品。15 世纪 90 年代，意大利航海家哥伦布将其带回欧洲，从此逐渐流行于全球。中国自 16 世纪传入以后，也很快为人们所接受。经过不断的开发，逐渐形成为涵盖种植、加工、流通、管理等环节的特殊行业。

浙江省烟叶种植已有 400 余年的历史，品种以晒烟为主。浙江省卷烟加工和流通也已有 100 余年的历史。烟草及其制品是一种特殊的消费品，容易吸食成瘾，影响身体健康。明清以来，政府对烟草都实行寓禁于征的政策，课以重税。烟草生产经营是一个涵盖第一、第二、第三产业，产供销之间内在联系紧密的产业。中华人民共和国成立后，浙江省烟草生产经营在管理方式和手段上根据国情变化和相关政策，作过多次调整和变动。中国共产党十一届三中全会后，国家针对烟草行业生产经营的特殊性，实施了特殊的改革政策，建立和实行统一领导、垂直管理、专卖专营的国家烟草专卖制度和管理体制。浙江省烟草专卖局(以下简称省烟草专卖局)认真贯彻烟草专卖法律法规，不断深化改革，健全和完善专卖制度和体制机制；加强烟草专卖管理，维护国家、烟农、零售商和消费者合法权益；依靠技术进步，降低焦油及其他有害成分含量；努力增加积累，保证国家财政收入，开启了专卖专营、持续发展的崭新一页。

2010 年，浙江中烟工业有限责任公司(以下简称浙江中烟公司)直属卷烟厂有杭州卷烟厂、宁波卷烟厂；省烟草专卖局、中国烟草总公司浙江省公司[同时出现时简称省烟草专卖局(公司)]下属有 11 家地市级烟草专卖局和烟草公司，64 家县级烟草专卖局和烟草分公司。是年，浙江省生产卷烟 225.86 万箱(含合作生产)，批发销售卷烟 252.21 万箱，实现工商税利 398.37 亿元。

一

明清及民国时期，是烟草经济孕育成长及日趋成熟的时期。明末清初，由于烟草自身的商品属性，烟叶种植面积也不断扩大，随着烟丝加工向专业化发展，烟草经济开始孕育资本主义的萌芽。民国时期，烟草业在外国资本和国内税收制度重压的夹缝中生存，曲折成长和发展。

根据文献记载，明嘉靖年间(1522—1566 年)，浙江省已开始种植烟叶。崇祯末年，嘉兴等地遍种烟叶，种烟者自吸之余，入市交易。清康熙年间(1662—1722 年)，全省农村以种烟为业者渐多，石门(今属桐乡市)为全国主要烟叶产地。时嗜烟者日众，烟铺遍及城乡，烟丝制作渐趋精良，官方一度征税。清代中期，烟叶已是产烟县的重要物产和民众的重要经济来源。浙东、浙西一带城镇，大街小巷都有烟店。主要产区种烟的土地占农田的一半，卖烟的店家多于米铺。所产烟叶除销当地，还装箱外运。崇德(今属桐乡市)烟、塘栖烟时为全国名烟。19世纪，杭州所产烟丝(时称"杭烟")与杭扇、杭线、杭粉、杭剪并称"五杭"，畅销长江南北，闻名全国。19世纪下半叶，随着西方资本主义国家的经济侵略，宁波、温州、杭州等通商口岸的开放，外国烟丝、卷烟、雪茄烟相继输入浙江。与此同时，浙江省烟叶开始销往海外。民国初期，浙江的烟叶生产进入鼎盛时期。民国6年(1917年)，全省种植烟叶40.35万亩，产量达4.6万吨，为历史上浙江烟叶产量最高年份。在全国销往国外的烟叶中，桐乡烟叶占大宗。民国26年底，杭州等地被日军侵占，因交通阻塞，烟叶销路不畅，烟价骤跌，全省烟叶种植面积减少，烟叶产量在9000吨左右徘徊。抗日战争胜利后，烟叶生产有所恢复，但民国37年后，通货膨胀，烟叶积压，烟农得不偿失，致使产量再次下降。

浙江省卷烟生产的发端始于20世纪初。清光绪七年(1881年)，美国人邦萨克(Bonsack)发明了卷烟机，美国、英国等西方国家开始大规模使用机器生产卷烟。随着外国资本对中国的经济入侵，卷烟作为一种特殊商品输入中国。20世纪初，英、美等国烟商利用不平等条约向中国倾销卷烟，数年间销售额猛增几十倍，垄断了浙江省卷烟市场，各界民众自发进行抵制。光绪三十二年，杭州大通公司等开始生产卷烟，倡导国人改吸中国卷烟。上海南洋兄弟烟草公司等民族烟厂的产品先后进入浙江。民国14年(1925年)五卅运动后，在提倡国货、抵制外货的浪潮中，国产卷烟销路扩大，宁波等地一些商民相继集资开设卷烟厂。不久，年产量即达2500余箱，产品销往省内外。此后，宁波一隅成为民国时期浙江省卷烟工业的集中地。民国17年后，由于英、美等国烟商贱价竞售，浙江省多数烟厂因规模小、资本不足，相继停业。抗日战争全面爆发后，外省卷烟进浙渠道受阻，市场上卷烟奇缺，机制卷烟价格上涨，各地纷纷开设以地产晒烟为主要原料的小型烟厂，手工卷烟充斥市场。抗日战争胜利后，上海华洋烟厂的产品重新占领浙江市场，省内机制、半机制卷烟亦一度得到发展。民国36年后，经济形势恶化，全省卷烟价格飞涨，市场混乱。民国38年初，省内多数烟厂经营亏损，停产倒闭，能保持经常开工的仅10余家。

作为一种特殊的商品，烟草专卖及税收制度的实行也由来已久。崇祯十六年(1643年)十月，就有此说法：弛禁兴贩烟酒，听从民便，须加等纳税，不遵者，仍依律治罪。浙江省烟税征收则始见于清康熙《金华府志》。康熙十九年(1680年)，烟酒两税始定税额，其中收卖烟筋铺面为每斤征银两2厘。咸丰三年(1853年)，浙江推行厘金，烟酒厘附入百货厘金项下，设卡向行商征收。光绪二十七年(1901年)十月，因浙江每年需分摊庚子赔款，烟酒现抽厘数奉命再加三成。民国4年(1915年)，民国政府在全国实行官督商销的烟酒公卖。是年7月，《浙江烟酒公卖暂订施行细则》公布，8月正式实施。但由于遭到英、美等国政府和烟商的反对，外国烟草及其制品未实行公卖。民国12年，浙江省政府鉴于财政困难，借助民众抵制洋烟的情势，参照西方各国的做法，开征卷烟特税，虽遭列强反对，但得到广大民众的支持。毛泽东针对这一情况专门发表文章，指出开征卷烟特税，系国家行政主权，断不容外人侵犯。民国

16年5月，浙江省务委员会公布《浙江省卷烟公卖条例》，成立浙江省卷烟公卖筹备处，改卷烟特税为卷烟公卖，然因政府内部矛盾和外来势力干涉，不到两月即夭折。抗日战争时期，为弥补地方财政困难，浙江省先后实行战时卷烟公卖、战时卷烟运输管理和战时烟类专卖等政策。民国31年，国民政府公布《战时烟类专卖暂行条例》，对烟类实行专卖。民国34年，国民政府调整税制，取消烟类专卖改办统税。

二

中华人民共和国成立到改革开放浙江省实行烟草专卖制度前，浙江烟草业休养生息，恢复发展，管理体制在分散与集中管理间不断进行调整。表现出烟叶生产波动起伏、卷烟工业集约发展和卷烟购销趋于集中三个特点。尽管这个过程中有曲折和反复，但总体趋势是不断向前发展的。

烟叶生产波动起伏。1950—1952年，浙江省人民政府（以下简称省政府）大力扶持生产，号召扩大烟叶种植，合理提高烟叶收购价格，鼓励烟农种烟。1951年，全省烟叶种植面积达14.5万亩，烟叶总产量在1万吨以上。1951年，新昌县试种香料烟，在国内首次获得成功。20世纪60年代初，受自然灾害等影响，卷烟生产原料供应严重不足。浙江省人民委员会决定采取集体与个体两者并进、计划内与计划外生产相结合的方针，大力发展烟叶生产，并在全省组织烤烟种植。1962年，全省烟叶种植面积为16.4万亩，烟叶总产量达到1.5万吨，其种植面积和总产量均为1950年以来最高的一年。省内烟叶的发展，弥补了省外烤烟调入的不足，维持了卷烟生产。1965年后，省外烤烟供应逐渐充足，而省内烤烟因与粮争地、争肥、争劳动力等，各地先后停种，烟叶种植面积回落。70年代，浙江省的香料烟生产进一步发展，产量占全国的80%以上。晒红烟选育出"桐乡303"和"松选3号"等优良品种，质量有所提高。金华等地再度试种烤烟。1977年，兰溪、金华、衢县（今属衢州市）有13个公社种植烤烟，但因成本、价格等因素，相继停种。而白肋烟在兰溪试种获得成功。这一阶段，浙江省烟叶种植面积在5万亩以下徘徊。80年代初，由于粮食和经济作物的发展，以晾晒烟为主的浙江烟叶产量仍在5000吨以下。1984年，新昌、嵊县（今嵊州市）的香料烟、晒黄烟，桐乡、松阳的晒红烟，兰溪、苍南的晒黄烟被列为全国名晾晒烟。

卷烟工业集约发展。中华人民共和国成立初期，浙江省卷烟工业呈现生产过剩、产品积压、经营亏损等状况，多数烟厂濒临停工的境地。据统计，1950年12月，全省卷烟生产厂家共46家，大、中、小及手摇等各类卷烟机共58台，职工人数为5400人，年产量仅4.41万箱。为改变这种状况，在中国共产党和人民政府的领导下，卷烟工业走上了集约发展的路子。1951年，全省各地工商、税务部门动员手工卷烟户联营，要求集中生产。1952年，原中国人民解放军浙江省军区开设的利群烟厂由部队移交给地方，改称为地方国营利群烟厂。全省私营烟厂大多受资金不足的制约，相继淘汰关闭。1956年，通过对私营卷烟工商业和烟丝业的社会主义改造，全省卷烟生产企业合并成地方国营利群烟厂和公私合营宁波联工烟厂。1958

年，省内烟厂开始生产乙级卷烟。1959年，试制成功甲二级“祖国”牌和“杭州”牌卷烟，浙江省只能生产低档卷烟的历史由此结束。是年，全省卷烟产量达12.5万箱。1964年后，地方国营利群烟厂和公私合营宁波联工烟厂上划轻工业部，分别更名为国营杭州卷烟厂和公私合营宁波卷烟厂，实行产供合一的管理体制。1965年，根据中国烟草工业公司的规定，浙江省内杭州卷烟厂、宁波两卷烟厂生产实行统一配方、统一牌号，两厂卷烟牌号由15个精简为7个。杭州卷烟厂被第一轻工业部列为主要技术经济指标先进企业，成为全国烟草行业的学赶对象。1966年，全省卷烟产量达到22.71万箱。“文化大革命”初期，卷烟厂的生产一度处于半停工状态。后经过广大职工的努力，很快得到恢复和发展。1971年，杭州卷烟厂率先在省内成功试产滤嘴烟。1973年，轻工业部号召“加快步伐赶杭州卷烟厂”，全省卷烟工业深入开展优质、高产、低耗的增产运动，卷烟产量达39.56万箱。此后，因煤电不足等原因，产量又一度下降。1977年，卷烟工业企业着手治理整顿，杭州、宁波两卷烟厂分别扩建生产车间，扩大滤嘴烟生产，经济效益在全国同行业中领先。1978年后，全省卷烟工业在改革开放的新形势下，贯彻落实国民经济“调整、改革、整顿、提高”的方针，坚持以生产为中心，建立健全各项规章制度，加强以产品质量管理为中心的企业管理，企业由生产型开始向生产经营型转变。1980年，杭州卷烟厂、宁波卷烟厂各项经济技术指标普遍创历史最高水平，全省卷烟产量超过60万箱。1981年后，杭州卷烟厂、宁波卷烟厂增添滤嘴烟设备，调整产品结构。至1984年，全省卷烟产量达到80.5万箱，其中滤嘴烟16.28万箱，比重为20.22%。

卷烟购销趋于集中。中华人民共和国成立后，为了加强对商品的调控，浙江省建立了卷烟购销机构。1950年，卷烟业务归中国百货公司浙江省公司经营。1952年，财政部成立了中国专卖事业公司（同年划归商业部），翌年，卷烟业务划归中国专卖事业公司浙江省公司。1962年10月，中国共产党浙江省商业厅党组发出通知，设立中国糖业烟酒公司浙江省公司，负责卷烟流通业务。此后20多年间，浙江省卷烟流通业务由中国糖业烟酒公司浙江省公司经营，直至浙江省烟草公司（以下简称省烟草公司）成立。中华人民共和国成立初期，浙江省卷烟批发业务仍以私营厂商为主。随着中国百货公司浙江省公司的成立，卷烟批发业务逐步由国有企业控制。1953年，政府采取扩大包销的方式，包销全省公私营烟厂的产品，卷烟销售纳入国家计划。同年9月，中国专卖事业公司浙江省公司施行《扩大卷烟包销工作具体方案》，地方国营利群烟厂产品开始由专卖公司包销。1954年3月，省产卷烟全部实行统购统销。从此，浙江省在计划经济下卷烟单一渠道的流通模式逐步形成。1955年，卷烟批发业务已全部为国营商业所掌握，卷烟批发经营全面纳入国家计划经济轨道。凡设有专卖机构的市县及集镇，由国营批发机构负责供货；未设专卖机构的集镇，由供销合作社负责基层批发业务；未设专卖机构，且当地供销合作社又没有批发业务的，由邻近的专卖事业公司负责供货。1956年，国家全面实现社会主义工商业改造后，私营烟草商业全部过渡到国营和合作商业，改变了历史上卷烟市场自由竞销的状况，形成了计划经济下单一渠道卷烟市场的流通模式。

三

进入20世纪80年代,国家针对烟草行业生产经营的特殊性,赋予其特殊的改革政策。1981年5月,国务院正式决定对烟草行业实行国家专营。1984年3月29日,省政府批准成立省烟草公司(后称中国烟草总公司浙江省公司,以下简称省烟草公司)和浙江省烟草专卖局。1985年1月1日,省烟草公司及所属企业划归中国烟草总公司。1984—2010年,在国家烟草专卖局、中国烟草总公司和中共浙江省委(以下简称省委)、省政府的领导下,坚持烟草专卖制度,坚持以市场为取向的改革,浙江烟草行业在集中管理体制下发生了巨大的变化。

坚持深化改革,完善体制机制。根据省政府办公厅《关于组建全省烟草公司的通知》精神,1991年,地市级烟草专卖局(公司)完成组建;1995年,县级烟草专卖局(公司)完成组建、业务上划任务。各地市、县商业部门经营的卷烟调拨、批发业务,及供销社管理的烟叶收购、调拨业务,全部移交省烟草公司统一经营管理。1992年,省烟草专卖局(公司)实施"厂站合一"改革,于1月和7月先后把宁波、杭州两个卷烟调拨站隶属关系由省烟草公司划归宁波、杭州卷烟厂,卷烟工业企业面向市场生产经营,改变了省烟草公司统购包销的格局。1996年,嘉兴卷烟厂被杭州卷烟厂兼并,成为杭州卷烟厂嘉兴分厂(2004年底,按政策彻底关闭)。2003年,根据行业"深化改革、推动重组、走向联合、共同发展"的思路和国家烟草专卖局要求,浙江省烟草行业实施省级烟草公司工商管理体制分开的改革。7月,浙江中烟工业公司(后改为浙江中烟工业有限责任公司,以下均简称浙江中烟公司)成立,省烟草专卖局(公司)与浙江中烟公司实行机构、职责、人员、财务"四分开"。2004年,浙江中烟公司审时度势,提出了"内联外拓"战略。内联,即浙江中烟公司与杭州卷烟厂、宁波卷烟厂联合重组,实现资产一体化和一个市场主体;外拓,即实施跨省联合重组,实现企业规模的扩张。8月31日,省委书记习近平考察杭州卷烟厂,对浙江中烟公司"内联外拓"战略规划给予高度肯定。2006年,浙江烟草业贯彻国务院办公厅《关于进一步理顺烟草行业资产管理体制,深化烟草企业改革意见的通知》精神,进一步深化改革。在各级党委、政府的支持下,浙江卷烟工业实行公司和杭州卷烟厂、宁波卷烟厂的联合重组,取消杭州卷烟厂、宁波卷烟厂法人资格。2007年,实行公司制改造,更名为浙江中烟工业有限责任公司。浙江烟草商业大力推进企业组织结构调整,先后实施省烟草公司退出经营、取消县级烟草公司法人资格、构建省市烟草母子公司体制、资产财务关系上划中国烟草总公司等改革。在机构改革的同时,浙江烟草还实施了人事用工分配制度配套改革。上述一系列改革确立了工业企业和地市级烟草公司市场主体地位,理顺了行业资产管理体制,优化了企业组织结构,为浙江烟草的发展进步注入了新的动力和活力。

坚持专卖管理,不断净化市场。1983年9月,国务院颁布《烟草专卖条例》。1991年6月,全国人大常委会通过《中华人民共和国烟草专卖法》。根据烟草专卖法律法规,1996年1月,省政府发布《浙江省烟草专卖管理办法》。之后,根据执法环境和烟草专卖行政许可项目审批权限，于2000年和2004年两次修改该管理办法。省烟草专卖局与其他执法部门一起联合制定了适合全省的专卖管理规章制度，为浙江烟草专卖执法创造良好的外部环境。省烟草专卖局坚持“内管外打”的方针，与公安、工商、海关、技术监督等执法部门密切配合，整顿烟草及其制品生产经营秩序，严厉打击各种违法经营活动。1986—1990年，查处各种违章案件3.74万起，查扣走私卷烟124.48万条。20世纪90年代，开展打击卷烟走私贩私、制售贩卖假冒卷烟专项斗争，清理和取缔了全省卷烟交易批发市场，有效遏制了卷烟贩私贩假等非法经营活动。进入21世纪以后，又把卷烟打假、打击非法交易网络作为重点，把净化市场、提高市场监管能力作为首要任务，努力营造工商企业满意的营销环境，卷烟零售户满意的公平竞争环境，消费者满意的安全消费环境，一手抓规范行业内部生产经营行为，一手抓打击卷烟非法交易活动，始终保持卷烟打假破网高压态势(打击制售假冒卷烟及破除其销售网络)，先后查处一大批运销假烟的网络案、非法拼装倒卖烟草机械案。2006—2010年，省烟草专卖局、省公安厅先后4次被国家烟草专卖局、公安部授予“全国打假特殊贡献奖”。

坚持烟叶种植，生产波动起伏。1985—2010年，根据烟叶原料需求变化和浙江乡镇企业发达及烟叶在烟区作为主要经济收入的地位相对削弱的情况，省烟草公司提出“稳定面积、主攻质量、提高效益”的烟叶生产指导思想，建立烟叶生产目标管理和经济承包责任制；在巩固提高老产区的前提下，拨出专项资金支持新产区开发；按区域化、良种化、规范化的要求进行生产，实行烟叶种植、收购、经营一体化。1987年，在巩固新昌、嵊县老区种植的基础上，在诸暨县召开全省新区试种香料烟座谈会，鼓励烟农开垦荒山荒地扩大香料烟试种。1988年后，文成、上虞、仙居等地先后试种，然后扩至平阳、苍南等10多个县，省烟草公司专门成立浙江省香料烟科学试验站。1991年为香料烟收购量最高年份，达2835吨。1993年后，由于需求变化，香料烟生产经历由高到低的波动。1993年起，浙江省内因卷烟工业烤烟原料严重短缺，再度试种烤烟。1993—1997年在安吉、文成、江山试种的基础上，扩至金华、庆元、仙居、云和、龙泉、景宁等地。1998—2001年，种植区域相对集中于庆元县。2002年，烤烟种植面积达20321亩，收购量达到2875吨。随后逐年下降，至2010年减至2500亩左右，收购量仅325吨。这一阶段晒红烟种植经历产量上升、回落及徘徊的波动。1994年，浙江不再种植晒黄烟与白肋烟。浙江省烟叶试种扩种几经起伏，其原因既有供求关系变化，又有其他经济作物比价因素对烟农收益的影响，总体呈逐年减少的趋势。

发挥品牌效应，行业快速发展。20世纪80年代中期，卷烟实行统购包销，浙江省卷烟产销大体平衡。80年代后期，全国卷烟产大于销，恶性竞争初见端倪。90年代初，全国卷烟已由卖方市场转向买方市场，烟草行业内部从产量扩张过渡到品牌、质量的竞争，进入了生产、品牌、市场、效益格局重组的调整阶段，形成了个别生产优势省份、少数卷烟牌号独领风骚的局面。浙江烟草由于缺乏适应市场需求的产品，产销矛盾突出，实行限产压库的办法，卷烟产量从1988年的92.13万箱的高峰调控压缩到1993年的75.21万箱。1993年，省烟草专卖局(公司)提出“资源小省，市场大省，烟草强省”的发展思路和“主业精，副业兴，打基础、上水平、增效益”的发展战略，突破“浙江不产优质烤烟，难以生产高档卷烟”的认识误区，组织实施“高投入、高品位、高质量、高效益”的开发方针，采取产销联手营销手段。1994年，实施省产卷烟

“名牌工程”，宁波卷烟厂率先推出省产高档卷烟“大红鹰”，填补了浙江省高档卷烟的空白，宁波卷烟厂一举扭亏为盈。1994年以来，浙江烟草围绕创立、培育浙江烟草名牌产品的目标，全行业职工卧薪尝胆、同舟共济，一年一个工程，形成“大红鹰”“利群”“五一”“雄狮”“新安江”“上游”等浙江名优中高档产品群体，浙江烟草进入跳跃式良性发展的快车道。工商税利从1994年的13.5亿元增至2003年的146.25亿元，年均增长14.75亿元。浙江烟草的快速发展被业内人士誉为“浙烟现象”，引起全国烟草行业的普遍关注。2000年，省委书记张德江、省长柴松岳分别在省计经委《“浙烟现象”的特征、本质和启示》的专报材料上批示：“‘浙烟现象’确实值得总结，其经验值得推广。”“浙江烟草行业快速、健康发展的经验值得总结和推广。”2003—2010年，为适应行业重大体制改革和宏观政策调整，浙江卷烟工业按形成大市场、大企业、大品牌的发展要求，以“少数、关键、强势企业”为发展目标，实行企业重组；并着力发展“利群”“大红鹰”“雄狮”3个拳头品牌，进行产品整合和市场培育；在卷烟营销上实施一系列拓展市场的策略。浙江卷烟工业在品牌发展、市场营销、综合实力上实现了新跨越。市场占有、产品辐射从以省内市场为主向以全国市场为主转变。卷烟产量从2003年的123.03万箱（其中自产112.95万箱，合作生产10.08万箱）增至2010年的225.86万箱（其中自产170.19万箱，合作生产55.67万箱），增长83.58%。2010年，“利群”卷烟产量、工业销量双双突破100万箱，成为全国烟草行业首个“一二类百万箱”品牌。

坚持网络建设，提升营销水平。在坚持专卖、整顿市场流通秩序的同时，深化改革，搞活流通，开拓城乡两个市场，逐步完善市场体系和销售网络。1987年，浙江省温州地区在全国率先进行计划外国产名优烟价格放开试点。1990年，浙江省以启动市场为重点，实行卷烟批零价格浮动的改革。按照行业统一部署，浙江烟草把建立和完善城乡卷烟销售网络作为流通体制改革的突破口和行业最具价值的战略性工程。1994年，开始着手农村卷烟批发网络建设，下伸批发网点。1999年起，全省烟草卷烟销售网络建设重点转变为城乡网络一体化建设。2000—2002年，全省卷烟销售网络建设在城市推广“全面访销、全面配送、访送分离、专销结合”的模式。2003年，按照国家烟草专卖局“电话订货、网上配货、电子结算、现代物流”的要求，实施地市公司为单位的卷烟一库制分拣配送。2005年，实现以地市公司为单位的分拣配送，形成全省11个中心、12个分中心的物流配送布局。2007—2010年，浙江卷烟销售网络建设重点为质量再提升，优化电子商务平台，完善客户服务和现代物流两个体系，强化零售终端、现代物流、营销队伍三项建设，浙江烟草卷烟销售网络向现代流通转变的进程明显加快。随着现代卷烟流通建设的推进，全省建成了覆盖城乡、功能齐备、运行高效、服务30多万零售客户的大网络，形成货源统一采购、卷烟统一销售、市场统一安排、管理统一协调的营销新格局。卷烟经营方式经历上门求购、下伸网点到实现全面访销配送的重大转变。全省卷烟批发销量从1985年的117万箱增加到2010年的252.21万箱，增加了1.16倍。

坚持“走出去”战略，拓展国际市场。自1991年“鹿城”“黑猫”“西湖”“保俶塔”牌卷烟首次进入国际市场后，浙江卷烟企业经历了从代理出口、委托经营到全面开展烟草进出口业务的转变，卷烟出口的国家和地区由1991年的2个增加到2010年的20多个，出口数量由1991年的3630件（每件1万支）增加到2010年的31.5万件，保持了持续增长的势头。

坚持科技兴烟，推动技术进步。这一时期，通过不间断地实施技术改造，浙江卷烟工业技术装备水平和加工工艺得到大幅度提高。“七五”（1986—1990年）期间，全省烟草系统完成固定资产投资3.34亿元，其中技改投资2.04亿元，项目11个，引进国外技术先进的卷接机组和包装机组，完成基建投资1.3亿元，建筑面积31.69万平方米，新增烟叶储备能力2.5万吨，卷烟储备能力14万箱。“八五”（1991—1995年）期间，杭州卷烟厂完成技改投资1.44亿元，重点完善制丝工艺设备、增加部分卷接包机组设备；宁波卷烟厂投资0.43亿元，重点对卷烟技术装备进行改造和更新换代。“九五”（1996—2000年）期间，杭州卷烟厂列入行业10%重点技改企业，完成投资8.73亿元，引进制丝线及配套工程、卷接包机组及辅助设备，引进高架库物流系统；宁波卷烟厂投资15亿元，重点完成主厂房改造、自动化成品库、计算机网络建设。“十五”（2001—2005年）期间，杭州卷烟厂投资12.97亿元，新增叶组自动化配方库和烟丝在线膨胀、光电除杂、制丝线、仓储物流中心建设；宁波卷烟厂投资1.58亿元，新建部分主厂房、高架立体库，新增货架、运输设备及控制与管理等组成的原辅料出入系统。“十一五”（2006—2010年）期间，杭州卷烟厂实施有史以来规模最大、水平最高的易地技术改造；宁波卷烟厂局部改造原膨胀烟丝车间，适应性改造公用动力设备。经过五个五年计划大规模、全方位、高水平的技术改造，浙江卷烟工业生产专用设备已经从卡马斯（COMAS）制丝线、MK9-5及MK9N卷接机组、SASIB6000型包装机组等设备为主，提升改造为以8000千克/小时虹霓（HAUNI）制丝线、PROTOS-GD卷包联接机组为代表的国际先进生产设备，卷烟生产实现了机械化、连续化、自动化。20多年来，浙江烟草始终坚持“科学是第一生产力”，大力推动科技进步和管理进步；坚持围绕品牌与市场这两个重点，跟踪研究新技术、新工艺、新材料，成功实施了“大红鹰”“利群”“雄狮”等产品的改造。通过叶组配方、膨胀烟丝、烟草薄片、香精香料调配、超长滤嘴、激光打孔等技术的应用，在提高卷烟质量、减害降焦、降低物耗、节能减排方面取得重大突破。

坚持奉献国家，不忘回馈社会。浙江烟草在推进行业改革与发展过程中，发扬勤俭节约、艰苦创业的精神，形成了具有浙江特色的烟草企业文化。浙江烟草业发展初期，在缺少办公场地和缺少经营设施的工作环境、工作条件下，浙江烟草干部职工在省烟草专卖局（公司）领导班子带领下艰苦创业，“一手抓机构组建，理顺管理关系；一手抓业务经营，加强基础设施建设”，形成了“四千”（千方百计、千山万水、千言万语、千辛万苦）精神。20世纪90年代中期，适时总结出“敢于拼搏，善于竞争；雷厉风行，真抓实干；团结开拓，勇创大业”的浙烟精神，把不断解放思想、不断转变观念、不断开拓进取的意识浓缩在“敢、干、创”的浙烟精神之中。进入21世纪，浙江卷烟工业提出“敢想敢拼、善谋善为”的企业精神。浙江烟草商业建立“精实创和”的浙烟精神和“五圆同心”的母子文化①，激励职工奋发向上，支撑企业持续发展。自觉践行“国家利益至上、消费者利益至上”的行业共同价值观，坚持奉献国家、回报社会的精神，

① 2007年，浙江烟草商业在企业文化建设实践中提出了“精实创和”的浙烟精神和“五圆同心”的母子文化。“精实创和”指：精益求精，脚踏实地，持续创新，和谐共生。“五圆同心”母子文化主要指省烟草公司和下属11个市级烟草公司形成母子公司体制，共同构建既有规范一致的共同价值观、核心理念、企业伦理、经营管理理念、企业形象母文化体系，又体现市级烟草公司子文化的个性特色。

把捐赠助学、慈善捐助、赈灾捐赠、扶贫帮困、公益捐赠与改善民生结合起来，积极参与地方文化体育、环境保护、慈善公益等各类活动，积极开展“禁止中小学生吸烟”的宣传教育活动，体现了高度的社会责任感。

过往的发展既是历史的传承和延续，也是未来的起点和根基。站在新的起点，浙江烟草将在国家烟草专卖局、省委、省政府的领导下，不断推进改革与发展，为行业持续健康发展做出新的贡献。

第一章　烟　叶

烟丝、卷烟等烟草产品，主要是利用烟草叶片加工制成的，所以通常也把烟草称为烟叶。

浙江省种植烟草，见诸文字记载已有400余年历史。据旧志记载："菸，一作蔫或作烟，一名淡巴菰，明嘉靖间(1522—1566年)，始行内地，乡人广种之。惟徐巷村出者佳，品不下于唐棲。"①至明万历时，嘉兴、湖州等地多有烟叶种植。浙南景宁等地随着畲族的不断迁入，也开始栽种烟草。崇祯末年，嘉兴已广为栽种，绍兴、杭州两地也有种植烟草的记载。清康熙年间(1662—1722年)，石门(今属桐乡市)已成为国内主要烟草产地。《杭州府志》《金华府志》《嘉兴府志》《鄞县县志》均将烟草作为当地物产或纳税货品入志。土人多种烟为业，风会使然。松阳等地已有乡民以种烟和贩卖烟草为业而致富。至雍正、乾隆年间(1723—1796年)，率土皆知树烟，乡域丘圩播种森立，种植烟草之风日盛，全省各府属都有种植。德清徐家庄一带所产烟叶，因香味醇美与粤东相似，遂远近闻名。崇德(今属桐乡市)烟、塘栖烟成为国内名烟，畅销省内外。乾隆二年(1737年)，钱塘(今杭州市)人汪师韩辑成烟草专著《金丝录》②。清末民初，桐乡、松阳、新昌的烟叶，已远销东南亚和欧洲各国。

浙江省的烟草种植历史长、种类多、分布广。所产烟叶曾享有盛名，又几度衰退，这既缘于适宜烟草种植的自然条件而延绵不绝，又囿于各历史时期社会政治、经济的发展变迁而起伏消长。种植的种类主要有晾晒烟、烤烟等品种。从明代至今的数百年间，浙江省一直种植晒烟。20世纪初至30年代中期，是晒烟生产的鼎盛时期。民国6年(1917年)，省内有50余县种植晒烟，面积40.35万亩，总产达4.60万吨。桐乡、松阳、新昌县，是中国著名的晒烟产区，50年代初年外销晒烟烟叶1250吨。1973年，桐乡县被列为全国名晒烟出口基地县。1984年，国家烟草专卖局颁行的《烟草专卖条例施行细则》，将浙江省桐乡、松阳的晒红烟，新昌、嵊县(今嵊州)、兰溪、苍南的晒黄烟列为全国名晒烟。民国19年，浙江省开始试种烤烟。50年代，浙江省仅有少数县零星种植烤烟。60年代以后，曾三度推广试种，但延续时间均不长，前两次因成本高、质量次，后一次因经济效益差而告歇。1951年，新昌县在国内首次成功

---

① 〔清〕朱福增:《练溪文献》卷二之一《土宜》。

② 汪师韩编写的《金丝录》是中国目前所见的第一部烟草专著，是书集录了明末清初一些文人有关烟草的著述和诗词，颇具史料价值。汪师韩，字抒怀，浙江钱塘人，生于清康熙四十六年(1707年)，卒年不详。年少时工诗善文。雍正十一年(1733年)中进士，被选为翰林院庶吉士，后经大学士傅恒推荐，入直上书房，成为编修官。《金丝录》成书于乾隆二年(1737年)。该书分为原起、剧谈、品题、焖戒四卷，前部分录姚旅《露书》、方以智《物理小识》、申涵光《迟山堂凫史》、方式济《龙沙纪略》、张介宾《景岳全书》、倪朱谟《本草汇言》等书中有关烟草的记述，后部分录方文、李耒泰、查慎行、厉鹗、万光泰、翟灏等人的诗词。目前所见的《金丝录》收存在《丛睦汪氏遗书》之中。北京图书馆所藏《丛睦汪氏遗书》为光绪十二年(1886年)钱塘汪氏重刊本。

试种香料烟(属晾晒烟),后逐步得到发展,70 年代成为国内主要晾晒烟产区之一,产量占全国 80%以上。1987 年,新昌县被中国烟草总公司列为优质香料烟基地。1961 年,浙江省兰溪试种白肋烟(属晾烟),1971 年试种成功。然而其发展缓慢,销路不畅,于 1994 年停止种植。

浙江省烟农在数百年的烟草种植中,积累了丰富的生产经验,逐步形成、改良烟草培育技术,乃至沿袭至今,是浙江省烟草得享久誉的基础。历史上浙江省烟叶交易活跃,不仅在浙江省农业经济中占有一席之地,其价格和销量亦从一个侧面反映出每一历史阶段的社会经济状况。本章记载浙江省种植烟草的种类及其所分布的地区,其栽培要素及历史上政府对烟草种植、收购、销售的干预和管理,以及烟叶经营的价格和数量。

第一节　种类与分布

烟草属于茄科(Solanaceae)烟属(Nicotiana)。世界上烟草有 66 个种类,被人们栽培利用的仅为普通烟草、黄花烟草两个品种。普通烟草,又称红花烟草(N. tabacum L),是一年生或两三年生草本植物,宜种植于较温暖地带。浙江省自古以来种植的就是普通烟草。

按烟草种属及其调制方法,普通烟草分为晒烟、晾晒烟、晾烟、烤烟四类。

浙江省种植历史最久的是晒烟,主要为晒红烟和晒黄烟(烟叶由日光调制的称作晒烟,晒制后,叶色泛红的称作晒红烟,叶色泛黄的称作晒黄烟)。后又种植香料烟、白肋烟和烤烟。香料烟因其品质特点具有浓郁芳香和纯净吃味而获名。其成熟后调制方法是先晾后晒,属普通烟草中的晾晒烟。白肋烟和烤烟原产美国。白肋烟因其叶片茎脉呈乳白色而得名,是一种叶面黄绿茎脉乳白的晾烟。调制方法是建盖能控制温湿度的晾栅,把生长成熟的烟叶挂在晾栅内调制晾干。这种烟叶香气浓郁,尼古丁含量较高,是生产混合型卷烟的主要原料。烤烟,即烟叶在烤房内装火管加温烘烤而成。经烘烤的烟叶,色泽金黄,光泽鲜明,味香醇和,是世界各国生产卷烟的主要原料。

烟草传入浙江后,嘉兴、湖州、丽水等地率先种植,后渐次扩种至杭州、金华、宁波地区,至民国时全省大部分县均有种植。中华人民共和国成立后,实行计划种植,全省主要种植地区为嘉兴、绍兴、丽水、金华等地区,杭州、宁波、台州、温州、湖州、衢州等地的部分县曾有种植。

一、种类

(一)晒烟

1. 晒红烟

浙江省晒红烟属于雪茄香型。民国以前主要用于制作烟丝,民国时期部分用作雪茄烟原料。20 世纪 50 年代末起,主要作为雪茄烟原料,少量为卷烟配料。外销主要用于制作雪茄烟及斗烟丝。桐乡、松阳两县为主要种植地区。50 年代之前,嘉兴、湖州所属各县都有零星种植,但品种较杂。

(1)尖刀种。清代后期松阳种植该品种,民国时期渐减少,至20世纪50年代初,仅少量种植。株式塔形,叶身偏薄,叶尖尖锐,花色粉红,产量较低。调制后,干叶吸味浓辣。

(2)小叶烟。清代后期松阳种植,20世纪40年代中期,已很少种植。1955年,松阳全县仅种6亩,不久即绝种。叶形偏小,产量一般。

(3)蒲扇叶。系民国时期至20世纪50年代松阳烟区主要种植品种。1955年,占全县种植面积的84%。株式筒形,叶形宽卵圆,叶尖较尖,叶柄短、无叶耳,花色粉红。大田生长期120天,调制后干叶呈深、棕红色,下部叶黄多红少,质量中等。

(4)黑大种。又称作阔叶种、畚箕种、蒲扇种、破大种。民国时期,桐乡炉头、梧桐等乡种植较多,20世纪50年代后渐少。株式筒形,秆粗、矮,叶形宽卵圆,叶色绿,花淡红色。大田生长期90～100天,易染叶斑病等。肥水管理得当,产量高,亩产可达200千克。调制后叶色青褐红,光泽差,油分少。

(5)大红叶。系20世纪50年代从农家品种中遴选改良而成,桐乡梧桐一带种植较多。70年代后逐渐被淘汰。株式筒形,节距中等,上中部叶片较大,大田生长期90天左右,产量较高,调制后叶色红润,质量良好。

(6)柳条尖秆。系桐乡史桥、濮院、百桃、石门等地传统品种之一。株式筒形,节距中等,叶形狭长,大田生长期80～90天。晒制后,叶片组织紧密细致,油分足,质量好,但亩产仅60～80千克,易感赤星病和叶斑病。

(7)督叶尖秆硬叶子。原称稀叶子尖秆或铁叶子尖秆,1967年确定统称为督叶尖秆硬叶子。历来普遍种植。株式筒形,叶片卵圆形,叶色绿,叶面较平滑,叶尖较尖,叶脉略粗,叶较厚,花色淡红。大田生长期85～100天,较耐旱,适应性较强,前期生长较慢,后期生长快。抗黑胫病,易感花叶病和赤星病。晒制后叶呈紫红或棕红带褐色,光泽鲜明,油润丰满,弹性强,质量好。

(8)密叶子尖秆。桐乡历来种植。株式筒形,节距较短,植株较矮,长叶密集,叶片较薄,晒制后色泽和油分尚佳,一至三级烟约占65%。其他性状与稀叶子尖秆接近。

(9)督叶尖秆软叶子。1972年从密叶子尖秆中选育而成,为桐乡晒红烟主要栽培品种。株式筒形,叶片宽卵形,叶色浅绿,叶面较平滑,叶尖钝,叶耳小,叶肉较薄,花色淡红。大田生长期85～95天,抗黑胫病,易感花叶病和赤星病。宜早栽、重施肥,调制后叶色深红,光泽鲜明、油润。

(10)牛舌尖。株式塔形,叶呈狭长椭圆形,叶尖渐尖,有叶耳,近茎处小而皱,叶色茶绿,长势与蒲扇叶近似,大田生长期120天,亩产150千克左右。调制后,干叶色以棕红为多,质量中等。松阳古市烟区历来种植较多,20世纪70年代后期,推广"松选3号"后,逐渐减少。

(11)尖秆黄。1977年,在桐乡史桥、百桃等产区一度种植,后因不适宜而未推广。株式筒形,叶形与软尖秆同,大田生长期90天,易感花叶病和叶斑病。大田生长期间叶色绿而带黄,叶面光滑平整,筋脉细,叶肉薄。晒制后,叶色红亮鲜明,组织紧密细致,油润丰满,拉力强,宜作雪茄烟外包皮。

(12)桐乡303。1976年,桐乡从中国科学院青州烟草研究所引进烤烟品种"单育1号",

与当地软尖秆、硬尖秆经 3 年杂交系统选育而成。株式筒形，叶肉较厚，叶脉较粗，叶面光滑，叶尖较钝，叶色深绿。生长势强，大田生长期 100～110 天，耐旱耐肥，抗黑胫病、花叶病和赤星病。干叶色呈深紫红，光泽鲜，油分足，弹性强，品质较好。1988—1989 年经郑州烟草研究院、青州烟草研究所化验鉴定，质量档次属中上。1989 年 7 月 2 日正式定名为“桐乡 303”。

(13)松选 3 号。1975 年，遂昌县农业科技人员在大田中发现烤、晒烟品种自然杂交的一代新烟株，株式塔形，主筋粗，叶色绿，有叶耳，叶厚，花色粉红。因其有抗病、耐肥、高产、优质等特点，故定名为“松选 3 号”。1982 年，松阳县开始推广，其后种植面积逐年扩大。1985 年，成为县内主要品种。1986 年，该品种种植面积占 95%。大田生长期 120 天左右，亩产 225～250 千克。调制后干叶色深红带棕黄，光泽尚鲜明，香气足，质量较好。

(14)304 杂交种。1981 年，桐乡县从松阳县引进“松选 3 号”，与当地“桐乡 303”、督叶尖秆硬叶子，经 3 年杂交选育而成。该品种叶形规整，抗花叶病、叶斑病、赤星病和黑胫病。

(15)松杂 87。系松阳县农科所农技人员于 1987 年用“松选 3 号”与“松烟资 S7”选配而成的杂交一代。经 3 年试种，其具有优质丰产，适应性、抗病力强，早花现象轻，苗期耐寒，大田省肥，耐旱等特点。株式塔形，节距适中，片大而稍厚，叶呈宽卵圆形，叶尾渐尖，主脉粗细中等，叶面平整，组织细致，叶柄略短，大田生长期 120 天。适应山地(旱地)及低肥力水田及重花叶病区种植。

(16)世纪一号。2000 年，桐乡烟草公司从国外引进多米尼加晒烟原种，将其和桐乡本地“硬尖秆”品种进行杂交试验，经过数年而培育出适合桐乡实际的晒红烟优良品种。该杂交品种平均亩产 225 千克，每亩经济效益超过 2000 元，优质烟比重达 91.38%。2003 年，桐乡地区种植该品种的面积超过全市烟叶种植总面积的 1/3。

(17)松选 4 号。以“松选 3 号”为基础培育而成，除保持原有抗病虫害、色泽好、香气足等优点外，产量大为提高。2001 年，松阳晒红烟种植有 1800 亩烟田选用“松选 4 号”品种，共收购烟叶 355 吨。

(18)松选 7 号。2007 年，松阳县在经过多个科技试验，如小苗直栽大田配套小拱棚的试验、多品种烟叶对比试验、品种单株培育等，培育出一个晒红烟新品种“松选 7 号”。其后逐步推广，种植面积逐渐扩大，至 2010 年“松选 7 号”在松阳种植面积达全县 50%以上。

2. 晒黄烟

浙江省的晒黄烟，以新昌最为有名。清光绪年间，有“密种”和“稀种”两大类。“密种”节距短，叶多而薄。“稀种”节距长，叶少而厚，产量高。种植以“稀种”为多。民国时期各地开始细分品名。新昌、嵊县一带有大秆椰、小秆椰、枇杷种、东路种、细秆梧种等，萧山有荷叶种、尖刀种、铁秆椏种等，兰溪有蒲扇种、尖刀种等，苍南有蒲扇种、尖刀种、大秆椰、牛舌尖等。20 世纪 50 年代后，随着晒黄烟种植面积、产量的减少，一些品种被自然淘汰。1990 年，仅有兰溪、苍南的蒲扇种、尖刀种、半牛舌尖，新昌的东路种、黄烟种等继续种植。晒黄烟主要用作旱烟、斗烟、卷烟原料，调制方法与晒红烟相似。

(1)大秆椰。清代，新昌已有种植。20 世纪 50 年代，传入苍南，称“新昌烟”。株式筒形，秆叶俱壮，俗名“骨烟”。叶呈椭圆形，大而薄，节距密，需肥量较大，叶片生长极茂也不呈暗绿色，花红似桃而浓于其他品种，干叶燃吸无黑色灰，品质较佳。后因干叶易碎，逐渐少种。

（2）小秆椰。清代，新昌烟区就有种植，20 世纪 60 年代逐渐减少，现已绝种。与大秆椰相比，其枝秆、叶形较小，组织细致，色泽鲜明，干叶呈柠檬、橘黄色，主筋细，质佳，但产量低。

（3）枇杷种（俗名“小龙刀种”）。清代，新昌、嵊县已有种植。株式筒形，叶尖长似枇杷叶而得名，叶身较厚，产高质优，惜抗逆性差，易染青枯病、黑胫病等，轮作年限较长。民国以后，逐渐被淘汰。

（4）细秆梧种。清代，新昌已有种植。株式筒形，茎秆纤细，节距密，叶形似梧桐故称，叶耳环周，耐肥喜日照，上、中部叶干后呈金黄色，光泽鲜明，比一般品种售价高。20 世纪 50 年代，已很少种植。

（5）黄烟种。民国以来，新昌、嵊县均有种植。以色黄而得名，嵊县上东种于白沙土壤，调制后呈黄白色。株式筒形，秆硬，花色淡红，大田生长期 90～100 天，亩产 120～140 千克。抗逆性强，特别能抗青枯病、黑胫病等，产量与质量均中等以上。

（6）蒲扇种。因无叶柄，宽卵圆形似蒲扇而得名，又名荷叶种。民国以来，兰溪、苍南、萧山种植。株式筒形，色深绿，叶面较皱，茎叶角度较大，花淡红，生长期 95～100 天，产量150～200 千克，较耐旱，抗花叶病，品质好。

（7）尖刀种。因其外形与晒红烟中的尖刀种相似，而晒制后叶色泛黄而得名。民国时期，兰溪、萧山、苍南等地种植。株式倒塔形，无叶柄，叶呈绿色，叶形宽椭圆，叶尖渐尖似尖刀，主筋较粗，叶薄而细致，花色淡红。大田生长期 100～110 天，抗花叶病、黑胫病、根腐病等，调制后色淡黄均匀，质量中等，亩产 180～220 千克。

（8）密梧种（俗名“大龙刀种”）。20 世纪 60 年代前，新昌、嵊县有种植。株式筒形，茎秆粗壮，节距较密，叶大而较薄，叶耳环围叶柄，耐肥、水，喜光、温，打顶宜早，以增厚叶度，生长期 100 天左右。

（9）铁秆桠种。清代，萧山即有种植。株式筒形，株高叶大而厚，节距中等，茎秆叶脉较硬，茎叶角度小，叶呈柳叶形，大田生长期 100 天（俗称“百日黄”），产量较高。民国 28 年（1939 年），浙江省建设厅农业改进所曾征集江西、广东、广西、福建及全省烟草品种，举行育种观察比较，结果以萧山四都“铁秆桠种”产量最高，常年产量有 150～250 千克。此品种一直延续种植至 20 世纪 70 年代。

（10）东路种。属细秆梧种之一，从清代至 20 世纪 90 年代初，新昌有种植。因多植于县西区之东路一带（当时谓东山乡，后为东茗乡），故谓东路种。株式筒形，花色淡红，大田生长期 90～100 天。亩产 130～150 千克，产高质优。宜于疏松贫瘦土壤，喜阳怕涝。

（二）晾晒烟（香料烟）

香料烟因有特殊香气而得名，主要用于混合型卷烟，起调节香气作用。香料烟调制以逐片穿成串，先晾挂后日晒，故属晾晒烟种类。

浙江省香料烟品种主要是“沙姆逊”（Samsun）。1951 年试种时，还有“坎他那”（Cotouna）、“沙马那”（Smywna）、“牛津 15 号”（Oxford 15）等品种，以“沙姆逊”品质最佳，数十年来屡经培育改良，一直种植至今。1983 年，由郑州烟草科学研究所陆续提供“巴思马”(Basma)、“泰国 SAM”等 10 余品种，在新昌、嵊县与“沙姆逊”对比试种，各品种均不如“沙姆逊”，其中“巴思马”“泰国 SAM”两品种对浙江省土地、气候亦有适应性，产质量也较理想，但尚不及“沙姆逊”。

(1)沙姆逊。新昌、嵊县烟区种植。株式筒形，叶呈宽卵圆形(似心脏形)，色浅绿，花色淡红，大田生长期 120～130 天，具有耐旱、肥少、耕作层浅的特点。亩产 50～75 千克质量最佳，超过则质量下降。叶片着生部位与品质有密切的联系，以上部叶最佳，中部叶次之，下部叶最差。

(2)巴思马。新昌、嵊县曾试种，因其品质较好，因而农科人员曾加以培育试验。株式筒形，茎细，节距较密，叶数 32～38 片，无叶柄，叶呈椭圆形，叶色浅绿，大田生长期 100～120 天，产量 50～70 千克，香味较浓。

(3)泰国 SAM。新昌、嵊县曾试种。其节距较“沙姆逊”密，叶数 33～36 片，叶色黄绿，产量略低。

(三)晾烟(白肋烟)

白肋烟因叶呈黄绿色、主筋乳白色而得名，是制造混合型卷烟的主要原料之一。1961 年试种。1982 年，引进“白肋 18 号”“白肋 22 号”(Burley 22)及“反帝 1 号”3 个品种。1986 年，又引进“KY14 号”“KY56 号”“KY57 号”“KY9 号”4 个品种。经数年种植、筛选，确定种植“白肋 22 号”和“KY14 号”2 个品种，由兰溪烟草公司专人负责统一留种，统一供种。

(1)白肋 22 号。兰溪县梅江和马涧两区种植。株式筒形，茎叶角度较大，有叶耳，叶呈椭圆形，叶色淡黄绿，叶面不平，叶尖渐尖、下垂，主脉突出，色乳白，支脉明显，花色粉红。田间生长整齐旺盛，较耐旱、耐肥、怕涝，抗逆性能中等。大田生长期 100 余天，亩产 150 千克。

(2)白肋 KY14 号。兰溪烟区种植。株式筒形，叶形宽椭圆，叶色浅黄绿，叶面较皱，叶脉黄绿色，花色粉红，大田生长期 106 天。抗黑胫病、根腐病、花叶病。产量适中，品质好，为主要种植品种。

(四)烤烟

烤烟，用专用烤房调制，通过火管散热烘烤干燥而成，并得名。

20 世纪 30 年代，浙江省开始种植烤烟时，烤烟统称“美国烟种”，调制后统称“熏烟”。民国 37 年(1948 年)，浙江省农业改进所第六农业推广辅导区进行品种比较试验，代号“29”“78”“80”“211”“317”等品种产量较高。

1959 年底，从河南省引入“许金 1 号”“抵字 101”“4142-8”“金黄柳”“黄苗松边”等品种，从山东引入“金星 6007”“金星 9006”等品种；1974 年，从云南引入“大金元”，从贵州引入“红花大金元”等多个品种。1993—2010 年期间引入的品种有“云烟 85”“云烟 87”“NC82”“K326”“红花大金元”等品种。

(1)许金 1 号。萧山、兰溪等地种植。株式筒形，叶形椭圆，叶尖渐尖，叶面较平，叶色浅绿，叶薄，组织细致。具有一定的抗逆性，大田生长期 90～110 天。生长快、成熟早，耐旱耐涝，中抗黑胫病和花叶病，亩产 175 千克，质量良好。

(2)抵字 101。萧山、兰溪、遂昌、新昌、嵊县、鄞县(今宁波鄞州)、桐乡等地种植。株式塔形，叶形宽椭圆，叶尖渐尖而钝，叶色浅绿，主脉较细，叶片较薄。前期生长慢，后期快，大田生长期为 100 天左右。亩产 125～150 千克，品质较好。

(3)金星 9006。遂昌、萧山种植。株式筒形，株高茎粗，叶数多，节距中等，叶呈卵圆形，叶面宽平，叶尖渐尖，色浅绿。产量中等，质量较好，大田生长期 100～110 天。

(4)4142-8。萧山、兰溪种植。株式筒形，植株较低，节距密，叶较多，茎粗壮，叶形长椭圆，叶脉较粗，叶面不平，色浓绿。产量中等，调制后色泽暗，油分少，品质较差。大田生长期 100～110 天。

(5)红花大金元。遂昌、兰溪种植。株式塔形，叶呈长椭圆形，色绿，叶尖渐尖，叶面略皱，主脉较细，叶肉厚薄适中，花冠淡红色。大田生长期 100～120 天，抗逆性强，适应广，长势盛，具有抗旱耐肥能力。亩产 160～175 千克，烤后叶色金黄，叶片较厚，油润丰满，品质好。

(6)金星 6007。萧山、兰溪、新昌等地种植。株式筒形，叶形椭圆，色浅绿，叶面较平而略薄，叶尖渐尖，花冠红色。生长势强，耐旱、耐涝，不耐肥，抗黑胫病，易感赤星病、角斑病。大田生长期 110～120 天，亩产 175～225 千克，质量中等。

(7)金黄柳。萧山、新昌、嵊县、鄞县、黄岩、桐乡、遂昌等地种植。株式塔形，叶似柳叶长椭圆形，色浅绿，上、中部叶片支脉间略凸，叶基窄、叶耳小、叶尖渐尖，叶片较薄。大田生长期 120 天左右，生长势强，高抗黑胫病，易感赤星病，品质好，亩产 175～200 千克。

(8)云烟 85。2000 年，在庆元、金华、仙居、云和等县全面推广种植。该品种由云南省烟草科学研究所用“云烟 2 号”和“K326”杂交选育而成，1996 年通过全国烟草品种审定委员会审定。株式塔形，腰叶长椭圆形，叶尖渐尖，叶色绿色，叶面较平，叶缘波浪状，叶耳大，叶肉组织细致，茎叶角度中等，花序松散，花冠红色。“云烟 85”原烟多为橘黄色，主要化学成分适宜，比例协调，卷烟评吸香气质好、量足、劲头适中，口感舒适柔和，具有典型的清香型风格。

(9)云烟 87。2002 年，庆元县推广种植。该品种是云南省烟草科学研究所、中国烟草育种研究(南方)中心以“云烟 2 号”为母本、“K326”为父本杂交选育而成，2000 年 12 月通过国家品种审定委员会审定。该品种株式塔形，打顶后为筒形，叶面皱，叶色深绿，叶尖渐尖，叶缘波浪状，叶耳大，花枝少且比较集中，花色红。大田生长期 110～115 天，种性稳定，抗黑胫病、南方根结线虫病、普通花叶病、叶斑病、青枯病。品种下部烟叶为柠檬色，中上部烟叶为金黄色或橘黄色，烟叶厚薄适中，油分多，光泽强，组织疏松。各种化学成分协调，优质、适产、高效益。适应广，抗逆力强，失水平衡，定色脱水较快，烟叶变黄定色、脱水干燥较为协调，容易烘烤。

(10)NC82。2004—2005 年，庆元县种植。该品种植株筒形，叶形长椭圆，叶片较厚，叶面较皱，叶色深绿。大田生长期 110 天左右，耐肥，不耐旱，对低温敏感。苗期或移栽后若较长时间低温容易发生早花。抗黑胫病，易感赤星病和气候斑点病。一般亩产 150 千克左右。品质好，初烤叶色橘黄，油分多，组织疏松，上等烟比例高。化学成分适宜，评吸香气量足，吃味纯净。

(11)K326。2006年,庆元县种植。该品种由美国于1983年育成,亲本是McNair30和NC95纯系。1985年引入,经试验示范,全国烟草品种审定委员会认定为优良品种。该品种植株为筒形,叶形长椭圆,叶面较皱,厚度适中。大田生长期110天左右,耐肥,抗黑胫病、青枯病、感赤星病、病毒病和气候斑点病。叶片分层落黄好,容易烘烤。初烤烟叶颜色橘黄,油分多,叶片结构疏松。烟叶化学成分协调,评吸香气量足,吃味纯净。

二、分布

浙江省于明代嘉靖年间始种烟草,至明代末年,有的地区已广为种植。据《癸巳存稿》记载:“崇祯末,嘉兴遍处栽种,三尺童子莫不食烟”①。浙江省的烟草栽种分布当属晒烟最广,香料烟、烤烟次之,白肋烟涉及的种植区域较小。省内分布按种类进行记载。

(一)晒烟(晒红烟、晒黄烟)

明代,湖州、嘉兴、绍兴、杭州等地有所种植。

清代康熙年间,杭州一带乡人多以种烟为业。浙江省石门成为全国主要烟叶产地之一。清乾隆年间,崇德烟与黄县(今山东龙口)烟、曲沃(今山西曲沃)烟、美原(今属陕西富平县)烟同为全国名烟。萧山亦盛产烟叶,产自山乡瘠土者佳。塘栖烟与济宁烟、衡(今湖南衡阳)烟、川烟齐名。清末时,浙江省已是主要烟叶生产省,大多数市县有烟草种植。桐乡、松阳、新昌等地所产烟叶,畅销国内外。

民国6年(1917年),省内烟叶种植地区遍布50余县,主要产区为新昌、萧山、平阳、桐乡、松阳、浦江、余杭、定海、鄞县及严州(今建德市)、台州等地,其中主产区桐乡、松阳、崇德及零星产地吴兴(今属湖州市)、海宁、嘉兴等地生产晒红烟,其余均产晒黄烟。民国21年,全省有63县种植,其中桐乡、崇德、新昌、嵊县、萧山、松阳、浦江等县产烟500吨以上,吴兴、桐庐、建德、温岭、黄岩(部分为烤烟)、青田、瑞安、龙游等县年产量50吨以上,其余各县少者几吨,多则数十吨不等。民国36年,全省有50县种烟,新昌、萧山、桐乡、平阳、松阳等县产烟500吨以上,鄞县、浦江、瑞安、嵊县、桐庐、奉化等县年产量250～500吨,永嘉、崇德、杭州市郊、嘉兴、余姚、龙游等地年产量50～250吨,温岭等13个县年产量5～50吨。

1951年,全省有40余县种植烟叶。桐乡、松阳、新昌、嵊县、萧山、平阳、浦江等县年产量500吨以上,吴兴、桐庐、余杭、建德、淳安、黄岩、温岭、瑞安、永嘉、乐清、兰溪、武义、磐安等县年产烟50吨以上。

1962年,烟叶种植县扩至62个,其中:桐乡、新昌、萧山、嵊县、嘉兴等县年产量500吨以上,余杭、兰溪、遂昌、杭州市郊、海宁、金华、平阳、吴兴、富阳、海盐、平湖、瑞安、诸暨、德清、桐庐、临安、嘉善、东阳、绍兴、淳安、江山、衢州、宁波市郊、义乌、鄞县、建德、永嘉、上虞、慈溪、安

---

① 〔清〕俞正燮:《癸巳存稿》,收入清藏书家杨尚文辑镌的《连筠簃丛书》卷十一《吃烟事述》,道光二十八年(1848年)灵石杨氏刊本。“嘉兴遍处栽种,三尺童子莫不食烟”,原出清嘉兴王逋所撰《蚓庵琐语》。

吉、长兴、余姚、象山、温州市郊、天台、宁海、黄岩、临海、温岭、乐清、武义、奉化、开化等地年产量50吨以上，泰顺、龙泉、三门、镇海、缙云、文成、玉环、常山、仙居、永康、青田、丽水、云和、舟山等县年产量不足50吨。

1973年，全省15个县集体(生产队)种植烟叶，种植面积2.65万亩，产量2870吨，其中桐乡、遂昌、新昌、嵊县、兰溪、平阳6个县的产量占95%；43个县有烟农个人种植烟叶，产量1680吨。年产量500吨以上1个县，100吨以上1个县，50吨以上9个县，其余均在50吨以下。1978年，全省有44个县种植烟叶，其中42个县有烟农个人种植，集体种植的县为15个。

1984年9月，桐乡、松阳的晒红烟，新昌、嵊县、兰溪、苍南的晒黄烟被列为全国名晾晒烟。1985年，全省种植晒烟除上述6县外，还有武义、遂昌、文成、江山、衢县(今属衢州)、湖州、泰顺、建德、临安、淳安、磐安、浦江、龙游、开化、常山、青田、云和、景宁、龙泉、庆元、缙云、临海、仙居等市县，产量都在40吨以下。

1986年3月，桐乡、松阳两县被中国烟草总公司列为全国名晒烟出口生产基地县。此后，浙江省烟草公司(以下简称省烟草公司)按照提高质量、树立信誉、突出特色的要求，决定在重点发展香料烟的同时，对晒烟种植实行以销定产。桐乡、松阳两县晒红烟常年种植面积保持在2万亩左右。新昌、嵊县的晒黄烟大部分改种香料烟。兰溪、苍南两地的种烟户也大部分改种其他作物。

1990年，苍南、兰溪晒黄烟主产区产量只有数十吨，新昌、兰溪、苍南等县种植少量的晒黄烟，因产量低、成本高，一直处于亏损状态。

1991—2010年，浙江省晒烟种植规模呈下滑趋势。苍南、兰溪、新昌等县种植晒黄烟难以维持。1992年，全省晒黄烟产量25.38吨，每亩减税纯收益却亏损88.68元，尤其是销路不畅，使烟农不堪重负，纷纷改种香料烟或其他经济作物。1994年后，浙江省已不再种植晒黄烟。桐乡、松阳两地种植晒红烟虽然自古延今不绝，但种植面积从1991年的1.5万余亩下降到2010年的2000余亩。

(二)晾晒烟(香料烟)

1951年初，华东工业部上海烟草工业科学研究室余茂勋工程师，从美国带回土耳其“沙姆逊”香料烟种子。该室随即派余茂勋、丁瑞康两位工程师到浙江省指导试种，省农业厅特产局派烟叶技术干部易心诚参与这项工作。5月，在新昌县石溪乡荷花塘村试种，并成立试种香料烟管理委员会。当年共试种1.98亩，4170株，产烟125千克。1952年，种植面积扩至16.57亩，产量892.75千克。次年，新昌县在新溪、西岭、东山、诚爱等12个乡、44个村推广种植，实种193亩，总产量12吨。1955年，种植468亩，产量30余吨。嗣后，面积逐年扩大，品质不断提高，成为国内第一个香料烟产区。此后，国内各地引种、试种的香料烟种子和技术资料，多由新昌县提供。

1957年，省农业厅特产局派技术员到金华石门农场的黄土丘陵试种香料烟，获初步成功。1960年，遂昌县红光公社上方生产队(今松阳县上方村)小面积试种香料烟。1967年，嵊县上东区新合、小柏、金山公社试种香料烟，获得成功。翌年，扩大试种范围达20个生产大队。

1976年前，新昌、嵊县香料烟年种植面积保持在2000～3000亩。1977年后，嵊县成为国内又一香料烟主产地。20世纪80年代后，随着混合型卷烟的不断发展，需求量逐年增加，新昌、嵊县两地香料烟生产得到较快发展，由主要生产晒黄烟转为生产香料烟为主。1981年，两县收购香料烟1900吨，为1979年的6倍多。1984年，新昌、嵊县为香料烟主产地，所产的香料烟被列为全国名晾晒烟。

1988年，香料烟种植扩向文成、上虞、仙居等地。新昌、嵊县被中国烟草总公司列为优质香料烟基地。1989—1990年，新区试种扩大至平阳、苍南、瑞安、瓯海、景宁、庆元、江山、兰溪、浦江等县。

1991—2010年，香料烟主产区为绍兴地区的新昌、嵊州两县(市)。此期间正是浙江省农村经济蓬勃兴起的阶段，参与香料烟试种的有平阳、苍南、瑞安、瓯海、景宁、庆元、江山、兰溪、浦江等县。同时，缙云、东阳、磐安、仙居等县(市)中亦有相对贫困的乡镇先后参加试种，但因所种烟叶产量、质量不如新昌、嵊州，或因经济效益不佳而先后停止试种。

(三)晾烟(白肋烟)

1961年，省轻工业厅将轻工业部郑州烟草研究所提供的白肋烟种子，发给兰溪、桐乡、萧山等地试种，但未成功。1972年底，兰溪县供销社从湖北建始县引进白肋烟种子。次年，在该县梅江、马涧等地试种成功。1976年起，因推行烤烟种植，兰溪县白肋烟停种。1982年恢复种植。1987年，省烟草公司将兰溪市列为白肋烟生产区。

1989年，温州市烟草公司与乐清烟草公司在该县大荆试种未成功。由于种植其他经济作物收入比烟叶高，虽经多年种植，面积仍难扩展。次年，兰溪、乐清等地少量种植，产量仅2.8吨。其后白肋烟种植逐步萎缩，至1994年全部停种。

(四)烤烟

民国19年(1930年)，黄岩县沙埠乡南湖村农民胡兰亭通过烟商孙委申，从河南许昌带来烤烟(当时称“熏烟”或“美种烟”)种子和生产、烘烤(调制)技术资料，由胡试种。成功后，邻村农户仿效种植，面积、产量渐增。民国22年，鄞县下应人应继琛从英美烟公司在华买办邬廷生处取来美国烤烟种子，交韩岭烟厂老板金吟生。次年，金在鄞县韩岭、咸祥、大嵩等地交农民试种，颇得农民欢迎。嗣后得到鄞县县长陈宝麟支持，面积、产量增加。鄞县种的烤烟，称为“韩岭烤烟”。民国23年初，吴文元在杭州创设中国惠农垦业公司，采购烤烟种子，在杭州笕桥、乔司一带指导农民试种。民国24年春，中国惠农垦业公司发表播种美国烟叶宣言，继续在笕桥、乔司一带试种，并于3月间在新昌试办浙江省改良美种烟叶农场。4月，松阳县古市烟业同业公会也将全浙公会所寄美国烟种，择地试种。民国27年，浙江省农业改进所在松阳县中心农场继续试种烤烟。次年1月2日，核准施行该农场推广种植烤烟暂行办法。民国29年前后，温岭、乐清、奉化、镇海、余姚等地也有种植。民国37年，桐乡县农业推广所从云南大学农学院试验场引入烤烟种子试种，但未推广。民国38年1月，农林部烟产改进处在萧山设立烟草工作站，试种烤烟。

20世纪50年代初期，仅黄岩、鄞县、余姚、奉化、镇海等地，尚有少量烤烟种植。1952年，鄞县、黄岩、温岭等地烤烟，因质次价高而滞销。50年代后期，因缺煤炭、成本高等原因，省内全部停种。

1958年11月15日，省人民委员会下发《关于1959年发展烟叶生产的通知》，要求种植烤烟3万亩。1959年，各地为保证粮田面积，未落实种植计划。12月，省农业厅、轻工业厅、商业厅联合发出通知，要求鄞县、嵊县、遂昌、兰溪、桐乡、平阳、萧山等地在1960年试种烤烟3万亩。1960年1月，由省农业厅、轻工业厅、供销合作社联合成立省种烟办公室。由省农业厅从河南、山东等地引入烤烟种子，分发各主产烟区和曾种过烤烟的黄岩县沙埠、鄞县韩岭等地，是年烤烟试种初步成功。1963年，萧山、兰溪、新昌、嵊县、鄞县、黄岩、遂昌、金华等县都有烤烟种植，面积3948亩。而后，因烟与粮争地、争肥、争劳力和燃料供应困难等原因，各地先后停种。

1974年，兰溪再度在新开发的黄土丘陵上试种烤烟。1975年初，金华地区实际种植994.5亩，试种基本成功。1977年，兰溪、金华、衢县三县有13个公社、37个大队、172个生产单位（大队作业队及生产队）种植烤烟，种植面积1046亩，建有烤房142个。至1980年前后，仍因费工、成本高、价格不合理等原因，相继停种。

1993年，省烟草公司第三次试种烤烟。是年1月，省烟草公司制定《1993年浙江省优质烤烟试种工作方案》，在文成、安吉、江山三县（市）开展小面积烤烟试种。1996—1997年，烤烟试种主要在安吉、金华两县施行。1998—2001年，全省烤烟种植突破万亩，主要分布于庆元、金华、仙居、云和等县。2002年，是浙江省试种烤烟以来种植面积最大、烟叶收购量最多的一年，种植面积超过2万亩，收购量超过2500吨。先后有安吉、文成、江山、金华、庆元、仙居、云和、景宁、龙泉等县（市）开展烤烟试种。然而，由于种植烤烟的投入与产出比价甚为接近，以至于亏损，大多县（市）在试种数年后选择了退出。至2010年，仅有丽水地区的庆元、景宁县种植烤烟。

三、种植面积

民国以前，浙江省烟叶种植面积、产量无考。进入民国后的20余年间，亦只有零星记载。如据农商部的统计，民国6年（1917年），浙江省种植烟叶40.35万亩。据民国12年《中国年鉴》统计，民国7年，浙江省烟叶种植面积23.28万亩。据国民政府中央主计处统计资料，民国21年种烟面积33.3万亩。直至民国22年（1933年）起，方有了比较确切且延续的（极个别年份除外）全省烟草种植面积统计。

表 48-1-1-1　　民国 22—36 年(1933—1947 年)浙江省烟叶种植面积一览表

单位:万亩

年 份	面积	年 份	面积	年 份	面积
民国 22 年	24.10	民国 27 年	9.80	民国 32 年	11.80
民国 23 年	22.90	民国 28 年	12.40	民国 33 年	11.30
民国 24 年	23.10	民国 29 年	12.60	民国 34 年	9.90
民国 25 年	23.70	民国 30 年	10.50	民国 35 年	18.80
民国 26 年	27.80	民国 31 年	11.00	民国 36 年	17.90

资料来源:民国 22—36 年(1933—1947 年)国民政府农林部农业实验所农情报告资料。

表 48-1-1-2　　1949—1983 年浙江省烟叶主产区种植面积一览表

单位:万亩

年 份	总计	桐乡	松阳	新昌	嵊县	苍南	兰溪	萧山
1949	12.82	4.62	0.39	3.98	1.20	0.76	—	1.87
1950	13.35	3.85	0.64	4.55	1.04	0.82	—	2.45
1951	15.11	4.77	0.93	5.30	1.03	0.95	0.51	1.62
1952	16.51	5.46	1.23	6.36	0.67	1.06	0.61	1.12
1953	10.46	5.27	0.82	2.50	0.41	0.65	0.35	0.46
1954	7.06	2.88	0.86	2.06	0.45	0.35	0.14	0.32
1955	9.21	4.51	0.56	2.52	0.53	0.43	0.29	0.37
1956	9.18	4.80	0.79	2.03	0.42	0.32	0.32	0.50
1957	7.81	4.04	0.64	1.70	0.55	0.29	0.27	0.32
1958	5.04	2.39	0.48	1.50	0.31	0.22	0.14	—
1959	2.84	1.47	0.42	0.64	0.08	0.12	0.11	—
1960	5.70	2.28	0.74	1.58	0.22	0.27	0.25	0.36
1961	4.67	1.76	0.54	1.90	0.27	0.07	0.09	0.04
1962	6.92	1.88	0.67	2.46	0.42	0.60	0.50	0.39
1963	7.98	2.25	0.57	3.08	0.63	0.63	0.42	0.40
1964	7.14	2.45	0.63	2.43	0.47	0.76	0.07	0.33
1965	5.19	1.28	0.53	2.30	0.41	0.34	0.05	0.28

续表

年　份	总计	桐乡	松阳	新昌	嵊县	苍南	兰溪	萧山
1966	4.17	1.14	0.51	1.55	0.49	0.34	0.04	0.10
1967	4.17	1.60	0.49	1.43	0.36	0.14	0.06	0.09
1968	5.03	1.90	0.48	1.95	0.44	0.14	0.06	0.06
1969	4.15	1.60	0.48	1.33	0.31	0.28	0.07	0.08
1970	3.84	1.49	0.51	1.43	0.25	0.06	0.09	0.01
1971	3.65	1.27	0.57	1.40	0.14	0.16	0.11	—
1972	3.75	1.35	0.62	1.38	0.15	0.11	0.14	—
1973	3.44	1.35	0.61	1.10	0.15	0.07	0.16	—
1974	3.84	1.47	0.58	1.18	0.10	0.06	0.18	—
1975	3.11	1.38	0.53	0.93	0.10	0.05	0.12	—
1976	3.52	1.49	0.51	0.83	0.10	0.04	0.10	—
1977	2.95	1.42	0.47	0.70	0.09	0.19	0.08	—
1978	2.87	1.44	0.53	0.58	0.13	0.10	0.09	—
1979	3.12	1.46	0.55	0.71	0.13	0.16	0.11	—
1980	3.80	1.32	0.48	1.05	0.55	0.14	0.26	—
1981	4.90	1.00	0.38	1.53	1.54	0.13	0.32	—
1982	4.96	1.20	0.37	1.95	0.84	0.18	0.42	—
1983	3.61	1.68	0.42	0.93	0.30	0.17	0.11	—

资料来源：1949—1983年按浙江省统计局、农业厅统计资料计入。其中桐乡（1957年前含崇德）、新昌按县统计局资料计入，萧山按杭州市统计局资料计入。嵊县1949—1977年根据嵊县《国民经济统计资料》计入，1978—1983年为嵊县供销社、烟草公司统计资料。苍南1949—1980年根据平阳统计局、计委资料计入。

说明：晒黄烟、白肋烟种植面积甚微，不在此列入统计。

表48-1-1-3　　1984—2010年浙江省烟叶种植面积一览表

单位：万亩

年　份	总　计	香料烟	晒红烟	烤　烟	年　份	总　计	香料烟	晒红烟	烤　烟
1984	3.93	2.16	1.77	—	1987	5.32	2.92	2.40	—
1985	5.88	3.47	2.41	—	1988	4.87	2.15	2.72	—
1986	4.82	2.66	2.16	—	1989	5.17	2.76	2.41	—

续表

年　份	总　计	香料烟	晒红烟	烤　烟	年　份	总　计	香料烟	晒红烟	烤　烟
1990	4.89	2.42	2.47	—	2001	2.73	1.14	0.50	1.09
1991	4.59	3.00	1.59	—	2002	3.68	1.22	0.44	2.02
1992	5.37	3.40	1.97	—	2003	3.26	1.29	0.53	1.44
1993	2.46	0.78	1.68	（试种 20 亩）	2004	2.93	1.18	0.54	1.21
1994	0.77	0.52	0.25	—	2005	2.36	1.15	0.34	0.87
1995	1.19	0.64	0.55	（试种 20 亩）	2006	2.03	1.22	0.21	0.60
1996	1.71	1.08	0.63	（试种 107.2 亩）	2007	2.03	1.22	0.21	0.60
1997	2.47	1.59	0.76	0.12	2008	1.93	1.33	0.30	0.30
1998	1.99	0.90	0.77	0.32	2009	1.91	1.23	0.30	0.38
1999	1.81	0.83	0.59	0.39	2010	1.76	1.30	0.21	0.25
2000	2.11	1.02	0.53	0.56					

资料来源：1984—1986 年按浙江省统计局、农业厅统计资料计入；1987—1990 年主产区按县烟草公司统计数计入，零星产区按地区烟草公司统计数计入；1991—2010 年根据新昌、嵊州（1991—1994 年为嵊县）、桐乡、松阳、庆元等各产烟区烟草公司统计资料计入。

第二节　种　植

烟草作为经济作物，其种植须有宜其生长的气候、土壤等自然条件。在浙江省种植的 4 类烟草，大田生长期一般在 100 天上下（视品种而异，生长期最短的约 80 天，生长期最长的需要 130 天），日照时间一般需 900 小时以上。在栽培过程中，烟草需要相当的肥、水之利，烟农更需具备一整套种植技术，其中有些特殊的栽种技能，如打顶抹杈，为其他农作物所无。烟草摘收后，又必须立即对其进行调制方能保证其品质，即将其晒干、晾干或烤干，有的要先晾后晒，调制完成后才能交售，故调制技术亦纳入本节记载。政府对烟叶种植的扶持始于 1951 年，最初仅是简单地实行肥料赊销或预付收购定金，随着国民经济的发展，扶持措施逐步扩增，力度亦逐渐增强。

一、自然条件

（一）气候

浙江省位于东南沿海，北纬 27°12′～31°30′，东经 118°～123°。地处欧亚大陆东侧，倚陆面海，属亚热带季风气候。冬夏季风交替显著，四季分明，气候温和，光照充足，雨量充沛，空气湿润。各气象要素之间，具有光、热、水同步，高低值同季的特征，但四季均可能出现一些灾害性天气。省内年平均气温，除高山地区外，皆在15℃～18℃之间，全年日照时数为1800～2100小时，热量条件较好。年降水日一般在140～180天之间，常年降水量在1100～1900毫米，无霜期230～270天。大部分地区的气候适宜于烟叶的生长。

烟种在温度7.5℃～10℃时，开始萌发。省内烟区，2月下旬均温已达10℃左右，利于出苗。3月中下旬可达15℃左右，光温适宜，对幼苗生长有利。4月中下旬至5月上旬气温可达20℃左右，雨热同步，利于烟叶移栽、成活。5月中下旬，月平均日照时数在150小时左右，均温在20℃以上，适宜于烟叶生长。至6月中旬，时届梅雨期，利于烟株盛长，但因降雨量略多，肥力易于流失，故6月中旬还宜补施追肥，防止开片时脱肥。6月底开始，烟叶相继进入成熟和采摘调制期。主产烟区7月份的平均日照时数多在250小时以上，且天气晴朗，太阳辐射强，有利于烟叶成熟和采、晒以及品质的提高。但间有雷阵雨，需加强烟田排水与及时收、晒。

表48-1-2-1　烟草生育期及收获期对光、温、水要求与浙江省内烟区气候对比情况一览表

时期		月平均光、温、水要求			主产烟区历年平均			
		光照	温度(℃)	降雨量(毫米)	月份	日照时数(小时)	温度(℃)	降雨量(毫米)
苗期	初期	和煦	12～15	约50	2	116	＞5	78
	中期	温暖	15～20	约80	3	133	＞10	112
	成苗期	充足	约20	约100	4	146	＞15	141
大田生长期	栽后成活期	充足	＞20	约120	5	150	＞20	177
	旺长期	充足不烈	约24	约140～180				
	成熟期	多光照	约26	约100～150	6	160	＞24	205
调制期	下部叶	光照稍强	约28	无久雨、阴天	7	254	＞27	127
	中部叶	光照强	约28	无久雨、阴天				
	上部叶	光照强烈	约30	无久雨、阴天				

资料来源：省烟草公司1990年收集整理。

说明：产烟区的平均气温分析，主要用于对烟农进行种植科普教育及为计划烟叶生产布局提供参考。

（二）土壤

清末民初，浙江省烟区就有“前人种烟，择地为先”“欲得佳品，必择合宜土性”①的记载。

① 《浙江省烟草志》，浙江人民出版社1995年版，第26页。

认为沙壤土排水良好，有机质适中，宜出佳品；若多黏土地，有机质含量高，产量虽高但质量差；山地种烟，择向阳斜坡，以白沙土山为上，黄沙土山次之，平坡最差。浙江省各烟区因所产烟类不同，对土壤性质、土层深浅、结构松黏、含沙率轻重等方面的选择，也有所不同。

桐乡晒红烟多种于小粉田土、黄斑田土、堆叠土等。此类土含粉沙泥质（白沙），质地轻松，富有粒状及团黏结构，有良好透气性，夜间能返潮，烟叶生长好，病害少，烟质佳。松阳晒红烟种植于松古平原（浙江西南松阳县及古市镇一带），以含有细沙粒、土层深厚、结构疏松的黄泥沙土最适宜，山地以低山丘陵的黄泥沙土、红沙土为好。

关于晒黄烟产区新昌、嵊县的土壤，光绪二十三年（1897 年）《农学报》[①]第十八册即有记载："东乡北庄、华堂等处，山皆白沙，烟质气重善灼，推为首选；南乡、北乡山地色黄，其质不及东乡之美。"民国 8 年（1919 年），新昌土质以带沙冷黄泥隔为上，红朱沙泥者尤善，次为白沙土，下为黑沙土，产烟色红黑，气味稍逊，最下者谓无隔轻松之香灰土，不宜种烟。温州苍南的晒黄烟以种于河谷盆地黄泥沙土者较优，植于丘陵梯塝地红黄沙土者次之。兰溪的晒黄烟以种于紫泥沙田、黄泥沙土、红紫沙土者为佳。萧山晒黄烟以植于闻堰、浦沿、长河三乡交界处的黄泥沙土者烟质较好。其他如种于小粉泥土者，因其沙粒少、黏性重，烟质较差。东部沙地，土壤含氯量高，不宜种植。

香料烟主产地在绍兴地区。绍兴市东南部有四明山和天台山环绕成的浙东丘陵山地框架，地貌类型可分为高山低丘山地、中山丘陵台地和部分低山缓坡耕地。海拔 150～600 米适宜烟草生长的缓坡可耕地面积达 50 余万亩。土壤多属红壤土和黄壤土，耕作层 20～30 厘米，大部分土壤有机质含量较低，磷、钾含量丰富：据第二次土壤普查和对烟区土壤取样分析，有机质 2%以内，氮 0.048%～0.091%，速效磷 12～19.46 毫克/千克，速效钾 82～102 毫克/千克，pH 值 5.1～6.2，符合上述条件的土壤十分适宜种植香料烟。新昌、嵊县等地多植于有机质含量较低、土层不深、表土疏松的朱红沙土、黄泥沙土和白沙土的山地。

烤烟多种植于红沙土与黄泥沙土，土质属中等，各产烟区试种烤烟，多植于原种植晒烟的土壤。其中以遂昌、庆元烟区土壤，种植烤烟质量最佳，香气足、颜色黄、光泽亮。庆元县土地资源十分丰富，共有 4 个土类、9 个亚类、30 个土属、72 个土种。其分布规律一般是海拔 800 米以上山地为黄壤，800 米以下山地为红壤，局部有黄红壤；中西部低山台地的山垄、山坡及洪积地等开阔平缓地区既适合种植水稻，又适宜种植烟草。兰溪的白肋烟，也植于原种植晒烟的土壤，品质属中等。

清末民初，浙江省烟区农民对土壤中的有效养分含量与种烟的关系，就有一定的认识，认为富钾而微含氮磷者为上，富含石灰质者次之，若含盐化物质者断非所宜。根据各烟区土壤调查，其肥力含量因质地不同而有差异。新昌、嵊县种烟山地的坡度，一般在 15°～30°之间，土层较薄，沙性重，保肥力差，养分易于流失，有机质含量为 1.1%～1.51%。黄泥沙土多是山间小块盆地，土层较厚，肥量流失小，有机质含量均在 2%以上。桐乡晒红烟大部分间作在

---

① 光绪二十三年（1897 年）四月，罗振玉、蒋黼等在上海发起成立农学会。同年四月二十四日（1897 年 5 月 25 日）农学会创办《农学报》（原名《农学》）。初为半月刊，次年改为旬刊。

菊花地，幼林、稀林桑地，少有白地和田烟。这些旱地土质疏松，黏性轻，养分易于下渗，有机质含量在1%～2%之间。松阳烟区，地处环山谷中之盆地，因山林腐殖物冲积而致土壤较肥沃，平均有机质含量在2.72%，对晒红烟生长有利。兰溪梅江烟区，以黄泥沙土和紫泥沙土为主，有机质含量在1.5%～2.5%之间。萧山四都烟区以小粉泥黏土为主，土壤肥力较高，有机质含量一般在2%～4%，所产烟叶叶大茎粗质差。苍南烟区土壤有机质含量在2%左右。因烟叶用肥量大，烟后土壤肥力比其他作物收后含量要高。

土壤酸碱度（即pH值），全省各烟区均在5.5～6.8之间，大部分属于微酸性。含氯量高的土壤和盐碱、沼泽地不宜种烟。1983年、1986年、1988年对省内一些烟叶主产区曾进行过土壤养分分析，获得的数值至今仍有参考价值，见下表。

表48-1-2-2　浙江省若干烟叶主产区土壤主要养分含量分析和酸碱度情况一览表

地区	年份	土壤养分含量分析				pH值
		有机质（%）	含氮（%）	速效磷（毫克/千克）	速效钾（毫克/千克）	
新昌	1988	1.57	0.091	19.46	102.1	6.1
嵊县金庭乡	1983	0.77～1.84	0.048～0.069	1～12	22～82	5.5～6.2
兰溪	1986	1.62～3.16	0.226～0.099	10～20	60～100	5.5～6.8
桐乡	1986	1.32～4.48	0.093～0.236	3.7～16.3	71～158	6.0～6.5
松阳	1986	2.72	0.158	23	67	5.5～6.5
苍南	1986	1.35～2.43	1.05～1.22	12～31.20	26～51.13	6.0左右

资料来源：根据《浙江省烟草志》浙江人民出版社1995年版第27页表格整理。

（三）自然灾害

气候直接影响烟叶的生长、收获和产量、质量。浙江省烟农历来重视气候因素的影响。“若生育之际日少、低温，成熟不易，风味亦减；雨湿过多则质弱味淡，罹疾又易。需日光长而久，雨量少而适，则叶致厚，芳香浓郁。是以时雨不如雷雨，风以微小为贵。”①浙江省的亚热带季风气候虽然具有较好的光、热、水条件，但由于冬夏季风的强弱或进退的迟早，也带来反常的低温或高温，或雨水失常。浙江省的主要农业气象灾害，除异常的高、低温外，有伏秋的干旱、洪涝及台风、冰雹等。

乾隆四十六年（1781年）六月十八日，桐乡烟区遭台风、雷雨袭击，烟叶受损。光绪三十四年（1908年），桐乡、崇德两县在烟叶生长、采收季节，连绵阴雨，致收获不过四成，烟价又低，每百斤顶烟只售大洋5元，烟农均亏本。民国21年（1932年），正值烟叶收获季节，新昌大

① 〔民国〕金城修，陈畬、俞函三纂《新昌农事调查》，民国8年（1919年）铅印本，收入〔民国〕《新昌县志》。

雨连绵，适宜采收的叶片因无阳光而致田间霉烂，收成比上年减五六成。民国23年，全省大旱，自夏历四月二十八日至七月十九日，连续80余天无雨，全省75个县有72个县受灾，各类作物的收获量大减，烟叶虽较耐旱，也仅收四至六成。民国29年，全省遭大旱，自夏历四月初晴至六月初，烟叶减产三四成。

1953年6—8月，42天无雨，烟叶发育不健，植株矮小，后复遭风、虫灾害，全省减产30%（按生产计划仅完成67.71%）。1954年，桐乡烟区正值苗期，接连大雨倾注数日，大部分苗床被涝，梧桐、百福乡组织干部群众抢救，保存了大部分苗床。但因久雨，烟苗生长脆弱，劣苗较多，造成烟苗不足，每亩苗价由3元涨至7元，并推迟移栽（立夏前后仅移栽10%）。是年，受洪涝灾害，全省烟叶生产比1950年减产52%。1956年烟叶采收季节，个别地区先遭冰雹、龙卷风；8月1日，全省烟区再遭受台风袭击，最大风力12级，致后期烟叶损失严重。据不完全统计，全省烟叶减产15%～20%，质量相应下降。1957年3月上旬，桐乡、崇德、萧山等地遭春雪及严重冰冻，出土烟苗受冻较多，致缺苗并推迟移栽，三县烟叶有不同程度减产。1958年，全省旱情严重，自移栽至采收，仅下雨4～5次，总雨量40～50毫米。水分不足而影响烟叶生长，全省产量降低40%左右。1960年，平阳烟区遭台风袭击，比正常年景减产50%。1980年5月4日下午，遂昌突遭狂风暴雨夹冰雹的袭击，40分钟降雨50毫米，风力达11级，较大冰雹块似乒乓球，21个公社受害，烟田淹损1500余亩。6月26—27日，全省各烟区又遭不同程度的冰雹袭击，桐乡南部有6个产烟乡受冰雹灾害，冰粒小似蚕豆、大若拳状，受损烟田780亩，损失折人民币20万元以上。1988年7月30日，新昌、嵊县遭特大暴雨袭击，两县香料烟损失严重。8月8日，第7号台风袭击浙江省，部分烟叶产区严重受灾。1990年5月3日，松阳县遭受龙卷风、暴雨夹冰雹袭击，烟叶受损严重。1993年6月18—24日，松阳县连续7昼夜暴雨，全县共损失烟叶125吨，经济价值65万元。6月30日至7月6日，又遭暴雨袭击，损失烟叶275吨。两次洪涝灾害，90%的烟田受灾，损失烟叶及烟叶生产物资达165万元。2005年6月18—22日，庆元县普降大到暴雨，最大降水量331毫米，为20年一遇的特大洪灾。烟田重度毁损989亩，遭毁灭性破坏462亩，烤房倒塌26座，直接经济损失128.57万元。2010年3月上旬，受强冷空气影响，丽水各地都出现强降温、寒冷天气，部分地区出现冻雨或雨夹雪，严重影响即将大田移栽的烤烟烟苗生长，甚至造成程度不同的死苗、缺苗现象。

二、耕作制度

（一）轮作

烟地轮作，是浙江省烟区农民用地与养地结合的传统经验。烟草属茄科作物，易遭病虫害。由于某些病菌的生活史较长，若前作是同科作物，病菌可在土壤残留物上寄生，必将影响后作。因此，同一块地不能连年种烟，且不能与同科作物轮种，只能与异科（禾木科）作物轮作，使菌类无寄主而自灭。

清代，浙江省烟区即已实行轮作。光绪二十六年（1900年），由北洋官报局印刷出版的《种烟叶法》记载：种烟不论山林原隰，只宜轮种，不宜连作，若连年种烟，即黄萎而死，土人呼之曰“瘟”。初僻之荒山，气新力厚，可以连种一次，然必将上年打下之梢头、纤毫不遗于其地而后可，否则亦必瘟，所以种烟者，必年年换地。大都隔3年始可复种一次，惟种过落苏（茄子）者，不能种。此外松树、桑林之下，亦可3年一种。

民国时期，烟区农民对烟地轮作有了进一步认识。认为植烟连作易受瘟病及虫害，系因烟后之地，遗留一种自害毒素于土中，使后作同类物不能再生，故必过数年，俟其毒被水或气消释遣散后再种。与烟草轮作以麦类、玉米、粟等为宜。民国22年（1933年）《中国实业志》载：“浙江省烟草，轮作种植，其作用在于避免病、虫为害。如蚀叶之烟虫、嚼根之地蚕、吮液之蚱蜢等。若与他物轮种，则可避免虫害，减轻病害。”①

轮作年限，各烟区有所不同，少则隔年，多则数年，甚至十余年不等。水稻地种烟，大部分为三年二熟，旱地种烟有三年二熟或四年二熟。新昌、嵊县山地种烟，为防止顽固性病害，轮作年限较长。轮种的作物，各地不尽相同。

（1）旱地轮作。桐乡：在1963年前为冬闲（或蚕豆）→（表示换年，下同）夏烟—秋烟或秋黄豆—冬萝卜等蔬菜→菊花或杂粮、棉花、黄豆—冬闲或蔬菜→夏烟；1964年后为蚕豆、麦、油菜、榨菜→烟叶间番薯或菊花—大、小麦或油菜→菊花、番薯、杂粮—蚕豆、麦、油菜、榨菜→烟叶。新昌、嵊县生闲荒地种烟，冬将荒山地上松树、杂草砍后→夏初种烟—秋玉米或荞麦—冬小麦或豌豆→夏赤豆、绿豆、花生、番薯—秋松树，植树年限有5～8年，亦有10余年不等；熟山地轮作，冬麦→夏烟—秋玉米或番薯、蔬菜—冬麦或豌豆→停烟3～5年播种其他作物。松阳：冬蚕、豌豆或冬闲→夏烟—秋烟或番薯、荞麦、玉米—冬大、小麦或蚕、豌豆→夏玉米或番薯、黄豆—秋杂粮—冬闲或蚕、豌豆，油菜→夏烟。兰溪：冬闲或大、小麦，蚕、豌豆→夏烟—秋烟或杂粮—冬麦或蚕、豌豆→高粱、大豆、番薯—冬闲或大、小麦，蚕、豌豆→夏烟。20世纪60年代后各地冬闲地逐渐减少。1999年，晒红烟产区大面积推广轮作制，其中桐乡县推行榨菜与晒红烟轮作。

（2）水稻地轮作。桐乡：冬闲或蚕豆→夏烟—秋烟或晚稻—冬蚕豆或大、小麦，油菜→夏早稻—晚稻—冬大、小麦或蚕豆→夏烟。1984年后，冬季作物有改种小桑苗、蔬菜的。松阳：1961年前，冬麦→夏烟—秋大豆—冬麦→夏单季稻—秋马料豆—冬闲→夏烟；1961年后，冬麦或油菜、豌豆→夏烟—秋晚稻—冬绿肥或油菜、蚕豆→夏早稻—秋晚稻—冬麦或油菜，蚕、豌豆→夏烟。兰溪：冬麦或油菜→夏烟—秋晚稻—冬麦或油菜→夏早稻—秋晚稻（推广双季稻前，夏秋两季植中稻一熟）—冬麦或油菜→夏烟。萧山：冬大麦间蚕豆或油菜→夏烟—秋晚稻—冬麦、蚕豆或油菜→夏早稻—秋晚稻（推广双季稻前，夏秋植单季中稻）—冬大麦间蚕豆或油菜→夏烟。

（二）间作

烟地实行间作，浙江省并不普遍。除桐乡外，仅松阳、苍南等地有少部分实行间作。

清代，桐乡就有烟与桑、柏间作。初冬，在两行桑或柏树间播一行蚕豆；春末夏初，于蚕豆

---

① 中华民国实业部国际贸易局编《中国实业志·全国实业调查报告二·浙江省》。

两侧各栽一行烟叶；蚕豆收后，培育烟叶；烟叶收后，留养秋烟或播秋大豆、蔬菜等。烟谓“三年二熟”，也有四年和五年二熟。即桑、柏间蚕豆→间烟叶—间秋大豆或秋烟—冬休（仅留桑、柏）→间菊花—间蚕豆→间烟叶。20 世纪 50 年代初期，因柏树收入低于蚕桑，形成了“柏桑混林”，并逐步为桑树所取代。1958 年，大办钢铁，大办畜牧场，大砍柏树作燃料，此后，烟与柏树间作几无。50 年代前，桑树都是高秆，烟叶间于桑树较稀的地里（农民称“花白桑”），仅叶薄、脉细、色较浅，烟质影响不大，一般亩栽 800～1000 株。1958 年后，推广中、矮秆桑，密度增加，桑地间作烟叶减少。1971 年后，桐乡大搞农田基本建设，改土造田（俗称水浇地），烟叶开始转入改土田中种植，间作以菊花为主。1984 年后，随着蚕茧价格的提高，农民加强育桑，导致烟叶从桑地中退出。1986 年，桐乡全县桑地间作烟叶仅 180 亩左右，到 1988 年已基本无间作。

苍南藻溪地区，烟草移栽与番薯扦插时间接近，一般先栽烟后插薯苗，即畦一边栽一行烟，另一边扦一行番薯，培育管理同步进行。烟叶采后薯块尚长，不影响烟叶质量。

松阳烟区素有烟与芋艿、豆间作的习惯。芋艿在烟栽后播畦两侧（稍下）各一行或播畦中央（两行烟中）一行。大豆在烟叶培土前播入烟畦两侧边缘畦坡上，密度为烟株的 1.5～2 倍。也有玉米与烟间作，即一畦三行，间于两行烟叶中或各栽（烟）播（玉米）一行与烟株交错，同时栽、播。亩栽烟 1300 株，播玉米 600 株，能增亩产值两到三成。但只宜于肥力较薄的田块，若肥力丰足，烟叶长势必旺，操作时，易损伤烟叶，影响烟叶产量和质量。

（三）套种

浙江省烟区历来有套种习惯。它是解决争季节、劳力矛盾及减轻烟草病害的一种有效措施。

关于前作的套种，各地普遍与大、小麦及蚕、豌豆套种，也有部分与油菜套种。在冬季麦、豆、油菜播种时，凡规划翌年种烟的地，其株行距均按植烟所需距离播种。桐乡、新昌、嵊县将前作播于畦两边各一行，兰溪等地前作播种时，采取畦上横行点播或条播按宜植烟株距为前作株距。萧山的前作，历为“大麦、蚕豆混播”，一畦点播四纵行，两麦、两豆或三麦一豆，在麦、豆横行空隙中套种两行烟叶。前作即将成熟时正值栽烟适期，套种于前作行间。一般在栽烟后 7～10 天，可收油菜和大麦，唯蚕豆收获期略迟，为了有利烟株生长，一般多采摘青蚕豆作菜食用，或摘后将豆荚晒燥。在前作收获后，分期及时培育烟叶。

关于后作的套种，除嘉兴地区外，其他烟区在旱地栽烟时，普遍实行，主要是套种番薯。夏末，烟叶基本采收，尚有数叶未采时，将薯苗扦插于烟叶的株、行距间，待烟叶收毕后，恰为番薯的培育期。另外，兰溪、松阳、新昌、嵊县的部分烟地，也有套种秋玉米的，少数烟地还有播种荞麦等秋作。1999 年，松阳县推广晒红烟与蚕豆套种，至 2004 年取得明显效果。2009 年，桐乡烟草公司在烟区中倡导“烟—菊”“烟—麦（或蚕豆）”“烟—水稻”等科学套种或轮作模式，以减轻晒红烟的病虫害。

三、栽培技术

(一)育苗

新昌、嵊县烟区,于冬至前后深翻苗地,经冰冻风化,消除部分越冬虫卵。烟草种子,均采用当年,忌用隔年,以免影响发芽率。浙江省烟区历来都采用风选种子,也有风选后再做水选的。根据当地气候状况,从南到北,各地播种时期有先有后。明末清初时,浙江省烟区在初春下籽播种。苍南藻溪烟区在立冬前后播种,桥墩烟区于冬至前播种,兰溪在小寒至大寒间播种,新昌、嵊县、萧山、桐乡等地烟区多数于立春前播种,一般在无风雨天气的下午进行。20世纪70年代后,采用塑料薄膜覆盖的,均推迟10～15天播种,其中松阳从立冬前后至大雪播种,改为冬至前后播种。

培育烟苗,是烟叶生产的第一环节,苗需育足育壮,烟农谓“苗壮三成收,宁多不宜少”。浙江省烟农历来重视育苗,松阳、桐乡等地烟农视幼苗若襁褓。全省烟区一向采取“自然育苗”(亦称“冷床育苗”)方式。清代时,浙江省就有烟农在“冬至前后,择沃土,锄掘耙平,四周筑土畔限以域”①作为苗床的记载。同时也有择向阳(南)之斜坡和休闲地作苗床的。20世纪50年代前,都由农户自行留种育苗;农业生产合作社建立后,主产区多由集体留种育苗;80年代农村实行联产承包责任制后,又大多改为分散育苗。烟草专卖体制确立后,浙江省各烟叶产地烟草公司对育苗环节十分重视,同时并行以下4项措施:

一是产地烟草公司统一采购烟草良种无偿提供给烟农。如1995年3月,嵊县烟草公司与农资部门配合,组织烟叶生产物资供应,特从山东青州采购优质香料烟“沙姆逊”品种原种,无偿发放给烟农。此做法最为普遍,桐乡、松阳、新昌、庆元等地烟草公司均坚持至今。

二是省烟草公司组织各地烟草公司进行烟草良种培育和推广。如1992年3月,省烟草公司公布1990—1991年度科技进步奖获奖项目,其中松阳烟草公司与松阳县农科所共同完成的晒红烟“晒杂87”的选育课题获一类二等奖。1995年,在全省烟草科技工作的主要目标中,“培育1～2个晾晒烟优良品种,实行全省统一供种”,被列为第一位。1998年6月,由浙江省香料烟科学试验站主持、合肥经济技术学院参与合作,在新昌县和嵊州市实施试验的“优质吃味型香料烟抗病品种的选育”课题,通过中国烟草总公司组织的科学鉴定。1999年,新昌县政府与绍兴市烟草公司合作,开展“香料烟雄性不育系品种F4代的选育”研究。2000年,桐乡烟草公司从国外引进多米尼加晒烟原种,将其和桐乡本地“硬尖秆”品种进行杂交试验,经过数年努力,培育出适合桐乡实际的晒红烟优良品种“世纪一号”。2001年,松阳有1800亩烟田选用自己培育的“松选4号”品种,共收购烟叶355吨;2007年,开始推广“松选7号”,种植面积逐渐扩大,至2010年达50%以上。

三是推广应用新的育苗技术。如“漂浮育苗”和“营养钵育苗”。漂浮育苗是将装有轻质育苗基质的泡沫穴盘漂浮于水面上,种子播于基质中,秧苗在育苗基质中扎根生长,并能从基

① 《浙江省烟草志》,浙江人民出版社1995年版,第30页。

质和水床中吸收水分和养分的育苗方法。2006年,庆元县烤烟漂浮育苗的比重达到66.6%。营养钵育苗是将配制好的营养土发酵后装入营养杯内排放于苗床中并将烟苗移入营养杯内,每杯假植一苗进行培育的一种育苗方法。1998年,松阳烟草公司向烟农推广营养钵育苗180余万钵。2002—2005年,该技术得到不断推广,应用覆盖面积达到80%以上。

四是产地烟草公司组织农科技术人员进行集约化育苗,统一发放给烟农。1995年,新昌香料烟就开始推广统一育苗,由烟草公司投入资金与物资租地统一育苗,专人管理,保证示范片烟叶移栽的一致性。2003年,松阳建成12个统一育苗的大棚。2004年,新昌县有集中育苗点17个,扩大集约化育苗面积4700平方米,并无偿为烟农提供近500亩生产用苗。2009年,进一步推广集约化育苗,提高了烟苗质量,增强了烟苗病害的统防统治。2010年,庆元县集约化育苗1020亩,占总面积的55%。

(二)大田管理

1. 移栽

浙江省烟草的种植,清康熙年间就有"春时移植"的记载。浙江省烟区雨水充沛,历来筑畦种烟。清乾隆时,烟农就习惯在种前翻土一两遍,然后作畦畛。凡种烟的冬闲地,需在头年冬翻耕,烟田一般深达25～30厘米。开垦山地须去除树根、杂草、石块等物,经冰冻风化,以疏松土壤,减少虫害与杂草。栽前20～30天筑畦,到移栽时再整平整细。田烟畦高,地烟畦低。由于地理气候因素,各烟区具体移植时间有迟早。清末民初,新昌、嵊县、萧山等烟区都于立夏前后移栽。1960年以前,桐乡一般集中在立夏至小满移栽。松阳于清明前后移栽。1960年,遂昌曾推行烟叶早育苗、早移栽、早培育的经验,以解决春耕插秧与烟叶移栽及夏收夏种与烟叶收晒的劳力矛盾,改为重阳播种,惊蛰移栽,大暑收晒完毕。20世纪70年代后,推行塑料薄膜覆盖育苗,桐乡、新昌、嵊县等地均在谷雨后开始移植,俗称"夏前烟"。香料烟的移栽期,据1987—1989年浙江省优质香料烟栽培技术开发试验,以4月25日至5月5日较宜。90年代后,省烟草公司针对不同种类、不同地区的烟叶生产情况提出适时移栽,当烟苗达到成苗标准,同时大田期的温度达到20℃～25℃时,应及时移栽(这种温度条件下,既有利于烟株正常的生长发育,又能促进烟叶产量、品质的提高)。低山片在3月上中旬移栽较为适宜,高山片视海拔高度的不同作适当推迟。至于烤烟,在烟苗移栽前一个星期左右,将已翻耕的土地整理好条沟,按标准施好基肥,采用机械化起垄,最后盖上地膜,清理好四周排水沟,等待移栽。

2. 中耕培土

烟地中耕,一般2次,少数3次。据清光绪年间的记载,"浙江烟区锄土芟草,以培其根,谓之削。"20世纪50年代后,各地烟农都因时因地制宜,于晴天及时中耕。采取近浅锄,远深锄,以不伤根系为度,并将部分松土壅于烟株基周。松阳在栽后15天左右,苗高10余厘米时,作一次中耕,俗称"锄烟"或"松土",将表层板结土锄松;第二次在苗高20余厘米时,将土锄松,培壅根部,伴以施肥,俗称"埋大枯坑",以助根系伸展。假植苗移栽大田后,提早到栽后5～6天中耕,第二次则于10～15天进行。桐乡第一次中耕在还苗后,若天晴隔7～10天再中耕一次。萧山烟区，初次中耕在栽后10天左右，第二次在15天左右。其他烟区初次中耕均于栽后10天左右，第二次中耕在栽后20天左右进行。一般在栽后25～30天内晴天时进行培土，将表层沟泥分两半，分别撬于两边畦上植株周围基部和行间，以利根系伸展，固持植株，避免倒伏，并减少肥量流失，同时利于排灌。松阳、兰溪俗称"上烟土(泥)"，山地培土叫"起垄"，工具用"阔板锄"。桐乡培土谓"坞烟"，结合追肥。一般培土一次，也有分两次，先在前作未清除前，将操作沟中的表层土培一边，待前作收获后培另一边。萧山培土俗称"撬烟泥"，用特有农具"泥撬"，将沟泥撬成长40厘米左右、宽10厘米左右、厚2～3厘米的片泥，两片重叠，在畦两边各覆两片作畦埂；再将碎土撬于行间，锄细，培于烟株周围。新昌、嵊县也有将中耕的松土作培土泥。种植烤烟则在中耕前进行一次土地冬翻，以松化土壤，改良结构，翻耕深度30厘米左右，水田的四周要开好排水沟。在土壤冬翻前每亩施撒白钙镁粉50～100千克翻入土内进行土壤改良和有效补充烟株对钙镁的吸收。

20世纪90年代后，各烟叶产地采用烟株移栽后烟垄覆盖地膜的方法，待烟株长至团棵期揭除地膜，后将烟株行间或垄沟的土壤培到烟株茎基部和垄顶部，可有效促进烟株形成较发达的根系，扩大吸收养分面积，便于排灌，增强防涝能力，为烟株早生快发创造良好的环境。此法又称"揭膜培土"。

3. 灌溉排水

烟草植株在大田生长过程中，前期耗水少，约占总量的15%。栽后一个月内，一般采用小水勤浇，遇长期阴雨要及时排出畦沟过多积水；中期耗水多，约占总量的70%，在栽后30～50天中，畦沟内需留一定量的积水，供畦上植株吸收、蒸发，不足时适量补灌，无灌输条件的地，补浇肥水，保持畦土潮润；后期耗水较少，占总量的15%，畦沟内不能过多积水，遇雨要及时排出。若逢长期干旱，桐乡烟农以水肥结合，浇施保苗。培土后，田烟采取串沟灌水，旱地人工挑水点浇，烟地若近河、塘，则车水沟灌(脚踏水车)或喷灌。桐乡等地习惯于旱地种烟，灌溉条件差，20世纪70年代后，经过大搞农田基本建设，扩大水浇地(旱地改水田)种植，改善灌溉条件，提高了抗旱能力。1990年后，由烟草公司扶持烟叶产地开展烟田基础设施建设，其中改善灌溉排水设施是项重要内容，资金投入大且项目多。主要的基础建设项目有水窖、水池、机井、沟渠、管网等。

4. 打顶抹杈

晒烟中顶叶销售价最高，桐乡、松阳、萧山等地烟农谓"顶叶成，半价稳，三片顶叶抵五成"。打顶抹杈旨在集中养分于叶片，促使顶叶充分开展。清初，浙江省的烟草种植就实行打顶抹杈。民国初年，新昌等烟区，当叶长有十二三片时，摘去株顶嫩心，俗称"打脑"，并勤搔叶间腋芽，谓"抉烟桠"。浙江省晒烟打顶，留叶多少，各地根据气候、季节、肥力、品种、顶叶大小而定。民国时期，松阳为使顶叶开面，烟头打得大，常将顶端的4～5片叶连心折下，留叶较少，一般为10～13片。民国27年(1938年)，浙江省农业改进所在松阳农场进行"摘心顶"试验，留叶增至15片以上。成功后，广为采用。20世纪50年代后，松阳、桐乡培育的新品种，一般留叶18～20片，有的在20片以上，增产显著。苍南田烟留叶13～15片，地烟9～11片。晒烟打顶分为挖心打顶、见蕾打顶、开花打顶3种。挖心打顶(晒红烟产区称"扣心打顶")，多因土壤贫瘠，肥力不足，提早打顶，即在花蕾(连包着的顶端小叶在内)有大豆大小时摘去，一般留叶 12～14 片。见蕾打顶，属生长正常，肥力中等，在花蕾长有 2 厘米左右，将花蕾连同 2～3 片小叶(托叶)一并摘去，留叶 14～15 片。开花打顶，多为土壤肥沃，植株黝嫩，待开花消耗部分养分后才打顶，留叶 16～18 片。打顶时间，各地都于晴天上午进行，断口经一天阳光照射，即收口结痂，菌类不易侵染。

1995 年后，产地烟草公司组织农科人员指导烟农适时打顶，在烟叶生产实际中，需要根据品种和烟株长势、长相来综合确定打顶适宜时期，一般在花蕾中心花即将开放时打顶较为适宜，若生长过强可略推迟打顶时间，反之则早打顶。经连续几年的辅导推广，此项技术为各地烟农掌握，2005 年各产区见花打顶技术推广率 100%。香料烟不打顶，但在生长后期，遇到缺肥或干旱等情况，也可适当剪去花蕾。2010 年前后，香料烟产区也开始研究打顶养杈技术，嵊州组织部分烟农实验应用这项新技术后，产量可增加 30%。

烟株打顶后，每一叶腋间，先后次第萌发腋芽(俗称桠档)两个。为使植株吸收养分，供上部叶片开展，不被腋芽消耗，烟农一般在腋芽长到 2～3 厘米时，即将其抹除，俗谓“抹杈”。打顶后 4～5 天，上部 2～4 个芽已长大，进行第一次抹除；再过 3～5 天，第二次抹去上部叶腋间二芽和中下部长大的头芽；第三次抹除中、下部二芽及漏抹的上部二芽。一般需抹 3～4 次。桐乡、松阳、兰溪等旱地栽烟，有留养秋叶习惯，在第二、三次抹杈时，便有意将脚叶与下二棚间的健株壮芽留着，待烟叶全部采收后再选育。2000 年后，各烟区先后采用化学抑芽技术，即在烟株打顶后就及时抹芽，一般不能超过 3 厘米，抹好后及时施行化学抑芽，用除芽通乳油 800 倍液从烟株顶上杯淋，以每个烟杈均有药液为宜。

5. **施肥**

烟草生长的不同时期对肥分要求不同，一般掌握“前期足而不过，后期少而不缺”的原则。在苗床期和大田生长期，分基肥和追肥两部分。基肥一次施(见育苗及大田管理部分)，追肥分次施。因浙江省雨量充沛，基肥施入田间后历时较长，容易流失，烟农历来轻基肥，重追肥。20 世纪 80 年代后，基肥施用量有所增加，一般以迟效性有机肥作基肥，速效性无机肥大多作追肥。施肥浓度和次数，根据植株生长状况和气候燥湿决定。幼苗期肥量少，肥比小；成苗期肥比、肥量稍增；生长期耗肥量逐步增大，施肥次、量也随之增加。气候干燥肥比小、次数多，反之则肥比大、次数少。

苗期追肥，于播后及出苗后，床土花白时，清晨或傍晚(忌烈日下)追施。以肥水或人粪尿与水 1∶5～1∶8(化肥一般 500 克抵 80 千克人粪尿，下同)，浇施湿润床土，每次间苗、除草后施上肥水(人粪尿与水 1∶5 左右)，使土与根系紧密，并使幼苗有足够养料。起苗前 5～7 天缺肥时，加施追肥一次，俗称“出嫁肥”。

大田追肥，桐乡、萧山追肥量一般占总量的 70%～80%。移栽后用猪尿或人粪尿，现多为化肥，兑水浇施，在 5～7 天内晴天时用同样肥水连施 3～4 次，称“还苗肥”。此后至培土，每中耕一次施一次肥，肥量逐次增加。培土时施肥，桐乡称“坞烟肥”，约占追肥量的 50%，萧山培土前还要施入一些禽粪。以后再追施 1～2 次。最后一次在打顶时施，称“开片肥”。新昌、嵊县、兰溪等产区因基肥施得较足，追肥次数略少，还苗期及伸根期，遇土壤水分不足时，仅用清水喷施，保持土壤潮润。至旺长期，为防止后期脱肥植株早衰，增加肥量，以水调肥，水肥并施。松阳、苍南等地在施数次还苗肥后，中耕时加施一次草木灰，培土前施重肥，以后追肥一次。此后至打顶，若遇气候干旱，浇施数次水肥，气候正常就不再施肥。

清初，浙江省烟农就知烟草喜肥粪，重视肥料施用。清末民初，部分烟农已对肥料的氮、磷、钾含量与烟叶质量的关系，有了一定的认识。认为烟草极喜钾，草木灰最宜；次为氮肥，然过多则叶色呈暗绿，不易燃烧且影响烟叶内在质量。但由于氮肥施入，烟叶生长快，直到20世纪50年代初，烟农仍重施氮、轻磷钾。经过农业科学技术的推广与普及，广大烟农对肥料三要素含量有了进一步的认识，并逐步掌握肥料合理施用的技巧。60年代后，更注意肥料的配比，努力做到科学施肥。浙江省烟草生产使用的肥料中，有机肥主要有饼肥、土杂肥、人粪尿，化肥有氮肥、磷肥、钾肥及复合肥。1949年前，各烟区以施用农家肥为主。中华人民共和国成立后，农家肥逐渐被化肥所替代。

黄豆、菜籽、柏籽、棉籽、花生、芝麻等榨油后的饼肥，施用于烟草，历史已久。清代，种烟农户烟地多用饼肥，研成细末，预储备用。20世纪50年代初，省内部分烟区仍以饼肥作主肥。各地因地制宜，就地取材，施用品种，略有不同。松阳以豆饼为主，少有菜籽饼等；新昌、嵊县以菜籽饼为主，次为豆饼、柏饼、桐饼及少量麻饼；浦江以柏饼、豆饼为主，次为菜籽饼、桐饼、芝麻饼等；桐乡、平阳以菜籽饼、豆饼为主，次则柏饼等；萧山施菜籽饼为主，少有棉籽饼等。50年代中期起，饼肥施用逐渐减少。人粪尿在各烟区普遍施用，因其氮与氯含量较高，过施则影响烟质及燃烧。萧山烟区以人粪尿作主肥，故烟叶易熄火；桐乡采用人粪尿及猪、羊尿配施；其他烟区均作栽后还苗肥和追肥配施。土杂肥种类较多，烟区普遍施用猪、牛、羊栏粪，鸡、鸭粪，草木灰，焦泥灰。但桐乡不施焦泥灰，而施河塘泥和垃圾堆肥；萧山也不施焦泥灰，少有栏粪、河塘泥，忌施垃圾堆肥；新昌施用草木灰拌人畜尿（名"青尿灰"）；苍南少数烟户有施用鱼肥等。50年代中后期，土杂肥施用量减少。

适宜于烟草施用的化肥有硫酸铵、尿素、氨水等氮肥，过磷酸钙、钙镁磷肥、磷矿粉等磷肥，硫酸钾及氮、磷、钾三素复合肥。民国10年（1921年），浙江省已有少数烟农将化肥施于烟草，以一市斤硫酸铵抵一担人粪尿施用。民国17年，平阳县两户烟农施用化肥种植的烟叶，获在上海举办的智利化学肥料普及会头奖。民国18年，经温州港运浙江省的化肥达1.84万包（每包100市斤或150市斤），其中萧山2630包，大部分为烟农所购用，平阳有800包售于烟区。民国21年12月，省府会议规定氮、磷、钾肥料在各类作物中的施用比例，其中烟草的氮、磷、钾施用比例：肥土为5∶3∶6，瘠土为7∶2∶7，中等土为2∶1∶3；并将新昌、嵊县、松阳、桐乡、崇德定为施用化肥的重点烟区。当时，化肥经营商为推销获利，大做广告，有的每买约5千克化肥赠送一把团扇，扇面印着谷粒饱满的稻穗和生长旺盛的烟株。民国26年前，各烟区施用化肥已较普遍，亩施10～30市斤不等，有少数烟户亩施50市斤。但由于实际输入的多为单纯氮素，施于烟草，徒长茎叶，缺乏抗病力且影响内质。松阳、萧山一些烟农也将化肥与人粪等配施。

1951年，烟区供销社开始贷放烟叶化肥。1954年后，由于各类饼肥可供量减少，原以饼肥为主的松阳烟区，亦以化肥与饼肥合施。随着粮食生产和其他经济作物的发展，烟叶所需的土杂肥相对减少，施于烟叶的化肥用量进一步增加。1960 年，烟叶生产开始施用磷肥。1965 年，始由中国烟草工业公司从国外输入复合化肥，专用于烟草生产。1966 年 4 月间，分配给浙江省烟草专用复合化肥 150 吨，由省烟叶收购供应办事处分发到桐乡、遂昌、新昌、嵊县、兰溪、平阳等地，施用后效果明显。嗣后，各地均要求拨给复合肥。1985 年后，省烟草公司分配给主产烟区的化肥，均为复合肥，并强调为烟草生产专用肥，不得移用。1994 年，在全省烟叶产区推行烟叶种植区域化、品种良种化、栽培规范化的“三化”生产措施。1998 年，进一步重视大田的生产管理，对生产水平相对落后的产烟乡、村，进行实地辅导，控制氮肥用量。1999 年，新昌县城南乡、东茗乡两个烟叶主产区逐户统计烟农生产面积并登记造册，据此组织供应优惠价烟草复合肥 241.7 吨，投入补贴资金近 10 万元。2000 年，在香料烟产区指导实施烟叶配方施肥技术。配方施肥，又称测土施肥、平衡施肥，是施肥技术的一项重大改革。它综合运用现代农业科技成果，根据作物需肥规律、土壤供肥性能与肥料效应，以有机肥料为基础，产前提出氮磷钾及中、微量元素的适宜用量和比例，以及相应施肥技术的科学施肥方法。新昌根据当地土壤肥力特点，定制三元烟草专用肥，面向烟农供应并送货到村，扭转了烟叶生产用肥中氮、磷、钾比例不协调的状况。2001 年，烟草专用肥在仙居和金华得到大面积推广，施用面积 750 亩。使用烟草专用肥比普通复合肥亩产增加 9.22%，上等烟比例提高 11 个百分点，平均每亩增收 233 元。2004 年，景宁、龙泉、云和全面采用硝酸钾作追肥的施肥技术。烟田实施配方施肥，是烟草公司长期研究的一个农科项目，如 2010 年，省烟草公司下达年度科技创新项目计划，确定由桐乡烟草公司重点开展“氮磷钾肥料配比”研究。烤烟生产推广青牛液态肥烟田替代有机肥大田实验。

6.病虫害防治

烟草病害较多，分侵染性和非侵染性两类。侵染性病害，是受细菌、真菌、病毒、线虫之类病种侵染引起的。非侵染性病害，由不适环境引起。按植株受害部位又分为根部病害和叶部病害两种。

(1)病害。清代，浙江省烟农将烟草病害通称为“瘟病”。民国《新昌农事调查》称：“烟草病害最易发生而最可骇惧者，莫甚于立枯病。源于病菌之作用，初时叶呈黄褐色，凋萎下垂，茎秆之色变为黑褐，无何即枯死。凡多施窒素质肥或连作一地及移植过迟者，其病尤甚。”①20 世纪 30 年代初，萧山常发生的病害主要有立枯病、赤星病等。民国 28 年，省农业改进所在松阳进行烟草病害普查，发现的病害有立枯病、毒素病、真菌轮纹病、细菌赤星病、缩叶病、七星病、褪色病、嵌纹病、白硝病。1955 年，苏联烟叶专家对新昌、桐乡两县考察后，认为主要病害有子苗腐烂病(猝倒病)、烟苗白斑病(炭疽病)、烟毒素病(花叶病)，最常见的叶斑病为蛙眼病、角斑病等。1978 年，桐乡发生的病害有烟草花叶病、黑胫病、炭疽病、角斑病、赤星病等。

1989 年，开展全国性烟草侵染性病害调研，浙江省通过 4 个县、19 个乡(镇)、53 个村的点面普查，发现侵染性病害四大类 18 种。此外，非侵染性的气候性斑点病各地相当普遍。

---

① 〔民国〕金城修，陈畬、俞函三纂《新昌农事调查》，民国 8 年(1919 年)铅印本，收入〔民国〕《新昌县志》。

表 48-1-2-3　　1989 年浙江省烟草侵染性病害种类普查情况一览表

类别	病名	主要病害	类别	病名	主要病害
真菌	炭疽病		真菌	白绢病	
	立枯病			穿孔病	
	菌核病		细菌	青枯病	√
	灰霉病			空茎病	√
	猝倒病			角斑病	
	黑胫病			野火病	
	赤星病		病毒	黄瓜花叶病	√
	蛙眼病			烟草花叶病	
	根黑腐病		线虫	根结线虫病	

资料来源：省烟草公司关于 1989 年浙江省烟草侵染性病害种类普查情况的报告。

1991 年，省烟草公司根据前三年调查烟草侵染性病害研究课题成果，在基本弄清全省侵染性病害及其分布、发生和消长规律的基础上，对各烟叶产地的县烟草公司下达“总结病害防治经验，提出各地主要病害的防治措施，编制病害防治手册”的任务。各产地烟草公司组织农科人员制定侵染性病害防治措施，并落实到村村户户，遂取得较好防治效果。但烟草病害防治工作，是一个长期的任务。由此，省烟草公司开展了多层次的组织工作和全方位的研究工作。1995 年，浙江省香料烟科学试验站承担的“优质吃味型香料烟抗病品种的选育”课题，成为国家烟草专卖局“烟草科学研究与技术开发项目”的任务之一；松阳县农业局、松阳烟草公司合作开展“烟草（晒红烟）病虫害防治技术研究”，也取得了成果。1998 年，松阳烟草公司应用营养钵育苗和地膜覆盖的烟田，烟叶长势和抗病虫害能力明显好于用传统方法种植的烟田。由于新技术的推广应用，烟叶的早花现象几近消灭，死烟现象也很少，尤其是被称为烟草不治之症的花叶病的发病率在 3%以下。2009 年，绍兴市烟草公司在河南农业大学专家的指导下，将“烟草赤星病综合防治体系研究”列入公司创新研究项目，亦取得了成果。

（2）虫害。浙江省烟草虫害，主要有切根虫（地老虎）、蚜虫、烟虫（烟青虫）、烟草蛾、斜纹夜盗蛾、青臭椿象、烟草盲椿象、烟草蓟马、油胡、烟草甲虫、蝼蛄、金龟子等。

防治地老虎，烟农历来采取人工捕杀。在清晨巡视田间，见被咬食烟株，即挖掘周围表土层寻找捕杀。松阳、苍南等地有取长方形木板条，密布尖钉于一面，装上木柄，捕捉时将钉尖刺入烟株周围土层，划刺土中害虫；萧山、新昌等地用筷子或竹签挖掘表土寻找捕杀。据民国 25 年（1936 年）12 月《浙江建设月刊》载，有烟农“堆稻草数堆于圃地诱杀之”。松阳等地有用紫云英或杂草堆成小堆诱杀的。20 世纪 50 年代起，各主产区有少数烟农将麦麸炒香后，混合 6%六六六粉，加面粉少许作黏剂，捏成小团状，于傍晚撒在烟株根旁诱杀，也有用二二三乳剂20～25克与水50～60千克混合点浇，或于早晨露水干后喷于烟株基部毒杀。1973年，禁用六六六粉和二二三乳剂等农药后，采用敌百虫1000倍液灌烟窝毒杀。桐乡县同福公社联庄大队王介村生产队，结合浇粪时每担(60～80千克)加入50克晶体敌百虫，杀虫效果较佳。1978年，在烟栽后用100克晶体敌百虫加热水1千克溶解，拌入10千克粉碎菜籽饼或炒麸皮、青糠中，撒在烟株四周，有效期10～15天。此法简便、效果良好，沿用至今。

蝼蛄在有的烟区也叫田蛔虫。它的危害方式为“咀嚼式”，在夜间活动，疏松及潮润土壤危害最甚，咬断幼苗茎部或将苗根土壤穿松，致幼苗失水受晒而死。危害期以苗期为甚，大田较轻。历来靠人工捕捉。20世纪50年代起，有用药剂防治的。堆草引诱毒杀，采用鲜青草一堆，拌入毒饵，浇上少量人粪，分堆于烟地上引诱毒杀。灯火诱杀，50年代曾一度推广，傍晚在烟地上架设三脚架，挂上煤油晴雨灯，灯下挂放一盆水，水面加入少量菜油，使其扑灯而入水油，被粘翅淹杀。药剂毒杀，桐乡等地烟农用麦麸1.5千克，加少量菜油，稍加水湿润，拌入6%六六六粉150克，放于苗床或大田烟株边毒杀；松阳等烟区将六六六粉装入竹筒内(一端有竹节，一端开口)，用细纱布包住筒口，使用时倒提至受害株旁，以小棒敲打竹筒，药粉均匀撒于株周，杀效较好，或用二二三乳剂(配比同杀地老虎)，点浇烟株根部毒杀；1973年后，以乐果、敌百虫等替代；1983年后，桐乡普遍采用90%晶体敌百虫100克加水1千克与7.5～10千克粉碎菜籽饼拌匀，栽烟当天即撒施在烟株周围，隔10天再施一次。

蚜虫以刺吸式(吸吮式)方式进行危害。大部分附在叶背，用针状口器刺入叶组织，吸取汁液，使叶片变薄发脆，叶绿素减退，吐出唾液(毒素)，刺激叶组织细胞，致使发生畸形，叶面卷缩发皱，色杂不匀。蚜虫也是黄瓜花叶病和环纹性斑点病的媒介。自苗床至大田期的叶、茎、花、芽均受其危害，以嫩叶最甚。民国时期，烟农全用双手拍捏治蚜虫。民国25年(1936年)12月《浙江建设月刊》载：“烟草虫害，以蚜虫及切根虫为最，乡人只有捕杀一法。每至田间，腰间挂一油筒，内置油类，再以棉布扎成之锤染油，以油粘力去之。”民国36年，崇德县烟草遭蚜虫侵害，减产10%。有的烟农用面粉拌和香油，捏成块状的黏团子，动员全家老少在烟叶上往来翻滚黏杀。浦江用草木灰撒施叶面，效果较好。后又有以砒酸铅和玉黍粉1∶75掺和撒于烟叶间，每周撒施两次，直至摘心为止，效果也好，一直沿用至20世纪50年代。50年代后，松阳烟农用6%可湿性六六六粉剂，加水600～800倍液喷杀。其他烟区还用二二三乳剂兑水喷杀。60年代，改用乐果1∶1500倍液杀蚜。70年代起，用90%敌百虫兑水1000～1500倍液喷杀，或用速灭杀丁、呋喃丹、乐果乳剂等药剂兑水浇杀，其效更佳。80年代后，松阳、桐乡等地采用银灰色地膜覆盖，有明显的驱蚜作用。1989年起，有些烟区在烟田与蚜虫来源(主要是桃树及蔬菜)之间，种植大麦等作物，起隔离作用，可减少烟田蚜虫产生。

烟青虫也称“烟虫”，利用口器咀嚼嫩叶，致叶片成缺列或孔洞。烟苗移入大田后至打顶前是危害盛期。危害初期，在早晨太阳未出和阳光尚弱时，集中在嫩叶上为害，若逢阴雨天，则不分昼夜出而食叶。后期潜入植株中部茎嚼取茎髓，致半腰折断。1950年前，烟青虫为烟草的主要害虫，历来采取人工捕捉。20世纪50年代初，还以人工捕捉为主，部分开始用六六六粉喷杀。1958年，桐乡县农业局倡导用25%二二三乳剂，兑水200～300倍喷杀烟青虫，在百桃公社首次使用，喷后第二天烟青虫等害虫全部杀死，后即在全县推广。60年代后，有乐果、敌敌畏、敌百虫等农药供应，除人工捕捉外，较多采用药剂。如用90%敌百虫，兑水800～1500倍，或敌敌畏1000～1400倍液喷杀。80年代后，又有用速灭杀丁喷洒的。药剂治烟青虫，一般喷洒2次。

金龟子亦称“红龟子”，似龟形状，成虫身体坚固，危害烟草。常见有黑褐色和红褐色两种，前足有刺，用于挖土，成虫有趋光性和假死性。白天潜伏在土内，黄昏或阴雨天飞出，整夜咬食烟苗或大田烟叶，一般靠人工捕捉，也有用灯光诱杀的，或在傍晚前用90%敌百虫兑水1000倍喷洒烟株，或用敌百虫粉撒地翻耕以毒幼虫。

20世纪90年代至今，省烟草公司对虫害的防治从未懈怠。1991年4月，省烟草公司成为中国烟草总公司组织成立的“全国烟草昆虫调查研究”课题协作组成员。在全省范围全面调查烟草昆虫的种类和分布，制作标本，拍摄照片，研究防治。1997年4月，省烟草公司下达当年第一批烟草科学研究与技术开发项目计划，“选育抗烟草青虫转基因品种的研究”课题名列其中。1999年，绍兴市烟草公司与浙江大学合作开展“沙姆逊转基因烟草T抗虫试验”课题大区对比试验。2008年，省烟草公司邀请河南农业大学烟叶专家和绍兴烟叶技术员，对省内烟叶辅导员和骨干烟农开展烟草病虫害预防和综合防治知识的系统培训，并编印《烟叶病虫害防治的生产技术信息》7期。此外，深入田间，针对常见的8种病害和6种虫害，提出病虫害解决方案，选择适合农药推荐给烟农使用。

7. 选株留种

清康熙年间，浙江省烟农就在烟草开花时，选一两株任其开花收种。民国初期就有选株留种方法的记载，“择烟草之茎叶发达，姿势整齐而强壮无病，且不失为品种之特征者，留作采种之用。将其下部叶片尽掐去之，只留上截，使根所吸之养分，全行上运结实，使之丰满”①。20世纪50年代起，在打顶时实施初选，选无病虫害，生长健壮，叶多而大，株形端正，具有品种典型性的留作种植株。一般采后即脱粒，扬净晾干收藏。农业生产合作社建立后，主产烟区多为集体选留。1972年起，桐乡产区推行全县统一留种。1975年，主产县建立选株留种推广良种制度。第一年，选留高产优质品种，选出大田中生长健壮的植株留种；第二年，大队指定1～2个生产队专门培育良种，采收前全县组织检查小组，由烟叶辅导员、收购技术员及烟农代表参加，赴留种队实地检查，评选出良种；种子采收后，国家统一收购，发至各烟区公社的重点队，评比示范，择优推广。每年进行一次提纯复壮。1980年起，松阳采取定点、定户、定量留种，统一消毒、统一供种的办法，推广优良品种“松选3号”。兰溪白肋烟每年都由专人统一发种、供种。实行联产承包责任制后，部分产区又改自选自留。1988年起，桐乡县改由烟叶生产科技户留种，取代原有品种对比和良种培育基地。1991—2010年，主要由产地烟草公司组织统一留种或统一供种，即组织农科人员培育良种，统一推广应用；并根据烟叶生产实际，购买优良烟种，无偿发给烟农，统一组织种植。

8. 采摘

清代，浙江省就有烟草“秋日取叶，用竹帘夹缚曝干”②的记载。清代《烟草三十韵》云：

---

① 《浙江省烟草志》，浙江人民出版社1995年版，第49页。

② 〔清〕赵学敏：《本草纲目拾遗》，乾隆三十年（1765年）刊本。

"似茗收盈屋,如菲采满篮,十分勤剪剔(谓剪去蒂剔去筋),一月废梳簪,打绿需时再(俗以采叶为打叶,以日中一二时者良)。罨黄计三日(凡叶必罨,令黄色以三日为期,择其不黄者再罨),曝干便夹竹(恐其卷也,其器若两筛相合),取润合装瓻。"①根据烟叶成熟度,分期分批,适时采摘。清末,浙江省烟农就认为,欲品量俱高,务须适期采获。若未熟而获,叶干燥后色呈暗绿,不易燃,吸时觉滞舌刺喉;过则叶质老脆而色香俱减。民国时期,各烟区的晒红烟、晒黄烟,皆在腰叶以上带榔采,将每张叶片连梗带叶一并采下。中华人民共和国成立后,各地根据烟叶的不同类型,采取不同的采摘调制方法。浙江省烟农一般适当早采下部烟叶,以促进养分往上输送,提高上部叶质量。中部叶成熟采,上部叶充分成熟采。1953年起,经营烟叶的主管部门号召收购净烟(不带榔梗),晒黄烟产区逐步转向不带榔采,晒红烟产区部分改为不带榔采。香料烟、烤烟均不带榔采。白肋烟整株砍挂者,干后亦摘除烟秆,净烟出售。1955年以前,烟农多为独户生产,采叶较及时。农业合作化后,耕作制度改进,采中上部烟叶时,正值水稻夏收夏种,受劳力和晾晒场地等条件限制,存在过早或过迟采摘现象。20世纪80年代,实行联产承包责任制后,烟叶采摘的成熟度与一致性有所提高。晒烟大部分于初伏前始采脚叶,中伏前后开始采顶叶,至立秋前全部采收完毕,俗称"伏烟"。松阳晒红烟和新昌、嵊县晒黄烟,小暑前采脚叶,进入初伏收顶叶,至中伏末三伏中全部采完。桐乡晒红烟,萧山、兰溪晒黄烟,初伏前采脚叶,隔一星期后采顶叶,立秋前结束。新昌、嵊县香料烟,小暑起收脚叶,至顶叶采完需于立秋后,甚至8月底。兰溪白肋烟,初伏采脚叶,中伏末可结束。1990年后,烟叶生产实行专卖管理,烟农与当地烟草公司签订烟叶生产收购合同,烟叶采摘一般由产地烟草公司进行技术指导,根据烟叶的成熟度分期采摘。各类烟叶一般每隔4～6天采摘一次,脚烟以下午采摘为多。若采中上部叶,晒烟从上而下分批采摘,香料烟、烤烟从下而上分批采摘。白肋烟亦有在中伏一次采收,或整株砍下晾挂。一般选天晴数天后采摘,雨天不采叶。晒黄烟于露水未干的清晨进行采摘,因带露采叶,茎梗脆,易带梗连叶采下,干叶质量好,并能晒全日阳光,即使午后有雷阵雨,烟叶水分已少,黄色已现,不致变褐、黑色。香料烟有露水和阳光强烈时都不采,白肋烟采下烟叶不能受烈日暴晒,以防灼伤,需及时晾挂。

9. **调制**

晒烟、晾晒烟(香料烟)、晾烟、烤烟各有不同的调制方法,分述如下:

(1)晒烟。晒烟调制须有烟帘、烟枪、烟架、烟棚等用具。烟帘,有些烟区称"烟夹",是晒制的主要工具。各烟区均用竹片、竹细篾编制而成。两扇帘为一副,但帘的规格有所不同。新昌、嵊县的烟帘长180～190厘米,宽50厘米;松阳、兰溪、萧山等地的烟帘长160～170厘米,宽50～60厘米;桐乡的烟帘长136～140厘米,宽82～83厘米;苍南烟帘长200厘米,宽65厘米。烟枪,用毛竹削成,似食指粗细,比帘宽再长5～8厘米,用于青烟叶上帘后,横穿固定。烟架,一般高90～100厘米,用四根竖、四根横的木头做成,呈X形,上帘铺叶时搭放帘用。烟棚,萧山挂晒烟叶用,有平棚和督(竖)棚两种,以平棚挂晒为多。

上帘。松阳上中部叶片,采后须放在阴凉的房屋内,叶柄朝下,竖放地面,经5～6小时,

---

① 〔清〕陆煊:《梅谷十种书》第四册《耕余小稿》,乾隆三十四年(1769年)陆氏易简堂自刻本。

主脉变软后再上帘。其他烟区都采后即时上帘。上帘时，先将一扇烟帘平放于烟架上，把烟叶一片片排列成鱼鳞状，分两排，宜薄匀，半叠半露平摊烟帘上，叶面向下，叶尖间相互遮盖露出基部主筋，大叶两行交错，小叶中间加一行。唯桐乡以大叶两片、小叶三片成帖排列成鱼鳞状。烟叶铺好后，盖上另一扇烟帘，用四根烟枪交错横穿固定上、下帘，收、晒时便于搬动。20世纪70年代后，平阳等地一些烟农，因烟帘少，为了提高烟帘利用率，在晴燥天气，把采下的烟叶，先铺在山冈石塔(岩)上暴晒两天左右，再上烟帘晒。每副烟帘铺青烟，新昌晒黄烟为0.5～0.75千克，桐乡晒红烟为5～6千克。

釉烟。为晒烟调制的一种技术手段，目的使烟叶基本定色，如同瓷器上釉一般。桐乡晒红烟的调制，釉晒结合。先釉，使叶色变黄。釉烟有“直督”和“集闷”两种。“直督”，是将两副上好烟的帘成对(对面或对背)，用竹竿撑住，坐北向南的直立(以不倒为度)，使阳光照射角度较小，数日后，两帘互换，叶色转为黄褐，干燥后色泽鲜亮。此法需较大晒场。“集闷”，是将烟帘在晒场或树荫下横靠成“工”字形，使行间留有空隙，四周和顶上用草帘等物遮盖，避免阳光直射。待叶色釉1/2或3/4变褐，叶脉青绿消退时即告完成，釉叶时间5～7天。

晒制。桐乡在晒红烟釉叶完成后，将两副烟帘架成“人”字形，先晒叶背、后晒叶面，阳光弱时也有先晒面的，晒至叶肉基本干燥时，将烟帘摊成鱼鳞状排列于晒场，背、面日换轮晒，使未干主、支脉继续干燥，经5～6天后，回软下帘，扎把堆积，以去青条块面，均匀水分。松阳将两烟帘叶背向外横立，搭靠成30°角的人字形，避免阳光直接，除雨天外，任其日晒夜露2～3天，再增大“人”字角度至60°，扩大暴晒面。叶片呈虎斑色时，换晒叶面2～3天，直至叶脉晒干，卸下烟叶，堆于室内架上或烟篮内，让充分转色。一般需晒7～10天。晒黄烟，新昌、嵊县烟农习惯将腰叶以下叶薄筋细的先晒面，待面干燥主筋尚未全干时，翻晒背至主筋干燥；上二棚以上叶厚筋粗以晒背为主，经2～3天后，翻身晒面。一般下部叶晒4～6天，上部叶晒5～7天，到主筋干燥后下帘。晒黄烟也有晒至七成干时，并帘再晒。晒干下帘后，各地都要堆积数十天进行醇化。1992年，省烟草公司下达当年第一批烟草科研技术开发计划，其中有“晒红烟调制质量技术研究”课题，由松阳烟草公司、松阳县古市农技站承担完成试验。1999年，晒红烟产区开始推广大棚调制技术，其中松阳527亩晒红烟烟田采用该技术。大棚调制烟叶，解决了烟叶遇到梅雨期而出现的烂烟问题；通过人工控制温湿度，烟叶在调制过程中，青张绿块的劣质烟问题得到基本解决。2003—2004年，桐乡烟草公司首次在石门镇新星村租赁64亩土地建立烟叶试验基地，系统性地开展晒红烟生产科学实验，其中晒红烟大棚调制试验取得成果。2010年，省烟草公司下达年度科技创新项目计划，确定由松阳烟草公司承担“晒红烟大棚晒制技术研究”项目。

(2)晾晒烟(香料烟)。香料烟属晾晒型烟叶，其调制先晾后晒，晾晒结合。分穿烟、晾烟、晒烟3道工序。

穿烟。用大号缝被钢针和线穿烟。20世纪70年代前，均用自搓苎麻线，比缝鞋底线略细。20世纪80年代后，改用蜡线。烟叶采摘后，当天按叶片部位、成熟度、大小、病虫伤，分别以面对面、背向背地逐片从叶柄中部穿成烟串，使烟串整洁，干后品质较一致。烟串的长短，视烟架宽度而定，一般为2～3米。片距视气候干潮、叶片大小、长短定，一般为2～3厘米。穿后即上烟架挂晾。

晾烟。20世纪50～60年代，利用空余的祠堂、庙宇、民房等代替晾房挂晾。70年代后，建专用晾房，一般高3.5米，宽4米左右，深度视宅基而定。坐北朝南，除向阳面外，三面筑墙。用8～10号铅丝2～4根，在房内两侧固定，并行向外，延伸至晒场末端，绷紧并固定在柱上，同时在铅丝上套进两侧数量相等的小匙圈，以系烟串，使晒和收时推拉方便。也有用烟架挂晾的:晾烟架用竹竿或小木条3根或4根，做成"井"字形。晾挂时将两架成"∧"形或单架靠墙及其他物体上。烟串拴挂于架上，上下层的距离以上层叶尖与下层叶柄不相重叠为度。每串叶间不相互挤，并根据气候变化，调整密度。晾制阶段的相对湿度以75%～85%为宜。特别干燥时，在地面喷水，提高湿度。湿度过高时，除烟串挂稀外，也可移至室外通风。晾挂变黄时间，腰叶以下需1～2天，腰叶以上为2～3天，待叶色2/3转黄时，移向室外晒制。

晒烟。烟串初晒的1～2天，中午收进避烈日，以后渐增日晒时间。经2～4天后，可全日暴晒。整个调制过程为6～8天。遇晒时干叶过快或青色面较多，在叶燥筋尚潮软时收回丛串堆积或挂晾，促成色变和消除青杂味。1991—2010年，省烟草公司把采摘调制作为科研专题进行规划和部署。1991年，省烟草公司举办"香料烟调制技术培训班"，并制定香料烟晾晒烟烟叶采收调制和分级加工生产技术规范。1992年，省烟草公司制定香料烟调制技术主要品质指标:外观品质，颜色淡黄至深黄，叶片油润丰满，光泽鲜明;内在化学成分，一级尼古丁含量1.5%左右，总糖含量5%以上，施木克值不低于0.5，由新昌、嵊县、仙居、文成、平阳烟草公司组织实施。1996年，浙江省香料烟科学试验站承担的"香料烟调制技术研究"课题大棚调制方法取得效果。晾烟大棚，一般高3.5米，长宽均为4.5米，三面墙壁挂2～3层烟叶，可容纳1万株烟的晾晒。每间烟棚用8～10号铁丝2根，分别由棚内两侧固定向外延伸到晒场末端预先固定好的木柱上拴牢，用于烟串移至晒场晒制。也可用竹料或木料做成活动烟架，将穿好的烟串系上进行晾晒。香料烟实行大棚调制烟叶可以减少晾晒时间和劳力投入，并能改善烟叶色泽，规避不利天气，具有较高的推广应用价值。与传统自然调制的烟叶相比，大棚调制的烟叶色泽好、颜色均匀、香气足杂气少，而且调制时间短，简便易行，更容易为烟农接受。2003—2004年，香料烟产区和上海烟草集团公司、北京卷烟厂、河南农业大学联合开展了"浙江优质香料烟生产关键技术研究"课题研究，其中包括香料烟的大棚晒制。

(3)晾烟。白肋烟纯需晾制，只晾不晒。兰溪无专用晾房，一般利用家里空屋或走廊晾挂。叶片采后嵌于稻草绳上晾挂。有挂上下两层，上层距屋顶1米余，下层距地面1.3米左右，绳距保持30～35厘米，叶距3厘米左右。晾房以窗多通风为佳，整个过程15～20天。也有整株砍挂，将烟株倒挂于绳子或竹竿上晾，至叶燥筋干收摘，整个晾制时间25天左右。烟叶晾干后，再堆积醇化20～30天，其间要翻堆1～2次。

(4)烤烟。烤烟调制分绑竿、装坑、烘烤、出炉等工序。绑竿采摘的叶片，当天绑竿。用小竹或小木条，长按烤房档梁宽度定，细麻绳长超竿1.5倍，拴于一端，绑时将不同成熟叶和病虫伤叶分别绑竿，以两片鲜叶背与背相叠，麻绳套住两叶柄成束，放在竿的一侧，第二束放于竿的另一侧，交错进行，竿两端计留空14～17厘米，作搁竿用，扣紧麻绳，以活套结固定成竿。每束叶距，大厚叶距宽，小薄叶距短，以利散湿为度。

装坑(炉)。采取先上层后下层,先内后外,将病虫叶竿、过熟叶竿、薄叶竿搁置底层近炉膛顶部;未熟叶、厚叶搁最上层。装满坑后,检查炉膛、火管,修补损处,并将落叶扫除,挂好温湿度计于观察窗,关上门,放下气窗,堵住风洞,着手点炉烘烤。

烘烤。主要分小火(变黄)期、中火(定色)期、大火(干筋)期3个阶段进行。小火期,开始温度升至35℃~36℃,变黄程度渐近达主筋时,将温度升到38℃,湿度维持80%,稍打开进风洞和排气窗,排出部分水汽,当叶片大部变黄时,升至40℃,湿度维持70%,将风洞气窗再开大一些。叶片极大部分已黄,仅基部少许青色,叶尖略卷曲而干燥时,将温度升至45℃,共需24~30小时。中火期,是烘烤的主要阶段,随时观察叶色变化,及时调整温湿度。开大风洞、气窗,排出全部水汽。经4~5小时,全叶变黄,叶尖全卷曲,将温度升至49℃,湿度维持60%,风洞气窗全部打开,速排湿气,见叶缘往内卷曲(打筒)时,升温至52℃,经4~6小时,叶缘干燥,升温到54℃,以后复徐徐升到57℃,湿度维持30%~40%。本期共经10~20小时,叶片极大部分干燥,主筋未干,进入大火期。大火期,叶片已干,主筋柔软,采取快速升温,以每小时升2℃~3℃升至65℃~70℃,直到主筋全干停火。将洞、窗关闭,闷温3~5小时,开门窗回软。本期共需20~30小时。2000年后,烟叶烘烤采用三段五台式烘烤,烘烤技术要点为缩短36℃以下的低温变黄时间,延长38℃~42℃的最佳变黄期,在43℃~45℃时要求叶片全黄筋变软,烟叶充分塌架;定色期要做到慢升温,在45℃~47℃时要保持4~6小时,以排掉大量水分使二层烟勾尖卷边,定色后期要尽量延长50℃~55℃的时间,以形成香气。

出坑。俟烟叶回软后,从外向内,由下向上出坑,随即下竿,将叶束成小捆,堆积醇化。

民国32年(1943年),黄岩沙埠等地有烤房72座,温岭有19座,临海有3座,平阳有1座。民国35年,鄞县有烤房7座。20世纪50年代初,黄岩沙埠、鄞县韩岭尚有少量几座。1960年,各地重建烤房297座。1963年,发展到600余座。1965年后逐步减少。1975年,再度在金华地区发展烤烟,至1976年共建烤房142座。80年代初期,烤烟停种后,烤房相继被拆除或改作他用。90年代中期,再度试种烤烟。2001年,在烤烟产区推广热风循环双炉烤房,云和、景宁全部采用热风循环烤房,使烟叶易烘烤,上等烟叶比例提高,同时具有省力、省煤等优点。全产区建有烤房726座,推广率54%;金华研究新建单炉一次性加煤烤房。2006年,新一代密集式烤房开始引进,带茎烘烤技术得到示范和推广。

四、农事安排

中国古代形成的二十四节气,2000余年来在指导农业生产劳动中起到了重大作用。浙江省烟农也把二十四节气的天时运行,应用到烟叶生产劳动中,同时根据气候变化的具体情况,因地制宜地加以变通,形成经验,安排烟叶种植的各项农事,以不误农时。寒来暑往,周而复始。

表 48-1-2-4　　浙江省烟区二十四节气农事安排情况一览表

节气	桐乡、崇德、新昌、嵊县、萧山、浦江等烟区		松阳、苍南等烟区	
	工作项目	工作内容	工作项目	工作内容
小寒 大寒	积肥垦地 育苗	1. 继续积肥与耕烟地。 2. 精选烟种并用5%硫酸铜液消毒种子。 3. 整理苗床，及时播种。	苗床管理 整地施肥	1. 继续间苗除草。 2. 苗床追肥。 3. 覆草防寒，浇水防旱。烟田整地作畦，施用基肥。
立春 雨水	积肥垦地	1. 苗床覆盖。 2. 继续积肥垦地。	苗床管理 整地施肥	1. 继续间苗除草防寒防旱。 2. 继续烟田整地作畦，施用基肥。
惊蛰 春分	苗床管理	1. 检查烟苗出土情况，缺苗严重时催芽补播。 2. 注意苗床覆盖，浇水粪，防寒防旱。 3. 第一次间苗，喷1∶1∶160至1∶1∶200的波尔多液防病。	移植 治虫 烟地管理	1. 及时移苗，补植缺株。 2. 人工防治地下害虫。 3. 烟田中耕除草，追施肥料。
清明 谷雨	苗床管理 整地施肥 移植	1. 继续间苗，喷1∶1∶120至1∶1∶200的波尔多液防病，暂时灌水防治蝼蛄、蚯蚓。 2. 加强苗床覆盖物，管理浇水粪防寒防旱。整地作畦，施用基肥。 3. 开始移栽。	移植 烟地管理 治虫	1. 结束移苗，补植缺株。 2. 继续中耕除草，追施肥料。 3. 人工防治地下害虫、地上青虫及蚜虫。
立夏 小满	移植 治虫 中耕追肥	1. 全面种烟，及时补植缺株，保证全苗。 2. 人工捕捉及用药剂毒饵防治地下害虫。 3. 中耕除草，追施肥料，结合培土。	烟地管理 防治病虫害 准备晒烟	1. 及时追肥培土。 2. 人工及药剂防治地下害虫、地上青虫及蚜虫。 3. 拔除病株。 4. 整理晒烟工具。
芒种 夏至	防治病虫害 烟地管理	1. 人工及药剂防治青虫。 2. 拔除病株。 3. 及时摘心去除烟杈。 4. 选株留种。	防治病虫害 烟地管理 选种 采收调制	1. 继续防治青虫、蚜虫，拔除病株，摘心。 2. 勤去桠杈。 3. 选株留种。 4. 收晒脚叶。
小暑 大暑	防治病虫害 采收调制	1. 继续防治青虫，采收脚叶。 2. 拔除并烧毁病株病叶。 3. 分期采收，薄上匀列，防止青张绿叶及青绿条纹。桐乡“直督法”萎凋(集闷)。	防治病虫害 采收调制	1. 继续防治青虫、蚜虫。 2. 拔除病株。分期采收顶烟，薄上匀列。

续表

节气	桐乡、崇德、新昌、嵊县、萧山、浦江等烟区		松阳、苍南等烟区	
	工作项目	工作内容	工作项目	工作内容
立秋 处暑	采收调制 留养秋烟 选育秋烟	1. 采收调制结束。 2. 选芽削秆留秋。 3. 桐乡、崇德、浦江秋烟进行中耕施耙。	采种	采种留种。
白露 秋分	采种 采收调制	1. 采种留种。 2. 秋烟采收调制。	育苗准备	1. 苗床选地松土。 2. 精选种子并用5%硫酸铜液消毒。 3. 苗床整理。
寒露 霜降	选地	1. 根据冬种规划选留明年烟地。 2. 统一安排春花及烟叶种植面积。	选地	1. 根据冬种规划选留明年烟地。 2. 统一安排春花及烟叶种植面积。
立冬 小雪	积肥 苗床准备	1. 增积栏粪、堆肥、草河泥、焦泥灰。 2. 挑积稻秆泥、垃圾泥。 3. 苗床选地松土。	积肥 育苗 苗床管理 垦地	1. 烧泥灰、积栏粪、堆肥。 2. 及时育苗。 3. 检查烟苗出土情况，缺苗严重时催芽补播。 4. 耕垦烟地。
大雪 冬至	苗床准备 积肥 垦地	1. 苗床整地。 2. 继续积自然肥料。 3. 翻垦烟地。	苗床管理 垦地	1. 苗床覆盖防寒，浇水防旱。 2. 第一次间苗。 3. 继续耕垦烟地。

资料来源：根据《浙江省烟草志》浙江人民出版社 1995 年版第 55—56 页表格整理。

五、生产扶持

明末清初至民国，烟叶自由种植，政府不予扶持。中华人民共和国成立后，从 20 世纪 50 年代至 80 年代末期，政府和相关部门主要是采取一些奖售政策扶持生产。1991 年后，生产扶持的力度加大。全省对烟叶生产的扶持有政策性扶持和救灾性扶持。政策性扶持，主要是产地烟草公司在当地政府部门的支持下，向烟农优惠或平价供应种子、肥料、农药、烟用生产物资；在烟叶收购时，针对烟粮比价不尽合理的实际，及生产成本持续上升的状况，依照向投售优质烟叶倾斜的原则，给予烟农适当的价外补贴，以避免烟农种植烟叶的实际亏损；同时，在大田建设、水利设施、烤房、大棚建造等方面予以一定的补助，以缓解烟农生产投入负担过重的状况。在此基础上，省烟草公司亦根据实际情况，从稳定烟叶生产的角度，对各产烟区的生产扶持具体做法进行综合平衡以及必要的干预。救灾性扶持，主要是在灾害发生时，根据受灾损失的具体情况，对灾后重建予以技术上、物资上的补助。

(一)政策性扶持

1.赊销肥料

1951年,省土产公司在萧山、新昌、桐乡、松阳、平阳、浦江等地的部分重点产烟区,实行肥料赊销,帮助土地改革后分得土地的贫雇农解决生产资金缺乏的困难。赊销的总金额不得超过预购合同烟叶金额的10%。此后,政府和有关部门每年都及时组织肥料供应烟农。

2.发放预购定金

1951年,省土产公司在实行烟叶预购时,将现金订购作为肥料赊销的补充方式。1952年,松阳等烟区又向烟农发放免息烟叶定金,每亩6～10元。1954年,省土产公司对烟区缺乏生产资金的贫雇农和确有困难的中农,实行烟叶预购(富农不预购,必要时签订信用预购合同),每亩预付定金12元;对部分生产面积较大且经济困难者,根据实际情况,灵活掌握,适当调剂。是年,发放的预购定金用于生产的占60%、用于生活的占40%。1956年,崇德、桐乡两县发放烟叶预购定金20.51万元。1959年,预购定金发放,各地按省人民委员会、专署(注:专区专署是实行于1949—1966年间的省级派出政府,负责检查、指导县级工作,其辖区称专区)下达的定金额度,在保证实现生产计划和采购计划的原则下,由各地根据种植面积自行掌握。预购定金主要发放给生产资金有困难的人民公社和生产队,困难大的多付,困难小的少付,新区多付。预购定金分两次发放,一次在合同签订后,一次在烟叶移栽面积复查核实后。核实种植面积有增减时,按实增发或扣发。定金在烟叶上市后从售款中及时收回。1965年,省人民委员会规定,烟叶等农副产品的预购定金指标,一次分配各地,由各地根据具体情况,及早安排,分期分批适时发放。发放给生产队的预购定金,主要用于当年的生产费用开支,由收购部门、农业银行共同与生产队签订预购合同,原则上在当年收回。1969年,萧山等6个试点产区,包括烟叶在内的各项预购定金并入农贷统一掌握使用,直至1972年恢复。1971年,省商业局和财贸金融局联合通知,要求每年有收购任务需要发放定金的生产队,对于需要多少定金、如何使用等问题都要发动贫下中农讨论,做到从实际出发,不硬扣比例。1977年,省商业局等部门规定,定金的还款期最长不得超过一年。1982年,省供销社、商业厅、农业银行联合下达预购定金指标,要求各收购单位与生产队签订预购合同,按合同发放定金,结算货款时扣回定金。1984年后,不再发放定金。

表48-1-2-5　　1965—1983年浙江省烟叶主产区预购定金分配情况一览表

单位:万元

年份	全省合计	桐乡	松阳(遂昌)	新昌	嵊县	苍南(平阳)	兰溪	萧山	其他
1965	25.50	8.00	4.10	5.20	0.50	1.45	1.70	4.55	—
1966	24.75	7.12	4.46	5.44	1.00	2.50	2.50	1.73	—
1967	27.00	7.00	5.00	7.00	1.50	2.50	2.50	1.50	—

续表

年份	全省合计	桐乡	松阳（遂昌）	新昌	嵊县	苍南（平阳）	兰溪	萧山	其他
1968	35.10	8.00	6.00	10.60	4.00	2.50	2.50	1.50	—
1969	35.10	8.00	6.00	10.40	4.20	2.50	2.50	1.50	—
1970	33.60	8.00	6.00	10.40	4.20	2.50	2.50	—	—
1971	33.60	9.10	6.00	10.00	4.00	2.00	2.50	—	—
1972	35.10	8.00	7.00	11.00	3.00	2.60	2.50	1.00	—
1973	35.10	8.00	7.00	11.00	3.50	3.10	2.50	—	—
1974	35.10	8.00	7.00	11.00	3.50	3.10	2.50	—	—
1975	35.10	8.00	7.00	11.00	3.50	3.10	2.50	—	—
1978	35.10	7.00	1.00	8.00	2.00	2.10	3.00	—	6.00
1979	35.10	7.00	7.00	8.00	2.00	2.10	5.20	—	3.80
1980	35.10	7.00	7.00	8.00	2.00	2.10	5.20	—	3.80
1981	35.10	1.00	7.00	10.00	3.10	3.00	5.00	—	—
1982	35.00	7.00	7.00	10.00	3.00	3.00	5.00	—	—
1983	35.00	7.00	7.00	10.00	3.00	3.00	5.00	—	—

资料来源:《浙江省烟草志》,浙江人民出版社 1995 年版,第 60 页。

说明:1976—1977 年数据缺。

3.**物资奖售**

1961 年,烟用肥料供应规定每交售烟叶 50 千克,奖售化肥 10 千克;按实际交售量奖售,预发部分在结算时扣除。新烟上市后,为扶持烟叶生产,鼓励出售,保证市场供应和出口,省商业厅决定对 6 个有定购任务的主产烟县,增拨化肥 450 吨,凡向国家交售 50 千克烟叶,增加供应化肥 10 千克。是年,共拨给化肥 1521 吨。同时每交售 50 千克晒烟、烤烟,分别奖励粮食 7.5 千克、10 千克。但各地在具体执行时都有所增减。桐乡平均每交售 50 千克烟叶,增加奖售卷烟 4 条。

1962 年,省人民委员会规定的奖售标准为:晒烟每交售 50 千克,奖售化肥 20 千克;烤烟每交售 50 千克,奖售化肥 25 千克,卷烟 5 条;香料烟每交售 50 千克,奖售化肥 25 千克,或大米 25 千克或布匹 8.33 米,任选一种;平均每交售 50 千克,还奖励工业品券 25 张。1963 年,省人民委员会规定烟叶的奖售标准改为每交售 50 千克:晒烟奖售化肥 37.5 千克,卷烟 10 条;烤烟奖售化肥 83 千克,成品粮 20 千克。各地不得增减品种和数量。同时尽可能按收购金额计算标准奖售,鼓励农民把质量好的烟叶卖给国家。

1964年,进口化肥减少,化肥奖售的标准有所降低,计算单位改为按收购金额计奖。省定奖售标准每百元交售额:晒烟奖售化肥25千克,卷烟5条;烤烟奖售化肥20千克,粮食100千克,卷烟5条。社员个人出售的烟叶,一律不奖化肥,改奖同等的商品粮,标准由各地自定。

随着国民经济全面好转,1965年起,大部分主要商品恢复正常供应,奖售标准进一步降低,全省晒烟只奖售桐乡、萧山、新昌、嵊县、遂昌、平阳、兰溪七县。是年,省定烟叶奖售标准每百元奖化肥25千克。

1968年,烟叶的奖售化肥,改为专用化肥。专用化肥数量,根据上年奖售化肥数拨给,由各地自行安排分配。该标准一直执行至1972年。

1973年,省革命委员会根据中央人民政府关于"合理的奖售政策,必须继续执行,不要随便变动"的指示,规定每投售烟叶50千克,奖售化肥10千克。年初按上年奖售实绩数预拨40%,其中50%为氮肥,50%为磷钾肥,年终按实际收购量结算。社员个人交售不奖售化肥。1974年,省革命委员会规定收购烟叶等农副产品,凡社员个人投售的,奖售的化肥归生产队结算。1975年起,预拨化肥由原40%改为15%。

1985年,除执行原奖售标准外,每交售50千克烟叶:晒烟增加化肥5千克,返销乙级卷烟3条;香料烟增加复合肥或尿素7.5千克,乙级卷烟3条。

1986年,省烟草公司将化肥分配、奖售办法改为:出口烟叶,按照吨烟吨肥进行发放;按收购烟叶的一、二、三级比例多少分配;省烟草公司掌握一定数量作机动,用于奖励完成收购计划和调拨计划任务好的县。各地按照"好烟多奖,次烟不奖"的方法分配到基层。是年,全省分配烟叶专用标准化肥1600吨。省烟草公司同时拨出市场紧俏的"上游""西湖"牌卷烟返销给烟农,鼓励烟农积极投售。按每投售50千克级内烟叶返销1条,其中一至三级再增加1条的标准分配到县。

表48-1-2-6　　1986年浙江省烟草公司化肥分配奖售情况一览表

产地	投售烟叶		奖售化肥		返销卷烟(条)
	品名	等级	种类	数量(千克)	
新昌嵊县	香料烟	一至三级	标准肥	50	3(乙一级)
		四至五级	标准肥	50	1(乙一级)
	晒黄烟	70元以上	标准肥	15	2(乙一级)
松阳	晒红烟	—	尿素	20	3

续表

产地	投售烟叶		奖售化肥		返销卷烟(条)
	品名	等级	种类	数量(千克)	
兰溪	晒黄烟	一至二级	标准肥	50	3
		三至四级	标准肥	30	2
		五级以下	标准肥	15	1
	白肋烟	上等	标准肥	50	3
		中等	标准肥	30	2
		下等	标准肥	15	1
桐乡	晒红烟	一至三级	标准肥	30	3
		其他	标准肥	15	3
苍南	晒黄烟	—	标准肥	20	—

资料来源:省烟草公司关于1986年化肥分配奖售统计表。

说明:化肥、卷烟分配标准按每50千克烟叶计。

1987年,省烟草公司继续实行奖售化肥和省产卷烟的政策,每投售50千克香料烟一、二级,奖售甲级滤嘴烟3条,化肥50千克;三级,奖售乙级烟3条,化肥25千克。为鼓励发展香料烟生产,调拨实绩超过上年时,每超调50千克,增加甲级卷烟2条奖励给县烟草公司。晒烟一至三级,奖励乙级卷烟2条;四级,奖励乙级卷烟1条。白肋烟上等,奖励甲级卷烟3条;中等,奖励乙级卷烟3条;化肥由各地自定。是年,用于奖售的卷烟有“金猴”“古松”等甲级滤嘴烟和“西湖”“上游”等乙级滤嘴烟。1988年8月,奖售卷烟按总数的70%预拨到县,其余30%待烟叶收购、加工结束后兑现。1989年,省烟草公司为鼓励和发展香料烟生产,决定按合同签订的种植面积和上年收购实绩给予一定数量的生产化肥补贴,移栽前拨给烟农。收购时,每收购香料烟一、二级50千克,奖售化肥50千克,省产甲级滤嘴烟8条;三级50千克,奖售化肥25千克,省产乙级滤嘴烟4条;四级、末级不予奖售。奖售卷烟的分配,50%～75%奖售给烟农,25%～50%由县烟草公司奖售给发展香料烟生产有直接贡献的县、区、乡及供销社等部门。随着卷烟平、市差价的缩小,1990年取消奖售卷烟,烟叶生产、收购的补助化肥标准不变。

表48-1-2-7　　1957—1990年若干年份浙江省拨奖售、扶持化肥情况一览表

单位:吨

年份	化肥数量	年份	化肥数量	年份	化肥数量	年份	化肥数量
1957	765	1959	1150	1961	1521	1963	3025
1958	765	1960	2450	1962	1390	1964	1680

续表

年份	化肥数量	年份	化肥数量	年份	化肥数量	年份	化肥数量
1965	1160	1976	720	1981	860	1986	1600
1966	1080	1977	600	1982	1200	1987	2465
1973	720	1978	620	1983	1400	1988	3217
1974	700	1979	2485	1984	680	1989	4095
1975	580	1980	1325	1985	1036	1990	3480

资料来源:《浙江省烟草志》,浙江人民出版社 1995 年版,第 63 页。

4. 货币和物资补贴

1992—1996 年,全省主要是对香料烟、晒红烟两种烟叶产区的烟农进行补贴。补贴由产地烟草公司组织实施,但须经省烟草公司及相关省级主管部门[如浙江省物价局(以下简称省物价局)]同意,有时也由当地政府出面或同意后实施。1992 年,全省对香料烟按级进行货币补贴,一至四级每 50 千克补贴 30 元。同时,省烟草公司同意仙居烟草公司在建立香料烟集约化规模经营示范村采取的一些倾斜政策:每亩烟田无偿供应复合肥 25 千克、农药呋喃丹 5 千克;育苗用尼龙膜补助 0.5 元/平方米;每村育预备苗,补助 600 元/亩;对统一连片种植的烟田,供应平价复合肥 25 千克/亩;尼龙晾晒棚,每个棚补助 20 元等。1993 年 2 月,浙江省烟草专卖局(以下简称省烟草专卖局)、省物价局联合规定:香料烟各等级生产扶持费补贴标准,从原来的一至四级每 50 千克各为 30 元,调整为一级 50 元、二级 40 元、三级 30 元,四级取消生产扶持费补贴。1994 年,松阳烟草公司经县政府同意,每收购烟叶 50 千克,给烟农补贴烟叶生产成本费 70 元,共计补贴 29.05 万元。新昌烟草公司出台香料烟农用物资价格补贴政策,当年投售的烟叶每 50 千克,一级补贴 136 元,二级补贴 131 元,三级补贴 70 元,四级补贴 30 元,共计补贴扶农资金 28.8 万元。1995 年,晒红烟松阳产区实施超任务奖励的扶持烟叶生产政策:各乡镇完成县政府下达的当年烟叶种植面积和烟叶收购任务 80%以上的,奖励乡镇 3000 元;完成 100%以上的,奖励乡镇 5000 元。实行按每投售 200 千克烟叶为一亩面积计算,减免农业税。发放低息贷款,实行最低保护价,每收购 50 千克烟叶平均补贴 20 元以上。实行年度烟叶生产统一保险,由烟草公司支付保险金。桐乡产区的烟草公司自筹 74 万元用于改良品种和农用补贴。香料烟产区新昌烟草公司与县物价局联合提高香料烟农用物资补贴,当年每交售 50 千克香料烟,一级补贴 350 元,二级补贴 220 元,三级补贴 190 元,四级补贴 100 元。1996 年,为扶持烟叶生产,松阳县政府制定烟叶收购最低保护价,烟农可以用 60 千克烟叶抵 50 千克的粮食征购任务;农业税由县烟草公司和县财税局各承担一半;松阳烟草公司从四川以每 100 千克 100 元的价格购进烟肥桐油渣,以每 100 千克 24 元的价格供应给烟农;同时,采取以卷烟补烟叶的办法,拿出卷烟经营利润 200 万元补贴到烟叶生产上。是年,香料烟产区新昌烟草公司继续延用上年烟叶生产农用物资补贴标准。

1997—2000 年,全省除对香料烟、晒红烟生产补贴外,还对烤烟试种生产予以补贴。

1997年10月，省烟草公司宣布1998年烤烟试种，种植区域限于安吉、金华、庆元3个县，补贴安吉、金华各35万元，庆元30万元，原则上每座新建烤房补贴1000元。1998年，新昌县出台调整后的香料烟农用物资补贴标准，每收购烟叶50千克，一级补贴从350元调整为250元，二级补贴从220元调整为160元，三级补贴从190元调整为70元，四级补贴从100元调整为30元。调整后的价格标准对种植技术好、生产质量高的烟农影响相对较小，而种植粗放、烟叶质量低劣的种植户因此有较多的淘汰。1999年，香料烟新昌县产区实行烟叶生产农用物资补贴并入收购价格的政策，每收购烟叶50千克，一级价格从800元调整为850元，二级从620元调整为680元，三级从400元调整为480元，四级从180元调整为240元，平均价格上调幅度为12.5%左右；供应优惠价烟草复合肥2417吨，投入补贴资金近10万元。1999年，省烟草公司对烤烟试扩种生产继续给予适当补助：安吉、金华、庆元以1000亩为基数，超过基数的，每亩补助烤房建设费200元；仙居按实际种植面积补助200元/亩；对各县补助均到3000亩为止，超过3000亩后，以奖代补。全省实际种植烤烟面积3533亩，共投入烤房建设补助费28.3万元。2000年，松阳县政府制定晒红烟生产政策措施，实行烟叶物资奖售、农业税返还、提取烟叶生产风险金、对乡镇政府予以考核奖励；对烟农在烟叶生产中同时采用“营养钵育苗、单垄种植、地膜覆盖、化学抑芽、塑料大棚晒制”五项新技术，户种1亩以上的，补贴新技术推广费100元/亩；对中上等烟叶，在收购价外再予以补贴；对种烟不向国家投售的农户，征收农林特产税200～300元/亩。香料烟产区新昌烟草公司投入20余万元，购进烟草专用肥170吨，引导烟农科学用肥；凡当年种植香料烟2亩以上，且投售一、二级烟叶100千克以上者，每户可获奖金500元。

2001年后，各烟叶产区的生产扶持政策逐渐走上常规化和规范化。在一般年景下，均延续上年的做法，原则上按上年烟叶收购价的15%对烟农进行烟用物资补贴。如2008年省烟草公司为稳定烟叶生产面积，缓解供需矛盾，保全松阳晒红烟品牌，同意松阳县烟草公司当年按烟叶收购价的15%对烟农进行烟用物资补贴，对生产优质烟叶的农户或垦荒种烟的农户，则另行设奖。是年，香料烟产区新昌县统一优质烟叶奖励，烟农投售上一、二级或中一、二级或下一级烟叶，兑付补贴3元/千克；烟农投售上一、二级或中一、二级烟叶0.5千克，供应烟草专用肥0.5千克；对当年开垦荒山荒地种植香料烟、相对连片面积5亩以上的农户，按实际开垦种植烟叶面积给予奖励300元/亩。

5.烟田基础建设补贴

烟叶种植纳入专卖管理体制后，始由产地烟草公司对当地烟田给予适当的基础建设补贴。烟叶基础建设投入较大，如1997年，新昌烟草公司拟在烟叶产区东敬乡里王村茶元岗畈进行香料烟生产水利设施建设试点。该畈面积80亩，因就近水库大坝漏水且灌溉渠道倒塌，计划予以维修，投入资金11.7万元。

2005年11月，国家烟草专卖局要求各省级烟草专卖局填报烟农烟田基础设施建设的各项统计。2006年11月，省烟草公司向国家烟草专卖局上报了全省烟草生产补贴标准的统计资料。次月，省烟草公司作出规范规定，各烟叶产地的烟草公司可在烟叶收购价格外适当给予烟叶生产补贴，用于烟叶生产基础设施建设，烟叶生产专用物资，产业经营和产前、产中、产后技术与管理服务等方面。“十一五”期间(2006—2010年),全行业平均补贴标准不超过1000元/亩(含国家烟草专卖局统筹安排的补助),全行业平均补贴标准每50千克烟叶不超过烟叶收购价格的15%。兑付和支付各项补贴时,须有合法、有效的原始凭证,直接支付烟农的补贴,必须有烟农签字的收据。烟草商业企业发生的补贴,并入烟叶采购成本,从成本中列支。

(二)救灾性扶持

1991年前,如发生自然灾害,由当地政府统一组织救灾,由于各种农田均受灾,烟田只是其中一部分,无法单独统计烟田救灾的扶持金额。1991年后,烟草种植属于专卖管理,救灾时当地烟草公司与当地政府部门一起出台扶持措施。

自然灾害往往突然袭来,由此造成较大的经济损失。当烟区受灾后,当地烟草公司即在第一时间组织烟农自救,同时报告省烟草公司,要求物资或资金救助。如1991年7月9日,桐乡烟草公司向省烟草公司呈报《烟田受淹要求解决救灾物资的紧急请示》:6月初始,连续阴雨一月有余,大雨、暴雨不断,全县烟田受淹面积达60%,雨后需补施追肥250吨,请省烟草公司解决进口复合肥200吨。7月25日,省烟草公司批复:由省烟草公司拨出含硫复合肥指标200吨,帮助解决受淹烟田的救灾问题。

1992年4月28日、29日两天,松阳县遭受暴风雨袭击,全县烟田80%受到不同程度的危害,松阳烟草公司要求省烟草公司增拨复合肥50吨救灾。6月24日至7月6日,该县又连降暴雨,80%以上的烟田受淹,其中405亩烟田被洪水冲毁,全县损失烟叶469吨,共计金额145.5万元。为此,松阳烟草公司要求省烟草公司拨给救灾款50万元。7月,省烟草公司向中国烟草总公司报告浙江烟区的洪涝灾情,要求中国烟草总公司拨给救灾化肥1000吨。同时,省烟草公司下发救灾通知,并予以捐款、拨给化肥指标及下达部分省外烟指标等,支持松阳等县的救灾工作。

1993年6月18—24日,松阳县连续7昼夜暴雨,全县共损失烟叶125吨,经济价值65万元。6月30日至7月6日,再遭7昼夜暴雨袭击,共损失烟叶275吨。两次洪涝灾害,使90%的烟田受灾,合计损失烟叶及烟叶生产物资达165万元。松阳烟草公司两次向省烟草公司报告灾情,要求给予救灾款50万元及一定数量的物资补助。7月初,桐乡烟区连续阴雨天,成熟的皮脚烟大部分霉烂在田里,特别是顶烟采摘期逢连续暴雨,烟叶无法晒制,烟叶总产量从预计的1200吨下降到700吨左右,减产40%左右,烟叶外销比例下降50%以上。桐乡烟草公司请求省烟草公司及上海烟草进出口公司各给予补助平价进口复合肥100吨。为支援灾区救灾,省烟草公司还增加名优烟供应,通过提高收益来获取救灾的扶持资金。如当年7月,省烟草公司向中国烟草总公司递呈《全省受灾情况的报告》:自6月14日入梅以来,全省局部地区一而再、再而三地受到暴雨侵袭,其中松阳县900亩烟田冲毁,3300亩烟田不同程度受淹,烟叶损失240万元以上。为尽快帮助烟农救灾,保护烟农的积极性,缓解大批民工因兴修水利而产生名优烟供求矛盾,恳请中国烟草总公司拨给名优烟600箱。

1995年3月,松阳县大部分乡镇遭受冰雹和龙卷风袭击,正处于移栽期的烟苗受灾面积达移栽总面积的95%以上。为此，松阳烟草公司及时无偿提供烟苗开展补救，并指导烟农对烟苗进行清理施肥，加强田间管理，减少损失。

1997年7月6日起，浙江省普降暴雨，浙中、浙西南地区最高雨量达395毫米，其中松阳县4000余亩可采摘的晒红烟95%被淹，绝收面积达10%。全省烟草系统因灾直接损失逾1000万元。省烟草专卖局(公司)通过优价卷烟让利分配给灾区，帮助受灾单位渡过难关。

1998年6—7月份，松阳县烟叶采收晒制期间遭遇阴雨20余天，致使烟叶霉烂相当严重，质量、等级严重下降。为保护烟农利益，该县政府要求烟草公司把失去使用价值的劣质烟叶全部予以收购，由此给予受灾烟农补贴。同时，为了不让劣质烟叶流入市场，10月4日，松阳县政府在该县古市镇城郊黄岗坑滩地上，当众烧毁劣质烟叶80吨。

2005年6月18—22日，庆元县普降大到暴雨，最大降水量达331毫米，为20年一遇的特大洪灾，造成毁灭性破坏的烟田462亩，重度毁损烟田989亩，烤房倒塌26座，直接经济损失128.57万元。庆元烟草专卖局(公司)在呈请浙江中烟工业公司(以下简称浙江中烟公司)给予一定的专项补助的同时，组织人力、物力扶持烟农自救，以稳定烟农、降低损失。

2008年7月6日，松阳县遭受罕见的冰雹袭击。经调查，受灾区域分布于望松乡、西屏镇等晒红烟主产区，受灾面积120亩，直接经济损失36万余元。松阳烟草公司要求丽水市烟草公司下拨受灾补贴(3000元/亩)，同时安排扶苗抗灾，维持当年烟叶生产面积。

2010年3月上旬，受强冷空气影响，丽水各地出现强降温寒冷天气，部分地区出现冻雨或雨夹雪，严重影响了即将大田移栽的烤烟烟苗生长。景宁县甚至出现不同程度的死苗、缺苗现象。景宁烟草公司紧急抽调烟苗10余万株，解决烟农缺苗、少苗的问题，顺利完成当年烤烟的大田移栽工作。绍兴市因冻害缺苗而补播22个集中育苗点，共计4000余平方米，所有烟苗全部无偿供应农户，为900余户农户解决1100余亩的生产用苗。

第三节　收　购

明崇祯年间(1628—1644年)，朝廷曾一度下令禁种烟叶，对购销者处以重刑。清初，烟草进入市场，烟叶行栈随之出现。烟行有两种，一为自有资金收购经营，一为代客收购、运输。

清代，浙江省的烟叶收购主要是集市交易。凡当烟叶摘收后的夏秋间，主产区客商云集，烟农船载肩担出售烟叶，烟市极盛。乾隆年间，浙江省烟叶已驰名省内外。有诗云："牙行各估值，贩客动论担。村落仍开市，征途偶驻骖。"[①]嵊县有闽汀烟、靛、纸三业在县城内建天后宫，由卢、简等姓烟商轮流管理，为早期烟叶行栈。松阳西屏、古市两镇的"烟行弄"，即因烟市

① 〔清〕陆煊：《梅谷十种书》第四册《耕余小稿》，乾隆三十四年(1769年)陆氏易简堂自刻本。

汇集于此而得名。“芦塘听雨夜萧萧，风撼桐泾月色饶。破晓橹声摇梦去，喧阗烟市竹西桥。”①反映了当时桐乡等地的烟市盛况。咸丰年间，浙江省各地设卡管理烟叶运销。各产烟区已设有多家烟行，较有名的有松阳的罗萃泰烟行、桐乡的徐合顺烟行等。同治八年(1869年)，江浙闽三省烟商在嵊县县城捐建会馆，前厅为加工打包场，中厅及两廊为烟商洽谈交易场所。

民国初，私商烟行绝大部分仍开设在闹市集镇，以县城所在地居多。其时，松阳有郭隆兴等烟行9家；新昌有专营烟行14家，另有山货行兼营烟叶76家；萧山有烟行9家。日本烟商亦在桐乡县屠甸和松阳设庄采办烟叶。上海烟行每逢夏秋之际，多派员至新昌、萧山、桐乡、松阳等处设庄收烟。民国18年(1929年)，松阳有烟行35家。民国24年，桐乡有烟行8家，崇德有7家，兰溪有2家，龙游、天台、宣平(今武义县)各1家，鄞县韩岭有熏烟行1家。各烟行主或主要投资者大多为商人，地主次之，也有地方士绅跻身其间。除当地人士外，还有外地客商和厂商，由行主向政府主管部门领取牙行执照，在烟区设栈收购。抗日战争全面爆发后，港口封锁，交通阻梗，烟叶滞销，烟商多亏本，产区烟行纷纷停业，新昌、嵊县两地一度仅剩3家烟行。抗日战争中后期，随着手工卷烟的发展，各地烟行逐渐恢复。民国27年，浙江省建设厅物产调整处通过各地物产运销处和交易公店，管理土烟叶运销，各地烟行必须凭运输许可证运销烟叶。民国32年后，烤烟必须在专卖机关指定的市场出售，并只准售给经核准给证购买的制烟厂商或运销商。民国32—33年，新昌有张万成、鼎记等22家，嵊县有17家，温岭县有收购青(鲜)叶烘烟厂(场)57家。据宁波市烟叶杂货同业公会登记，民国35年会员中有烟行21家，资本最多为170万元，最少为5万元。同年10月，省税务部门依据财政部3月颁发的《管理烟叶经纪行栈办法》，对全省烟叶行栈进行登记。翌年，浙江区货物税局向各主产区的烟场派驻场员，负责收购烟叶的征税，在主要烟叶集散地也都派有查验员巡回督导。民国36年8月，鄞东烟叶市场在鄞县瞻岐镇开张营业。民国37年，萧山有烟行20余家，临时烟商及贩运商有百余家，鄞县咸祥、韩岭两镇有烟行5家，杭州所属县有22家，松阳有19家。据浙江国税稽征局登记记录，时桐乡、崇德两县有烟行64家。

1950年，省内烟叶收购仍以私商烟行为主。外来厂商在产区设庄收购者，先报当地工商行政部门核准，指定收购地区或介绍到行庄代收。1951年，随着烟叶购销纳入国家管理轨道，国营公司和供销合作社收购数量的增加，部分私商烟行歇业，但私商收购仍占相当比重。到10月底，私商收购占总收购量的30%。宁波市有私营烟叶行(栈)22家，萧山有20余家，嵊县有烟业代理行2家。1952年7月，推行公私联购，明确公私收购比例和主产区由国营公司包收，此后私营烟行逐渐减少。1954年初，全省尚剩私营烟行(栈)39家，烟叶加工场1家，基本以联购、委托代购维持。是年，由于烟叶减产和管理不善，私营烟行大多经营困难。省专

① 〔清〕沈廷瑞:《东畲杂记》。沈廷瑞(1712—1787年)，字东瑜，晚号东畲，桐乡濮院镇人，《东畲杂记》其生前未刊。沈涛(1800—1854年)，号苇汀，沈廷瑞之曾孙。沈涛的《幽湖百咏》吟成于清咸丰元年(1851年)，沈涛仿清初朱彝尊《鸳鸯湖棹歌》之例，配合《东畲杂记》中的史料加以补充，写成近体诗七言绝句104首，分别穿插于《东畲杂记》有关片段之中。其后经历咸丰十年兵燹，诗稿散佚。沈涛过世后，其子沈梓辗转从沈涛学生中访得，重为编辑，注释人名、地名等。书未及刊印，沈梓又遽然辞世。至清光绪十三年(1887年)，由沈梓的门生们集资刻印。

卖事业公司对重点产区的私营烟行，能转业的辅导其转业，不能转业的作个别吸收或委托代购，给予手续费加以维持。到10月底，全省重点产区尚有私营烟行10家，有资金14939元，从业人员47人；兼营烟行16家，资金70014元，从业人员70人。1955年，根据对私商利用、限制和社会主义改造的政策，将上年未安排稳妥的贩运商连同原有烟行从业人员约80人，统一由国营公司安排其代购，既维持了私营烟行商及其职工的生活，又利用其为完成国家收购计划服务。此后，随着社会主义改造的完成，私营烟行消失。

20世纪50年代起，政府有关部门制定并采取一系列政策措施加强烟叶收购管理。

一、政策

（一）公私联购

公私联购是指在烟叶收购中，烟叶产区根据国家政策规定，采取国营商业与私商联合收购或协议收购的做法。

中华人民共和国成立初，除税务部门对烟叶购销实行税收管理外，有关部门也参与对烟叶的购销管理，以保证国家和烟农利益。1950年12月，经省财政经济委员会核准，省商业厅公布《浙江省土烟叶产区市场管理办法草案》，规定外地公私厂商在浙江省产烟区采购烟叶，烟区当地的烟商行栈、合作社机构经营烟叶或委托代购单位，均须服从当地政府工商行政部门的领导与管理。在各主产烟区、重点集镇市场，组织土产公司、税务局、合作社、工商联和同业公会等有关部门，设立“烟叶联合采购委员会”，具体负责市场管理工作。凡向烟叶产区采购烟叶的公私厂商及其他采购组织，都必须携带各所在地同业公会证明、介绍信件向“烟叶联合采购委员会”登记，服从当地政府有关烟价政策的规定。新昌、桐乡、松阳等主产县，均成立由国营商业、合作社、工商联和私营烟商代表参加的烟叶联合采购委员会和烟价评议委员会。统一评议收购价格，禁止原非经营烟叶的商行从事业外经营或囤积居奇，有效制止了部分烟商盲目抢购哄抬价格现象，稳定了烟价。

1951年8月，浙江省人民政府（以下简称省政府）公布《浙江省烟叶收购管理暂行办法》。成立由省商业厅为主，省供销合作社、省税务局、省土产公司及公私厂商代表参加的省烟叶收购管理委员会。各烟叶产区亦相应成立烟叶收购管理委员会。凡外省公私厂商到浙江烟区收购烟叶，均须携带其所在地工商行政机关介绍函件（证明其收购用途及收购数量），向省烟叶收购管理委员会申请登记审核，并至产区烟叶收购管理委员会登记后，方得按照指定地点、核准数量进行收购。省内的公私厂商，其登记、核准手续，由产区烟叶收购管理委员会办理。各产区合作社收购社员烟叶，免办以上手续，但必须严格遵守有关规定，并服从当地烟叶收购委员会指导。同时，为便利收购烟叶，由省土产公司牵头，根据自愿原则吸收业经核准收购的公私烟厂成立公私烟叶联购处，进行统一收购；已参加公私烟叶联购处者，不得在省内另行收购。各主产区先后设立交易所和公私联购处，协商收购价格，分配公私收购比重，解决公私争端，防止变相抬价、压价。通过协商、联购，国营商业掌握了烟叶市场领导权。

1952年8月，取消《浙江省烟叶收购管理暂行办法》，由省商业厅制定《重点烟区管理办法》。新昌、嵊县、桐乡、浦江等主产烟区，由当地工商行政部门组建产区烟叶市场，通过集中交易予以管理，合理掌握公私收购比重及收购价格。零星产区允许公私厂商自由收购。1953年，为加强对各地烟叶公私联购处的组织领导，省烟麻公司制定《晒烟公私联购章程》，使原来私商的分散收购变为受工商行政部门管理的有计划、有组织的联合收购。是年，公私经营收购的比例：国营占75.19%、合作社占10%、私营烟商占14.81%。

1954年下半年起，全省烟叶实行统一收购，统一管理。主产区烟叶，全部由专卖事业公司掌握，委托供销社或私商收购，私商不得自营。零星产区，除专卖事业公司掌握收购比重88.69%外，允许当地私商参加协商收购，但必须参加联购，统一由供销社代收，并监督其在省内销售。是年，增加收购烟榔、烟梗、烟杈及次烟。

1955年新烟上市后，主产区全部烟叶和零星产区符合外销标准的烟叶，由专卖事业公司与供销社订立代购合同，全部委托供销社代购。私营联购作为过渡，给予少量代购维持。是年，私商烟行代购烟叶仅30吨。

（二）派购定购

派购定购是指国营商业、供销合作社与农业生产合作社、烟农订立烟叶收购合同的做法。

1956年8月，省人民委员会规定烟叶等物资由国家委托国营商业、供销合作社统一经营收购，烟农不得将烟叶卖给其他任何单位和个人。10月，对烟叶实行派购，由供销社与农业生产合作社订立派购合同。1957年10月10日，省供销合作社规定，烟叶允许生产者和消费者在2.5千克的限额内，于集市上互通有无，进行调剂。

1961年11月，省人民委员会规定，烟叶等国家计划定购物资，在完成国家定购计划后，多余部分可卖给国家，也可在农村集市出售。1962年，全省卷烟工业原料紧缺。为加强烟叶管理，严防投机贩卖，省供销社等部门规定，除国家指定的烟叶收购、换购单位以外，省内外其他单位和个人一律不得向农民收购、换购烟叶。1964年7月，省供销社、省工商行政管理局再次重申烤烟、晒烟、土烟丝为国家二类物资，实行派购，国家收购任务未完成前，各产烟县和毗邻地区，须严格市场管理，不准进入集市贸易。国家收购任务完成后，允许生产者和消费者之间，在当地市场上少量余缺调剂，但应劝止生产队和社员远途贩销。

1973年，一些地方烟叶产量连年下降，烟叶购销管理放松，出现集市高价买卖烟叶的现象，影响了国家计划收购任务。省革命委员会生产指挥组要求各地加强烟叶管理，任何单位与个人，不得进入集市贸易，不得直接向生产队、社员购买，严禁黑市交易。1979年9月5日，省革命委员会重新规定，烟叶等国家派购物资，生产队及社员个人在完成国家派购任务后，多余部分可卖给国家，也可就地上市。

1981年1月22日，省政府批转财办、物委的报告，调整议购议销范围，规定烟叶不搞议价，不能进入集市贸易。1985年起，国家不再向烟农下达烟叶派购任务。

（三）换购

换购指国营商业或供销合作社用卷烟换购烟叶的做法。

1961年，卷烟生产缺乏原料，市场供应紧张，烟叶及卷烟市场出现高价买卖，烟农不愿平价出售，影响收购。为此，省有关部门决定用卷烟换购主产区超计划部分烟叶及社员个人和零星产地的烟叶。8月25日，杭州利群烟厂通过萧山县商业局首先在浦沿公社试点换购。换购标准：烤烟每0.5千克，换丙二级“旗鼓”牌14包；晒黄烟的大烟或皮烟每0.5千克，换丙三级“雄狮”牌14包；脚叶每0.5千克，换丁级“大乾坤”14包。其他各地也先后开展换购。桐乡换购标准：每50千克大烟换卷烟10条，皮烟换7条，烟拐(梆)、茎换4条。是年，全省实际换购烟叶3300余吨。

1962年7月19日，省人民委员会规定：“农民完成交售任务后，多余的烟叶，以及社员在自留地、十边地种的，无论多少，都归自己支配，既可自己消费，亦可卖给国家或向供销社换卷烟。以卷烟换购烟叶的业务，由供销社统一经营。”8月，省供销合作社规定，卷烟换购烟叶的标准：晒烟大烟各级每0.5千克换卷烟9包，皮、秋烟换卷烟7包，脚叶换卷烟4包；烤烟各级按上述标准增加3包。9月，省供销社将计划外烟叶换购标准调整为晒烟大烟每0.5千克换丙一、二级卷烟(“新安江”“钢花”“旗鼓”)9包，皮、秋烟换丙三级卷烟(“雄狮”“双燕”“高山”)7包，脚叶换丁级“大红鹰”4包；烤烟各档增换3包。若愿意全部换丁级卷烟的，晒烟大烟换13包，皮、秋烟换9包，脚叶换4包；烤烟大烟换18包，皮、秋烟换13包，脚叶换7包。由烟农任选其一。换购所需卷烟，由省商业厅食品公司统一下拨。与此同时，烟厂全面停止烟叶换购和来料加工业务。是年，全省除岱山、大衢两地外，各县都开展了烟叶换购。此后，各地还根据卷烟及其他物资的货源，自行调整换购标准。有的县增加电池、黄酒、草席、化肥、卫生衫、毛巾、袜子等换购品种，由烟农自行选购。

浙江省的烟叶换购标准比国务院规定标准高，烟农换购踊跃。1962年，全省原定换购烟叶2500吨，至1963年3月初，已换进1.08万吨。因晒烟不能单独作卷烟原料，经省人民委员会批准，1963年3月11日起，停止卷烟换购烟叶，由各地供销社开展自营业务，进行议价收购。议价收进的烟叶，根据不同地区的消费习惯，加工一些烟丝出售。

自1961年8月25日试点换购起，至1963年3月10日止，全省共换购烟叶1.4万余吨。

(四)购留比例

20世纪50年代初，烟叶自由种植，自留量占全省总产量的15%～20%。1955年，省专卖事业公司对烟叶购留比例提出内部控制指标：全省约60万种烟人口中有20万人吸用，按每人年均吸用6千克算，共需自留1250吨左右。1957年，提出自留量的比例控制在总产量的10%～20%，但有些烟区产量少，自留量超过比例，如嵊县烟区的自留量达21%。1958年，全省烟叶歉收，市场供应紧张，有的县为了多收购，出现以行政手段限制自留量和强行收购的情况。1959年，烟叶留用量只作内部计算掌握，不订入交售合同。各产地烟农吸烟者，每人自留2.5～3.5千克。1961年，省商业厅规定，烟叶自留量按参加农业劳动人口来计算，每个吸烟者留3.5～5千克；集中产区收购量应占总产量的85%～90%。但实际上各主产区烟农的烟叶自留量各有差异。如遂昌烟区以烟筒数计算，种烟面积较多的社队，每支烟筒留3.5～4千克，不吸烟户每户留1千克，种植较少的社队，每支烟筒留2千克。新昌每支烟筒留3.5千克，不吸烟户不留。兰溪烟区留1.5～2.5千克/人。桐乡按烟区总户数来计算，留1.5千克/户。平阳县烟区按上年交售量留10%。嵊县每支烟筒留3.5～5千克。1962年，改为按总产量规定购留比例，多产多留，少产少留，受到烟农的欢迎。1963年，烟叶实行定额收购，采取大包干的办法。生产队的包产指标就是国家的包干交售任务。包干指标完成后，原则上多产多留，由生产队自行处理。如国家需要，需用经济措施与生产队协商，适当增购。是年，全省各地烟叶自留量占总产量的10%～20%。

此后，每年烟叶购留的比例，集中产区收购量占总产量的85%～90%，分散产地收购量占80%左右。随着城乡经济及卷烟工业的发展，社会吸烟消费水平提高，旱烟逐渐被卷烟替代。至1978年，仅遂昌尚有留烟不超过4千克/人的规定。1980年后，购留比例自然消失。

（五）国家专营

1985年起，由烟草公司或其委托的供销社，按下达的烟叶收购计划和规定价格，与烟农签订定购合同。此后，浙江省的烟叶收购纳入烟草专卖的轨道。1991年《中华人民共和国烟草专卖法》颁布后，烟叶属于专卖管理品，由产地烟草公司统一收购。任何单位或个人收购烟叶，均属违法。20世纪90年代初，浙江省生产的烟叶仍全部委托各地供销社代购。各收购站（点）的设置，按省烟草专卖局（公司）规定的“符合流向，方便群众，便利运输，节约开支，利于管理”的原则确定。1992年，各烟叶产区烟草公司开始自设收购站，至2010年，自设的收购站仍占少数。收购管理体现了烟草专卖专营的特点，即严格按计划收购和不断加强等级质量的控制。烟叶收购量，一般情况下每年由省烟草公司根据中国烟草总公司当年收购烟叶的相关政策、文件部署，产地各烟草公司在执行省烟草公司规定和要求的基础上，可以根据当地实际情况，采取必要的管理措施，确保烟叶收购任务完成和所收购烟叶的等级质量。2000年后，国家烟草专卖局实行烟叶种植、收购、销售一体化合同管理，即烟农种植烟叶亩数与收购量以签订生产收购合同的形式确定，产地烟草公司调拨计划依据当地生产收购合同的总和制订，须经国家烟草专卖局批准下达后方能实施。

二、价格

清代以前，烟叶自由交易，随行就市，具体价格史无记载。民国时期，烟叶收购亦无统一价格，基本由私商或烟业同业公会控制。现存记载的有民国19—25年（1930—1936年），省内主产烟区历年的平均收购价格。

表 48-1-3-1　民国 19—25 年(1930—1936 年)浙江省主产烟区烟叶收购价格一览表

单位:元/50 千克

地点	品名	价格时间	民国 19 年	民国 20 年	民国 21 年	民国 22 年	民国 23 年	民国 24 年	民国 25 年
萧山(长河)	晒黄烟	年平均	21.576	17.932	16.944	16.840	19.231	13.350	17.244
		旺季平均	20.025	20.301	16.895	16.801	18.449	13.350	17.244
浦江(白沙)	晒黄烟	年平均	22.360	21.090	18.790	19.750	15.590	11.480	17.640
		旺季平均	20.600	20.330	19.380	19.220	16.980	11.480	17.410
新昌(城区)	晒黄烟	年平均	29.015	28.094	25.064	25.763	29.315	30.183	23.764
		旺季平均	28.580	28.893	25.125	25.658	29.626	30.093	23.693
平阳(桥墩)	晒黄烟	年平均	16.184	13.098	14.424	11.397	10.127	17.575	21.400
		旺季平均	15.270	13.358	15.294	11.241	11.161	16.230	21.400
桐乡(梧桐)	晒红烟	年平均	14.560	15.230	12.360	14.720	17.490	16.050	14.720
		旺季平均	13.360	13.960	11.540	13.360	10.930	14.570	13.360
松阳(西屏)	晒红烟	年平均	19.425	19.425	20.396	21.367	17.487	14.569	19.425
		旺季平均	17.482	17.480	18.452	19.425	16.511	15.541	17.482

资料来源:根据《浙江省烟草志》浙江人民出版社 1995 年版第 65 页表格整理。

民国 27 年(1938 年),浙江省建设厅战时物产调整处令松阳县物产调整办事处组设松阳县烟叶评议委员会,以烟农种植成本、外埠烟价涨落为依据进行定价。价格评定后,烟农与烟商均应遵守,不得任意提高或压低。民国 31—34 年,在沦陷区,日伪统制物资,通货膨胀,唯烟价极廉,每担(50 千克,下同)烟换米由民国 10 年的 2～4 石降到 0.3～0.7 石。民国 33 年,桐乡每担烟仅换米 0.27～0.3 石;新昌烟历来价格比别处高,每担烟换米也不足 1 石。抗日战争胜利后,烟价稍有回升,但在民国 36 年至 37 年,浙江省晒烟每担也仅值米 6～7 斗。

20 世纪 50 年代初,国营商业收购比重尚小,私商收购仍占大部,各地工商行政部门虽加强了对烟叶收购价格的管理,但仍未统一定价。1950 年,烟叶畅销,私商抬价收购,国营收购价亦随之提高。1951 年,省土产公司根据华东土产公司规定,制定烟叶收购统一牌价。是年,误将收购净烟每 0.5 千克折米 1.75～2 千克的价格,作为收购毛烟的价格,因此国家损失 40 余万元。同时,价格偏高也导致烟农盲目增产。1952 年,省土产公司经生产成本调查,根据保证生产者、运销者利润和减轻费用的原则,制定主产区烟叶收购价格。

表 48-1-3-2　　1952 年浙江省主产区烟叶收购价格一览表

单位:元/50 千克

品　名	净片(无槨草)			品　名	净片(无槨草)		
	一级	二级	三级		一级	二级	三级
新昌晒黄烟	43.00	30.60	23.80	松阳晒红烟	27.50	24.50	—
萧山晒黄烟	24.00	20.88	—	桐乡晒红烟	46.40	39.00	—
浦江晒黄烟	30.00	—	—	沙埠烤烟	37.00	32.00	—
平阳晒黄烟	26.50	21.30	—	韩岭烤烟	37.00	32.00	—

资料来源:《浙江省烟草志》,浙江人民出版社 1995 年版,第 66 页。

因烟叶收购价格仍然偏高,除新昌、桐乡收购的大烟外销,以及平阳、浦江的烟叶尚有销路外,其余大多滞销。后省土产公司采取限量收购,引起烟农不满,导致萧山、平阳(桥墩)、嵊县等地烟农围住土产公司强售,各地土产公司贷足资金日夜收购,并鼓励私商收购,始平息事态。然因市场滞销,国营公司晒烟大量积压。1953—1956 年,为扭转晒烟滞销局面、压缩库存,烟叶价格按市场需求进行调整,数年中有降有升。1953 年 7 月 16 日,全省收购价格比 1951 年调低 24.99%。不久,烟叶市场由滞转畅。8 月 8 日,烟叶收购价格再次调整(其中桐乡不动)。烟叶收购价如下表所示。

表 48-1-3-3　　1953 年调整后的浙江省烟叶收购价格一览表

单位:元/50 千克

等　级	桐乡	松阳	新昌	萧山	浦江	平阳
大烟一级	60.00	41.50	44.70	26.60	29.00	28.00
大烟二级	52.20	37.20	39.10	23.20	25.00	25.00
大烟三级	43.20	33.00	26.80	19.80	21.00	19.50
大烟四级	36.60	—	19.00	16.96	17.00	14.00
大烟五级	25.80	—	16.70	—	14.00	—
大烟六级	19.20	—	—	—	—	—
皮烟一级	22.00	24.00	32.30	18.00	—	—
皮烟二级	15.00	18.60	22.40	15.20	—	—
皮烟三级	8.40	11.70	16.70	—	—	—
等外一级	4.20	7.40	7.80	11.80	7.00	—
等外二级	—	—	—	6.50	—	—
秋烟一级	18.60	—	—	—	13.50	—

续表

等　级	桐乡	松阳	新昌	萧山	浦江	平阳
秋烟二级	14.60	—	—	—	8.00	—
秋烟三级	8.60	—	—	—	—	—

资料来源:《浙江省烟草志》,浙江人民出版社 1995 年版,第 67 页。

说明:大烟、皮烟、皮子烟、秋烟等均为 20 世纪 50 年代晒烟收摘调制后归别等级的名称。如大烟为等级较高的烟叶。皮子是等级有所混杂、稍次的烟叶。秋烟系种植在旱地的烟叶,在第一批于入夏初伏至立秋前采摘后,继续选芽留养培植,至白露再度采摘第二批烟叶,寒露前摘完,遂称作"秋烟"。

1954 年,省专卖事业公司调查主产烟区的晒烟收益与生产成本盈亏,除松阳外,各地烟叶收购亏损 2～3 元/亩。根据保持合理的烟粮比价原则,结合产销实际,全省晒烟收购价格总水平比 1953 年提高 10.3%,烟粮比价接近 1951 年水平。1955 年,为保证国内卷烟工业原料和出口需要,扶持晒烟生产,再次提高晒烟收购价格,总水平比 1954 年提高 6.8%。其中新昌调高 7.37%,萧山 8.37%,浦江 6.6%,平阳 8.92%,松阳 6.21%,桐乡 5.98%。零星产区的烟叶收购价参照历史价格,按不高于就近主产区收购价格的原则掌握。因收购价格基本合理,调动了烟农投售烟叶积极性,省专卖事业公司收购计划完成 138.48%。1956 年,松阳、桐乡晒烟收购价格维持不变,新昌、萧山、浦江品种差价略作调整,平阳上调 4.95%。

1957 年 6 月,全省统一调整收购价格,比 1956 年调高 5.97%。按每 50 千克烟叶计(下同),新昌、嵊县晒烟五级从 29 元调整为 32 元,平阳三级从 26.70 元调整为 30.60 元,萧山三级从 24.10 元调整为 26.60 元,浦江三级从 25 元调整为 26.60 元,松阳三级从 36 元调整为 37 元,桐乡、崇德四级从 38.70 元调整为 40.40 元。1958 年,全省主产区的烟叶收购价格又比 1957 年提高 9.89%。1959 年,因种植面积连年减少,产量急剧下降。为维持烟叶生产,满足内销和出口需要,7 月省人民委员会决定调整晒烟的平均收购价格,在 1958 年的基础上提高 11.72%。其中新昌晒黄烟五级由 35 元调整为 40 元,桐乡晒红烟四级由 45 元调整为 50 元,遂昌晒红烟三级由 40 元调整为 43 元,平阳(桥墩)晒黄烟三级由 32 元调整为 34 元,浦江晒黄烟三级由 28 元调整为 33 元。

1960 年,省物价委员会规定,每 50 千克烤烟三级收购价为 50 元。因是年初次种植,烘烤技术差,煤耗大,成本增加,省商业厅决定给予价外补贴 20%。

表 48-1-3-4　　1960 年浙江省烤烟收购价格一览表

单位:元/50 千克

等级	收购价	价外补贴		合计
		比例(%)	金额	
一级	80.00	20	16.00	96.00
二级	65.00	20	13.00	78.00

续表

等级	收购价	价外补贴		合计
		比例(%)	金额	
三级	50.00	20	10.00	60.00
四级	35.00	20	7.00	42.00
五级	20.00	20	4.00	24.00

资料来源:根据《浙江省烟草志》浙江人民出版社 1995 年版第 68 页表格整理。

20 世纪 60 年代初,据产区农本调查,烟叶收入低于其他作物,烟粮比价低于抗日战争前水平,遂进行烟叶收购价格调整。1961 年 6 月,烟叶收购价再次调高 20%(每 50 千克计),新昌、嵊县大烟五级从 40 元调整为 49 元,提高 22.50%;兰溪大烟三级从 33 元调整为 40 元,提高 21.21%;平阳大烟三级从 34 元调整为 46 元,提高 35.29%;萧山大烟三级从 33 元调整为 43 元,提高 30.30%;桐乡大烟四级从 50 元调整为 58 元,提高 16%;遂昌大烟三级从 43 元调整为 51 元,提高 18.60%。烤烟收购价,将上年价外补贴作为当年正式收购价格。1962 年 5 月,烟叶收购价格因 1961 年提高幅度过大,又适当降低。其中新昌、嵊县大烟五级降低 8.16%,兰溪大烟三级降低 5%,平阳大烟三级降低 6.51%,萧山大烟三级降低 4.65%,桐乡大烟四级降低 10.35%,遂昌大烟三级降低 3.92%。

1963 年 7 月,除桐乡晒红烟为适应出口要求,仍按原标准执行外,晒烟和烤烟均以三级为标准等级。晒烟标准级收购价格(每 50 千克计),平阳晒黄烟为理顺等级差价,降低 1 元,其他主产区均按照 1962 年价格不变。烤烟标准级金黄三级,每 50 千克收购价格,全省一律为 66 元。至 1971 年,除兰溪烟叶收购价格于 1966 年上调 7.89%外,其余地区均未变动。

1972 年,根据物价指数和市场供求及生产成本等因素,全省晾、晒烟 7 个主产烟区的收购价格,平均每 50 千克由原来的 40.49 元提高到 44.54 元,提价幅度为 10%。其中新昌、嵊县标准级晒黄烟三级,上调 11.1%,桐乡、遂昌标准级晒红烟分别上调 11.2%和 14.3%,平阳、兰溪标准级晒黄烟分别上调 14.3%、12.2%,新昌、嵊县三级香料烟上调 4%。

1973 年 10 月,白肋烟收购价格(每 50 千克计)中下部一级 73 元、二级 68 元、三级 56 元、四级 43 元;上部一级 53 元、二级 40 元,末级 30 元,级外 15 元。

1974 年 10 月,省商业局改变烤烟等级,由原五级制改为 15 级制,并核定各级收购价格,从 1975 年 7 月 1 日起执行。

表 48-1-3-5　　1975 年浙江省烤烟收购价格一览表

单位:元/50 千克

等级	中下部	上部	青黄	末级
一级	133.00	108.00	68.50	20.00
二级	111.50	86.50	51.00	—

续表

等级	中下部	上部	青黄	末级
三级	90.00	66.00	34.50	—
四级	72.00	50.50	—	
五级	56.00	36.00	—	—
六级	39.50	—	—	—

资料来源:《浙江省烟草志》,浙江人民出版社 1995 年版,第 69 页。

1977 年 5 月,全省晒烟收购价格总水平再次提高 10%,其中晒黄烟多提,晒红烟少提,合理调节地区和品种之间的价格。1979 年,国家较大幅度提高粮、棉、油等主要农产品的收购价格,相比之下烟叶收购价格偏低。12 月 22 日,省物价委员会、省供销社调整全省烟叶收购价格,晒烟总体平均提高 22.4%,其中新昌、嵊县晒黄烟调高 23.8%,香料烟调高 28.5%,平阳晒黄烟调高 23.7%,兰溪晒黄烟调高 21.3%,桐乡、遂昌晒红烟分别调高 19.8% 和 22.2%。烤烟三级从 90 元提高到 118 元,白肋烟三级提高到 72 元。

20 世纪 80 年代初,由于香料烟生产发展较快,出现产大于销的情况。为有计划地组织生产,防止盲目发展造成损失,从 1983 年新烟上市起,实行两种收购价格:计划内的交售任务,按现行牌价收购;超计划或无合同投售的,按下浮价格收购。

表 48-1-3-6　　1983 年浙江省香料烟收购价格一览表

单位:元/50 千克

等级	收购牌价	浮动收购价	等级	收购牌价	浮动收购价
一级	205	165	五级	50	35
二级	165	130	上部等外	60	40
三级	130	100	下部等外	35	20
四级	95	62	合计平均	115	86

资料来源:根据《浙江省烟草志》浙江人民出版社 1995 年版第 69 页表格整理。

1980—1986 年,烟叶价格未作变动,而放开的农副产品价格上升较大。1987 年,全省自新烟上市起,晾、晒烟收购价格提高 14.10%。其中香料烟提高 10%,白肋烟提高 11.11%。等级价格安排,上、中等烟叶多提,下等烟叶基本不动,个别下降,等级差价适当拉大。为有利于毗邻地区的衔接,苍南县的晒黄烟收购价格,允许按调整后的价格水平上浮 5%。

表 48-1-3-7　　**1987 年浙江省烟叶收购价格一览表**

单位:元/50 千克

品名	一级	二级	三级	四级	五级	六级	末级	等外一级	等外二级
桐乡晒红烟	125	108	92	75	60	—	—	35	20
松阳晒红烟	125	108	92	75	60	—	—	35	20
新昌晒黄烟	110	95	80	65	50	—	—	32	20
嵊县晒黄烟	110	95	80	65	50	—	—	32	20
兰溪晒黄烟	100	85	75	65	50	—	—	32	20
苍南晒黄烟	115	100	85	70	52	—	—	32	20
新昌香料烟	235	185	140	85	—	—	25	—	—
嵊县香料烟	235	185	140	85	—	—	25	—	—
兰溪白肋烟(中下部)	180	135	95	65	45	25	5	—	—
兰溪白肋烟(上部)	120	85	60	35	20	—	—	—	—

资料来源:《浙江省烟草志》,浙江人民出版社 1995 年版,第 70 页。

调整后,与其他经济作物相比,浙江省晒烟价格仍然偏低。1988 年,省烟草公司征得省物价局同意,从新烟上市起,在继续执行 1987 年收购价格的基础上,对优质烟叶实行价外生产扶持费补贴的办法,补贴标准(每 50 千克计)为:晒烟一至三级 20 元,四至五级 15 元,等外级 7 元;香料烟一、二级 20 元,三级 10 元,四级以下不补;白肋烟中下部一至三级和上部一级 15 元,中下部四级和上部二、三级 10 元,中下部五、六级和上部四级 5 元,以下不补。生产扶持费由使用单位负担,在产品调出时收回。严格专款专用,专项用于烟叶收购价外补贴或发展烟叶生产所需物资(薄膜、化肥等)的牌议差价补贴。

香料烟与其他经济作物比较收益偏低,为稳定和促进香料烟生产,1989 年新烟上市起,香料烟以标准级计,提高收购价格 42.85%;同时提高白肋烟收购价格,按中下部四级计,提高 38.46%。1990 年 3 月 28 日,省物价局、省烟草专卖局鉴于农业生产资料价格大幅度提高,烟叶生产成本上升的情况,决定自 1990 年新烟上市起,适当提高晾、晒烟收购价格,并对烟叶生产实行价外扶持费补贴,促进晾、晒烟生产稳定发展。

表 48-1-3-8　　1990 年浙江省晾、晒烟收购价格和生产扶持费补贴一览表

单位:元/50 千克

等级	桐乡、松阳晒红烟		新昌、嵊县、苍南晒黄烟		兰溪晒黄烟		新昌、嵊县香料烟		兰溪白肋烟			
									中下部		上部	
	收购价	扶持费	收购价	扶持费	收购价	扶持费	收购价	扶持费	收购价	扶持费	收购价	扶持费
一级	165	30	145	20	135	20	384	30	220	30	155	30
二级	145	30	130	20	120	20	324	30	175	30	120	25
三级	130	30	115	20	110	20	240	30	135	25	87	25
四级	110	20	95	20	95	20	132	30	100	25	55	—
五级	95	20	75	20	75	20	25	—	65	—	35	—
六级	—	—	—	—	—	—	—	—	45	—	—	—
等外一级	50	15	45	10	45	10	10	—	—	—	—	—
等外二级	30	15	30	10	30	10	—	—	—	—	—	—

资料来源:《浙江省烟草志》,浙江人民出版社 1995 年版,第 71 页。

1991—2010 年,全省各类烟叶的收购价格均为国家定价。国家物价局(或国家计划委员会或国家发展和改革委员会)会同国家烟草专卖局为权限部门,省物价局会同省烟草专卖局为管理部门。因浙江省晒红烟主要用于出口,根据国家有关规定,烤烟、香料烟的收购价由国家计划委员会(或国家发展和改革委员会)、国家烟草专卖局制定,省烟草专卖局和省物价局负责制定晒红烟收购价。

1993 年 8 月,国家烟草专卖局、国家计划委员会专题向省烟草专卖局、省物价局下达通知,按优质优价原则适当调整香料烟、白肋烟的等级差价,香料烟(每 50 千克计,下同)由平均 222.11 元(不含生产扶持费)调整到 245.18 元(将生产扶持费并入收购价格),提高 10.39%;白肋烟由平均 114.38 元(不含生产扶持费)调整到 132.43 元(将生产扶持费并入收购价格),提高 15.78%。同月,省烟草专卖局、省物价局下达《调整晒烟收购价格的通知》,确定 1993 年晒烟收购价格按等级调整,晒红烟一级由 165 元调整为 195 元,二级由 145 元调整为 175 元,三级由 130 元调整为 160 元,四级由 110 元调整为 130 元,五级由 95 元调整为 115 元,等外一级由 50 元调整为 65 元,等外二级由 30 元调整为 45 元;新昌、苍南的晒黄烟收购价一级由 145 元调整为 165 元,二级由 130 元调整为 150 元,三级由 115 元调整为 135 元,四级由 95 元调整为 115 元,五级由 75 元调整为 95 元,等外一级由 45 元调整为 65 元;兰溪的晒黄烟一至三级收购价原比上述两县各低 10 元/级,现均统一为一级 165 元,二级 150 元,三级 135 元。同时,规定调整后的晒红烟、晒黄烟分别实行全省统一收购价格,取消苍南县上浮 5%的规定,取消原规定的生产扶持费。

1995年3月，国家计划委员会、国家烟草专卖局调整烤烟40级标准中的上等和部分中、下等烟叶27个等级的价格，按照1991—1993年收购比例计算，其中27个等级的收购均价(每50千克计，下同)由194.27元提高到243.48元；8个等级的收购均价由169.59元提高到213.19元。调整后的烤烟收购价格，自1995年新烟上市起执行。同时，规定香料烟的收购价格参照上述原则作适当调整。4月，省烟草专卖局、省物价局依据国家计划委员会、国家烟草专卖局调整1995年白肋烟、香料烟收购价格的通知精神，对白肋烟上等、中等各6个等级，香料烟5个等级的烟叶收购价逐级作了规定，一级550元，二级460元，三级330元，四级150元，末级25元。5月，省烟草专卖局、省物价局确定晒红烟收购价格提高的总水平按1991—1993年一级至等外二级收购比例计算，由127.92元提高到142.07元。其中一级230元，二级205元，三级130元，四级145元，五级120元，等外一级70元，等外二级50元，调整后的收购价自1995年新烟上市起执行。

1998年，省烟草专卖局、省物价局开展的农本调查显示，1990年以来浙江省香料烟种植成本、价格和收益变化呈现以下特征：(1)亩物资费用呈逐年上升趋势，前4年基本保持不变，1993—1995年上升幅度将近翻倍，后4年又呈小幅上升；1998年，物资费用249.71元/亩，比1990年114.99元/亩，增幅达117.16%。(2)亩用工量变化不大，但每一劳动日工价由1990年的4.5元升至1998年的14元，增幅达211.11%，调查期内亩用工作价无论从绝对额还是相对数均超过亩物资费用增长。(3)亩总生产成本随着物资费用特别是每一劳动日工价的大幅提高呈上升趋势。1994年开始上升速度明显加快，当年比上年净增加236.03元/亩，增幅57%；1998年总生产成本1232.51元/亩，比1990年411.54元/亩增加820.97元/亩，增幅199.49%，平均每年递增24.94%。(4)出售价格先降后升。香料烟每50千克出售价格从1990年开始逐年下降，1993—1997年出售价格开始逐年提高。调查年份中，出售价格最高的1997年为665.29元/50千克，约为出售价格最低的1993年的3倍，1998年出售价格略有回落，但仍比1990年高出180.99元/50千克，增幅为64.51%。(5)亩产值虽受亩产量影响，但主要仍是价格因素，其基本走势与出售价格一样。调查年份中，1997年产值最高达1272.5元/亩，1993年最低为257.32元/亩，前者是后者的近5倍。(6)亩产值比出售价格增幅大，1998年产值为795.73元/亩，比1990年提高103.8%。(7)亩净产值变化趋势与亩产值变化趋势一致。调查年份中，1997年净产值最高为1045.43元/亩，1993年最低为142.58元/亩，两者差比近7倍。亩净产值增速快，1998年比1990年增加270.57元/亩，增长98.23%。(8)亩减税纯收益随产值和总生产成本变化影响波动较大。调查年份中，6年亏损3年盈利；1997年亩减税纯收益最高，盈余143.23元/亩；1998年为最低，亏损491.72元/亩，两者相差634.95元/亩。从以上分析比较可知，主要是工价逐年上升致每亩总生产成本呈上升势态，由此直接影响烟叶的出售价格，如1997年亩出售价格最高，亩减税纯收益也最高。1999年，省烟草专卖局向国家烟草专卖局要求调整浙江省香料烟收购价格，经测算拟定香料烟收购价格(每50千克计)为：一级850元，二级680元，三级480元，四级240元，末级25元。按1995—1997年分等级收购量，调整前香料烟平均收购价为387.58元，调整后香料烟平均收购价为578元，提价幅度49.13%。

2002—2009年，省烟草专卖局按国家烟草专卖局核定标准，逐年下达烤烟、香料烟每50千克收购价格，以确保收购任务的完成和烟农的实际收益。实际收购价历年呈上升趋势。以下是这一时期部分年份的收购价格。

表48-1-3-9　　2002—2009年部分年份浙江省烤烟收购价格一览表

单位：元/50千克

等级	2002年	2004年	2007年	2008年	2009年	等级	2002年	2004年	2007年	2008年	2009年
C1F	882	860	880	1020	1060	B3L	160	215		395	500
C2F	774	790	810	940	960	B2R	468	460		580	620
C3F	667	690	710	830	870	B3R	274	275		395	490
C1L	806	790		930	970	H2F	492	480		590	670
C2L	700	710	730	845	880	X2V	310	310		395	450
B1F	683	690	710	840	900	C3V	484	500		610	710
B2F	564	560	580	715	790	B2V	376	375		455	540
B1L	564	590		705	770	B3V	270	275		355	450
B1R	570	550		685	760	S1	226	220		300	420
H1F	590	580		715	840	B4L	62	110		255	360
XIF	554	605	625	730	830	X3L	162	210	320	440	580
C3L	570	605	625	745	790	X4L	72	115		300	460
X2F	430	500	520	625	730	X4F	82	125	230	340	500
C4F	490	540	560	665	760	S2	102	105		190	280
C4L	452	500		615	710	CX1K	72	120	220	280	370
X3F	323	400	420	510	610	CX2K	42	85	155	210	280
X1L	505	580		700	790	B1K	62	110	205	270	350
X2L	398	465	485	600	680	B2K	32	60	120	180	270
B3F	300	385	415	550	670	GY1	27	50		150	220
B4F	150	205	256	385	520	B3K	17	30		125	190
B2L	344	390		555	640	GY2	12	20		115	180

资料来源：省烟草专卖局相关年份关于烤烟收购价格的通知。

说明：经国家质量技术监督局质监标函〔2000〕51号文批准，自2000年起，烤烟收购实施42级分级标准。

表 48-1-3-10　　2002—2009 年部分年份浙江省香料烟收购价格一览表

单位:元/50 千克

等级	2002 年	2004 年	2007 年	2008 年	2009 年	等级	2002 年	2004 年	2007 年	2008 年	2009 年
上一(A1)	1050	1050	1300	1500	1700	中三(K2)	250	250	250	300	350
上二(B1)	850	900	1000	1100	1200	下一(A3)	500	550	650	750	900
上三(K1)	550	550	650	750	900	下二(B3)	120	120	200	250	300
中一(A2)	860	950	1100	1250	1450	下三(K3)	20	20	20	80	80
中二(B2)	620	700	800	950	1150	末级(ND)	10	10	10	50	50

资料来源:省烟草专卖局相关年份关于香料烟收购价格的通知。

2010 年 2 月,国家发展和改革委员会、国家烟草专卖局确定浙江省烤烟收购价格仍属二价区,所下达的烤烟 40 个等级、香料烟 10 个等级的每 50 千克收购价与上年相同。是年,分品种每 50 千克烟叶平均收购价格为:香料烟 1286 元,晒红烟 726 元,烤烟 768 元。

三、数量

明清时,烟叶纯属民间交易,全省收销散杂,未见计量记载。

民国时期,烟叶仍为私商经营,无系统的统计资料。税务等部门统计收购量仅有:民国 21 年(1932 年),全省已税烟叶 8656 吨;民国 24 年,收购 9500 吨;民国 36 年,已税烟叶 8821 吨;民国 37 年,已税烟叶 9456 吨。国民政府农林部农业实验所农情报告记有民国 22—36 年浙江省烟叶总产量,可为当时收购量之参考。

表 48-1-3-11　　民国 22—36 年(1933—1947 年)浙江省烟叶产量一览表

年 份	单产(千克/亩)	总产量(吨)	年 份	单产(千克/亩)	总产量(吨)	年 份	单产(千克/亩)	总产量(吨)
民国 22 年	89.00	21450	民国 27 年	87.80	8600	民国 32 年	78.40	9250
民国 23 年	58.50	13400	民国 28 年	82.70	10250	民国 33 年	80.50	9100
民国 24 年	80.30	18550	民国 29 年	77.40	9750	民国 34 年	80.30	7950
民国 25 年	81.00	19200	民国 30 年	80.50	8450	民国 35 年	79.00	14850
民国 26 年	74.50	20700	民国 31 年	83.20	9150	民国 36 年	86.30	15450

资料来源:民国 37 年(1948 年)国民政府农林部农业实验所农情报告。

中华人民共和国成立后,始由农业主管部门、省统计局、省供销社或烟草公司统计收购量,遂有据可溯。

表 48-1-3-12　　1949—1990 年浙江省烟叶收购总量一览表

单位：吨

年份	收购总量	其　中			年份	收购总量	其　中		
		香料烟	烤烟	白肋烟			香料烟	烤烟	白肋烟
1949	8650.00	—		—	1970	2450.00	125.00	10.00	—
1950	10000.00	—		—	1971	1800.00	61.00	—	—
1951	10250.00	0.10	600.00	—	1972	3700.00	135.20	—	—
1952	10750.00	0.90	300.00	—	1973	3650.00	144.40	—	4.50
1953	7500.00	12.10	50.00	—	1974	3450.00	132.30	5.00	4.50
1954	4000.00	15.60	50.00	—	1975	2900.00	104.00	55.00	25.50
1955	6700.00	25.90	—	—	1976	3550.00	94.90	3.50	—
1956	5200.00	30.70	—	—	1977	3150.00	75.10	65.00	—
1957	4350.00	40.50	—	—	1978	3000.00	135.20	75.00	—
1958	2250.00	43.80	—	—	1979	3050.00	307.10	60.00	—
1959	1200.00	100.00	—	—	1980	2900.00	633.60	—	—
1960	2300.00	110.00	250.00	—	1981	4300.00	1937.30	—	—
1961	5050.00	90.00	100.00	—	1982	6000.00	1635.20	—	3.50
1962	13500.00	—	335.00	—	1983	2700.00	388.90	—	8.00
1963	10450.00	37.60	980.00	—	1984	3500.00	544.40		6.10
1964	7500.00	48.60	570.00	—	1985	5100.00	1088.00		10.30
1965	5550.00	546.00	450.00	—	1986	3837.00	1043.60		2.50
1966	5300.00	110.00	70.00	—	1987	3613.00	1330.20		6.10
1967	5050.00	170.70	105.00	—	1988	2699.00	1143.30		2.70
1968	8200.00	432.30	80.00	—	1989	2867.00	1390.70		4.40
1969	4400.00	121.60	40.00	—	1990	2815.00	1356.90		2.80

资料来源：1949—1979 年，省统计局、省农业厅统计数；1980—1984 年，省供销社统计数，其中，香料烟、烤烟、白肋烟为各县统计汇总数；1985—1990 年，省烟草公司统计数。

说明：1949—1983 年的历史统计资料未有历年的晒烟收购数据，而从收购总量看应包含晒烟的收购量。

表 48-1-3-13　　　　1991—2010 年浙江省烟叶收购情况一览表

单位:吨

年份	收购总量	其中		
		香料烟	晒红烟	烤　烟
1991	4080	2525	1555	
1992	5060	2835	2225	
1993	1670	520	1150	
1994	585	285	300	
1995	745.55	395	350	试种烤烟 20 亩,收购 0.55 吨
1996	1135.28	830	300	试种烤烟 107.2 亩,收购 5.28 吨
1997	2179.32	1365	700	试种烤烟 1183 亩,收购 114.32 吨
1998	1567.09	500	700	扩种烤烟 3185 亩,收购 367.09 吨
1999	1080	445	320	315
2000	1545	590	320	635
2001	2720	725	565	1430
2002	3875	490	510	2875
2003	3435	665	675	2095
2004	3805	1235	735	1835
2005	2345	825	315	1205
2006	2155	975	260	920
2007	1930	1115	335	480
2008	2080	1125	385	570
2009	2092	1020	392	680
2010	1435	825	285	325

资料来源:1991—2010 年省烟草公司烟叶收购统计报表。

第四节　销　售

明末以来,浙江省的烟叶除在省内销售外,还行销江淮、闽广、台湾、上海等地,并逐渐扩销至海外。清代晚期,已销往南洋、日本。民国时期,始销英、法、美、俄等国。中华人民共和国成立以后,浙江省的晒烟远销亚、欧、中东、西非相关国家和中国港澳地区。其销售价格,早期已无可考,至清同治年间(1862—1874 年)方有零散记载。销量比销价的记载略早,始于清咸丰十一年(1861 年)。

一、销区

(一)内销

明末,省内产区集镇已有烟叶上市交易。清初,多由当地烟店收买,制成烟丝出售。康熙、乾隆年间,每至夏秋间,桐乡等地烟区客商云集,烟市极盛。余杭塘栖镇成为周围烟叶的集散地,运销省内外,塘栖烟成为全国名烟。嵊县卢姓等烟商,销售业务横跨江、浙、闽三省,以后世代相袭,烟业渐盛。咸丰年间,浙江省烟叶除销于省内各烟丝作坊外,还行销江淮一带,仅桐乡徐合顺烟行账款就达数万元。咸丰十一年(1861年)起,浙江省烟叶每年都有经宁波海关运上海等地。同治十一年(1872年),浙江省烟叶经宁波海关直销香港。光绪四年(1878年)后,松阳等地烟叶经温州海关运销福建、广东。光绪二十四年起,浙江省烟叶有经杭州海关销往外省。据光绪二十九年温州海关贸易报告,大量的烟叶装船经厦门去台湾。

清末民初,浙江省已有烟叶运销上海的卷烟厂。民国时期,销省内约占60%,除继续供应旱烟店制作土烟丝外,还供应宁波、杭州等地卷烟厂和各地手工卷烟厂(户)做原料。抗日战争胜利后,省外主要销上海、广东、福建、江苏、安徽等省市。据民国《重修浙江通志稿》载:全省烟叶大部皆为省内消费,约占十分之六,销于省外者,占十分之四。唯桐乡、萧山、新昌、松阳等地烟叶,名蜚沪上。[①] 除晒烟外,黄岩、温岭的烤烟亦销往上海、宁波。

1950—1951年,浙江烟叶大部分销于省内,供应各烟丝店坊及卷烟厂,省外销售仅占三分之一左右。1952年,省外销量增加,销往上海、江苏、广东、湖南、江西等省市。1954年,晒烟供应紧张,除保证出口外,省外仅销上海等少数地方,重点保证省内供应。1958年后,桐乡外销二级烟叶还销往上海、安徽供试制雪茄烟用。1961年,烟叶除出口外,大部调给杭州利群、宁波联工卷烟厂和桐乡雪茄烟厂,部分调省内嘉兴、德清、吴兴、长兴、海宁、宁波、诸暨、天台、金华、永康、缙云、东阳、义乌、衢县、江山、开化、建德、淳安、温州、永嘉、瑞安、泰顺、乐清、青田、丽水、龙游、温岭、黄岩、临海、仙居等市县供制作烟丝。1963年,销往上海、天津、广东、湖北、江苏、河北、山东、吉林、辽宁、福建等省市的卷烟厂和烟丝厂。1969年后,浙江烟叶还销往北京、四川、江西等地。1970年前,香料烟除出口外,全部调往上海卷烟厂。此后,又调往山东、辽宁等省。20世纪70年代末,国产混合型卷烟的发展,致烟叶销路渐广。1979年,省内卷烟厂开始使用香料烟。80年代,浙江烟叶除部分调拨省内卷烟厂配用和供应烟丝厂制作土烟丝外,大部分销往省外,先后调往北京、上海、天津、辽宁、吉林、黑龙江、河南、河北、山东、山西、江苏、江西、福建、湖北、湖南、云南、四川、贵州、陕西、甘肃、内蒙古、新疆等省市自治区的卷烟厂、雪茄烟厂、烟丝厂。1990年,除调拨杭州、宁波、嘉兴的卷烟厂和供应松阳烟丝厂外,晒红烟调往沈阳、营口、长春、蚌埠、芜湖、蒙城、烟台、兖州、郸城、光明等地的卷烟厂、雪茄烟厂和有关单位。香料烟调往北京、上海、南京、徐州、淮阴、合肥、芜湖、滁县、济南、德州、青岛、烟台、蒙城、郑州、南阳、新乡、龙岩、贵阳、青松、楚雄、重庆、湛江、钟山、富川、吴忠、延安、宝鸡、锦州、延边、新疆等地烟厂和有关部门。1991—2010年,浙江香料烟除供应省内杭州、宁波两家卷烟厂外,还销往青岛、廉江、曲靖、芜湖、北京、上海、营口、湛江、呼和浩特、韶关、汉中、广水、许昌、海南、广丰、天津、太原、淮滨、沈阳、澄城、郑州、桂林、烟台、天津、青州、钟山、柳州、哈尔滨等地。2008年后,主要销给上海烟草集团北京卷烟厂、黑龙江烟草工业有限责任公司、安徽中烟工业有限责任公司和浙江中烟工业有限责任公司。桐乡晒红烟开拓国内雪茄烟市场,销往安徽、山东、川渝、湖北中烟工业有限责任公司等国内的四大雪茄烟厂。松阳晒红烟销往山东中鲁烟叶有限公司。烤烟则全部销给省内杭州卷烟厂、宁波卷烟厂。

---

① 〔民国〕《重修浙江通志稿》第21册,1980年浙江图书馆手抄、誊印本,第27—28页。

（二）外销

清咸丰年间（1851—1861年），松阳烟叶已远销南洋一带。光绪年间（1875—1908年），部分烟叶经上海销往日本。宣统元年（1909年），日本三井洋行派员在松阳设栈采购。民国初期，英、法、美、俄等国烟商相继到桐乡采办烟叶。民国5年（1916年），日本烟商在桐乡设庄采购，办额逐年增加。此后，中国烟叶销往土耳其、埃及和中欧诸国，浙江省桐乡烟叶占大宗。民国15年，因埃及增加进口税过重，出口量减少。民国18年，海宁籍人张菊生、法商祥利洋行买办程朗夫，为改善烟叶质量，严格挑选后，将头等烟叶用绿丝线扎把，二等烟叶用红丝线扎把，桐乡烟叶外销又有起色。此外，平阳、新昌、嵊县等地的晒黄烟也曾出口日本、德国、捷克等国。抗日战争期间，浙江烟叶外销一度中断。战后，又经上海商行销往埃及、丹麦等国。

1950年，烟叶仍由私商提供外销货源，销往中国香港、澳门地区和出口阿拉伯联合酋长国、叙利亚、英国。1951年下半年，由国营公司掌握外销烟叶货源后，浙江烟叶一直由上海口岸经销。20世纪50年代，外销主要是桐乡、松阳晒红烟和新昌晒黄烟，主销英国、阿拉伯联合酋长国、联邦德国和中国香港、澳门地区。60年代，晒红烟扩销到法国、几内亚、比利时、黎巴嫩、马里、科威特。1972年，始销巴林。1974年，又销日本。1976年，始销孟加拉国、加拿大。1979年，增销荷兰。1964—1979年，除晒红烟出口外，还有新昌香料烟，主要销往马里和几内亚。80年代，浙江晒红烟主要销往埃及、马里和中国香港、澳门地区，并一度销往黎巴嫩、联邦德国、奥地利、瑞典。1990年，仅桐乡晒红烟销往马里。1991—2010年，松阳晒红烟主要销往埃及，同时亦销往美国、英国、荷兰等，以及中国香港、澳门地区；桐乡晒红烟销往埃及、法国、英国、德国等国家。

二、销价

（一）内销

明末至民国，烟草为私营烟商经营，其价格按收购价格高低，加上税收及各项支出费用，作烟叶销售成本，随行就市。利润厚薄，亦要视市场行情而定，无统一销价。清同治五年（1866年），浙江烟叶运上海的销售价为每担（50千克，下同）均值10.69关平两①；同治八年，均值9.3关平两；宣统二年（1910年），均值9.29关平两。民国2年（1913年）12月，杭州售价：新昌烟每担35元（银圆，下同），嵊县烟33元，萧山烟20元。民国3年4月，萧山烟售价21.80～25元。民国9年，浙江烟销上海每担均价12关平两。民国13年12月，杭州售价：新

① 清代，海关始征进出口税时，并无全国统一的标准，各地实际流通的金属银成色、重量、名称又互不一致，所以折算困难，中外商人均感不便。道光二十二年（1842年）《南京条约》签订后，清政府遂统一以对外贸易中习惯使用的“司马平”（“平”即砝码）一两作为关平两一两进行计算。一关平两的虚设重量为583.3英厘或37.7495克（后演变为37.913克）的足色纹银（含93.5374%纯银）。1930年1月，南京国民政府废除关平两，改用“海关金单位”作为海关征税的计算单位。

昌烟每担35元,嵊县烟33元,萧山四都烟26元、沙地烟20元。民国14年4月,杭州售价:萧山三都烟每担25.50元,四都烟23.80元。民国17年,浙江烟叶产地销售价格(不含税):桐乡、崇德、吴兴、德清、杭县(今杭州市)、海宁县的中等原烟每担12元,次等9元,下等6.10元;萧山中等原烟15元,净烟23元;新昌中下等原烟平均10元;天台中等14元,次等12元,下等10元;温岭中等9元,次等6元,下等4元;浦江原烟统货4～11元;桐庐4～12元;永嘉、瑞安五六元至10余元;平阳中等原烟12元,江山7元,松阳、宣平(今武义县)10～12元;青田中等净烟10～15元。民国19年,浙江烟销上海每担平均售价16.04元。民国34年6月,浙江晒烟上海售价每担为1万～1.4万元(法币,下同);下半年大批凤阳熏烟到沪,浙江晒烟销价狂跌,9月,跌至每担烟0.65万～0.85万元。民国35年后,通货膨胀,烟叶价格飞涨,每担烟叶杭州囤售价:是年8月11万元,9月12万元,10月14.33万元,11月13.17万元,12月15.83万元;次年2月16.60万元,4月48.34万元,7月74万元,10月233.30万元,12月300万元。

烟叶调拨价格,是中华人民共和国成立后,烟叶在流转过程中烟草行业内部的结算价格。

1954年8月25日,省专卖事业公司参照省外烤烟调拨作价办法,结合浙江省的具体情况,制定《浙江晒烟省内外调拨作价暂行办法》。凡属华东商业局、省商业厅、省主管烟叶经营的国营公司掌握购销价格的品种与市场,其省内外调拨价格暂由省专卖事业公司核定。收购价格调整一次,调拨价格亦随着核定。调拨价格等于产地收购牌价+代购手续费+货物税+加工及自然损耗-副产品收回+加工包装费+搬运费+仓租费+什费+产地仓库保险费+产地仓储损耗+利息+经营管理费。为使产地单位财务不虚增盈亏,盈亏均表现在销售单位,产地按合理费用计算商品成本。利息按从产地投放至销地整个流转环节周转天数,产销负担各半。1955年,调整调拨价格费用费率。

表48-1-4-1　　1955年浙江晒烟省内外调拨价格一览表

单位:元/50千克

品名	等级规格	至下列销地车厢或船运交货调拨价						
		杭州	宁波	嘉兴	温州	临海	金华	上海
新昌晒烟	四级大烟	59.5768	58.6475	—	—	59.0099	—	59.9652
	五级大烟	51.2827	50.3559	—	—	50.7158	—	51.6019
	六级大烟	39.3794	38.4560	—	—	38.8124	—	39.5991
	七级大烟	34.2752	33.3535	—	—	33.7083	—	34.4524
	一级皮子	58.9548	58.0257	58.0257	—	58.3878	—	59.3380
	二级皮子	44.5994	43.6746	—	—	44.0326	—	44.8629
	三级皮子	34.3912	33.4695	—	—	33.8243	—	34.5694
	等外	21.4046	20.4867	—	—	20.8377	—	21.7386

续表 1

品名	等级规格	至下列销地车厢或船运交货调拨价						
		杭州	宁波	嘉兴	温州	临海	金华	上海
四都晒烟	一级大烟	51.9584	53.6121	—	—	—	—	53.1631
	二级大烟	45.1754	46.7731	—	—	—	—	46.3263
	三级大烟	39.1811	40.7285	—	—	—	—	40.2844
	四级大烟	34.6063	36.1157	—	—	—	—	35.6733
	一级皮子	36.1837	37.7063	—	—	—	—	37.2633
四都晒烟	二级皮子	30.9783	32.4574	—	—	—	—	32.0163
	等外一级	26.2710	27.7109	—	—	—	—	27.2718
	等外二级	16.8063	18.1673	—	—	—	—	17.7328
浦江晒烟	一级大烟	55.9370	—	—	—	—	—	56.6185
	二级大烟	48.5830	—	—	—	—	—	49.2575
	三级大烟	40.9163	—	—	—	—	—	41.5834
	四级大烟	34.8141	—	—	—	—	—	35.4756
	五级大烟	29.3376	—	—	—	—	—	29.9938
	等外	16.3510	—	—	—	—	—	16.9950
	一级秋烟	29.3376	—	—	—	—	—	29.9938
	二级秋烟	19.3227	—	—	—	—	—	19.9705
桥墩(今属苍南县)晒烟	一级大烟	59.6231	—	—	54.0556	—	—	60.2449
	二级大烟	53.1523	—	—	48.7359	—	—	53.7669
	三级大烟	45.1043	—	—	40.8325	—	—	45.7091
	四级大烟	35.1603	—	—	31.0699	—	—	35.7557
	等外一级	26.0064	—	—	22.0818	—	—	26.5655
	等外二级	18.9044	—	—	15.1084	—	—	19.4629

续表 2

品　名	等级规格	至下列销地车厢或船运交货调拨价						
		杭州	宁波	嘉兴	温州	临海	金华	上海
瑞安晒烟	一级大烟	55.0494	—	—	50,6366	—	—	55.7048
	二级大烟	48.8992	—	—	44.5936	—	—	49.5435
	三级大烟	41.4872	—	—	37.3107	—	—	42.1184
	四级大烟	32.1742	—	—	28.1687	—	—	32.7975
	等外一级	23.7021	—	—	19.8194	—	—	24.2850
	等外二级	16.7594	—	—	13.0026	—	—	17.8622
松阳晒烟	一级大烟	77.1035						—
	二级大烟	70.7139	—	—	68.0896	70.4826	70.3759	—
	三级大烟	62.7375	—	—	60.1991	62.5203	62.4007	—
	四级大烟	55.8580	—	—	53.3938	55.6533	55.5224	—
	一级皮子	49.3046	—	—	46.9111	49.1117	48.9702	—
	二级皮子	40.5980	—	—	38.2896	40.4207	40.2650	—
	三级皮子	29.6115	—	—	27.4305	29.4538	29.2804	—
	等外一级	22.1947	—	—	20.0936	22.0502	21.8649	—
	等外二级	18.6476	—	—	16.5850	18.5095	18.3184	—
桐乡晒烟	六级大烟	38.1871	—	38.0338	—	—	—	38.3775
	一级皮子	40.5786	—	40.4250	—	—	—	40.7691
	二级皮子	30.3265	—	30.1742	—	—	—	30.5165
	三级皮子	18.6013	—	18.4503	—	—	—	18.7903
	等外	12.0369	—	11.8868	—	—	—	12.2254

资料来源:《浙江省烟草志》,浙江人民出版社 1995 年版,第 101—102 页。

表 48-1-4-2　　1958—1990 年部分年份浙江省内销烟叶调拨价格一览表

单位:元/50 千克

年份	标准级	计价起点	晒红烟		晒黄烟					烤烟	香料烟		白肋烟
			桐乡	松阳(遂昌)	新昌	嵊县	苍南(平阳)	兰溪(蒲江)	萧山	全省	新昌	嵊县	兰溪
1958	大烟	产地交货	58.26	64.32	56.21	—	51.31	45.31	—	—	—	—	—
1961	大烟	产地交货	76.40	83.10	—	78.70	75.70	65.90	69.40	—	—	—	—
1963	大烟	产地交货	72.52	82.87	58.69	58.28	74.13	67.63	71.03	107.97	137.40	—	—
1970	大烟	产地交货	71.66	82.87	76.68	77.51	71.97	70.21	70.00	99.06	—	—	—
1972	三级	产地交货	87.60	85.28	83.21	83.21	80.21	76.72	—	98.94	146.80	146.80	—
1975	三级	产地交货	—	—	—	—	—	—	—	145.36	—	—	—
1977	三级	产地交货	94.73	93.93	95.68	95.94	91.10	87.62	—	—	162.27	—	—
1980	三级	产地交货	117.43	118.48	119.29	119.54	114.72	111.23	—	—	209.52	209.52	—
1981	三级	产地交货	—	—	—	—	—	—	—	186.24	—	—	117.57
1985	三级	产地交货	121.96	123.49	125.99	127.21	119.86	116.83	—	—	219.10	220.22	—
1986	三级	产地交货	128.96	130.67	125.99	127.21	119.86	116.83	—	—	220.51	220.51	—
1987	三级	产地交货	144.59	146.57	141.34	142.10	147.24	130.91	—	—	240.52	241.28	114.43
1988	三级	产地交货	169.87	171.10	167.85	—	174.83	158.58	—	—	255.59	256.35	130.23
1989	三级	产地交货	186.64	187.88	186.34	—	192.40	175.78	—	—	358.13	358.92	167.24

续表

年份	标准级	计价起点	晒红烟		晒黄烟					烤烟	香料烟		白肋烟
			桐乡	松阳（遂昌）	新昌	嵊县	苍南（平阳）	兰溪（蒲江）	萧山	全省	新昌	嵊县	兰溪
1990	三级	产地交货	227.47	214.20	209.60	—	219.11	199.21	—	—	422.58	422.58	182.32

资料来源：《浙江省烟草志》，浙江人民出版社1995年版，第104页。

说明：标准级是等级的中心级。

1991—2010年，全省各类烟叶的调拨价均为国家定价。国家物价局（或国家计划委员会或国家发展和改革委员会）会同国家烟草专卖局为权限部门，省物价局会同省烟草专卖局为管理部门。全省烤烟、香料烟的调拨价实行在国家烟草专卖局调控下的指导价格管理形式，晒红烟的调拨价实行在省烟草专卖局调控下的指导价格管理形式，各产区市、县烟草公司不得自行确定烟叶调拨价格。1993年，为适应社会主义市场经济，国家烟草专卖局、国家计划委员会、财政部曾下达过放开烟叶调拨价的文件。在此期间，烟叶产区在调拨作价上有了一定的自主权，能够做到随行就市。以下两表记录了1991—1993年新昌县香料烟调拨价格和1994—1996年桐乡县晒红烟调拨平均价格情况。

表48-1-4-3　　1991—1993年新昌县香料烟调拨价格一览表

单位：元/50千克

年份	一级	二级	三级	四级	末级
1991	667.03	565.18	422.58	239.25	57.61
1992	667.03	565.18	422.58	239.25	57.61
1993	750.92	633.83	476.60	245.78	66.80

资料来源：1991—1993年新昌烟草公司香料烟调拨价格调查表。

表48-1-4-4　　1994—1996年桐乡县晒红烟调拨平均价格一览表

单位：元/50千克

年份	平均收购价格	平均调拨价格	年份	平均收购价格	平均调拨价格
1994	124	223	1996	340	980
1995	340	855			

资料来源：1994—1996年桐乡县晒红烟调拨价格调查表。

1996年2月，国家烟草专卖局下发《烟叶调拨价格管理办法》，对开放了3年的烟叶调拨价格作了限制和规定。7月，省烟草专卖局上报国家烟草专卖局《1996年浙江省香料烟调拨价格的请示》，并经批复同意上报拟定的调拨价格每 50 千克为：一级 1533.34 元，二级 1203.79 元，三级 922.34 元，四级 465.09 元，五级 121.35 元。从以下香料烟调拨价格调查表中可知，1996—2000 年，烟叶调拨价格变化不大。

表 48-1-4-5　　1993—2000 年浙江省香料烟调拨价格一览表

单位：元/50 千克

年份	一级	二级	三级	四级	末级	年份	一级	二级	三级	四级	末级
1993	708.98	599.51	449.59	242.52	93.9	1997	1533.34	1203.79	922.34	468.09	121.35
1994	1055	890	615	270	103	1998	1533.34	1203.79	922.34	922	885
1995	1500	1250	900	450	110	1999	1533	1204	468.09	468	322
1996	1533.34	1203.79	922.34	468.09	121.35	2000	1604	1244	121.35	121	134

资料来源：1993—2000 年省烟草公司香料烟调拨价格调查表。

1998 年 10 月，省烟草专卖局经请示国家烟草专卖局物价管理部门决定，烤烟暂由省烟草专卖局（公司）按复烤烟叶 40 级调拨价格，进行测算研究定价。

1999—2009 年，省烟草专卖局定时向国家烟草专卖局上报拟订的浙江烤烟、香料烟调拨价，在国家烟草专卖局核定批准后下达各产烟地烟草公司。综合相关年份的调拨价格可知，总体上是逐渐上升，这与同时期浙江农村经济的发展趋势是一致的。

表 48-1-4-6　　1999—2009 年部分年份浙江省烤烟调拨价格一览表

单位：元/50 千克

等 级	1999 年	2000 年	2001 年	2003 年	2005 年	2008 年	2009 年
C1F	1344	1316	1546	1748	1803	1818	1872
C2F	1221	1191	1370	1548	1674	1942	1973
C3F	1068	1083	1196	1350	1484	1729	1791
C1L	1265	1236	1424	1420	1670	1670	1896
C2L	1098	1068	1245	1245	1520	1749	1812
B1F	1158	1128	1220	1379	1454	1743	1836
B2F	979	947	1016	1120	1211	1497	1613
B1L	954	921	986	1010	1268	1296	1384
B1R	979	947	1016	1000	1186	1250	1351

续表 1

等　级	1999 年	2000 年	2001 年	2003 年	2005 年	2008 年	2009 年
H1F	1017	985	1054	1040	1244	1303	1472
X1F	957	924	964	1141	1304	1342	1477
C3L	945	912	1020	1144	1273	1513	1583
X2F	743	709	751	889	1051	1299	1462
C4F	—	—	878	998	1157	1368	1515
C4L	—	—	820	929	1083	1110	1238
X3F	606	—	578	694	880	1093	1248
X1L	888	836	906	900	1191	1253	1375
X2L	729	679	715	720	988	1249	1374
B3F	784	672	609	694	870	1158	1344
B4L	617	—	363	380	621	883	1093
B2L	743	664	580	595	893	1013	1128
B3L	577	502	333	325	637	784	926
B2R	818	767	759	780	960	1039	1093
B3R	664	615	479	490	657	744	872
H2F	870	819	793	816	996	1058	1166
X2V	594	546	529	547	696	743	817
C3V	856	804	781	804	1075	1250	1231
B2V	681	632	627	644	810	842	957
B3V	550	502	471	488	635	680	808
S1	550	502	410	422	532	585	747
B4L	343	272	210	136	306	411	553
X3L	476	402	410	285	554	792	1013
X4L	294	236	227	158	357	481	697
X4F	353	279	241	171	401	610	864
S2	328	276	287	197	248	347	469

续表 2

等 级	1999 年	2000 年	2001 年	2003 年	2005 年	2008 年	2009 年
CX1K	391	329	279	158	357	511	650
CX2K	249	200	178	111	259	395	504
B1K	376	315	241	136	326	485	605
B2K	264	200	148	85	199	331	470
GY1	227	178	141	71	166	244	339
B3K	190	142	107	45	148	189	277
GY2	157	111	86	32	115	171	259

资料来源:省烟草专卖局 1999—2009 年部分年份关于烤烟调拨价格的通知。

表 48-1-4-7　　2000—2009 年部分年份浙江省香料烟调拨价格一览表

单位:元/50 千克

等 级	2000 年	2001 年	2002 年	2003 年	2004 年	2005 年	2008 年	2009 年
上一(A1)	1636	1680	1827	1845	2020	2040	2740	3298
上二(B1)	1489	1500	1500	1516	1605	1625	2036	2379
上三(K1)	918	1011	1011	1021	1025	1045	1447	1837
中一(A2)	1310	1386	1517	1532	1688	1708	2306	2838
中二(B2)	1801	1125	1125	1136	1274	1294	1797	2287
中三(K2)	624	684	521	526	528	548	552	650
下一(A3)	885	896	929	938	1025	1045	1447	1828
下二(B3)	510	439	309	312	312	332	466	725
下三(K3)	265	194	145	147	147	167	230	230
末级(ND)	143	129	129	130	130	150	170	170

资料来源:省烟草专卖局 2000—2009 年部分年份关于香料烟调拨价格的通知。

2010 年 6 月,国家烟草专卖局下达 2010 年烤烟、香料烟调拨基准价格,与 2009 年各个等级的价格完全相同。

(二)外销

浙江省烟叶的外贸出口,自清代至民国,均无价格可考,仅见零星记载。民国 11—12 年

(1922—1923 年),桐乡天露每包 100 千克,售价 70～85 元。民国 14 年,天露每包起价 110～120 元,一等洋庄每包 100 元以上,二等每包 80 元,三等每包 60 元。抗日战争期间,外销量减少,价格也低。

1951 年 9 月,上海烟叶出口联营处委托中国土产公司桐乡县支公司代购外销烟,按收购价格加税率和费用,交接一批结算一批,价格由上海核定。1952 年 2 月 3 日,交接烟叶的车交价(每 100 千克)为:一级 217.47 元,二级 184.50 元,三级 165.95 元,四级 136.69 元。1953 年 1 月 12 日,调整为:一级 208.72 元,二级 176.04 元,三级 156.64 元。2 月,外销烟叶价格由浙江省烟麻公司审核,按商业部和对外贸易部协议书核定费用与计算办法计算。

1972 年,外销晾、晒烟费率调整。桐乡晒红烟的收购加工损耗调整为 19.5%,利息 2.8%,经营管理费 2%;遂昌晒红烟收购加工损耗为 17%,利息 1.8%,经营管理费 2%;新昌香料烟利息调整为 1.4%,经营管理费 2%。1977 年 8 月 1 日起,因晒烟收购价格调整,出口烟叶供应价格亦作相应调整。因工商税制改革,这次调整取消地方附加税,烟叶收购价中对副产品收回部分作相应增值,其他各项费用费率按原核定不变。1980 年,晒烟收购价格再次提高后,为使出口烟少提价,基层收购手续费率从 4.5%降为 4%。桐乡、遂昌副产品的收回金额,由于烟筋价格降低而减少。1984 年后,烟叶出口供应价改为出口调拨供应价。

表 48-1-4-8　　1953—1990 年部分年份桐乡晒红烟外销供应价格一览表

单位:元/50 千克

年份	伏烟顶烟								秋烟	包皮烟		
	一级	二级	三级	四级	五级	六级	全红一(副一)	全红二(副二)	全红三	一级	二级	三级
1953	108.73	92.25	82.97	68.34	—	—	—	—	—	—	—	—
1957	139.95	122.46	102.92	92.42	76.76	74.89	—	—	—	65.94	—	—
1960	165.00	145.10	123.00	107.30	93.70	88.00	119.90	—	—	—	—	—
1962	172.70	152.50	132.10	116.50	102.30	94.90	128.10	128.10	—	92.50	—	—
1963	169.11	148.90	128.81	113.26	99.73	92.34	123.66	106.95	—	—	—	—
1965	170.80	150.50	130.40	115.00	101.10	93.70	123.66	107.20	—	—	—	—
1967	166.30	146.50	127.00	112.00	98.40	91.20	120.50	104.40	—	—	—	—
1972	187.30	160.40	137.90	113.20	—	—	160.40	137.90	—	—	—	—
1977	202.50	175.50	148.70	121.90	—	—	175.50	148.70	—	—	—	—
1980	242.20	242.20	211.00	179.70	148.50	—	211.00	129.70	—	—	—	—
1985	253.67	253.67	221.43	189.20	156.94	—	211.43	189.20	—	—	—	—
1986	236.16	268.44	203.99	171.71	—	—	203.99	171.71	—	—	312.80	270.50

续表

年份	伏烟顶烟								秋烟	包皮烟		
	一级	二级	三级	四级	五级	六级	全红一（副一）	全红二（副二）	全红三	一级	二级	三级
1987	299.01	325.13	273.05	236.62	192.35	—	236.62	192.35	—	—	377.20	335.83
1988	354.10	389.90	318.25	276.48	219.76	—	276.48	219.76	—	—	354.53	—
1989	354.10	389.90	318.25	276.48	219.76	—	276.48	219.76	—	—	—	—
1990	402.10	437.90	366.25	324.48	—	—	—	—	—	—	—	—

资料来源:《浙江省烟草志》,浙江人民出版社 1995 年版,第 110 页。

表 48-1-4-9　1962—1990 年部分年份松阳晒红烟伏烟顶烟外销供应价格一览表

单位:元/50 千克

年份	一级	二级	三级	四级	五级	全红一级	全红二级	全红三级
1962	146.00	129.10	114.60	106.40	—	—	—	—
1963	141.13	124.97	111.02	96.94	82.97	134.07	104.59	—
1970	137.40	121.70	108.10	94.40	80.80	130.50	101.80	89.90
1971	141.13	124.97	111.02	96.94	82.97	134.07	104.59	92.34
1972	172.60	152.70	132.70	113.00	93.10	162.70	122.90	105.00
1977	189.50	167.50	145.60	125.70	106.00	178.50	135.70	117.70
1980	229.10	202.70	178.50	154.40	130.40	215.90	166.50	144.70
1985	239.41	212.14	187.26	162.23	137.64	225.79	174.78	152.42
1986	259.85	231.83	206.98	182.04	157.34	245.51	194.44	172.10
1987	324.89	282.56	242.72	200.40	163.04	262.64	181.72	—
1988	363.75	321.89	282.51	231.71	194.81	302.21	218.28	—
1990	417.66	375.12	335.10	283.48	245.98	355.12	264.75	—

资料来源:《浙江省烟草志》,浙江人民出版社 1995 年版,第 110—111 页。

表 48-1-4-10　　1964—1985 年部分年份新昌出口香料烟供应价格一览表

单位:元/50 千克

年份	一级	二级	三级	四级	年份	一级	二级	三级	四级
1964	—	185.59	151.66	—	1980	341.10	258.80	218.60	161.40
1972	240.20	198.40	156.70	114.90	1985	361.79	293.06	232.90	172.79
1977	256.20	214.60	172.90	126.30					

资料来源:《浙江省烟草志》,浙江人民出版社 1995 年版,第 111 页。

20 世纪 90 年代初,浙江烟叶出口委托上海烟草进出口公司经营。1994 年,中国烟草进出口公司在省烟草公司设立常驻代表,由省烟草公司相关负责人兼任,开展烟叶出口业务,但出口相关手续及货款结算仍须经上海烟草进出口公司办理。1997 年,浙江省烟草进出口公司成立,全权履行烟叶进出口业务。浙江晒红烟主要用于出口,故晒红烟的调拨价实行在省烟草专卖局调控下的指导价格管理形式。2008 年 6 月,国家烟草专卖局要求"各省级局(公司)所属进出口公司要根据实际出口情况,严格按照国家有关规定办理出口退税业务;出口烟叶在国内流转时,实行'原收原调、原烟交接、委托加工、成品片烟结算'的原则;各省级局(公司)所属进出口公司,只能与有国家烟草专卖局下达出口备货计划的产区,按该产区计划量结算"。

表 48-1-4-11　　1999—2010 年部分年份松阳晒红烟调拨价格一览表

单位:元/50 千克

等级	1999 年	2002 年	2003 年	2004 年	2005 年	2006 年	2010 年
SYA	1186.50	—	1074.00	1088.60	1132.00	1139.25	1655
SYB	1073.50	—	974.00	988.60	1027.00	1034.25	1500
SYC	949.20	—	—	878.60	911.50	918.75	1325
SYD	807.95	729.75	773.25	753.60	780.25	787.50	1130
SYE	—	629.75	670.25	—	675.25	—	970
SYF	—	529.75	537.25	—	—	—	835
SYR1	1084.80	—	984.00	998.60	1037.50	1044.75	1515
SYR2	904.00	—	824.00	838.60	869.50	876.75	1260
SYNA	1017.00	—	895.00	909.60	926.75	934.00	1350
SYNB	904.00	—	796.50	811.10	825.25	832.50	1195

续表

等级	1999 年	2002 年	2003 年	2004 年	2005 年	2006 年	2010 年
SYNC	819.25	—	722.00	736.60	748.50	755.75	1080
SYND	734.50	—	624.00	638.60	647.50	654.75	930
SYK4	—	—	424.00	438.60	429.50	436.75	600
SYK5	—	—	374.00	388.60	379.50	386.75	525
SYK6	—	—	324.00	338.60	329.50	336.75	450
SYK7	—	—	274.00	288.60	279.50	286.75	375

资料来源:省烟草公司相关年份关于晒红烟调拨价格的通知。

表 48-1-4-12　　1991—2010 年桐乡晒红烟平均调拨价格一览表

单位:元/50 千克

年份	平均调拨价格	年份	平均调拨价格	年份	平均调拨价格	年份	平均调拨价格
1991	319	1996	980	2001	923	2006	742
1992	488	1997	149	2002	971	2007	1339
1993	1181	1998	704	2003	960	2008	1344
1994	223	1999	1040	2004	898	2009	1076
1995	855	2000	2438	2005	788	2010	1002

资料来源:省烟草公司 1991—2010 年桐乡晒红烟调拨价格调查表。

表 48-1-4-13　　1995—2010 年浙江省晒红烟平均出口价格一览表

单位:美元/50 千克

年份	平均调拨价格	年份	平均调拨价格	年份	平均调拨价格	年份	平均调拨价格
1995	137.50	1999	173.91	2003	172.57	2007	143.48
1996	147.73	2000	154.64	2004	156.25	2008	200.00
1997	169.12	2001	160.71	2005	160.00	2009	225.32
1998	168.75	2002	169.49	2006	96.77	2010	209.88

资料来源:省烟草公司 1995—2010 年浙江省晒红烟平均出口价格调查表。

三、销量

明末,绝大部分烟叶由私商经营运销,其销售数量难以准确统计。直至清末及民国时期,方从浙江省海关贸易统计中，窥得清咸丰十一年至民国 20 年(1861—1931 年)浙江省海关烟叶输出情况。

表 48-1-4-14　清咸丰十一年至民国 20 年(1861—1931 年)浙江省海关烟叶输出情况一览表

年份	合计		宁波		温州		杭州	
	数量(50 千克)	值额(关平两)	数量(50 千克)	值额(关平两)	数量(50 千克)	值额(关平两)	数量(50 千克)	值额(关平两)
咸丰十一年(1861 年)	1141		1141	—	—	—	—	—
同治元年(1862 年)	69		69	—	—	—	—	—
同治二年(1863 年)	819		819	—	—	—	—	—
同治三年(1864 年)	2152		2152	—	—	—	—	—
同治四年(1865 年)	3136		3136	—	—	—	—	—
同治五年(1866 年)	2947		2947		—	—	—	—
同治六年(1867 年)	6366		6366		—	—	—	—
同治七年(1868 年)	2314		2314		—	—	—	—
同治八年(1869 年)	1748		1748		—	—	—	—
同治九年(1870 年)	598		598		—	—	—	—
同治十年(1871 年)	569		569		—	—	—	—
同治十一年(1872 年)	2285		2285		—	—	—	—
同治十二年(1873 年)	2408		2408		—	—	—	—
同治十三年(1874 年)	407		407		—	—	—	—
光绪元年(1875 年)	571		571		—	—	—	—
光绪二年(1876 年)	211		211		—	—	—	—
光绪三年(1877 年)	530		530		—	—	—	—
光绪四年(1878 年)					27		—	—
光绪五年(1879 年)					321		—	—
光绪六年(1880 年)	2188		787		1401		—	—
光绪七年(1881 年)	1264		305		959		—	—
光绪八年(1882 年)	548		60		488		—	
光绪九年(1883 年)	646		291		355		—	—
光绪十年(1884 年)	661		295		366		—	—

续表1

年 份	合 计		宁 波		温 州		杭 州	
	数量(50千克)	值额(关平两)	数量(50千克)	值额(关平两)	数量(50千克)	值额(关平两)	数量(50千克)	值额(关平两)
光绪十一年(1885年)	1674		485		1189		—	—
光绪十二年(1886年)					1145		—	—
光绪十三年(1887年)					346		—	—
光绪十四年(1888年)					948		—	—
光绪十五年(1889年)					1179		—	—
光绪十六年(1890年)					505		—	—
光绪十七年(1891年)	1229		36		1193		—	—
光绪十八年(1892年)					1208		—	—
光绪十九年(1893年)	1328		115		1213		—	—
光绪二十年(1894年)					2401		—	—
光绪二十一年(1895年)					1548		—	—
光绪二十二年(1896年)					3568		—	—
光绪二十三年(1897年)					2611		—	—
光绪二十四年(1898年)					8346		14619	
光绪二十五年(1899年)	8377		1964		3495		2918	
光绪二十六年(1900年)					1436		594	
光绪二十七年(1901年)	3791		36		1452		2303	
光绪二十八年(1902年)	12166	131160	564	4020	2895	22655	8707	104485
光绪二十九年(1903年)	18355	171307	2888	16461	3540	35636	11927	119210
光绪三十年(1904年)	11271	72682	427	2459	1851	20312	8993	49911
光绪三十一年(1905年)	7597	69790	13	165	4860	45635	2724	23990
光绪三十二年(1906年)					22147		7940	
光绪三十三年(1907年)	18263	176394	229	2407	9303	112260	8731	61727
光绪三十四年(1908年)	22477	184281	480	6599	12944	116883	9053	60799
宣统元年(1909年)	23798	193337	343	3176	14094	127162	9361	62999

续表 2

年份	合计		宁波		温州		杭州	
	数量（50 千克）	值额（关平两）	数量（50 千克）	值额（关平两）	数量（50 千克）	值额（关平两）	数量（50 千克）	值额（关平两）
宣统二年(1910 年)	32735	273097	508	4717	18113	145332	14114	123048
宣统三年(1911 年)	18342	162207	569	5185	14.022	123034	3751	33988
民国元年(1912 年)	51674	492761	198	3041	16230	170811	35246	318909
民国 2 年(1913 年)	35393	410415	107	1128	13262	199058	22024	210229
民国 3 年(1914 年)	25740	284305	10	95	16688	209613	9042	74597
民国 4 年(1915 年)	40598	433437	45	445	17009	197552	23544	235440
民国 5 年(1916 年)	21874	219052	52	524	12068	150250	9754	68278
民国 6 年(1917 年)	28931	241691	757	4976	11544	103675	16630	133040
民国 7 年(1918 年)	33221	363704	2454	49083	14571	152678	16196	161943
民国 8 年(1919 年)	58146	685219	5604	111610	15197	162835	37345	410774
民国 9 年(1920 年)	35819	511269	5790	69480	17811	301282	12218	140507
民国 10 年(1921 年)	24170	276085	2081	12486	14692	175170	7397	88429
民国 11 年(1922 年)	34170	471366	2714	50139	10610	118960	20846	302267
民国 12 年(1923 年)	30099	488909	1600	60064	12091	199133	16408	229712
民国 13 年(1924 年)	30730	535054	1542	25983	7075	155263	22113	353808
民国 14 年(1925 年)	56684	920737	11854	174847	13752	217564	31078	528326
民国 15 年(1926 年)	74465	1230310	22632	407376	15984	249350	35849	573584
民国 16 年(1927 年)	60152	991786	23158	416844	18190	236470	18804	338472
民国 17 年(1928 年)	46704	708739	25303	335265	13258	218757	8143	154717
民国 18 年(1929 年)	55170	839014	29973	374663	10805	205295	14392	259056
民国 19 年(1930 年)	49730	854668	17696	353920	11796	176940	20238	323808
民国 20 年(1931 年)	44503	789248	15551	311020	10727	150178	18225	328050

资料来源：根据《浙江省烟草志》浙江人民出版社 1995 年版第 112—113 页表格整理。

民国 21—22 年(1932—1933 年)，三海关总计输出烟叶、烟梗金额分别为 55.2 万元和 58.4 万元。据浙江商务管理局统计，民国 23 年浙江海关烟叶出口价值 45.9 万元。此外，沪杭铁路通车后，部分烟叶由铁路运销省外。民国 20 年，仅由杭州闸口运往上海及外洋(国外)的萧山与江西广丰的烟叶就达 1262.2 吨，价值 62.35 万元。民国 36 年，由浙赣铁路各站起运的烟叶为 2600 吨。

表 48-1-4-15　　1951—1990 年浙江省烟叶调拨供应(销售)情况一览表

单位：吨

年份	合计数量	其中			年份	合计数量	其中		
		省内	省外	外销			省内	省外	外销
1951	7797.25	4877.30	2919.95	—	1971	2132.25	1248.55	193.50	690.20
1952	11499.60	2354.75	9144.85	—	1972	2374.10	1561.25	206.65	606.20
1953	11427.20	5120.40	5295.35	1011.45	1973	3555.50	2099.75	680.65	775.10
1954	5176.20	2297.25	1269.65	1609.30	1974	3089.80	1442.25	630.00	1017.55
1955	5522.90	1853.50	2214.40	1455.00	1975	2468.00	1167.30	471.40	829.30
1956	4750.05	2148.85	1569.20	1032.00	1976	2758.90	1145.30	753.05	860.55
1957	4285.15	2120.30	1336.85	828.00	1977	2928.75	1155.05	746.80	1026.90
1958	3202.70	2182.95	598.95	420.80	1978	2657.05	925.25	760.20	971.60
1959	1689.10	1495.00	88.35	105.75	1979	3229.05	1034.25	1667.55	527.25
1960	1796.00	1543.35	15.00	237.65	1980	2346.75	869.45	1275.20	202.10
1961	2123.70	2068.75	—	54.95	1981	3641.15	1517.95	2066.35	56.85
1962	7409.00	4977.60	2094.30	337.10	1982	5012.00	1542.00	3231.45	238.55
1963	12089.10	7684.35	3570.05	834.70	1983	3733.40	906.55	2357.00	469.85
1964	6925.55	3317.70	2679.50	928.35	1984	3638.65	358.15	2989.85	310.65
1965	6766.15	2614.40	3235.63	916.12	1985	4207.35	1423.55	2219.40	564.40
1966	4820.60	2541.75	1377.57	901.28	1986	3438.70	1029.62	1939.85	469.23
1967	4151.89	1067.25	2210.20	874.44	1987	4721.10	1667.79	2797.90	255.41
1968	7613.65	2357.65	4932.90	323.10	1988	2535.05	910.92	1057.75	566.38
1969	5724.65	2024.55	2941.60	758.50	1989	2802.15	999.76	1671.45	130.94
1970	1836.35	1102.50	365.80	368.05	1990	2590.20	789.90	1713.60	86.70

资料来源：1951—1984 年按省供销合作社历年烟叶调拨供应资料整理，其中 1965—1969 年按省烟叶收购供应办事处调拨供应资料；1985—1990 年按省烟草公司统计资料整理。

20 世纪 90 年代，烟叶调拨仍由供需双方按照计划指标或中国烟草总公司的烟叶调拨通知单签订调拨合同，严格遵照调拨的烟叶品种、等级、数量、价格、交货时间、地点、发运、验收、运输方式、货款结算、违约责任等规定执行。烟叶调拨货款结算，仍以托收承付方式办理。调往省外的香料烟和部分晒红烟，实行汇票结算。1992 年，省烟叶物资公司成立后，省内各种烟叶通过该公司购销，各烟叶调出单位必须严格按照国家计划调拨烟叶，严把等级质量关；烤烟调拨价格为各产区仓库交货价，交货后所发生的运杂费由调入方负担。

2000 年后，国家烟草专卖局实行烟叶种植、收购、销售一体化合同管理，即烟农种植烟叶的亩数与收购量以签订生产收购合同的形式确定，而产地烟草公司的调拨计划依据当地生产收购合同的总和制订，须经国家烟草专卖局批准下达后方能实施。

2000 年 7 月，《浙江省晾晒烟调拨经营结算办法》规定，每年度全国烟叶交易会前，各产区需烟草公司提报该年度可供烟叶数量和等级及调拨流向，由省烟叶物资公司统一与需方签订合同。烟叶调拨前由产区烟草公司直接与需方联系商定执行合同的具体事项，产区烟草公司凭省烟叶物资公司准运证申请单到省烟草专卖局专卖管理处办理准运手续。如需方对所调烟叶提出等级或数量上的问题，由供需双方协商解决。必要时，省烟叶物资公司参与协调和处理。如省内卷烟厂需要晾晒烟，则由产区烟草公司直接与省内卷烟厂签订合同，并报省烟草公司签章。调省外、省内的晾晒烟货款，均通过省烟叶物资公司结算。烟叶运杂费发票由供方开给需方，并通过省烟叶物资公司代为结算。省烟叶物资公司与需方以供应价结算，与供方以调拨价结算。烟叶调拨供应价格，可在国家烟草专卖局、省烟草专卖局规定的基础上，上下 15%幅度内协商决定。供方凭需方验收结果向省烟叶物资公司开具发票，省烟叶物资公司收到供方发票后向需方开票结算。有关需方烟叶货款拖欠问题，省烟叶物资公司与供方单位共同催讨解决。

2003 年，烟草行业体制改革，烟叶调拨及管理职能由浙江中烟公司承担。2007 年 7 月，烟叶生产经营管理职能划归省烟草专卖局（公司）履行后，烟叶调拨管理由烟叶生产经营管理办公室承担。2008 年 8 月，省烟草公司转发国家烟草专卖局《烟叶调拨管理暂行办法》，并在全省各烟叶产区全面贯彻实施。国家烟草专卖局统一下达年度烟叶调拨计划，省烟草公司根据国家烟草专卖局下达的计划，分解制订所辖单位的烟叶调拨计划草案，通过中国烟叶有限责任公司“烟叶计划合同管理系统”进行计划衔接，形成具体的烟叶调拨流向，经中国烟叶有限责任公司审核批准后，作为年度烟叶交易核定量。烟叶调拨计划一经下达，必须严格执行。如确需增加调拨计划的，须由省烟草公司向国家烟草专卖局提出申请，经批准后方可调整。在年度调拨计划内，调拨流向发生变化、合同需要调整的，须由省烟叶管理部门向中国烟叶有限责任公司提出申请，经批准后方可调整。此种烟叶调拨管理办法一直沿用至 2010 年。

表 48-1-4-16 **1991—2010 年浙江省烟叶调拨情况一览表**

单位:吨

年份	调拨总量	其中			年份	调拨总量	其中		
		香料烟	晒红烟	烤烟			香料烟	晒红烟	烤烟
1991	1435	905	530		2001	2170.8	655	430	1085.8
1992	3250	1100	2150		2002	2880.9	470	315	2095.9
1993	1260	525	730		2003	3092.4	875	805	1412.4
1994	935	355	580		2004	2750.8	930	440	1380.8
1995	1500	470	1030		2005	2887.7	1030	880	977.7
1996	1905	795	1110		2006	2371.2	935	670	766.2
1997	3900	1115	2785		2007	2349.4	1065	915	369.4
1998	1150	540	500	110	2008	2361.3	1035	870	456.3
1999	1290.8	465	645	180.8	2009	2307.5	975	745	587.5
2000	1402.4	580	380	442.4	2010	1747.7	800	695	252.7

资料来源:省烟草公司 1991—2010 年香料烟、晒红烟、烤烟调拨统计表。

表 48-1-4-17 **1991—2010 年浙江省晒红烟出口情况一览表**

单位:吨

年份	出口总量	其中		年份	出口总量	其中	
		桐乡	松阳			桐乡	松阳
1991	146.30	—	146.30	2001	243.90	56	187.90
1992	201.30	—	201.30	2002	372.30	118	254.30
1993	134.30	—	134.30	2003	427.10	113	314.10
1994	109.80	—	109.80	2004	250.40	80	170.40
1995	62.30	40	22.30	2005	235.10	200	35.10
1996	28.00	22	6.00	2006	225.85	62	163.85
1997	164.20	68	96.20	2007	329.20	115	214.20
1998	207.60	80	127.60	2008	589.80	90	499.80
1999	302.90	46	256.90	2009	110.50	47	63.50
2000	304.15	97	207.15	2010	169.00	81	88.00

资料来源:省烟草公司 1991—2010 年晒红烟出口统计表。

第二章　烟丝　雪茄烟

人们最早吸烟是将晒干的烟叶揉碎后直接吸用，后来由于消费需求的改变，于是将成熟的烟叶加工成烟丝。烟丝也称丝烟，或称土烟丝，是中国传统的烟草制品，其存续时间远比卷烟产品长。

最初的烟丝生产，多为农民自给自足的自然经济结构。随着消费需求的增长，烟丝加工逐步从农业中分离出来，形成独立的手工业，转入商品经济。

浙江省烟丝制造业起源于明末清初，盛于清康熙年间。石门(今属桐乡市)烟丝制作精良，烟铺遍及城乡。烟丝已是浙江产烟县民众的重要经济来源，政府一度征税。19 世纪，杭州烟丝称作“杭烟”，与杭扇、杭线、杭粉、杭剪并称“五杭”，闻名全国。19 世纪下半叶，随着宁波、温州、杭州等通商口岸的开放，外国烟丝输入浙江。民国时期，由于战乱，烟丝业逐渐衰落。中华人民共和国成立后，烟丝业一度兴盛，主要供农民消费。随着国民经济的发展，城乡人民生活水平的逐步提高，以及卷烟的大量生产，吸食烟丝者越来越少，烟丝行业逐渐被卷烟业替代。20 世纪 90 年代，省内除极少数山民外，几无人吸食烟丝。当时丽水地区的松阳县尚存地方国营松阳烟丝厂，产品主要销往江苏、福建等省份，供渔民出海时消费。1992 年，该厂生产“独山”“哈哈”“金狮”牌烟丝 200 吨，获浙江省首届食品博览会银奖，销售收入为 186.6 万元，赢利 21.9 万元。1999 年，因原辅料和烟丝产品提价等因素，更由于渔民亦改吸卷烟，烟丝年产量不足 1 吨。2000 年 2 月，松阳烟丝厂关闭，浙江省的烟丝制造业遂告消失。

“雪茄”(cigar)①这个词的由来，可能与玛雅人有关，玛雅人把抽烟称作 sikar，与 cigar 相似。15 世纪，哥伦布发现新大陆看到当地美洲印第安人抽一种“用棕榈树叶或玉米叶将特别的烟叶捆绑起来的烟”。这种烟即雪茄烟的原生态。

清乾隆十六年(1751 年)，雪茄烟传入中国。据《澳门纪略》卷下记载：烟草可卷如笔管状，燃火，食而吸之。这种“可卷如笔管状”的烟草，就是雪茄烟。随着雪茄烟需求量的增大，一些雪茄烟厂开始使用国产烟叶。20 世纪初，浙江省亦开始生产雪茄烟，主要分布在丽水、嘉兴、温州、衢州等地。民国初期，浙江省等沿海对外开放地区吸食雪茄烟的人增多，雪茄烟消费市场发展很快。第一次世界大战爆发后，外国雪茄烟进口锐减，民族资本雪茄烟厂纷纷设立，仅浙江省一地就有 10 余家，分布在嘉兴、温州、衢州等地。第一次世界大战结束后，外

---

① 雪茄之名来自玛雅文“sikar”，意即抽烟。关于这一词的来历还有一个小故事：1492 年(明弘治五年)，哥伦布发现美洲新大陆的时候，当地的土著首领手执长烟管和哥伦布比手画脚，浓郁的雪茄烟味四溢，哥伦布闻香惊叹，便通过翻译问道：“那个冒烟的东西是什么？”但是翻译却误译为“你们在做什么？”对方回答：“sikar。”因而这一词就成了雪茄的名字，后逐渐才演变为“cigar”。

商雪茄烟公司卷土重来，国产雪茄生产企业陆续被淘汰或转业，浙江省仅剩桐乡乌镇雪茄烟厂维持生产。20 世纪 20 年代，国民政府开征雪茄烟捐，外商雪茄烟厂纷纷停业，民族雪茄烟厂再度发展。浙江、上海、四川、山东、云南、广西等地都有雪茄烟生产。20 世纪 30 年代初，浙江省嘉兴、丽水、温州、衢州各地的雪茄烟生产进入鼎盛时期，小厂(坊)有 50 余家，从业人员有 800～1000 人，年产雪茄烟 800 多箱。抗日战争期间，雪茄烟进口中断，浙江省家庭式手工雪茄烟生产迅速发展。50 年代，雪茄烟生产主要集中在浙江、上海、四川、山东等地。60 年代初三年自然灾害，烟叶奇缺，各地雪茄烟厂因原料等原因纷纷停产或减产。1966 年，桐乡雪茄烟厂停办。1976 年后，浙江省恢复生产雪茄烟，并开发生产各种规格的非叶卷雪茄型卷烟，占雪茄总产量的 80%以上。80 年代初，桐乡雪茄烟厂引进技术，改传统手工制作为机械制作。1983 年 5 月，国务院批准桐乡雪茄烟厂为国家烟草生产定点厂，纳入国家计划统一管理。是年，温州市烟厂因未列入定点厂而停止生产。1985 年后，桐乡雪茄烟厂由生产雪茄烟为主转为以生产卷烟为主。1989 年 5 月，经国家烟草专卖局批准，桐乡雪茄烟厂更名为嘉兴卷烟厂，传统产品雪茄烟保持少量生产。随着消费者吸食口味的改变，雪茄烟需求量不断减少，产量也逐年递减。1996 年，浙江省雪茄烟停止生产。

第一节 烟 丝

浙江省是中国烟丝主要产地之一，烟丝制造业历史悠久、源远流长。烟丝店遍布城乡，一般都是前店后坊，自产自销，批零兼营。浙江烟丝在长达数百年的历史进程中，形成了比较成熟的烟丝制作工艺和经营方式，使浙江烟丝曾经久负盛名。自明末至 20 世纪 90 年代初，烟丝生产、销售未曾止歇。烟丝作为卷烟产生之前主要的烟草制品，曾有相当大的消费量；卷烟在中国逐渐流行的过程中，烟丝亦曾保有很大的销量。据载，清光绪三十一年(1905 年)，仅从省外输入浙江制作烟丝的烟叶就超过 1000 吨。中华人民共和国成立后的 1953 年，据浙江省商业厅统计，全年各烟丝店(厂)耗用的烟叶达 1700 余吨。随着社会经济的发展和人民生活水平的提高，卷烟终究取代烟丝而成为浙江唯一的烟草制品。烟丝生产量在 20 世纪 70 年代后期骤然下降，之后逐年减少，终在 2000 年停止生产。

一、烟丝店坊(厂)

(一)沿革

明嘉靖时(1522—1566 年)，浙江省已有烟丝加工经营店坊。据民国《衢县志》卷六《食物志》记载：衢县“土种烟叶不多，业此者多采取松阳、广丰两处烟叶制成烟丝。唯王嘉盛铺牌最老，自明代嘉靖年间开设至今，有烟名王思诚者，即旧主人名也”。明崇祯十三年(1640 年)，山阴(今绍兴)人张岱在《陶庵梦忆・苏州白兔》中称：“余少时不知吃烟为何物，十年之内，老壮童稚妇人女子无不吃烟，大街小巷尽摆烟桌。”①

清康熙十九年(1680年)，金华府辖属金华、兰溪、东阳、义乌、永康、武义、浦江、汤溪等8县已对20家烟丝坊征烟税。清乾隆二十五年(1760年)，宁波创建老宏裕、华万昌烟号。清嘉庆年间(1796—1820年)，杭州已有陈四丰、宓世昌(宓大昌的前身)、达昌、陈四海、迎丰、天润、益丰等烟号。

清道光年间(1821—1850年)，浙江省各地开设的烟丝店坊有：龙游县王同裕烟丝店，嘉兴县南汇集镇的蒋正盛，嘉善县的张五房，黄岩县的牟万丰，临海县城关的曹永和、沈茂生、戴先同，嘉善县陶庄镇的王源利、西塘镇的潘乾泰、干窑镇的柯鼎裕、魏塘镇的恒丰，海宁县硖石镇的万隆兴、老俞义成、杨家兴，吴兴县乌镇(今属桐乡)的陆聚顺等烟号。

清同治七年(1868年)，兰溪县唐大盛腿庄改为赵一昌烟店，专营烟丝。同期杭城烟丝店坊已有近十家，其中以宓大昌为最大，陈四丰次之，益丰烟店专营乡镇生意，居第三位。义乌县方泰兴烟店创设。此后又开设有吴大成、陈赞记等烟号。清光绪年间(1875—1908年)，全省各地开设的烟丝店(坊)增多。永康县内开设义春亨烟店，永嘉县(今温州市鹿城区)创建万同兴烟号，此后又相继开设德泰、陈大兴，以及平阳县的汤永顺，龙泉县的一本，庆元县的姚聚利，丽水城区的李新昌、郑合泰、王禾通、李德昌，松阳县的永隆、聚盛、协利、大昌、大新，丽水碧湖镇的何日升、李茂春，会稽县(今绍兴)的仁昌，椒江的叶德泰，三门县的瑞芳、同福泰、鼎新泰，定海县的馥昌、勤昌、鼎昌、恒昌等烟号。光绪三十三年(1907年)，安吉县周茂兴烟丝店、浦江县新民烟丝社创建。清宣统年间(1909—1911年)，新开设的烟丝店(坊)有：建德县王大成烟栈(从业人员34人，年产黄烟丝约35吨)，青田县的达丰烟厂。至此，绍兴县共有专营烟丝店坊50家；开化县的开阳、华埠两镇，有专业烟丝店坊8家；永嘉县较有名的烟丝店坊有5家。

民国初至抗日战争全面爆发前，是浙江省烟丝业发展的鼎盛时期，全省各县多有新的烟丝店坊开设。其中桐乡县新开烟丝店坊40余家；诸暨县有烟丝店坊30家，刨烟工85人；永嘉县有40多家，从业人员140多人；兰溪县有51家，从业人员190人，年产烟丝50余吨；金华县烟丝店坊有16家。民国18年(1929年)，杭州城乡一带，著名烟店有清河坊的宓大昌，联桥的荣大，江干的第一厂、震大、大丰，湖墅的沈孟茂、天成、华天瑞、老益茂、永昌，笕桥的陈四丰、陈德丰，孩儿巷的厚昌，菜市桥的阜源等14家。民国26年，杭州较大的烟丝店增加到30家。

抗日战争期间，沦陷区内烟丝业严重萎缩，烟丝店坊有的停业，有的迁址。浙南和浙西非沦陷区，烟丝业有所发展。民国27年(1938年)10月，杭州宓大昌烟店为避免战争影响迁至嵊县。次年，杭嘉湖各县多数中小烟丝作坊相继倒闭，新开烟店较多的仅限于庆元、龙泉、缙云、江山、开化、温岭、黄岩等县。民国29年，嵊县有专业刨烟工70多人，主要分布在城关、甘霖、石璜、崇仁等集镇。次年，衢县城乡维持营业的王嘉盛、叶震兴、郭振新等13家烟丝店中，王嘉盛烟店产量最大，半年生产烟丝达31.6吨，叶震兴烟店28.5吨次之，郭振新烟店

① 〔明〕张岱：《陶庵梦忆》，故宫出版社2016年版，第199页。

10.5吨。

抗日战争胜利至中华人民共和国成立前夕，由于税负过重，物价飞涨，卷烟流行，全省烟丝行业逐渐萎缩，但仍为城乡所需。民国35年(1946年)，杭州市有烟丝店坊26家。嘉兴地区有103家，其中嘉兴城区3家、郊区16家，桐乡县42家，崇德县30家，海宁县10家，嘉善、平湖各1家(以上都不包括农村刨烟户)。永嘉城区有滕德泰等29家，平阳县有森春和等17家。民国36年，金华县烟丝店坊减为7家，从业人员17人。松阳县原有烟丝店坊数十家，到民国38年只剩4家。

20世纪50年代初期，各地政府设立少量公营烟丝店坊，部分私营烟店被政府接管改组或实行私私合营。1950年8月，东阳县吴宁镇5家烟丝店组成合营社。同年，浦江县浦阳镇4家烟丝店和黄宅、横乡等乡镇的6家烟丝店合并，组成新民烟丝社，从业人员20余人。1951年10月1日，开化县供销合作社在华埠镇开设开化县烟丝厂。1952年，丽水新昌祥(即李新昌)、金萃亨、协丰、源大丰、黄宝兴、王大成等6家较大烟丝店坊，组成丽水建中烟丝联营处。永康县义春亨烟店由县供销社接收并改为烟丝加工场。常山县为解决私营烟丝业漏税问题，将天成、林大丰、李树荣、太丰、德昌、杨水元等烟丝店坊组成常山县烟丝联合工场。天台县8家烟丝店坊实行私私联营。缙云县五云镇三里街烟丝业实行联营，定名为万恒丰联营烟店。是年4月，长兴供销社在小东门外租用平房一间，投资8000元，雇用刨丝工22人，组成长兴县供销社烟丝加工厂。丽水碧湖镇人民政府及县财政税务部门、供销合作社联合开设地方国营碧湖烟丝厂。至1954年，据省商业厅调查，全省有烟丝店坊498家，分别为金华专区95家、温州专区154家、嘉兴专区107家、宁波专区64家、衢州专区52家、直属市县26家；共有从业人员2611人，其中资方696人、家属740人、职工1175人；资金总额8.8万元，年用烟量1831吨，烟丝销售量1943.4吨。

1956年初，全省有烟丝店424家。在对资本主义工商业的社会主义改造中，对有劳资关系的243家烟丝店大多采取公私合营的形式进行改造。因全省烟丝行业主要分散在小城镇，省专卖事业管理局要求各地以一个县为单位组织一个公私合营商店。同时为方便国营公司对烟丝业实施管理，改善经营，将烟丝刨工集中在原料产地或交通便利的供应点生产，原有各经营点作为公私合营商店分设在各地的零售门市部。杭州宓大昌等大店坊则单独组织公私合营商店。此外，还以合作社或合作小组形式组建新的烟丝厂社(小组)。全省烟丝行业按各级政府的统一部署，纯烟丝作坊或加工为主的作坊，由县手工业联社负责安排改造；前店后坊或零售为主的烟丝店坊，由商业主管部门安排改造。是年第二季度，私营烟丝业完成社会主义改造。杭州市宓大昌、建德县赵华昌、嘉兴县南汇集镇蒋正盛、湖州市天和烟店等，先后实行公私合营；海宁县硖石镇久丰正记、章天顺、老俞义成组成公私合营硖石镇烟丝店。桐乡县乌镇的万盛森、李顺昌、张同泰、董泰记、吕久和等5家烟店，组成公私合营乌镇制烟厂。温州市鹿城区14家烟丝店组成温州市烟丝生产合作社。平阳县5家烟丝店组成合作小组。金华市区的大丰、万丰、于义兴、江涌兴、春泰等烟丝店坊合并，改为公私合营大丰烟丝厂。兰溪县城关镇烟丝业同行组成公私合营赵一昌烟店。浦江县新民烟丝社实行公私合营。义乌县2家私营烟丝店与国营利民烟丝厂合并，改为公私合营。黄岩县百年老店牟万丰实行公私合营后，并入城关糖业烟酒商店。椒江大昌烟号改为公私合营副食品商店烟丝加工场。宁波市烟丝店坊公私合营后，只剩下1户。此外，全省小型的烟丝店坊，都先后改为烟丝合作商店或合作小组。1957年10月，松阳县由聚盛、六和等7家烟号组成西屏镇烟丝合作商店，次年成立地方国营松阳烟丝厂。

此后，随着卷烟工业的发展和吸食者消费习惯的改变，烟丝消费量越来越少，烟丝业随之衰落。20世纪50年代后期，丽水、龙泉、庆元、缙云、青田等县的烟丝店（厂）大多数停业。1957年，嵊县公私合营烟厂过渡为国营企业；1958年7月，并入新昌县供销社综合加工场烟丝加工厂，后因烟丝销量下降，于1967年转产蚕网，更名新昌蚕网厂。1958年，丽水碧湖烟丝厂有职工20余人，1962年，因生产逐渐衰落，在工业布局调整中停办。1964年，长兴县供销合作社烟丝加工厂撤销。1966年，平阳县烟丝合作小组停止烟丝加工。70年代，武义县烟丝厂关停。1975年前后，桐乡县各集镇的制烟小组停止烟丝生产或转业。1978年底，海宁县硖石镇烟丝商店停止烟丝经营。1979年8月，常山县烟丝厂（常山县烟丝联合工场公私合营后改名）停业。1980年1月1日，经营"杭烟"一个多世纪的杭州宓大昌烟丝店（已改称庆丰烟丝厂）宣告停业。80年代初，永康、东阳、义乌3家烟丝厂相继停业。1981年，开化县供销合作社烟丝厂（1965年改为机器制烟，后由县供销社划归县土产公司和副食品公司管理）因产品基本失去销路而停业。1986年，温州市烟厂（原为温州市烟丝合作社，1970年兼产雪茄烟，1973—1978年兼产少量卷烟）停产。是年6月，湖州天和烟店停止营业。1984年6月、1986年4月和1989年4月，兰溪县烟丝厂、兰溪石埠烟丝厂、金华县烟丝厂分别停止烟丝生产。1990年，全省只有地方国营松阳烟丝厂1家，年产烟丝220吨。此外，浙南少数偏僻山区和平原地区的桐乡县农村，还有为数极少的农户拥有烟刨，自切自吸或临时性代农民加工烟丝。

2000年，松阳县经济体制改革委员会批复同意松阳烟丝厂关闭。浙江省的烟丝制造业遂告消失，此后一直没有恢复生产。

（二）著名店坊（厂）

1. 宓大昌烟店

原名宓世昌烟庄。清嘉庆年间（1796—1820年），浙江慈溪宓家埭人宓宝城在杭州开设。创始之初，规模不大，仅有一间店面，十几名员工，专营旱烟丝的制作和销售。清同治八年（1869年），更名宓大昌烟店，迁址当时杭州最繁华的清河坊四拐角，与孔凤春香粉店、飙香斋糖果店、万隆火腿南肉店等名店隔街相望。

宓宝城去世后，其长子宓庄晓继承店业。清光绪年间（1875—1908年），外国烟制品倾销中国市场，烟业竞争日趋激烈。宓庄晓通过研究改善烟味之法和吸烟者的嗜好，改良父辈的经营方法。为保证烟叶原料质量，他改变等货上门的做法，派人到烟叶产地考察后，择定江西广丰及浙江萧山四都、新昌等地作为烟叶收购基地，设庄收购；为稳定烟叶来源，鼓励烟农种植高质量的烟叶，采取预付货款，并聘请技师上门辅导烟叶种植与调制；恪守"三年陈烟叶，质量胜一筹"的原则，烟叶收进后，储藏3年。宓大昌在杭城设有东、西、南、北4个栈房。东栈为总站，位于扇子巷，占地10亩，栈内距地面约1米高处铺以木板，木板上堆放烟叶，以利通风，防止烟叶受潮发霉；西栈位于扇子巷西面，南栈设于南星桥，北栈设在鼓楼；每年轮换使用其中一栈的烟叶。加工烟丝时，定专人精心配料，并组织评烟队伍，专事旱烟质量评比和研究。按贡奇、白奇、元奇、呈奇4个等级包装烟丝，决不短斤缺两出售。宓庄晓采取赠送评吸、在码头及闹市多处设摊、以乘客身份携旱烟到各路码头和航船上现身说法等手法宣传产品。经过多年苦心经营，宓大昌的规模不断扩大。清末，工人增加到400余人，资金积累达50万元，形成从烟叶收购到烟丝加工、经销的较大规模的综合性烟店。同时兼营各地有名的皮丝、水烟、潮烟、鼻烟，成为名烟齐备的烟店，生意兴隆。

清末民初，洋烟与烟丝之间的竞争更为激烈。店主宓友琴（宓宝城之孙）联合同业在上海设立旱烟总发行所，并在各报大做广告。宓大昌烟店成为杭州规模最大的烟丝店，所用“刨司”常达五六百人，占杭城烟丝业的1/3以上。产品批发江浙各地，大江南北嗜烟者竞相购买“杭烟”。民国4年（1915年），宓大昌旱烟获巴拿马太平洋万国博览会铜奖。民国23年10月15日，宓大昌旱烟正式定名“丹凤”牌，向国民政府商标局领取商标注册证。

抗日战争期间，宓大昌由盛转衰。民国26年（1937年）冬，杭州沦陷，店主避居上海租界，职工大多逃回慈溪、萧山等原籍，留杭仅百人左右。民国27年10月，宓大昌迁至嵊县并设立支店，开工复业，又在绍兴小江桥设立门市部，每天销售烟丝500余千克。民国29—31年，萧山、绍兴、嵊县相继沦陷。全店职工最少时仅35人，烟丝月产量5～7.5吨（100～150担）。经战争浩劫，宓大昌烟店元气大伤，支店勉强维持到抗日战争胜利。抗日战争胜利后，宓大昌烟号迁回杭州。民国36年1月，改为杭州宓大昌股份有限公司。由于国产卷烟和外商卷烟充斥市场，其业务日益萎缩。店员虽陆续增至60余人，但月产烟丝仍在5～7.5吨之间。是年6月起，兼营卷烟，以资维持。

1950年5月，宓大昌停止卷烟批发业务，重新专营旱烟，销路面向农村，经营逐步好转，月产销烟丝恢复到8吨左右。1956年，实行公私合营，宓大昌烟店定名公私合营杭州宓大昌烟丝厂。合营后，人员减至49人，多余工人由杭州市土特产公司另行安排。是年至1958年，手工刨丝逐步改为机器切丝，月产销烟丝最高时达12.8吨。1962年，更名公私合营宓大昌旱烟店。1964年12月15日，改名庆丰旱烟店，后又改称庆丰烟丝厂。1980年1月1日，并入杭州絮棉厂，结束烟丝生产。

2. 蒋正盛烟号

清道光年间（1821—1850年），由蒋长林创建。总店设在嘉兴县南汇集镇，有门面14间，烟丝作坊在西市。抗日战争全面爆发前，总店有烟刨30只，职工50余人。另设分店5家，分别为江苏省吴江县黎里镇东市的蒋同盛、西市的蒋同盛，吴江县芦墟镇的蒋正盛，昆山县周庄的蒋万盛，浙江省嘉兴县王江泾镇的蒋正盛。

清末民初，蒋正盛烟号年产销烟丝约120吨。产品配料独特，加工精细，包装考究，以“芝兰”牌蒋奇为最佳，主销嘉兴、嘉善、苏南诸县和上海等地，曾获巴拿马太平洋万国博览会奖凭。民国时期在上海设有办事处。民国37年（1948年），因时局不稳，经营重点转移到吴江县黎里镇蒋同盛。嘉兴南汇蒋正盛的固定资产折股，与店内职工合伙经营，对内称“正盛协记”，由刘光汉任经理。1949年底，嘉兴南汇镇西市的店铺停止营业，仅保留中市4间门面。

1950年，恢复烟丝加工。1956年，实行公私合营。1980年，停止烟丝产销业务。

3. 牟万丰烟号

清道光年间，设于黄岩县城内大井头，创办人为牟玉如。后经营范围逐渐扩大，成为全省烟业名店之一，并在路桥、海门开设牟万丰分店。该店生产烟丝有七八种，民国初，每天营业额零售一两百元，批发五六百元。1956年，实行公私合营，并入黄岩城关酒烟商店，生产延续至1978年。

牟万丰烟店组织健全，分工明确。老板之下设经理1人，负责处理全店的日常事务；外间营业部，由先生（营业员）和学生（学徒）承担烟丝的批发和零售，里间加工场由老司头（师傅）和徒弟负责烟丝加工；会计、出纳由经理兼任；采购人员由经理临时指派；拣选烟叶工临时雇用，由里间负责人管理，实行计件付酬。为保证烟丝质量，坚持精心配料和制作，不偷工减料。烟叶选用存放1年以上的陈叶，不掺用新叶。其烟丝原料多数为从新昌直接购入的上等晒烟，其中香元奇烟丝配料采用西藏产檀香末粉（购自上海），其他品种的烟丝则掺入兰花香粉（采自广州）；"松阳烟"则经多道工序刨切成丝，细如牛毛，故称"牛毛烟"。牟万丰坚持"商品优质，薄利多销"宗旨，量足质优，商品出店后不合格的可调换。对来店拆兑赊销的客商，免费招待一宿三餐。徒工学艺期3年，不予解雇，期满后一般均能晋升留用。牟万丰在同业中影响较大，台州地区各县烟杂商贩，均向牟万丰烟店进货。

4. 方泰兴烟店

清同治初，方华煜创建。店址在今义乌市塘李乡李祖村。方的子孙大多经营烟丝业务，并各自创业，在总店附近陆续开设许多分店。这些分店在方泰兴字号的后面加上"某记"字样，如荣记在县城，乾记在县城县前街，四记在上溪镇，贞记在县城西门，麟记在塘李乡李祖村，福记在浦江县城，城记在浦江戚村桥。分号出现后，老店也加上隆记字样，改为方泰兴隆记。各分号独立经营，自负盈亏。货源上有困难，老店可以帮助调剂。20世纪20—30年代，老店有职工80余人，其中门市部30人、作坊50人。工人多为该店学徒出身，出师后留店工作，收入较固定，也较外面其他工种高。

各分号中，以方炳荣经营的荣记规模最大。民国26年（1937年）创立，地址在稠城镇朱店街中段。其烟丝质量较好，价格公道，故除销当地外，东阳、金华、浦江等县也来批购，兴盛时日产销烟丝500余千克。民国30年5月15日，遭日军飞机轰炸，店产全被烧毁。灾后重建时，作坊改设于城北郊（今柳青乡何麻车村）。次年5月，日军侵占义乌，举店迁回李祖村继续营业。当时许多烟店倒闭，方泰兴隆记和荣记照常经营。抗日战争胜利后，荣记复回县城，在西门振丰弄开设门市部。民国38年初，因货币贬值，营业清淡而倒闭。方泰兴烟店，除门市零售外，主要经营批发业务，由乡镇南杂货店或摊贩批去零售，批零差价一般为11％～15％。

5. 湖州烟店

原名天和成记烟烛号，民国27年（1938年）2月创设，地址在湖州市内耿家汇39号。初由章成金、姜云龙合资经营，资金1.2万元，两人二八分成，称"二八"老板，从业人员23人，主产"金龙"牌烟丝。兼营蜡烛、肥皂、煤油、火柴、卷烟等杂货。民国34年，开设烟丝、蜡烛工场，前店后坊，主营烟烛，兼营杂货。

1956年，通过社会主义改造，成为公私合营天和烟烛店。1961年，改为湖州市天和烟烛杂货栈。1967年，改称移风烟店，并停止蜡烛经营，专事烟丝生产和销售。1971年，自有流动资金7.45万元。1974年，易名湖州烟店。1988年6月停业。

1973—1988年，该店共生产烟丝1001.1吨，缴纳税金142.02万元，创净利45.76万元。该店主产老烟“金鹤”、黄烟“市鹤”两种烟丝，具有独特的传统风味，在湖属地区享有盛誉。

6. 温州市烟厂

1956年，在社会主义改造浪潮中，温州市区（今鹿城区）的万同兴、德泰、陈大兴、滕泰生、仁昌、滕长泰、大德、广泰、老德发、虞大昌、滕胜泰、周泰兴、滕隆泰、仁丰等14户私营烟丝店联合组成温州市烟厂，时称温州市烟丝生产合作社。建社初，从业人员42名（其中工人26人），隶属温州市手工业联社。1958年，为便于烟叶原料的分配调供，划归市土产日用公司管理。同年，改为全民所有制单位，更名为温州市国营烟丝厂。1961年，复改为集体所有制企业，同时改称温州市烟丝合作加工场，归口市土产公司。1968年，因生产发展，人员增加，易名温州市烟丝合作工厂，隶属关系不变。1974年，改称为温州市烟厂，体制不变，隶属关系转归温州市供销社。1982年后，企业基本停止烟制品生产，转向印刷业及商业。1986年，企业严重亏损，全面停产，除拥有占地面积1200平方米的厂房及少量流动资金外，已名存实亡。

该厂主要烟丝产品有红烟丝、黄烟丝、烟斗丝3类，特制“双桃面”“双桃面”“双桃”“向阳”皮丝、“勤俭”皮丝、“瓯江”烟斗丝、“工农兵”烟斗丝、“立新”烟斗丝、烤烟丝等9个品种（牌号）。1970—1983年，因市场烟丝需求量逐年减少，分别生产部分雪茄烟和卷烟。1975年，停止“双桃面”“双桃”“向阳”皮丝、“立新”烟斗丝等烟丝生产。1982年，除继续生产特制“双桃面”烟丝外，其余品种停产。1986年，特制“双桃面”烟丝停产。建厂30年中，累计生产烟丝1706吨，其中红烟丝类1425吨，黄烟丝类155吨，烟斗丝类126吨。

7. 地方国营松阳烟丝厂

1958年4月创建，地址在西屏镇下马街吴家祠堂，占地面积200平方米，隶属县工交手工业局。原西屏、古市刨烟工场、小组的从业人员50%以上被吸收进厂。同时，吸收烟丝合作商店中部分人员，职工20余人。初始，设备简陋，概沿旧式手工操作。1958年10月，松阳、遂昌两县合并，改名为地方国营遂昌县商业局烟丝厂，迁址西屏镇荷田岭下路1号。旋又易名遂昌县烟丝厂。后因失“松阳烟”之名，波及销路，复改松阳烟丝厂。1965年，改隶县糖业烟酒公司，集产销于一体。20世纪60年代，一度易名为松阳烟丝店。不久，恢复松阳烟丝厂名称。1982年，松阳复县后，烟厂仍沿旧称，隶县工业局。松阳烟丝厂厂区占地面积2995平方米，其中厂房857.44平方米、仓库268.25平方米、办公用房150.49平方米。设备有切丝机4台、磨刀机2台、榨捆机3台、液压机1台。

建厂后，致力于维护传统声誉，产品畅销福建、江苏、河北、上海及省内市场。初时产品有顶松、提松、正松、红松、全松，其中顶松为上乘，全松为下等。1960年起，增加名优产品特松、超松。20世纪70年代，又推出烤烟丝、烟斗丝。后又有“哈哈”“红烟”“金狮”等名牌面市。其烟斗丝定销上海，为老年嗜者所厚爱。20世纪60年代中期前，年产量60吨以下；至70年代末，增至130～150吨；80年代达到180～240吨。主要销往福建、江苏、上海等地。

1990年，年产值104.34万元，利润10万元，上缴国税46.93万元，人均创税利1.47万元，列全县国营工业企业之首。1991年，松阳烟丝厂实行承包制，所产烟丝列入国家烟草专卖管理，生产的“独山”“哈哈”“金狮”牌烟丝，品质优良，年产量246吨。销区为江苏、福建等省份的少数地区。1992年，生产烟丝200吨，所产烟丝曾获浙江省首届食品博览会银奖，销售收入186.6万元，赢利21.9万元。

1993年，由于原辅料提价等因素，年销售收入153.5万元，利润降至5万元。1994年，情况更趋严峻，销售收入111.1万元，企业亏损21.2万元。1995年，销售收入113.7万元，亏损12.8万元。1996年，烟丝产品提价，销售收入121.3万元，赢利仅1万元。1997—1999年，产量持续下降，企业连续亏损，分别亏损44.3万元、46.7万元、17.2万元。1999年，年产烟丝不足1吨。1999年12月28日，松阳县经济委员会向松阳县政府提交《松阳烟丝厂改制方案的报告》，陈述松阳烟丝厂40余年历史，所产“独山”牌烟丝在国内市场曾具有的知名度，但受税负、原料、价格、市场等因素影响，企业资不抵债，难以生存，提出予以关闭。2000年2月18日，松阳县经济体制改革委员会批复同意关闭。浙江省的烟丝制造业由此消失。

二、制作(加工)

烟丝制作(加工)，主要指通过一定的工艺、工序处理，加香加料，将烟叶加工配制成烟丝的过程。

(一)原辅材料

1.原料

浙江省烟丝生产原料一直以省产晒烟为主，主要产自新昌、松阳、桐乡、嵊县、萧山、吴兴、平阳、武义、浦江等县，少量省外采购。民国初期及之前，省外购入晒烟主要产自广东南雄、江西广丰及福建的一些地方。具传统经营特色和非烟叶主产区的烟店，其原料采购地区相对广些，且一经选定，很少变动。杭州宓大昌烟店所用的原料有省内新昌、嵊县、松阳、桐乡、萧山、兰溪及江西广丰和广东南雄的烟叶。嘉兴蒋正盛烟店用新昌、嵊县的上等烟叶及桐乡晒红烟、萧山四都烟叶。桐乡所产烟丝有黄烟和黑烟，20世纪50年代前，黄烟主要以桐乡皮子烟、新昌晒黄烟及萧山四都烟叶为原料，黑烟则以当地晒红烟的顶烟、秋烟为主；50年代后，黄烟丝原料不用萧山烟叶，黑烟丝增加遂昌烟叶。衢县王嘉盛烟店，多用松阳及江西广丰烟叶。50年代，开化开阳、华埠两地烟丝店以江西广丰烟叶为主要原料。一般经营规模较小的烟店大多就近在相邻的烟叶产地购置原料。

据有关资料载：清同治十年至民国8年(1871—1919年)的49年中，省外购入烟叶原料经宁波海关，共计1.251万吨，年均255吨；其中光绪二十七年（1901年）和三十一年，年购入数高达800吨；清光绪二十六年至民国8年的20年中，经杭州海关购入烟叶共计6595吨，年均329.75吨，仅光绪三十一年就高达1000吨以上。民国8—19年的12年中，经温州海关购入烟叶1545吨，年均128.75吨。

中华人民共和国成立后，烟丝原料逐步纳入国家计划分配轨道。1950年，省土产公司始为烟丝加工业供应部分省产晒烟叶，但所占比重不大，其余部分仍由各烟丝店自行采购。据省商业厅调查，1953年度全省烟丝店（厂）共消耗烟叶1702.5吨，其中供销合作社自行加工烟丝供应市场部分所用烟叶为186吨。1954年9月，晒烟改由省专卖事业公司计划调拨供应。是年，省专卖事业公司分配各县烟丝原料（省产晒红烟）890吨。1955年为1400吨（其中含私商自购自供的325吨），分别配给嘉兴396吨、宁波176吨、金华492吨、温州152吨、建德91吨、直属县市93吨。1957年8月30日，烟丝原料晒烟改由各级供销合作社安排供应。20世纪50年代末60年代初，烟叶减产，为确保卷烟生产，分配供应土烟丝用烟数量大减。1960年，全省安排烟丝原料晒烟200吨。1961年，计划分配部分的烟丝原料改由省特产公司统一安排，并改按月分配为按季分配。同年，省产晒烟大幅度减产，从第四季度起，除桐乡等6个主产烟叶县外，其他地区不再计划分配土烟丝生产用烟叶，大多恢复自行采购或当地商业部门组织供应。

1965—1969年，省内烟丝原料主要由中国烟草工业公司驻浙江省烟叶收购供应办事处计划调供，实行“地产地销，余缺调剂”的分配原则。1970年，烟丝原料调拨计划又划归省土特产公司统一安排，直接供应到各县。1971年供应市场土烟丝用晒烟1458吨，1972年为1403.5吨，1974年为1184.25吨，1975年为1407.25吨，1976年为1038吨，1977年为1038.75吨，1978年下半年为438.5吨，1982年为625吨，1983年为302.5吨，1984年为320吨。1985年后，因烟丝店已很少，除松阳烟丝厂原料仍由县烟草公司分配外，其他零星烟丝生产单位的原料均为自行采购。

2. 辅料

为提高烟丝品质，增加香气，掩盖或除掉杂气，改善其燃烧性，防止霉变，各地制烟丝时大多要添加辅料。辅料由烟丝店自行采购。

清康熙年间（1662—1722年），浙江各地制作烟丝，普遍喷用火酒。制作时，以香料拌入的名为“香烟”，以兰花子拌入的称“兰花烟”。此后，烟丝制作渐趋精细，辅料的配用也更为讲究，特别是有名气的老店、大店，逐步固定配料产地和采购渠道，使其烟丝产品形成独特的色、香、味。上等“杭烟”在制作时掺用产自绍兴山间或福建龙溪等地的兰花子和产自云南、广西等地的檀香末等，以增其“芬芳之气”；黄岩牟万丰的香元奇烟丝添加西藏产的檀香木粉，其他品种则添加购自广州的兰花香粉，松阳烟丝则以松阳烟叶为原料添加菜油或茶油。

民国时期，嘉兴蒋正盛烟号出品的烟丝掺用檀香、玫瑰香精或芝兰香精、红枣、菜油、白糖、白兰地酒等。桐乡各烟店出品的烟丝一般不加香料，但因原料色泽不同，大多要着色，其中黄烟放姜黄粉、白末，并拌以弥陀金红，黑烟放矾红，两者均加菜油。制作陈奇烟丝时，加香料兰花子、檀香末。温州滕德泰烟店在生产白贡丝时，添加净茶油或豆油，出丝后白细如棉，吸味醇香；陈大兴烟店制丝时则添加茶油、土朱等，把烟叶染成大红色，刨出的烟丝色泽棕红鲜艳。

20世纪50年代后，桐乡、温州等地烟店（厂）所用油料改为由国家粮食管理部门计划分配。50年代后期，杭州宓大昌的檀香末改为主要从王星记扇厂购入（为该厂下脚料）。1958年，丽水地方国营碧湖烟丝厂生产的“特松”烟丝，拌以优质香精、麻油、蜂蜜等；其药用烟丝则配以香精、薄荷油、当归等，具有消炎、止渴、清凉之效。随着省内外香精生产的发展，各烟厂原来普遍使用的天然香料逐渐减少，取而代之的是食用香精、酒精等工业香精香料。部分辅料（如色粉）因对吸食者健康危害较大，50年代后基本停用。

（二）工艺

1.配方

烟丝配方各地各厂家各个时期有所不同。清道光年间（1821—1850年），嘉兴县南汇集镇蒋正盛烟号出品“芝兰”牌蒋奇的配方为：每撬烟叶35～40千克，用菜油1.5千克，白糖0.5千克，白兰地酒200克，檀香末250克，法国玫瑰香精或芝兰香精31.25克，去核去皮红枣0.5千克等。

抗日战争全面爆发前，杭州宓大昌烟叶配比一直较稳定，采用新昌大烟30%，萧山四都大烟25%，江西省广丰县大烟20%，广东省南雄县烟筋25%。产地精选的烟叶进厂后，拣出色泽差的，转售其他小店。色泽较好的，根据烟叶不同色泽分一、二、三等，撕叶分档，一等做香元奇，其次做元奇、呈奇等品种。制作香元奇的香料配方为：烟丝50千克配用兰花子和檀香末各937.5克（1斤14两）。

民国38年（1949年）初，常山县林蕴记烟号生产的甲级烟丝，每捆耗用烟叶11千克，烟筋7千克，食用油2.5千克，产烟丝20千克。

20世纪50年代后，桐乡县乌镇制烟厂的黄烟和黑烟，配方按不同品级加辅料。黄烟每捆约35千克，放姜黄粉和白末6千克，拌以弥陀金红25克，喷菜油或糠油3.5～4千克；黑烟每捆放矾红250克，喷油6～6.5千克；陈奇每捆20千克，需油300～350克，加香料兰花子100克左右，檀香末40克左右；板烟丝用少量油，不着色，外加香兰素即可。一般老烟不加香料。

三门县食品厂下属烟丝车间的“顶松”烟丝配方为：烟叶为松阳五级19千克、新昌二级3千克、桐乡五级1.5千克，配食用植物油2.5千克、矾红1千克，可产烟丝22.5千克。“拣松”烟丝配方为：烟叶为松阳等外二级8.5千克、松阳等外一级2.5千克、松阳二级8.5千克、新昌四级4千克，辅料与顶松相同，可产烟丝22.5千克。“拣松特级”烟叶为松阳等外一级12.5千克、松阳五级2.5千克、新昌三级6千克、桐乡二级1.5千克，辅料与顶松相同，可产烟丝22.5千克。

1956年，兰溪县城关镇烟丝业加工烟丝实行统一配方。原料分别为：松阳一级烟叶1千克、松阳二级烟叶1千克、松阳三级烟叶1.5千克、浦江三级烟叶4千克、浦江五级烟叶2

千克、浦江秋一级烟叶2.5千克、筋片5.5千克。辅料有：油料3千克、黄粉2千克、桂黄25克。

20世纪50年代末至60年代初，受自然灾害影响，烟叶供应紧张，香料货源不足，品种不配套，各厂普遍降低配方标准。困难时期过后，各厂恢复传统特色，配方中烟叶等级和香料用量均有提高和增加。

20世纪60～80年代，湖州烟店3种烟丝配方分别为：老烟，采用桐乡、练市烟叶，其中上等烟叶（二级）10千克，中等烟叶（三、四级）5千克，等外一、二级10千克，烟茎15千克，拌用糠油7千克（50年代以前用菜油，下同），另加少许卓红色素，产烟丝40千克；采用上述配方产出的烟丝呈红褐色，味辛辣浓重。黄烟，采用新昌、平阳、桐乡烟叶，其中上等（二、三级）烟叶7.5千克、中等（四、五级）烟叶12.5千克、烟茎12.5千克，另加姜黄粉5千克，并掺入糠油3.5千克，产烟丝42.5千克；烟丝色金黄，形细长，味清淡醇厚。粗烟丝，采用新昌二级烟叶5千克，三、四级烟叶10千克，等外二级烟叶4千克，烟茎12.5千克，加糠油1千克，另加少量奶油香精，出产烟丝30千克；其形较老烟丝粗，味淡雅和顺，香气浓郁、沁人心脾，类似香烟，吸食者多以烟斗或烟纸卷吸。

2.制丝

制丝指将烟叶切成烟丝。明末清初，各地烟丝加工的工艺较简单。大多将上、中、下各档烟叶适当搭配，在烟叶上洒少许食用植物油，将烟叶卷紧压成长方形小块，放在凳板上，加木板一压，用脚踩紧，手握锋利柴刀或菜刀，切成细丝，添加适量辅料拌匀即可。此法在烟叶主产区松阳县被称作“把刀切”或“柴刀切”。至今，少数山区仍有烟民沿用此法制丝。清代中叶，省内出现仿木工刨刨丝，多数为单人推刨成丝，也有两人操作，一拉一推制丝，烟丝制作全凭手工借助简单工具进行。至20世纪60年代初，规模较大的烟丝店（厂）逐步实现烟叶压捆、切丝、炒丝、烘丝等工艺的半机械化和机械化。

3.包装

烟丝包装的材料和式样，根据销售区域和消费对象确定。地销烟丝，一般用纸包，包装纸上印有店名和牌号，包成小包出售。嘉兴县蒋正盛出品的“芝兰”牌蒋奇，用盒包装，分特等盒装（出口的用红木制成）、普通盒装（纸盒）；还有袋装，也分特等袋装和普通袋装。销往外地，要加外包装。如杭州宓大昌产品，运外地均以篾箱装载；丽水碧湖镇产的建烟，外运时加铅皮箱包装。

各地零售烟丝的规格大多分半两、1两、2两、3两、4两（每500克为16两）装等5种。批发烟丝分250克、500克装两种。销往外地的“杭烟”，每箱计重25千克。

（三）工具

清代以来，烟丝加工工具主要有烟刨、烟撬以及有关配件。20世纪60年代起，主要工序才逐步以半机械化、机械化设备代替。

1.烟刨

形似木工刨，多用檀木做成，外有铁箍，内装上下两刀片。有轻、重两种，重刨重约7～

8千克，用于刨制宽0.2～0.3毫米粗丝；轻刨重约3.5～4千克，用于刨制宽0.1毫米左右的白贡丝、皮丝等细烟丝。

2. 烟撬

浙南一带，俗称烟榨，用于将松散烟叶压成捆。形似豆腐作坊的豆干木榨架，用木质坚硬的檀木或榉木制成，最大的成套构件重500～750千克。杭嘉湖地区称烟撬，有大小两种。大撬由撬凳（又称撬床）、牌楼、龙骨、轮盘、夹柱、撬杠、压板（也称打捆板）、夹板、绳索（白麻制）、木榔头等部件构成。压板、夹板数量，根据店坊规模大小、刨烟工多少配置。小撬配件比较简单，主要有撬凳、撬棍、打捆板、木格、绳索等。各店坊拥有烟撬数多少不一，小店坊只有1撬；多的如杭州宓大昌烟店，20世纪30年代初即拥有8撬。此外，不分工场规模大小、撬大小，用烟撬时都须配置榔头、油缸、磨刀架、磨刀砖、竹制盛器、扫帚等工具。

3. 压捆机

有手摇、电动两种，由支架、上下压板、丝杆等部件组成。它使烟捆压制由人力改为机械，替代了笨重的木榨架和烟撬。1964年，桐乡县乌镇制烟厂通过技术革新，采用手摇压捆机代替撬凳；1971年，配上电动机，改成电动压捆机。1968年，温州市烟丝生产合作社，添置双杆压榨机1台。1984年，地方国营松阳烟丝厂有压捆机3台。

4. 上下式切丝机

20世纪50年代中期，省内烟丝厂社始用。1956年，杭州宓大昌烟号添置电动切丝机1台，使撬凳由8部减至4部，月产量提高到7.5～12.5吨。同年，海门公私合营副食品商店烟丝加工场，从宁波联工烟厂购入切丝机1台，使人均烟丝日产量从25千克提高到250千克。1962—1984年，新昌县综合加工厂、桐乡县乌镇制烟厂、温州市烟丝生产合作社、地方国营松阳烟丝厂等4个单位，先后添置切丝机10台，淘汰烟刨，实现机械自动切丝。

各地使用的切丝机均为直切式，亦称上下式。有10英寸和6英寸小刀门两种型号。其主要组成部分为机身、部件、刀门、刀架。机身为铁木结构，架长100厘米、宽60厘米、高80厘米。机电、机械部件包括电动机、皮带轮、飞轮、摩擦轮以及曲轴连杆装置等。

5. 滚筒炒丝机

滚筒炒丝机，俗称火炮筒，由滚筒和火灶两部分构成。滚筒为圆锥体，当中是轴梗，外包铁皮网孔罩。桐乡县乌镇制烟厂自制的炒丝机，筒体直径50厘米、长220厘米（滚筒体积大小，根据单位需要自定）。滚筒轴横架于砌在火灶两端的固定支架上，筒体倾斜10°左右，烟丝从高的一端加入，低的一端滚出。炒丝时，火灶外侧生火，启动电动机，通过皮带带动筒轴。待筒体发热后，从前端加丝，烟丝在发热筒体内的一端翻滚至另一端后水分得以蒸发。1968年，温州市烟丝生产合作社，建滚筒式炒烟炉1座。1984年，地方国营松阳烟丝厂增添炒丝机1台，提高了炒烟丝的质量和工效。

6. 烘房

20世纪50年代前，各店坊烘烟丝普遍采用烘箱，小店一般置烘箱1～2只，杭州宓大昌烟店在抗日战争全面爆发前即置有烘箱20只。50年代后，随着烟丝厂生产规模的扩大，多数厂家改用烘房烘烟。烘房体积大于烘箱，形似壁橱，用砖砌成，上、下、左、右、后5

面密封，侧壁有小监视孔，底部是环通的“地火龙”。房内用木制烘烟架隔成若干层，上下间距一致，其大小根据各厂生产需要自定。一次烘丝量视烘房大小而定，大的500余千克，小的100～200千克。

(四)品种品牌

浙江省出品的烟丝品种尚无统一的分类方法。按吸用烟具不同，分旱烟、水烟、斗烟丝三类；按颜色不同，有黑烟、黄烟、红烟三类；按品名分，则有130余种，有的一个品种又分上、中、下三等。

据《烟草谱》卷一记载：清嘉庆之前，江浙一带就产“奇品”烟丝(又名“香奇”)，嘉庆年间，又有“幻奇”“白奇”“绺子”等。[①] 清嘉庆、道光年间，濮院有王姓者制造杜烟，名为“庙顶”“庙秋”，因产品出在庙桥街而得名。“杭烟”种类有：“陈奇”“元奇”“贡奇”“白奇”等。“陈奇”原为陈四丰烟店产品，嗣后风行浙江，各家争相仿制，后来易名为“呈奇”。此外，省内烟丝还有“蒋奇”“盖露”“紫玉秋”，等等。

民国时期，常见省产烟丝品种：杭州市上等有“元奇”“白奇”“紫建”“呈奇”“镶白奇”“金桂”；中等有“头奇”“杭奇”“奇品”；下等有“老秋”“金丝”“黄秋”“呈末”“二秋”“金秋”“元末”“白末”“条末”等。其他地区的品种有：“香桂”“胜桂”“兰桂”“红金桂”“金丝”“黄金丝”“红丝”“浆丝”“净丝”“黄丝”“百丝”“三叶香丝”“黄松”“金松”“松鹤”“金鹤”“白鹤”“红鹤”“金香鹤”“门市鹤”“老金鹤”“特金鹤”“顶金鹤”“特市鹤”“芸香”“丁香”“金香”“兰香”“瑞香”“金玉”“金兰”“香兰”“和平”“拣选”“双圈”“超奇”“建烟”“金枝”“南雄”“门市”“顶市”等。上述品种中，“杭烟”产量多，销售面广，闻名全国。蒋正盛烟号出品的“芝兰”牌蒋奇，具有叶优、重油、精加工、烟丝细、色泽嫩黄、芳香扑鼻的特点，而且包装讲究。民国18年(1929年)6月，开化县泰兴烟号产品获西湖博览会优等奖，诸暨县增记号兰香烟、自然香烟和新昌县德泰生旱烟获二等奖。丽水县碧湖镇刘秀云烟号出品建烟，吸时香味浓郁，还会发出“啪”的响声。温州市滕德泰烟号出品白贡丝，选用新昌烟精加工而成，细白如棉。金华市的“蕙香”、兰溪的“兰香”、义乌的“奇品”，细如发丝，色黄而香，风味独特，均为上品。

20世纪60年代后，省产烟丝产品主要有“呈奇”“元奇”“芝兰”“顶松”“提松”“正松”“红松”“全松”“特松”“超松”“哈哈”“金丝”“蕙香”“红烟”“红云”“云峰”“东方红”“金鸡”“金鹤”“双市”“香兰”“大众”“工农”“桐乡”“光荣”“三星”“友谊”“双桃面”“双桃”“向阳”“勤俭”“瓯江”“工农兵”“立新”等。

三、购销

(一)货源

浙江省各地经销的烟丝历来以当地出品旱烟为主，以省外烟丝为辅。省外货源以福建

---

① 〔清〕陈琮：《烟草谱》卷一，清嘉庆二十年(1815年)刊印。

皮丝、广东潮烟、甘肃水烟为大宗，最初购入量不多，到清代中后期，常年都有输入。

清康熙年间，全省各地多有福建所产烟丝销售，时称建烟，其上品人称“盖露”。清光绪四年（1878年）海关《贸易统计·宁波贸易报告》载：产于甘肃省的青条、黄条烟丝（水烟）和福建省皮丝在太平天国运动前就已从宁波海关进入浙江市场。太平天国运动期间，广东潮丝（时称黄烟）又销到宁波市场，并在省外烟丝货源中逐步取代甘肃水烟而占主导。清咸丰十一年（1861年），从上海、广州、汉口及香港等地经宁波海关入浙烟丝有43吨（860担）。至光绪二十五年（1899年），39年中经宁波海关购入的烟丝共10395吨，年均266.53吨、价值10万关平两左右。其中光绪二十五年高达387.85吨，价值15.89万关平两。清光绪三年，福建、广东等地的烟丝始从温州海关入浙，当年购入4.62吨、价值492关平两；至光绪十九年，17年中经温州海关购进的烟丝共计334.35吨，年均19.67吨；光绪十三年最多，达32.03吨。

清光绪初年起，也有福建烟丝从陆路进浙。光绪后期起，省外烟丝开始从杭州关进入浙江省。

表48-2-1-1

清光绪二十六年至民国19年（1900—1930年）杭州、宁波海关输入烟丝情况一览表

年份	杭州海关		宁波海关		温州海关	
	数量（吨）	价值（关平两）	数量（吨）	价值（关平两）	数量（吨）	价值（关平两）
光绪二十六年（1900年）	780.35	—	—	—	—	—
光绪二十七年（1901年）	778.75	264770	409.10	—	16.55	9259
光绪二十八年（1902年）	755.80	256965	265.80	151517	13.30	7438
光绪二十九年（1903年）	742.30	371158	302.60	148277	16.90	8777
光绪三十年（1904年）	799.05	367564	349.00	144761	21.40	20178
光绪三十一年（1905年）	841.90	—	320.65	—	25.70	—
光绪三十二年（1906年）	790.25	—	312.80	—	31.90	—
光绪三十三年（1907年）	867.40	—	352.20	—	26.50	—
光绪三十四年（1908年）	884.60	—	336.60	—	24.30	—
宣统元年（1909年）	731.15	—	253.65	—	28.05	—
宣统二年（1910年）	914.05	—	301.80	—	26.05	—
宣统三年（1911年）	859.15	—	240.85	—	25.25	—
民国元年（1912年）	751.55	—	294.50	—	22.15	—
民国2年（1913年）	805.75	—	279.65	—	36.30	—

续表

年　份	杭州海关		宁波海关		温州海关	
	数量(吨)	价值(关平两)	数量(吨)	价值(关平两)	数量(吨)	价值(关平两)
民国3年(1914年)	456.80	—	334.25	—	31.60	—
民国4年(1915年)	405.70	—	267.55	—	30.35	—
民国5年(1916年)	313.90	—	281.20	—	24.20	—
民国6年(1917年)	310.90	92970	218.75	175000	20.45	10223
民国7年(1918年)	310.20	154905	128.35	89844	17.40	8688
民国8年(1919年)	314.90	188940	125.85	88095	30.75	17687
民国9年(1920年)	319.80	223860	172.75	69100	26.90	14384
民国10年(1921年)	375.90	253112	181.40	126980	30.70	20580
民国11年(1922年)	403.80	270545	166.50	118276	36.75	24636
民国12年(1923年)	482.80	323476	187.40	154612	41.80	28001
民国13年(1924年)	436.80	292656	218.35	163763	36.10	24175
民国14年(1925年)	438.05	284732	237.50	209617	31.40	20405
民国15年(1926年)	—	—	—	—	18.40	—
民国16年(1927年)	325.65	215355	227.05	181096	12.65	8855
民国17年(1928年)	372.75	260925	161.10	147003	14.65	10255
民国18年(1929年)	375.75	338175	145.70	109275	17.60	15840
民国19年(1930年)	344.50	217425	133.45	120105	66.00	18400

资料来源：根据《浙江省烟草志》浙江人民出版社1995年版第132—133页表格整理。

民国时期，全省各地烟丝货源仍以地产旱烟为多。民国17年(1928年)，杭州市18家水旱烟丝店中，经营“杭烟”的有13家，全年营业额70万元；经营福建建丝、皮丝(福建产的两种烟丝)和广东净丝(广东潮州产的一种制作比较纯净的烟丝)等烟丝产品的有5家，全年营业额8万元。民国20年，宁波有从北非输入的烟丝。民国23年，杭州市场出售的烟丝除当地宓大昌、陈四丰、荣大、阜源等烟丝店坊出品的“杭烟”外，还有来自福建及温州各皮丝厂出品的皮丝、广东潮州各烟丝厂出品的净丝、甘肃兰州出品的青条水烟等。省外货源中以福建皮丝为最多，其在杭州设有林鼎隆、林永隆、恒茂福、成裕广庄等烟庄(号)，它们除销售自产皮丝外，还兼营潮烟和水烟。民国32年，宁波老宏裕、华万昌等烟号除经销自产玉叶香丝、元奇、白奇等烟丝外，也兼销锦泰净丝和青条烟丝。丽水各县经销的烟丝主要是当地加工的旱烟、皮丝，最多的是松阳产烟丝；此外，还有杭州宓大昌的元奇、香奇烟丝，金华产的黄金烟丝、中级烟丝、金香烟丝、平和烟丝，上海产的红喜烟丝、手球烟丝、双喜板丝等。民国时期，温州销售最多的是当地晒烟刨制的黄烟丝（即旱烟），仅温州城区最高月销量就有10余吨；其次为当地产的红烟丝（以松阳晒红烟配制）和白贡丝（以新昌烟叶制成）；再次方为福建皮丝和少量闽籍商人在温州平阳等地制作的皮丝，以及甘肃水烟、广东潮烟等。长兴、安吉等县除出售当地旱烟外，还从嘉兴、桐乡、湖州及安徽宁国、广德等地组织旱烟货源。舟山的烟丝货源主要有旱烟丝和甘肃兰州青条水烟两种：民国初，旱烟大多为定海县烟丝店坊自产，20世纪30年代当地烟丝店倒闭后，主要从上海、宁波两埠贩运；水烟则由上海购入为主，30年代后因卷烟兴起，影响水烟销量，故购入量大幅减少。民国时期，绍兴各县烟丝货源主要为杭州、桐乡及当地的旱烟丝，广东潮州、潮安和杭州及当地的潮烟丝，甘肃兰州和温州的水烟丝。嘉兴、金华、衢州等地的烟丝货源，均以当地自产自销的旱烟为大宗，也有少量福建皮丝、广东潮州烟丝和兰州水烟丝。

20世纪50年代中期，社会主义改造完成后，各地公私合营烟丝厂（社）的产品为当地的主要货源。温州地区货源主要有温州烟厂（生产合作社）出品的各种烟丝。丽水地区各县除销当地烟丝外，主要购入松阳烟丝厂和金华大丰烟厂的烟丝。宁波、舟山两地除当地自产烟丝外，主要购入杭州、新昌、嵊县等地的烟丝。杭州的大众烟丝、桐乡的工农烟丝、湖州天和烟店的产品为杭嘉湖地区的主要货源。1973年，据省特产公司调查，全省34家烟丝加工厂（场）1—8月经营烟丝932.5吨，其中省内销售575.6吨。

20世纪60年代，福建皮丝和广东潮烟为宁波等地主要的省外货源。60年代和70年代，上海板烟丝和甘肃水烟丝是浙江省部分地区的主要货源。广西烟丝也在一些地区销售。上海板烟丝主要由省商业系统组织，牌号有“红双喜”“丰收”“光明”“红叶”“大众”“登高”“向阳”等，大多分配到杭州、宁波、嘉兴、温州、金华等地区，也有少量分配到绍兴、舟山等地区。购进数量：1961年第一季度为37.5吨，1972年为8.68吨，1973年达10吨。甘肃水烟丝由省商业系统或供销社系统组织，品种主要有“甘字”“肃字”“合字”“作字”等，主要分配温州（约占50%）、舟山、台州和嘉兴4个地区，其中平阳县购入最多（1966年达145吨）。国营商业系统进货数量：1970年为45吨，1972年为75吨，1974年仅30吨，1975年为50吨。舟山等地直到1984年国营商业系统才不再组织供应兰州水烟。

（二）销售

明末清初，浙江省各地所产烟丝大多行销于各烟丝店坊的所在地或邻近地区。到清代中后期，少数省产烟丝开始销到县外、区外、省外。清末，杭州宓大昌烟庄已在上海设立总发行所，“宓大昌”之名遍传江、浙、皖、豫、鲁诸省，大江南北嗜烟（丝）者皆求之。嘉兴县的王源利烟店所产烟丝除行销县内城乡各地外，还销往江苏吴江、吴县、昆山、青浦等县；嘉兴蒋正盛烟号的“芝兰”牌蒋奇烟丝除销售嘉兴、嘉善县各乡镇外，还销往江苏省吴江县的黎里、盛泽、同里、芦墟、莘塔、八坼，昆山县的陈墓、周庄，吴县的角直，青浦县的练塘、朱家角、金泽及松江县的部分乡镇。清同治五年（1866年）起，就有烟丝先后经宁波、杭州、温州海关转口销往广州、上海、厦门等地，直到民国19年（1930年）。

民国初期，随着省内烟丝业的发展，各地销往省外的具有一定特色的旱烟品种和数量不断增加，销区不断拓展。“杭烟”中的呈奇、元奇、白奇等烟丝批发销售到江浙各地及上海。建德县梅城王大成烟栈出品的“盖露”“芝兰”两种黄烟丝，质优价廉，畅销金、衢、严三府及皖南各县。龙泉县一本烟号的烟丝除满足该县销售外，行销庆元县及福建松溪、政和等县。嘉兴阜丰、阜源两烟号出品的烟丝除在县内城乡销售外，还销到嘉善、海宁等邻县和江苏、福建的部分地区。绍兴专门经营黄烟丝批发业务的正茂福烟行，其业务达余姚、新昌、嵊县、上虞和萧山瓜沥、义盛、义蓬等地。

20世纪50年代初，杭州产旱烟行销于杭城及邻邑绍兴、萧山等约占六成，运销外埠(含区外、省外)约占四成。嘉兴、嘉善、海宁等地烟丝则形成当地、苏南各县、上海相邻各县及湖州部分地区的销售区域。桐乡的万盛森、吴福昌、董泰记等烟号出品的“门市鹤”“特市鹤”“市鹤”等黄烟丝除销当地外，以销长兴、安吉、梅溪为主；张同泰、李顺昌烟号的“特金鹤”“顶金鹤”黑烟丝主要销往湖州城区及太湖边的轧村、织里、戴山、后林、南高桥等地，黑烟中最次一等的则以崇明为主销区。海宁硖石的久丰正记烟丝以县内和海盐为主销地。台州牟万丰烟号的烟丝在台属6县广泛销售。松阳烟丝以县内及庆元、龙泉、云和、缙云等县为主要销区；处州所属其余县的烟丝除龙泉有部分曾销往相邻福建几县外，大多在当地销售。温州的烟丝除在当地行销外，以温、台和闽东沿海的渔区销售为大宗；此外，寄居温州的福建“汀州帮”(长汀、龙岩人)，采用瑞安烟叶加工的广东皮丝主销闽、粤两省。开化、常山、江山的烟丝主要销往邻近的江西德兴、婺源及安徽徽州等地。

社会主义改造完成后，各地公私合营烟丝加工厂社的综合经营能力普遍提高，烟丝产销数量增加。随着人民生活水平的提高，消费习惯的改变，烟丝消费人口和总量均趋减少，省内烟丝局部供大于求，各地烟丝厂社积极拓展销区。1957年，杭州宓大昌烟丝厂派员在省外推销，在西安、南京、南昌、衡阳、九江、蚌埠、上海等地打开产品销路；1958年，丽水地方国营碧湖烟丝厂生产的“特松”牌烟丝，远销安徽合肥、江苏无锡、河南郑州等地，“黄松”牌烟丝则主销福建厦门和漳州一带。1958年11月后，缙云县公私合营土产合营处加工的烟丝销到福建、江西省的部分地区；新昌县综合加工厂烟丝加工场的甲级、乙级、中条烟丝，除在当地及台州、奉化等行销外，还供应到江苏泰州、东台和上海、辽宁、河南。

20世纪60年代初，因烟叶极度短缺，全省各地烟丝大多减产，主要在当地行销，极少销往他处。1959年第四季度至1963年初，杭州宓大昌烟丝因产量不足，省外销售业务基本停止，销区只有杭城及市属萧山、临安、桐庐、富阳、余杭5县。1961—1962年间，松阳烟丝厂产品只有少量运销龙游等县。60年代中后期起，省商业供销部门为保证卷烟厂烟叶供应，相对控制烟丝原料的计划分配，要求各地烟丝产品以供应当地为主，原则上不得销到省外。但由于省内消费量日趋减少，具有传统特色的烟丝仍不断行销省外。1973年，全省11个县市的烟丝加工厂共有357吨烟丝销省外。1966年，温州市烟丝合作加工场的“双桃面”红烟丝和烟斗丝向省外推销，销区主要有甘肃武威、辽宁鞍山、吉林绥化、福建晋江等地；1970年，销区拓至陕西安康、福建连江等地。60年代末，湖州烟丝除供应当地城乡外，主要销往长兴、安吉和江苏江阴、宜兴、太湖洞庭山及上海崇明等地；1977年，曾先后两批近3吨烟丝运销广东。70年代后，金华烟丝60%销往省外；1981年起，以销河北省为主。60年代后期至80年代末，松阳烟丝主销省外，销区遍及福建厦门、泉州、晋江、石狮、安海、金井、永安，江苏无锡、江阴、沙洲、常熟，河北邢台、任县、献县及上海市郊各县；省内销区则有临海、仙居、黄岩、金华、龙游、湖州、温州、缙云等地。

（三）经营方式

1. **流动刨烟**

经营烟丝之初，农村刨烟工匠大多肩挑工具沿村流动，上门为农户刨制烟丝。嵊县等地刨烟工两人合一刨，称“一班”，多数为父子、兄弟、师徒、师兄弟等组成。一副烟担，可日产烟丝20～25千克，每人每天可得大米15～17.75千克。一年大体可加工50～60天，每人年收入大米1000千克左右，超过每人一年的务农收入。该县刨烟工以东乡的青山头和西乡的东山、东王为多，男人一般16岁左右即继承家传或拜师学艺，世代相传。这种形式在浙东南地区延续至20世纪50年代。1956年农业合作化实现后，刨烟工组织起来走集体化道路，以区为单位建立集体刨烟工场。

2. **坐地加工**

清代中期，农户利用田边、地角、宅旁种植少量烟叶，不够单独成捆刨制，由当地刨烟工或农户牵头做东，分户登记，集中加工。成丝后将烟丝分还各农户，再收取辅料费和加工费。这种经营方式群众称其为“坐地加工”，一直延续到20世纪50年代。

3. **前店后坊**

这是浙江省烟丝业的传统经营方式，延续时间最长。清代中期，已普遍出现，并延续到中华人民共和国成立后，有的发展成加工烟丝的专业厂。此方式产销结合，边生产、边销售；因店商小本经营，故多数为批零兼营、零售为主，较大的烟丝店坊随着生产发展，采取批零兼营方式扩大销售。还出现专业与兼营结合的方式，起始时一般兼营“五洋”杂货，后逐步发展为专业从事烟丝产销的店坊。还有主店与分店结合的方式，少数名店产品优、实力厚，除搞好主店经营以外，还跨县甚至跨省开设分店。

（四）价格

清同治、光绪年间（1862—1908年），杭州、宁波、温州海关购入的烟丝价格为每担（50千克）在20～30关平两之间；宣统年间，价格略有上升，每50千克30关平两左右。

民国初年，嘉兴“芝兰”牌蒋奇烟丝零售价为每包铜圆8枚，特等匣装零售每匣大洋1角；特等袋装零售每袋铜圆10枚。龙游县同新、源新、福隆、义丰等烟丝店出售的“香兰”（一等品）烟丝的零售价为40文/两，“金丝”（二等品）烟丝20文/两，“本色”（三等品）13文/两。常山县德昌奉、林大丰、天成等烟丝店零售烟丝价格：“降丝”40文/两，“胜桂”24文/两，“金丝”20文/两，“贡丝”21文/两。

民国18年（1929年），杭州行销的烟丝分上、中、下三等，上等“元奇”“白奇”“紫建”“呈奇”“镶白奇”“金桂”每斤（0.5千克，以下同）6角；中等“头奇”“杭奇”“奇品”“呈奇”每斤4

角;下等“卷秋”“金丝”“贡秋”“呈末”“二秋”“金秋”“元末”“白末”每斤2角。民国19年,杭州柳翠井巷的福建恒兴福烟店所售“三星”牌烟丝大包每箱(25千克)110元,罐头装每箱55元,小盒装每箱60元,自来香记每箱108元,恒兴福记每箱76元,恒兴丹桂每箱74元。民国23年,福建皮丝以林鼎隆的“地球”牌最贵,批发每包(10两计31.125克)1.42元,次为“鼎隆”牌,批发每包1.34元,零售1.60元,其他皮丝零售价在0.84～1.32元不等;温州产皮丝零售每包0.78元;“中和”牌广东净丝,批发价每包0.60元,零售价每包0.62元;广东潮烟丝零售价每包0.50元,其他牌号的潮烟零售价为0.44～0.48元不等;兰州“青条”烟丝零售价每包0.96元,“建条”散丝每包零售0.60元,“西条”散丝每包零售0.50元。同年7月,浙江省水旱烟丝每斤价格分别为:杭州“元奇”“呈奇”等旱烟1.12元,余杭土烟丝0.36～0.50元,孝丰黄烟1.40元,黄岩的黄丝、粗烟真奇0.30元,兰溪烟丝0.50元,武义烟丝0.35元,乐清白贡皮丝1.00元,泰顺白烟丝、红烟丝0.40元。

抗日战争全面爆发后,物价波动加剧,市场烟丝售价随之提高。据浙江省统计局民国32年(1943年)2月统计,抗战时浙江省临时省会云和县烟丝价:民国26年6月30日每0.5千克0.15元,民国31年11月30日升到28元。

抗日战争胜利后,省内烟丝售价不断上升。民国35年(1946年)7月,杭州市场“呈奇”烟丝月均零售价每两81.10元,9月上升至98元,10月又到158元,次年1月167.50元,5月涨至500元,一年内上涨了5倍多。民国37年8月中旬,各地烟丝50千克平均批发价分别为:杭州9200万元,吴兴3.6亿元,临海1.1亿元,绍兴9000万元,金华7000万元,衢州甲等8500万元、乙等7600万元。11月15日,各地以金圆券计价的每50千克烟丝平均批发价为:杭州宓大昌烟丝450元,嘉兴1200元,建德588.8元,吴兴400元,绍兴甲等烟丝280元、乙等烟丝200元,余姚250元,衢县甲等烟丝250元、乙等烟丝210元,临海385元,兰溪181.86元(11月13日价),永嘉上等烟丝170元。与月初相比,涨幅均在2倍以上,最高的超过4倍。

中华人民共和国成立初,全省各地烟丝价格仍呈上涨之势。1950年4月16日,杭州宓大昌“元奇”烟丝零售价每千克2.24元;11月25日,“元奇”烟丝零售价升至每千克2.48元,“呈奇”为2.40元。1952年4月25日,宓大昌“香元奇”零售价为每千克3.68元,“元奇”3.28元,“呈奇”3.20元,批发价为零售价的95%。是年霉季,烟丝价格才略有回落,零售“香元奇”每千克3.64元,“元奇”3.25元,“呈奇”3.17元,批发则打九折。1953年,据省专卖事业公司调查统计,全省平均烟丝价格为每千克批发2.80元,零售3.28元。1955年,全省平均烟丝价格为每千克批发2.50元,零售3.02元。1956年第一季度,各地烟丝价格又有回升。全省每千克烟丝平均批发价2.64元,零售价则达3.36元,分别比1955年平均价上升5.6%和11.26%。20世纪50年代末60年代初,因烟叶紧缺,烟丝货源匮乏,价格随之攀升,有的地区甚至一度出现有价无货。

1963年,省商业厅规定烟丝的调拨价按调出地批发价的97%计(俗称九七折)。20世纪60年代中期起,因国家实行稳定物价政策,烟丝价格一经主管部门核定后长期不变。下表为新昌县土特产公司1964—1980年每50千克晒烟烟丝收购、销售价格情况。

表 48-2-1-2　1964—1980 年新昌县土特产公司晒烟烟丝收购、销售价格一览表

单位：元/50 千克

等　级	收购价	销售价	等　级	收购价	销售价
特级	126	160	乙级	73	95
甲级	94	120	丙级	50	65

资料来源：根据《浙江省烟草志》浙江人民出版社 1995 年版第 138 页表格整理。

1968 年 1 月，浙江省供销合作社核定杭州卷烟厂的大众烟丝出厂价为 2.6 元/千克，零售价 3 元/千克，并实行城乡一道价。1969 年 4 月，吴兴县烟糖公司等管理部门核定湖州移风烟店甲级黄烟丝批发价为 3.6 元/千克，零售价 4 元/千克；1970 年后，该店出品的各种烟丝零售价：老烟每包(50 克，下同)0.23 元，黄烟每包 0.25 元，粗烟丝每包 0.27 元。20 世纪 70 年代，温州市场“工农”烟丝为 5 元/千克，土烟丝 3.2 元/千克。1984 年 10 月至 1990 年，松阳烟丝厂的烟丝价格为“超松”4.4 元/千克，“特松”4 元/千克，烤烟丝 3.54 元/千克。

第二节　雪茄烟

雪茄，属烟草制品之一，由烟心、内包皮及外包皮卷制而成。可分为全叶卷雪茄和半叶卷雪茄两种。前者全部由烟叶制成；后者内包皮为棕色雪茄烟纸，其余为烟叶。以古巴所产者最有名。

明正统七年(1442 年)，印第安人酋长班杜卡在哈瓦那向欧洲人迪特鲁·皮拉传播制作雪茄烟的技术。清康熙十五年(1676 年)，现代雪茄烟诞生于西班牙。清代晚期，雪茄烟传入中国，吸食的人渐多，才开始出现手工卷制的雪茄烟。

20 世纪初，浙江省开始生产雪茄烟，主要的消费群是非富即贵的上层人士，销量不大。历史上浙江种植晒烟，特别是嘉兴桐乡、丽水松阳的晒红烟是制作雪茄烟的极好原料，因此浙江的雪茄烟一经生产，尽管产量不大，却颇受市场欢迎。抗日战争期间，是浙江雪茄烟生产的第一个发展期，小厂(坊)最多时达 50 余家，年产雪茄烟 800 多箱。70 年代至 80 年代初，是第二个发展期。“桐乡”牌半叶卷雪茄烟在全国雪茄烟评吸鉴定会上，被评为唯一的一类品和内销产品质量第一名。其后生产的“熊猫”“西湖”牌雪茄亦属一级烟。浙江雪茄烟生产引进技术，改传统手工制作为机械制作。

在社会经济发展过程中，随着生活节奏的加快，雪茄烟的吸食方式不能适应消费需求，销量不断下降，产量逐年减少，至 20 世纪 90 年代中期，销量已不能维持正常的生产。1996 年，省内唯一生产雪茄的嘉兴卷烟厂被杭州卷烟厂兼并，浙江的雪茄烟生产随之终止。

一、生产厂家

民国3年(1914年),桐乡县梧桐镇人黄瀛仙借该镇西仓桥堍土地庙创办桐乡传习所,招收当地贫民习艺。聘请一嵇姓的上海师傅传授手工制作雪茄烟技术,生产"老头"牌雪茄烟。其时,学做雪茄烟的工人有二三十人,每人每天生产二三十支。至民国9年上半年,因英美烟公司产品倾销市场,销量锐减而停产。民国13年5月,桐乡县梧桐镇张万隆烟行老板张永长,在该镇县前街养育堂创办大华雪茄烟厂,有工人20余人,日产雪茄烟1000余支。后因税务负担太重,无盈利,开办不到4年就关闭了。

民国27年(1938年),浙江省农业改进所在松阳研制生产雪茄烟。经松阳中心农场小量试制初获成功,开始训练技工,批量制销。民国29年3月,省农业改进所正式创办雪茄烟厂,负责人为谢先进,地址在松阳东街,工人最多时达100余人。11月,浙东烟厂成立,经理为李白时,厂设松阳县南门,后迁东阁街15号,并在古市镇设分厂,平时有女工70余人,盛时有工人200多人。当时,松阳设有雪茄烟厂10余家,主要有古市(农商)联合社雪茄烟工场,设在古市镇潘家祠堂,工人40余人;松阳烟厂,地址在西屏镇北街44号,负责人为黄中,有工人50～80人;松阳县供销联合社雪茄烟加工场,工人60余人;黄圩雪茄烟厂,由古市经济实验区孔祥明、金培效牵头创办,黄圩村黄德贵具体负责,盛时有工人40人,多数是当地女工;胜利烟厂,地址在古市,经理为陈芳华,工人20余人。由此,雪茄烟制造业渐成松阳县的主要工业之一。产品除省内销售外,还运销四川、江苏、福建等地。民国29年11月至30年2月,为适应雪茄烟生产发展的需要,浙江省建设厅委托湘湖师范学校举办雪茄烟技工训练班,向社会推广生产技术。当时,浙江省生产雪茄烟的企业还有丽水碧湖镇的大中雪茄烟厂(后迁松阳)、温州的中国标准烟厂和兴华手工卷烟厂。民国30年3月,宁波七星烟厂也曾招收工人生产雪茄烟。松阳县沦陷时,该县的雪茄烟厂先后停办。省农业改进所雪茄烟厂于民国34年2月报歇。民国34年底,郭振松独资经营续办松阳烟厂,后改名为振松烟厂,有工人30～40人。1950年7月,因滞销亏损停办。

20世纪50年代中期,地方国营碧湖烟丝厂,在生产土烟丝的同时,曾小批量生产雪茄烟。1956年,海宁县硖石烟丝商店附属制烟生产工场,在生产烟丝的同时生产叶卷雪茄烟。次年5月,桐乡县梧桐、乌镇两个制烟合作社,在梧桐镇南门(油厂旧址)合资筹办雪茄烟厂,生产手工卷雪茄烟。1958年5月,桐乡县委派干部接管,正式成立地方国营桐乡雪茄烟厂。1961—1963年,由于卷烟供应紧张,该厂的雪茄烟纳入省管计划,由商业部门包销。1962年,衢州烟丝生产合作工厂也生产过少量雪茄烟。1963年8月,硖石烟丝商店附属烟丝生产工场,因非雪茄烟定点厂而停产。1966年4月,桐乡雪茄烟厂因产品质量下降和销售滑坡等原因,出现产品积压,月月亏损,经上级决定停办。

1970年,温州市烟丝合作工厂试产叶卷雪茄烟,用桐乡县晒红烟作包皮,松阳烟叶作内芯,按规定质量标准和消耗定额计件,实行厂外代加工的办法生产手卷雪茄烟。次年下半年,桐乡县国营乌镇烟厂鉴于烟丝产销发生变化,利用当地盛产晒红烟的资源优势,成立叶卷雪茄烟试制小组,研制开发雪茄烟,试制成功"桐乡"牌半叶卷雪茄烟。1972年,省革命委员会生产指挥组指定桐乡县恢复雪茄烟生产，并确定由国营乌镇烟厂进行试制。是年下半年，国营乌镇烟厂增设叶卷车间，正式投产。从1974年开始，逐步增加设备和改善工艺。1978年6月，该厂更名地方国营桐乡雪茄烟厂。1981年8月，省轻工业厅根据桐乡县发展雪茄烟的有利条件，与该厂达成联合经营协议，双方投资255万元，征地84亩，在桐乡县城南门外新建厂房。1982年底，新厂房竣工投产，生产规模得到扩大。原乌镇老厂改为分厂（后改为车间）。1983年5月，国务院批准桐乡雪茄烟厂为国家烟草生产定点厂，纳入国家计划统一管理。是年，温州市烟厂因未列入定点厂而停止生产。

1985年上半年，中国烟草总公司总经理江明到桐乡调查，指出桐乡雪茄烟厂应向混合型卷烟方向发展。据此，经浙江省烟草公司（以下简称省烟草公司）牵线搭桥，桐乡雪茄烟厂与郑州烟草研究所联营，经半年多的努力，研制出"南湖"牌中焦油淡味混合型卷烟，9月投放市场，深受消费者欢迎，并获得良好效益，半年时间就上缴税利200余万元。"南湖"牌混合卷烟盛销江、浙、沪，使桐乡雪茄烟厂走出停滞、被动的局面，企业呈现兴旺景象。

1986年，桐乡雪茄烟厂调整产品结构，由生产雪茄烟为主转为生产卷烟为主。1989年5月，经国家烟草专卖局批准，桐乡雪茄烟厂更名嘉兴卷烟厂。嘉兴卷烟厂是浙江省唯一生产雪茄烟的企业，主要生产"熊猫""西湖"牌雪茄烟。1992年，产雪茄烟35箱；1993年和1994年分别生产49箱；1995年，产量41箱。1996年，该厂被杭州卷烟厂兼并后停止生产。

二、原辅料

（一）原料

制作雪茄烟原料，分外包皮烟叶和内芯烟叶两部分。

1. 外包皮

外包皮，也叫外卷叶，是包裹烟支外部的原料，所以又叫包皮。需选择色泽均匀一致、脉纹细致平伏、没有破洞裂缝的烟叶。

民国时期，松阳的雪茄烟厂主要选用当地二皮、三皮和烤烟作雪茄烟的外包皮原料，嘉兴、衢州两地雪茄烟厂（社）各个时期生产的叶卷、半叶卷雪茄烟和温州20世纪70年代后生产的雪茄烟的外包皮烟叶，都选用桐乡县晒红烟顶烟。外包皮原料耗用量：全叶卷雪茄烟因规格多、产量少，耗用无测定；半叶卷雪茄烟外包皮原料，经实际使用，每1万支（即1箱）耗用量5.8～6.2千克。

2. 内芯烟叶

内芯烟叶是卷于烟支内部的原料。内芯烟叶的质量，直接制约制品的色、香、味。

丽水、温州、衢州等地制作雪茄烟，均采用松阳产的烟叶作内芯烟叶原料。桐乡、海宁等县制作雪茄烟的内芯烟叶原料，以利用当地的晒烟为主，并采用多地区、多品种烟叶进行合理配方。20世纪50年代后，浙江省制造雪茄烟的烟叶，省内主要来自桐乡、新昌、松阳、苍南、兰溪、嵊县等6个产烟县。"熊猫"牌一级半叶卷雪茄烟内芯原料的配方，有省内烟3

种、省外烟 4 种。即桐乡一级外销顶烟、新昌香料烟一级、兰溪白肋烟，及江西广丰紫老三级内、广昌三级内、四川金堂内和什邡糊毛一级。80 年代，桐乡雪茄烟厂生产的“菊花”牌二级半叶卷雪茄烟内芯原料配方为桐乡三级晒红烟、松阳二级晒红烟、平阳二级晒黄烟、江西广丰四级晒红烟、四川金堂三级晒烟及河南许昌末级烤烟。“钱江”牌三级半叶卷雪茄烟内芯原料配方为桐乡三级晒红烟，平阳三级、兰溪五级、江西广丰五级晒黄烟，四川金堂三级晒烟及河南许昌末级烤烟。90 年代，嘉兴卷烟厂制作半叶卷雪茄烟的原料，仍沿用上述地区的烟叶品种，按不同等级混合配方。

（二）辅料

1. 甜料

雪茄烟加入甜料，是为提高烟丝的保湿性能，使烟丝柔润不易干燥脱丝，减少烟气的刺激性和改进燃烧性，有助于烟丝质量的提高。抗日战争时期，松阳的雪茄烟制作一般配以甘草粉、甘草流膏和适量酒精。1956 年后，海宁县制作雪茄烟，以甘油、糖精为辅料。桐乡雪茄烟厂甜料用枣酊、蜜糖、甘油。在制丝过程中与酒精、米醋和微量苯甲酸钠防腐剂一并加入，称为里料。里料料液根据产品不同等级和气候条件具体运用，并按照配比数量严格掌握。

2. 香料

在雪茄烟制品中适当加香，目的是衬托原有的烟香和掩盖杂气。各厂生产时所加香料均不同。民国时期，松阳生产雪茄烟配用香料有安息香精、香草油、玫瑰油等。20 世纪 60 年代后，桐乡雪茄烟厂为使产品保持特色风味，经实验选定和配制多种专用香精，生产中根据产品的不同等级，严格按配比标准使用。

三、生产工艺

雪茄烟生产，民国时期一般都是小型厂（社）手工制作，生产工艺简单。至 20 世纪 70 年代以后，生产设备和工艺得到改进，逐步形成较现代化的生产流水线。

（一）松阳雪茄烟

抗日战争时期，松阳制造雪茄烟的生产工艺，有发酵、调制、加香、卷制、修整与干燥、熏香和贮藏、鉴定和包装等工序。

1. 发酵

自然发酵法：把烟叶堆集一处，任其自然发酵，但时间往往要 1 年以上。松阳烟的脚叶、二皮、三皮和烤烟等，适用此法。

叠积发酵法：开始时温度控制在 25℃～30℃之间，经 1 个月左右，可升到 50℃以上，但不超过 60℃，否则要损害烟叶。以后温度自然降低，到了和外界气温相近时，发酵即完成。此法发酵的烟叶因蒸发出烟油使叶片相互粘连，须将其分离后，再存放 1 个月以上方可使用。存放时间愈长，其香味愈浓郁。松阳烟的顶叶、腹叶、花庄和浓厚的烤烟等，适用此法。

上述两种方法，一般专备发酵房，由人工调节温度和湿度。有时烟叶太厚，燃烧性差，不宜用作包皮，在加湿时用5%的碳酸钾溶液喷射于叶面，增加燃烧性。

2. 调制

作包皮用的整张烟叶，发酵后再用粗抹布逐张轻轻揩去污杂质，并把主脉抽去晒干备用。已清洁的烟叶，尚含尼古丁太浓，不宜作包皮用，先放入清水里浸3～6小时，把部分尼古丁浸出，使烟味变纯。浸过的烟叶铺开晒干，使水分适度，叶片柔软不脆，再把每张叶的主脉抽去。完整的作外包皮用，稍有裂洞作内包皮用，破碎的作内包叶用，分别叠置，每堆用湿布遮盖，以防干脆。

3. 加香

分两次喷射各种香料。第一次混合甘草酒、甘松酒、安息香精和少量酒精，装入喷雾器中，均匀喷射，随喷随拌。第二次将酸醋、香草油、玫瑰油和适量酒精，用同样方法喷射。酒精多少，看烟叶干湿情况而定，要达到半润湿程度，便于卷制。

4. 卷制

内包叶加香料后，过一夜即卷制烟支。卷制方法：一种是层叠法，用以卷制上等烟支，烟芯密致，形式整齐；另一种是撒叠法，用以卷制普通烟支，烟芯粗松，形式参差，但容易燃吸。烟支大致分大、中、小三号，普通大号烟每支重量约8克，中号烟每支约5克，小号烟每支约3克。

5. 修整与干燥

卷制完毕的烟支需进行修整，使其式样齐整、长短一律，以增美观。烟支长度，小号烟9～9.5厘米，中号烟10厘米左右，大号烟11厘米左右。修剪后再每支加以整压，使近似长方条，然后依次叠在木制的整压器中，经24小时以上，待烟支形状相当固定后，打开铺在竹帘上，放在通气干燥处阴干，或置太阳下晒干，或放入特别的干燥器中烘干。通常大、中号烟用阴干的方法，小号烟直接放在太阳下晒干。

6. 熏香和贮藏

已干燥的烟支，要经过熏香和贮藏，以增进烟的风味。方法是备若干只瓮和小口缸，底部铺一层生石灰，以吸湿气，再用厚纸两三层隔开，并铺茶叶一层。有时还掺进珠兰、茉莉等香花，然后在茶叶上平铺烟支一两层，又铺茶叶香花一层，直至全瓮装满为止。然后盖好密封保存，不使漏气。瓮外部贴一张纸条，写明封口日期，便于查明熏贮时间长短。一般需经6个月以上的熏贮。

7. 鉴定和包装

熏贮过的烟支经鉴定剔出不合标准的烟支，再按一定的格式包装，贴印花后出售。大、中号烟包装方法，分纸装和匣装两种：纸装即取宽约2厘米、长约60厘米的牛皮纸条，放在木制的包装的内面，再把烟支一倒一顺排在木框内，每排10支，共叠5层，合计50支，再用牛皮纸条捆牢，然后从木框中取出，再用大张厚纸包好封口；匣装选长方形木匣，大小与烟支相配，每匣可装50支，分5层放置，木匣四周接缝用重磅道林纸条封贴，使其不走气，木匣一般染成棕褐色或古铜色，以求悦目，外部贴彩色商标、简单说明和印花等。小号包装法，用宽约1厘米、长约25厘米的牛皮纸条，把烟支每10支或20支扎成一捆，每10捆或5捆用厚纸包成长条形，外贴商标和烟税印花。

(二)温州雪茄烟

20世纪70年代，温州市烟丝合作工厂全是手工制作雪茄烟，工艺流程比较简单，主要是6道工序。一是制内芯，即利用生产烟丝的设备制好内芯原料。二是卷内芯，即将内芯原料放在卷制木盒内，然后滚动铁条推出放在盒内的内芯，卷成圆支形，再插入已粘好糨糊的卷烟纸，一起卷包成圆支。三是切包皮，即把包皮叶润湿后铺平，用小刀先切除粗直烟筋，再按所需卷叶大小，切成两头光、椭圆形的烟叶几块(每块烟叶卷包一支雪茄烟)，再把切好的包皮卷包内芯烟。四是压板定型，即外包皮包好后，用剪刀剪平两端，再把它放在特制的压夹工具里加压。五是包装，烟支经10余小时定型加压成长方条后，取出10支用衬纸包好装壳子。六是焙烘，即把包装好的烟支送入烘房，在80℃～100℃的温度下焙烘40余小时，使烟支水分降到12%左右，用手捏有“沙沙”响声，即出笼装箱、封箱。

(三)桐乡雪茄烟

桐乡县国营乌镇烟厂，雪茄烟生产时间较长，在实践中逐步形成一套比较先进的生产工艺。叶卷、半叶卷雪茄烟在卷制内芯前，外包皮烟叶和内芯烟叶分开进行处理。1980年，地方国营桐乡雪茄烟厂因生产设备改进，将打捆工序取消。20世纪80年代后期，制丝全部由机器处理，但前道工序外包烟叶发酵、叶片扯筋、分档和后道工序卷制、定型、压烟、包装，仍用手工作业。1987年，桐乡雪茄烟厂修订《叶卷雪茄烟各道工序质量要求及检验方法》和《雪茄烟质量考核试行办法》，对雪茄烟生产工艺，按照不同分级标准，制定较为完整的工艺规范。

1.外包皮烟叶处理

外包皮烟叶在发酵和使用前，必须经过严格挑选，符合要求才能用。包叶挑出后，根据片张厚薄分别堆放，以便分别控制发酵时间。外包皮发酵用碳酸钾，按照配方比例用量，碳酸钾必须用热开水溶解，杜绝用生水；根据不同季节，采用不同发酵方法，发酵时间根据不同品种和叶片厚薄确定；叶片发酵后，用清水漂净，并晾干积水；叶片经过发酵，应保持色泽好、拉力好、柔软、支脉舒伸，点燃后烟灰白而凝结。然后按照当天生产需要，确定应扯头皮除筋数量。特级、一级雪茄烟所用头皮不得过夜；二、三级烟扯头皮数量也严格控制，过夜头皮必须晾干，防止变质。发酵、扯筋后的头皮，按照不同品级分档，区分左、右手，堆放整齐。

2.内芯烟叶处理

雪茄烟内芯烟叶处理，即内芯烟丝制造过程，各道工序均在制丝车间进行。桐乡雪茄烟厂按内芯烟叶处理的工艺流程，对各道工序订有严格的操作规程。内芯烟叶历来采用直接发酵工艺。曾先后试用过成堆发酵、烟捆插枪冲蒸汽等方法，但因解决不好残存的青草气和杂气，效果不理想。为达到使原烟醇化和消除烟丝杂气的要求，经反复实践，1982年起改进工艺，即在切丝前实行“平铺润叶发酵”，先清扫冲刷干净场地，根据投料配方比例，将各品种不同叶片和已发酵切过的梗丝撒匀平铺，平铺厚度一般为0.3～0.4米。每铺一层，洒一遍60℃以上温水，同时加入里料。叶片加料后，多次翻拌抖匀，抖匀后盖上麻袋。润叶发酵时间为一昼夜。切丝后，高温快速蒸丝。然后，用热炮烘干烟丝，达到“捏后成团，松开有弹性”。烘干的烟丝，用输送带送入冷炮加香。加专用香精，严格按配比标准进行。

3. **卷制**

叶卷和半叶卷雪茄卷制，由熟练工手工操作。先将烟丝卷成内芯烟支，外包皮叶放在台板上铺平，敷油润湿，用划刀划刈裁料，依照左、右手操作习惯卷包内芯烟支，切齐头尾。工艺要求：各不同等级的雪茄烟都应符合规定规格，长度符合标准，烟支粗细一致，卷制烟支圆周，一级烟允差 0.5 毫米，二、三级烟允差 1 毫米。

4. **定型**

烟支定型前，台板和烟板保持清洁，烟支切口平齐，长短一致，口子统一。定型的具体要求为，烟支切口斜度不超过 1 毫米，口子不吐丝，一级烟小头直径 5.5 毫米，正负 0.5 毫米，二、三级雪茄烟小头直径 8.5 毫米，正负 1 毫米；包皮露口不超过 1 毫米，一级烟长度允差 0.5 毫米，二、三级烟长度允差 1 毫米。凡不符合上述要求的烟支，均剔除。

5. **烘烟**

采用“常温多烘”工艺。常温，即烘烟温度保持 40℃～50℃恒温；多烘，指烘烟时间不少于 6～7 昼夜。不同等级、不同品种的雪茄烟，其烘烟工艺采用不同方法。

全叶卷雪茄烟。全叶卷雪茄烟焙烘，连同装烟板一起进烘房，并采用“多次焙烘间隔回潮”的方法。第一次进烘房，先以 50℃常温烘 1 昼夜；取出回潮后，再进烘房，以 40℃恒温烘，续烘 1～2昼夜；重新取出回潮，最后进烘房以 40℃恒温烘 4 昼夜。测定烟支出箱水分达到 5%。

一级半叶卷雪茄烟。定型后连同装烟板一起进烘房，用 50℃恒温烘 1 昼夜，取出后脱下装烟板，将烟支装入铁夹，再进烘房，用 40℃恒温烘 7 昼夜，出箱烟支水分亦为 5%。

二、三级半叶卷雪茄烟。定型压方后，每 10 支烟先包成内包坯子，将坯子装入铁夹，进烘房以 40℃～50℃恒温连续烘 6 昼夜，出箱烟支水分应低于 5%。

6. **包装**

特级和一级烟，烟支套指环，包透明纸，装硬盒外壳，盒上再包透明纸。二、三级烟用 10 支内包，外套硬、软壳，条封用条贴；小包烟支水分符合要求；小包不缺支，式样端正；小包之间不黏包；条包不缺包，式样端正；条贴居中，粘贴牢固。

7. **入库**

入库是综合检验雪茄烟生产工艺的最后工序。需全面检验烟支卷制工艺的切口、长度、圆周、松紧度以及透明纸包装、指环粘贴等，是否符合规格标准和工艺要求，同时着重检查包装的外观质量，并检测燃烧性和含水率。特级和一级烟阴燃保火时间 3 分钟以上，燃烧均匀，灰银白色，不散失，压界轴向差异不超过 3 毫米；二、三级烟阴燃保火时间 2 分钟以上，燃烧均匀，灰色灰白，压界轴向差异不超过 4 毫米。成品烟支水分，根据季节不同灵活掌握在 5%～9%；其他包装物的含水率不超过 11%。

四、生产设备

20 世纪 50 年代前，叶卷、半叶卷雪茄烟卷制工具，用材质坚硬的银杏木、榉木做成烟板、夹板和定型压板。由于雪茄烟品种较多，圆周和长度不一，所用工具的规格、型号也不相同。加工时，全靠手工操作。

1957年，桐乡县筹办雪茄烟生产时，制丝的切、炒、烘也都是土法生产，烟叶先用剪刀剪碎，然后由制丝社用小撬代刨烟丝；炒丝用铁锅，蒸丝用蒸笼，半成品烟支焙烘用“地火龙”。温州市烟丝合作工厂生产雪茄烟的制丝设备，主要利用该厂生产烟丝的设备，如切丝机、压捆机、炒干机等。卷制雪茄烟，有卷制木匣、直径12毫米的铁条，以及裁叶用的小刀和压支定型用的压夹工具，都是手工操作。

1959年后，地方国营桐乡雪茄烟厂陆续增添小型设备，用机械代替手工操作。有6英寸、10英寸刀门切丝机共3台，小型卷烟机3台，还有小型包装机2台。同时，开展技术革新，制造了电动揭叶机，代替手工操作，减轻劳动强度。1962年开始，利用蒸汽炮筒炒丝和烘丝。

1972年，桐乡县国营乌镇烟厂开始生产叶卷雪茄烟时，利用原生产土烟丝的老设备，木制11英尺(3.35米)撬凳和丝杆撬凳打烟捆，切丝用10英寸(25.4厘米)上下式切丝机，炒丝用柴灶火炮。1973年，复建烘房烘烟。1977年，国务院批准该厂为设备可供单位，增购雪茄烟制丝设备并纳入正规渠道。1979年，从云南红河州烟厂调入综合式卷烟机2台(属B13型改装烟枪，专供叶卷生产，卷制纸卷内芯，替代叶卷坯子)。1980年，新增旋转式切丝机代替上下式切丝机，并取消打捆工序。1981年起，改用蒸汽烘丝代替煤灶焙箱，同时改用热炮炒丝、冷炮加香。1983年，该厂扩建，成丝设备安装配套，形成完整的流水线。1990年，嘉兴卷烟厂雪茄烟内芯原料处理工序，已由卷烟生产整套成丝设备代替，至1996年停产雪茄烟。

五、产品

浙江省生产雪茄烟品种较多，规格不一，但以卷制工艺区分，大体可分为半叶卷型、叶卷型两类。

(一)半叶卷型雪茄烟

用外包皮烟叶裹内芯卷制而成。为区别纸卷雪茄烟，有时也统称叶卷雪茄烟。

民国3年(1914年)，桐乡传习所出品的“老头”牌雪茄烟是浙产最早的半叶卷雪茄烟品种，它以该所负责人黄瀛仙的头像为商标图案。民国13年，桐乡县梧桐镇大华雪茄烟厂，仿上海汉昌大雪茄型号，生产“无敌”牌手工小雪茄烟。抗日战争时期，浙江省的雪茄烟产品有松阳省农业改进所雪茄烟厂生产的“壮士”牌，浙东烟厂生产的“明”“欢喜”“龙”牌，胜利雪茄烟厂生产的大50支装和小100支装“地球”牌，松阳烟厂生产的大小支“战士”牌，大中雪茄烟厂生产的100支装“大中”牌，温州中国标准烟厂生产的10支装“棕树”牌，兴华手工卷烟厂生产的10支装“松鹿”牌等。民国37年前后，有振松烟厂生产的“松阳”牌和“三峰”牌雪茄烟。

1956年，海宁县硖石镇烟丝商店附属烟丝生产工场开始生产“雄狮”和“友谊”两个牌号尖头平尾型半叶卷雪茄烟，烟支规格长93毫米，燃口圆周38毫米，吸口圆周30毫米，10支小包装，每条重275～300克。1957年11月，桐乡县乌镇和梧桐镇两个制烟社筹办的雪茄烟厂试制成功“曙光”和“敦煌”两个牌号的半叶卷型雪茄烟。“曙光”牌为浓味型二级烟，烟支圆周和长度分别为35毫米、110毫米;“敦煌”牌为中味型三级烟,烟支圆周和长度分别为32毫米、90毫米。烟支型号均为平头平尾,10支软包装。1958年5月正式投产后,该厂又开发了中味型的二级烟“前进”牌(平头平尾,烟支圆周和长度分别为35毫米、110毫米,有10支装软包、硬包两种)和三级烟“光辉”牌(平头平尾,烟支圆周和长度分别为32毫米、90毫米,10支软包装)的半叶卷雪茄烟。1962年,衢州烟丝生产合作工厂,曾生产过少量“红旗”牌手工卷制雪茄烟。

1970年,温州市烟丝合作工厂试产雪茄烟,至1983年转产止,生产过“光明”“劳动”“工农”“雁荡”等4个牌号浓味型半叶卷三级雪茄烟。产品规格,平头尖尾,支长90～95毫米,圆周38～40毫米,1小包10支,10小包1条,40条1箱。每小包重量30～35克,小包装分硬盒和软包两种。1972年,桐乡县国营乌镇烟厂去上海卷烟厂学习后,经多次试验,研制出“桐乡”牌淡味型二级半叶卷雪茄烟。1973年2月,“桐乡”牌半叶卷雪茄烟在四川什邡召开的全国雪茄烟第一次评吸鉴定会上,以总分93.8分,被评为唯一的一类品和内销产品质量第一名。此后,该厂先后生产“熊猫”(国画)、“熊猫”(内销)和“熊猫”(外销)3种中味型一级半叶卷雪茄烟。随着品种的不断更新,又相继生产中味型“西湖”牌(一级)、“菊花”牌(二级)和“钱江”牌(三级)3种半叶卷产品。该厂虽经两度改变体制和更改厂名(桐乡雪茄烟厂和嘉兴卷烟厂),但从未中断产品开发,生产的半叶卷型雪茄烟,品种齐全,共有6个牌号、11个品种。

表48-2-2-3　　20世纪七八十年代嘉兴卷烟厂半叶卷型雪茄烟品种情况一览表

<table>
<tr><th>牌　名</th><th>产品等级</th><th>味型</th><th>烟支型号</th><th>规格:圆周×长度(毫米)</th><th>包装式样</th></tr>
<tr><td>桐　乡</td><td>二级</td><td>淡味</td><td>尖头平尾</td><td>35×105
(新)32×105</td><td>10支硬盒</td></tr>
<tr><td rowspan="2">熊猫(国画)</td><td rowspan="2">一级</td><td rowspan="2">中味</td><td rowspan="2">尖头平尾</td><td rowspan="2">35×105
(新)32×105</td><td>10支硬盒</td></tr>
<tr><td>5支硬盒</td></tr>
<tr><td rowspan="2">熊猫(出口)</td><td rowspan="2">一级</td><td rowspan="2">中味</td><td rowspan="2">尖头平尾</td><td>32×110
(新)30×110</td><td>10支硬盒</td></tr>
<tr><td>38×120
(新)40×120</td><td>5支硬盒</td></tr>
<tr><td rowspan="2">熊猫(内销)</td><td rowspan="2">一级</td><td rowspan="2">中味</td><td rowspan="2">尖头平尾</td><td>32×110
(新)30×110</td><td>10支硬盒</td></tr>
<tr><td>38×120
(新)40×120</td><td>5支硬盒</td></tr>
<tr><td rowspan="2">西　湖</td><td rowspan="2">一级</td><td rowspan="2">中味</td><td rowspan="2">尖头平尾</td><td>30×90</td><td>10支硬盒</td></tr>
<tr><td>40×100</td><td>5支硬盒</td></tr>
<tr><td>菊　花</td><td>二级</td><td>中味</td><td>尖头平尾</td><td>32×90</td><td>10支硬盒</td></tr>
<tr><td>钱　江</td><td>三级</td><td>中味</td><td>尖头平尾</td><td>32×90</td><td>10支硬盒</td></tr>
</table>

资料来源:根据《浙江省烟草志》浙江人民出版社1995年版第149页表格整理。

1986年，“熊猫”牌和“西湖”牌雪茄烟同获浙江省新优名特产品“金鹰奖”。1987年，“西湖”牌雪茄烟被评为省优产品。1988年，商标整顿后，桐乡雪茄烟厂半叶卷雪茄烟产品保留“西湖”(一级)、“菊花”(二级)和“钱江”(三级)3个品种。

(二)叶卷型雪茄烟

因内芯和外包皮全用烟叶卷制，所以又称全叶卷雪茄烟。民国时期，全省无全叶卷雪茄烟生产。20世纪50年代末和70年代末，桐乡县两家烟厂先后试制，但产量极少，只作样品而未曾批量上市销售。

1958年，地方国营桐乡雪茄烟厂建厂后，通过到上海卷烟厂学习和请该厂技工来厂传授全叶卷花色雪茄烟的卷制方法等途径，用碎烟片做内芯，先后试制过10多种不同规格的全叶卷雪茄烟。经比较，最后定型烟支圆周和长度分别为45毫米、140毫米尖头圆尾，烟支圆周和长度分别为50毫米、100毫米尖头尖尾，烟支圆周和长度分别为40毫米、120毫米平头圆尾3种规格。全叶卷雪茄烟牌号为“三潭”牌，有1支、25支、50支3个包装小类，1支装用玻璃管套，25支、50支装用木制扁盒。“三潭”牌大雪茄由于制作工艺难度大，仅1960年生产1027盒，1963年生产9盒，后即不再生产。

1979年，桐乡雪茄烟厂在生产半叶卷雪茄烟的基础上，研究开发叶卷型雪茄烟。经多次试验，研制出中味型“弥勒”牌高档全叶卷雪茄烟(此牌号因以佛像商标注册未获准，1986年改为特级“西湖”注册)。该厂生产的全叶卷雪茄烟，采用A型(螺旋型)和B型(折叠型)2种卷制工艺。品种有平头圆尾型圆周45毫米、长度200毫米，圆周55毫米、长度160毫米，圆周50毫米、长度140毫米，及平头尖尾型圆周30毫米、长度90毫米，圆周30毫米、长度110毫米2种型号5个规格。1984年，产“弥勒”牌0.02箱(万支，下同)；1986年，产特级“西湖”0.214箱。嘉兴卷烟厂全叶卷雪茄有2支、10支和20支装3种产品。全叶卷雪茄烟，每支都套指环商标，包有透明纸。外包装系具有中国民族特色的竹制翻黄雕刻木盒或硬壳纸盒，盒面有“雪茄名烟”字样。

桐乡叶卷型雪茄虽然生产量不多，但产品经展销评吸，赢得国内外客商赞誉：“烟味和顺，香气浓郁谐调，燃烧性能良好，余味纯净舒适”。

六、产量

浙江省雪茄烟生产起始虽早，但最初规模小、产量少。民国3—9年(1914—1920年)，桐乡传习所日产雪茄烟600—800支。民国13—16年，大华雪茄烟厂日产雪茄烟1000支左右。

抗日战争时期，省农业改进所雪茄烟厂年产大支20万支、小支30万支，浙东雪茄烟厂年产大支20万支、小支200万支，松阳雪茄烟厂年产大支25万支、小支180万支，温州中国标准烟厂每月产量约9万支。

1956—1963年，海宁县硖石烟丝商店附属制烟工场，年产半叶卷雪茄烟1.2万条左右。1960—1964年，地方国营桐乡雪茄烟厂雪茄烟产量见下表。

表 48-2-2-4　　1960—1964 年地方国营桐乡雪茄烟厂雪茄烟产量一览表

类　别	品种及数量	计量单位	1960 年	1961 年	1962 年	1963 年	1964 年
半叶卷雪茄	生产品种	个	4	—	1	1	4
	10 支装产量	1 万支/箱	463	—	47.31	249.91	1062.01
全叶卷雪茄	产量	盒	1027	—	—	9	—

资料来源:《浙江省烟草志》,浙江人民出版社 1995 年版,第 150 页。

1970—1983 年,温州市烟丝合作工厂累计生产各种半叶卷雪茄烟 85 万余条,其中“光明”牌 35 万余条、“劳动”牌 26 万余条、“工农”牌 14 万余条、“雁荡”牌等 9 万余条。各牌号年生产量列表如下。

表 48-2-2-5　　1970—1983 年温州市烟丝合作工厂半叶卷雪茄烟生产情况一览表

单位:100 支/条

年份	光明	劳动	工农	雁荡	白鹿	双桃	景山	总计
1970	—	50	—	—	—	—	—	50
1971	—	45	—	—	—	—	—	45
1972	—	14281	—	—	—	—	—	14281
1973	41427	39529	—	—	—	—	—	80956
1974	24500	10941	—	—	—	—	—	35441
1975	62500	20322	—	—	—	—	—	82822
1976	50115	27465	—	—	—	—	—	77580
1977	82710	9311	—	—	—	—	—	92021
1978	18244	29277	—	—	—	—	—	47521
1979	1620	30488	20840	—	—	—	—	52948
1980	12	14634	6080	76460	—	—	—	97186
1981	65810	31312	73007	842	4000	5488	8000	188459
1982	3080	35696	43525	—	—	—	—	82301
1983	200	620	—	—	—	—	—	820
合计	350218	263971	143452	77302	4000	5488	8000	852431

资料来源:根据《浙江省烟草志》浙江人民出版社 1995 年版第 151 页表格整理。

1972年,桐乡雪茄烟厂生产雪茄烟,至1995年底,历年雪茄烟产量列表如下。

表48-2-2-6　　1972—1995年桐乡雪茄烟厂雪茄烟生产情况一览表

年份	品种(个)	产量(万支/箱)	年份	品种(个)	产量(万支/箱)	年份	品种(个)	产量(万支/箱)
1972	1	55.72	1980	9	1350.85	1988	4	214.44
1973	3	117.67	1981	8	1531.79	1989	3	209.46
1974	3	314.47	1982	7	1383.69	1990	3	233.66
1975	5	275.21	1983	6	392.49	1991	3	136.10
1976	7	412.36	1984	4	740.80	1992	3	35.00
1977	5	827.41	1985	4	200.01	1993	3	49.00
1978	4	1034.17	1986	3	102.78	1994	3	49.00
1979	11	1489.81	1987	4	136.21	1995	3	41.00

资料来源:1972—1990年数据根据《浙江省烟草志》浙江人民出版社1995年版第151—152页表格整理,1991—1995年数据来自浙江省烟草行业统计表。

七、购销

19世纪末,浙江省始有雪茄烟销售。随着卷烟业的兴起,城乡消费者吸旱烟的传统习惯逐渐被吸卷烟代替,但一直未形成吸食雪茄烟的风气。中华人民共和国成立后,浙江省产雪茄烟大多销往省外,在当地销售甚少。

(一)货源

1.省外、国外输入

19世纪末,浙江省就有雪茄烟输入。清光绪二十七年(1901年),杭州海关与宁波海关都有雪茄烟与卷烟输入记录。次年,杭州海关输入雪茄烟值4710关平两。除海关输入外,还有少量雪茄烟经沪杭甬铁路输入嘉兴、杭州、宁波等地。民国20年后,输入浙江的雪茄烟多为上海人和雪茄烟厂、汉昌雪茄烟厂等厂的产品,数量不多。

表 48-2-2-7

宣统元年至民国 20 年(1909—1931 年)杭州、宁波、温州海关雪茄烟输入情况一览表

年份	杭州海关		宁波海关		温州海关	
	数量（千支）	价值（关平两）	数量（千支）	价值（关平两）	数量（千支）	价值（关平两）
宣统元年(1909 年)	20	200	329	8236	2	29
宣统二年(1910 年)	35	350	703	7725	…	6
宣统三年(1911 年)	17	170	1385	24615	—	—
民国元年(1912 年)	—	—	239	4780	—	—
民国 2 年(1913 年)	—	—	642	7511	—	—
民国 4 年(1915 年)	1	16	204	4565	—	—
民国 5 年(1916 年)	621	1424	290	3411	—	—
民国 6 年(1917 年)	7	103	106	1530	—	—
民国 7 年(1918 年)	72	1074	354	1726	13	188
民国 8 年(1919 年)	113	1991	181	366	4	230
民国 9 年(1920 年)	76	1385	289	2697	—	—
民国 10 年(1921 年)	108	3781	289	6017	—	—
民国 11 年(1922 年)	62	1266	32	983	—	—
民国 12 年(1923 年)	48	1135	238	534	—	—
民国 13 年(1924 年)	49	707	139	648	—	—
民国 14 年(1925 年)	49	360	158	406	—	—
民国 15 年(1926 年)	34	195	105	583	—	—
民国 16 年(1927 年)	36	261	46	203	—	—
民国 17 年(1928 年)	1	31	75	1735	2	55
民国 18 年(1929 年)	12	62	45	1004	—	—
民国 19 年(1930 年)	12	115	—	—	—	—
民国 20 年(1931 年)	—	—	2	267	—	—

资料来源：根据《浙江省烟草志》浙江人民出版社 1995 年版第 153 页表格整理。

说明：1.“…”表示数量不足 1。2. 民国 3 年(1914 年)数据缺。

20 世纪 50 年代后，为增加花色品种或弥补市场卷烟货源不足，少数地区有时也适量从省外调入部分雪茄烟。50 年代至 60 年代初，湖州市雪茄烟货源主要来自上海卷烟二厂。

1974年，商业部从古巴进口的雪茄烟曾在浙江试销。

1986—1988年，绍兴、舟山、金华等地曾先后向安徽蒙城雪茄烟厂购进雪茄烟供应市场。1989—1998年，杭州、宁波等地购进云南、山东、四川等省产的雪茄烟。

2. 省内购调

1952年前，雪茄烟均由私商经营，直接向生产厂或私商进货。1953—1957年，由各地专卖事业公司调供雪茄烟货源。此后，一直由国营公司调供。

1965年2月10日，省商业厅与省轻工业厅联合发文规定，桐乡雪茄烟厂生产的雪茄烟由桐乡县糖业烟酒公司统一收购和调供。1976年，省商业局同意桐乡乌镇烟厂生产的雪茄烟，由省副食品公司安排计划调拨，由该县副食品公司统一收购。是年下半年，向全省各地供应雪茄烟2.55万条。1984—1995年，桐乡雪茄烟厂产品列入浙江省商业购销计划，由省进行平衡分配。

(二)销售

1. 省内

清光绪后期，宁波、杭州等地已有雪茄烟销售，但消费面不广。光绪二十四年(1898年)10月，宁波协顺号曾在《德甬商报》登载经营雪茄烟的广告。20世纪初，定海县也曾有吕宋(今菲律宾)叶卷雪茄烟面市。

抗日战争全面爆发前，杭州市内已有专营卷烟、雪茄烟的店号。民国24—25年(1935—1936年)，上海人和雪茄烟厂在宁波一言堂兴记号设总经理处，销售"丹凤"牌雪茄烟；汉昌雪茄烟厂，在宁波新河路恒丰烟号设经理处，推销其产品。抗日战争期间，绍兴、丽水、温州等地也有吕宋雪茄烟销售。其时，雪茄烟的消费对象，主要是军政高层官员、学者、工程师，地方士绅也有仿效吸食的。随着地产雪茄烟生产量的增加，消费面有所扩大。民国29年9月17日，松阳烟厂为扩大产品销售，在《东南日报》第一版刊登广告："查舶来雪茄烟入销中国由来已久，只以价值高昂，自扬名实，故非养尊处优者，实难得沾唇，唯本厂所出战士牌各种大小雪茄烟，质纯无毒，味醇而香，不特货品优良，能驾舶来品之上，而且定价低廉，允合战时节约之原则，故自制销以来，博得各界欢迎。"抗日战争胜利后，全省雪茄烟销量减少。

1949—1952年，湖州市大雪茄销量以"老美女"牌(美国产)、"亨白"牌(英国产)居多，每年销量约100木盒(每盒25支)，小雪茄以吕宋"小绿树"牌(英国产)为主，每年销量约600木盒(每盒400支)。1953年1月，虽然专卖事业分处接收此项业务，但因销量很少，所以仍由各零售商店自行组织进货和销售。1953年后，销量继续下降，大雪茄由年销100木盒降为50～60木盒，小雪茄由年销600木盒降为400～500木盒。1956年3月后，海宁县硖石烟丝商店附属制烟工场生产的"友谊""雄狮"雪茄烟，主要销当地。1957年，金华专卖分公司曾调入雪茄烟供应市场，但鲜有人问津。1959年6月，卷烟调入减少，市场供应紧张，桐乡县商业局为安排市场供应，要求供销部门对该县雪茄烟厂生产的"前进""敦煌""三塔""东风"4种雪茄烟扩大销售，从而一度保持产销平衡。1963年到20世纪70年代初，湖州市年销雪茄烟在80～100箱。

1970年起，温州市烟丝合作工厂生产的“光明”“劳动”“工农”等牌号雪茄烟，少量销在当地。20世纪70年代后期，桐乡雪茄烟厂在杭州醇味商店设专点供应“西湖”“菊花”“钱江”等半叶卷雪茄烟。1976年，省副食品公司鉴于该厂产品质量不断提高，经部分地区试销，消费者反映较好，将该厂“菊花”“桐乡”“钱江”3个牌号雪茄烟扩至全省各重点市、县试销。是年下半年，供应杭州地区4900条、嘉兴地区9500条、绍兴地区800条、宁波地区3800条、舟山地区1100条、温州地区1000条、丽水地区500条、台州地区2100条、金华地区1800条。80年代后期，省内除杭州、宁波、温州等主要城市的一些大型国营商店和涉外宾馆还有少量雪茄烟销售外，绍兴、金华、舟山等地在1986—1988年也曾少量销售雪茄烟。品种除桐乡雪茄烟厂产品外，还有安徽的“黄山”“味美思”“皇冠”“金驼”和云南产的“小熊猫”“石林”等。1996年，嘉兴卷烟厂停止生产雪茄烟后，省内雪茄烟销售主要为安徽的“黄山”“金驼”和云南产的“小熊猫”“石林”等。

2. **省外**

民国3年（1914年），桐乡传习所生产的“老头”牌雪茄烟销往上海和苏北，销路较好。据海关《贸易统计和报告》记载，民国5—10年，杭州海关累计原货输出雪茄烟5102千支，值6565关平两。

表48-2-2-8　民国5—10年（1916—1921年）杭州海关雪茄烟输出情况一览表

类　别	民国5年	民国6年	民国7年	民国8年	民国9年	民国10年	合计
数量（千支）	550	2685	1342	75	350	100	5102
价值（关平两）	325	770	1150	600	2800	920	6565

资料来源：根据《浙江省烟草志》浙江人民出版社1995年版第155页表格整理。

民国13年（1924年），桐乡大华雪茄烟厂的“无敌”牌小雪茄，通过中间商销往上海。抗日战争时期，松阳几家雪茄烟厂的产品曾畅销四川、江苏、福建等地。抗日战争胜利后，松阳振松烟厂的“松阳”牌雪茄烟除在省内销售外，还销往上海等地。

20世纪50年代，丽水地方国营碧湖烟丝厂曾为广东客商来料加工，产品实行包销。70年代，温州市烟丝合作工厂为开拓雪茄烟销售市场，以厂外代加工的形式生产的半叶卷雪茄烟，曾一度畅销陕西、甘肃、山西等地。产品有“光明”“劳动”“工农”“雁荡”等7个牌号。1972年后，桐乡县国营乌镇烟厂开发“桐乡”牌粗长支雪茄烟，自辟销售门路，通过上海市黄浦区糖业烟酒公司指定上海一中商店，设专柜批发门售。与此同时，“熊猫”牌雪茄烟还供应上海、广州、青岛、天津、秦皇岛、南京、连云港、湛江等地外轮公司和友谊商店。70年代后期，该厂“西湖”“菊花”“钱江”等各等级的半叶卷雪茄烟，在上海一中商店专点供应后，也打开了销路。80年代后期，销区逐趋减少。嘉兴卷烟厂对雪茄烟生产采取“以销定产”，力求产销平衡。1996年，嘉兴卷烟厂停止生产雪茄烟，省产雪茄烟省外销售停止。

3. **出口**

1975年，桐乡县国营乌镇烟厂生产的“熊猫”牌半叶卷雪茄烟参加广州秋季交易会，博得外商青睐。次年，经上海出口加拿大、新几内亚、贝宁等国家和中国香港地区。1976—1979年，“熊猫”牌雪茄烟外销、外供10支装126箱、5支装117箱(每箱1万支)；出口价格每箱283.10美元。1996年，嘉兴卷烟厂雪茄烟停产，省产雪茄烟出口销售停止。

（三）产销价格

民国时期，全省大部分雪茄烟厂产销价格无资料可查考。民国33年(1944年)7月4日，财政部苏浙区烟类专卖局电呈雪茄烟议价与限价比较表中，有松阳县各雪茄烟厂部分产品价格情况记录。

表48-2-2-9　　民国33年(1944年)松阳县各雪茄烟厂部分产品价格一览表

等级	牌号	厂名	产地	包装(支)	收购价格议价限价(法币元)	批发价格议价限价(法币元)	承销价格议价限价(法币元)	零售价格议价限价(法币元)
三级(大号)	龙	浙东烟厂	松阳	25	14400	28800	31680	79.20
四级(小号)	战士	松阳雪茄烟厂	松阳	100	3120	6240	6864	68.64
五级(小号)				10	3240	6480	7128	7.13
五级(大号)	壮士	农改所雪茄烟厂	松阳	4	5635.28	11272.56	12399.40	4.96
五级(大号)				50	5296.58	10552.56	11607.80	58.04
六级(小号)				100	2243.10	4486.20	4934.80	49.35

资料来源：根据《浙江省烟草志》浙江人民出版社1995年版第156页表格整理。

说明：1.表中收购、批发、承销各价格均以每箱1万支计算，零售价格以每包计算。2.批发与承销零售价格均因奉令存货不征运杂费，故未将运杂费算入。

20世纪50年代，桐乡、海宁等雪茄烟厂生产的雪茄烟价格，由生产厂(场)根据生产成本拟定后，报企业主管部门审查，由当地物价部门核定。但随着市场形势的变化，实际销售价格也有起落。1963年前，海宁县硖石烟丝商店附属制烟工场的雪茄烟产品价格为：手卷“友谊”牌半叶卷雪茄烟每包批发0.25元、零售0.29元，“雄狮”牌每包批发0.20元、零售0.23元。

表48-2-2-10　　1960—1964年地方国营桐乡雪茄烟厂产品销售价格情况一览表

单位：元/条

产品类别	牌号	烟型	1960年	1961年	1962年	1963年	1964年
半叶卷雪茄烟	前进	10支手工制硬包	3.32		3.32	3.32	2.97

续表

产品类别	牌号	烟　型	1960 年	1961 年	1962 年	1963 年	1964 年
半叶卷雪茄烟	前进	10 支手工制软包					2.38
	光辉	10 支手工制	2.95				2.00
	敦煌	10 支手工制	2.31				
	曙光	10 支手工制	2.40				2.00
全叶卷雪茄烟	三潭	手卷大雪茄烟(盒)	6.35			6.35	

资料来源:根据《浙江省烟草志》浙江人民出版社 1995 年版第 157 页表格整理。

表 48-2-2-11　20 世纪 70 年代国营乌镇烟厂、桐乡雪茄烟厂雪茄烟产品价格情况一览表

牌　号	等级	烟型	包装规格及烟支规格(毫米)	出厂价(元/条)	调拨价(元/条)	批发价(元/条)	零售价(元/条)
桐　乡	二	手工卷	10 支硬壳　32×105	2.31	2.37	2.44	2.80
熊猫(国画)	一	手工卷	10 支硬壳　32×105	7.44	7.60	7.83	9.00
			5 支硬壳　30×110	5.79	5.91	6.09	7.00
熊猫(正品)	一	手工卷	10 支硬壳　30×110	13.20	13.48	13.90	16.00
			5 支硬壳　40×120	10.80	11.03	11.37	13.00
熊猫(内销)	一	手工卷	10 支硬壳　30×110	9.38	9.53	9.82	10.80
			5 支硬壳　40×120	7.55	7.67	7.91	8.70
西　湖	一	手工卷	10 支硬壳　30×90	10.42	10.58	10.91	12.00
			5 支硬壳　40×110	8.34	8.47	8.73	9.60
菊　花	二	手工卷	10 支硬壳　32×90	3.44	3.49	3.60	4.00
钱　江	三	手工卷	10 支软包　32×90	2.24	2.27	2.34	2.60

资料来源:根据《浙江省烟草志》浙江人民出版社 1995 年版第 157 页表格整理。

1988 年 7 月 17 日,根据浙江省物价局(以下简称省物价局)、浙江省烟草专卖局(以下简称省烟草专卖局)《关于放开名烟价格和调整部分卷烟价格有关事项的通知》,桐乡雪茄烟厂对雪茄烟价格作相应调整。

表 48-2-2-12　　1988 年桐乡雪茄烟厂雪茄烟价格调整情况一览表

类别	牌号	等级	烟型	烟支规格（毫米）	包装规格	产地价格 出厂价（元）	批发价（元）	零售价（元）
全叶卷	西湖	特级	手工卷	45×200	外销工艺木盒 2 支装	30644.00	6.52	7.30
				45×200	外销工艺木盒 20 支装	15105.80	32.14	36.00
				45×200	外销硬纸盒玻璃纸拉线 10 支装	10067.40	10.71	12.00
				55×160	外销工艺木盒 20 支装	15528.80	33.04	37.00
				55×160	外销硬纸盒玻璃纸拉线 10 支装	10490.40	11.16	12.50
				50×140	外销工艺木盒 10 支装	15942.40	16.96	19.00
				50×140	外销硬纸盒玻璃纸拉线 10 支装	9653.80	10.27	11.50
半叶卷	西湖	一级	手工卷	30×90	内销精装盒 10 支装	1006.74	10.71	1.20
				40×110	内销简装盒 5 支装	1611.16	8.57	0.98
	菊花	二级		32×90	内销简装盒 10 支装	335.58	3.57	0.40
	钱江	三级		32×90	内销简装包 10 支装	218.08	2.32	0.26
	熊猫			30×110	外销精装盒 10 支装	1346.08	14.32	1.60
				40×120	外销精装盒 5 支装	2182.68	11.01	1.30
				30×110	内销精装盒 10 支装	906.16	9.64	1.08
				40×120	内销精装盒 5 支装	1460.76	7.77	0.87

资料来源:根据《浙江省烟草志》浙江人民出版社 1995 年版第 158 页表格整理。

说明:出厂价以箱(1 万支)为单位,批发价以条或盒为单位,零售价以盒为单位。

第三章　卷烟生产

清光绪三十二年(1906 年),杭州大通公司开始制造卷烟,此为浙江卷烟工业的发端。民国 14 年(1925 年)“五卅”运动前后,浙江省较大的卷烟厂主要分布于鄞县地区。民国 14 年至 18 年为浙江早期卷烟业旺盛时期。抗日战争全面爆发前,全省规模较大的卷烟厂有 4 家。抗日战争全面爆发后,机制烟厂被迫减产、停产,产量大幅度下降,手工卷烟厂户有了发展。抗日战争胜利后,全省开工的机制烟厂逐年增多。1949 年 10 月,利群烟厂建立。1950 年底,全省有卷烟厂 46 家,至 1953 年初,全省机制卷烟厂减为 21 家。1956 年后,经过社会主义改造公私合营,全省卷烟厂剩下杭州地方国营利群烟厂和宁波公私合营联工烟厂两家。1964 年,两家烟厂分别更名杭州卷烟厂、宁波卷烟厂。1983 年,浙江省国家定点卷烟工业企业有杭州、宁波两家卷烟厂和桐乡雪茄烟厂。1989 年,桐乡雪茄烟厂更名嘉兴卷烟厂,后杭州卷烟厂兼并该厂。2003 年,浙江中烟工业公司(以下简称浙江中烟公司)成立,下辖杭州卷烟厂、宁波卷烟厂。2006 年,浙江中烟公司与杭州卷烟厂、宁波卷烟厂实行联合重组。自此,浙江中烟公司成为浙江卷烟工业唯一的卷烟制造企业。

浙江卷烟工业所用原料,主要是烤烟、部分晾晒烟及少量白肋烟。烟叶原料主要依赖省外调入和国外进口,省内有少量的采购。所用辅料主要是卷烟纸、包装纸(商标纸)、铝箔纸、烟用丝束、滤嘴棒、香精、香料等。民国 25 年(1936 年),浙江嘉兴民丰造纸股份有限公司(简称民丰造纸公司)引进德国 Echer-wyss 公司制造的第一台卷烟纸机,采用安徽等地大麻原料生产“船”牌卷烟纸,成为国内首创。中华人民共和国成立,杭州华丰造纸厂、嘉兴民丰造纸厂是全国卷烟工业卷烟纸重要的供应商。

20 世纪 20 年代,浙江省内开始有卷烟厂使用轧筋机、切丝机等制丝设备,卷烟始用卷烟机。40 年代末,各机制烟厂一般每种机器拥有一两台,少数烟厂四五台;卷烟机有手摇和源昌、新中国等型号,生产能力以“新中国”卷烟机为最高,达 800 支/分钟。1958 年起,杭州卷烟厂、宁波卷烟厂自力更生,先后自制成功烟叶发酵设施、烟叶解把机、除什机、卷烟机部件、小包包装机、条包机等多种机器。其中,小包封口机被全国卷烟业同行称为“宁波式封口机”。各道工序基本实现半机械化和机械化,连续化程度及生产效率大幅度提高。1965 年,两厂配合第一轻工业部烟草工业科学研究所研制成功卧式打叶机并投入使用;同时,开始以打叶代替抽梗的工艺改革,真空回潮机代替蒸叶机、回软房,旋转式切丝机代替上下式切丝机,铁格车代替木盘装烟、烘烟,使劳动条件得以根本改善,产品质量、生产效率得到提高。杭州卷烟厂成功革新双烟库包装机和小包、条包单机联合,为全国烟草行业简易卷烟包装机的定型作出贡献。70 年代初,杭州卷烟厂、宁波卷烟厂分别对老式设备进行改造,使其生产能力提高到1200支/分钟;为适应滤嘴烟生产,两厂先后购用滤嘴接装机(单机)与卷烟单机配合生产滤嘴烟,90年代,浙江卷烟工业生产设备主要是引进为主,机型趋于统一。

清光绪三十二年(1906年),杭州大通公司生产"汽车""金狮""银象""三洋"4个卷烟牌号,是迄今为止发现的省内最早生产的卷烟牌号。此后,浙产卷烟牌号品种繁多,层出不穷。其原因主要为:企业创立和发展需要,创建牌号;打不开销路即另换牌号;原料不能保证,配方不能保持一致,另换牌号;产品升级换代、市场竞争需要,更换牌号。大部分卷烟牌号随着一些烟厂的关、停、并、转而自行淘汰。1971年,杭州卷烟厂率先在省内试产滤嘴烟成功。20世纪90年代开始,浙江卷烟工业发展重点是提高卷烟质量,开发新产品,调整产品结构。1993年,停止无嘴烟生产。1994年,以中美技术合作为契机,省产卷烟老牌新品"大红鹰"改造成功。1995年,高档烟"利群"面市。1995—2005年,浙江卷烟牌号开发改造数量繁多。2006年,浙江中烟工业公司(以下简称浙江中烟公司)保留"七加一"品牌("利群""大红鹰""雄狮""新安江""西湖""五一""上游",加"双叶")。随后,浙江卷烟工业形成"利群""大红鹰""雄狮"三大品牌。2010年,"利群"产量突破百万箱,品牌批发市值达到417亿元。"利群"和"大红鹰"品牌均获得"中国名牌"和"中国驰名商标"荣誉,"利群"还成为中国卷烟品牌唯一的"中华老字号"。

第一节　生产企业

浙江最早的卷烟企业是建于清光绪三十二年(1906年)的杭州大通公司。从清代末年至中华民国的数十年间,浙江的卷烟企业先后有数十家,全是生产规模不大的私营工厂。其间经历了各自变迁和兴衰。中华人民共和国成立之初的1950年,全省的卷烟企业尚有46家。其后,政府对卷烟企业进行管理和整合,至1956年,全省卷烟厂仅存杭州、宁波两家。1978年,获准建立桐乡雪茄烟厂。1984年中国烟草实施专卖管理后,浙江卷烟工业企业获得较大的发展,生产规模迅速扩张,工艺水平快速提升。2003年,浙江中烟公司成立,下辖杭州卷烟厂、宁波卷烟厂,这是浙江卷烟工业企业体制嬗变的开始。其后,经过重组,从2006年起,浙江中烟公司成为浙江省唯一的卷烟生产企业。

一、清末和民国时期

(一)清末

19世纪末,英、美等国卷烟产品进入浙江市场,国外烟草公司开始在浙江市场布设网点。清光绪三十一年(1905年),杭州商务总会为声援上海同行声讨美国各地发生排斥和虐待华工的暴行,开展抵制美货的爱国行动,通知全市商界绝不买卖美货(主要是烟制品),并决定组织国货生产。光绪三十二年,杭州大通公司开始制造卷烟,产品有"汽车""金狮""银象""三洋"4个牌号,上海《东方杂志》称这些卷烟的卷烟纸质量和吸味均不亚于外国产品。同年,杭州纱厂也添置工具制作卷烟,宣传其产品及号召广大爱国民众改吸国产卷烟的广告遍贴杭城主要街巷。

(二)民国时期

1.民国元年(1912年)至民国26年6月

民国3—9年,桐乡县梧桐镇桐乡传习所生产"宝塔""仙鹤"牌手工卷烟。民国14年"五卅"运动前后,浙江各地再次掀起提倡国货、抵制外货浪潮。市场上国货卷烟不敷供应,一些地区的商人相继集资设厂制售卷烟。这段时间全省卷烟工业集中分布于鄞县(时含宁波市区,下同)及周围几县。主要有:3月在宁波市区江北岸同兴街开设的新和烟公司,出品25支装"九江"牌卷烟;5月底创设于慈城(今宁波市郊慈城镇)的慈善卷烟厂,采用小木机手工卷制价格低廉的"慈善"牌卷烟,深受当地乡民和劳工的喜爱;8月18日,中国卷烟厂在宁波江北岸竹行弄7号福记栈行内成立,从美国定购新式卷烟机车及上等烟叶,聘请名技师制造卷烟;11月16日,鄞县韩岭商人金吟生集资5000元,采用美国烤烟和新昌晒烟,出品"三山"牌、"学生"牌两种卷烟,产品很受鄞县及奉化、象山等地消费者欢迎,后该厂成为民国时期宁波生产时间最长、影响最大的一家卷烟厂。至民国15年7月24日宁波纸烟业公会成立前,宁波周围各县先后又有慈溪金川乡的大益烟草公司、慈溪洪塘镇的慈兴烟草有限公司、镇海崇邱乡商人王甫和等开设的卷烟厂(厂名不详),及余姚东区林东乡的姚东烟草公司等。

民国16年(1927年)1月,宁波商人于宁波江北岸招商局后创办新生烟公司,新出"宁绍"牌卷烟,产品发售当地各卷烟摊店。2月,镇北骆驼桥原执业于上海一烟厂的翁永年,集资5000元,创办振华纸烟厂。2月14日,此前创设的永安烟厂归并于中国烟公司(即中国卷烟厂),改名为中国永安卷烟厂。同年,中国和记卷烟厂成立,厂址在宁波江北岸沃家弄附近,资本5000元,每年约产700箱,行销当地市场。民国17年春,浙江第一卷烟厂设于宁波江东,资本6500元,年出卷烟六七百箱。至此,鄞县每年产卷烟2500余箱。另据民国16年《浙江卷烟公卖局汇刊》记载,温州商人集资2000元在城区兵营巷开设有中华兴国烟草有限公司,月产卷烟10箱;杭州拱埠也设有协力烟厂。

民国19年(1930年),因受英美烟公司凭借实力贱价出售排挤中国民族卷烟工业的影响,鄞县的浙江第一卷烟厂、中国和记卷烟厂等相继歇业。是年9月,鄞县开工的只剩韩岭、中国永安卷烟厂两家,营业仅足开支,鄞县卷烟工业走向低谷。11月27日,为了增强民族卷烟业的竞争力,改变同业之间的不团结和各烟厂经营状况一落千丈的局面,韩岭、永安两厂和已歇业的中国和记卷烟厂协商,在宁波江北岸玛瑙桥华德坊内,成立三联卷烟总办事处,全权负责三烟厂出品的各牌卷烟的发售。至民国21年,鄞县、宁海、新昌等县相继有七星、立兴等卷烟厂出现。其时,浙江省较大的卷烟厂仍分布于鄞县地区,出品以韩岭、立兴、中国永安、七星等卷烟厂最多,年产量多者近400箱。年底,中国永安烟厂停业。

民国22年(1933年),宁波汪水清、李庆新、郭滋生等发起开设永安甡记烟草股份有限公司。同年11月,黄岩方道云集资2万元,雇用男女工人95名,在路桥石曲中街开设中国利记卷烟厂,从上海购进卷烟机及卷烟纸,用许昌烤烟和当地院桥烟叶做原料,并聘请上海等地卷烟技师,生产"富国"牌卷烟,产品行销温岭、黄岩两县和海门一带。民国23年,台州各地抵制外烟,英美烟公司的产品一度滞销,利记烟厂经营得以发展。民国26年,利记烟厂在"富国"

牌商标涉嫌模仿英美烟公司“富贵花”案中败诉，又受英美烟公司的多次压价倾销影响，宣告歇业。

这个时期，因卷烟产品加税，财政部鉴于私制手工卷烟漏税严重，危及机制卷烟生产而予以严禁，卷烟厂设置地点只限于上海、汉口、天津、青岛4处，其他地区现存烟厂责令限期迁移或关闭。全省多数卷烟厂因此停转。到抗日战争全面爆发前，全省开工制销的规模较大的卷烟厂只剩4家：韩岭吟记烟厂、永安甡记烟草股份有限公司、立兴卷烟厂、温州青年烟厂（成立于民国24年9月30日，民国26年7月间遵照财政部命令迁移到汉口）。

2. 全面抗日战争时期（1937-07—1945-08）

抗日战争全面爆发后，外省卷烟进浙渠道受阻，敌占区控制了卷烟经营，卷烟进浙须凭日本驻上海许可机关批准的“搬入证”，加上日本人创设的中支烟叶公司，掠夺和垄断了省外部分烟叶资源，致使省内卷烟市场货源奇缺，卷烟供不应求。全省以韩岭烤烟和新昌、嵊县、平阳晒烟为原料的卷烟生产迅速发展，全省各地纷纷设厂制销。

全面抗日战争时期，丽水是全省的大后方，省级机关及不少企业纷纷迁入，市场卷烟奇缺，手工卷烟厂户迅速增加。民国27年（1938年），庆元县开设的丰记烟厂，拥有资本银圆2000元，木机16架，月产卷烟10箱；民国31年，又开设一家手工烟厂，产品行销当地和福建松溪、政和等地。民国31年12月，丽水城区丽阳手工卷烟厂成立，雇工50人，资本3万元，厂址在中山街高堂庙弄；民国32年，公利手工卷烟社成立，雇工20人，资本2.5万元，木机10架，月产6箱，厂址在中正街；同年，大国香烟公司成立，雇工25人，资本2万元；民国33年2月26日，华美烟草工艺社成立；民国34年初，联成手工卷烟社成立。民国33年，上海华比烟草公司经温州（永嘉）迁至龙泉河南街63号复业，雇工30多人，年产卷烟500箱；龙泉县还有经注册登记的三松工业生产社、华新烟厂，另有不少难民生产自救的临时手工卷烟厂。缙云县先后有手工户65家，采用当地烟丝和从杭州、福建购入的卷烟纸，年产卷烟约300箱。

全面抗日战争时期，绍兴手工卷烟发展迅速。民国27年（1938年），嵊县甘霖区苍岩回乡工人俞杏铨，引进屉盒式木质手工卷烟工具，生产手工卷烟，全县城乡先后开设手工卷烟社120多家，产品行销当地及东阳、义乌、诸暨、萧山、上虞、绍兴、余姚、慈溪、宁波、杭州等地。民国30年夏，中共党员叶秋等人在上虞韩夏集资兴办浙东卷烟公司（手工烟厂）；同年底，中共党员郭雪聪等在小越开设大山下卷烟厂；次年夏，中共组织又在五夫一开明士绅家中办起一家卷烟厂，以卷烟为掩护，开展交通联络，进行党的秘密活动。新昌县也有多家手工卷烟厂社。

民国29年（1940年）6月，省财政厅训令各区县，实施国民政府财政部颁布的《管理手工卷烟厂暂行办法》，准许商人集资雇员设厂和组织手工卷烟厂社，全省手工卷烟厂社迅速遍及城乡。宁波市区先后新开或复业的卷烟厂共有10家，附近各县也出现了众多的机制和手工卷烟厂。一度停业的七星烟厂，由上海鸿昌烟行老板叶守庭投资后改名为中国七星盈记烟厂，由叶守庭亲任经理，聘张鸿勋为厂长，于当年开工制销，月产量140箱。民国30年，韩岭烟厂迁至宁波江东常关弄2号。翌年3月，因遗产纠纷招标出盘，由楼朝禺得标后，改组为中国韩岭恒记烟厂股份有限公司。日军侵占宁波时，日本纺织株式会社以作价收购为名（作价仅值实际价值的一半，且从未兑现）强占韩岭烟厂，改名为浙东烟草公司（即浙东烟厂）。民国31年，许仁赓在宁波南郊永宁巷42号，集资开设中国兴业烟厂，年产卷烟两三千箱。民国32年1—7月，宁波市郊新开设东钱区陶公山五丰烟厂、鸣凤乡华英烟厂和行盈烟厂、俞塘胜利烟厂、鄞东区新建乡昌明烟厂等5家烟厂，各厂分别雇工10～25人，年产卷烟200～300箱。

民国29年（1940年）后，温州的卷烟厂社多达七八十家。仅永嘉县城区（今鹿城区）就有青年协记、兴华、华比、龙华、中国霞飞、国华、联华、华安、黄金、鹿城、润丰、民新、标准、荣记等10余家。其中，先前迁至汉口的青年协记烟厂因战争影响辗转迁至贵阳，并入正在筹建的贵州烟厂。11月，原青年协记烟厂的部分股东再次筹资3万元，沿用青年协记烟厂名义在温州复业。原设上海的华比烟厂民国30年迁至温州生产。平阳有大成、中民、加义、三友、远征军、溪光、合利、济民、民生、利华、义民、公兴、民友、建华德记、明星、大一等手工卷烟厂社数十家，其余各县也都有十几家不等，先后在民国31年底至民国32年初登记开业。这些烟厂除青年协记、华比、龙华、兴华、标准5家拥有卷烟机、切烟机，进行机械化半机械化生产外，其余大多采用手工刨丝、卷制、包装，工人人数少则3～5人，多则100多人，牌子更换频繁，股东经常并散，生产时开时歇，产品质次价高。

在台州，以木机或小型铁机为主要设备的卷烟工业其间有了发展。民国30年（1941年）5月1日，温岭县有中国桦楠烟草公司手工卷烟厂（又称温岭第一厂）开设，厂址在太平镇东门外万寿祠内，员工43人；民国33年3月9日，桦兴卷烟厂开设，先为手工卷烟后改为机制；还有华美手工卷烟厂（又称温岭第二厂）、良友卷烟厂、新民烟厂、华盛厂、华新厂、潘郎镇手工卷烟合作社等10余家，黄岩有澄江百兴手工卷烟厂等。临海有同心许记烟社、合泰卷烟社等。天台有城区手工卷烟社。仙居有民生、中南两家手工卷烟社。

民国30年（1941年）前后，衢州因交通阻塞，外来烟源中断，各县纷纷筹办手工卷烟厂。民国30年3月，衢县城区设有浙江省第五区区立平民工厂，系由政府组织诸暨、绍兴逃荒来衢平民，向当地烟店采办现成元奇烟丝做原料，手工生产“胜利”牌卷烟，以维持生活。民国31年，城区设有大华、胜利、金城、联华、刘椿记、华龙、中一、王伦、上海益民、新生活工艺社等卷烟厂社，农村有建成、更生、兄弟、勤民、东鲁等手工卷烟厂社，工人人数为4～10人，各厂日产卷烟200～400包。同年底，江山创办的手工卷烟厂社有惠民、友联、兴业、高工、联华、永和、王伦、达昌、华达、义民、常记、大华、菩堤等10余家，拥有资本额从1000元至1万元不等。民国33年，新增友成、三角、农民、达丰、浙东、永安、女子等7家卷烟社，其中规模最大的是以钱连凤、王八妹等97名女子组成的女子卷烟社。同年，江山县卷烟职业公会成立，会员厂社10余家。抗日战争时，常山县也有手工卷烟厂近20家，并于民国33年1月11日成立常山县卷烟工业同业公会。龙游、开化各有手工卷烟厂社若干家。

民国31年（1942年）底，杭州宋鸿涛、许正荣等工商界人士20余人合资创设武林卷烟公司（简称武林烟厂）。翌年初开工，拥有卷烟机2台、切烟机2台，员工约100余人，主产低档卷烟，月产卷烟200箱。民国32年，以刨制土烟丝为主、兼制少量手工卷烟的建德县三都乡金源昌烟店，发展为拥有资金8万多元、雇工20多人的小型手工卷烟厂，并改名为金源昌烟厂。次年7月，迁到县城梅城，产品在原辅料的选用和包装装潢上同时加以改善，受到市场欢迎。是年，杭州城内还开设了3家小型烟厂，各厂均只有小卷烟车1～2部，采用萧山四都烟叶为主要原料制造低档卷烟，在卷烟为投机囤积的筹码商品时，产品畅销，获利颇丰。

金华卷烟工业始于民国31年(1942年)。浦江为烟叶产区，手工卷烟厂户曾发展至10余家，东阳、义乌、兰溪和金华县也均有开设。全面抗日战争期间，多数土烟丝加工坊(店)亦兼制手工卷烟，在当时机制卷烟来路少的情况下，土制卷烟相当畅销。

3.民国34年(1945年)9月至民国38年9月

抗日战争胜利后，省外烤烟和省内晒烟原料采购及卷烟产品销售渠道恢复通畅。全省新增一批机制、半机制和手工烟厂。民国34—35年(1945—1946年)，全省开工制销卷烟的大小厂家共100余家。其中机制厂大多在宁波、杭州两市及建德、嘉兴、永嘉、浦江、义乌、东阳、温岭等县。据鄞县卷烟厂同业公会统计，民国35年初，宁波市区有会员单位14家，全区有大小烟厂40余家，失业工人及赖以救济者不下万人。此后，宁波市区机制烟厂最多时曾达22家。半机制、手工烟厂以宁波郊县、温州、台州、衢州、丽水等地各县为多，各厂一般有木机5～6架，雇工5～6人，月产卷烟5万支左右。

其间，在上海的英美烟公司及众多的官僚资本和民族资本烟厂纷纷复业和开设，凭借其资金、技术、原辅料供应、产品销售渠道等多种优势，产品迅速向周围地区倾销。受其影响，全省除资金、技术力量等相对较为雄厚的机制烟厂能维持生产外，多数半机制、手工烟厂于民国35年(1946年)底纷纷停产。勉强维持的部分半机制烟厂只能时开时停，出品寥寥。鄞县郊区、镇海及温州、衢州、台州各县的手工烟厂大多关门；绍兴、丽水两地手工烟厂则全部停业或关闭；金华、兰溪两县新近开设的24家手工烟厂关停19家，其中开工时间最长的为14个月，最短的仅2个月。民国36年6月，鄞县货物税局下令提高卷烟税率，高于上海等地，卷烟业维持生产更为困难，宁波一地停工烟厂达10余家。民国37年，各地通货膨胀，经济形势恶化，政府对原料价格失去控制，又下令实行产品限价政策，加上上海的卷烟尤其是英美烟公司在浙江倾销，次年初，多数卷烟厂经营亏损，停产倒闭。全省能保持经常开工制销的机制烟厂仅有宁波的馥众、裕昌、华盛、七星、英雄、裕华烟厂和温州协记烟厂、杭州武林烟厂、建德金源昌烟厂等10余家。

从1945年9月到中华人民共和国成立前，全省开工的机制烟厂情况如下：

馥众烟厂。民国34年(1945年)8月，开设于宁波英烈街42号。有资本2500万元，“新中国”卷烟机和源昌卷烟机各1台，员工92人，最高时年产销卷烟3000箱。

浙江合记烟厂。民国34年(1945年)11月，王贤康、童少白等集资1200万元，开设于宁波狮子街232号。民国35年，拥有卷烟机、轧筋机、磨刀机各1台，年产卷烟1200箱。

光明烟厂。民国34年(1945年)12月，林大明等集资7000万元开设于宁波江东木行路60号，拥有“新中国”卷烟机1台，源昌手摇卷烟机2台，职工26人，年产销卷烟最多时达1000余箱。

裕昌烟厂。民国35年(1946年)1月1日，毛荣寿等筹资4500万元在宁波江东东胜路100号开设，有改制和小型卷烟机共5台，职工54人，当年产量1300箱。

亚光烟厂。民国35年(1946年)1月1日，林汉民等集资1000万元开设，厂址在宁波木行路 65 号，当年产销卷烟约 1200 箱。

华盛同记烟厂。民国 35 年(1946 年)9 月，郑鸣皋等集资 5000 万元在宁波东胜路 117 号开设，有卷烟机 1 台。

七星烟厂。抗日战争胜利后在宁波继续开业，民国 35 年(1946 年)，资本额 6000 万元，有职工 222 人，“新中国”卷烟机和改制卷烟机各 2 台。

英雄烟厂。民国 35 年(1946 年)底，张廉海等集资 2000 万元在宁波银杏巷 18 号开设，有小型卷烟机 3 台，年产销卷烟约 360 箱。

武林烟厂。抗日战争胜利后，原厂被怀疑有汪伪人员资本加入，原股东怕受牵连而纷纷退出，工厂瘫痪，被迫出盘给管净鸥等人。民国 35 年(1946 年)3 月，管净鸥、王适园、宋鸿涛、钱匡权、蒋国柱、许正荣、陈慕唐等人集资 5000 万元，以原武林烟厂为基础开设武林烟草股份有限公司(又称武林烟草公司杭州厂)，员工 174 人，地址仍在杭州中板儿巷 174 号。民国 36 年 2 月，经国民政府经济部和浙江省建设厅核准，改盘给金润泉、金观贤、金维贤、金望朝、金华玄、王柳汀、张知震等人，更名中国武林烟厂股份有限公司，由金望朝任经理厂长，资本扩充到 3 亿元，职工增加到 291 人，有上海产“新中国”卷烟机 5 台、切丝机 5 台、烘烟机 2 台、轧筋机 1 台、磨刀机及搭壳机等多种设备。用美国和山东青州烤烟及省内晒烟，嘉兴民丰卷烟纸，以及上海采办的香精香料，生产 6 个牌号的卷烟，年产量最多时达 6000 箱，产品行销杭、嘉、湖、金、衢、严等地，部分销往东北及山东。

金源昌烟厂。抗日战争胜利后，在建德县城关镇继续生产，并扩大规模，卷烟机从 1 台增加到 4 台，同时添置切烟机、轧筋机、烘烟机等设备，并开始采用发电机作动力。资本最多时增加到 5 亿元(约值大米 5000 多石)，职工 120 余人。

协记烟厂。民国 34 年(1945 年)5 月，日军撤出温州后即搬回原厂房恢复生产。所产“大利”牌卷烟，在上海各大烟厂尚未恢复正常产销前在上海滩风行一时。民国 37 年后成为温州保持经常开工生产的唯一机制烟厂。

东和烟厂。民国 35 年(1946 年)2 月，刘方煜等筹资 300 万元在嘉兴东门大年堂后 34 号开设。雇工 22 人，拥有卷烟机 1 台，厂房包括烟叶、烟丝卷烟成品仓库及烘烟间、锡包间等，生产“猩猩”(SINSIN)牌卷烟，最初每月制销约 30 箱。是年底，厂址迁往南门报忠埭 50 号。民国 36 年初，增资扩产，资本额增为 5000 万元，职工增为 74 人。是年生产“联星”牌卷烟 656 箱，产品除主销当地外还销往江苏镇江等地。同年底，经营困难，加上部分设备损坏，次年初停工，厂方解散全体职工，封存所有机件和原辅材料，宣告停业。

华比烟厂。抗日战争胜利后，在龙泉继续勉强维持生产，后受沪杭烟冲击，经营亏损。民国 35 年(1946 年)11 月底，将全部机件拆除，次年初，迁回上海临潼路复业。

三江烟厂。民国 37 年(1948 年)9 月，洪明道等集资(约值大米 2400 市担)，开设在兰溪县城关。雇工 40 人，拥有卷烟机、切丝机、轧筋机、内燃动力机各 1 台，生产“五丰”“金徽”牌卷烟。开工后适值通货膨胀，又加上新牌卷烟推销困难，只得赊销，工厂入不敷出，时开时停 3 个月后，至年底倒闭。中华人民共和国成立后，增资 7000 余元，购置“新中国”卷烟机 1 台，并经政府多方扶持，动员转业资金 1 万元，恢复生产。

这一时期，全省开工生产的机制烟厂还有：宁波的振兴、得胜、大明、大华、宁波、光华、五丰、行盈、华英、昌明、长生、福众、立兴、福华、浙东、锦丰一厂、锦丰恒记、亚华、华兴、长生、利多等厂；杭州的新中国、福和、企达、建新、金山、南华等厂；建德的协大昌、合新、建国烟厂；萧山的中国福和、华兴烟厂；浦江的营生、康福、仙华、红星烟厂；东阳的永和公司；义乌的福兴、民利、复新、维生烟厂；嵊县的华兴、美成烟厂；诸暨的金国卷烟厂；温州城区的标准、兴华、龙华烟厂；衢县的金城烟厂及嘉兴的大成卷烟厂等。

各地还有一批半机制及手工烟厂（公司），主要有宁波、镇海的永生、中兴、恒兴、华兴、镇成、大华、胜利祥记、胜利正记、长兴、葛泰、信祥、信谊、老裕丰、荣丰、恒利、北洋等烟厂，淳安的兰记、章观润、兄弟、陈云飞、新兴、晋记烟厂，金华的浙东家庭工业社、五和、鸿运、金鑫、大丰、三和、德记、于义兴壬记、正丰、万馨烟厂，兰溪的华兴、和兴、福记、合记、协记、华美、永兴、王仁源、正华、亚华、金狮雄记、新永兴记、复兴、大中华、诸葛记等手工烟厂，瑞安、平阳的华生、中民、裕中、嘉义、浙江、大成等烟厂，温岭的桦兴、桦楠、中国、大陆等半机制烟厂，临海、黄岩的百兴、大美、大明、公正、亥雇生家庭卷烟社等，常山的建华、新华、源胜、白兔、大光华、建国、光华等厂，衢县的华龙、中一、王伦、上海、刘椿记等厂，以及中共组织在嵊县开设的三友香烟公司。

二、中华人民共和国成立后

中华人民共和国成立后，浙江省的卷烟生产企业大致经历了社会主义改造、计划经济和专卖专营等3个时期，生产趋于集中，规模逐步扩大。

（一）社会主义改造时期（1949-10—1956-12）

1949年10月，中国人民解放军浙江省军区为改善部队福利，自筹资金，在杭州开设利群烟厂，生产“红星”等牌卷烟，月产100余箱。年底，驻温州人民解放军部队在市区永川码头创办瓯海烟厂，工人除部队战士外还从地方聘用，设备从协记烟厂借得，月产卷烟400箱，产品除供应部队外，由当地百货公司代销。同年，还设立有桐庐友联烟厂。宁波各烟厂在电力公司被台湾国民党军队飞机炸毁、没有电力供应的情况下，劳资双方合作，采用柴油机或人力积极坚持生产，卷烟产量仍有较大增长。

1950年初春，浙江省人民政府（以下简称省政府）生产科在杭州设立公营福利烟厂。3月，由萧山闻堰烟叶收购商林文龙投资2500元，雇工40余人，租用2部小型卷烟机，在杭州杨绫子巷独资开设友合工业卷烟社。5月，浦江县开设公营新生烟厂，职工16人。杭州利群烟厂从5月1日起增加机器设备和工作人员以扩大生产规模，产品除部队自给外，开始对外营业。7—8月间，杭州有4家私营烟厂成立，分别是邹梦熊等集资创办的勤工烟厂、原萧山闻堰协大烟行转业的协兴烟厂、原上海万源糖行转业的民丰烟厂，以及林文龙、孙斐然、魏祖源等集资7.5万元，接盘原企达和武林烟厂全部机器设备、厂房，接收部分工人，以友合工业卷烟社为基础组成的友合烟厂。是年8月前，还有金华的中国人民解放军第25军军部烟厂、临海地方国营兴华烟厂和富阳益昌烟厂。复业的烟厂主要分布在宁波、温州、金华、台州、临安等专区。其中，宁波一地1950年初在税务局登记注册的机制烟厂有41家，登记注册的手工烟厂30余家，另在农村还有不少未经核准登记的手工烟厂。金华专区复业的烟厂，有兰溪三江烟厂，建德金源昌烟厂，浦江中成、华丰、建成及县工人产销合作社烟厂等10家。温州协记烟厂复业后，因卷烟质量难与沪杭烟相比，且原辅料不足，加上一批原辅料在从沪运温途中遭国民党军舰扣压，于1950年春节前夕停业。1950年夏秋间，一些烟厂盲目扩大生产，在经历霉季市场卷烟滞销后，全省卷烟业生产严重过剩，产品积压、经营亏损等问题充分暴露，盲目生产和不合理经营使多数烟厂濒临停工歇业的境地。10月底，省工业厅召开第一届全省卷烟工业会议，贯彻全国和华东卷烟工业会议精神与卷烟业"以销定产"方针，制定卷烟工业克服生产盲目性和无政府状态的方案。根据华东区卷烟计划生产定额，结合浙江具体情况，分配省内各烟厂1950年10—12月的(机制)卷烟生产任务，规定不得超额生产，将全省的卷烟生产纳入计划轨道。全省生产计划定额每月为5400箱。因计划生产量偏少，各地卷烟一度供不应求，造成全省除金华专区外，手工卷烟的计划外生产盛行，多数机制烟厂从11月起减少开工时间或半开半停，部分地区出现卷烟黑市交易和抢购。12月中旬，第二届全省卷烟工业会议召开，及时调整1950年12月至1951年2月全省的卷烟生产计划，各月产量增至7920箱，卷烟供求得以平衡。其间，为统一领导，省政府生产科管辖的福利烟厂于11月并入利群烟厂。并厂后，利群烟厂继续添置设备增加人员，同时在甬、杭等地设供应站、营业所，对外营业。

表48-3-1-1　　1950年12月浙江省卷烟(机制)生产企业一览表

地　区	厂数(家)	卷烟机数量(台)				职工人数(人)	10—11月平均月计划产量(箱)
		大	中	小	手摇		
杭州市	5	11	—	1	—	794	2326
宁波市	11	9	—	3	—	605	1809
宁波专区	9	—	—	3	7	221	342
温州专区	1	1	—	1	—	112	175
金华专区	12	—	1	3	8	283	344
台州专区	4	—	—	—	5	67	47
临安专区	4	—	3	—	2	206	357
全　省	46	21	4	11	22	2288	5400

资料来源：根据《浙江省烟草志》浙江人民出版社1995年版第167页表格整理。

1951年夏，为改变手工卷烟户生产无组织、零星散漫和半税半漏状况，全省各地工商、税务部门动员手工卷烟户联营，要求其集中生产。年底，经联营、撤并和自动关停，全省核准登记的只占原有厂户的十分之一二，原来手工卷烟户最多的宁波专区也只剩10余家，其他地区除台州还有6家外，基本关停。同时，宁波、金华等地的部分私营机制烟厂开始筹划合营。6月，浦江县中成、华丰、建成、县工人产销合作社4家烟厂私私合营，改名三益合营烟厂，拥有职工近百人，成为当时浦江县规模最大的私营工业企业。8月，宁波福华烟厂和浙江合记烟厂实行合营，成立中国联工烟厂。宁波裕昌烟厂并入七星烟厂。11月1日，经宁波市政府工商局同意成立中国裕星烟厂股份有限公司，并被批准核转为中央私营企业。11月开始，宁波的裕星、馥众烟厂全部产品接受中国百货公司委托加工并进行产品包销。12月，建德金源昌烟厂根据厂长金忠汉的申请实行公私合营，更名公私合营建德烟厂。

1952年，公营和公私合营烟厂在政府的支持下，经营继续得到发展。4月，杭州利群烟厂从部队移交地方，归属杭州市企业局，改称地方国营利群烟厂。全省私营烟厂大多受资金不足的制约，生产困难。规模小、技术弱的部分机制烟厂和各手工烟厂，被相继淘汰。其中温州瓯海烟厂、奉化的中国裕生工记、镇海的龙山信谊、庄市荣丰、杭州市区的民丰、富阳益昌、临海兴华、海门大明、温岭新民烟厂等于是年或次年关闭。

1953年初，全省机制卷烟厂减为21家，其中地方国营2家，公私合营1家，其余均为私营厂，分布于杭州、宁波、金华、温州等地。时值私营金融业社会主义改造，靠银行贷款和落后的商业信用维持周转的私营烟厂，其技术落后、产品质量差、成本高、浪费大、投机性强的弱点充分暴露，全省有4家私营烟厂申请关闭。第三季度开始，省专卖事业公司依照上级关于逐步扩大卷烟包销范围的指示，开始包销全省公私营烟厂产品，并对私营烟厂逐步进行社会主义改造。宁波等地私营烟厂先后接受政府委派的税务驻厂员和公营银行贷款，发动职工参加生产管理。加上受华东区采取上海各烟厂减少30%丁级烟产量，以减轻其对周围省区小型烟厂压力的政策影响，全省中小烟厂产品销路不畅的情况得到缓解，生产经营逐步恢复正常。至1953年12月，全省17家烟厂由专卖事业公司包销产品的有15家。第四季度包销、代销、收购的卷烟占该季产量的71%，年底升至84.6%。

1954年2月，为解决卷烟生产原料不足、价格不一、质量低劣、成本偏高等问题，省财经委召开全省卷烟专业会议，要求各厂卷烟生产统一配方、统一规格、固定成本，同时拟定卷烟供产销平衡方案从3月4日起下达各地贯彻执行。4月，杭州市友合、勤工、协兴3家私营烟厂为摆脱卷烟生产困境，申请私私合营；9月，完成合营改组，更名杭州友合烟厂，从业人员391人（含资方16人），固定资产和流动资金总值9.4万元；其产品从12月起由省专卖事业公司包销改为加工。

1955年，全省卷烟业的社会主义改造步伐加快，主要是部分私营烟厂之间私私合营。5月，温州协记烟厂申请歇业，获准后全部机器和部分工人并入杭州地方国营利群烟厂。8月，宁波联工烟厂与英雄烟厂私私合并，以联工烟厂为厂址。10月5日，裕星、华盛、馥众烟厂经批准合营，裕星、馥众二厂迁入华盛烟厂集中生产，仍称中国裕星烟厂股份有限公司。富阳利民烟厂则因产品质量差，先后丧失产品包销和银行贷款等条件，10月关闭解散。11月，桐庐友联、裕华烟厂私私合营，友联并入裕华，并厂后职工百余人，厂房面积500平方米。

1955年底始，全省卷烟工业进行公私合营。11月，私营联工烟厂改组为公私合营企业，全厂生产、经营、财务、计划等事务均在公方代表领导下进行。年底，裕星烟厂与联工烟厂进行合营,更名公私合营联工烟厂,政府代表曹富卿任董事长兼厂长,私方代表李永庆、王光明、张廉海、胡思明为副董事长兼副厂长,厂址在江东工业区原华盛烟厂内,资本总额25.2万元(其中公股2.5万元,私股22.7万元)。至此,宁波市卷烟厂只剩公私合营联工烟厂一家。1955年底,杭州友合烟厂申请提前公私合营;次年1月9日,改组为公私合营烟厂,有职工345人(含资方人员16人),党支部书记杨余根、公方代表蒋世杰、私方厂长孙斐然、第一副厂长袁正纲;5月,公私合营友合烟厂与地方国营利群烟厂合并;6月1日,所有生产经营事务由合并后的地方国营利群烟厂统一管理。1956年2月,桐庐裕华烟厂和浦江三益烟厂先后公私合营,分别成立公私合营桐庐烟厂和公私合营三益烟厂(浦江新生烟厂在年初并入三益烟厂)。5月,兰溪三江烟厂也实行公私合营。接着,按省政府对卷烟业的统筹布局,贯彻就地淘汰小烟厂的政策,根据省工业厅和当地工业局的意见,兰溪三江烟厂、浦江三益烟厂于8月并入地方国营利群烟厂,就地淘汰的公私合营建德、桐庐两烟厂部分职工也于10月安置到利群烟厂。经企业归并,地方国营利群烟厂共有职工823人,卷烟机16台、切丝机12台、抽梗机6台及多种附属设备。

1956年后,全省卷烟厂只剩下杭州地方国营利群烟厂和宁波公私合营联工烟厂两家,共拥有卷烟机33台,切丝机38台,职工1320人,资方人员30余人。两厂扩建厂房,增添设备,加强企业管理,建立职能科室并配备管理人员,还着手改善职工生活,将广大职工包括资方人员的积极性引导到生产上。1956年,全省共产卷烟8万余箱,比合营前增长17.6%。

(二)计划经济时期(1957—1984年)

1.企业调整发展时期(1957—1963年)

1958年,省内烟厂开始生产乙级卷烟,结束全省长期以来只生产丙级以下低档烟的历史。全省卷烟产量突破10万箱。利群、联工两厂从提高生产能力、节约原材料和劳动力、减轻劳动强度、提高产品质量及劳动生产率等方面出发,开展群众性技术革命和技术革新运动,在材料匮乏和缺少专门技术人员的条件下,自力更生,先后自制成功烟叶发酵设施、烟叶解把机、除什机、卷烟机部件、小包包装机、条包机等多种机器。其中,联工烟厂的小包封口机被全国卷烟业同行称为“宁波式封口机”。各道工序基本实现卷烟生产的半机械化和机械化,连续化程度及生产效率大幅度提高。利群烟厂包装车间实现机械化操作,日产水平由235箱提高到350箱。1959年9月,联工、利群烟厂分别首次试制成功甲二级“祖国”牌和“杭州”牌卷烟,作为国庆10周年献礼产品。是年,全省共产卷烟12.5万箱,比上年增长23.8%。联工烟厂实现大小革新185项,其中重大革新23项,连续3次被评为宁波市技术革新标兵单位。

1960年,全省卷烟原料供应严重不足,全年省外调入烤烟仅为1958年的50%。利群、联工两厂在省、市有关部门的支持下,抽调人、财、物力,先后在遂昌、萧山、兰溪等县建立烤烟原料基地,同时组织力量深入省内各晒烟产地参与烟叶生产,组织晒烟货源。4月初,开始慎重地采用一定比例的非烟叶原料经技术处理后作丙级以下卷烟的填充料,以弥补烟叶不足,维持卷烟生产。1961年,卷烟业继续受烟叶原料制约,产量下降到1958年前的水平,仅8.2万箱。1962年,通过抓原料基地建设,开展用卷烟和其他物资换购烟叶,加强计划内烟叶的催调,浙江卷烟生产回升。是年,全国卷烟产量比1957年下降45.3%,而浙江比1957年增长32%。其间,地方国营桐乡雪茄烟厂曾生产少量试制品卷烟,嘉兴民政福利部门开设的烈军属香烟厂生产少量“南湖”牌卷烟。此外,金华、温州、建德、海宁、新昌、嵊县、义乌等地也出现了一些小烟厂和手工卷烟户。

1963年5月,开始取缔各地开设的非定点烟厂(车间),以充分合理地利用有限的烟叶资源,提高卷烟质量,增加财政收入。11月,除轻工部定点的杭州利群烟厂、宁波联工烟厂和省定点的桐乡雪茄烟厂(该厂当时不产卷烟),各地未经定点的小烟厂相继关停。下半年,利群、联工烟厂贯彻《国营工业企业管理工作条例(草案)》(即“工业七十条”)精神,全面整顿企业管理工作,合理调整劳动组织,开展设备挖潜革新运动,卷烟年产量迅速增至19.06万箱。年底起,随着烟叶原料供应状况的逐步好转,使用填充料的范围缩小,使用量大为下降。

2.**加入中国烟草工业公司(托拉斯)时期**(1964-01—1969-06)

1963年7月,根据中央人民政府决定,轻工业部试办中国烟草工业公司(托拉斯),对卷烟工业集中统一管理,对烟叶、复烤、调拨统一经营,实行产、供合一的管理体制。1964年1月1日,地方国营利群烟厂和公私合营联工烟厂上划为轻工业部部属企业,由中国烟草工业公司上海分公司主管,并分别更名国营杭州卷烟厂和公私合营宁波卷烟厂。上划后,实行集中统一的企业管理,各厂在设备上进行填平补齐的配套,采取多种措施提高产品质量。1964年底,全省卷烟工业企业拥有职工1322人,年产卷烟20.33万箱,总产值8378.42万元。

1965年5月18日,杭州卷烟厂被第一轻工业部列为1964年轻工业主要产品主要技术经济指标先进企业,成为全国烟草行业学赶对象。轻工业部、中国烟草工业公司先后两次派工作组到杭州卷烟厂总结企业管理先进经验。6月,省内卷烟厂实行统一配方、统一牌号生产,原有15个牌号精减为两厂共同使用的7个牌号。两厂先后开展设备革新,主要有配合第一轻工业部烟草工业科学研究所研制成功卧式打叶机并投入使用,开始以打叶代替抽梗的工艺改革;真空回潮机代替蒸叶机、回软房;旋转式切丝机代替上下式切丝机;铁格车代替木盘装烟、烘烟,使产品质量、生产效率有了提高,劳动条件得以改善。杭州卷烟厂成功革新双烟库包装机和小包、条包单机联合。

1966年“文化大革命”开始后,各烟厂原职能部门被取消,成立政工、后勤、生产等大组。1967年,杭州卷烟厂因派性斗争,工人出勤率下降,一度出现半停工状态,日产卷烟从385箱降至200箱左右;8月24日起,宁波烟厂因天旱停水、断煤,一度停产。全年全省卷烟产量比上年下降14.35%。1968年,根据中国烟草工业公司关于增开三班制生产,以最快速度增加卷烟产量的指示,全省迅速组织进行局部三班制。经烟厂广大职工努力,卷烟生产得以恢复。

3.**企业重新划归地方管理时期**(1969-07—1984-12)

“文化大革命”期间,卷烟工业集中管理的模式遭到批判。1969年,中国烟草工业公司撤销。7月1日起,卷烟工业企业管理权下放地方,杭州卷烟厂和宁波卷烟厂分别划回杭州市和宁波地区轻工业局领导,上属省轻工业厅。10月12日,杭州卷烟厂被定为对外开放单位。是年,各卷烟厂全都实行三班制生产,全省卷烟产量26.82万箱,比1967年增产近四成。1970年,全省卷烟生产稳步发展,职工增至1672人,卷烟产量达31.93万箱。

1971年7月，宁波卷烟厂经4年努力，建成年生产能力15万箱的主厂房并投产，全厂建筑面积增至8567平方米。同年，杭州卷烟厂率先在省内试产滤嘴烟成功。1972年，杭州卷烟厂拆除部分旧厂房，在原地域内建成7578平方米的制丝、卷烟、包装和仓库用房，并投入使用。1973年，轻工业部提出关于“加快步伐赶杭州卷烟厂”的号召。1977年，各烟厂领导班子得到调整、充实，企业着手治理整顿。1978年，杭州卷烟厂、宁波两卷烟厂分别扩建生产车间，并增置卷烟设备，扩大生产滤嘴烟。年底，全省卷烟工业企业拥有职工2098人，固定资产774万元，年产卷烟45.21万箱，经济效益在全国同行中领先。1979年，各厂加强定额管理和经济核算，将指标落实到科室、部门和车间。10月1日，杭州卷烟厂、宁波卷烟厂被定为全省扩大国营工业企业经营管理自主权试点单位。为适应人民生活水平提高和旅游事业发展，各厂扩大了滤嘴烟生产。1979年底，杭州卷烟厂从制丝到卷接、包装配套成龙的滤嘴烟联合生产车间建成投产；次年，又自制成功滤嘴棒成型机，自产滤嘴棒，为调整产品结构创造了条件。同时，两厂还着手改造老式卷烟机，以提高产品质量，增加产量。1980年，杭州卷烟厂的劳动生产率、单箱卷烟创利润和单箱卷烟制造费用3项指标居全国同行业首位。是年，全省卷烟产量突破60万箱。

1981年，开展增产节约运动，并开始实行经济责任制。杭州卷烟厂、宁波卷烟厂再次增添滤嘴烟生产设备，全省滤嘴烟日产量从原来的五六十箱增至150箱。是年9月7日凌晨，杭州卷烟厂卷烟车间发生火灾，烧毁房屋2020平方米及一部分设备、卷烟半成品和原料，损失19.98万元。经省、市领导和有关部门及宁波、上海等兄弟卷烟厂的支持援助和全厂职工的共同努力，生产很快恢复，当年超额完成国家生产计划。1982年，杭州卷烟厂、宁波卷烟厂被列入全国30个大中型卷烟企业。1984年，原生产雪茄烟、已处于半停产状态的桐乡雪茄烟厂经批准开始生产卷烟，并与杭州卷烟厂开展横向联营。第三季度，杭州卷烟厂对开封烟厂进行技术转让，出让“西湖”牌卷烟生产技术，把对方的原料优势和浙江的市场与技术优势结合起来，互惠互利。是年，全省卷烟产量超过80万箱。

（三）专卖专营时期（1985—2010年）

1. 1985年上划为中央企业

1981年5月18日，根据烟草行业的特点和国内外烟草管理的经验，国务院批转轻工业部《关于实行烟草专营的报告》，并指出：“为了加强对烟草的集中管理，改善市场卷烟供应，增加国家财政收入，决定对烟草行业实行国家专营，成立中国烟草总公司，并授予一定的行政管理权力。”1982年1月1日，中国烟草总公司正式成立，对烟草行业实行产供销、人财物、内外贸集中统一管理。

1984年12月30日，浙江省计划经济委员会和中国烟草总公司签署《关于中国烟草总公司浙江省公司上划交接协议书》。从1985年1月1日起，浙江省烟草公司（以下简称省烟草公司）和所属企业划归中国烟草总公司，实行中国烟草总公司和地方政府双重领导，以中国烟草总公司为主的管理体制。1985年，杭州卷烟厂、宁波卷烟厂和桐乡雪茄烟厂分别于5月15日、6月20日和8月1日上划为中央企业，归省烟草公司统一管理。是年底，全省卷烟工业企业职工 4200 人，固定资产 3764 万元，主要设备有各类制丝设备 44 台，卷烟机 158 台，滤嘴接装机 39 台，卷接机 7 台，包装机 59 台，滤嘴包装机 24 台。

2. 体制与机制改革时期（1986—2010 年）

1986 年，省烟草公司为探索企业改革搞活的新路子，制定下达《加强工业企业活力的暂行办法》，扩大企业自主权。11 月，杭州卷烟厂率先在全省烟草行业实行厂长负责制和厂长任期目标责任制。1987 年，宁波卷烟厂、桐乡雪茄烟厂也先后实行厂长负责制。杭州卷烟厂、宁波卷烟厂开始在少数车间进行承包经营责任制试点。

1992 年，浙江省烟草专卖局（以下简称省烟草专卖局）决定，宁波、杭州卷烟厂和省烟草公司宁波、杭州卷烟调拨站进行"厂站合一"；嘉兴卷烟厂设立卷烟调拨站，实行两块牌子、一个法人代表。自此，卷烟生产企业有了自主经营权。

20 世纪 90 年代初期，全国卷烟产大于销，以生产中低档烟为主的浙江卷烟工业产销量逐年下降，省产卷烟产销量由 80 年代中期的 90 多万箱降到了 90 年代初的 70 多万箱。1994 年浙江烟草行业实施"名牌工程"，"大红鹰"等传统品牌改造先后获得成功；1995 年，省烟草专卖局（公司）提出"84 工程"，当年省产卷烟产销量由 76 万箱增至 84 万箱；随后实施了"名牌翻番工程""中档烟攻坚工程""中档烟上规模工程""大品牌工程""名牌拓展工程""123 提升工程"（以强化大品牌为龙头，加快销售、专卖、信息三网建设，实现"双百"目标，即产量达百万箱、效益超百亿元），使浙江卷烟工业的税利从不足 10 亿元上升到近 70 亿元。

1996 年 1 月，经省烟草专卖局研究决定，报国家烟草专卖局批准，杭州卷烟厂（调拨站）兼并嘉兴卷烟厂（调拨站），原嘉兴卷烟厂（调拨站）对外挂牌为杭州卷烟厂分厂和杭州卷烟调拨站分站。在当时财税体制下，考虑财政利益关系，从合并开始到最终形成一个法人，实行过渡，过渡时间为 1～2 年。过渡时期，分厂、分站暂保留法人资格。

2003 年，全国烟草行业实行省级公司工商管理体制分设的改革。7 月，浙江中烟公司成立，下属杭州卷烟厂、宁波卷烟厂。

2004 年，杭州卷烟厂根据《国家烟草专卖局关于印发〈10 万箱以下卷烟工业企业组织结构调整规划〉的通知》精神，于 12 月 31 日关闭杭州卷烟厂嘉兴分厂。

2006 年 9 月，浙江中烟公司和所属杭州卷烟厂、宁波卷烟厂实行联合重组，两厂取消法人资格，实施浙江中烟公司、杭州卷烟厂、宁波卷烟厂"三位一体"后的浙江中烟公司实体化经营。自此，浙江中烟公司成为浙江卷烟工业唯一的卷烟制造企业。

（四）主要企业

浙江省主要的卷烟生产企业曾经有杭州卷烟厂、宁波卷烟厂、嘉兴卷烟厂，现为浙江中烟公司。

1. 杭州卷烟厂

杭州卷烟厂位于杭州市区中山南路 77 号。1949 年 10 月，由中国人民解放军浙江省军区创建，原名利群烟厂。建厂初期，全厂职工 39 人，厂址租在南山路周元公寺，当年生产卷烟 346 箱。1950 年，迁至万松岭东麓静修庵内，并以万松岭地藏殿做原料仓库、上仓桥严官巷亭水寺为职工宿舍，房屋建筑总面积2320平方米，职工285人，年产卷烟6140箱。从此有了“三座破庙起家”的企业发展史。建厂初期，设备只有卷烟机、上下式切丝机、磨刀机、压梗机、火力烘丝机各1台，设备机械结构简陋，烟叶去梗、烟支包装均用手工操作，工艺落后。仅生产“红星”“军人”等几个牌号的丙、丁级卷烟。

1950年11月，公营福利烟厂并入。1952年4月，利群烟厂移交地方隶属杭州市企业局；同年10月，转属市工业局，改称地方国营利群烟厂。1955年5月，温州协记烟厂、杭州公私合营友合烟厂并入；8月，兰溪三江烟厂、浦江三益烟厂并入；10月，就地淘汰的公私合营建德、桐庐两烟厂部分职工并入。1956年，职工人数增到823人，占地面积增到2.52万平方米。1958年后，经群众性技术革新，增添自制设备，主要工序初步实现机械化和连续化生产，基本消灭手工操作。20世纪50年代末和60年代初，先后开发“新安江”“雄狮”“杭州”“西湖”“利群”牌卷烟，开始生产乙级烟和甲级烟。60年代开始，企业先后投入卧式打叶机、真空回潮机、旋转式切丝机、双烟库包装机和小包、条包单机联合、LB2-15型链板式贮丝机、GL209型醋酸纤维滤嘴成型机、1000千克全叶打叶机等设备，并自制成功垂直送丝装置、首创电脑控制轨道车送烟丝系统、成品翻叠箱机、梗丝膨胀设备、薄荷加香工艺等，设备、工艺能力大为提高。1964年1月，上划为轻工业部部属企业，由中国烟草工业公司上海分公司主管，更名国营杭州卷烟厂。1965年，轻工业部、中国烟草工业公司两次派工作组到杭州卷烟厂总结企业管理先进经验，提出“全国学徐（徐州卷烟厂）、杭（杭州卷烟厂）”的口号，并在全国烟草行业掀起学“徐、杭”高潮。1969年7月，企业管理权重新下放到地方，归杭州市轻工业局管理。1971年，开始生产滤嘴烟。1973年3月，轻工业部提出“鼓足干劲学上海手表厂、只争朝夕，加快步伐赶杭州卷烟厂、力争上游”的口号，促使杭州卷烟厂成为全国轻工业两个学赶对象之一；是年，产量超过21万箱。1979年，被中共浙江省委（以下简称省委）、省政府命名为“大庆式企业”。1980年，产量超30万箱。1982年，杭州卷烟厂被列入全国30个大中型卷烟企业。1984年7月，首次与开封卷烟厂联营加工简装“西湖”牌卷烟；是年，产量超过40万箱。1983—1985年，成为全国烟草行业和浙江省工交、商业企业唯一连续3年被国家经济委员会授予的“全国工业交通商业系统经济效益先进单位”。

1985年5月，杭州卷烟厂上划为中国烟草总公司直属企业，由省烟草公司主管。为了加快企业技术改造步伐，吸收和消化国外先进技术，“七五”期间（1986—1990年）开始引进国外技术先进的卷烟机和包装机组并陆续投产。主骨干产品以“杭州”“西湖”牌卷烟为代表。1987年，因开展“双增双节”活动，提高经济效益显著，成为全国烟草行业唯一被国家烟草专卖局和中国烟草总公司通报表彰单位；是年，被省政府评为1986年度“省级先进企业”。1988年，成为全国烟草行业首批“国家二级企业”。1989年，被国家烟草专卖局和中国烟草总公司授予“全国烟草系统先进集体”称号。1993年，国家烟草专卖局将杭州卷烟厂列为行业第二批百分之十重点技术改造（也称“九五”技改期）单位；是年，停止无嘴烟生产。1994年，被评为“浙江省优秀企业”。1994—1995年，老牌翻新改造“雄狮”“新安江”“利群”牌卷烟，“利群”牌卷烟以醇和淡雅的风格，获得消费者认可。1995—1999年，“杭州”“利群”牌卷烟连续被国家烟草专卖局授予“全国名优卷烟牌号”。1996年1月，获国家烟草专卖局颁发的“烟草行业质量效益型先进企业”称号。1998 年，启用 5.1 万平方米的新主厂房和 1.7 万平方米的综合科技楼，卷烟年产量超 50 万箱，被评定为“浙江省五星级企业”。1999 年，百分之十重点技改全面完成投入生产；是年，被评为“全国推行全面质量管理先进企业”。2000 年初，推出长嘴“利群”；10 月，推出中低焦油“利群”。2000—2001 年，均被评为“全国质量效益型先进企业”称号。2001 年，卷烟产量超 60 万箱。2002 年，被授予“全国质量管理先进企业”称号。2003 年 7 月，因省级烟草公司工商管理体制分设，划归浙江中烟公司主管。2004 年，“利群”“雄狮”“新安江”“西湖”4 个牌号入选国家烟草专卖局重点发展的“百牌号”目录，当年卷烟产量达 70 余万箱。2004—2005 年，被国家统计局列入“全国工业重点行业效益十佳企业”。

2005 年，企业占地面积 6.6 万平方米，员工 1184 人，年产卷烟接近 90 万箱，其中：“利群”系列销量达到 32 万箱，“雄狮”系列销量达到 20 万箱，“新安江”系列销量达到 10 万箱，“西湖”系列销量达到 23 万箱，四大系列总量约占年产量的 94.5%。拥有 2 条从德国引进的各 4000 千克/小时 HAUNI 制丝线，20 台套德国进口 PROTOS 型卷接机，22 台套意大利进口 GD 型包装机，6 组意大利产自动封箱机，2 台码垛机，7 组 KDF2 滤棒成型机。

建厂至 2005 年，累计生产卷烟 1639 万箱，累计创税利 399 亿元。

2006 年，杭烟取消法人资格，更名为浙江中烟工业公司杭州制造部（2011 年 2 月变更为浙江中烟工业有限责任公司杭州卷烟厂）。

表 48-3-1-2　　1949—2005 年杭州卷烟厂主要经济指标一览表

年份	卷烟产量（箱）	销售收入（万元）	税利总额（万元）	职工人数（人）	年份	卷烟产量（箱）	销售收入（万元）	税利总额（万元）	职工人数（人）
1949	346	—	—	39	1962	63328	2000	1385	651
1950	6140	121	—	285	1963	97151	3266	2404	668
1951	15209	456	—	456	1964	97646	4049	2915	666
1952	10847	—	175	392	1965	103034	3882	2710	617
1953	14761	452	273	422	1966	116184	4447	3182	614
1954	17213	273	658	368	1967	93467	3790	2660	632
1955	16879	221	708	367	1968	120350	4768	3351	846
1956	41942	379	789	823	1969	172261	6962	4861	871
1957	49049	516	910	766	1970	179859	7268	4987	909
1958	50044	945	1088	740	1971	182181	7601	5228	907
1959	64380	2159	1448	757	1972	188459	7940	5483	897
1960	50867	1520	983	617	1973	210540	9256	6508	868
1961	42570	1312	891	600	1974	197686	8973	6257	913

续表

年份	卷烟产量（箱）	销售收入（万元）	税利总额（万元）	职工人数（人）	年份	卷烟产量（箱）	销售收入（万元）	税利总额（万元）	职工人数（人）
1975	162051	7725	5333	891	1991	458455	82479	53727	2523
1976	179037	8462	5863	881	1992	485062	96028	55907	2477
1977	223737	10375	7191	958	1993	450310	114238	42771	2205
1978	235117	11293	7800	919	1994	461559	90170	57487	2119
1979	261218	13136	9094	1182	1995	500204	101141	53750	2050
1980	319800	15712	10818	1212	1996	522134	122719	43449	1940
1981	323251	18733	12418	1382	1997	515844	162104	100938	1901
1982	349050	25255	14868	1582	1998	580958	227495	103078	1359
1983	382058	28557	16631	1760	1999	604696	278078	165099	1404
1984	410828	32226	20056	1747	2000	616845	306616	211121	1218
1985	445381	37927	26287	1808	2001	642848	456010	310715	1182
1986	457527	44360	30524	1997	2002	664821	566395	410695	1158
1987	457560	51464	34859	2244	2003	683379	710629	528181	1168
1988	445089	62108	40851	2379	2004	762377	941860	701163	1173
1989	450536	72074	45368	2450	2005	899578	953337	761624	1184
1990	460159	78657	54573	2502					

资料来源：《杭烟数据宝典》《烟草系统统计年报》和国家烟草专卖局网站的行业统计年报。

2. 宁波卷烟厂

宁波卷烟厂位于宁波市江东工业区曙光路109号。宁波卷烟厂前身为公私合营联工烟厂。1951年8月，私营福华烟厂和私营浙江合记烟厂合营，成立中国联营烟厂；1955年6月，英雄烟厂并入中国联营烟厂，年底，裕星烟厂与中国联营烟厂合营，成立公私合营联工烟厂，隶属宁波市工业局。1956年，有职工598人，卷烟机17台，固定资产29.8万元，年产卷烟3.4万箱，只能生产丙、丁级及以下等级的少数几个牌号的卷烟。

从1957年起，联工烟厂开展技术革新运动，至1959年，共实现大小革新185项，其中重大革新有23项。1959年，在省内首先生产甲级“祖国”牌卷烟。1960年，卷烟生产中机械化半机械化程度提高到91.91%。1964年1月，上划为轻工业部部属企业，由中国烟草工业公司上海分公司主管，更名公私合营宁波卷烟厂。1967年，经中国烟草工业公司上海分公司批准，宁波卷烟厂进行厂房的更新改造。1971年，建成年产15万箱卷烟的主厂房，建筑面积8567平方米，卷烟机增加到24台，还添置了真空回潮机、立式打叶机、旋转式切丝机，并与上海食品设计院联合试制成功全国卷烟行业中最新式的传送装置——垂直振槽输送装置。1969年7月,企业管理权重新下放到地方,归宁波市轻工业局领导。1976年,开始滤嘴烟生产,并被评为省级先进单位。1977年,卷烟产量达到20万箱。1979年,获“大庆式企业”称号。1981年,卷烟产量达到30万箱。1982年,宁波卷烟厂被列入全国30个大中型卷烟企业。1983年起,连续3年被国家烟草专卖局评为“全国烟草行业经济效益先进单位”。

1985年6月,宁波卷烟厂上划为中国烟草总公司直属企业,由省烟草公司主管;当年卷烟产量达到40万箱。1988年,被评为“省级先进企业”。1989年,成为“国家二级企业”。经过“七五”(1986—1990年)技改,设备从总体上进行了更新换代,陆续引进国际上先进的MK9-5机组、SASIB横包机组、MK9N二手设备、DADTCN型双元滤嘴成型机、LOGA-2卷烟机、仿联邦德国豪尼气力输送喂丝机等先进设备,建成能年产50万箱卷烟的21315平方米的主厂房,引进一条5000千克/小时制丝线。1991年,“鹿城”卷烟在全省率先出口。1992年9月,干冰膨胀烟丝工程验收交接,对提高卷烟工艺水平、降低焦油含量和烟叶耗用量起到较好的作用。1993年,停止无嘴烟生产;同年8月,中国烟草总公司与美国菲利普·莫里斯公司签订合作生产协议,宁波卷烟厂成为中国烟草行业最早对外合作来牌加工的生产企业之一。1994年6月,宁波卷烟厂与菲利普·莫里斯公司合作的来牌加工“Red&White”(红白)牌香烟投入生产;当年,宁波卷烟厂与平阳烟草公司联合改造老牌“大红鹰”,在北京举办的中国卷烟批发市场首次竞价中,经8次竞价,以最高价93元/条一锤定音,取得轰动效应。1995年,“八五”(1991—1995年)技术改造全面竣工,为完善工艺、降低消耗奠定了基础,也为“大红鹰”品牌发展提供了工艺和技术上的保障;这年,再次与菲利普·莫里斯公司合作生产共同牌号“奥士派”,当年生产1099箱,至1998年,4年累计生产10.02万箱,全部出口。1996年,被国家烟草专卖局列入全国烟草行业百分之十重点改造企业。1999年,被中华全国总工会授予全国“五一劳动奖章”单位。2002年,企业通过ISO9002—2000版质量管理体系审核。2003年7月,因省级烟草公司工商管理体制分设,划归浙江中烟公司主管;9月,“九五”(1996—2000年)期间百分之十重点技术改造主体工程竣工,并通过国家烟草专卖局验收。先后建成主厂房、科技综合楼、自动化成品库、自动化物流系统等项目,企业生产经营环境得到了改善;这年,开发了长嘴“大红鹰”产品。2004年,完成主厂房增加工程,新建一条4800千克/小时在线膨胀制丝生产线,理顺工艺线路;增加部分卷接、包装、滤棒成型及封箱设备;新建一座原、辅料立体高架库(总建筑面积4260平方米),与原有的成品库系统、封箱系统、条包输送系统等形成一个完整的现代化物流系统;“大红鹰”“五一”“上游”品牌入选国家烟草专卖局“百牌号”目录;被国家统计局授予“全国工业重点企业行业效益十佳企业”荣誉称号。

2005年,企业占地面积15万平方米,资产总额59亿元,固定资本17亿元,员工1656人,年产卷烟51万箱。拥有从意大利卡马斯(COMAS)公司引进的1条6000千克/小时制丝线,17台套PROTOS-GD卷接包设备。

1955—2005年,宁波卷烟厂累计生产卷烟1232万箱,创税利250亿元。

2006年,宁波卷烟厂取消法人资格,更名浙江中烟工业公司宁波制造部(2011年2月变更为浙江中烟工业有限责任公司宁波卷烟厂)。

表 48-3-1-3　　1955—2005 年宁波卷烟厂主要经济指标一览表

年份	卷烟产量（箱）	工业总产值（万元）	税利总额（万元）	职工人数（人）	年份	卷烟产量（箱）	工业总产值（万元）	税利总额（万元）	职工人数（人）
1955	25511	756	—	569	1981	303670	16017	10469	1332
1956	34439	998	—	598	1982	331096	19320	13270	1626
1957	41986	1218	—	651	1983	343791	20599	13955	1683
1958	50581	1838	421	674	1984	371242	22851	16561	1767
1959	58372	2432	1276	775	1985	400652	26783	21955	1906
1960	47854	1810	95	760	1986	415232	31493	25977	1952
1961	38852	1645	838	694	1987	420043	34381	29315	2114
1962	57209	2374	1233	568	1988	430056	38756	29343	2212
1963	92572	3950	2283	680	1989	352752	34248	33909	2204
1964	93483	4122	2802	656	1990	317754	54280	31949	2153
1965	100452	3735	2445	651	1991	267032	55456	27470	2171
1966	110905	4298	2768	625	1992	320000	64698	34186	2233
1967	101045	4100	2562	630	1993	267351	54655	32571	2117
1968	95068	3871	2483	628	1994	270028	62905	38235	1963
1969	95914	4262	2710	629	1995	320061	78433	49246	1876
1970	139358	6021	3846	758	1996	335702	68584	64055	1849
1971	145273	6480	4090	808	1997	325346	73576	77305	1833
1972	167771	7399	4715	842	1998	341471	85225	176645	1504
1973	199525	8753	5685	829	1999	352666	98228	256529	1819
1974	185279	9015	5802	829	2000	375235	106464	315857	1811
1975	182905	8797	5759	812	2001	409424	118624	354742	1707
1976	170674	8561	5636	822	2002	427469	496716	315753	1781
1977	200042	9748	6551	842	2003	446158	514835	329585	1748
1978	217012	10892	7250	1070	2004	516303	592931	352597	1711
1979	236632	12485	8198	1059	2005	510782	517106	316045	1656
1980	285561	14508	9526	1195					

资料来源：《宁波卷烟厂厂志》《烟草系统统计年报》和国家烟草专卖局网站的行业统计年报。

3. **嘉兴卷烟厂**

嘉兴卷烟厂位于桐乡市，厂址桐乡市环城南路137号，厂区占地63亩。原名乌镇制烟厂、桐乡雪茄烟厂，厂址在桐乡县乌镇。

嘉兴卷烟厂系由乌镇制烟厂（后曾为桐乡雪茄烟厂）发展而来。乌镇制烟厂于1956年3月，由乌镇万盛森、张同泰、董泰记等5户私营烟丝作坊合并成立公私合营乌镇制烟厂，归属桐乡县人民委员会手工业管理科领导。同年12月，与乌镇制烟生产合作社合并，经济性质改为集体，企业转属县手工业联合社领导。1958年5月，恢复乌镇制烟厂名称（合作工厂），先隶属桐乡县工业交通局，后重归县人民委员会手工业管理科领导。1960年9月，划归县商业局领导。1961年9月，企业由合作工厂转为公私合营，经济性质转为全民所有制。1966年10月，更名为国营乌镇烟厂。1956年建厂后的10多年时间，以生产烟丝为主，基本保持原来手工业作坊的生产形式和规模，设备简陋，厂房陈旧，生产经营一直没有得到发展。

20世纪70年代后，利用当地生产晒红烟原料的优势，着手开发生产雪茄烟。1972年4月，试制成功淡味型二级"桐乡"牌手工半叶卷雪茄，在全国雪茄烟评吸鉴定会上获得好评，从而得到上级重视和支持。1975年秋季广交会后，"熊猫"牌雪茄烟赢得外贸出口。1976年，开始生产机制雪茄型卷烟。1978年6月，改名地方国营桐乡雪茄烟厂，并于7月1日划归县工业局归口管理。1978—1979年，使用省拨技改基金36万元，新建制丝车间、增添卷烟机等配套设备，扩展雪茄烟生产。先后生产手工半叶卷雪茄烟6个牌号、11个品种，机制雪茄型卷烟9个牌号、11个品种。1981年8月，省轻工业公司与厂协议联合经营，移地桐乡县城扩建新厂。1982年底，新厂竣工投产，乌镇老厂改为分厂。厂址前临320国道，后靠京杭大运河，水陆交通方便。厂区面积6.18万平方米，建筑面积3.53万平方米。1983年5月，经国务院批准成为国家定点卷烟工业企业。1984年，原生产雪茄烟、已处于半停产状态的桐乡雪茄烟厂经批准开始烤烟型卷烟生产，并在省食品工业公司和省糖业烟酒公司协调下，从6月起与杭州卷烟厂开展横向联营，加工生产"雄狮""旗鼓""新安江""大红花"等牌号卷烟。

1985年8月，上划为中国烟草总公司直属企业，由省烟草公司主管。1986年起，与郑州烟草研究所（院）联营，共同开发混合型卷烟，先后研制出"金南湖""苏杭"和"烟雨楼"3个牌号、4个品种。1988年后，先后开发"苏杭""力得胜""凌霄"等5个牌号烤烟型卷烟，并在省烟草学会组织下，与科研单位协作，研制成功"福音"牌新混合型（安全型）卷烟。1989年5月，经国家烟草专卖局批准，更名为嘉兴卷烟厂。1990年，甲、乙级滤嘴精装卷烟量占总产量的62.24%。"西湖"半叶卷雪茄和84毫米"苏杭"混合型卷烟被评为省优产品。1991年，开发出"狼"和"故宫"两个品牌烤烟型卷烟。1992年，经"七五"（1986—1990年）技改，1500平方米厂房土建和水电基础设施安装结束。全厂技术装备得以更新，安装使用的主要专用设备有制丝设备14台（组）、卷接包设备43台（组）、滤嘴成型设备3台，从而形成烤烟型、混合型2条生产线，年卷烟生产能力达到10万箱。同年，嘉兴卷烟厂"八五"（1991—1995年）技术改造项目获得国家烟草专卖局批复，主要内容为：更新梗丝处理线关键设备和部分卷接包设备，改建卷接包车间，项目总投资1300万元。1993年，嘉兴卷烟厂与平阳烟草公司签订了共同投资培育开发烤烟型"红杭菊"烟的协议，实施了"工商联合，定点销售"的产品开发和市场开发的策略。当年还研制出薄荷滤嘴烟“杭菊”，烤烟滤嘴烟“天堂”“升”牌及横包丙级烤烟滤嘴烟“九星”“凌霄”等。1993 年 9 月，中国烟草总公司下发《嘉兴卷烟厂移地进行“八五”技术改造的批复》，主要内容为：根据桐乡市总体规划的要求，拓宽道路，城建红线将从嘉兴卷烟厂南部通过，占用厂区土地约 20 亩（1.33 万平方米），使该厂“八五”技术改造无法就地进行。为此，同意嘉兴卷烟厂“八五”技术改造移地进行，新增征地费等 500 万元。1994 年，嘉兴卷烟厂先后与江山、庆元、德清等烟草公司共同开发推出了“江郎山”“菇城”“莫干山”“金南湖”“柚王”等 5 个牌号卷烟。1995 年，开发“仙华”牌卷烟。1996 年 1 月，经省烟草专卖局研究决定，报国家烟草专卖局同意批复，杭州卷烟厂（调拨站）兼并嘉兴卷烟厂（调拨站），法人代表由原杭州卷烟厂法人代表担任，原嘉兴卷烟厂（调拨站）对外挂牌为杭州卷烟厂嘉兴分厂和杭州卷烟调拨站嘉兴分站。当年生产卷烟 3 万余箱，销售收入 5484 万元，税收 1180 万元，利润 10 万元，实现扭亏为盈。1997 年，嘉兴卷烟厂工商登记注册厂名变更为杭州卷烟厂嘉兴分厂。1997 年 7 月 24 日，嘉兴卷烟厂“八五”技术改造项目通过验收；8 月 5 日，启用杭州卷烟厂嘉兴分厂新印章、新厂名。当年，嘉兴分厂共生产卷烟 2.93 万箱，销售收入达到 7247 万元，创税利 2600 万元，其中利润突破 100 万元。2004 年 12 月，根据国家烟草专卖局《10 万箱以下卷烟工业企业组织结构调整规划》，杭州卷烟厂嘉兴分厂关闭。

嘉兴卷烟厂是浙江省唯一的雪茄烟生产企业。1972 年 4 月起，生产手工半叶卷雪茄烟；1976 年起，生产机制雪茄型卷烟。主要生产“熊猫”和“西湖”牌雪茄烟。1992 年，生产雪茄烟 35 箱；1993 年和 1994 年，分别生产 49 箱；1995 年，生产雪茄烟 41 箱，后停止生产。

表 48-3-1-4　　1991—1995 年嘉兴卷烟厂主要经济指标一览表

年　份	卷烟产量（箱）	销售收入（万元）	税利总额（万元）	职工平均人数（人）
1991	38830	3316	2856	523
1992	31301	2817	2593	538
1993	34428	2666	823	525
1994	26599	1169	785	471
1995	24979	1130	734	447

资料来源：《烟草系统统计年报》和国家烟草专卖局网站的行业统计年报。

4. 浙江中烟工业有限责任公司

浙江中烟工业有限责任公司原名浙江中烟工业公司，成立于 2003 年 7 月，是中国烟草总公司的全资子公司。主要职责为，承担全省烟草制品的生产与销售，烟叶、烟草物资、烟机零配件及其他相关的生产经营任务。公司下属杭州卷烟厂、宁波卷烟厂。注册资本 1000 万元，拥有总资产 10.63 亿元。公司办公地址设在中河中路 217 号。

2004 年 6 月 21 日，浙江省副省长金德水到浙江中烟公司考察，肯定了公司“内联外拓”的发展思路（即对内实施工业公司和杭州卷烟厂、宁波卷烟厂的联合重组，实现资产一体化和一个市场主体；对外积极推进跨省联合重组，实现企业规模的扩大），以及浙江卷烟工业取得的成绩。8月31日，省委书记习近平考察浙江卷烟工业，对浙江卷烟工业“内联外拓”的战略规划给予肯定，赞扬浙江卷烟工业审时度势、锐意改革、乘势而上的精神。此后，浙江中烟公司抓住改革机遇，果断彻底实施了联合重组，有效实现了省内资源、市场资源和管理资源的整合。

2005年，浙江中烟公司提出“以培育优势大品牌，增强浙江卷烟工业总体竞争实力为目标，坚持以市场为导向，在省内实行品牌共享、打通生产、统一营销，实现优化资源配置，加大扶持名优品牌力度，做好品牌、规格的取舍、整合与规模扩张，促进品牌结构调整和品牌布局，实现优势主导品牌（规格）规模扩张”的工作思路。下半年，浙江中烟公司市场部、两厂销售部门的营销整合方案确定，营销团队基本成形。行业统一营销信息平台建设完成方案设计。由浙江中烟公司统一调度，两厂开始换牌生产和工艺技术统一工作。10月，作为国家烟草专卖局“按客户订单组织货源”首批试点单位之一，浙江中烟公司主动转变经营运作模式，按市场需求、以客户订单为取向组织生产，投入力量建立工商信息平台，采取“互动确认、网上配货、滚动生产、应急调度”的操作模式，实施国家烟草专卖局“按客户订单组织货源”试点工作。

2006年初，浙江中烟公司实现生产、营销、物资、研发“四统一”。8月18日，根据《国家烟草专卖局关于浙江卷烟工业企业管理体制改革的批复》（国烟法〔2006〕605号），浙江中烟公司与杭州卷烟厂、宁波卷烟厂实行合并，重组成一个法人实体，直接从事卷烟生产经营，取消杭州卷烟厂、宁波卷烟厂法人资格，两厂成为浙江中烟公司杭州制造部、宁波制造部。8月30日，省烟草专卖局（公司）把涉及卷烟出口的业务和人员全部划浙江中烟公司管理。9月19日，浙江中烟公司正式挂牌；10月1日，浙江中烟公司财务并账运行。是年，浙江中烟公司业务部门优化完善了“互动确认、网上配货、滚动生产、应急调度”的业务流程，确立市场驱动型管理模式。依托国家烟草专卖局网上卷烟交易系统和工商协同信息平台，浙江中烟公司与商业客户建立密切的信息沟通机制，实时掌握市场需求信息，按“供应商维护库存”的市场营销理念，实行按存销比主动预测和配货制度，寓营销于服务，制定了“分层、错层、逐层”的品牌发展战略（即定位突出分层发展，高、中、低整体配置；品牌之间实行错层发展，在不同档次配之以不同的品牌；在不同阶段实施不同的推进方案，目标是通过若干制高点的控制，突出重点，形成据点，逐层发展）。12月，在国家商务部公布的首批通过认定的“中华老字号”名单中，“利群”名列其中，成为烟草行业唯一通过认定的“中华老字号”品牌。当年生产卷烟171万箱（含合作生产），拥有总资产170亿元，其中固定资产38亿元、流动资产128亿元；从业人员2818人；拥有“利群”“大红鹰”“雄狮”“新安江”“西湖”“五一”“上游”和“双叶”牌卷烟产品。2006年，杭州制造部“十一五”易地技术改造项目得到国家烟草专卖局批准。项目选址杭州市西湖区科技经济工业园区转塘浮山地块，共征用土地1050亩（70万平方米）。

2007年，全面推进企业“三标一体”和信息化规划工作，为提升浙江中烟公司的规范和效率水平构建起科学管理的平台。继续推进“按订单组织生产”工作，加强产销协调，强化滚动衔接。在设备产能不足的情况下，两个制造部认真做好生产管理的基础性工作，强化过程控制和现场管理，进一步提高关键生产设备运行效率。克服计划调整幅度大、紧急插单时间紧等困难，精心组织调度，合理控制生产节奏。以市场为导向，全年共整合减少2个牌号15个规格。“利群”“大红鹰”“雄狮”三大品牌销量占总销量的比重达62.69%。“利群”“雄狮”销量均突破50万箱，“利群”批发市值突破200亿元。在巩固省内市场的基础上，积极开拓省外和国际市场。初步形成省产卷烟以浙江为中心，向长三角、环渤海湾、东三省和珠三角展开的市场格局。国际市场上，“摩登”在印度尼西亚、“利群”在澳大利亚有税市场均取得突破性销售。10月29日，国家烟草专卖局下发《关于浙江中烟工业公司更名改制和建立董事会的批复》(国烟法〔2007〕481号)，浙江中烟工业公司更名为浙江中烟工业有限责任公司。11月30日，更名后的浙江中烟公司正式挂牌成立，公司地址位于建国南路288号。12月25日，杭州制造部“十一五”易地技术改造项目打下了第一桩，开始全面施工。当年，经济效益总量位居行业第六位，单箱销售收入位居行业第二位，单箱税利位居行业第三位。

2008年，浙江中烟公司生产制造全面组织实施产能最大化方案，完成所有产品的改版改标以及部分规格的滤嘴加长和水松纸加长项目。统一了杭州、宁波两制造部的工艺、技术、材料、内设机构和考核标准，以降缺陷、防差错、提品质为重点，实施改进课题，开展工序质量指标梳理和评价工作，进一步提升工艺质量控制水平。“利群”“大红鹰”“雄狮”三大品牌集中度达84.59%。“利群”品牌批发市值达258亿元，在行业品牌排名第七位。完成宁波制造部的就地技改，推进杭州制造部“十一五”易地技改项目。10月，参与甘肃烟草工业有限责任公司的重组改制，浙江中烟公司以现金13亿元出资，占公司股权35.69%，成为第二大股东。当年，浙江中烟公司企业效益总量在行业中排名第五位，单箱税利在行业中排名第三位。

2009年，浙江中烟公司提出“东稳西进”的营销策略：稳健提升东部市场份额，突出重点省市，精耕细作；同时，以东部市场的发展为模板，积极挺进中西部市场，加快浙产卷烟从东部区域市场向全国性大市场的拓展。浙产卷烟在甘肃、四川、重庆、陕西、云南、贵州等省市销量增长显著。全年西部区域市场卷烟销售总量同比增长145%，“利群”销量同比增长86%。当年，“利群”“大红鹰”“雄狮”三大品牌集中度达到93.57%。“利群”品牌批发市值达到328.3亿元，在行业中排名第六位。是年，根据行业新出台的卷烟价类划分标准，“利群”销量排名行业一类烟第五位，二类烟第一位。浙江中烟公司狠抓基础管理，全面推进ERP(企业资源计划)项目建设，梳理和建设生产、物料、销售、质量管理等十大模块200余个核心流程先进工作平台。根据国家烟草专卖局《关于在全行业开展优秀基层单位创建活动的意见》要求，浙江中烟公司全面开展创优工作。杭州制造部以“防差错、降缺陷、节能降耗”为重点，加强质量控制，提升生产效率和基础管理水平。宁波制造部在工艺控制、数据分析等多个方面展开课题攻关。销售业务上做好跟进与服务工作，依托现代物流和网上配货运作，推进工商协同营销，在全国280多家地市级烟草公司交易主体中，与106家单位实现工商销售数据对接，对86家单位实施电子托盘运输，整托盘运输量占工业调出总量的75%，在途物流信息服务实现全覆盖。当年，企业税利总量居行业第五位，单箱税利和单箱销售收入居行业第三位。

2010年，浙江中烟公司提出“成千上万”工程(即省级、地级市场卷烟销量成千上万箱，单品牌销量成千上万箱，主导规格销量成千上万箱)。省产卷烟省外共有32个省份286个销售市场，其中总销量10万箱以上省份1个(山东)，5万箱以上省份7个，1万箱以上地市19个，

1000箱以上地市达到201个。完成3个“利群”新产品的研发设计，以及三大系列共32个产品的降焦改版工作。“利群”实现商业批发销量107万余箱，品牌批发市值达417亿元。品牌的销量和市值分别处于行业第五和第六位。“利群”一类烟实现销量接近40万箱，处于行业第五位。“利群”二类烟实现销量接近70万箱，占行业二类烟总份额的30%，继续居行业领先地位。当年，浙江中烟公司“三标一体”管理体系通过第三方认证。全年新授权专利30项，其中发明专利2项。浙江中烟公司全年共生产卷烟225.86万箱，其中合作生产55.67万箱。实现销售收入354亿元，实现税利232亿元。税利总量居行业第六位，单箱税利和单箱销售收入居行业第三位。浙江中烟公司被列入“2010中国企业500强”，列209位；居“2010中国制造业企业500强”102位；居“2010中国企业效益200佳”119位；全国烟草行业共有9家企业进入“2010中国企业500强”，浙江中烟公司名列第5位。

至2010年，浙江中烟公司拥有总资产248亿元，其中固定资产24亿元、流动资产181亿元；从业人员3127人；拥有“利群”“大红鹰”“雄狮”三大品牌产品。杭州制造部占地面积7万平方米，拥有德国引进的4000千克/小时HAUNI制丝线2条，卷接包连接机组25台套，意大利产自动封箱机7组，码垛机2台，滤棒成型机12组。宁波制造部占地面积9.83万平方米，拥有设计产能分别为5000千克/小时和4800千克/小时的制丝线2条，PROTOS-70卷接机15套、PROTOS-80E卷接机3套，GD包装机19套，滤棒成型机8套组。

表48-3-1-5　　2006—2010年浙江中烟公司主要经济指标一览表

年份	卷烟产量（万箱）	其中		销售收入（亿元）	税利总额（亿元）	固定资产净值（亿元）	职工平均人数（人）
		自产内销（万箱）	合作生产（万箱）				
2006	171.01	134.34	36.67	176.64	133.68	24.25	2818
2007	185.52	146.57	38.95	232.21	161.24	31.83	2901
2008	183.27	152.20	31.07	255.88	177.37	28.27	2905
2009	204.66	160.84	43.82	289.20	194.29	38.03	3013
2010	225.87	170.20	55.67	354.30	232.25	24.47	3123

资料来源：国家烟草专卖局网站的行业统计年报。

说明：卷烟产量不含自产出口部分。

第二节　原辅材料

浙江卷烟工业所用烟叶原料，主要是烤烟、部分晾晒烟及少量白肋烟。烤烟历来主要依赖省外和国外供应，间断性采用省产烤烟，数量不多。晒烟则以省内供应为主。白肋烟主要从湖北、四川省购入。民国时期，由各卷烟厂自行采办原料。20 世纪 50 年代后，大多由国家计划分配调拨。1991 年后，采购烟叶按烟草专卖管理规定，与烟叶公司签订合同，按计划调拨分配。

所用辅料，主要是卷烟纸、包装纸(商标纸)、铝箔纸、烟用丝束、滤嘴棒、香精香料等。20 世纪 50 年代起，卷烟纸纳入国家计划分配，其他辅料需到定点企业采购。

浙江卷烟工业企业原辅材料采购，建有一整套管理程序和标准。2006 年，浙江中烟公司与杭州卷烟厂、宁波卷烟厂联合重组后，原辅材料归并到浙江中烟公司物资供应部统一组织采购。

一、原料

由于浙江省不是烟叶主要种植地区，原料问题一直是制约浙江卷烟工业企业发展的一个瓶颈。晚清至民国时期，各卷烟厂生产量小，资金雄厚的企业从上海口岸购买美国产烟叶；大多数烟厂则使用国产烟叶。中华人民共和国成立以后，原料供应时紧时松。浙江烟草实行集中统一管理后，一方面，千方百计争取原料；另一方面，加强原料基地建设，建立稳定的供应渠道。进入 21 世纪，浙江卷烟工业企业对烟叶原料积累了管控经验，这就是“储备增加一点、国外进口一点、自己试种一点、利用提高一点、耗用降低一点”的办法。

(一)货源

20 世纪 20 年代前后，浙江省内卷烟工业使用的烤烟主要是购自上海口岸的美国产烟叶，晒烟则为省内新昌等地所产。三四十年代，烤烟以安徽、山东、河南等省的烟叶为主，从上海各烟行购进；少量来源于省内鄞县韩岭、黄岩沙埠、平阳桥墩等处。晒烟仍以省内新昌、萧山、嵊县、浦江等县为主，少量采自江西广丰、广东南雄等地。

20 世纪 50 年代后，卷烟工业需用的烤烟原料来源从安徽、河南、山东等省份拓至云南、贵州等地。1951 年，省产烤烟曾有 600 吨的可供量，在以后几年中数量骤减；1953 年，仅剩 30 吨左右，且品质低劣，价格也较外省烟高，省内烟厂很少采用。晒烟产自省内新昌、嵊县、萧山、平阳等县。所用原料数量随全省卷烟工业的发展逐年增加。各厂耗用的烤烟除地方国营烟厂有少数中等烟叶外，其他均属低档原料。1954 年初，全省丁级烟原料严重不足，2 月中旬部分厂停工待料，省商业厅土产公司将省内多余的乙、丙级卷烟原料与上海交换丁级卷烟原料。

1959 年后，全国各烟叶产区连续几年受自然灾害影响，减产严重，省外烤烟调入锐减。全省卷烟原料改以省产晒烟为主，烤烟、烟秸除从山东、贵州等地计划调入或用晒烟和其他经济作物换入外，还从印度等国进口部分；同时，省内再次试种烤烟供应各厂维持卷烟生产。另还在全省范围内征收低档卷烟填充料。1960 年，烤烟计划调入地区增加福建、广西两省区。各地调入量占烤烟总调入比重分别为河南 40%、贵州 10%、山东 10%、福建 10%，云南、广西各占 5%左右。

1962 年上半年，以黄麻向河南换得烤烟 500 吨。全年省外计划调入烤烟仅 770 吨。至

1963年3月10日，全省范围内用卷烟换购各类烟叶1.4万吨(包括烟厂代烟区来料加工部分)。1963年，烤烟货源中省产烤烟约占25%，省外烤烟约占75%。20世纪60年代末，烤烟来源于河南、山东、云南、安徽、福建、广西、江苏、贵州8省区。供货量以河南、山东、云南、安徽为多。调入的烤烟有中、下、低、次4个等级。晒烟货源仍在省内，主要有新昌、兰溪、遂昌、桐乡等产烟县。

20世纪70年代起，烤烟货源组织开始注重地区、品种、数量配套。1970年下半年，因生产甲级卷烟需要，开始按国家计划调入少量上等烟叶(含进口部分)。次年下半年，烤烟调入地区相继增加辽宁、吉林和四川3省。此后，全省调入的烤烟低、次等级部分一度缺口很大，各等级不足部分主要从河南、山东两烤烟主产区补足。1975年上半年，计划内货源中增加湖北白肋烟调入，共200吨。70年代后期，因卷烟产品结构的调整，以及中、高档卷烟生产的增加，全省中上等烟叶计划调入量与卷烟生产需要量差距增大。国家以调入计划外出口顶进口烤烟和直接进口烤烟两条渠道解决供不应求矛盾。

1981年，全国烤烟连续两年减产，供求矛盾突出，全国烟叶计划分配原则改为先保证重点省区的卷烟生产，后照顾一般省区。浙江烟叶货源锐减，库存压缩到历史最低点，缺口额达需求总量的31.3%。2月，为保证工业总产值占全省轻工行业15%的卷烟生产的顺利进行，省轻工业公司用计划内缝纫机、特白卷烟纸等物资向山东、河南、广西等省区交换烟叶；此后，还采用“资金统一贷款、烟叶统一进口、减税统一办理、外汇统一购买、烟叶统一分配”的方式，耗用外汇955.5万美元，进口烟叶5100吨，分配到杭州卷烟厂、宁波卷烟厂。11月，中国烟草总公司(筹)分配浙江省进口烟叶600吨。次年1月，全国供销合作总社从烤烟丰收的云、贵、鲁等省区增加了调往浙江的烤烟额度。1983年烟叶年度，全省共调入烤烟48720吨，为计划的114.57%，其中中等烟叶调入20255吨；年末库存26650吨，其中中等烟叶10045吨，占37.69%。货源等级结构比上年有所改善。1985年上半年，国家卷烟原料供应计划指导性与产品生产计划指令性相矛盾，全省调入中上等烤烟只占需要量的50%，低次烟叶却库存积压。经省烟草公司与省外有关兄弟烟厂协作，购进部分中上等烟叶，同时销出部分低档烟叶。全国烟叶供销会后，省外货源除计划调入部分外，还增加了互换烟叶和中国烟草总公司直接调拨烟叶。到年底，全省调入烟叶中，上等烟叶超计划86.71%，上中等烟叶合计比原计划增长15.35%，低档次烟叶调入减少。

1986年3月，中国烟草总公司根据1980—1984年5年的烤烟平均调入数，结合实际情况，兼顾烟叶产区与销区的利益，将浙江省的烤烟调入基数定为3.45万吨，其中上等烟叶调入基数定为1.66万吨。6月上旬，全国烟叶收购、调拨会议后，各产烟省都保证了按5年平均的最低调出基数将烤烟调往浙江，全省调入上中等烟叶绝对量增加。另外，还购入由中国烟草总公司组织进口分配浙江的优质烟叶150吨。1987年，全省烤烟再度告紧。上半年执行的上年度调入协议中，上等烟叶仅占总调入量的3.25%；3月底起，全省4次接受中国烟草总公司分配的从巴西和津巴布韦进口的烟叶。省烟草公司也组织自有外汇进口部分优质烟叶。同时，各厂以联营加工方式协作购进部分省外上中等烟叶。11月中旬，全国烟叶产销平衡后，豫、鲁、云、贵、黑、陕6个产烟省支援浙江省烤烟各150吨；同时，浙江省还获国家贮备烟分配优先权及1万吨专用化肥(用于建立烟叶基地)。1988年1—6月,烤烟资源仍然严重不足,年初至新烟上市,全省烤烟库存量比需要量少2.5万吨。经多方努力,全省共调入烤烟3.14万吨。1989年后,省外协议调入、国家贮备烟分配、进口烟分配均较稳定,烤烟货源在总量上基本得到保证,但在等级比例尤其上中等烟叶还难以保证供应,烟叶的降等降级问题较为严重。

1991年,省外调入烤烟42397.5吨。中国烟叶生产购销公司分配给浙江省津巴布韦烟叶565吨。1992年,省外调入烤烟47295.4吨,分配浙江省津巴布韦、马拉维、南非进口烟叶650吨。1993年,调入浙江省烤烟53650吨(其中国家储备烟叶11500吨)。1997年,进口津巴布韦烤烟分配给浙江省175.2吨。2000年,分配给浙江省巴西、津巴布韦进口烟叶合计2443吨。

2009年,浙江中烟公司省外烟叶供应单位有河南省烟草公司所属洛阳、南阳、许昌、商丘、平顶山、三门峡、漯河、驻马店市级公司,河南省天昌国际烟草有限公司;云南省烟草烟叶公司,云南省烟草公司所属玉溪、普洱、昭通、曲靖、大理、红河、楚雄、文山市级公司;贵州省烟草公司所属黔东南、黔南、毕节、铜仁市级公司;四川省烟草公司所属泸州、宜宾、凉山市级公司;广西壮族自治区烟草公司所属贺州、百色市级公司;福建省烟草公司所属南平、三明、龙岩市级公司;山东省烟草公司所属临沂市公司,山东日照烟草有限公司;湖南省烟草公司所属长沙、邵阳市级公司;重庆市烟草公司,重庆市烟草公司烟叶分公司;安徽省皖南烟叶有限责任公司;江西省烟草公司所属抚州市公司;湖北省烟草公司所属恩施州公司;陕西省烟草公司所属咸阳市公司;黑龙江省烟草公司所属哈尔滨烟叶公司;辽宁省烟草公司所属丹东市公司。

表48-3-2-1　　1959—2010年浙江省烤烟省外调入和进口数量一览表

单位:吨

年　份	省外调入	进　口	年　份	省外调入	进　口
1959	5425	—	1970	15725	—
1960	1120	—	1971	16550	—
1961	1045	—	1972	22250	—
1962	770	—	1973	22600	—
1963	5670	—	1974	20500	—
1964	4800	—	1975	22700	—
1965	10685	—	1976	23700	—
1966	13465	—	1977	27690	—
1969	17875	—	1978	30465	—

续表

年　份	省外调入	进　口	年　份	省外调入	进　口
1979	31080	—	1993	53650	—
1980	20175	—	1998	65670	529.37
1981	35325	—	1999	64025	3520.60
1982	45895	—	2000	55565	2443.00
1983	48720	—	2001	54300	4240.80
1984	38680	—	2002	48065	4759.60
1985	51969	—	2003	50995	1188.00
1986	50188	99.60	2004	71145	5274.00
1987	34573	905.40	2005	76615	3836.72
1988	58169	1262.80	2006	83840	4771.80
1989	55537	3885.10	2007	89260	5702.40
1990	43387	632.30	2008	123465	4296.60
1991	42398	565.00	2009	109640	5124.24
1992	47295	650.00	2010	141720	5236.80

资料来源：根据《浙江省烟草志》浙江人民出版社 1995 年版第 183 页表格和省烟草公司、浙江中烟公司烟叶采购报表整理。

说明：1967 年、1968 年和 1994—1997 年省外调入数不详，一些年份进口数不详。

（二）采供方式

抗日战争全面爆发前，各烟厂所用烟叶均为自行采购。抗日战争全面爆发后，外省区进浙烟叶被封锁，省内多数卷烟厂转为在烟厂附近就地设庄收购省产晒烟和烤烟，少量烟叶委托产烟地烟行代收购。抗日战争结束后，各厂恢复自行赴沪以及省外烤烟产区和省内晒烟产区采购原料。民国 36 年(1947 年)12 月起，省内民族机制卷烟厂将前 3 个月的产量抄报浙江区货物税局，并由该局转报中国卷烟工业协会，凭此向行政院输出入管理委员会申请购买进口原料。民国 37 年底，因恶性通货膨胀，物价失控，沪埠物资冻结，烤烟原料无法采购到，省内永嘉、金华等地各烟厂全部自行采购邻近地区生产的晒烟作卷烟原料。

1950 年初，浙江省卷烟原料由各厂照国营公司牌价自行向产地采购或参加联购。1951 年，部分卷烟原料开始由省商业厅土产公司负责采购，分配各烟厂，但供应量不大。1953 年，省烟麻公司成立后，重视烤烟供应，省内各烟厂大部分转向烟麻公司采购原料，1953 年度该渠道的采供量占各烟厂需要量的 90%左右。1954 年 3 月，全省各烟厂的烟叶原料改归省土产公司调配。7月1日后，由省土产公司经营的全部烤烟和晒烟，划归省专卖事业公司经营。1955年初，因上一烟叶年度省内晒烟减收，全省卷烟工业原料供应趋紧。省专卖事业公司根据与上海采办供应站签订的《晒烟互调协议》，调入四川晒红烟分配给杭州、宁波、嘉兴、金华、温州等地卷烟厂。同年新烟上市后，省专卖事业公司开始在主要产区收购烤烟，并平衡分配；部分晒烟由省专卖事业公司委托各产烟县供销合作社代购，原由私商零星收购的部分晒烟，改为以县为单位经专卖事业公司组织，进行公私联购和私私联购，所收烟叶统一纳入专卖公司调拨供应计划。

1958年7月后，省外调入的烤烟改为由调出地商业部门按中央平衡计划直接调到省内卷烟工业部门并进行结算，减少省内商业部门这一环节，烤烟供需双方建立直接的供应关系（非调拨关系），具体调入办法由供需双方协商，省外烟叶调运直接由烟厂负责。当年，因烟叶产区遭受自然灾害，卷烟原料严重不足。1959年，杭州利群烟厂与商业部门研究后，在国家计划调拨的基础上，先后派人赴云、贵、豫、鲁等烤烟产区和省内桐乡、平阳、遂昌、浦江等晒烟产区组织烟叶。次年，针对正常烤烟计划调入难以完成等实际情况，省内工商部门一方面派专人长驻省内外烟叶产地，加强烟叶原料的催调工作；另一方面，与兄弟省进行多种经济协作，争取换取部分烟叶。

1961年2月，省商业厅特产公司调整省内烟叶调拨供应计划，不留库存，适当压缩烟丝用烟，增加卷烟厂的原料，以保证卷烟工业的正常生产。同年8月，各卷烟厂还自行在省内开展卷烟换购晒烟业务，在省内晒烟产区直接用卷烟与农村社队及社员个人换购烟叶。1962年，省供销社在省内计划收购晒烟的同时，开展卷烟计划外换购烟叶业务，委托烟厂加工卷烟；11月，全省烟叶的换购、分配和调拨，集中由省供销社统一进行，卷烟厂不再用卷烟到各地区或直接同农民换购烟叶。同年，省供销社还通过争取中央计划调入、用全省晒红烟调换、以省内黄麻等经济作物向河南等省协作调入的办法组织烟叶，分配到卷烟厂。次年，中央人民政府的卷烟原料供应计划，分季度由省轻工业厅和省供销社联合下达到各烟厂。1965—1969年，省内卷烟工业用烟叶的计划分配调拨均由中国烟草工业公司浙江省烟叶收购供应办事处负责。1970年，省特产公司负责全省烟叶收购、调拨、供应业务。省外烤烟由第一轻工业部按照统一计划、差额调拨、就地就近、划区供应的原则，每年分上下半年两次下达分配计划，省内各卷烟厂直接从产地负责调运。

1972年，省外烤烟和少量晒烟经轻工业部计划分配到浙江，再由省轻工业局直接分配到各卷烟厂，省内烟叶则由省特产公司收购、调拨。因全省卷烟原料多头经营、工商两家安排，烟叶资源合理利用与质量配套、货源调剂等不协调。从1977年烟叶年度开始，省外烤烟调拨计划改由全国供销合作总社棉麻烟局下达到省，再由省一轻工业局与烤烟产区供销部门衔接，然后分运到省内各卷烟厂。此后几年，省外一些产烟地区和单位在烤烟调拨过程中，搞自由协作，不少卷烟厂搞计划外采购，造成低次烟叶大量积压，上中等烟叶不能统一平衡分配。

1982年3月1日起，从省外调入烤烟的计划由中国烟草总公司下达到省供销合作社和省轻工业厅，再分配到各卷烟厂，烟叶调运事宜由各卷烟厂直接衔接。1984年7月，根据中国烟草总公司《烟叶供需合同暂行办法》的要求，卷烟厂在执行烤烟调拨供应计划的过程中，开始与供应方签订正规的购销合同，并按合同具体条款的规定，进行烟叶的购调。1985年后，省外烤烟由中国烟草总公司烟叶生产购销公司通过每年两次的全国烟叶平衡会，将指导性调拨计划下达到省烟草公司，再由省烟草公司按全省卷烟生产情况平衡分配到各卷烟厂，各厂负责和烟叶产区衔接调入烟叶事宜。进口烟叶由中国烟草总公司统一进口，直接分配到省烟草公司，再由省烟草公司平衡到各卷烟厂；省内晾晒烟由各卷烟厂自行与省内烟叶产区衔接货源。6月，全国烟叶调拨平衡会议后，省际烟叶调拨实行在国家计划指导下“以销定购，以购定产”，以便卷烟厂按卷烟生产需要选择原料。

1986年9月起，省烟草公司将中国烟草总公司统一分配的原料，80％按当年卷烟生产计划、20％按上年完成实绩分指标下达到卷烟厂，再由各卷烟厂与供方单位签订供需合同，实行“直达供应、直接结算”。1987—1988年，省外烤烟调入困难，各卷烟调拨站、市级烟草公司利用全省卷烟销大于产的有利条件，在组织省外卷烟货源时，尽可能组织原料支持省内卷烟生产；省烟草公司多次派员赴烤烟产区协商组织原料。中国烟草总公司也采取协调措施，组织专项外汇，进口优质烟叶，直接分配给浙江。1988年初，针对卷烟厂面临从3月起将停产和局部停产的严峻形势，省烟草公司及时组织召开“2·12”厂长紧急会议，采取缓和烟叶供应的应急措施。同时，在争取中国烟草总公司调配烟草生产发展专项资金和化肥的基础上，先后在贵州省水城县、山东省潍坊市建立烤烟生产基地；并同云南曲靖烟草分公司、河南省烟草公司签订定点定量供应烤烟的协议；同黑龙江省烟草原料公司签订联合生产供应烤烟协议。1989年后，随着全国烤烟产销秩序的好转，浙江烟叶原料的采购、供应恢复正常。

1996年4月8日，省烟草公司规定凡烟厂需要购买进口烟叶，应在规定时间将年度计划上报省烟草公司烟叶物资处，由该处汇总各烟厂申请计划后，统一平衡，再上报国家有关部门；若临时需要补充进口烟叶，应由省烟草公司烟叶物资处按合法经营渠道购买。

1999年10月，中国烟草交易中心成立，改变了烟叶购销方式。从2001年起，省际烟叶的购销和调拨直接进入全国烟草交易中心进行交易。

2002年7月1日起，采用网上订货和传统订货相结合的方式签订订货合同。统一使用中国烟草物资电子商务网作为交易平台，在网上签订合同。省内采购由各烟厂自行与省内烟叶产区衔接货源。进口烟叶由中国烟草进出口总公司根据国家烟草专卖局烟叶进口计划统一采购，中国烟叶生产购销公司负责进口烟叶的国内经营，分配给卷烟生产企业。

2006年起，烟叶采购由浙江中烟公司负责。

（三）原料耗用

原料耗用主要指卷烟制造中烟叶的耗用量。单箱卷烟耗用烟叶量，是反映卷烟制造过程中原料消耗水平的一项重要经济技术指标。随着浙江卷烟工业设备、工艺和技术的改进与提高，单箱卷烟耗用烟叶量明显下降。

表 48-3-2-2　　1952—2010 年浙江卷烟工业单箱卷烟耗用烟叶量一览表

单位：千克/箱

年　份	耗用量	年　份	耗用量	年　份	耗用量
1952	64.27	1976	58.15	1994	44.91
1953	63.24	1977	57.57	1995	42.72
1954	61.44	1978	58.17	1996	40.43
1955	55.10	1979	57.20	1997	39.37
1956	53.21	1980	55.60	1998	38.98
1957	55.33	1981	55.52	1999	38.63
1958	57.86	1982	56.54	2000	37.72
1959	59.37	1983	56.05	2001	36.95
1960	56.92	1984	55.67	2002	36.90
1961	55.07	1985	55.00	2003	36.70
1962	44.01	1986	55.65	2004	36.60
1963	52.82	1987	55.10	2005	36.60
1970	59.32	1988	53.40	2006	36.60
1971	59.22	1989	52.20	2007	37.35
1972	59.37	1990	51.10	2008	36.85
1973	58.82	1991	49.60	2009	36.90
1974	57.62	1992	49.00	2010	36.95
1975	58.15	1993	47.83		

资料来源：《烟草系统统计年报》和国家烟草专卖局网站的行业统计年报。

说明：1964—1969 年单箱卷烟耗用烟叶量数据缺。

二、辅料

（一）卷烟纸

卷烟纸，也称盘纸或纸圈，是用于包裹烟丝并制成卷烟烟支的纸张，主要植物原料为木、麻纤维，是卷烟生产的主要辅助材料。单箱卷烟耗用卷烟纸量是卷烟生产的重要经济技术指标之一。

民国 24 年(1935 年)前,浙江各卷烟厂所用卷烟纸(盘纸)来自上海,由各厂自行派员赴沪各商行采办。有木浆、竹浆和麻浆 3 种,多进口于法、意、英、日、美等国,以日本货价最廉,用量也最多。

民国 25 年(1936 年),浙江嘉兴民丰造纸股份有限公司(简称民丰造纸公司)引进德国 Echer-wyss 公司制造的第一台卷烟纸机,采用安徽等地大麻原料生产“船”牌卷烟纸,成为国内首创,获当时国民政府专制权。由于国产卷烟纸物美价廉,南洋兄弟烟草公司、华成烟草公司、福新烟草公司相继使用,甚至英美烟公司也开始订货。次年 8 月 17 日,日军入侵,民丰造纸公司被迫停产。民国 28 年,民丰造纸公司被日本三岛制纸株式会社强占,生产“太阳”牌卷烟纸。

全面抗日战争爆发前夕,全省手工卷烟厂增多,国产卷烟纸开始使用。这时手工卷烟厂大多采用国产的小刀平张卷烟纸,少量为进口货;机制烟厂采用盘纸,多数为上海购进的外国货,少数是民丰造纸公司产品。各卷烟厂采用土制卷烟纸,要拣样送请税务署核准;购入舶来卷烟纸,要照卷烟纸购运规则先行备缴国币若干,银行报单送经当地主管统税机关验明,转呈税务署核存,方得按手续申请购运。抗日战争胜利后,民丰造纸公司恢复生产“船”牌卷烟纸。民国 37 年(1948 年)10 月 18 日,杭州华丰造纸公司的第一台卷烟纸机投产,先借用民丰“船”牌商标,后创“龙”牌商标生产卷烟纸。当时,省内机制、半机制、手工卷烟厂使用的卷烟纸有盘纸、小刀平张卷纸和市售平板纸、圣经纸等,分别从上海商行及省内民丰、华丰纸厂购入。凡向国外购运卷烟纸,须报税务署领取卷纸进口报单及运照,然后报送验放,在国内各地采购则领运照后方准运行。

中华人民共和国成立初,全省各注册烟厂购置卷烟纸,须向烟厂所在地税务稽征局申请发给准购单,持单向纸厂所在地稽征局换领运照,再向纸厂购买,凭运照运行。1950 年 12 月,第二届全省卷烟工业会议决定,卷烟纸由宁波、杭州两市及各专区根据生产任务统计需要量,凭省工业厅证明向省百货公司订购,或直接介绍向华东工业部订购。当时,杭州、金华等地各卷烟厂均采用杭州华丰造纸厂的卷烟纸;宁波专区卷烟厂大多采用华丰造纸厂生产的卷烟纸,少量购用嘉兴民丰造纸厂的卷烟纸;台州专区大部分烟厂使用民丰造纸厂的盘纸。全省除温州的烟厂从上海购置卷烟纸外,其余都就近向当地百货公司进货。

1952 年,各卷烟厂卷烟纸改由国家按核定卷烟生产计划分配。8 月,省工业厅决定,各烟厂购用卷烟纸由当地工商行政部门核批后,不需再经工业厅核准,可直接向百货公司订购,准购数按以下公式计算:配卷烟纸数(每盘长 4000 米)=计划生产卷烟数量(箱)×88.235%。1953 年 1 月 1 日起,全省各烟厂使用的卷烟纸均改由省专卖事业公司及各专区分公司负责供应。1953 年下半年,省专卖事业公司为大力扶植地方工业生产,对卷烟纸实行统一分配,卷烟纸都用省内民丰和华丰造纸厂的产品。1955 年,卷烟纸被列入轻工业部物资局计划供应物资范围,各烟厂纸供应数量须由当地工业局上报给省物资供应局,再由省物资供应局代向轻工业部供销局华东办事处申请分配调拨,由华丰、民丰等造纸厂供货。1959 年 3 月 17 日,轻工业部、商业部为贯彻国务院和国家计委《关于商品分级管理办法的报告》中关于商品分级管理、统一平衡、差额调拨的决定,规定卷烟纸重新由轻工业部统配,废除上年关于纸张调配归口商业部的规定。

20 世纪 60 年代后期，省内卷烟厂卷烟纸供应全在省内解决，由东风（原民丰造纸公司）和红旗（原华丰造纸公司）造纸厂供应。卷烟纸的调拨供应直接由省轻工业局负责。同时，杭州卷烟厂、宁波卷烟厂开始采用特号卷烟纸。1972 年，省轻工业局计划分配卷烟纸 759 吨，由杭州红旗造纸厂供货，其中杭州卷烟厂 414 吨（内含特号纸 27 吨），宁波卷烟厂 345 吨（内含特号纸 10 吨），供货计划由卷烟厂直接与造纸厂衔接。1977 年，轻工部计划调拨杭州、宁波两卷烟厂卷烟纸 950 吨。因两厂卷烟生产超历史最高水平，下半年缺口 50 吨卷烟纸。

20 世纪 80 年代初，随着卷烟档次的提高，省内卷烟厂开始购用民丰、华丰造纸厂的全麻卷烟纸。1985 年起，全省卷烟纸计划分配指标由中国烟草总公司下达。卷烟纸供货计划由省烟草公司与各造纸厂协调后下达到各卷烟厂，少量高档进口卷烟纸由中国烟草总公司分配到省烟草公司，再下达到各卷烟厂。1987 年，国家计划分配省内 3 家卷烟厂卷烟纸 2225 吨，全部由杭州华丰造纸厂供货。上半年因计划内进口木浆到货不及时，华丰造纸厂卷烟纸只按 50％执行供货计划，卷烟厂卷烟纸缺口较大，杭州卷烟厂、宁波卷烟厂面临停产。省烟草公司申请自有外汇 50 万美元的指标，用以进口木浆加工卷烟纸解决缺口；同时，省烟草公司要求中央财政用退税补贴办法解决因进口木浆不足所需的议价木浆差价。此后，全省卷烟纸的供求总量基本平衡，但高透气度、高强度、高燃烧性能的卷烟纸供应紧张。1990 年，全省卷烟厂共购进卷烟纸 2043 吨，其中全麻纸 1219 吨，特白卷烟纸 797 吨。

1991 年 1 月 18 日，省烟草公司决定从当年起，各烟厂计划内卷烟纸按上年度卷烟生产实绩分配。当年，中国烟草物资公司分配浙江省计划内卷烟纸 740 吨，其中华丰造纸厂产 400 吨、民丰造纸厂产 340 吨。1994 年，随着国外高速卷烟机的引进，省烟草专卖局（公司）与国家烟草专卖局共同在华丰、民丰造纸厂投资开发高拉度、高透气度的“双高”卷烟纸，成立中国烟草物资公司浙兴烟草物资调拨站，拓宽了浙江省烟草辅料的供销路子。

1995 年，中国烟草物资公司、民丰造纸公司、英国罗伯特公司合资改造民丰造纸公司的第 13 号、第 14 号卷烟纸生产线。1999 年，又利用上市筹措的资金，投资 2.8 亿元引进德国福伊特（Voith）公司的卷烟纸生产设备和技术，并配备德国格贝尔公司分切设备、瑞典 ABB 公司的自控系统，大大提高了生产能力。年产高品质卷烟纸 1.7 万吨。

1996 年，中国烟草物资公司参股投资华丰公司，总投资 5700 万美元。浙兴烟草物资调拨站，对杭州华丰纸业有限公司、嘉兴民丰集团公司生产的“双高”卷烟纸实行统一收购、调拨。7 月 1 日起，对各卷烟厂所需的“双高”卷烟纸统一由浙兴烟草物资调拨站负责供应。至 1998 年，华丰公司从法国阿里曼（Allimand）公司引进主体设备，采用美国霍尼韦尔（Honeywell）控制技术和瑞典 ABB 公司传动技术改造第 7 号、第 8 号生产线，具备年产 1.5 万吨能力，并在国内率先开发适合 8000 支/分钟高速卷烟机的卷帛“双高”系列卷烟纸，质量达到国际同类产品水平，填补了国内空白。1999 年，华丰公司又引进法国整套先进生产线，提升高档卷烟纸的生产能力。

表 48-3-2-3　1980—2010 年部分年份浙江卷烟工业单箱卷烟卷烟纸耗用量一览表

单位:米/箱

年　份	耗用量	年　份	耗用量	年　份	耗用量	年　份	耗用量
1980	3539	1990	3629	1997	3288	2004	3243
1984	3579	1991	3603	1998	3271	2005	3242
1985	3580	1992	3534	1999	3260	2006	3239
1986	3612	1993	3536	2000	3230	2007	3223
1987	3646	1994	3426	2001	3230	2008	3231
1988	3676	1995	3363	2002	3242	2009	3227
1989	3645	1996	3322	2003	3242	2010	3225

资料来源:《烟草系统统计年报》和国家烟草专卖局网站的行业统计年报。

说明:1981—1983 年单箱卷烟卷烟纸耗用量数据缺。

(二)包装用纸

1. 卷烟商标纸

民国时期,浙江省各机制烟厂所需商标纸全赖进口。各厂派人先从上海洋行购入胶版纸,再送上海的印刷厂付印。

20 世纪 50 年代初,全省各烟厂商标纸大多采用白招贴纸,从上海商标纸生产厂(大东造纸厂等)购得,商标印刷由各厂委托上海人民印刷厂、上海三泰橡皮印刷厂等承印。1953 年,全省各烟厂商标纸主要向中国百货公司上海市公司采购,杭州市区各烟厂还向赣西南纸厂南昌办事处订购招贴纸替代胶版商标纸。是年下半年起,杭州、宁波两地卷烟厂部分卷烟商标印刷,分别改由杭州印刷厂和地方国营甬江印刷厂就地承印。1954 年,卷烟由专卖公司包销后,主要辅料也改由各地文化用品公司或批发站统一分配供应,结束自行采购。1956 年起,全省各类卷烟用纸供应普遍紧张,各烟厂大多采用省内造纸厂的土(黄)招贴纸作商标纸,以保证生产顺利进行,并降低成本。1957 年,联工烟厂商标纸全改为土招贴纸,由华伦纸厂供货,商标印刷仍由甬江印刷厂承担。1959 年第三季度起,胶版纸由轻工业部调拨。50 年代末,利群烟厂生产的"杭州"牌卷烟开始启用铜版纸作商标纸。

1963 年 3 月,省商业厅、轻工业厅决定,利群烟厂与华丰造纸厂、安吉山河造纸厂挂钩,联工烟厂与华伦造纸厂挂钩,直接供应卷烟内外包装纸。双方根据计划衔接数,按季均衡供货。因烟厂生产计划超额不足部分的包装纸,经工商双方协商后仍由杭州、宁波两地百货公司另行组织供应。供应品种包括 80 克双面胶版纸、60 克单面胶版纸。联工烟厂还与印刷厂固定了协作关系。第二季度起,联工烟厂改用新闻纸作卷烟商标纸。9 月底,利群烟厂因卷烟品种变化,包装用纸厂挂钩直供停止,所需包装纸由杭州市百货公司安排供应。1965 年起，宁波卷烟厂商标印刷由上海烟草工业印刷厂承担。

进入20世纪70年代后，随着卷烟档次的提高，包装装潢的改进，省内大部分甲级烟和部分乙级烟商标大多使用铜版纸。1972年，杭州卷烟厂、宁波卷烟厂使用嘉兴东风造纸厂（民丰造纸厂）生产的双胶纸50吨，杭州红旗造纸厂（华丰造纸厂）生产的单胶纸910吨，安吉造纸厂生产的凸版纸30吨。1975年，使用杭州红旗造纸厂和遂昌造纸厂生产的单胶纸约1200吨。1976年，第一轻工业局计划分配给杭州卷烟厂、宁波卷烟厂凸版纸70吨，分别由安吉造纸厂、宁波造纸厂供货。70年代中期起，除少量商标纸由上海烟草工业印刷厂承印外，杭州卷烟厂、宁波卷烟厂商标纸印刷主要分别由杭州印刷厂和宁波甬江印刷厂承担。全省烟用商标纸改由省轻工业局分配供应到两地市轻工业局，再由市轻工业局通知烟厂按分配数量直接与各纸张生产厂签订供需合同，具体规格、交货时间等由供需双方自行联系办理。其中铜版纸由上海及省内武林、龙游等造纸厂供货，双胶纸由嘉兴东风造纸厂供应。

1982年8月，省轻工业厅食品工业公司、省包装装潢印刷工业公司会同杭州卷烟厂、宁波卷烟厂和杭州、宁波市轻工业局，对湖州、甬江、桐庐、嘉兴、金华等印刷企业调查研究后，将杭州、宁波卷烟厂绝大部分的烟标改在省内印制。确定湖州印刷厂为杭州卷烟厂、甬江印刷厂为宁波卷烟厂定点承印卷烟烟标。1982年下半年起，两印刷厂着手小批量烟用商标的试生产；1983年，开始承接印刷任务。

省烟草公司成立后，全省卷烟生产所需商标纸由各卷烟厂根据年卷烟生产计划上报商标纸用量，省轻工业厅根据造纸厂产量平衡的原则，下达年度商标纸供应计划，由省烟草公司将各类商标纸年度分配数下达到各烟厂，具体供货事宜由烟厂和有关纸厂直接协商。计划缺口部分的商标纸供应由省烟草公司会同烟厂与有关造纸厂商定，共同解决纸张缺口及价格等问题。1986年，卷烟等级提高后，铜版纸缺口严重。年初，省内分配铜版纸321吨，中国烟草总公司计划分配400吨。省烟草公司为解决铜版纸货源，建议中国烟草总公司用进口木浆到省内造纸厂加工铜版纸。此后，各厂需要的单胶纸由华丰造纸厂供货；双胶纸由义乌造纸厂供货；铜版纸主要由民丰造纸厂综合分厂及武林造纸厂、工农造纸厂、龙游造纸厂供货，少量使用进口铜版纸。商标印刷主要由甬江印刷厂、湖州印刷厂和上海烟草工业印刷厂完成。

1991年11月8日，省烟草公司确认湖州印刷厂等6家印刷厂为浙江省卷烟厂卷烟商标印刷的定点厂。1992年1月1日，《中华人民共和国烟草专卖法》正式实施。经省烟草专卖局（公司）对全省卷烟厂的卷烟商标印刷企业调查、审定，并经省工商行政管理局审查，确认湖州印刷厂（湖州烟草工业印刷厂）、宁波扑克彩印厂、甬江印刷厂、桐乡印刷厂（嘉兴烟草印刷厂）、中国包装总公司余杭包装彩印厂、杭州出口包装有限公司为卷烟厂卷烟商标印刷的定点厂。10月8日，宁波卷烟厂为节约生产成本，与鄞县东吴镇勤勇村签订联营协议，成立宁波艺华包装印刷公司，专职印刷该厂商标纸。2000年，杭州卷烟厂首次实行卷烟包装辅料公开招标。标的为软包“绿西湖”卷烟商标纸和条合纸。德清伟博、湖州天外和余杭彩印3家印刷厂中标，与杭州卷烟厂签订购销合同。之后，省内卷烟工业企业均通过招标采购。

2. 内包装纸（灰衬纸、防潮纸、铝箔纸）

民国时期，浙江省只有部分机制卷烟厂制造少量高档卷烟时采用卷烟内包装纸，用量不多，且均依赖省外、国外购入。其中，铝箔纸（前称锡纸、钢精纸、铝纸；1954 年 7 月，中国专卖事业公司统称为铝纸；20 世纪 50 年代后期，又改称铝箔纸）由美国、德国生产，从上海口岸购入；灰衬纸也由各烟厂驻沪采办人员自行采购。

1953 年后，省内物资供应随地方工业发展而趋缓和，各烟厂驻沪原辅材料采办站陆续撤销，省内各烟厂所需内包装纸由各地工业局经理处或专卖事业公司分配供应。20 世纪 50 年代后期，纸张供应趋紧。省内烟厂卷烟内包装纸除极少数乙一级烟使用卷筒铝纸和平张铝纸外，一般使用防潮纸、灰衬纸为主。1957 年初，防潮纸供应脱节，大部分卷烟采用的内包装纸仅灰衬纸一种。专卖事业公司撤销后，防潮纸改由轻工业部供销局华东办事处调拨计划下达到省轻工业厅，再由该厅分配到文化用品公司，文化用品公司按各烟厂的需用量按计划平衡供货。卷筒防潮纸由上海大明纸厂供应，大卷筒灰衬纸由嘉兴民丰造纸厂供应。这段时间，内包装用纸规格变动大，纸张质量较差，供应脱节现象时有发生。

20 世纪 60 年代初，纸张供应持续紧张，杭州利群、宁波联工烟厂先后与华丰造纸厂、安吉山河造纸厂、宁波华伦造纸厂挂钩，协议定点生产供应内包装用纸。此后，防潮纸主要由上海公私合营中国造纸厂提供，灰衬纸由省内新市造纸厂提供，由烟厂与纸厂直接签订供货合同。

20 世纪 70 年代初，省内烟用内包装纸由省轻工业局计划分配到杭州、宁波两市轻工业局，再分配给卷烟厂。其中，铝箔纸由上海铝材一厂供货，防潮纸由杭州柏油纸厂提供。1972 年，省轻工业局分配给杭州柏油纸厂生产食品防潮纸 660 吨。1973 年前，铝箔纸分配上下半年各一次；1974 年起，为便于供需双方安排年度生产计划及简化手续，轻工业部改铝箔纸分配为一年一次，产品仍由上海铝材一厂供应。70 年代末，卷烟生产等级提高，内包装纸中铝箔纸用量增加较大。为保证甲级烟和部分乙级烟生产，省内各烟厂除使用沪产铝箔纸外，还由轻工业部食品局计划分配进口铝箔纸。此后，部分铝箔纸货源在省内组织。

1982 年中国烟草总公司成立后，各烟厂所需铝箔纸改由中国烟草总公司计划调拨，年供应数分上下半年两次完成。其中国产铝箔纸由上海铝材厂供货，进口铝箔纸仍由轻工业部华东供销管理处代办进口手续。食品防潮纸由省轻工业厅分配，在省内安排货源；灰衬纸基本停用。这年开始，烟草行业产品结构调整幅度很大，铝箔纸包装卷烟快速增量，由于铝箔的资源少，需求量大，铝箔纸主要依赖进口。1988 年，国内铝箔纸供应量增加，计划分配取消。1989 年后，随着卷烟生产档次的不断提高，主要用于丙级烟生产的防潮纸基本停用，内包装纸大多被铝箔纸取代。1990 年，中国烟草物资公司通过建立卷烟材料国产化基地，铝箔纸基本上做到了国内生产、供应。

1999 年，由于经济市场化进程加快，中国烟草物资公司取消铝箔纸生产企业定点管理的做法。省内卷烟工业企业通过招标采购铝箔纸。

（三）烟用丝束、滤嘴棒

20 世纪 50 年代，随着吸烟与健康问题逐步引起世人的重视，烟草行业为提高吸烟的安全性，着手开始研制既能保持卷烟原有风格又能有效滤除烟气中有害物质的过滤材料。浙江卷烟工业，从70年代起先后用纸质、醋酸纤维、聚丙烯为材料制作滤嘴。90年代中期，因醋酸纤维符合工业卫生要求和安全性，浙江卷烟工业以醋酸纤维素丝束为原料，加工成由成型纸包裹丝束芯棒的滤嘴棒。

1971年底，杭州卷烟厂在省内率先使用从日本等国进口的醋酸纤维滤嘴棒和纸质滤嘴棒试生产滤嘴卷烟。滤嘴棒由轻工业部负责进口并按计划分配。次年国庆前夕，杭州卷烟厂试用杭州造纸厂利用等外棉生产的纸质滤嘴棒生产"大红花"牌卷烟，以后几年连续使用纸质滤嘴棒生产少量滤嘴烟。1976年，宁波卷烟厂开始使用进口醋酸纤维丝束滤嘴棒生产少量滤嘴烟。

20世纪70年代末至80年代初，全省烟用滤嘴材料用量，随着滤嘴烟产量逐年增加而增多。此时，滤嘴棒仍依赖进口。每年由轻工业部食品工业局根据各省轻工业局上报的烟用丝束或滤嘴棒需用量、规格，按滤嘴烟生产计划分配，由华东物资管理处供货。1979年，全省滤嘴棒耗用量达10吨。1980年，为解决供应紧张且依赖进口的滤嘴材料来源问题，节约有限外汇，宁波卷烟厂选用鄞县卷烟滤嘴厂的棉质滤嘴棒生产卷烟1500箱。是年3月至次年初，省内研制成功滤嘴棒成型机。此后，全省进口丝束成型(制成滤嘴棒)开始在省内进行。

1981年，轻工业部计划分配给浙江滤嘴棒4000万支，醋酸纤维丝束200吨。1982年起，滤嘴材料由轻工业部供销局和中国烟草总公司联合分配，进口滤嘴材料分配计划改为直接下达到卷烟厂。1983年，轻工业部、中国烟草总公司计划分配给浙江省烟用丝束400吨。1985年后，滤嘴材料由省烟草公司根据全省滤嘴烟生产计划及各厂需要量向中国烟草总公司物资公司申请分配，中国烟草总公司根据各省需要量和货源情况平衡分配，每年醋酸纤维丝束分配计划分上下半年两次完成。

1986年，中国烟草总公司物资公司分配给浙江进口烟用丝束1400吨，省烟草公司根据各厂滤嘴烟生产计划分配给杭州卷烟厂、宁波卷烟厂和桐乡雪茄烟厂。桐乡雪茄烟厂的丝束成型在杭州卷烟厂内完成。1987年，由于外汇紧缺，国际市场烟用丝束价格上升，省烟草公司也将中国烟草总公司下达的自有外汇用汇指标部分用于进口烟用丝束，委托上海烟草进出口分公司进货。是年，全省共计划分配烟用丝束1560吨。1988年，随着滤嘴烟生产扩大，烟用丝束需要量增加，而国际市场货源紧、价格上涨也较多，滤嘴材料供应紧张，省烟草公司和各卷烟厂探索用复合滤嘴棒(活性炭与醋酸纤维丝束复合)代替全丝束滤嘴棒，并在省内合作开发烟用丙纤丝束，用于少数牌号的卷烟生产，以缓解丝束紧张局面。1989年，为保证醋酸纤维丝束的供应，确保各厂滤嘴烟生产的顺利进行，经省烟草公司与中国烟草总公司及杭州卷烟厂、宁波卷烟厂等协商，决定每年从杭州卷烟厂、宁波卷烟厂集资800万元，由中国烟草总公司统一将这一款项投入南通醋酸纤维公司。南通醋酸纤维公司按照协议，每年提供给杭州卷烟厂、宁波卷烟厂一定量的烟用丝束(不列入中国烟草总公司物资分配计划)，当年供应200吨，此后，连续5年每年按此基数递增200吨。1990年，中国烟草总公司分配给浙江用中央外汇进口的烟用丝束1360吨。

1991年，中国烟草物资公司首次编制全行业年度(1992年)滤嘴材料、卷烟纸申请供应计划。省烟草公司审核汇总各厂烟滤嘴材料、卷烟纸需求数量后，报中国烟草总公司。1992年

4月，宁波卷烟厂为解决丝束成型能力不足矛盾，与余姚化棉纺织总厂签订加工滤嘴棒协议书。1996年，中国卷烟滤嘴材料公司贯彻国家烟草专卖局关于推广使用丙纤丝束的通知精神，根据需求情况统一组织订货，要求各卷烟厂、滤嘴成型厂填报1997年度丙纤丝束需求明细表。1997年，为加强烟用醋纤丝束的专卖管理，国家烟草专卖局印发《烟用醋纤丝束经营管理规定》，授权中国烟草物资公司管理全国烟用醋纤丝束的国内经营业务，中国烟草物资进出口总公司管理烟用醋纤丝束的进口业务；拥有烟用醋纤丝束经营权的公司只限于中国烟草物资公司和省级烟草物资企业。省级烟草物资公司根据全省下一年醋纤滤嘴卷烟生产计划及当年烟用醋纤丝束库存，于每年10月向中国烟草物资公司报送下年度全省烟用醋纤丝束需求。1999年，中国烟草物资公司分配给浙江省醋纤丝束4850吨，其中进口丝束3240吨，国产丝束1610吨。

2003年，中国烟草物资公司分配给浙江省醋纤丝束6000吨，其中进口丝束3700吨，国产丝束2300吨。至2010年，浙江卷烟工业进口、国产醋纤丝束都有采用。

表48-3-2-4　　1991—2010年浙江卷烟工业单箱卷烟滤嘴棒耗用量一览表

单位：支/箱

年　份	耗用量	年　份	耗用量	年　份	耗用量	年　份	耗用量
1991	8885	1996	8513	2001	8419	2006	8415
1992	8917	1997	8470	2002	8420	2007	8415
1993	8824	1998	8435	2003	8415	2008	8405
1994	8688	1999	8423	2004	8430	2009	8400
1995	8576	2000	8444	2005	8420	2010	8400

资料来源：《烟草系统统计年报》和国家烟草专卖局网站的行业统计年报。

（四）香精、香料

香精、香料是烟丝调香材料，主要用以增加烟丝的柔润性，冲淡原烟带来的青杂气、土杂气，使吸烟者感到香气细腻、入喉柔顺、余味舒适。不同类型、不同等级、不同牌号的卷烟使用的香精、香料有不同的调配工艺。

20世纪20—30年代，浙江卷烟使用的香料大多为德国产品，年用量300磅。抗日战争胜利后，使用美国和上海香精香料，各厂用量不一。

20世纪50年代初，杭州、宁波等地烟厂大多使用白糖、米醋、柠檬酸、柯麦林、香料等作为卷烟配料，其中香料由各卷烟厂直接向上海厂商购进，其余配料在当地采购。一般卷烟厂单箱卷烟香精消耗量为0.5千克。1959年10月，联工烟厂自产枣酊充当卷烟香料。

1960—1962年，受自然灾害影响，各烟厂曾用21种调味物品替代香精香料，配合填充料使用。1963年，香精型号改变，同时，改变采购环节，由原商业供应（市化工站）改直接向上海香料厂采购，降低进价 17.3%。1967 年，杭州香料厂开始批量生产烟用香料，供应浙江省卷烟厂使用。

20 世纪 70 年代起，各卷烟厂使用的香精香料有上海新华香料厂、吉林化工四厂、上海日用香料厂、杭州香料厂等厂的产品。1973 年 3 月，为保障人民群众身体健康，省内卷烟厂停止使用香豆素，改变烟用香精配方。

1986 年，为配合外香型卷烟开发生产，使用进口香兰素。1988 年，杭州卷烟厂进行薄荷烟嘴棒载体加香草工艺研究，成功解决烟丝加薄荷香精挥发性大、易污染其他牌号卷烟的问题。此后，各厂常用的烟用香精的香原料货源除从国内香料厂组织外，部分从国外进口。

1998 年，为确保全国烟用香精市场的稳定和公平竞争，保证烟用香精的安全可靠性，维护卷烟消费者利益，国家烟草专卖局决定烟用香精、香料实行定点生产和经营制度。由国家烟草专卖局组织向烟草行业提供烟用香精、香料的生产企业和代理商的资格审查，并对烟用香精香料产品实施质量与安全性检查。经审查合格的，颁发烟用香精、香料“定点供应单位”证书。1998 年 7 月 1 日起，烟草企业不得购进和使用非“定点供应单位”的烟用香精香料产品。浙江卷烟工业企业在定点供应单位中采购。

第三节 设 备

浙江卷烟工业诞生至 2010 年将近百年，卷烟设备也经历了从简到精的过程。20 世纪 20 年代的烟机主要有制丝、卷烟两类，即制造烟丝的相关设备和卷烟机，包装用手工。50 年代以后，在国家的重视支持下，烟机研究和群众性的技术革新不断开展，制丝设备得到改进和配套，包装也实现了机械化。1972 年起，为适应滤嘴烟生产，杭州卷烟厂、宁波卷烟厂先后自己制造、购置滤嘴接装机生产滤嘴卷烟。1986 年以后的 20 多年间，历经从“七五”到“十一五”持续不断的技术改造，浙江卷烟工业的技术装备达到国内先进、国际一流的水准。现按制丝、卷接、滤嘴成型设备分述如下。

一、制丝设备

制丝设备即制造烟丝的设备。

20 世纪 20 年代，省内始有卷烟厂使用轧筋机、切丝机等制丝设备，后又相继使用烘丝机、磨刀机，单机生产能力低下。40 年代末，各机制烟厂一般每种机器拥有一两台，少数烟厂有四五台。

20 世纪 50 年代后，随着各卷烟厂实力增强，制丝设备拥有量增加，综合制丝能力逐步提高。50 年代后期，在群众性的技术革新运动中，各厂制丝生产实现局部连续化。

20 世纪 60 年代初，形成制丝设备生产线雏形。60 年代中期起，省内卷烟厂先后启用真空回潮机替代蒸叶机，打叶机取代抽梗机，旋转式切丝机代替上下式切丝机，各种制丝单机之间的辅助连动装置和风力送丝系统也不断完善。1966 年 6 月，轻工业部烟草工业科学研究所研究设计、上海烟机厂制造的400千克/小时三打七分卧式打叶机，在杭州卷烟厂通过中国烟草工业公司组织的鉴定。60年代末，各厂制丝生产线基本形成，单台设备和制丝综合生产能力均有提高。

1973年11月，宁波卷烟厂试验成功800～1000千克/小时立式打叶机。打叶机在全行业的推广和应用，标志制丝生产和设备的重大突破。1974年，杭州卷烟厂与轻工业部烟草工业科学研究所共同研制的LB2-15型链板式储叶(丝)柜投入使用。20世纪70年代中后期，切丝设备中增加滚刀式切丝机。各厂在扩建和技改之后，制丝生产线更趋完善，生产能力进一步增强。

20世纪80年代初，杭州卷烟厂、宁波卷烟厂先后实施以打叶系统改造为重点的制丝生产线更新改造。改单辊筒解把为双辊筒解把，使用复式风分系统及增设回梗、回风及除尘装置。1985年后，各卷烟厂制丝设备的技术改造步伐加快。杭州卷烟厂、宁波卷烟厂引进国外先进的制丝生产线关键设备，生产能力迅速扩大，烟草薄片成型设备、膨胀梗丝设备、膨胀烟丝设备也先后投产。嘉兴卷烟厂建成白肋烟处理线。

20世纪90年代后，制丝生产自动化程度不断提高，装备达到或接近国际先进水平。以工业控制机为主的控制系统、集散控制系统(DCS)、计算机信息管理系统(MIS)等现代控制技术的运用，为制丝生产过程自动控制奠定了基础，不仅保证了烟丝生产的质量、降低原材料和能源消耗，而且提高了劳动生产率和管理水平。1996年，宁波卷烟厂开发的水槽烟梗回潮机(水洗梗技术)在全国推广使用，不断发展完善，形成整套先进的烟梗处理线。

(一)制丝生产线

1991年，浙江卷烟工业制丝设备拥有制丝线5条，其中，杭州卷烟厂配置国产5000千克/小时、2000千克/小时叶丝生产线各1条，宁波卷烟厂配置从英国莱格(LEGG)公司引进的5000千克/小时叶丝生产线和国产3000千克/小时叶丝生产线各1条，嘉兴卷烟厂配置国产2000千克/小时叶丝生产线1条。1995年，全省制丝设备拥有叶丝生产线3条，梗丝生产线3条，白肋烟生产线1条。其中，杭州卷烟厂拥有意大利卡马斯(COMAS)公司产5000千克/小时叶丝生产线1条，国产1250千克/小时梗丝生产线1条，白肋烟生产线1条；宁波卷烟厂、嘉兴卷烟厂拥有叶丝生产线、梗丝生产线各1条。2000年，全省制丝设备拥有叶丝生产线3条，梗丝生产线2条，白肋烟生产线1条。其中，杭州卷烟厂拥有德国虹霓公司(HAUNI)产4000千克/小时叶丝生产线2条，国产1250千克/小时梗丝生产线1条，白肋烟生产线1条；宁波卷烟厂拥有意大利卡马斯公司CEVJ 1835/442型5000千克/小时叶丝生产线1条，LF/2/1250/5700型1500千克/小时梗丝生产线1条。

2005年，全省制丝设备拥有叶丝生产线3条，梗丝生产线1条，白肋烟生产线2条。其中，杭州卷烟厂拥有叶丝生产线2条，白肋烟生产线1条；宁波卷烟厂拥有叶丝生产线、梗丝生产线、白肋烟生产线各1条。

2010年，全省制丝设备拥有叶丝生产线4条，梗丝生产线1条。其中，杭州卷烟厂拥有从德国虹霓公司引进的4000千克/小时制丝生产线2条；宁波卷烟厂拥有意大利卡马斯公司

CEVJ 1835/442 型 5000 千克/小时叶丝生产线和 SH93 型 4800 千克/小时叶丝生产线各 1 条，SH837 型 1500 千克/小时梗丝生产线 1 条。

（二）主要设备

1. 压梗机（20 世纪 50 年代前称轧筋机）

20 世纪 20 年代，省内机制烟厂即开始采用轧筋机。40 年代，各厂的压梗机系二滚筒机。1952 年 9 月，据杭州、宁波、金华、建德等地卷烟厂统计，共有压梗机 21 台。1956 年，全省卷烟工业公私合营完成后，各地烟厂设备大多并入杭州利群和宁波联工烟厂，全省拥有压梗机 13 台。1963 年，联工烟厂为提高梗丝质量，增加梗丝填充能力，开始使用大压梗机，生产能力 300 千克/小时。1964 年和 1967 年，杭州卷烟厂相继淘汰三滚筒压梗机、二滚筒压梗机，改用 YA51 型压梗机，台时产量 200 千克。60 年代末，宁波卷烟厂全部改用 YA51 型压梗机。1983 年 12 月，桐乡雪茄烟厂购入天津产 YA51 型压梗机 1 台投入生产。1987 年，全省拥有 YA51 型压梗机 7 台。1989 年，杭州卷烟厂因压梗工艺取消，停用压梗机。

2. 切丝机

抗日战争全面爆发前，省内就有一些技术力量较强的机制烟厂开始使用切丝机，代替人力切丝。机器大多购于上海，为上下式。抗日战争胜利后，使用切丝机的烟厂增多，仍为上下式，大多为上海制造的永兴、明耀、华通等牌号，产能在 50 千克/小时以内。

20 世纪 50 年代，省内烟厂仍沿用上下式切丝机。1952 年初，全省 20 多家卷烟厂共拥有切丝机 50 余台。单机切丝日产高则可达 800 千克，最低的为 100 千克。1956 年，宁波联工烟厂拥有 10 英寸刀门上下式切丝机 22 台（安装投产 13 台），杭州利群烟厂有 16 台。次年，联工烟厂切丝机总产能达到 1900 千克/小时。

20 世纪 60 年代，联工、利群两卷烟厂先后增加 12 英寸刀门和 16 英寸刀门的切丝机。1962 年，联工烟厂始用旋转式的莱克式切丝机（产能 150 千克/台时）和上海产 5 刀莫林式切丝机（产能 350 千克/台时）。1963 年，利群烟厂曾使用英国莱克 6 刀旋转式旧切丝机 1 台。1964 年后，全省各厂的上下式切丝机逐步被旋转式切丝机替代。至 60 年代后期和 70 年代初，各厂普遍使用旋转式切丝机（YS11 型），生产效率比上下式切丝机提高 1 倍以上，生产能力为切叶丝 500 千克/台时、切梗丝 240 千克/台时。1976 年，全省共有切丝机（旋转式）15 台，年生产能力 3.16 万吨。

20 世纪 70 年代中后期，省内烟厂开始使用滚刀式切丝机（YS12 型）。其生产能力为切叶丝 1000～1200 千克/台时、切梗丝 300～400 千克/台时。1980 年底，全省拥有各类切丝机 24 台，年总生产能力达 3.97 万吨。

20 世纪 80 年代末，杭州卷烟厂、宁波卷烟厂先后引进英国莱格公司制造的滚刀式切丝机（RC4 型）。该切丝机具有设计紧凑、产量高、容易操作和维修等优点。其产能为切叶丝 5000～9000 千克/台时、切梗丝 1500 千克/台时。同时，两厂又购入消化该类设备技术的国产 YS14 型切丝机。

3. 烘丝机（炒丝机）

20世纪40年代后期，杭州、宁波两地部分卷烟厂开始使用烘丝机。机器从上海购置，一般每厂仅1台，均为火力烘（炒）丝。1952年上半年，全省20多家卷烟厂共拥有烘丝机15台，其中友合、利群、联工3家烟厂烘丝机各2台，单机日烘丝能力在1500～2000千克之间。1955年底，利群烟厂蒸汽烘丝机2台，产能分别为850千克/台时和800千克/台时；联工烟厂接受并入烟厂烘丝机后，共有6台，但仅安装使用1台。次年，联工烟厂增添叠炮烘丝机1台，承担全厂1/4烟丝烘炒量，并全部改火力焙丝为蒸汽烘丝，减少焦丝、碎丝，提高烟丝净度和长丝率，改善卷烟色香味。1957年，联工烟厂为平衡各工段生产能力，改原叠炮烘丝机为平炮烘丝机，提高烘丝能力。1964年起，杭州卷烟厂用1500千克/台时烘丝机代替880千克/台时烘丝机。至1966年，880千克/台时烘丝机全部淘汰。1973年，全省烘丝、烘梗设备共有5台。其中杭州卷烟厂3台，产能1500千克/台时；宁波卷烟厂热筒直径为1200毫米和900毫米烘丝机各1台，产能分别为2000千克/台时、1500千克/台时。1980年，省内首台3000千克/台时YG64型烘丝机在杭州卷烟厂投入使用。1982年12月，桐乡雪茄烟厂2台YG118、YG61型烘丝机投产。同年，杭州卷烟厂添置3500千克/台时烘丝机1台。1985年起，各厂大多使用YG61、YG62、YG64型烘丝机。1985年和1988年，宁波卷烟厂先后引进英国莱格公司的5000千克/台时烘丝机2台。1990年，杭州卷烟厂引进意大利卡马斯公司烘丝机1台。至1990年底，全省共有烘丝机9台，其中国产6台，进口设备3台。

4. 抽梗机

1956年，为平衡各工序的生产能力，替代人工抽梗，提高劳动生产率，利群烟厂购置5台齿片式和1台刺带式抽梗机投入使用，产能为25千克/台时。次年，齿片式抽梗机在联工烟厂投入使用。此后，各卷烟厂抽梗设备逐年增多，抽梗面扩大、烟丝中牙签梗粒减少。1962年，联工烟厂抽梗机增至15台，单机产能达60千克/台时。1964年，杭州卷烟厂启用10台新郑式抽梗设备代替刺带式抽梗机，全厂抽梗机也增至15台。1967年起，全省淘汰抽梗机，以打叶机取代。

5. 切尖解把机

1958年，在群众性技术革新运动中，联工烟厂自制成功打头解把联合机1台，代替手工解把辅助打叶。1964年，开始使用轻工业部烟草工业科学研究所研制的切尖解把机，产能600～800千克/台时，切尖率100%，解把率90%～97%。此后，在使用过程中，该设备性能不断改善。1990年，全省共拥有切尖解把机6台。2000年，随着打叶复烤技术的推广应用，制丝线生产由把烟投料向片烟投料转变，切尖解把机停用。

6. 打叶机

1960年上半年，联工烟厂在技术革新运动中自制成功打叶机，在省内率先实现打叶机械化，产能350千克/台时，比手工操作提高工效30倍。1963年，联工烟厂将一次打叶改为二次打叶。1966年上半年，杭州卷烟厂结合工艺改革启用二打三分打叶机，产能600千克/台时。次年，又增加1000千克/台时卧式打叶机1台。至此，各厂全部实现打叶机替代抽梗机。1968年下半年，宁波卷烟厂配合厂房扩建，又自制产能1000千克/台时立式打叶机（包括风分系统)1 台。1971 年 8 月,两烟厂开始使用体积较小、性能较优、产能为 1500 千克/台时的卧式打叶机,以解决烟叶中带梗和梗中带叶多、叶损耗大的问题。1978 年,杭州卷烟厂开始以 2000 千克/台时打叶机代替原部分一打三分打叶机。1979 年,各厂全面改造打叶机。其中,杭州卷烟厂与轻工业部烟草工业科学研究所合作,在郑州式打叶机(双辊筒)基础上,参照美国同类设备,在行业内首次研制改进成功 1000 千克/台时全叶打叶机 1 台,于次年元月投入生产,使烟丝纯度达到 99%,出梗率高于 20%。1981—1982 年,为扩大制丝生产能力,杭州卷烟厂相继投入 2000 千克/台时全叶打叶机和 3500 千克/台时的三打三分打叶机各 1 台。1982 年,桐乡雪茄烟厂也开始使用打叶机。1983 年,因全叶打叶存在大片率不高、一打三分机效率较低等问题,杭州卷烟厂停用全叶打叶机和一打三分打叶机。1988 年,宁波卷烟厂引进英国莱格公司 5000 千克/台时打叶机生产线 1 条。

7. 真空回潮机

1966 年 7 月,为配合烟叶回潮工艺改革,改善回潮效果,杭州卷烟厂开始使用汽枪式真空回潮机替代蒸叶机进行烟包回潮。1971 年,宁波卷烟厂也开始使用该种设备。两厂均只有 1 台,设计能力为 1800 千克/台时。杭州卷烟厂、宁波卷烟厂在使用过程中,不断改进技术,改善真空回潮机性能,实际产量达到 2000 千克/台时以上,并使回潮后烟叶水分增加 3%~4%。1975 年,杭州卷烟厂开始使用 3000 千克/台时真空回潮机。1979 年,杭州卷烟厂、宁波卷烟厂各有真空回潮机 2 台。20 世纪 80 年代初,省内卷烟厂开始淘汰 3000 型汽枪式真空回潮机,改用无汽枪式 3000 型真空回潮机(YG18 型)。1982 年 12 月,桐乡雪茄烟厂购入许昌产 YG18 型真空回潮机 1 台。至 1986 年,各厂汽枪式真空回潮机全部被淘汰。

8. 白肋烟处理机

1988 年 10 月,上海轻工业设计院、绍兴市烟草机械配件厂和桐乡雪茄烟厂经 1 年多时间的协作,在桐乡雪茄烟厂制成白肋烟处理机并投产。生产能力为 300 千克/台时。这是省内首创的设备,也是国内较为完善的白肋烟处理设备之一。

9. 梗丝膨胀机、烟丝膨胀机

1987 年 11 月,杭州卷烟厂为改善梗丝的燃烧性和吸味,提高其填充能力,降低卷烟单箱烟叶耗用,自制成功省内第一台梗丝膨胀机并投入生产。该设备产能 300 千克/台时,梗丝膨胀率为 20.8%。1988 年,全省梗丝膨胀设备增至 4 台,其中杭州卷烟厂 2 台,宁波卷烟厂 2 台。20 世纪 80 年代末,省内烟厂开始引进国外先进的烟丝膨胀设备。1989 年,杭州卷烟厂从美国雷诺斯公司引进 G-13C 型烟丝膨胀机,该机设计能力为 180 千克/台时,烟丝膨胀率为 75%以上。同年,宁波卷烟厂从美国菲利普·莫里斯公司引进干冰(CO_2)烟丝膨胀机 1 台,于 1991 年 7 月验收并投入生产。该设备是国际先进膨胀烟丝设备,设计能力为 570 千克/台时,烟丝膨胀率为 100%。

10. 加香机

抗日战争时期,省内始用。最初仅杭州、宁波两地少数卷烟厂使用,一般每厂只有 1 台,专司烟丝加香、加色。1950 年,宁波华盛新记烟厂拥有三星牌大加香机 1 台,月处理烟丝可达 5000 千克。1952 年初,全省有联工、裕星、馥众、华盛、英雄等卷烟厂使用加香机,每厂 1

台，均为简易机械。20世纪50年代起，利群烟厂采用压缩机喷射香精装置，在烘丝机出口处对烟丝加香；1969年，开始使用加香机。1978年后，随着卷烟生产规模的扩大，杭州卷烟厂、宁波卷烟厂先后添置加香机。1980年，杭州卷烟厂增加到4台，宁波卷烟厂增至3台。1981年，桐乡雪茄烟厂拥有冷炮加香机1台；1982年12月，另有自制加香机1台投产。1988年，宁波卷烟厂随制丝生产线引进英国莱格公司加香机1台。

11. **润叶机**

20世纪50年代初，利群、联工烟厂先后开始使用润叶机，替代半手工操作，以达到增加烟叶柔软性和韧性、均匀水分、减少碎损的目的，生产能力为600千克/台时。1968年，宁波卷烟厂自制成功热风润叶机3台投入生产，生产能力为500千克/台时，分别用于制丝生产连动线打叶机和切丝机前。因该类设备的热风装置易被碎烟片、灰尘、麻丝等杂物堵塞影响正常运行，各厂又相继使用1500千克/台时润叶机。1977年初，杭州卷烟厂与上海烟草工业机械厂协作试制出YG34型润叶机，投入试生产，经过边生产边改进，1978年初正式投入使用，产能3000千克/小时。该机解决了原设备润叶时间短、吸湿不匀等问题，使润后烟叶柔软性好且较均匀，但进料口密封性较差，自动化程度不高。80年代起为提高综合制丝能力，润叶设备逐年增多。至1990年底，全省共拥有润叶机13台。

12. **贮丝（叶、梗）柜（机）**

1972年，杭州卷烟厂自制成功省内首台简易贮丝柜（机），并投入试生产。该机长15米、宽1米、贮丝高0.8米。因贮丝时间较短（仅20分钟），投产后又加以改进。1974年5月，LB2-15型链板式贮丝机经杭州卷烟厂和轻工业部烟草工业科学研究所共同试制完成，10月底通过部级鉴定，在杭州卷烟厂投产，并被轻工业部选为全行业推广设备。该机全长22米、宽1.75米、高3.7米，除进出口外，全部封闭，分上、下两层，每层贮丝2400千克，链板线速度在0.114～0.435米/分钟范围内，贮料情况通过模拟装置显示，烟丝温度和贮存时间有仪表指示，并装有直流电动机，用可控硅无级调速。调速有程序控制和手工控制两用装置，进料时，程控和手控两用，出料时仅用手控，可以根据烟丝流量大小，进行无级变速；采用镀锌铁皮作链板，以链条为传动形式。该机的运用实现贮丝、送丝连续化，使卷烟工艺机械化程度提高，节约劳动力；同时，起到"蓄水池"作用，便于上下工序的衔接和生产调度。此后，各厂又将类似设备运用到贮叶、贮梗上。1977年，宁波卷烟厂添置贮丝柜一组（长24米、宽1.4米、高1.4米）。次年，杭州卷烟厂贮丝柜改为三层。1980年，杭州卷烟厂增加LB2-20贮丝机2台、LB3-20贮丝机1台。1987年9月，桐乡雪茄烟厂贮丝柜、贮叶柜各1台投入生产。

表48-3-3-1　　1991—2010年杭州卷烟厂卷烟制丝主要设备一览表

单位：台

年 份	真 空 回潮机	打叶机	润叶机	梗 丝 膨胀机	叶 丝 膨胀机	切丝机	烘丝机	加香机
1991	2	4	4	1	2	7	2	1

续表

年份	真空回潮机	打叶机	润叶机	梗丝膨胀机	叶丝膨胀机	切丝机	烘丝机	加香机
1992	2	5	4	1	2	6	2	1
1993	2	5	4	1	2	6	2	1
1994	2	5	4	1	2	6	2	1
1995	2	5	4	1	2	6	2	1
1996	2	5	4	1	2	6	2	2
1997	2	5	4	1	2	8	2	2
1998	2	5	4	1	2	8	2	2
1999	2	5	9	1	2	11	2	2
2000	2	5	9	1	2	11	2	2
2001	1	—	5	1	1	11	3	3
2002	1	—	5	1	1	11	3	3
2003	1	—	4	—	1	7	2	3
2004	1	—	4	—	1	7	2	3
2005	1	—	4	—	1	7	2	3
2006	—	—	7	1	2	11	3	4
2007	—	—	7	1	2	11	3	4
2008	—	—	7	1	2	11	3	6
2009	—	—	7	1	2	11	3	6
2010	—	—	7	1	2	11	3	6

资料来源:《烟草系统统计年报》和国家烟草专卖局网站的行业统计年报。

表 48-3-3-2　　1991—2010 年宁波卷烟厂卷烟制丝主要设备一览表

单位:台

年份	真空回潮机	打叶机	润叶机	梗丝膨胀机	叶丝膨胀机	切丝机	烘丝机	加香机
1991	3	3	5	2	—	21	4	2
1992	3	3	6	2	1	18	3	2
1993	3	2	5		1	8	2	1

续表

年份	真空回潮机	打叶机	润叶机	梗丝膨胀机	叶丝膨胀机	切丝机	烘丝机	加香机
1994	2	2	1	1	1	8	1	1
1995	2	3	5	1	1	8	2	2
1996	2	3	5	1	1	8	2	4
1997	2	2	5	1	1	8	2	4
1998	2	2	5	1	1	8	2	4
1999	2	2	5	1	1	8	2	5
2000	2	2	5	1	1	8	2	5
2001	2	2	6	1	1	6	1	4
2002	2	2	6	1	1	6	1	4
2003	2	2	6	1	1	6	1	4
2004	—	—	4	1	1	6	1	4
2005	—	—	4	1	1	6	1	4
2006	—	—	4	1	1	6	1	4
2007	—	—	4	1	1	6	1	4
2008	—	—	4	1	1	6	1	4
2009	—	—	6	2	2	9	1	5
2010	—	—	6	2	2	9	1	5

资料来源:《烟草系统统计年报》和国家烟草专卖局网站的行业统计年报。

二、卷接包设备

卷烟生产的卷接包设备包括卷烟机、滤嘴接装机、卷接机组、包装机等设备。

20世纪20年代,省内烟厂始用卷烟机。到40年代末,主要有手摇卷烟机和"源昌""新中国"等型号的卷烟机,全部是落丝式单机,生产能力以"新中国"卷烟机为最高,达800支/分钟。各厂拥有的卷烟机数量,少的仅1台,多的3～5台不等。至60年代,各厂的卷烟机均为"新中国"等传统型号(包括综合式、仿美式、自制式等)。70年代初,杭州卷烟厂、宁波卷烟厂分别对老式"新中国"卷烟机进行改造,使生产能力提高到1200支/分钟。

1972年起,为适应滤嘴烟生产,杭州卷烟厂、宁波卷烟厂先后购用滤嘴接装机(单机)与卷烟单机配合生产滤嘴烟。最初,采用夹钳式,后改用搓板式。至20世纪80年代初,因扩大滤嘴烟生产需要,各厂滤嘴接装单机数量迅速增加。

1984年,为扩大滤嘴烟的生产,使卷烟单机与滤嘴接装机配套,各厂先后购置YJ13型新一代吸丝式卷烟单机，使卷烟单机生产能力提高到1600支/分钟，烟支水分降低。此后“新中国”等落丝式卷烟机逐年减少。20世纪80年代中后期，为实现滤嘴烟支卷制和过滤嘴接装的联合，减少卷接过程中间环节，提高工效，各厂先后购置国产和进口卷接机组，取代卷烟和接装单机，设备主要有MK8、YJ12/YJ22、YJ13B/YJ23、YJ14/YJ22等几种，生产能力最高达2500支/分钟。同时，各厂又先后引进具有国际70年代水平的高速卷接机组，主要有MK9-5、MK9N、LOGA-2等，生产能力最低3000支/分钟，最高可达7000支/分钟，卷烟生产效率大为提高。该类机组还具有烟支在线检测功能，可在生产过程中完成对烟支质量的控制，为提高产品质量发挥了重要作用。90年代，浙江卷烟工业生产设备主要是引进为主，机型趋于统一。卷接机组是德国引进的PROTOS机型，生产能力分别为7000支/分钟、8000支/分钟和8500支/分钟；包装机组是意大利引进的GDX机型，生产能力为400包/分钟。

（一）卷烟机

1. “新中国”等老式卷烟机（包括综合式、仿美式、自制式等）

20世纪40年代，上海新铁工厂仿制卷烟机成功，故名“新中国”卷烟机。抗日战争期间，杭州、宁波等地少数烟厂开始采用“新中国”卷烟机。一般每厂拥有该类卷烟机1～2台。抗日战争胜利后，全省采用“新中国”卷烟机增多，每厂拥有量增加。民国36年（1947年）初，杭州武林烟厂拥有“新中国”卷烟机5台。至1949年，杭州、宁波、金华、温州、台州、衢州等地机制烟厂大多采用“新中国”卷烟机生产卷烟。1952年初，全省拥有“新中国”卷烟机28台。1956年，卷烟业社会主义改造完成后，杭州利群和宁波联工烟厂合计拥有该类卷烟机33台。此后，两家卷烟厂该类卷烟机逐年增加，并在生产中不断加以改进。70年代初，经过对老卷烟机进行改造，车速提高到1200支/分钟。1973年，全省有“新中国”卷烟机66台，1979年增加到99台，1984年达152台。1985年后，随着卷烟需求档次的提高，无嘴烟减少，杭州、宁波两卷烟厂开始逐步淘汰“新中国”等老式卷烟机。1994年停用。

2. YJ12、YJ13型卷烟机

1984年，杭州卷烟厂、宁波卷烟厂先后启用吸丝式YJ13型卷烟机，以替代“新中国”等老式卷烟机，其中，杭州卷烟厂1984年购置12台，系许昌轻机厂制造，该机最高速度为1600支/分钟（无级调速）。此后，杭州、宁波两厂分别添置上海烟机厂制造的YJ12型卷烟机，该机最高速度为2000支/分钟。1988年，杭州卷烟厂部分YJ13型卷烟单机停用。年底，桐乡雪茄烟厂购入YJ13A型卷烟机2台，并于次年初安装投产。1994年，杭州卷烟厂、宁波卷烟厂停用该型卷烟机。

（二）滤嘴接装机（YJ21、YJ22、YJ23等）

1971年9月，杭州卷烟厂在上海烟草工业机械厂支援下，试制成简易滤嘴烟接装机1台并投入生产，设计滤嘴烟过滤嘴接装能力为500支/分钟。1973年，杭州卷烟厂购入上海烟草工业机械厂制造的YJ21型接装机1台。该机采用夹钳式接装，用于制造烟支长度81毫米的滤嘴烟，接装速度为800～1500支/分钟。1976年，宁波卷烟厂购置YJ21型滤嘴接装机1

台，开始生产滤嘴烟。此后，两卷烟厂随着生产量的增加，不断添置滤嘴接装机。

1982 年，杭州卷烟厂开始使用 YJ22 型滤嘴接装机。该机采用搓板式接装，主要用于 84 毫米滤嘴烟生产，单机设计能力为 1800～2000 支/分钟。1986 年，桐乡雪茄烟厂也先后购进 YJ22、YJ21 型接装机开始生产滤嘴烟。

1987 年，省内烟厂始用 YJ23 型滤嘴接装机，单机设计能力为 2000 支/分钟，用于制造烟支长度为 100 毫米的滤嘴烟。

1995 年起，杭州卷烟厂、宁波卷烟厂逐步淘汰滤嘴接装机 YJ21、YJ22、YJ23 型，至 1997 年停用。

（三）卷接机组

1. YJ14/YJ23、YJ14/YJ22、YJ12/YJ22、YJ13B/YJ23 卷接机组

由 YJ14、YJ12、YJ13 卷烟单机和 YJ23、YJ22 滤嘴接装单机改进组合而成。1987 年，杭州卷烟厂购入 4 组投入生产，替代卷烟机和滤嘴接装单机，实现卷制和装接过滤嘴在同一设备上完成，提高了卷烟速度和质量。次年，宁波卷烟厂、桐乡雪茄烟厂也开始使用此类设备。1996 年、1997 年，杭州卷烟厂、宁波卷烟厂先后停用。

2. MK8 机组

英国莫林斯（Molins）公司制造，设备由 MK8 卷烟机和 MAXⅢ滤嘴接装机两大部分组成，设计能力为 2500 支/分钟。1986 年，杭州卷烟厂进口 2 组投入生产。1996 年，又进口 1 台。2003 年停用。

3. MK9-5 机组

英国莫林斯公司制造，设计能力为 5000 支/分钟，具有在线检测功能。1986 年，杭州卷烟厂、宁波卷烟厂先后引进并投产，用于生产高档卷烟。1996 年、1998 年，杭州卷烟厂、宁波卷烟厂先后停用。

4. MK9N 卷接机组

英国莫林斯公司生产，设计生产能力为 3000 支/分钟，具有在线检测功能。1990 年，杭州卷烟厂、宁波卷烟厂共引进 12 组（属二手设备），部分投入使用。其中，杭州卷烟厂 2 组、宁波卷烟厂 10 组。不久即淘汰。

5. LOGA-2 卷接机组

法国制造，设计能力为 6500 支/分钟，具有在线检测功能。1990 年，杭州卷烟厂、宁波卷烟厂同时签订购货合同。1995 年、2000 年，杭州卷烟厂、宁波卷烟厂先后停用。

6. PROTOS 卷接机组

德国制造，设计能力分别为 7000 支/分钟、8000 支/分钟、8500 支/分钟。1993 年，杭州卷烟厂、宁波卷烟厂开始引进，成为浙江卷烟工业的主要卷接机组设备。2010 年，共有 43 组。

（四）包装机

1950 年前后，省内烟厂无卷烟小包、条包包装的专门设备，只有个别厂使用搭壳机（糊盒机）辅助手工包装。20世纪50年代后期起，利群、联工烟厂先后开始使用1－5型小包机和自制单烟库简易小包机，实现包装机械化，生产能力提高到55～64包/分钟。同时，两厂先后自制和购置简易条包机投入生产，实现条包机械化。1963年，利群烟厂将单烟库简易小包机革新成双烟库后，两厂逐步开始用单机生产能力为120包/分钟的双烟库小包机替代单烟库小包机。60年代中后期起，各厂先后将小包机和条包机单机联合组成包装联合机，以提高工效。

20世纪70年代初，单烟库小包机基本淘汰。1973年，省内烟厂始用滤嘴烟包装机，使用量随滤嘴烟生产扩大而逐年增加。70年代末，启用透明纸（玻璃纸）小包机和条包机。80年代初，各厂的包装设备拥有量迅速增加。80年代中后期，随着技术改造步伐的加快，各厂除了在使用国产包装单机和机组外，还引进具有国际70年代先进水平的成套包装设备，改直包为横包形式，生产能力提高并具有在线检测等优点，其代表型号为SASIB6000型包装机组。

1. 小包包装机

民国38年（1949年）初，杭州武林烟厂曾使用搭壳机糊小包纸盒。该机系上海制造，结构简单，烟支装入内衬纸仍靠手工。20世纪50年代初，利群烟厂使用过同类搭壳机。

1958年，利群烟厂开始使用委托杭州水泵厂制造的第1台1－5型小包包装机，设计能力为85包/分钟。1959年，在群众性的技术革命、技术革新运动中，利群烟厂自制1－5型小包包装机，并学习河南商丘卷烟厂经验试制简易型单烟库小包机，单机设计能力为55包/分钟。是年6月，先后制成1－5型小包包装机2台和简易型单烟库小包机12台并投产使用。同年，联工烟厂也制成铁木结构简易小包装机18台并投入生产，单机设计能力为45包/分钟。年底，全省卷烟小包包装全面实现机械化。1963年，利群烟厂制成简易式双烟库小包机替代单烟库小包机，设计能力提高到120包/分钟。1967年起，杭州卷烟厂单烟库小包机及1－5型小包机陆续淘汰。1969年上半年，宁波卷烟厂购入简易联合式双烟库小包机9台。20世纪70年代初，宁波卷烟厂1－5型单烟库小包机也基本淘汰。1973年，省内卷烟厂开始使用YB31型滤嘴烟包装机，用于81毫米滤嘴烟生产，该机设计能力110包/分钟，采用直包形式，烟库容量为3500支。1975年，全省小包机共41台，大多为简易式，年生产能力达50万箱。同年，透明纸YC14型小包机在杭州卷烟厂投入使用，生产能力为120包/分钟。次年，宁波卷烟厂投入4－5A型小包机3台，该机是在1－5型的基础上经改进而成的，单机生产能力为140包/分钟。1981年底，全省拥有卷烟小包机共59台，其中YB52型透明纸小包机2台、YB31型81毫米滤嘴烟包装机6台、简易式和4－5型共51台。1985年，杭州卷烟厂停用透明纸YC14型小包机。此后两厂先后启用YB13C型滤嘴烟小包机，该机设计能力为100～160包/分钟（无级转速），采用直包形式，烟库容量为3500支，用于84毫米滤嘴烟生产。

2. 条包机

1958年，全省第一台卷烟简易条包机在利群烟厂自制成功并投产，替代手工包装，采用10包直立包装形式，生产能力为34条/分钟。次年，联工烟厂也自制成功1台简易卷烟条包机并投产。1961年，省内第一台生产能力42条/分钟条包机在利群烟厂投入使用。1962年，联工烟厂条包机增至4台，全年条包能力达10万箱。1964年7月，杭州卷烟厂进行小包、条包机联合包装试制，随后全厂单机全部改为联合包装机。1966年后，两卷烟厂扩大条包生产能力，条包机逐年增加，达到小包与条包设备的联合配套。1973年，杭州卷烟厂在省内率先添置YB62型滤嘴烟条包机，单机设计能力为24条/分钟。同年底，全省条包机共35台。1976年，宁波卷烟厂添置YB62型滤嘴烟条包机。20世纪70年代末，各厂卷烟条包设备普遍增加。1981年，全省共有条包机58台。1982年12月，桐乡雪茄烟厂购入YB64型条包机3台投产。

（五）包装机组

1. SASIB6000型包装机组

意大利萨希布（SASIB）公司制造，可一次完成小包包装和条包装两道工序，其中小包采用横包形式，条包又可进行软包和硬包两种包装，设计能力为300包/分钟，具有在制检测功能。1986年8月和12月，杭州卷烟厂、宁波卷烟厂先后引进并投入生产。2000年、2002年，宁波卷烟厂、杭州卷烟厂先后停用。

2. 国产6000型包装机组

上海烟机厂制造，设备性能与意大利同类设备相同。1990年，杭州卷烟厂、宁波卷烟厂分别购进2组和3组，投入生产。1996年、2002年，宁波卷烟厂、杭州卷烟厂先后停用。

3. HLP机组

硬盒翻盖包装机组，系英国莫林斯公司制造，设计能力为100包/分钟，具有在制检测功能。1989年，宁波卷烟厂进口1组，经国内烟机厂大修改造后安装投产。1990年，杭州卷烟厂进口二手机1组，投入使用。1994年、1995年，宁波卷烟厂、杭州卷烟厂先后停用。

4. 3000型包装机组

系84毫米滤嘴烟硬条包装机组，有进口二手机（从美国雷诺烟草控股公司引进）和国产机（上海轻工机械厂制造）两种，设计能力均为150包/分钟，具有在制检测功能。1990年，省内开始使用，全省共15组。1994年宁波卷烟厂停用，1995年杭州卷烟厂、嘉兴卷烟厂停用。

5. GDX2包装机组

意大利引进，硬包，设计能力为400包/分钟。1992年，杭州卷烟厂、宁波卷烟厂同时引进，成为浙江卷烟工业主要包装机组机型。2010年，全省拥有GDX2包装机35组。

6. GDX1包装机组

意大利引进，软包，设计能力为400包/分钟。1993年，杭州卷烟厂、宁波卷烟厂同时引进，成为浙江卷烟工业主要包装机组机型。2010年，全省拥有GDX1包装机8组。

三、滤嘴成型设备

滤嘴成型设备是指将过滤材料（如烟用纤维丝束及芯纸等）为原料，加工卷制而成具有过滤并有一定长度圆形棒的设备。

1980年和1981年，杭州卷烟厂、宁波卷烟厂先后采用GLZ-9和YL33型滤嘴成型机，用于醋酸纤维滤棒制造。YL33和GLZ-9两种型号滤嘴成型机，分别为宁波轻工机械厂和临海烟草机械设备厂制造，设计能力为72米/分钟，可卷制直径为7.5毫米、长度为70～120毫米卷烟滤嘴棒。1987年，桐乡雪茄烟厂使用YL33、GLZ-12两种型号滤嘴成型机。

表 48-3-3-3　　1991—2010 年杭州卷烟厂卷接包主要设备一览表

年份	YJ13 型卷烟机（台）	滤嘴接装机（台）	卷接机组（组）						无嘴烟小包机（台）		透明条包机（台）	包装机组（组）		
			YJ14	MK9-5	MK9N	MK8	LOGA-2	PROTOS	1—5 型	简易型单烟库		SASIB	GDX1	GDX2
1991	13	30	36	4	2	2	2		5	21	3	12		
1992	16	30	34	5	2	2	4		5	16	3	15		1
1993	16	30	26	5	2	2	4	2	5	16	3	15	2	1
1994		30	27	5	2	2	4	2		7		8	3	2
1995			28	5	1	2		8				8	6	4
1996				1	3			12				8	6	6
1997				1	3			12				20	6	9
1998				1	3			12				20	6	9
1999				1	3			13				20	6	10
2000				1	3			15				20	6	11
2001				1	3			17				20	6	11
2002				1	3			17				20	5	12
2003								17					5	12
2004								18					6	12
2005								19					6	13
2006								25					5	20
2007								25					6	19
2008								25					6	19
2009								25					6	19
2010								25					6	19

资料来源:《烟草系统统计年报》和国家烟草专卖局网站的行业统计年报。

表 48-3-3-4

1991—2010 年宁波卷烟厂卷接包主要设备一览表

年份	卷烟机(台)			接装机(台)		卷接机组(组)					小包机(台)			条包机(台)			包装机组(组)			
	新中国	YJ12	YJ13	YJ21	YJ23	YJ14	MK9-5	MK9N	LOGA-2	PROTOS	国产简易	SASIB 3000	透明小包机	国产简易	透明条包机	MOLINS 3000	国产6000型	SASIB 6000	GDX2	GDX1
1991	34	4	5	11	13	21	4	10	2		32	10	1	33	4	5	6	2		
1992	29	4	5	11	7	21	4	10	3		26	10	3	28	4	5	9	2	1	
1993	2					21	4	10	3	2	1	10		1		5	10	2	1	1
1994							4	10	3	2		10				5	10	2	1	3
1995						9	4	10	3	4		9					10	2	1	3
1996						9	4	10	3	5								2	1	3
1997							4	10	3	5								2	2	3
1998								5	3	9								2	5	3
1999								3	3	11								2	9	3
2000										11									11	1
2001										13									15	1
2002										16									16	1
2003										16									16	1
2004										16									16	1
2005										17									16	2
2006										17									16	2
2007										18									16	2
2008										18									16	2
2009										18									16	2
2010										18									16	2

资料来源:《烟草系统统计年报》和国家烟草专卖局网站的行业统计年报。

1991年初，浙江卷烟工业拥有滤嘴成型机30台。主要为宁波轻工机械厂制造的YL33型和临海烟草机械设备厂制造的GLZ-9、GLZ-12型。杭州卷烟厂、宁波卷烟厂曾有英国莫林斯公司制造的复合滤嘴成型机，设计能力为110米/分钟。1995年，浙江卷烟工业拥有滤嘴成型机15台。2000年底，拥有滤嘴成型机12台。2005年底，拥有滤嘴成型机15台，机型均为YL22(KDF2)。2010年底，拥有滤嘴成型机18台，机型均为YL22(KDF2)。

表48-3-3-5　　1991—2010年浙江省滤嘴成型机数量一览表

单位：台

年份	全省	杭州卷烟厂	宁波卷烟厂	嘉兴卷烟厂	年份	全省	杭州卷烟厂	宁波卷烟厂	嘉兴卷烟厂
1991	30	14	13	3	2001	13	7	6	—
1992	29	13	13	3	2002	13	7	6	—
1993	18	13	2	3	2003	13	7	6	—
1994	16	9	4	3	2004	14	7	7	—
1995	15	7	5	3	2005	15	8	7	—
1996	16	7	7	2	2006	15	8	7	—
1997	14	9	5	—	2007	15	8	7	—
1998	14	9	5	—	2008	16	9	7	—
1999	12	7	5	—	2009	17	10	7	—
2000	12	7	5	—	2010	18	10	8	—

资料来源：《烟草系统统计年报》和国家烟草专卖局网站的行业统计年报。

第四节　产　品

依据卷烟消费者长期形成的口味爱好特点，浙产卷烟类型以烤烟型为主，外香型、混合型等作为补充，还有少量的雪茄型卷烟。按其等级甲、乙、丙、丁、戊进行分类。1994年，国家烟草专卖局将甲、乙、丙、丁、戊分类等级改为一、二、三、四、五类等级，等级标准亦有所提高。浙产卷烟烟支规格主要有：无嘴卷烟圆周25～27.5毫米，长度70毫米；滤嘴卷烟圆周24.5毫米，长度81～84毫米。卷烟包装规格主要有：小包装规格主要为20支装，条包装规格主要为10包装。为满足不同时期消费者需求，也生产过一些不同烟支、包装规格的卷烟产品。

浙江卷烟工业生产的卷烟牌号种类繁多。民国时期，卷烟品牌小而多，杂而弱。中华人民共和国成立后，品牌数量虽有减少，但多而不强的现象仍未改观。20世纪90年代中期后，随着“大红鹰”“利群”等品牌卷烟的崛起，品牌趋向集中。浙江中烟公司成立后，为做大品牌，先后采取“扶主砍次”“分层错层逐层”及培育“一高一低”战略，品牌得到有效整合。2006年，浙江中烟保留“七加一”品牌（“利群”“大红鹰”“雄狮”“新安江”“西湖”“五一”“上游”，加“双叶”）。2010年，经整合，浙江卷烟工业形成以“利群”“大红鹰”“雄狮”为主的三大品牌体系。

一、型级牌号

型级牌号指卷烟的类型、等级、规格和牌号。

（一）类型

民国时期，浙江卷烟大多以晒烟为主要原料，产品以晒烟型为主；少数烟厂卷烟掺用比例不高的烤烟，烤烟型比重不大。

中华人民共和国成立后，浙江卷烟以烤烟型为主，各时期也曾生产其他不同类型的卷烟。20世纪50年代初，全省采用新配方，烤烟使用比例提高到70%以上，卷烟大多为烤烟型。1959年和1960年，利群烟厂利用桐乡晒红烟和省内香料烟，生产少量混合型卷烟。60年代初，因烤烟供应紧张，省内两家卷烟厂试制并生产部分晒烟型卷烟，主要有“雄狮”“香雪海”“香兰”“乾坤”“高山”等牌号。1963年，利群烟厂生产晒烟型卷烟达30790箱，占全厂当年总产量的31.7%。1965年初，全省停止晒烟型卷烟生产。1960年和1966年，嘉兴、海宁、桐乡等地曾生产部分雪茄型卷烟。

1973年，浙江首次制成外香型卷烟“金猴”牌，因其具有独特的外加香味，至20世纪80年代初一度风靡全省，并一直受舟山渔民和部分农民的欢迎。至1982年的10年间，全省先后有“青松”（后改为“古松”牌）、“天女”“仙鹤”“双叶”“冰山”等外香型卷烟出品，其中前三种为可可型、清香型产品，后两种为薄荷型卷烟。

1976年，国营乌镇烟厂恢复生产雪茄型卷烟。1978年，为降低卷烟焦油含量，提高吸烟安全性，浙江恢复混合型卷烟生产。先后推出“保俶塔”“黑猫”“宫灯”“古盾”“杭州”（金版）、“上游”（金版）、“苏杭”“南湖”（金）等品牌。1988年后，又先后生产“古松”“舒乐”等新混合型（药物型、疗效型）卷烟。

1991—2010年，浙产卷烟以烤烟型卷烟为主。1995年前，以“杭州”“西湖”“宁波”“上游”系列烟为代表，后逐步形成“利群”“大红鹰”、“雄狮”系列烟。混合型有“保俶塔”“黑猫”“杭州”（金版）、“力宝”“宫灯”“古盾”“上游”（金版）、“古松”“摩登”“乐”“苏杭”“南湖”（金）、“烟雨楼”等牌号，外香型有“金猴”“古松”“摩登”“双叶”（薄荷型）、“冰山”（薄荷型）、“雄狮”（薄荷型）、“苏杭”（薄荷型）等牌号，雪茄型有“金杯”牌号卷烟。

表 48-3-4-1　　1991—2010 年浙江卷烟工业卷烟分类型产量一览表

单位:箱

年份	烤烟型	混合型	外香型(薄荷)及其他	雪茄型	年份	烤烟型	混合型	外香型(薄荷)及其他	雪茄型
1991	642724	13153	100207	8234	2001	970387	41509	40376	—
1992	727132	9830	92552	6849	2002	999517	51245	41528	—
1993	661906	2539	81176	6468	2003	1044296	36279	48962	—
1994	632148	12376	110301	3362	2004	1167869	40128	70683	—
1995	630325	28306	182889	3725	2005	1260815	32979	116566	—
1996	607178	37982	212422	254	2006	1227040	8454	107960	—
1997	681896	32264	127030	—	2007	1366293	10852	88579	—
1998	761694	49897	110838	—	2008	1436665	16988	68335	—
1999	871610	24654	61099	—	2009	1494428	32805	81172	—
2000	914184	28078	49816	—	2010	1555257	64495	82211	—

资料来源:《烟草系统统计年报》和国家烟草专卖局网站的行业统计年报。

(二)等级

民国时期,浙江生产的手工和机制卷烟,大多制作粗糙,档次较低,等级均在丁级以下。

20 世纪 50 年代初,各地烟厂生产的卷烟仍以丁级为主,丙、戊级烟有少量出品。1950 年,杭州利群烟厂生产的丙级烟有“红星”和“旗鼓”牌卷烟。1952 年底,利群烟厂曾短时生产少量乙级“太平洋”牌和“矿山”牌卷烟,因商标与别的厂重复,很快停产。1953 年,全省生产的卷烟,丙级烟占 18%,丁级烟占 82%。1954 年 3 月,因市场适销的丁级烟原料短缺,省财政经济委员会决定将丙级烟叶降级使用,生产丁级卷烟,全年在控制任务数内生产丙级烟占 27%,丁级烟占 73%。是年,全省生产的丙级烟有“旗鼓”“大华东”“一字”“满堂红”“梁红玉”等,丁级烟有“欢庆”“双金虎”“金星”“梁山伯”“百爱”“红鹰”“求学”“战斗英雄”“大乾坤”等牌号卷烟。

1958 年 2 月,乙级特制“新安江”牌卷烟在利群烟厂问世。10 月,乙二级“祖国”牌卷烟在联工烟厂投产。1959 年,“西湖”“上游”等乙级烟投入生产。此后,乙级卷烟产量逐年增多,并成为主干产品。1959—1960 年,“祖国”“杭州”“高速”等牌号甲级烟投产,浙江卷烟档次又一次提高。1963 年 6 月 10 日,因上年高档烟叶原料歉收,为充分合理使用有限的上等原料,保证甲级烟生产顺利和质量逐步提高,轻工业部决定甲级烟限由全国 11 个卷烟厂集中生产、统一管理。为此,全省停止生产甲级烟,直到 1970 年恢复生产。

1978年10月1日，卷烟部颁标准划定的甲一级、甲二级、乙一级、乙二级、丙一级、丙二级、丁级、戊级卷烟，省内均有生产。戊级烟比重仅占0.4%，此后在1980年和1984年有少量生产。1986年后，丙、丁级卷烟比重逐年下降。

1991年，甲、乙、丙级卷烟比重分别为31.52%、65.99%和2.49%。1994年，国家烟草专卖局对卷烟产品分类方法进行了调整，将原按内在质量和配方成本为基础的划分方法，改为按出厂价划分的方法，原甲、乙、丙、丁、戊改为一类、二类、三类、四类、五类。1996年，国家烟草专卖局调整卷烟产品分类，单箱卷烟(含增值税)7500元以上的为一类卷烟，5000～7500元的为二类卷烟，2500～5000元的为三类卷烟，1250～2500元的为四类卷烟，1250元以下的为五类卷烟。1997年，宁波卷烟厂停止了五类烟生产。

2001年，浙江卷烟工业生产一至四类卷烟，比重分别为：26.37%、50.47%、16.87%、6.29%。是年10月，国家烟草专卖局决定从2002年1月1日起执行卷烟产品分类标准：单箱卷烟不含增值税调拨价12500元以上为一类烟，7500～12500元为二类烟，3750～7500元为三类烟，2500～3750元为四类烟，2500元以下为五类烟。2007年1月1日，国家烟草专卖局施行新的卷烟分类标准，规定单条卷烟不含增值税调拨价25000元(含)以上的为一类烟，17500(含)～25000元的为二类烟，7500(含)～17500元的为三类烟，4125(含)～7500元的为四类烟，4125元以下的为五类烟。2010年，浙江省卷烟工业生产各类卷烟，比重分别为一类卷烟24.04%、二类卷烟36.37%、三类卷烟1.17%、四类卷烟19.64%、五类卷烟18.78%。

表48-3-4-2　　1955—1994年部分年份浙江卷烟工业生产卷烟等级比重一览表

单位：%

年份	甲级	乙级	丙级	丁级	戊级	年份	甲级	乙级	丙级	丁级	戊级
1955	—	—	22.17	39.94	37.79	1971	0.03	14.32	59.11	24.52	2.02
1956	—	—	26.22	69.76	4.02	1972	0.03	12.60	62.27	24.12	0.98
1959	—	3.53	59.85	36.62	—	1973	0.05	19.54	61.83	17.11	1.47
1960	0.10	5.16	47.18	33.70	13.86	1974	0.10	27.83	48.17	21.02	2.88
1961	—	6.36	63.28	27.30	3.06	1975	0.17	35.65	37.28	20.09	6.81
1962	—	1.24	71.05	27.38	0.33	1976	0.17	35.63	40.58	20.25	3.37
1963	—	0.63	81.53	17.84	—	1977	0.21	31.41	41.74	24.61	2.03
1964	—	5.81	76.03	18.16	—	1978	0.55	33.89	42.82	22.34	0.40
1965	—	7.22	46.98	36.56	9.24	1979	1.23	36.55	44.93	17.29	—
1966	—	11.01	41.78	43.02	4.19	1980	1.19	30.26	51.90	16.20	0.45
1967	—	10.70	50.95	37.75	0.60	1981	4.54	33.37	46.62	15.47	—

续表

年份	甲级	乙级	丙级	丁级	戊级	年份	甲级	乙级	丙级	丁级	戊级
1982	2.21	44.99	43.60	9.20	—	1989	34.82	55.20	9.98		—
1983	3.47	50.07	39.96	6.50	—	1990	34.96	58.58	6.46		—
1984	4.72	50.32	37.76	6.21	0.99	1991	31.45	65.84	2.48	—	0.23
1985	7.25	58.81	21.83	12.11	—	1992	33.24	64.50	0.87	—	1.39
1986	12.83	67.51	16.59	3.07	—	1993	41.02	53.45	1.58	—	3.95
1987	17.77	68.36	13.16	0.71	—	1994	96.28	3.72	—	—	—
1988	28.99	57.60	13.41		—						

资料来源:《烟草系统统计年报》和国家烟草专卖局网站的行业统计年报。

说明:1957 年、1958 年、1968 年、1969 年和 1970 年数据缺。

表 48-3-4-3　　1995—2010 年浙江卷烟工业卷烟分等级产量一览表　　单位:箱

年　份	一类烟	二类烟	三类烟	四类烟	五类烟
1995	12861	288315	401913	142456	—
1996	39218	69976	195015	354244	199383
1997	78815	42796	441820	274717	3042
1998	141161	229035	456518	95715	—
1999	183782	425838	312970	34773	—
2000	249824	469277	212238	60739	—
2001	277412	530939	177778	66143	—
2002	250534	385057	265997	98693	92009
2003	298796	377704	291048	127267	34722
2004	395564	391760	302064	156140	33152
2005	444509	257735	317512	380932	9672
2006	549623	180284	253640	351453	8454
2007	263729	397803	221856	278879	303457
2008	289688	453574	190143	311579	277004
2009	330800	482092	65346	444084	286083
2010	409125	618930	19844	334333	319731

资料来源:《烟草系统统计年报》和国家烟草专卖局网站的行业统计年报。

（三）规格

民国时期，浙江卷烟规格大多为烟支圆周27毫米或27.5毫米，烟支长度一般为70毫米。小包装分10支、20支、50支、100支（听、盒）装4种，以10支、20支装最为普遍。条装有10小包、20小包、4听等。箱装每件50条（1万支），每箱5件共250条（5万支）。

20世纪50年代初，卷烟烟支规格基本不变，小包装以20支装为主，另有少量10支装、50支装（听装）。1954年，省专卖事业公司规定新的卷烟规格，除讲究烟支、小包、条包及箱装规格外，开始注重卷烟品质规格，规定烟支圆周在27～27.5毫米内，要求烟支手感不软不硬，单支卷烟顿三顿之后不短1厘米，并统一配料，简化包装。1955年，因烟叶供应不足，省内烟厂按照轻工业部、商业部联合决定，从第三季度起改变丙丁级卷烟规格，烟支长度70毫米不变，圆周一律从27毫米改细为25.5毫米，以降低烟叶消耗。1957年6月，食品工业部、城市服务部联合下达"丙丁级卷烟烟支改粗支"的通知后，烟支圆周恢复为27毫米。1958年1月，为缓和纸张供应紧张的情况，中国专卖事业公司浙江省宁波市公司决定改变部分卷烟（"红鹰"牌）条装和箱装规格，原箱装50条（每条200支）改为每箱30条（每条400支）和20条（每条200支）装两种。60年代，桐乡的雪茄型卷烟小包规格有10支装、20支装两种，均为软包，烟支圆周和长度有30毫米×95毫米和27毫米×70毫米两种。

1971年起，杭州卷烟厂、宁波卷烟厂先后生产滤嘴卷烟，烟支规格为长度81毫米、圆周25毫米和长度84毫米、圆周24.5毫米两种。1978年8月，全省执行新的部颁标准。无嘴烟烟支规格：圆周分为25.5毫米、27毫米、27.5毫米三种，以生产27毫米为主；长度分69毫米、70毫米两种，以70毫米为主。滤嘴烟圆周分24.5毫米和25毫米两种；长度（烟支＋滤嘴）有81（66＋15）毫米、84（64＋20）毫米两种。20世纪70年代中后期，生产的雪茄型卷烟小包装有10支筒装、20支筒装两种，烟支规格有27毫米×70毫米、30毫米×87毫米、25.5毫米×84毫米三种。

20世纪80年代初，杭州卷烟厂曾生产烟支长度80毫米、圆周25毫米的无滤嘴精装"大红花"牌和长度70毫米、圆周25毫米的短支过滤嘴"金猴""骏马"牌卷烟。此后，又生产长度100（70＋30）毫米的过滤嘴卷烟。雪茄型卷烟规格新增21.5毫米×100毫米细支20支精装。1990年底，全省生产的卷烟规格为无滤嘴烟烟支长度70毫米、圆周27毫米；滤嘴烟烟支长度（烟支＋滤嘴）有81（66＋15）毫米、100（70＋30）毫米、84（60＋24）毫米，圆周有24.5毫米和25.5毫米两种。小包包装以20支装为主，有软包和硬盒翻盖两种，条包以200支装为主，箱装仍为每件50条，每箱5件。80年代末，杭州、宁波两厂还生产2支装、10支装、4小包一条及10支装半自动取烟塑盒等4种礼品卷烟。雪茄型卷烟仅有27毫米×70毫米筒装和24.5毫米×84（64＋20）毫米全包装及精装彩条三种规格。

1991—2010年，浙江卷烟工业生产的烟支规格主要为圆周24.5毫米、长度84毫米的卷烟，该圆周和长度卷烟主要为两种规格，普通嘴卷烟烟柱长度64毫米、过滤嘴长度20毫米，长嘴卷烟烟柱长度54毫米、过滤嘴长度30毫米。

在不同时期，浙江卷烟工业为满足消费者需求，生产的烟支规格有以下变化：

粗支烟规格(长度70毫米、圆周27毫米)。1993年,宁波卷烟厂停止生产;杭州卷烟厂也基本结束,1996年少量生产,仅254箱,此后不再生产。

81毫米滤嘴卷烟(烟支长66毫米+滤嘴长15毫米)。1991年后,杭州卷烟厂停止生产。

84毫米滤嘴卷烟(烟支长64毫米+滤嘴长20毫米)。自1985年至今一直生产,为20世纪90年代后的产品主流规格。

84毫米长滤嘴卷烟(烟支长54毫米+滤嘴长30毫米)。2000年开始生产的长嘴"利群",是广受消费者欢迎的主打品牌。

100毫米长滤嘴卷烟(烟支长70毫米+滤嘴长30毫米)。1986年起,断断续续在一些牌号中生产,主要有"凯旋门""西湖"(绿)、"西湖"(金版)、"杭州"(绿)、"黑猫",至1994年停产。2000年后,在一些来牌加工产品中生产至2005年底。

120毫米长滤嘴卷烟(烟支长90毫米+滤嘴长30毫米)。1993年,宁波卷烟厂曾生产"迷尔"牌女士烟;1995—1997年,杭州卷烟厂生产"太子"牌女士烟。

1991—2010年,浙江卷烟工业生产的包装规格主要为一条10包装,"利群""杭州""金佛手""西湖十景""紫荆花"等也曾有2包装、4包装和5包装的。小包以20支装为主,也生产过6支装、8支装、10支装的,主要是"利群""杭州""西湖""旗鼓""新安江""雄狮""紫荆花""宁波""大红鹰"等品牌。包装形式主要为四角翻盖包装和软包装为主。1994—2001年,出产有八角翻盖产品,其他还有塑盒、听装等包装。

(四)牌号

卷烟的牌号指卷烟生产企业为自己生产的产品所命名的专利名称。

清光绪三十二年(1906年),杭州大通公司生产"汽车""金狮""银象""三洋"等4个牌号,是迄今为止发现的浙江省内最早生产的卷烟牌号。

民国时期,浙江省卷烟品牌多、规模小,牌号多达数百个。

20世纪50年代初,浙江省各烟厂逐步取消全英文和半英文卷烟商标,改为全中文商标卷烟;商标图案上增添一些反映中华人民共和国成立后人民欢天喜地建设家园的内容。各厂除继续出品部分老牌号卷烟外,同时生产诸多以反映新社会、新生活等内容为商标的卷烟。但数量仍然偏多,1954年前,各地生产的卷烟牌号仍达150多个,卷烟牌号多、乱、杂的状况并没有改变。

1954年,省专卖事业公司规定全省公、私营烟厂统一使用卷烟商标,缩减生产牌号。年底,全省卷烟牌号缩减到14个。

1956—1965年,浙江省卷烟工业社会主义改造完成,到全省卷烟统一配方、统一牌号前,维持生产的老牌号有利群烟厂的"欢庆""一字""大乾坤""旗鼓",联工烟厂的"求学""大红鹰""五一""高山";新出的牌号有利群烟厂的"新安江""雄狮""杭州""西湖""利群""香雪海""金箭""经济"(1964年由"金箭"牌改名而成)及"万岁""香兰",联工烟厂的"钢花""双燕""宝山""天明""钱湖""上游""祖国""高速"等牌号。地方国营桐乡雪茄烟厂生产的雪茄型卷烟有"东风""梧桐""三塔"3个牌号。

1965年7月9日，根据中国烟草工业公司整顿商标、统一牌号的要求，杭州卷烟厂、宁波卷烟厂将15个卷烟牌号精减为7个，撤销“上游”“五一”“利群”“钢花”“高山”“双燕”“香雪海”“大乾坤”8个牌号，保留“西湖”“海轮”“新安江”“旗鼓”“雄狮”“香兰”“大红鹰”等7个牌号。除“西湖”“旗鼓”牌为杭州卷烟厂独家生产外，其余5个牌号为两个厂共同生产，在小封口标上生产厂家名称以示区分。“海轮”牌商标注册期间，分别用“五一”“利群”牌代替生产。实际大批生产的统一牌号只有“新安江”“雄狮”“大红鹰”。1970年初，随中国烟草工业公司撤销，两厂恢复各自牌号生产。

此后至20世纪70年代末，两卷烟厂以生产“杭州”“宁波”“西湖”“上游”“利群”“五一”“新安江”“旗鼓”“雄狮”“大红鹰”“经济”等老牌号卷烟为主；新牌子出品很少，仅有“金猴”“大红花”“葵花”“甬江”“大众”等牌号。雪茄型卷烟有国营乌镇烟厂（桐乡雪茄烟厂）的“桐乡”“金杯”“金凤”“灵芝”“天鹅”“南湖”“幽兰”“飞天”“金狮”等牌号出品。

从20世纪70年代末到80年代初，杭州卷烟厂、宁波卷烟厂除生产原有牌号卷烟外，开发的新产品逐渐增加。至1982年，全国整顿卷烟商标工作完成，两厂生产的卷烟还有23个牌号，其中15个牌号是省内适销产品，供不应求。桐乡雪茄烟厂的雪茄型卷烟也新出品细长支的“盾”牌（分蓝、棕、红、绿四种）和“工商”牌（分蓝、金两种）。1985年后，省内各烟厂本着少牌号、多规格、系列化的精神，开发“杭州”“宁波”“西湖”“上游”等牌号的系列产品。

1990年底，全省生产的卷烟已形成以“杭州”“西湖”“宁波”“上游”等牌号系列为主干的多规格的产品结构。主要有100毫米的“南湖”“保俶塔”“凯旋门”，84毫米的“保俶塔”“杭岐”“西湖十景”“杭州”（彩听）、“杭州”（金版）、“舒乐”“北仑港”（听）、“北仑港”（硬）、“杭州”（听）、“金猴”（彩条精）、“金猴”“杭州”（精）、“宁波”（彩听）、“宁波”（硬）、“宁波”（软）、“宁波”（透明）、“宁波”（彩条）、“杭州”（翻盖）、“宁波”（塑盒）、“古松”（听）、“古松”（软）、“古松”（透明）、“冰山”（软）、“上游”（硬金）、“古盾”（硬）、“宫灯”（硬）、“苏杭”（混合型）、“苏杭”（薄荷型）、“西湖”（听）、“西湖”（金版）、“西湖”（精）、“黑猫”“西湖”（软包）、“凯旋门”“上游”（彩听特）、“力得胜”“上游”（硬特）、“上游”（软特）、“上游”（软）、“大丽花”（硬）、“大丽花”（软）、“大丽花”（透明）、“金秋”（硬）、“摩登”（翻盖）、“鹿城”“鹿城”（硬）、“鹿城”（翻盖）、“劲马”“九星”“苏杭”（烤）、“烟雨楼”“凌霄”“金南湖”“杭州”（十支装塑盒）、“西湖”（十支装塑盒）、“双叶”（精）、“上海”（联营）、“五一”，81毫米的“杭州”“金猴”“双叶”“古松”“宁波”“冰山”“西湖”“上游”“劲马”，70毫米的“杭州”（精）、“宁波”（精）、“西湖”（红）、“西湖”（精）、“西湖”（简）、“大红花”（精）、“利群”（精）、“上游”（精）、“上游”（特）、“上游”（简）、“五一”“乐事多”“新安江”“金杯”。

1991—2010年，浙江卷烟工业企业生产的卷烟牌号先后有93个，同一牌号有不同包装规格的卷烟品种共计达441个。

1991年，杭州卷烟厂生产卷烟牌号以“杭州”“西湖”系列为主，“杭州”卷烟品种有6个，“西湖”有10个，其他卷烟牌号有“利群”“新安江”“大红花”“双叶”“劲马”“金猴”“黑猫”“杭岐”“保俶塔”“力宝”“福德门”“凯旋门”，另有出口牌号“黑猫”“保俶塔”“西湖”。宁波卷烟厂生产卷烟牌号以“宁波”“上游”系列为主，“宁波”卷烟品种有4个，“上游”3个，其他卷烟牌号有"五一""北仑""大丽花""古松""宫灯""冰山""鹿城""武岭""金秋""新安江""天一阁""蓝鸽""星",另有出口牌号"摩登""鹿城"。嘉兴卷烟厂牌号品种有"苏杭""力得胜""九星""南湖""金南湖""烟雨楼""乐事多""金杯"。1994—1995 年,宁波、杭州卷烟厂先后开发老牌翻新牌号"大红鹰""雄狮""新安江""利群"等。1995 年,宁波卷烟厂与美国菲利普·莫里斯公司共同开发国际牌号"奥士派"并投入生产,产品全部出口。1995—2005 年,杭州卷烟厂与地区烟草公司联合开发地区包销牌号:1995 年,开发"杉杉"牌由宁波地区包销;1996 年,开发"金佛手"牌由金华地区包销;1997 年,开发"普陀山"牌由舟山地区包销,开发"紫荆花"牌由丽水地区包销;1999 年,开发"旗鼓"(大号)牌由衢州地区包销。

1997—2002 年,浙江省烟草公司与云南省烟草公司合作开发、宁波卷烟厂生产的"宫灯"(硬新)牌卷烟作为浙滇卷烟有限责任公司的包销牌号。2006 年,浙江中烟公司与杭州卷烟厂、宁波卷烟厂实行联合重组后,保留"七加一"品牌,即"利群""大红鹰""雄狮""新安江""西湖""五一""上游"加"双叶",另有出口牌号"摩登"。

2010 年,浙江中烟公司生产卷烟牌号以"利群""大红鹰""雄狮"三大系列品牌为主,"利群"卷烟品种有 14 个,"大红鹰"有 5 个,"雄狮"有 4 个。其他卷烟牌号有"五一""双叶",另有出口卷烟牌号"利群""摩登"品种各 8 个。

表 48-3-4-4　　1991—2005 年杭州卷烟厂"利群"牌系列品种生产情况一览表

品　种	生产年份	品　种	生产年份
利群(精装)	1991—1993	利群(翻盖)	1995—2000
利群(蓝)	1998—2005	利群(新版)	1999—2005
利群(金)	1999	利群(出口)	2000
利群(长嘴)	2000—2005	利群(低焦)	2000—2002
利群(软蓝)	2001—2005	利群(老版)	2001—2005
利群(软长嘴)	2000—2005	利群(出口新版)	2001—2003
利群(出口新版)	2001—2003	利群(蓝天)	2002—2005
利群(神州)	2002—2005	利群(喜庆)	2002—2005
利群(软红长嘴)	2003—2005	利群(出口软长嘴)	2003—2008
利群(出口长嘴 HK)	2005	利群(出口软长嘴 HK)	2005
利群(阳光)	2005		

资料来源:根据杭州卷烟厂品牌开发资料整理。

表 48-3-4-5　　1991—2005 年杭州卷烟厂"雄狮"牌系列品种生产情况一览表

品　种	生产年份	品　种	生产年份
雄狮(八角)	1994—2000	雄狮(新王)	1995—2004
雄狮(极品)	1995—1996	雄狮(出口八角)	1995—1998
雄狮(老版)	1998—2001	雄狮(红 1)	1998—2002
雄狮(老版红)	1999—2005	金雄狮(绿)	2000
金雄狮(红)	2000	雄狮(五星)	2001
雄狮(翻盖)	2003	雄狮(出口红)	2003—2005
雄狮(新)	2004—2005	雄狮(吉祥)	2005

资料来源:根据杭州卷烟厂品牌开发资料整理。

表 48-3-4-6　　1991—2005 年杭州卷烟厂"新安江"牌系列品种生产情况一览表

品　种	生产年份	品　种	生产年份
新安江(无嘴)	1991	新安江(翻盖)	1995—2001
新安江(出口)	1996	新安江(红)	1998—2001
新安江(激光)	2000	新安江(软)	2001—2005
新安江(红带)	2001—2003	新安江(软红)	2003—2004
新安江(银红)	2003—2005	新安江(蓝)	2005

资料来源:根据杭州卷烟厂品牌开发资料整理。

表 48-3-4-7　　1991—2005 年杭州卷烟厂"杭州"牌系列品种生产情况一览表

品　种	生产年份	品　种	生产年份
杭州(无嘴)	1991	杭州(特听)	1991—1993
杭州(听)	1991—1993	杭州(金版)	1991—1995
杭州(软红)	1991—1996	杭州(红)	1991—2002
杭州(八角烫金)	1994—1996	杭州(八角黄)	1994—2000
杭州(八角枣红)	1994—2001	杭州(出口软)	1995
杭州(金红)	1997—1998	杭州(软绿)	1997—2003
杭州(黄)	1998、2001	杭州(精品)	1999—2000
杭州(银绿)	2000—2001	杭州	2000—2005

资料来源:根据杭州卷烟厂品牌开发资料整理。

表 48-3-4-8　　1991—2005 年杭州卷烟厂“西湖”牌系列品种生产情况一览表

品　种	生产年份	品　种	生产年份
西湖(听装)	1991	西湖(精装无嘴)	1991—1993
西湖十景(软)	1991—1995、1999	红西湖(无嘴)	1991—1993
西湖(出口金版)	1991—1994	西湖	1991—1996
西湖(金版 100)	1991—1994	西湖(软金版)	1991—1997
西湖(软绿)	1991—1996 1998—2005	西湖(金版)	1991—1992 1995—1998
西湖(100)	1993—1994	西湖(激光)	1996—2004
西湖(软红)	1997—2002	西湖(老版)	1998—2001
西湖(软老版蓝)	1999—2001	西湖(老版红)	2000—2001
西湖(新)	2001—2003	西湖(明珠)	2002—2005
西湖(蓝明珠)	2003—2005	西湖(明珠 W)	2005
西湖(红)	2005		

资料来源:根据杭州卷烟厂品牌开发资料整理。

表 48-3-4-9　　1991—2005 年杭州卷烟厂其他卷烟牌号生产情况一览表

牌　号	生产年份	牌　号	生产年份
大红花(无嘴)	1991—1993	大红花	1991—1996
大红花(翻盖)	1996—2002	大红花(红)	1998—2003
大红花(特制)	2001	双叶(无嘴)	1991
双叶(简包)	1991—1993	双叶(软)	1991—1999
双叶(翻盖)	1996—2005	双叶(激光)	1999—2002
双叶(绿)	2002—2006	劲马(无嘴)	1991
劲马(软)	1991—1998	劲马(简包)	1993
劲马	1996—2002	劲马(激光)	1999—2000
金猴(无嘴)	1991	金猴(简包)	1992—1993
金猴(软)	1991—2001	金猴(翻盖)	1996—2001

续表 1

牌　号	生产年份	牌　号	生产年份
黑猫(翻盖)	1991—2003	黑猫(软)	1991—1997、2002—2003
黑猫(出口)	1991—1992、1995	黑猫(100 毫米)	1993—1994
黑猫(激光)	1996—2003	杭岐(软)	1991
杭岐	1991—1997	杭岐(外香型)	1993
保俶塔(100 混合)	1991—1992	保俶塔(出口)	1991
保俶塔(软混合)	1991—1993 1995—2000	保俶塔(翻盖混合)	1999—2000
力宝(软混合)	1991—2003	力宝(翻盖)	1996—2005
福德门	1991、1994—2002	福德门(软)	1991—1995
凯旋门	1991—1993、1995	凯旋门(100 毫米)	1991—1992
天外天	1993—1995	天外天(八角出口)	1994—1995
天外天(八角)	1995	喜得宝	1993
喜得宝(软)	1994—2000	普陀山(精品)	2003—2005
普陀山	1997—2003	大乾坤	1994—1997
大乾坤(八角)	1994—1997	猫王(八角)	1994—1995
千岛湖(八角)	1994—1995	御	1994—1996
御(八角出口)	1994—1995	王府(八角)	1994—1997
王府(翻盖)	2000	杉杉	1995—2001
旗鼓(软)	1995—1999、2002—2003	旗鼓(红)	1999—2002
旗鼓(翻盖)	1996—2001	旗鼓(大号)	1999—2005
太子	1995—1996	太子(软 120 毫米)	1997
狮王(出口)	1996	九星(软)	1996
雪豹	1996	菇城	1996—1997
杭菊(软薄荷)	1996	凌霄(软)	1996—1997
金南湖(软)	1996—1997	杭菊(红)	1996—1997
杭菊	1997	天堂	1996—1999
天堂(新)	1998—2000	金佛手王	1998—2000

续表 2

牌　号	生产年份	牌　号	生产年份
金佛手	1996—2001	金狮(出口软)	1996—1998
紫荆花	1997—2003	紫荆花(新)	1999—2005
紫荆花(软)	2003—2004	金狮(出口)	1998
金狮(出口软混)	1998	上游(红)	2005

资料来源:根据杭州卷烟厂品牌开发资料整理。

表 48-3-4-10　　1991—2005 年杭州卷烟厂来牌加工卷烟生产情况一览表

牌　号	生产年份	牌　号	生产年份
Paradise(出口)	1994	伯爵(出口)	1995
金宝利(出口软混)	1999—2001、2003	金宝利(出口软)	2000
金宝利	2003—2005	盾	2000—2004
盾(软混合)	2000—2004	盾(软淡混合)	2000—2004
盾(软超淡混合)	2000—2004	盾(软薄荷)	2000—2004
盾(软淡薄荷)	2000—2004	爱雀(混合)	2001—2004
爱雀(淡混合)	2001—2004	爱雀(软混合)	2001—2004
爱雀(软淡混合)	2001—2004	爱雀(软超淡混合)	2001—2004
爱雀(软薄荷)	2001—2004	爱雀(软淡薄荷)	2001—2004
财团	2001	自由	2001
科纳(混合)	2002	科纳(淡混合)	2002
科纳(软混合)	2002	科纳(软淡混合)	2002
福斯特(混合)	2003—2004	福斯特(淡混合)	2003—2004
福斯特(软混合)	2003—2004	福斯特(软淡混合)	2003—2004
福斯特(软薄荷)	2003—2004	福斯特(软淡薄荷)	2003—2004
力牌	2003	力牌(软)	2003
力牌(红)	2004		

资料来源:根据杭州卷烟厂品牌开发资料整理。

表 48-3-4-11　　1991—2005 年宁波卷烟厂“大红鹰”牌系列品种生产情况一览表

品　种	生产年份	品　种	生产年份
大红鹰(翻盖)	1994—1998	大红鹰(红)	1994—2005
大红鹰(精品)	1995—2005	大红鹰(加工)	1997
大红鹰(铁扁)	1997—1998	大红鹰(国标)	1998
大红鹰(国标软)	1998	大红鹰(银)	1999—2005
大红鹰(出口)	1999—2003	大红鹰(铁扁红)	1999—2001
大红鹰(精品红)	2000—2001	大红鹰(经典)	2000—2005
大红鹰(红新版)	2001—2002	大红鹰(福星红)	2002—2004
大红鹰(宇宙星)	2002—2005	大红鹰(精品软)	2002—2005
大红鹰(软)	2002—2005	大红鹰(红新)	2003—2005
大红鹰(橄榄绿)	2003—2004	大红鹰(软银)	2003—2004
大红鹰(出口银)	2003—2004	大红鹰(长嘴)	2003—2005
大红鹰(英文)	2003—2005	大红鹰(8 毫克)	2004
大红鹰(软经典)	2004	大红鹰(F1)	2005

资料来源:根据宁波卷烟厂品牌开发资料整理。

表 48-3-4-12　　1991—2005 年宁波卷烟厂“五一”牌系列品种生产情况一览表

品　种	生产年份	品　种	生产年份
五一	1991—1993	五一(翻盖)	1995—2005
五一(红)	1997—2005	五一(金)	1997
五一(激光)	1997—2000	五一(扁)	1997—1998
五一(扁新)	1997	五一(扁红)	1998—2001
五一(精品)	1999—2005	五一(珍品)	2002—2005
五一(国际)	2002—2005	五一(国际红)	2002—2005
五一(国际软)	2002—2005	五一(新品)	2003—2004
五一(英文)	2003—2005	五一(黄)	2003—2005
五一(薄荷)	2003—2005	五一(喜字)	2004—2005

资料来源:根据宁波卷烟厂品牌开发资料整理。

表 48-3-4-13　　1991—2005 年宁波卷烟厂“宁波”牌系列品种生产情况一览表

品　种	生产年份	品　种	生产年份
宁波(听嘴)	1991	宁波(硬)	1991—1996
宁波(软)	1991—1999	宁波(三星)	1991—1992
宁波(翻盖)	1992—1996	宁波(硬红)	1994
宁波(翻红)	1994	宁波(凹凸)	1994
宁波(新三星)	1997—2005	宁波(激光)	1997—2001
宁波(软激光)	1997	宁波(精品)	1998
宁波(软红)	1998—2001	宁波(扁红)	1999
宁波(软蓝)	1999—2002	宁波(红新)	2002—2005
宁波(蓝)	2002—2005		

资料来源:根据宁波卷烟厂品牌开发资料整理。

表 48-3-4-14　　1991—2005 年宁波卷烟厂“上游”牌系列品种生产情况一览表

品　种	生产年份	品　种	生产年份
上游(金)	1991—1992	上游(特)	1991—1996
上游(软)	1991—2003	上游(精品)	1991—1993
上游(翻盖)	1993—2005	上游(新版)	1996
上游(软新版)	1997	上游(软特)	1997
上游(扁)	1998—1999	上游(新品)	1998—2005
上游(嘴)	2000—2005	上游(时代)	2002—2003
上游(蓝)	2002—2005	上游(红)	2004—2005
上游(三星)	2004—2005	上游(蓝新)	2004—2005

资料来源:根据宁波卷烟厂品牌开发资料整理。

表 48-3-4-15　　1991—2005 年宁波卷烟厂“摩登”牌系列品种生产情况一览表

品　种	生产年份	品　种	生产年份
摩登(翻盖)	1991—1996	摩登(出口)	1991—2000
摩登(硬)	1994—2001	摩登(硬新)	1997—1998
摩登(出口红)	1998	摩登(硬 1 号)	1998—1999
摩登(硬 2 号)	1998—1999	摩登(软出口)	1999

续表

品　种	生产年份	品　种	生产年份
摩登(出口薄荷)	2000	摩登(出口新)	2001
摩登(外销)	2002	摩登(国际)	2003—2005
摩登(南美 S)	2003—2005	摩登(南美软)	2003—2005
摩登(中东 1)	2003	摩登(中东 A)	2003—2005
摩登(中东 E10)	2003—2005	摩登(南美 S10)	2003—2005
摩登(中东 E)	2003—2005	摩登(罗马尼亚)	2004—2005

资料来源:根据宁波卷烟厂品牌开发资料整理。

表 48-3-4-16　　1991—2005 年宁波卷烟厂其他牌号及品种生产情况一览表

品　种	生产年份	品　种	生产年份
北仑(听嘴)	1991	北仑(硬)	1991—1996
北仑(红)	1993—1994	北仑(硬特醇)	1994—1997
北仑(盖特醇)	1994	北仑(软)	1997—1999
大丽花(硬)	1991—1999	大丽花(翻盖)	1991—1996
大丽花(硬新)	1997—2002	大丽花(软)	1997—1999
大丽花(软新)	1997—1999	大丽花(软特)	1998
大丽花(硬特制)	1999	大丽花(硬红)	1999
大丽花(硬黄特制)	2000—2001	古松(软)	1991—1998
古松(绿)	1994	古松(白)	1994
古松(硬)	1996—2001	古松(硬特)	1998—2001
古松(扁)	1998	古松(软甲)	1998—2000
古松(精品)	1999—2000	古松(扁黄)	1999—2001
宫灯(硬)	1991—1992	宫灯(100 毫米)	1992
宫灯(翻盖)	1996	宫灯(硬新)	1997—2002
冰山(软)	1991—1992	冰山(硬)	1994—1996
冰山(精品)	1996	冰山(翻盖)	1996
冰山(软甲)	1998	古盾(硬)	1991
鹿城(出口)	1991	鹿城(硬)	1991—1994
武岭(硬)	1991—1994	武岭(翻盖)	1993—1994

续表

品　种	生产年份	品　种	生产年份
武岭(红)	1994	兰鸽(硬)	1991—1992
金秋(软)	1991	金秋(硬)	1991—1994
金秋(红)	1994	新安江	1991—1993
天一阁	1991	星	1991—1993
蓝鸽(硬)	1991—1992	迷尔(120 毫米)	1993
迷尔(硬)	1993	乐(硬)	1993—1996
乐(红)	1999	乐(红 2 号)	1999
乐(软混)	1999	雁荡山(翻盖)	1994
雁荡山(硬)	1997	雁荡山(激光)	1997—2000
雁荡山(扁)	1998	红白(硬)	1994—1996
红白(软)	1997	红白(软出口)	1998
宝利(硬)	1994	钱江潮(翻盖)	1995—1997
钱江潮(硬新)	1997	钱江潮(硬)	1997—1999
招宝山(翻盖)	1995—1996	招宝山(硬)	1997
虎(硬)	1995	奥士派(翻盖)	1995—1996
龙井(翻盖)	1996	龙井(扁)	1998
东方大港(翻盖)	1996	纳爱斯(翻盖)	1996
菇城(软)	1996—1997	金虎王	1997—1998
纳爱斯(硬)	1997	神马 XO(硬)	1997
仙鹤(硬)	1997—1999	天天(扁 A)	2000
天天(A)	2000—2004	雄狮(新)	2005

资料来源:根据宁波卷烟厂品牌开发资料整理。

表 48-3-4-17　　1991—1995 年嘉兴卷烟厂生产牌号一览表

品　种	生产年份	品　种	生产年份
苏杭	1991—1995	苏杭(混合)	1991—1995
苏杭(薄荷)	1991—1995	力得胜	1991—1995
九星	1991—1995	凌霄	1991—1995

续表

品　种	生产年份	品　种	生产年份
金南湖(混合)	1991—1995	金南湖(100 毫米混合)	1991—1995
烟雨楼(混合)	1991—1995	乐事多	1991—1995
金杯(雪茄)	1991—1995	金杯(嘴雪茄)	1991—1995

资料来源:根据嘉兴卷烟厂品牌开发资料整理。

表 48-3-4-18　　2006—2010 浙江中烟公司“利群”牌系列品种生产情况一览表

品　种	生产年份	品　种	生产年份
利群(出口喜庆英文)	2006	利群(老版)	2006—2010
利群(新版)	2006—2010	利群(长嘴)	2006—2010
利群(软长嘴)	2006—2010	利群(软红长嘴)	2006—2010
利群(软蓝)	2006—2010	利群(蓝天)	2006—2010
利群(阳光)	2006—2010	利群(硬)	2006—2010
利群(出口软长嘴 GM)	2006—2008、2010	利群(休闲 L)	2007—2010
利群(出口长嘴 AUS)	2007—2010	利群(长嘴神州)	2008—2010
利群(长嘴英文)	2008—2010	利群(休闲)	2009—2010
利群(出口长嘴 AZ)	2009—2010	利群(逍遥)	2010
利群(软老版)	2010	利群(出口长嘴 GM)	2010
利群(出口阳光 GM)	2010	利群(长嘴印度尼西亚)	2010
利群(长嘴秘鲁)	2010		

资料来源:根据浙江中烟公司品牌开发资料整理。

表 48-3-4-19　　2006—2010 浙江中烟公司“大红鹰”牌系列品种生产情况一览表

品　种	生产年份	品　种	生产年份
大红鹰(长嘴)	2006	大红鹰(英文)	2006
大红鹰(红新)	2006	大红鹰(经典)	2006—2008
大红鹰(红)	2006—2008	大红鹰(F1)	2006—2008
大红鹰(银)	2006—2009	大红鹰(精品)	2006—2010

续表

品　种	生产年份	品　种	生产年份
大红鹰(软)	2006—2010	大红鹰(精品软)	2006—2010
大红鹰(新品 L)	2007	大红鹰(新品)	2007—2010
大红鹰(软新品)	2007—2010	大红鹰(软蓝)	2008

资料来源:根据浙江中烟公司品牌开发资料整理。

表 48-3-4-20　　2006—2010 浙江中烟公司"雄狮"牌系列品种生产情况一览表

品　种	生产年份	品　种	生产年份
雄狮(吉祥)	2006	雄狮(出口吉祥)	2006
雄狮(老版红)	2006—2009	雄狮(新)	2006—2010
雄狮(硬)	2007—2010	雄狮(007)	2008—2010
雄狮(红)	2008—2009	雄狮(薄荷)	2010

资料来源:根据浙江中烟公司品牌开发资料整理。

表 48-3-4-21　　2006—2010 浙江中烟公司"摩登"牌系列品种生产情况一览表

品　种	生产年份	品　种	生产年份
摩登(中东 E10)	2006	摩登(国际)	2006
摩登(南美 S10)	2006	摩登(南美软)	2006
摩登(罗马尼亚)	2006	摩登(中东 A)	2006
摩登(南美 S)	2006—2010	摩登(中东 E)	2006—2010
摩登(印度尼西亚)	2007—2010	摩登(秘鲁)	2007—2010
摩登(伊朗)	2008—2010	摩登(马来西亚 E)	2008
摩登(马来西亚)	2009	摩登(阿拉伯联合酋长国)	2009—2010
摩登(印度尼西亚 BH)	2009—2010	摩登(秘鲁 BH)	2009—2010

资料来源:根据浙江中烟公司品牌开发资料整理。

表 48-3-4-22　　2006—2010 浙江中烟公司其他牌号及品种生产情况一览表

品　种	生产年份	品　种	生产年份
五一(翻盖)	2006	五一(国际红)	2006
五一(黄)	2006—2007	五一(薄荷)	2006—2007
五一(国际)	2006—2008	五一(喜字)	2006—2009
五一(精品)	2006—2010	五一(国际软)	2006—2010
新安江(蓝)	2006	新安江(软)	2006—2008
新安江(银红)	2006—2008	西湖(明珠 X)	2006
西湖(软绿)	2006	西湖(明珠 W)	2006
西湖(明珠)	2006—2007	西湖(红)	2006—2007
双叶(绿)	2006	双叶(翻盖)	2006—2010
上游(翻盖)	2006	上游(翻盖)	2006—2007
上游(嘴)	2006—2007	上游(蓝新)	2006—2007
上游(红)	2006—2007	上游(新品)	2006—2008
大丰收	2006—2010	大丰收(软)	2006—2009

资料来源:根据浙江中烟公司品牌开发资料整理。

二、卷烟产量

纵观浙江省卷烟生产的产量,总体呈现波浪起伏,但总的趋势是逐步增长。

(一)发展概况

清光绪三十二年(1906 年),杭州大通公司开始制造卷烟,但规模小,设备简陋,产量有限。

民国 17 年(1928 年),鄞县地区规模较大的卷烟厂年产量在 600～700 箱,全县年产卷烟 2500 余箱。后因受英美烟商排挤影响,至民国 19 年,鄞县只剩韩岭、中国永安两家卷烟厂开工。抗日战争全面爆发后,多家机制烟厂被迫减产、停产,产量大幅度下降。从抗日战争胜利到中华人民共和国成立前,全省的机制烟厂逐年增多,其中武林烟厂卷烟年产量最多时达 6000 箱,馥众烟厂最高年产销 3000 箱,裕昌烟厂年产量约 1300 箱,浙江合记烟厂、亚光烟厂最高年产量均达到 1200 箱,光明烟厂年产销卷烟最多时达 1000 余箱。

1949 年 10 月,利群烟厂建立,月产卷烟 100 余箱。1950 年底,全省有 46 家卷烟厂,年产卷烟 4.41 万箱。1953 年初,全省机制卷烟厂减为 21 家,年产量 7.29 万箱。1956 年后,经过社会主义改造公私合营，全省卷烟厂剩下地方国营利群烟厂和公私合营联工烟厂两家。同年3月，由5户私营烟丝作坊合并成立公私合营乌镇制烟厂。当年，全省卷烟产量7.97万箱。1958年，浙江省年产卷烟突破10万箱。

1964年，全省年产卷烟19.11万箱。1965年，全省年产卷烟突破20万箱。“文化大革命”开始后，宁波、杭州卷烟厂一度处于停产和半停工状态。1967年，全省卷烟产量从上年的22.71万箱降至19.45万箱。1969年，全省卷烟年产26.82万箱。1970年，全省年产卷烟实现30余万箱。1973年，达到41万箱。1980年，超过60万箱。1983年，全省年生产卷烟超过70万箱。1985年，全省生产卷烟实现87.50万箱。1987年，年产量增至92.36万箱。

20世纪90年代初，随着经济的开放，云南、上海卷烟大量涌入浙江市场。为避免恶性竞争，浙江烟草实施限产压库政策，1993年，浙产卷烟年产量降至75.20万箱。1995年，省烟草专卖局(公司)实施“84工程”，当年省产卷烟产量由上年的75.81万箱增至84.52万箱。

2001年，省产卷烟首次突破100万箱大关。2003年，浙江中烟公司成立，当年省产卷烟112.95万箱。2006年9月，浙江中烟公司和所属杭州卷烟厂、宁波卷烟厂实行联合重组，当年省产卷烟134.34万箱。2010年，全省卷烟产量增至225.86万箱(含合作生产)。

(二)历年产量

浙产卷烟1949—2010年产量如下表所示。

表48-3-4-23　　1949—2010年浙江省卷烟产量一览表

单位:万箱

年份	全省总产量	其中		各厂卷烟产量		
		浙江自产	合作生产	杭州卷烟厂	宁波卷烟厂	嘉兴卷烟厂
1949	2.95	2.95	—	0.03	—	—
1950	4.41	4.41	—	0.61	—	—
1951	6.83	6.83	—	1.52	—	—
1952	5.51	5.51	—	1.08	—	
1953	7.29	7.29	—	1.48	—	—
1954	6.91	6.91	—	1.72	—	—
1955	6.81	6.81	—	1.69	2.55	—
1956	7.97	7.97	—	4.20	3.44	—
1957	9.10	9.10	—	4.90	4.20	—
1958	10.09	10.09	—	5.00	5.06	—

续表 1

年份	全省总产量	其中		各厂卷烟产量		
		浙江自产	合作生产	杭州卷烟厂	宁波卷烟厂	嘉兴卷烟厂
1959	12.48	12.48	—	6.44	5.84	—
1960	9.88	9.88	—	5.09	4.79	—
1961	8.17	8.17	—	4.26	3.89	—
1962	12.09	12.09	—	6.33	5.72	—
1963	19.06	19.06	—	9.72	9.26	—
1964	19.11	19.11	—	9.76	9.35	—
1965	20.35	20.35	—	10.30	10.05	—
1966	22.71	22.71	—	11.62	11.09	—
1967	19.45	19.45	—	9.35	10.10	—
1968	21.55	21.55	—	12.04	9.51	—
1969	26.82	26.82	—	17.23	9.59	—
1970	31.93	31.93	—	17.99	13.94	—
1971	32.75	32.75	—	18.22	14.53	—
1972	35.62	35.62	—	18.85	16.77	—
1973	41.00	41.00	—	21.05	19.95	—
1974	38.30	38.30	—	19.77	18.53	—
1975	34.50	34.50	—	16.21	18.29	—
1976	34.97	34.97	—	17.90	17.07	—
1977	42.38	42.38	—	22.38	20.00	—
1978	45.21	45.21	—	23.51	21.70	—
1979	49.79	49.79	—	26.13	23.66	—
1980	60.55	60.55	—	31.99	28.56	—
1981	63.88	63.88	—	32.33	30.37	1.18
1982	69.39	69.39	—	34.91	33.11	1.37
1983	74.13	74.13	—	38.26	34.38	1.49
1984	80.50	80.50	—	41.08	37.12	2.30
1985	87.50	87.50	—	44.54	40.07	2.87
1986	91.28	91.28	—	45.75	41.52	4.01

续表 2

年　份	全　省 总产量	其　　中		各厂卷烟产量		
		浙江自产	合作生产	杭州卷烟厂	宁波卷烟厂	嘉兴卷烟厂
1987	92.36	92.36	—	45.76	42.00	4.60
1988	92.13	92.13	—	44.51	43.01	4.61
1989	84.00	84.00	—	45.05	35.28	3.67
1990	81.88	81.88	—	46.02	31.78	4.08
1991	76.43	76.43	—	45.85	26.70	3.88
1992	83.63	83.63	—	48.50	32.00	3.13
1993	75.20	75.20	—	45.03	26.73	3.44
1994	75.81	75.81	—	46.15	27.00	2.66
1995	84.52	84.52	—	50.02	32.00	2.50
1996	85.78	85.78	—	52.21	33.57	—
1997	84.11	84.11	—	51.58	32.53	—
1998	92.24	92.24	—	58.10	34.14	—
1999	98.33	95.74	2.59	60.47	35.27	—
2000	107.60	99.20	8.40	61.68	37.52	—
2001	119.70	105.22	14.48	64.28	40.94	—
2002	128.35	109.22	19.13	66.48	42.74	—
2003	123.03	112.95	10.08	68.34	44.61	—
2004	136.98	127.86	9.12	76.23	51.63	—
2005	145.01	141.03	3.98	89.96	51.07	—
2006	142.58	134.34	8.24	—	—	—
2007	185.52	146.57	38.95	—	—	—
2008	183.25	152.19	31.06	—	—	—
2009	204.65	160.84	43.81	—	—	—
2010	225.86	170.19	55.67	—	—	—

资料来源：1949—1990 年数据据《浙江省烟草志》(浙江人民出版社 1995 年版)、《杭烟数据宝典》和《宁波卷烟厂厂志》资料整理，1991—2010 年数据据《烟草系统统计年报》和国家烟草专卖局网站公布的行业统计年报整理。

三、合作生产

合作生产是指烟草工商企业之间，卷烟工业企业之间，以卷烟品牌为龙头，以委托加工、技术转让、品牌输出等方式，通过跨边界的合作生产卷烟，实现资源优化配置。合作生产解决了烟草企业有品牌没有生产计划、有生产计划没有市场之间的矛盾，是现行政策下烟草行业共同发展、持续发展的有效途径。

（一）委托加工

1962年，为解决卷烟原料不足问题，浙江卷烟厂采取以卷烟换购晒烟来扩大生产。但因卷烟原料以烤烟为主，晒烟换购过多，工厂掺用较少，库存积压。是年9月，浙江省商业厅、浙江省供销社与上海市糖业烟酒公司协作，用浙江的晒烟原料600吨，委托上海卷烟厂加工生产1万箱卷烟。所需烤烟由上海卷烟厂解决，浙江负担晒烤烟差价，所加工卷烟以作价收购方式调还浙江。出厂后的一切费用由浙江负担。1962—1963年，调给上海晒烟1320吨，加工卷烟21990箱。桐乡县供销社也与广州中一制烟厂合作，调出归根晒红烟75吨，加工卷烟1200箱。

（二）技术转让

1984年，浙江省卷烟市场发生新的变化，省外产的卷烟除沪产烟外，销售困难，省内杭州、宁波卷烟厂的产品特别是“西湖”“上游”等牌号卷烟受广大消费者喜爱。但受烤烟和生产能力限制，无法满足市场需求。为解决品种供需矛盾，浙江烟草在全国率先探索以厂为单位、以品牌为纽带、以技术转让为形式的联营加工。浙江省烟糖公司和杭州卷烟厂、宁波卷烟厂一起，采取技术转让和收购产品的形式，利用省外的原料、设备加工生产浙江省几个主要畅销牌号卷烟。1985年后，省烟草公司进一步扩大技术转让、联营加工业务。联营加工按杭州卷烟厂、宁波卷烟厂提供的原料配方及生产工艺的技术标准进行生产，生产的卷烟全部由省烟草公司收购。杭州卷烟厂从1984年7月首次与开封卷烟厂联营加工“西湖”牌卷烟，至1990年3月，先后与合肥、柳州、贵阳、毕节、彬县、芜湖卷烟厂联营加工简装“西湖”“大红花”“凯旋门”等牌号卷烟56.25万箱。宁波卷烟厂从1985年至1989年，先后与芜湖、蚌埠、滁县、昭通、南昌卷烟厂联营加工“古松”“上游”“五一”“宁波”等牌号卷烟29.17万箱。至1989年，因市场行情变化而终止。

除与省外烟厂联营加工外，从1984年6月起，杭州卷烟厂与桐乡雪茄烟厂开展技术转让，联营加工“雄狮”“旗鼓”“新安江”“大红花”等牌号卷烟。

1993年，宁波卷烟厂受海南卷烟厂委托，联合生产“黄宝岛”卷烟500箱。

1986年10月至1990年12月，省烟草公司还先后与柳州、富锦、哈尔滨、建始、阜阳卷烟厂建立产销联营关系，至1990年共调入产销联营烟3.27万箱。

（三）品牌输出

20世纪90年代中期，省产名优卷烟在竞争中迅速崛起。为解决浙江省卷烟生产计划不足问题，从1999年起，宁波、杭州卷烟厂先后输出牌号在省外定向加工、合作生产。2006年，浙江卷烟工业省内实行联合重组，从3个法人变更为1个法人，浙江中烟公司转变成为市场竞争主体。2007年，定向加工、合作生产由浙江中烟公司组织实施。为扩大体量、满足市场、发展企业，浙江中烟公司果断输出“利群”品牌，重点品牌得到迅速扩张，至2010年，合作生产规模、结构均达历史新高，为行业共同发展作出了贡献。

联营加工、合作生产，解决了省际卷烟工业之间有品牌没有计划、有计划无市场的矛盾，实现了优化资源配置、做大品牌、共同发展的目的。

表48-3-4-24　　1999—2010年浙江卷烟工业联营加工、合作生产情况一览表

年份	合作单位		生产牌号
	牌号输出方	牌号输入方	
1999	宁波卷烟厂	西昌卷烟厂、遵义卷烟厂	宁波（三星）、宁波（软蓝）
2000	宁波卷烟厂	西昌卷烟厂、遵义卷烟厂	宁波（三星）、宁波（软蓝）
2001	宁波卷烟厂	西昌卷烟厂、遵义卷烟厂	宁波（三星）、宁波（软蓝）
2002	宁波卷烟厂	西昌卷烟厂、遵义卷烟厂	宁波（三星）、宁波（软蓝）
2003	杭州卷烟厂、宁波卷烟厂	西昌卷烟厂、遵义卷烟厂、襄樊卷烟厂、毕节卷烟厂、南宁卷烟厂	杭州（硬盒）、西湖（软）、宁波（三星）、宁波（软蓝）、宁波（红新）、上游（软）
2004	杭州卷烟厂、宁波卷烟厂	西昌卷烟厂、遵义卷烟厂、张家口卷烟厂、毕节卷烟厂、保定卷烟厂	杭州（硬盒）、西湖（软）、双叶、雄狮、新雄狮王、宁波（三星）、宁波（软蓝）、上游（软）
2005	杭州卷烟厂、宁波卷烟厂	遵义卷烟厂、张家口卷烟厂、黄果树烟草集团、毕节卷烟厂、保定卷烟厂、成都卷烟厂、郑州卷烟总厂、广西卷烟总厂、重庆烟草工业公司	杭州（硬盒）、西湖（软）、西湖（明珠）、双叶、雄狮（王）、雄狮（老版红）、新安江（银红）、上游（嘴）、上游（新品）
2006	杭州卷烟厂	黄果树烟草集团、成都卷烟厂、郑州卷烟总厂、广西卷烟总厂、哈尔滨卷烟总厂、呼和浩特卷烟厂	雄狮、雄狮（老版红）、西湖（明珠）、西湖（红）、新安江（银红）
2007	浙江中烟公司	黄果树烟草集团、广西卷烟总厂、郑州卷烟总厂、哈尔滨卷烟总厂、广西中烟公司	五一（喜字）、西湖（明珠）、雄狮（硬盒）、雄狮（老版红）、雄狮（红）、大丰收（软）
2008	浙江中烟公司	哈尔滨卷烟总厂、贵州中烟公司、陕西中烟公司、河南中烟公司、甘肃中烟公司	雄狮（老版红）、雄狮（红）、五一（喜字）、大红鹰（精品）、大红鹰（软新品）、大红鹰（新品）、大红鹰（红）、大红鹰（银）、利群（新版）

续表

年份	合作单位		生产牌号
	牌号输出方	牌号输入方	
2009	浙江中烟公司	广西中烟公司、贵州中烟公司、陕西中烟公司、河南中烟公司、甘肃中烟公司	雄狮(老版红)、大红鹰(银)、大红鹰(红)、大红鹰(软蓝)、大红鹰(精品)、利群(新版)
2010	浙江中烟公司	广西中烟公司、贵州中烟公司、陕西中烟公司、河南中烟公司、甘肃中烟公司	雄狮(老版红)、雄狮(硬盒)、大红鹰(银)、大红鹰(软蓝)、大红鹰(软新品)、利群(新版)

资料来源:根据宁波卷烟厂、杭州卷烟厂、浙江中烟公司合作生产资料整理。

四、主要产品

(一)产品介绍

1. **"利群"**

"利群"牌卷烟是全国名优卷烟、中国名牌产品。1960 年 6 月,由利群烟厂(杭州卷烟厂前身)创牌,时为 70 毫米乙二级无嘴烤烟型简装卷烟,零售价 0.24 元/包,后调整为0.29 元/包。当年,产量 1998 箱;1979 年,产量 37791 箱。1980 年,开始生产 70 毫米乙二级无嘴烤烟型精装"利群",零售价 0.40 元/包。1986 年,"利群"产量达到 74446 箱。该产品为低档烟,主要满足农村消费市场需要。后来由于人民生活水平不断提高,卷烟消费档次快速提升,"利群"年产量逐渐减少,1987 年停产简装"利群",1993 年停产精装"利群"。1995 年 10 月,杭州卷烟厂成功推出采用新配方、新工艺、新包装,定位为高档卷烟的全新甲级烤烟型 84 毫米翻盖"利群"卷烟。该产品醇和淡雅的风格,很快即获得消费者认可,赢得了市场,销量逐年攀升,效益明显增长。当年,生产上市 2900 箱。2002 年,"利群"年销量达到 13 万余箱;2007 年,达到 54 万箱;2010 年,实现商业批发销量 107.67 万箱,成为行业首个"一二类百万箱"品牌。其中,"利群"一类烟实现销量 39.8 万箱,列行业一类烟销量第五位;二类烟实现销量 67.9 万箱,占行业二类烟总份额的 30%,居行业领先地位。品牌批发市值达到 417 亿元,品牌的销量和市值处于行业第五和第六位。"利群"品牌先后经利群烟厂、杭州卷烟厂、浙江中烟公司的倾力培育,已成为浙江烟草工业的立业之本。

1999 年,该品牌被省工商行政管理局评定为"浙江省著名商标"。2006 年 12 月,名列国家商务部公布的首批"中华老字号"名单,成为烟草行业唯一通过认定的"中华老字号"品牌。2010 年,"利群"品牌资产价值评估达 139.91 亿元。

2. **"大红鹰"**

"大红鹰"牌卷烟是全国名优卷烟、中国名牌、浙江名牌产品。1950 年 10 月,由宁波福华烟厂创牌,当年生产 111 箱。1951 年 8 月,宁波福华烟厂与浙江合记烟厂合营,成立中国联工烟厂，商标归属随之转移。1964 年 1 月，联工烟厂更名为宁波卷烟厂。1964 年 7 月，按中国烟草工业公司整顿商标，统一牌号要求，“大红鹰”为宁波、杭州卷烟厂生产的统一牌号。1970 年初，随中国烟草工业公司撤销，两厂恢复各自牌号生产。当时，零售价为 0.13 元/包。1984 年底停产。

1993 年 12 月，宁波卷烟厂接受平阳烟草公司提议，共同开发“大红鹰”卷烟。随即邀请国内外专家开展各项改造。1994 年 6 月 18 日，“大红鹰”卷烟以新的面貌面市。8 月，获上海首届国际名烟名酒博览会金奖；10 月，获 1994 年全国首届卷烟包装设计大奖赛特等奖。

1995—1997 年，被评为“浙江省著名商标”。1999 年 8 月，中华商标协会评估“大红鹰”商标价值达 22.88 亿元。

3. “雄狮”

“雄狮”牌卷烟是浙江名牌产品。1958 年，利群烟厂（杭州卷烟厂前身）创牌，当年产量 5651 箱。时为 70 毫米丙级无嘴卷烟，零售价 0.15 元/包，后调整到 0.19 元/包。1965 年，按整顿商标、统一牌号要求，该商标与宁波卷烟厂共同使用。1970 年初，随着中国烟草工业公司的撤销，两厂恢复各自牌号生产。1984 年停产。

1994 年，杭州卷烟厂改造“雄狮”牌卷烟产品，以全新外在形象和内在质量面世。新产品一经推出，即获消费者好评。经市场跟踪，最后将产品定位于中档卷烟牌号，并延续生产。是年，产量为 411.40 箱。次年，增至 8065 箱。1996 年，提高到 1.76 万箱。1997 年，因市场不稳定，产量锐减至 5735.20 箱。此后，经企业重新策划、定位，产品销售又逐年回升。2002 年，产量达到 11.97 万箱。2005 年，产量达 21.52 万箱。2010 年，产量达 82.81 万箱。

4. “杭州”

“杭州”牌卷烟是全国名优卷烟、浙江名牌产品。1959 年国庆十周年前夕，利群烟厂（杭州卷烟厂前身）开始生产并创牌。“杭州”牌为杭州卷烟厂出品的首款甲级烟，烤烟型 70 毫米无嘴烟，出品当年产量 10.4 箱。零售价为 0.42 元/包，后调整到 0.51 元/包。1962—1963 年，有少量 70 毫米听装“杭州”牌出品。1971 年，开始生产 81 毫米过滤嘴“杭州”牌卷烟。1984—1986 年，为配合产品结构的调整，增加新品种 81 毫米听装和精装。1986 年 2—11 月，84 毫米烤烟型“杭州”（彩听）、“杭州”（精装）和“杭州”（混合型金版）先后投产，产品形成系列化。20 世纪七八十年代，“杭州”牌卷烟曾是高档杭产卷烟的代表产品。90 年代后，改造“杭州”牌系列产品，推出多个品种。1996 年，经浙江省产权评估交易所对企业生产、销售、成本和利润等各项经济指标的综合评定，“杭州”牌以 7.28 亿元的身价，创浙江省首届企业品牌无形资产评估之最。

“杭州”牌卷烟从创牌生产起到 1963 年，最高年产量仅 30 箱。1964—1970 年，停止生产。1971 年恢复生产，至 1986 年产量达到 14876 箱。此后每年增长，至 1994 年，年产量达到最高的 15.65 万箱。1994 年，杭州卷烟厂在“杭州”（八角）卷烟内配插烟卡。出品佰图卡 100 套，每套 100 张。1995 年，开始逐年递减（其间仅 1997 年比上年略增）。2005 年，停产。

5. “宁波”

“宁波”牌卷烟是浙江省著名商标产品。1979 年 10 月，宁波卷烟厂始产，规格有甲二级

70 毫米无嘴烟和 81 毫米、84 毫米滤嘴烟三种；20 世纪 80 年代中后期，生产 84 毫米听装烟；1989 年后，相继开发出了 84 毫米甲一级塑盒和翻盖硬盒滤嘴烟；从而形成多规格系列产品，主要生产 84 毫米横包和 84 毫米翻盖硬盒滤嘴烟两种规格。选用河南、山东、云南、贵州、黑龙江等省的中一、中二烤烟及一定比例的优质香料烟叶，经充分发酵及特殊工艺处理精心制作而成；具有烟丝颜色金黄、光泽油润、香味清雅丰满、余味纯净舒适、无杂气等优点。开发生产之后，畅销浙江境内，尤其受沿海地区消费者喜爱，并部分销往省外。2000 年，产量达 85761.8 箱，后产量逐步减少，2005 年停止生产。

6. “西湖”

“西湖”牌卷烟是全国畅销牌号、全国卷烟优质产品。1959 年 4 月，利群烟厂（杭州卷烟厂前身）开始生产并创牌，为首款批量生产的乙级烤烟型卷烟，最初为 70 毫米精装和简装两种（俗称“蓝西湖”），当年生产 305.40 箱。“西湖”（精装）牌卷烟零售价为 0.30 元/包，后调整到 0.37 元/包。20 世纪 60 年代后期起，“西湖”牌卷烟一直是杭州卷烟厂的主干产品之一，销区遍及全省城乡。80 年代中后期，主要销往农村。1990 年，“西湖”牌无嘴烟产量近 8.7 万箱，占该厂无嘴烟产量的 50%以上；1990 年，“西湖”牌滤嘴烟自 80 年代中期多规格生产后产量达 15 万箱，占全厂滤嘴烟产量的 50%。1991 年，“西湖”牌滤嘴烟产量增至 28.91 万箱。1992 年起，产量呈下降趋势。1997 年，杭州卷烟厂曾对“西湖”牌卷烟产品作全面改造。2007 年，停止生产。

7. “新安江”

“新安江”牌卷烟是浙江名牌产品。1957 年 8 月，为宣传中国首座自己设计、自制设备、自行施工的大型水电站工程——新安江水电站的开工建造，利群烟厂（杭州卷烟厂前身）开发生产并创牌。为烤烟型丙级无嘴烟，当年生产 2337.20 箱。零售价为 0.20 元/包，后调整到 0.25 元/包。1958 年初，为满足参观新安江水电工程的各界人士和国际朋友的需要，曾提高产品档次，临时生产少量乙级特制“新安江”。1965 年，根据整顿商标、统一牌号精神，牌号开始由杭州卷烟厂和宁波卷烟厂共同使用。“新安江”牌卷烟自创牌生产起至 1985 年，最高年产量达到 8.6 万箱。此后，年产量逐步减少。1991 年，仅产 3066 箱。1992 年、1993 年，杭州卷烟厂、宁波卷烟厂先后停止生产该牌号卷烟。1995 年，杭州卷烟厂经广泛的市场调研和充分的科研准备，推出改造后的全新“新安江”卷烟受到消费者的欢迎。2004 年，最高产量 10.46 万箱，“新安江”牌卷烟入选国家烟草专卖局重点发展的“百牌号目录”。2009 年，停止生产。

8. “五一”

“五一”牌卷烟是全国名优卷烟、浙江名牌产品。1953 年，由宁波裕星烟厂注册；1955 年 9 月，试制成功，为丙级卷烟。1955 年底，裕星烟厂与联工烟厂合营，成立公私合营联工烟厂，商标归属随之转移。1962 年，“五一”牌卷烟改为乙二级烤烟型香烟。1964 年 1 月，联工烟厂更名宁波卷烟厂。1997 年 12 月，宁波卷烟厂推出改造后的老牌新品“五一”（红），卷烟品质有质的飞跃。1999 年，又推出“五一”（精品），其内在质量有大幅提升，配方采用国内烟叶主产区的优质烟叶，并调配进口高级香精香料，经国家烟草质量检测中心专家评定，产品风格独特，烟味醇和，香气飘逸，余味干净、舒适。2000 年，产量最高达到 8.54 万箱。2004 年，“五一”牌卷烟入选国家烟草专卖局重点发展的“百牌号目录”。

9. “上游”

“上游”牌卷烟是浙江省优质产品。1959年“五一”节前夕，由联工烟厂（宁波卷烟厂前身）始产创牌，为烤烟型乙一级70毫米无嘴烟。零售价为0.30元/包，后调整到0.37元/包。20世纪70年代末，随着卷烟需求档次的提高，增产81毫米滤嘴“上游”卷烟；80年代初期，先后开发81毫米特制嘴“上游”、84毫米滤嘴“上游”和84毫米特制嘴“上游”等乙一级烤烟型卷烟。1987年6月，开发生产了84毫米和100毫米两种规格的甲级混合型“上游”（金版）卷烟，后又增加50支“上游”（听装）生产。1988年，“上游”（系列）年产量达到12.02万箱，听装产量3393箱。产地零售价：烤烟型硬包装1.04元/包，烤烟型普软包装0.66元/包，特制0.78元/包。

1990年，“上游”牌系列产品产量达10.36万箱，约占宁波卷烟厂年产量的三分之一。1991年，产量开始下降。1997年，与湖州市烟草公司联合改进“上游”牌系列产品内在质量与包装，销路节节上升。2000年，产量达到7.17万箱，与“大红鹰”“五一”同为宁波卷烟厂的三大主要品牌。2004年，“上游”牌卷烟入选国家烟草专卖局重点发展的“百牌号目录”。2008年，停止生产。

（二）产品获奖

1979年，“西湖”牌卷烟被轻工业部评为“轻工业优质产品”，并先后5次被评为浙江省优质产品。

1983年，“保俶塔”牌卷烟被评为浙江省优质产品。

1985年，81毫米“杭州”、无嘴“上游”牌卷烟被评为浙江省优质产品。

1986年，“西湖”“金猴”“上游”牌卷烟被中国烟草总公司列为全国畅销牌号卷烟，特制“上游”牌卷烟被评为浙江省优质产品。

1987年，“杭州”牌卷烟被中国烟草总公司列为全国30种名优卷烟之一，84毫米“杭州”“保俶塔”牌卷烟被评为浙江省优质产品。

1988年，“宁波”牌卷烟被中国烟草总公司列为全国30种名优甲级卷烟行列，“金猴”“上游”（混合型）牌卷烟被评为浙江省优质产品。

1989年，“杭州”“金猴”“古松”牌卷烟被评为全国畅销卷烟。

1990年，“金猴”牌卷烟获“行业优质产品”称号。

1991年，“西湖”牌（84毫米乙级烤烟型）被中国烟草总公司授予1991年度卷烟行优产品，“杭州”“宁波”“西湖”“凯旋门”“鹿城”“凌霄”牌卷烟分别被省计划经济委员会评定为浙江省优质产品。

1992年，“杭州”牌被浙江省著名商标评选组委会授予浙江省著名商标。

1994年，“杭州”牌被国家烟草专卖局授予“首批优等品卷烟”称号；1995—1996年度，又被评为全国名优卷烟牌号。

1995年，“杭州”“大红鹰”牌卷烟被省计划经济委员会、省工商行政管理局、省标准计量管理局、省质量协会、省消协、省食品工业协会联合评定为浙江名牌产品。

1997 年 1 月，“杭州”“利群”“大红鹰”牌卷烟分别被国家烟草专卖局评为 1997—1998 年度全国名优卷烟牌号。

1997 年，“利群”牌卷烟被国家烟草专卖局评为 1996 年度卷烟优等品牌号，“杭州”牌卷烟被省工商行政管理局授予浙江省著名商标。

1998 年，“利群”牌卷烟被省计划经济委员会评为浙江名牌产品。

1999 年，“利群”“大红鹰”“杭州”牌卷烟被国家烟草专卖局评为 1999 年度全国名优卷烟牌号，“大红鹰”“杭州”“西湖”牌卷烟被国家烟草专卖局评为 1998 年度卷烟优等品牌号，“大红鹰”“杭州”“新安江”“五一”牌卷烟被省计划经济委员会评为浙江名牌产品，“利群”“大红鹰”牌卷烟商标被省工商行政管理局评定为浙江省著名商标。

2000 年，“雄狮”牌卷烟被浙江省名牌产品认定委员会认定为浙江名牌产品。

2001 年，“大红鹰”牌卷烟经国家质量监督检验检疫总局评定为“中国名牌”，经国家工商行政管理总局商标局认定为“中国驰名商标”。“大红鹰”“五一” 牌卷烟经国家烟草专卖局评为 2001 年度全国烟草行业名优卷烟。“利群”牌卷烟被省名牌产品认定委员会认定为浙江名牌产品，“宁波”牌卷烟商标被省工商行政管理局评为浙江省著名商标。

2002 年，“新安江”“杭州”牌卷烟被省名牌产品认定委员会认定为浙江名牌产品。

2004 年，“利群”牌卷烟经国家工商行政管理总局商标局认定为“中国驰名商标”。

2005 年，“利群”牌卷烟经国家质量监督检验检疫总局评定为“中国名牌”。

2006 年，“利群”牌卷烟被商务部认定为“中华老字号”产品。

第四章 卷烟流通

清光绪年间(1875—1908年)即有外国卷烟在浙江经销。20世纪初,由于英美烟公司的大力开拓,卷烟在流通中逐渐被消费者接受。中华人民共和国成立前的数十年间,由于战乱兵燹,经济贫困,浙江卷烟市场比较有限。1949年以后,随着国民经济的逐步恢复,人民生活稳定,卷烟消费量不断增长。1979年改革开放后,浙江经济得到较快发展,卷烟产品在结构、质量、价格等方面迅速提高。1984—1991年,国家烟草专卖体制逐步形成,浙江的卷烟消费水平也大幅上升。进入21世纪,为适应大市场、大企业、大品牌的发展要求,浙江着力发展"利群""大红鹰""雄狮"3个主要卷烟产品,进行产品整合和市场培育,卷烟营销实现了跨越式发展,市场占有、产品辐射亦从省内市场向全国市场转变。

浙江卷烟货源主要有省产、省外和进口。民国时期对于省产、省外卷烟均实行公卖,由公卖局统一安排。其间由于战争原因,货源渠道曾几度受阻,省产卷烟有所发展,成为卷烟主要货源。20世纪50年代,国家商业部门对卷烟实行统购包销,卷烟货源逐渐按计划经济模式运行。此后较长一段时间内,受卷烟生产制约及"文化大革命"影响,卷烟货源严重不足。80年代,国家烟草专卖体制建立后,卷烟产供销取得平稳发展,省内外卷烟货源得到满足。

进口卷烟从19世纪90年代就开始在浙江市场有售。民国时期,进口卷烟主要从各海关输入浙江市场,但受战争影响,销量极不稳定。中华人民共和国成立后,基本停止卷烟进口。改革开放后,进口卷烟以寄售的形式曾特定销售了近十年。1989年起,由于国家外汇管理变化及烟草管理体制改革,进口卷烟调拨、管理业务发生多次变化。

卷烟销售在流通环节上主要是批发和零售。批发环节经历了私商、国营商业到专卖专营3个主要阶段。清代末年和民国时期,浙江省卷烟市场进口卷烟和国产卷烟竞争激烈,卷烟零售业遍地开花,鱼龙混杂,竞销方式也五花八门。中华人民共和国成立后,根据不同时期的供求情况,卷烟除经历敞开供应、按计划供应、按客户类别供应外,在不同特殊时期还实行了定量供应、特需供应、奖售换购、高价供应等多种方式,以平衡市场需求。20世纪80年代后,市场不断完善。90年代初,浙江省开始注重卷烟国际市场拓展。1994—2001年,浙江省烟草专卖局、中国烟草总公司浙江省公司[同时出现时简称省烟草专卖局(公司)]不断加强市场管理,协调省内外、国际卷烟市场的平衡发展,每年实施品牌提升工程,卷烟销售呈现快速发展。2001年,全省卷烟销售量达到155万箱,出口21万件。2003—2008年,全省卷烟销售总量年均增速7.3%。2010年,全省批发销售卷烟252.21万箱,居全国烟草商业企业第二位;利润总额100亿元,居全国烟草商业企业第一位。是年,卷烟出口量达31.5万件。

民国时期卷烟价格管理往往是通过行业公会进行价格调控。中华人民共和国成立后,卷烟价格实行统一核价、分级管理的形式。20 世纪 80 年代后，卷烟价格曾一度实行统一的计划管理。自 1991 年后卷烟零售、调拨、批发价格相继放开，实行指导价，属专卖专营的市场经济体系。2001 年开始，卷烟价格管理逐步趋向规范，在国家烟草专卖局宏观调控下，实行卷烟价格目录管理，全省统一批发价和零售指导价。

民国时期，除国外卷烟企业自设仓库外，国产卷烟存储基本以租借仓库为主，仓储养护措施比较简单。运输方式以船运为主，有铁路站口的则通过铁路再转运各地。1949 年以后，外商设立的仓库收归国有，但此种仓储、运输模式继续沿袭，仓储条件和运输方式得到一定的改善。1963 年开始，烟草开始实行产供销合一管理体制，仓库建设规模渐次扩大，养护技术和运输形式得到明显改善。1984 年以后，烟草行业实行集中统一管理后，自设卷烟仓库，大力提高仓储养护技术，改善仓储设备，合理选择运输工具。2003 年，全省实施卷烟“一库制”集中配送，各地建立卷烟配送中心，规范仓储管理，卷烟调运全部采用汽车直送。随着卷烟销售网络建设的不断发展，信息化成为仓储技术、物流技术的重要支撑。2008 年，全省 11 个市全部实现数字化仓储管理、配送分拣信息化管理。

第一节　市　场

卷烟作为商品最早在浙江面市当是清光绪年间，属于“舶来品”，但渐渐地被人们所接受并流行开来，继而形成了市场。从晚清至整个民国期间，是卷烟出现与流行阶段，销量渐次扩大，国产卷烟在此过程中慢慢占据了一定的市场，并与外国卷烟竞争。1949 年以后，卷烟成为销量日增的消费品。从 20 世纪 50 年代初至 70 年代末，实行的是计划经济，卷烟按计划供应，虽然市场有序却供不应求，不能满足消费。改革开放以后，卷烟市场日趋活跃；1984 年，烟草专卖体制建立；1987 年，温州地区在全国率先进行计划外国产名优烟价格放开试点；1990 年，浙江省以启动市场为重点，实行卷烟批零价格浮动的改革；1994 年，浙江省开始着手农村卷烟批发网络建设；1999 年起，全省烟草卷烟销售网络建设重点转变为城乡网络一体化建设。2000—2010 年，全省卷烟销售网络建设形成了覆盖城乡、功能齐备、运行高效、服务 30 多万零售客户的大网络，形成货源统一采购、卷烟统一销售、市场统一安排、管理统一协调的营销格局。同时，省产卷烟积极拓展国际市场，2010 年，出口的国家和地区已有 20 多个。

一、卷烟出现与流行

清光绪年间，美国商人通过上海老晋隆洋行将卷烟输入中国，不久即在浙江市面出现。清光绪二十一年(1895 年)，奉化商人丁忠茂在宁波灵桥门开设的老茂记店铺已代售外国进口卷烟，当时仅为个别富庶人家消费。进入 20 世纪，浙江吸烟者渐多，卷烟消费量逐年增加，成为全国卷烟消费的主要省份之一。光绪二十七年，宁波、杭州、温州海关均有外国卷烟输入。次年，英美烟公司委托戎儒珪做代理商在杭州设代销点，温州由香记烟公司为代理推销。清宣统三年(1911 年)，英美烟公司在宁波、嘉兴、绍兴、金华、兰溪、衢州、严州等地均设有代销点或分公司，形成卷烟销售网络，垄断着浙江卷烟市场。是年，杭州、宁波、温州海关分别输入外国卷烟1.7亿支、1.4亿支和800.3万支，价值58.60万关平两，比光绪二十七年增长近8倍。

民国时期，上海民族卷烟工业陆续到浙江开办经理处或分公司，与英美烟公司展开竞争。民国5年(1916年)，南洋兄弟烟草公司由其上海分局负责，分别在杭州、宁波开设分公司，始跻身浙江卷烟市场。民国14年前后，浙江卷烟年营业额在千万元以上。英美烟公司和上海民族卷烟企业的竞争日益激烈。英美烟公司在温州的代理商用手摇式电影放映机做电影广告，为推销洋烟服务；大美烟公司和南洋兄弟烟草公司相继在宁波、杭州推出用卷烟空盒领对奖券和调换精美月份牌的奖售方法。南洋兄弟烟草公司“大长城”“美女”等牌号烟，为杭州城内官绅各界消费较多，“爱国”“双喜”及“小长城”牌为市面畅销产品。外国卷烟以永泰和出售的“大英”牌销售最旺。民国16年，全国卷烟销量每月约12万箱，浙江省销量约7000箱，其中英美等所产卷烟占64%，省产卷烟占3.5%，余为上海民族卷烟企业产品。省内卷烟零售，主要靠杂货铺及栈摊。普通人士一般偏好“联珠”“红狮”“爱司”牌卷烟，售价分别为铜钱150文/包、140文/包和80文/包。

抗日战争全面爆发前，浙江省各地抵制外烟、提倡国货的活动此起彼伏，抵制活动虽遭政府禁止，但仍给英美烟公司卷烟销售带来一定冲击，致国产卷烟市场比重有所上升。民国22年(1933年)，国产烟、洋烟销量基本相当，全省共销售卷烟10.44万箱，价值2299.24万元，以华成烟草公司占第一，英美烟公司次之。民国24年1月，浙江省从上海各烟草公司购进卷烟1.42万箱，占上海总产量的16%，仅次于上海销往江苏省(包括上海当地)的数量，居第二位。其中英美烟公司占50.57%，华成烟草公司占19.36%，南洋兄弟烟草公司占5.81%。省内以宁波消费市场最旺，当月销3859箱；杭州为次，月销3147箱。牌号以华成烟草公司的“金鼠”最受欢迎，月销2386箱，英美烟公司的“燕子”“哈德门”也较旺，月销分别975箱和945箱。省产卷烟以“三角”牌市场最盛行。

抗日战争时期，浙江省市场卷烟奇缺，供应紧张，机制卷烟价格飞涨，手工卷烟大量涌现。抗日战争全面爆发后，全省卷烟消费量比战前约下降30%。据民国27年(1938年)2月16日宁波《时事公报》载，“八一三事变”后，上海南洋、华成等烟公司停业，国产卷烟几绝，外国卷烟销路激增，又因镇海时遭封锁，卷烟来货不多，市价需求又逐渐上升，其涨幅有的比上年高达1倍。民国27年5—9月，浙江省实施卷烟公卖期间，贩卖卷烟的店铺、摊贩须照章登记方可营业，卷烟售价由公卖处统一核定。10月，浙江省实行战时管理卷烟进口运输贩卖办法。卷烟输入地点指定为宁波、温州、海门三处。宁波输入的卷烟主要行销甬、绍所属各县，亦有销于金华所属各县的。温州输入的卷烟主要行销温、处、金、衢、严所属的永嘉、丽水、永康、金华、兰溪等县，所属其他县因地广人稀，人们多吸土烟，消费卷烟很少，故总量不及甬、绍多。海门进入的卷烟主要销于台属各县，少量输乐清、永嘉、新昌、嵊县。

抗日战争时期，沦陷区卷烟经营被日伪统制，市场供应实行“派货配给制”，由同业公会根据会员资金多少、规模大小、营业额多少等将其分为甲、乙、丙、丁四等，视货源情况分别议定派货数量，上报日商审核后派货出售。嘉兴每逢配给烟出售，商店门前排成长队，采取拆包散卖，每人限购 20～30 支，香烟盒上缴日本洋行。后配给改为按户限量限价方式。民国 33 年(1944 年)1 月 19 日，伪浙江省经济局宁波分局在《时事公报》上通告，鄞县每户配发“仙女”牌卷烟 10 包，售价 9 元/包。由于通货膨胀，配给价与市价差距拉大，配给量逐渐减少，不久卷烟派货配给制取消。派货配给烟取消后，随着沪杭、杭甬铁路沿线以及内河轮船所到各处“香烟单帮”的发展，省内出现专门从事卷烟批发的摊贩市场。嘉兴嘉禾路一带，卷烟摊贩林立，有些还转批到附近各县乡镇。宁波卷烟单帮主要集中于新江桥北一带。当时，因机制卷烟来源日益减少，价格昂贵，省产手工卷烟充斥市场，消费者多吸手工卷烟。民国 34 年，永康县共消费卷烟 3000 万支，其中手工卷烟 2500 万支，占 83%。

抗日战争胜利后，沪产卷烟重新占领浙江市场，全省卷烟市场主要由颐中烟草公司控制，卷烟价格随行就市。民国 37 年(1948 年)8 月，南京国民政府发行“金圆券”时，对卷烟实行限价，卷烟出售时消费者争相购买，因卷烟货源较缺，不久市场便有价无货。次年初，卷烟价格进一步上涨，成为投机倒把的主要囤积货物。

二、卷烟市场的发展

中华人民共和国成立后，卷烟消费数量平稳增长。浙江省卷烟经营仍以私商为主，手工卷烟充斥市场，价格频涨，偷漏税严重。1950 年，省百货公司及各地公司开始经营卷烟业务。是年底，全省卷烟市场初步好转，卷烟需求增加，价格涨势受到遏制，卷烟的社会供应量为 15.07 万箱。1953—1957 年，省专卖事业公司不断拓展卷烟经营业务，发展农村市场，改变销售方式，以扩大卷烟销售。1953 年，确定各地批发部开展直接供应零售商的批发业务，对供销社实行给予 3～5 天赊销期、转批手续费 2%、零售优待 1%的优惠条件。至 1954 年底，卷烟批发基本为国营所控制，改变了历史上卷烟市场自由竞销的混乱状况，初步形成统一的卷烟市场。1955 年，烟叶原料结构不合理，造成卷烟货源的等级与市场需求不相适应，低档烟在农村略显紧张。1956 年，各级专卖事业公司对大部分丙丁级烟采取分期付款代销方式(主要是乡、镇供销社转批点)，深入贯彻“村村有烟酒卖”政策，组织固定及流动商贩推销卷烟。是年，卷烟社会零售量比上年增长 7.58%，城乡销售比例为 4∶6。但由于经济收入的多寡和消费习惯的不同，各地区间卷烟消费品种、等级有一定差异。1957 年，省产卷烟在巩固现有市场的基础上，根据商品流向，采取南北分开划区销售。自此逐步形成以后的杭产卷烟不过曹娥江、甬产卷烟不过钱塘江的销售习惯。1959 年，国务院将卷烟列为二类商品，实行商业部门统一掌握货源、统一组织分配、统一安排市场的政策，全省当年卷烟购调销均好于往年，省内纯购进 12.51 万箱，省外调入 19.08 万箱，社会卷烟零售量 29.33 万箱，创 20 世纪 50 年代最高消费水平。

受“大跃进”和三年自然灾害的影响，卷烟供需矛盾突出，货源紧张，卷烟消费量大幅下降。1961 年，社会卷烟零售量为 13.69 万箱，比上年减少 50%。1963 年，随着经济形势的好转，全省卷烟供应水平普遍提高，供应方式仍以凭票(证)或组织供应为主。是年，全省卷烟社会零售量为 25.05 万箱，达到 20 世纪 50 年代中期的消费水平，比上年增长 33.7%，农村供应占 58.37%，比上年上升 4 个多百分点。

由于国民经济调整，卷烟消费数量增长较快。1965年，高价烟逐步退出市场，凭票供应烟范围逐渐缩小，多数卷烟敞开出售，数量供求矛盾趋缓。是年，社会卷烟零售量超过历史最高水平，达30余万箱，省产卷烟比重达68%。城镇居民家庭平均每人年购买卷烟18.5包，农民家庭平均每人年消费卷烟13.05包，城乡销售比例约30∶70。全省甲乙、丙、丁戊级烟消费比例为10∶45∶45。1966—1978年期间，尽管有个别客观因素对卷烟市场发展有所影响，但年均增长速度仍保持在7%以上。1974—1976年，省产卷烟因煤电不足产量下降，省外卷烟因运输困难等原因调入不足，全省大部分地区在卷烟分配上采取妥善安排、从紧掌握、留有余地的办法，市场供应则普遍采用凭票（证）定量与敞开供应相结合的办法。年社会卷烟销售量在43万～48万箱之间，低于1973年，但消费等级有明显上升，特别是乙级烟增长较大。1977年，除沪产、省产甲级和部分省产乙级卷烟较为紧张外，多数卷烟货源充足，低档烟不受销售计划限制，全面敞开供应，某些不适销对路的省外高档烟也临时性敞开供应，社会零售量达58万箱，比上年增长21%，城乡销售比例约为26∶74。1978年，销售量达到65万箱。

改革开放后，随着人民收入和生活水平的迅速提高，市场卷烟消费数量持续快速增长，产品结构、质量、价格和档次也迅速提高。1979年，温州地区甲、乙级烟的销售量占当地总销量的76%，舟山地区占54%。1980年，由于上年国内烤烟受灾减产，质量下降，低档卷烟产大于销的问题突出，甲乙级烟货源严重不足。商业部门在货源分配、供应方式上，采取送货下乡、流动供应和全面敞开的方式，对乙级以上卷烟实行凭票供应，并通过品种组合供应的形式促进销售。是年，全省卷烟社会零售量比上年增长12.31%。1981年，卷烟等级品种供求矛盾加剧，许多地区凭票供应的甲乙级烟无法兑现。1982年，随着调价后卷烟等级供求矛盾的缓和，全省各地贯彻“卷烟不怕卖光、不怕断档脱销、积极销售”方针，实行凭票与敞开供应相结合，以敞开销售为主的供应办法。1983年，全省有10余条渠道经营卷烟批发。省糖烟酒菜公司加强各地的卷烟推销，增设供应网点，开办小额批发部，方便个体户和集体商店的进货；并利用开交流会、送货下乡、上门开票等方式扩大卷烟销售。下半年，省商业厅整改卷烟经营多渠道进货、多头批发，制止计划外自行采购，坚持统一经营、统一计划管理。是年，卷烟年社会消费量突破百万箱大关，城镇居民家庭人均年消费卷烟26.01包，农民家庭人均年消费卷烟37.92包，城乡销售比例为21∶79。1985年，全省卷烟社会零售量为121.6万箱，其中职工家庭人均年消费卷烟40.6包，农民家庭人均年消费卷烟42.53包。

1986年起，省烟草专卖局（公司）相继出台各项政策，采取措施，满足需求，促进市场发展。是年，浙江省烟草公司（以下简称省烟草公司）把“坚持专卖，深化改革，搞活流通，满足消费，增加积累”作为卷烟销售工作的中心任务，在系统内拓宽销售渠道，下放省外卷烟调入经营权；在农村以供销合作社为依托，货源上实行优先安排、优先开票、优先发货，把适销卷烟投放农村市场，当年烟草系统对供销合作社的卷烟供应比重从上年占销售量的40.77%提高到47.45%。同时，改变经营作风，提高服务质量，坚持以销定产、以产促销的经营原则，通过对生产和流通两方面采取措施，解决卷烟搭售问题，使城乡商店杜绝卷烟搭售现象，受到消费者欢迎。是年，全省卷烟社会零售量为134.13万箱，总销量居全国第八位，人均消费水平在全国低于上海、北京，居第三位。卷烟市场出现旺季更旺、淡季不淡的好势头。1987年，经国务院有关部门批准，温州地区率先进行计划外国产名优烟价格放开试点。全省卷烟社会零售量创历史最高水平，达 143.6 万箱。1989 年，全国卷烟供过于求的矛盾开始突出，一大批卷烟被迫降价销售。省产卷烟受质量、价格、全行业低价竞销以及黑市交易的影响，在省内市场竞争中，特别是同省外名优烟的竞争中，处于不利地位，部分市场被省外卷烟及走私外烟占领。全省卷烟销量出现滑坡，烟草系统批发销售卷烟 112.11 万箱，比上年下降 13.56%。1990 年，省烟草专卖局提出“立足当地、扩大销售、支持生产、保证中央财政收入”的经营方针，贯彻全局观念、为消费者服务观念、为生产服务观念和销售以省产卷烟为主、以主渠道为主、以立足当地为主的经营思想。各级烟草公司依靠农村供销合作社渠道，采取联营、代销、展销、转批、提供经营资金、支付贷款利息、推迟货款结算、代储、修库、偏远地区补贴运费等办法，扶持供销合作社经营省产卷烟，开拓农村卷烟市场。并通过强化烟草专卖管理，整治卷烟市场混乱秩序，改进卷烟供货方式，拉开质量差价，在全省范围内实行卷烟批零价格浮动。是年，全省烟草系统批发销售卷烟 106.59 万箱，比上年下降 4.92%，但销售总值达 23.58 亿元，比上年增长 13.01%。

表 48-4-1-1　　1952—1990 年浙江省卷烟购、销、调、存数量一览表

单位：箱

年份	纯购进	纯销售	调出省外	省外调入	年末库存	社会零售量
1952	52650	202765	2000	151991	18171	202765
1953	25225	182958	1421	177017	29780	247827
1954	69184	257601	6792	188526	20651	260097
1955	67871	24138	1705	178961	26559	238206
1956	79613	261030	3190	186557	33014	256266
1957	90763	289048	4503	210367	41792	287920
1958	101277	280146	2183	174834	35355	280146
1959	125129	293764	220	190848	65093	293258
1960	98907	274201	97	106653	7051	274201
1961	76897	134540	5	72625	22703	136875
1962	115356	187695	119	54550	27358	187330
1963	190828	255488	7348	63091	23048	250478
1964	191000	237000	300	48900	24100	238000
1965	204000	301000	400	107800	31000	301000
1966	227000	327000	3800	121500	47400	329000
1967	195000	347000	3400	124100	15600	347000

续表

年份	纯购进	纯销售	调出省外	省外调入	年末库存	社会零售量
1968	215000	339000	3500	134500	24800	339000
1969	269000	409000	5600	162300	31100	409000
1970	319000	392000	4000	94400	75900	392000
1971	328200	414300	5600	88900	61400	414000
1972	356000	453800	5000	96500	48300	454000
1973	395000	501000	5000	90000	34009	501000
1974	382000	437000	5000	79000	56000	437000
1975	346000	466000	5000	135000	59100	466000
1976	349243	480445	5092	128061	54753	480000
1977	425122	581173	8565	181446	63592	518000
1978	452299	652414	8115	214849	78417	651000
1979	498543	705505	8471	202753	66697	706000
1980	619806	790158	11419	159028	73584	792907
1981	644424	846601	13994	223280	126605	858868
1982	701727	881283	22425	173275	110105	896687
1983	743787	989281	18560	256055	140348	1009848
1984	802833	1107867	26977	270616	110679	1147312
1985	867770	1170328	27523	327131	121480	1216075
1986	916555	1256465	38408	381426	154783	1341288
1987	945302	1303158	116851	464690	163186	1435583
1988	933200	1276638	112964	478145	121758	1309702
1989	866300	1100100	69648	318967	144300	1113700
1990	865500	1019600	58189	290748	156900	1067800

资料来源:浙江省统计局统计资料。1989 年、1990 年调出省外、省外调入数为省烟草公司统计资料。

20 世纪 90 年代初,省产卷烟产销量逐年下降。1992 年,省产卷烟的产销量仅为 80 年代中期水平。1994—2001 年,全省烟草行业先后实施“名牌工程”“84 工程”“名牌翻番工程”“中档烟攻坚工程”“中档烟上规模工程”“大品牌工程”名牌拓展以及“123 提升工程”等,形成一批省产名优卷烟产品,成为浙江省卷烟市场的消费主体。这一期间,卷烟销量平稳增长,卷烟消费档次、结构得到不断提升。1995 年，销售总量为 121.85 万箱，比上年增长 13.25%。1997 年后，浙江民营经济快速发展，各地加大农村经济投入力度，卷烟消费市场出现新的活跃，中高档卷烟需求回升，全省烟草行业相继实施“中档烟攻坚工程”“中档烟上规模工程”“大品牌工程”，加速省产卷烟产品结构的战略性调整。2000 年，全省卷烟消费社会调查表明，省产卷烟省内市场基础稳固，省内销量不断扩大，卷烟消费人群以吸食杭、甬两烟厂卷烟为主，占总数的 94%。是年，省产卷烟省内批发销量比上年净增 8.5 万箱，比“八五”期末增加 27.64 万箱，其中高、中档卷烟消费各占总量的 33%，省产卷烟在全省高档烟市场中占比 90%以上。2001 年，卷烟销售网络建设以“访送分离”为突破口的城网建设取得阶段性成效，年卷烟销量达到 155 万箱，单箱税利列全国第二位。2002 年，省内入市产品继续调整结构，卷烟品牌的集中度提高，省产主骨干产品占市场销售总量的 73%。

依托浙江经济的快速发展，全省卷烟销售网络建设不断得到提升和优化，卷烟消费总体较好地保持数量与质量并重发展。2003—2008 年，卷烟销售总量年均增长 7.3%。随着档次结构的提高，卷烟单箱销售额由 2003 年的 1.48 万元升至 2010 年的 2.17 万元。

2003 年，全省有 7 个市级烟草公司实现电话订货，实行一库制配送的营销模式；39 个县级烟草公司实现电话订货，44 个县级烟草公司实现一库制配送，卷烟入网销售率 96.5%，电子结算率 23.6%；全省人均消费卷烟达 9.5 条，比全国平均水平 6.9 条高 38%；销售一二类卷烟比重达 44%，比全国平均水平高 25 个百分点；全国名优烟销量为 60.2 万箱，比重达 35%，比全国平均水平高 11 个百分点；卷烟单箱平均批发价为 1.48 万元，比全国平均水平高 72%；效益、结构、价格、销量指标均居全国前列。2004 年，全省电话订货率、入网销售率、烟草主渠道市场占有率均在 98%以上，电子结算率在 60%以上，全省人均年消费卷烟 10.42 条，比全国人均年消费 7 条高出 3.42 条。2005 年，省内市场全国化的趋势显现，个别省外卷烟品牌在浙江市场上销售综合利润高于省产卷烟，省内市场作为省产卷烟基地作用受到挑战。省烟草公司确立“稳内联外”的营销策略，与浙江中烟工业公司（以下简称浙江中烟公司）建立“共生营销”关系，与国内重点烟草大省加强战略合作，省内市场卷烟品牌名优化、梯次化的档次结构和规模优势基本形成。

2006 年，浙江省烟草行业适应行业改革新形势，谋划烟草工商业合作，保持稳内与联外相结合的格局，将“走出去”与“请进来”相结合，发挥整体市场优势与主体经营优势相结合，积极支持省内卷烟工业联合重组，加强与省外卷烟工业强省、大省的战略合作。是年，省产卷烟销量增长平稳，省外卷烟销量增长快速，重点品牌销量保持增长，品牌更趋集中。2007 年，全省卷烟市场呈现“购销协调增长、结构继续优化、品牌稳步扩张、效益快速提升”的特点。省烟草专卖局（公司）坚持“总量控制、稍紧平衡”方针，实施“共生营销、扶优扶强”举措，制定《浙江省关于加强 2007 年卷烟品牌培育工作的指导意见》，支持重点企业，培育重点品牌，巩固与重点卷烟工业企业的长期战略合作关系；进一步推进“按客户订单组织货源”工作，完善以客户预测为主体的“批零互动、三维预测”流程，开展卷烟零售客户库存管理。是年，全省批发销售卷烟同比增长 8.3%，卷烟单箱销售额为 2.18 万元，同比增长 12.8 %。“中华”“利群”“云烟”“红塔山”“玉溪”“芙蓉王”“白沙”“黄鹤楼”等 8 个重点骨干品牌平均增长幅度在 33.6% 以上。2008 年，国际金融危机出现，波及中国，虽然给浙江省烟草市场带来消极因素，但是浙江作为经济大省，各种经济活动仍然活跃，全省城镇化建设继续推进，卷烟消费仍有成长空间。省烟草专卖局(公司)采取措施，通过有计划地对零售客户进行分类分批培训，零售客户的经营能力和盈利水平稳步提升。省烟草市场呈现“购销协调增长，结构继续提升，效益稳步提高，需求合理满足”的特点。全年实现批发销售额 573.43 亿元，同比增长 11.4%；卷烟单箱批发销售额 2.35 万元。

2009 年，国家宏观经济调整，政府控烟力度加大，浙江卷烟市场的社会环境开始受到制约，一些外向型企业出口受阻，开工不足，外来务工人员出现群体性移位，外来人口大幅减少，导致居民消费信心下降，卷烟消费持续增量遇到新的瓶颈。加上全省卷烟人均销量已达到 12.7 条，销量的大幅度增长较难。根据国家烟草专卖局提出“保牌、稳价、规范、增效”的要求，省烟草专卖局(公司)确立“总量控制，稍紧平衡”的市场调控方针和“强监管、保秩序，强基础、保销量，强协同、保品牌，强自律、保规范”的工作举措，把销量作为“保增长”的基础，制定《省局(公司)对工业企业的工作承诺》，与工商共同制订和落实品牌规划，以保证全国重点骨干品牌在浙江市场得到快速发展。积极发挥省烟草公司平衡协调作用，做好定向整合和货源补充工作，努力满足市场需求。是年，全省批发销售卷烟同比增长 1.7%，卷烟单箱销售额为 2.5 万元，同比增长 6.38%，全国重点骨干品牌销售比重为 60.5%，利税和利润额均居全国烟草商业第一位。2010 年，全省批发销售卷烟增长 1.6%，卷烟单箱批发销售额为 2.71 万元，同比增长 8.2%，在全国烟草商业列第一位；实现利税居全国烟草商业第二位；利润总额居全国烟草商业第一位。

表 48-4-1-2　　1991—2010 年浙江省卷烟消费水平变化情况一览表

年份	人口数(万人)	人均年消费量(条)	单箱批发销售额(元)	年份	人口数(万人)	人均年消费量(条)	单箱批发销售额(元)
1991	4261.37	6.06	2499	2001	4519.84	8.57	12289
1992	4285.91	5.90	2846	2002	4535.98	8.84	13559
1993	4313.30	6.78	3994	2003	4551.58	9.48	14769
1994	4341.20	6.19	4482	2004	4577.22	10.42	16196
1995	4369.63	6.97	5336	2005	4602.11	10.85	17561
1996	4400.09	7.13	8292	2006	4629.43	11.79	19288
1997	4422.28	7.65	9406	2007	4659.34	12.69	21762
1998	4446.86	7.59	10205	2008	5212.00	11.70	23505
1999	4467.46	7.90	11270	2009	5276.00	11.76	24998
2000	4501.22	8.00	11717	2010	5447.00	11.58	27052

资料来源：卷烟数据取自浙江省烟草系统统计年报，人口数取自浙江省统计局年报。

表 48-4-1-3　　1991—2010 年浙江烟草商业系统卷烟销售情况一览表

年份	卷烟总销量（万箱）	批发销售额（亿元）	年份	卷烟总销量（万箱）	批发销售额（亿元）	年份	卷烟总销量（万箱）	批发销售额（亿元）
1991	103.25	25.80	1998	134.96	137.73	2005	199.73	350.74
1992	101.11	28.78	1999	141.23	159.17	2006	218.37	421.20
1993	117.04	46.74	2000	149.49	175.16	2007	236.53	514.73
1994	107.59	48.22	2001	155.01	190.49	2008	243.96	573.43
1995	121.85	65.02	2002	160.40	217.49	2009	248.14	620.29
1996	125.56	104.11	2003	172.61	254.93	2010	252.21	682.28
1997	135.40	127.36	2004	190.70	308.85			

资料来源：浙江省烟草系统统计年报。

第二节　货　源

浙江省的卷烟货源，晚清至民国初期，主要是美、英两国的卷烟。其后，从上海采购的国产南洋、华成、福新等烟厂的产品进入浙江，与颐中烟草公司和永泰和烟草公司经销的英美烟公司在华制造的卷烟进行竞争。同时，省产卷烟也逐渐兴起，成为货源之一。抗日战争期间，交通堵塞，物资紧张，省产卷烟曾一度成为主要的货源。1949 年以后，浙江的卷烟货源主要是省外卷烟和省产卷烟，外烟货源微乎其微。20 世纪 90 年代以后，省产卷烟的供货能力大为提高，除确保全省卷烟消费外，面向全国供货。同时，省外货源也十分充裕，卷烟流通十分活跃。

一、省产卷烟

（一）渠道与管理

清末民初，桐乡、杭州开始有地产卷烟。民国 14 年（1925 年）起，宁波、温州、杭州等地卷烟工业相继发展。民国 16 年 7 月，浙江实行卷烟公卖，省产卷烟货源由公卖局统一分配安排。民国 17 年后，黄岩、新昌、宁海等地陆续有一些小烟厂生产半机制和手工卷烟，但未能形成规模。抗日战争期间，交通阻塞，省外卷烟输入日益减少，全省卷烟市场货源奇缺。省内复业和新开小烟厂生产的机制半机制卷烟、手工卷户自制自销手工卷烟，成为各地市场卷烟的主要来源。抗日战争胜利初期，省产卷烟是全省各地市场的主要货源。此后，随着省外卷烟大量输入，省产卷烟受到严重冲击。加上通货膨胀，经济形势的日益恶化，各地手工烟大量被淘汰，制烟厂商大多倒闭停业。民国38年初，全省仅剩10余家机制烟厂，生产少量卷烟在当地销售。

中华人民共和国成立初期，卷烟货源多为私商所掌握，不法烟商控制货源操纵市场，作为投机的筹码。国营公司成立后，积极发挥国营经济的领导作用，参与地产烟经营，采用经销、收购、代销等方式，逐步掌握货源分配权。杭州国营贸易公司、宁波国营贸易公司和杭州市供销合作社分别于1949年10月、1950年1月开始向各公私营烟厂收购或代销卷烟。1953年1月，专卖事业公司接收百货公司的卷烟经营业务后，对卷烟市场实行统一管理，积极组织省产卷烟货源，扩大省产卷烟的收购、加工、代销。1954年3月，浙江省人民政府（以下简称省政府）财政经济委员会召开全省卷烟产销平衡会议，进一步贯彻卷烟由国家收购包销的方针。到年底止，99％以上的省产卷烟货源为专卖事业公司所掌握，其中地方国营烟厂占24.88％，公私合营烟厂占4.12％，私营烟厂占70％。省产卷烟全部实现统购包销后，公私营卷烟产销都纳入国家计划轨道，零售商货源均依靠专卖机构安排，扩大了省产烟销售。1959年，省产卷烟货源已占总货源的42.7％。

1960年起，受自然灾害影响，烤烟调入困难，省内烟减产，省外烟货源紧张，为弥补卷烟货源严重不足，省政府决定积极组织利用省内晒黄烟资源。1962年，全省全面开展烟叶换购，烟厂接受来料加工，一定程度缓解了卷烟生产原料不足的困难，但也形成多头经营的状况。国营商业不能控制所有货源，打乱了卷烟统一收购分配的计划。是年，通过国家计划收购安排的，只占省内烟货源总产量的50％。1963年第二季度开始，省内生产的卷烟恢复由国营商业统一收购和分配，工厂不向其他任何部门或个人直接供售卷烟。

“文化大革命”期间，在广大职工的努力下，省产卷烟的产销仍然增长。1971年，为平衡全省省产卷烟货源，曾一度打破南北片的界限，宁波卷烟厂的卷烟调向嘉兴、金华地区，杭州卷烟厂的卷烟向台州、温州地区调销。

1980年，根据商业部有关规定，取消卷烟收购包销，改为按国家下达的计划数量收购，超产部分工业自销或商业协商收购。省工商部门为搞好卷烟市场供应，相互支持、密切配合，烟厂除留少部分品种供展销外，基本不搞自销。超产部分全部交由糖业烟酒公司二级站收购，保证了省产烟货源的统一安排。1982年6月，国务院发出《关于控制卷烟生产的通知》，规定卷烟市场由中国烟草总公司统一安排，统一经营调拨，工商双方根据以销定产的原则衔接产销和调拨计划，并按国家计划收购卷烟，工厂不得自销，非指定的专营收购部门，不准从烟厂进货。省糖业烟酒公司认真搞好等级品种的产销衔接，保证省产卷烟的稳定发展。

1984年省烟草专卖局（公司）成立后，卷烟实行专卖管理。1985年8月后，卷烟产品按照国家计划由省烟草公司杭州、宁波调拨站统一收购调拨，实行经济合同制，生产企业不得自销。1988年后，省内卷烟货源等级结构的矛盾突出。1989年6月，省烟草公司制定《卷烟购销工作规范（试行）》，规定货源组织必须立足省内烟为主、省外调入为辅的原则，实行计划分配与自由选购相结合，以巩固省产卷烟市场。1992年，根据省烟草专卖局（公司）《关于全省烟草行业深化改革的意见》，省内各市、县级烟草公司均可在国家计划指导下，按市场需求，对杭州、宁波、嘉兴3家卷烟厂的产品实行选购；三级公司经营面向全省烟草系统内县级烟草公司之间省产各档卷烟可以自行协商调剂，报各自主管市级烟草公司备案，凭准运证通行。1996年6月，根据省烟草专卖局（公司）制定的《浙江省卷烟流通管理若干规定》，省产卷烟在省内的订货实行行业内部合同制度；各卷烟厂（调拨站）与专销单位协调安排好市场，将卷烟厂和烟草公司实行定点专销牌号的省产卷烟，列入该专销公司的省产卷烟调拨计划。

2004年，全省卷烟货源计划调控采取“控制总量，市场导向，稍紧平稳，适度调整”的原则，省内外卷烟合同的签订率和合同的执行率都达到95%以上。是年11月，为进一步适应全省烟草行业流通体制改革的形势，充分发挥市级烟草公司的市场主体作用，省烟草专卖局（公司）决定以市级烟草公司名义与省内工业企业签订2005年上半年省产卷烟网上交易合同，从2005年起不再由县级烟草公司签订省产卷烟合同。2007年，省产卷烟货源购进全部采用网上交易，即市级烟草公司与省内工业企业通过“中烟电子商务网”进行卷烟交易并签订合同。这种做法沿用至2010年。

（二）数量

浙江省产卷烟供货数量自民国16年（1927年）始有据可查。是年，鄞县年产卷烟2500余箱，产品直接由厂商在当地市场和舟山、绍兴、台州等地区自销。民国27年11月至次年2月，浙江省战时卷烟管理处统计，全省共销卷烟2.4万余箱，省产卷烟只有韩岭烟厂的“大光荣”“大刀”“短三笑”“长三笑”、立兴烟公司的“船山”“龙山”“天山”“银山”“电力”等9个牌号卷烟共900箱。民国35年，宁波市区烟厂的年产量近2万箱。杭州武林烟厂年可供量最多时达6000余箱。民国36年，省产卷烟达4万箱。

民国38年（1949年）5月后，各地烟厂陆续恢复生产。是年，省产卷烟的产供量为2.95万箱，其中机制烟2.8万箱、手工烟1497箱。

表48-4-2-1　1950—1994年浙江省国营商业、烟草系统省产卷烟收购数量一览表

单位：万箱

年份	总数量	等级				产地		
		甲级	乙级	丙级	丁戊级	杭州	宁波	桐乡
1950	0.16							
1951	0.48							
1952	1.03							
1953	2.51							
1954	6.92							
1955	6.79							
1956	7.44			1.86	5.58			
1957	9.08							

续表1

年份	总数量	等级				产地		
		甲级	乙级	丙级	丁戊级	杭州	宁波	桐乡
1958	10.13							
1959	12.61		0.49	7.41	4.71			
1960	9.89	0.01	0.58	4.59	4.71			
1961	7.69		0.47	4.69	2.53			
1962	6.05		0.13	3.82	2.10	3.17	2.88	
1963	17.05		0.12	13.91	3.02	8.76	8.29	
1964	19.12		1.11	14.29	3.72	9.76	9.36	
1965	20.37		1.45	11.48	7.44	10.31	10.06	
1966	22.67		2.53	9.42	10.72	11.61	11.06	
1967	19.47		2.06	9.99	7.42	9.36	10.11	
1968	21.53		2.76	10.34	8.43	12.01	9.52	
1969	26.85		4.27	13.95	8.63	17.27	9.58	
1970	31.90		4.61	16.98	10.31	17.97	13.93	
1971	32.82	0.01	4.69	19.35	8.77	18.25	14.57	
1972	35.60	0.01	4.49	22.16	8.94	18.85	16.75	
1973	39.51	0.02	7.64	24.49	7.36	21.04	18.47	
1974	38.25	0.03	10.73	18.35	9.14	19.77	18.48	
1975	34.58	0.06	12.23	12.97	9.32	16.24	18.34	
1976	34.92	0.06	12.53	14.20	8.13	17.81	17.11	
1977	42.51	0.09	13.33	17.67	11.42	22.47	20.04	
1978	45.23	0.85	15.32	19.38	9.68	23.53	21.70	
1979	49.85	0.47	18.34	22.37	8.67	26.12	23.73	
1980	59.83	0.61	18.40	31.18	9.64	31.45	28.38	
1981	61.19	2.32	19.35	29.54	9.98	30.95	30.24	
1982	67.04	1.52	30.20	29.49	5.83	34.53	32.51	
1983	71.43	2.34	35.62	29.09	4.38	37.41	34.02	

续表 2

年份	总数量	等级				产地		
		甲级	乙级	丙级	丁戊级	杭州	宁波	桐乡
1984	78.37	3.71	39.84	29.87	4.95	41.53	36.84	
1985	84.49	6.10	49.83	19.26	9.30	45.02	39.47	
1986	89.62	11.32	60.79	14.51	3.00	44.10	41.52	4.00
1987	91.33	15.74	63.34	11.58	0.67	45.22	41.51	4.60
1988	90.19	26.59	51.94	11.16	0.50	43.21	42.36	4.62
1989	82.19	28.89	45.68	7.35	0.27	43.68	34.84	3.67
1990	79.13	28.72	45.91	4.50	—	43.30	31.74	4.09
1991	75.92	25.57	48.89	1.27	0.19			
1992	84.85	28.95	54.46	0.28	1.16			
1993	76.05	31.59	40.32	1.22	2.92			
1994	76.04	34.48	39.11	1.38	1.07			

资料来源：国营商业系统和省烟草公司统计报表。

表 48-4-2-2　　1995—2010 年浙江省烟草系统省产卷烟购进数量一览表

单位：万箱

年份	总数量	类别				
		一类烟	二类烟	三类烟	四类烟	五类烟
1995	85.78	2.61	29.16	45.31	8.70	
1996	88.94	11.55	13.38	35.33	23.74	4.94
1997	84.38	12.17	12.92	30.09	28.90	0.30
1998	92.24	16.77	17.17	43.09	15.21	
1999	97.83	19.37	40.33	33.93	4.18	0.02
2000	99.46	24.57	46.85	22.07	5.92	0.05
2001	100.70	30.60	47.30	17.32	5.48	
2002	131.91	24.87	33.25	36.04	28.64	9.11
2003	97.21	25.94	36.68	28.77	5.41	0.41
2004	113.86	14.11	11.01	19.27	52.38	17.09

续表

年份	总数量	类别				
		一类烟	二类烟	三类烟	四类烟	五类烟
2005	120.27	16.03	11.69	17.36	52.74	22.45
2006	121.68	19.24	13.10	19.53	49.87	19.94
2007	123.69	24.27	15.77	21.04	46.38	16.23
2008	111.56	27.73	17.39	19.71	32.91	13.82
2009	108.96	32.16	18.87	14.98	33.03	9.92
2010	112.88	37.80	19.64	13.64	31.80	10.00

资料来源：省烟草公司统计报表。

二、省外卷烟

（一）渠道与管理

民国时期的卷烟货源，主要靠省外输入，大多来自上海。制烟厂商在浙江各地设有分销机构，或委托代理商销售。

民国初，英美烟公司在浙江主要城镇设有货仓和经理商销售卷烟。民国 16 年（1927 年）6 月，浙江筹备卷烟公卖，省外烟在浙江境内行销，须由公卖局收买公卖，不得与商贩直接营业。民国 23 年后，浙江省原有英美烟公司的销售网络转归颐中烟草公司管辖。抗日战争全面爆发前，浙江卷烟市场华洋烟商竞争激烈，部分小厂被淘汰。由颐中烟草公司和永泰和烟草公司经销的英美烟公司在华制造的卷烟，以及南洋、华成、福新等烟厂的产品成为浙江的主要卷烟货源。

民国 26 年（1937 年）底，上海和浙江杭嘉湖地区相继沦陷，上海制烟厂商和设在浙江的分销机构及代理商纷纷倒闭或撤离。省外卷烟正常输入渠道受阻，卷烟市场货源奇缺。杭嘉湖等地单帮烟贩（个人往来各地贩卖卷烟）随之兴起，用各种办法从沪零星贩烟进入各地，并逐渐形成单帮集市交易。民国 27 年，浙江省政府先后实行战时卷烟公卖和战时卷烟管理。规定省外烟厂和运销商欲在浙江省境内行销卷烟，事先须向管理机关申请登记，将每月运销浙江卷烟数量报省政府核定，发给进口许可证始得进口。民国 29 年 10 月，根据财政部禁止进口物品办法，浙江省国统区停止销售外烟和沪产大部分卷烟，省外烟货源大部中断。义乌、金华、兰溪、衢县、江山等地单帮烟贩通过肩挑或木筏船运，从杭州等地贩入。部分被查没的卷烟则通过富华贸易公司浙江分公司各地储运处销售。沦陷区，日商控制各地的卷烟购销管理权，在杭州设立华中烟草株式会社杭州分社，用统购、统配、统卖的办法控制卷烟货源。民国 31 年，日军把卷烟列为统制商品，并在湖州、嘉兴、杭州、绍兴等地建立所谓烟草组合机构，由各地日商负责，实行派货配给制，把持卷烟市场。在日军占领期间，日伪浙江省经济局宁波分局直接参与宁波卷烟派货配销。民国 32 年 9 月，日伪设立浙东地区物资统制委员会，控制卷烟等的物资移动，上海调入宁波的卷烟，须有上海许可机关证明，调入后向统制委员会报告，由经济局进行统配，并禁止向区（浙东日军占领区）外移动。

抗日战争胜利后，省外调入渠道恢复，上海华洋厂商恢复驻杭、甬等城市的分销机构。除颐中烟草公司再次向浙江倾销外，各烟厂的产品亦重新成为浙江的重要货源。到民国 38 年（1949 年）初，因经济形势的不断恶化，通货膨胀，货币贬值，部分中小烟厂停业倒闭。浙江的卷烟货源主要是颐中烟草公司的产品。

中华人民共和国成立初期，浙江卷烟市场的省外烟，仍为上海各厂商和私营代理商所掌握。1950 年第二季度起，浙江省百货公司开始直接从上海各厂商调进卷烟；12 月，又成为国营上海中华烟公司浙江总代销。1952 年，浙江省百货公司接管颐中烟草运销公司和永泰和烟草公司在浙机构、仓库及经销权。此后，从上海调入浙江的卷烟通过百货公司系统调拨。

1953 年 4 月起，省外调入卷烟由省专卖事业公司所属采购供应批发站，实行统一调拨、统一经营。8 月，各地扩大卷烟收购包销后，货源完全控制在各省市专卖事业公司手里，统一纳入国家计划渠道，割断私商与省外供货的渠道。上海厂商尚留在浙江的分销机构也陆续撤销，省外卷烟由上海私商控制和自由竞销的局面由此改变。1954 年 7 月，省内各采购供应站撤销，省外卷烟的调入业务分别由各地专卖支公司（专卖处）办理。

1959 年下半年开始，卷烟货源严重不足，市场供应出现困难。为缓和供需矛盾，省商业厅积极争取增加省外卷烟调入，产地从上海扩大到北京、山东、江苏、安徽、福建、江西、河南、河北、云南、贵州、青海、新疆等 13 个省市自治区。1964 年 3 月，根据中央人民政府指示，规定卷烟属一类计划商品，由中国糖业烟酒公司统一分配平衡。省与省之间的货源调拨，通过省糖业烟酒公司下达分调计划，由调出调入双方二级站直接签订合同，根据合同协议执行，不准计划外供货。在完成中国糖业烟酒公司平衡分配计划后，尚有多余货源，也必须在中国糖业烟酒公司召开的产销平衡会议上签订协议，并注明“计划外成交调剂”，报中国糖业烟酒公司备案和鉴证后调拨。9 月，中国糖业烟酒公司又实行卷烟等级管理差额调拨：甲级烟和上海、天津两地生产的各种卷烟，由中国糖业烟酒公司统一安排；其他产区的乙级烟，由产区省糖业烟酒公司上报中国糖业烟酒公司分配调拨；丙丁级烟，由各地省糖业烟酒公司按生产比例调拨。

“文化大革命”期间，全国卷烟生产供应不正常，运输困难，固定的调入计划渠道打乱，调出单位点多分散。省副食品公司主管卷烟经营业务后，对重点调出的单位如上海、山东、河南等产地都派常驻代表催办调运业务，并组织力量抽调人员到全国各地采购计划外货源。但计划外调入的部分省外卷烟不适销对路以致滞销积压。1975 年起，逐步缩小调入产区，除品种调剂外，改从传统渠道上海、山东、安徽、云南、河南等省市调入为主。

1979 年 9 月和 1980 年 3 月，省糖业烟酒公司先后召开会议和下发通知，规定计划分配商品必须根据计划进货，不得直接向省外采购，余缺也只能在系统内的商品供货会上调剂。由于浙江历来是销大于产的省份，特别是高档卷烟更需省外调入，市场上卷烟等级品种的供需矛盾比较突出，国家允许工厂超产自销，非计划渠道调入的卷烟不断增多，又出现多渠道经营、乱渠道进货的状况，而且形势不断扩大蔓延。1982 年 3 月，省糖业烟酒公司在全国市场卷烟产大于销的情况下，根据国务院及有关部委的通知精神，再次发出坚决制止计划外调入卷烟的通知，要求各地不要再搞计划外采购，并组织二级站、分公司人员与省外调出单位协商止调。1983 年 3 月，省糖业烟酒公司针对计划外多渠道进货冲击国家计划、冲击市场等情况，召开全省经理会议，贯彻中国烟草总公司会议精神，强调在多渠道流通体制下，卷烟不允许自由采购，坚持按照国家计划进行调拨。1985 年后，全省的卷烟调拨业务由省烟草公司统一经营管理。在货源安排上，除加强计划外的货源采购管理外，还整顿了进货点，仍以上海、山东、安徽、河南、云南为主，逐步缩小其他省区。

1987 年 6 月，省烟草专卖局制定《搞活卷烟流通暂行规定》，对于省外烟货源组织，允许在省内计划平衡、执行购销合同前提下，市级烟草公司可以向全国进货、供货；县级烟草公司可以向全省进货、供货，由此扩大了进货渠道，计划外调入的省外烟源大量增加。其间，不少省外厂站合一的二级批发企业也通过各种渠道、各种方式向浙江各地竞销。无证烟商也从非烟草渠道转手倒卖长途运销。1989 年 4 月，省烟草专卖局(公司)颁布《加强专卖管理搞活卷烟流通若干问题的暂行规定》，重申除烟草公司卷烟调拨站和市级烟草公司可向全国范围进货外，其他任何单位和个人一律不准向省外采购卷烟；并必须限定在省烟草公司控制的数量指标，凭“准购证”出省采购；不得非法套购、搞乱渠道进货、搞迂回交易充当中间商，不准倒卖提货单。1990 年，浙江卷烟市场活跃，省外卷烟货源遍及全国 28 个省市自治区。

1991 年，为销好省产卷烟，省烟草专卖局(公司)实行省外卷烟分配同完成省产卷烟调拨计划挂钩考核的办法。1993 年 9 月，省烟草专卖局印发《加强行业管理、搞好卷烟流通的通知》，规定各市级烟草公司在经营上担负当地的省外卷烟的货源组织工作，根据省烟草公司下达的省外卷烟调入指标向全国二级以上卷烟批发公司调入省外卷烟。对于出省进货，按照二级面向全国的原则，市级烟草公司在确保省产卷烟销售计划和不超出省外卷烟当年进货计划的前提下，可向省外二级以上卷烟批发企业进货。未领有国家烟草专卖局核发的跨省经营烟草制品批发业务许可证的县级烟草公司不准跨省进货。

1995 年 5 月 10 日，省烟草专卖局(公司)分类调控省外调入卷烟，明确可全面进货的卷烟厂为玉溪、昆明、曲靖、楚雄、红河、大理、昭通、上海、北京、济南、广一、广二、贵阳、毕节、长沙、郑州、新郑等 17 家；对调入的省外卷烟实行定厂、定牌、定量和定地区；除上述两类外的其他烟厂的产品，原则上规定进货批发价(含税)在 40 元/条以下的不准调入；对省产卷烟、省外卷烟在品种、价格、数量上实行对等调控；经省烟草专卖局批准试办的各类卷烟市场从省外调剂的卷烟货源，一律纳入该市场的主办烟草公司的省外卷烟调入控制指标。

1996 年 6 月，省烟草专卖局(公司)印发《浙江省卷烟流通管理若干规定》，明确未经省烟草专卖局(公司)批准，各市、县级烟草公司一律不得与省外卷烟厂联手开发、联产专销卷烟或者变相地总经销、总代理省外卷烟牌号，已经开发经销的，只限于当地市级烟草公司所属区域内销售；不得以任何形式调入与省产名优烟商标相仿的省外卷烟品牌；除使用调剂指标外，全国卷烟订货会以外调入省外卷烟(包括商商调剂、厂商补货等)，都列入省外卷烟计划指标，由市级烟草公司到省烟草专卖局(公司)处办理调入手续。

1999 年 1 月，省烟草专卖局(公司)印发《加强省外烟购销管理的规定》，明确省外卷烟购销必须做到购得进、销得出、有效益。省外卷烟购销总量由省烟草专卖局(公司)根据全省卷烟需求总量、主渠道卷烟批发销量、省产卷烟省内投放量等因素确定，按年度分阶段逐级下达；以集中交易、工商补货、商商调剂等方式购入的省外卷烟均须入账，纳入省外卷烟调入指标；实行省外卷烟购入的申报制度，除集中交易外，各市、县级烟草公司平时出省采购，必须由市烟草公司统一向省烟草专卖局(公司)申报，说明品牌、数量和购货地点，征得同意后方可出省；实行省外卷烟购销合同备案制度，集中交易、工商补货、商商调剂均须在合同签订后及时将合同复印件上交省烟草专卖局(公司)备案；主要货源基地的卷烟由省烟草专卖局(公司)统一洽谈货源计划，市、县级烟草公司签订购销合同；除集中交易外，平时出省商商交易由市级烟草公司统一进行，除特殊情况外，县级烟草公司不再出省进行商商调剂。

2005 年开始，全省烟草商业系统的省外卷烟统一由各市级烟草公司从省外卷烟工业企业调入，县级烟草公司不再签订卷烟调入合同，同时省外卷烟全部在中国烟草交易中心进行网上交易、签订调入合同。2007 年 1 月 1 日起，省烟草公司决定全部停止省卷烟销售公司经营，并按有关规定办理省卷烟销售公司工商、税务登记、许可证注销手续。省卷烟销售公司的卷烟经营业务，除沪产卷烟外的省外卷烟经营至 2007 年 11 月底，12 月 1 日起由各市级烟草公司经营；沪产卷烟经营至 2007 年 12 月底。从 2007 年开始，省外卷烟货源购进全部采用网上交易，即市级烟草公司与省外卷烟工业企业通过“中烟电子商务网”进行卷烟交易并签订合同。这种做法沿用至 2010 年。

(二)数量

外省卷烟供货数量自民国 20 年(1931 年)始有据可查。是年 7 月至次年 6 月，上海调入浙江省的卷烟共有 17.26 万箱。民国 22 年 1—11 月，通过铁路运抵浙江省境各站的省外卷烟共 14.89 万箱。民国 24 年 1 月，从上海输入浙江的卷烟有 1.42 万箱。

抗日战争全面爆发后，国民政府管辖区月输入省外烟数量约 6900 余箱。据浙江省战时卷烟管理处民国 27 年(1938 年)11 月至 28 年 2 月的统计，由宁波、海门、温州三地进入浙江省行销的上海产卷烟共 2.47 万箱。其中颐中烟草公司 1.34 万箱、南洋烟草公司 3862 箱、华成烟草公司 2133 箱、福新烟公司 1860 箱、华菲烟公司 1369 箱、和兴烟公司 380 箱。从宁波进入 1.54 万箱，从海门进入 1707 箱，从温州进入 7539 箱。

浙江省主要大中城市相继沦陷后，国统区省外烟输入除单帮烟贩零星运进外，正常输入基本断绝。沦陷区，日伪政府对卷烟实行统制，数量无考。

民国 35 年(1946 年)7—10 月，经海关输入卷烟价值 73.89 亿元，按是年 10 月杭州市卷烟平均价格每箱 92 万元计算，折卷烟 8031.58 箱。

1949 年 11—12 月，国营贸易公司和供销社从上海购进卷烟 199.2 箱。1950 年，百货公司调入沪产烟 1.19 万箱，1952 年扩大到 9.39 万箱，约占是年调入省外烟的三分之二。1953—1959年，从省外调入卷烟共 129 万箱，年平均调入 18 万箱，约占全省年总需求货源的 75%～80%。1960 年开始，全国卷烟货源严重短缺，省外烟调入数量大幅度减少。1962—

1964年，每年都只有4万多箱。1965年后才逐年增加，至1977年恢复到20世纪50年代后期调入的数量。1978年以后，省内卷烟迅速发展，改变了长期以来依靠省外烟货源调入供应的局面，省外烟货源比例从50年代初期占总销量的80%，下降到25%左右。1985年后，省烟草公司采取控制总量、讲究效益、掌握调入比例的原则，在总需求量的20%左右范围内安排省外烟货源。2004年后，根据全国烟草行业改革发展的总体部署，适应建立大市场、大企业、大品牌的要求，支持浙江中烟公司卷烟产品从以省内市场为主向以全国市场为主转变，为卷烟工业企业做大做强营造公平竞争的环境，加大了省外烟调入的数量。2010年，省外烟调入量达到138万箱以上。

表48-4-2-3　1950—1994年浙江省国营商业、烟草系统省外卷烟调入数量一览表

单位：万箱

年份	总数量	等级				年份	总数量	等级			
		甲级	乙级	丙级	丁戊级			甲级	乙级	丙级	丁戊级
1950	1.19	—	—	—	—	1969	16.23	0.18	5.83	7.52	2.70
1951	2.32	—	—	—	—	1970	9.44	0.19	4.23	3.22	1.80
1952	9.39	—	—	—	—	1971	8.89	0.10	2.73	2.57	3.49
1953	16.13	—	—	—	—	1972	9.65	0.11	4.43	2.14	2.97
1954	18.85	—	—	—	—	1973	8.96	0.11	4.96	2.55	1.34
1955	17.90	—	—	—	—	1974	7.93	0.15	4.94	1.91	0.93
1956	18.66	0.06	3.57	5.00	10.03	1975	13.52	0.28	6.50	3.97	2.77
1957	21.04	—	—	—	—	1976	12.81	0.26	6.42	3.26	2.87
1958	17.48	—	—	—	—	1977	18.14	0.52	8.11	7.13	2.38
1959	19.08	0.11	2.90	6.87	9.20	1978	21.48	0.52	11.76	7.32	1.88
1960	10.67	0.03	0.66	3.74	6.24	1979	20.28	0.41	10.04	8.39	1.44
1961	7.26	0.01	0.35	4.86	2.04	1980	15.91	0.45	7.75	6.40	1.31
1962	4.62	0.07	0.32	3.22	1.01	1981	21.89	1.18	12.13	5.99	2.59
1963	4.31	0.03	0.29	2.77	1.22	1982	18.84	0.76	11.60	5.18	1.30
1964	4.87	0.07	1.10	1.30	2.40	1983	26.63	1.44	17.14	7.46	0.59
1965	10.76	0.07	1.62	4.06	5.01	1984	27.02	2.54	20.56	3.77	0.15
1966	12.15	0.02	2.95	5.80	3.38	1985	32.35	2.09	27.42	2.74	0.10
1967	12.40	0.25	5.46	5.27	1.42	1986	37.81	3.11	32.15	2.39	0.16
1968	13.45	0.18	4.95	6.07	2.25	1987	45.87	6.20	37.27	2.28	0.12

续表

年份	总数量	等级				年份	总数量	等级			
		甲级	乙级	丙级	丁戊级			甲级	乙级	丙级	丁戊级
1988	46.28	11.53	33.16	1.37	0.22	1992	18.53	11.95	6.27	0.31	—
1989	31.47	10.03	20.59	0.77	0.08	1993	27.14	18.57	8.03	0.54	—
1990	28.94	13.40	14.79	0.45	0.30	1994	34.06	23.94	9.55	0.57	—
1991	18.83	10.91	7.40	0.47	0.05						

资料来源：国营商业系统和省烟草公司统计报表。

说明：省外调入卷烟数量不包括进口烟。

表 48-4-2-4　　1995—2010 年浙江省商业烟草系统省外卷烟调入数量一览表

单位：万箱

年份	总数量	类别				
		一类烟	二类烟	三类烟	四类烟	五类烟
1995	43.27	16.55	22.63	3.69	0.40	0.00
1996	60.34	28.63	11.06	17.14	3.43	0.09
1997	66.73	33.71	11.95	18.06	3.00	0.01
1998	65.40	33.08	13.00	16.73	2.59	7.00
1999	59.55	22.13	13.45	17.82	6.05	0.10
2000	65.98	16.67	14.76	24.68	9.64	0.22
2001	70.52	13.91	18.04	27.10	11.16	0.31
2002	71.72	13.33	17.42	26.04	14.29	0.64
2003	79.96	5.80	9.94	27.17	32.19	4.86
2004	74.79	4.67	0.35	19.40	22.09	28.29
2005	79.72	7.18	0.61	25.63	23.66	22.65
2006	94.63	11.17	0.87	32.66	30.71	19.23
2007	113.93	18.28	1.19	39.71	37.05	17.70
2008	135.00	21.88	1.54	50.33	44.04	17.22
2009	136.00	22.62	2.26	58.96	38.35	13.81
2010	138.25	24.91	2.77	64.05	34.98	11.55

资料来源：省烟草公司统计年报。

三、进口卷烟

(一)渠道与管理

19世纪90年代,浙江就有上海老晋隆洋行从美国输入的“品海”“强盗”等牌卷烟销售。清光绪二十四年(1898年),英国惠尔斯公司与英商洋行上海公发英行签订的经销英国产品合约,规定浙江温州港口以北范围,为公发英行独家运销“大英”牌卷烟地区。其时,进口卷烟主要来自美国、英国、中国香港地区等地。清光绪三十一年,市场行销的主要卷烟牌号有:“孔雀人顶球”“强盗”“寿星”“品海”(丁字牌)、“锯子”“锡包”“人车”“红帽”“希罗”“鸡”“美人”“红海”“蓝海”“胱”“金扇”“带翅膀”“飞人”“金皮球”“金鹰”“树”“跑马”等20余个。

民国前期,浙江各海关输入的进口卷烟逐年增多,但大多为英美烟公司在上海制造的产品。进口卷烟主要从杭州、宁波、温州海关进入,早期以宁波入口为主,后来转为杭州居多。因受“五卅”运动影响,国人逐渐改吸国产烟。民国18年(1929年)后,进口卷烟数量大为减少。民国30年后,除军用品外,浙江市场基本无进口卷烟。仅沦陷区有日商制造的“旭光”“金枪”“红玫瑰”等牌号卷烟。抗日战争胜利后,直接从国外进口的卷烟已很少。

中华人民共和国成立后,国家停止进口英美等国卷烟。1962年,根据中阿、中朝两国贸易协议,曾成批进口阿尔巴尼亚、朝鲜卷烟,由中央人民政府指定地区调拨。浙江国营渠道没有直接调进阿、朝产的卷烟,但非国营专业公司系统以及零售单位,曾向外省转口购入部分卷烟在省内市场销售。主要品种有甲级“钻石”“富丽”,乙级“波德林托”“沙木松”“体育”,丙级“贝拉托”“利维埃拉”“卢托发”“达依特”“夫那他”等。

20世纪80年代,为适应对外交往需要,浙江外贸、旅游部门,涉外宾馆、饭店、友谊商店、海洋公司等先后经营寄售的国外卷烟,收取外汇券。货源由中国土畜产进出口公司根据国家外贸管理有关规定,列入进口计划,统一组织安排,地方不直接进口。1985年1月1日起,原由中国土畜产进出口公司经营的卷烟进出口业务,移交给中国烟草进出口公司。是年,中国烟草总公司分配浙江指标4000件,由省烟草公司全部向上海口岸公司要货,统一联系签订合同和货款结算,调运到杭州、宁波两地后,由杭州、宁波糖业烟酒分公司(6月份起为省烟草公司杭州、宁波调拨站)按省分配计划数量、品种分调各地,省烟草公司直接与销售单位办理货款结算托收。到9月止,实际调入进口烟4060件(不包括样品烟)。品种有“555”“总督”“好彩”“健”“希尔顿”“时运”“登喜路”“红双喜”“伦敦”“乐富门”“良友”“云丝顿”等16个牌号。

1986年4月,省烟草专卖局(公司)把国外进口卷烟经营纳入烟草专卖管理。为理顺进(供)货渠道,明确规定寄售的进口卷烟货源,统一由省烟草公司向国内各烟草进出口公司和有关单位签订进货合同调入。各市级烟草公司及对外供应公司、华侨友谊商店、涉外宾馆、饭店等单位,都无权向省外购进上述卷烟。以上单位所需进口卷烟,统一与省烟草公司签订“供销合同”,按要货计划分配安排。1989年起,以人民币为结算单位的进口卷烟,因外汇管理变化,国家停止了进口。寄售的进口烟,因外烟走私猖獗,正常的货源渠道受到严重冲击,浙江从口岸公司直接调进的寄售烟也随之大幅度减少。

1995年5月,国家外汇体制改革,调整进口卷烟税制、税率,根据国家烟草专卖局有关规定,所有进口卷烟在国内均以人民币计价和销售;对外付汇由中国烟草进出口公司和其所属各口岸公司及受委托单位负责,在当地调剂解决;进口卷烟的境内批发供应一律由省级卷烟销售公司经营。

1997年,浙江烟草进出口有限公司成立,具体负责卷烟进口业务。由省卷烟销售公司向浙江烟草进出口有限公司集中进货,再调拨给各市级烟草公司进行销售。2006年10月,省烟草专卖局(公司)对浙江烟草进出口有限公司管理体制进行调整。自2006年12月1日始,浙江烟草进出口有限公司可直接向省内各市级烟草公司销售进口卷烟、雪茄烟、烟斗烟丝等货源,价格按国家烟草专卖局统一的调拨价执行。2007年1月,省烟草公司退出卷烟经营,进口卷烟的调拨业务改为由省会城市所在地的杭州市烟草公司集中进货调拨。浙江烟草进出口有限公司负责卷烟进口、对杭州市烟草公司的调拨、售后服务等工作,杭州市烟草公司负责对省内其他市级烟草公司的调运等工作。这种做法沿用至2010年。

(二)数量

清光绪二十七年(1901年)至民国29年(1940年),浙江省进口卷烟数量如下表所示。

表48-4-2-5 清光绪二十七年至民国29年(1901—1940年)浙江省进口卷烟情况一览表

年份	全省			杭州海关		宁波海关		温州海关	
	数量(件)	价值(关平两)	价值(万元)	数量(件)	价值(关平两)	数量(件)	价值(关平两)	数量(件)	价值(关平两)
光绪二十七年(1901年)		74088			15033		58492		563
光绪二十八年(1902年)		85964			10991		74729		244
光绪二十九年(1903年)		79486			14728		64758		—
光绪三十年(1904年)		143130			30504		111946		680
光绪三十一年(1905年)		245074			61875		181599		1600
光绪三十二年(1906年)		319487			80219		239268		
光绪三十三年(1907年)		423740			134978		287002		1760
光绪三十四年(1908年)		465185			161537		299629		4019
宣统元年(1909年)	30112	678444		12471	374882	17361	298746	280	4816
宣统二年(1910年)	40129	727958		18426	335131	21328	386039	375	6788
宣统三年(1911年)	31669	586006		16794	311706	14075	259543	800	14757
民国元年(1912年)	39976	743085		18329	341449	20890	387510	757	14126

续表1

年份	全省			杭州海关		宁波海关		温州海关	
	数量（件）	价值（关平两）	价值（万元）	数量（件）	价值（关平两）	数量（件）	价值（关平两）	数量（件）	价值（关平两）
民国2年(1913年)	54243	1031481		22705	435709	30020	566776	1518	28996
民国3年(1914年)				36315			678068	1050	
民国4年(1915年)	75690	1649404		42565	937537	31856	682183	1269	29684
民国5年(1916年)	92537	3733042		43810	1775373	47437	1903996	1290	53673
民国6年(1917年)	92309	3716270		56776	2289640	33869	1359417	1664	67213
民国7年(1918年)	98108	2683111		69433	1958131	26694	674100	1981	50880
民国8年(1919年)	83311	2195319		62044	1629045	19311	505041	1956	61233
民国9年(1920年)	108765	2737296		76192	1921604	30351	759861	2222	55831
民国10年(1921年)	112402	3348016		83121	2539260	28244	780210	1037	28546
民国11年(1922年)	135029	3672225		84191	2293054	49484	1341011	1354	38160
民国12年(1923年)	108831	2899008		65300	1760149	42080	1099535	1451	39324
民国13年(1924年)	104079	2628726		58776	1470174	43388	1107925	1915	50627
民国14年(1925年)	83919	1992320		49514	1180437	33607	794062	798	17821
民国15年(1926年)	80018	1899400						881	
民国16年(1927年)	43214	909162		13569	304081	26735	569445	2910	35636
民国17年(1928年)	88730	2013689		49768	1130168	36091	817160	2871	66361
民国18年(1929年)	36876	858693		18566	421977	13581	326976	4729	109740
民国19年(1930年)	11635	347833		2951	71575	5252	146442	3432	129816
民国20年(1931年)	12273	472817		6861	261338	3015	120553	2397	90926
民国21年(1932年)	68100		536.4						
民国22年(1933年)	25000		272.0						
民国23年(1934年)	20100		203.5						
民国24年(1935年)	19400		214.5						
民国25年(1936年)	9700		127.3						
民国26年(1937年)	14200		134.8						

续表 2

年　份	全　省			杭州海关		宁波海关		温州海关	
	数量（件）	价值（关平两）	价值（万元）	数量（件）	价值（关平两）	数量（件）	价值（关平两）	数量（件）	价值（关平两）
民国 27 年(1938 年)	13600		165.7						
民国 28 年(1939 年)	29700		340.7						
民国 29 年(1940 年)	33100		467.7						

资料来源:清光绪二十七年至民国 20 年(1901—1931 年)根据浙江三海关贸易统计,其中清光绪二十七年至二十八年包括雪茄烟。民国 21—29 年(1932—1940 年)根据民国 33 年 5 月中国复兴商业公司浙江省分公司有关进口贸易统计。

1985—2010 年,浙江省进口卷烟一直保持着控制经营状态。进口卷烟购(调)入情况见下表。

表 48-4-2-6　　　　1985—2010 年浙江省进口卷烟购(调)入数量一览表

单位:件

年　份	购(调)入数量	年　份	购(调)入数量	年　份	购(调)入数量
1985	4130	1999	894	2005	14620
1986	6260	2000	1586	2006	17670
1987	14965	2001	6298	2007	18425
1988	55385	2002	2199	2008	23724
1989	20995	2003	5559	2009	25500
1990	6845	2004	13911	2010	27805

资料来源:根据省烟草公司统计资料整理。

说明:1991—1998 年浙江省进口卷烟购(调)入数据缺。

第三节　销　售

晚清至民国时期,浙江的卷烟销售与其他商品一样,由厂家或烟商自行推销,规模比较大的烟厂或公司则在浙江设立分公司或代销处。民国 4 年(1915 年),当时的北洋政府实行烟酒公卖,开始对经营卷烟的商户实行登记。此举遭到英美等国政府和烟商的反对,外国烟草及其制品未实行公卖。其后,民国政府的公卖政策时断时续。中华人民共和国成立后,从 1950 年起即确定由省百货公司统一经营卷烟业务。1952 年成立中国专卖事业公司,1953 年浙江全部卷烟即由省专卖事业公司统购包销。1962年，转由新设立的中国糖业烟酒公司浙江省公司负责卷烟流通业务。从20世纪50年代起，卷烟的批发业务主要由国有企业控制。1984年实行国家烟草专卖体制后，卷烟的批发业务则逐步由各地烟草公司所掌握。浙江的卷烟零售业务，在一百多年的流通历程中，基本上由私营烟店(摊)、点经销。50年代至70年代末，由于国家对私营工商零售业的改造，卷烟零售业务则由国(公)有商店负责。在物资紧缺的特殊时期，浙江省卷烟销售过程中也出现过凭证凭票、特需供应、奖售换购、高价供应、进口寄售烟和国产旅游外汇烟等。烟草专卖体制实施后，则由各地烟草专卖局审核发放“烟草专卖零售许可证”，建设城乡卷烟销售网络。

一、批发

(一)私商经营

卷烟进入流通领域，生产企业自办销售(批发)，早期大多以经理、代理或经销的名义，开展卷烟销售(批发)业务，尤其像英美烟公司、南洋兄弟烟草公司这样规模较大的企业，采取建立直属销售机构、自办在浙江的卷烟销售模式。

19世纪90年代，宁波已有元大水烟庄等数家批零兼营外国卷烟的烟号。清宣统三年(1911年)，英美烟公司在宁波、杭州、兰溪、嘉兴、绍兴、金华、衢州、温州等地设立分公司或代销处，开展卷烟批发业务。民国14年(1925年)前后，英美烟、大美、永泰和公司和花旗烟公司的批发网点遍及浙江主要城镇。次年7月，经省卷烟公卖局各区登记的经卖商有520户。民国19年前后，南洋烟草公司除在嘉兴设立事务所，在宁波、杭州、温州、金华设立货仓外，在全省97个城镇设有134个代理点。民国24年，上海华成烟草公司杭州分公司负责经营杭、嘉、湖、金、衢、严属和绍属曹娥江以西，安徽省皖南区、江西省赣东区、福建省闽北区的批发业务，宁波货仓负责经营台、甬属和绍属曹娥江以东的批发业务。民国26年，杭州市经商会审定的卷烟业行号有56家，其中南洋、华成、福星、华菲、永和、正和等12家为上海各烟草公司驻杭分公司或经理处，其余44家为卷烟、雪茄烟专营店。宁波市有大小批发商64家。

表48-4-3-1　　民国26年(1937年)杭州市商会审定卷烟业行号情况一览表

行号名称	地　址	行号名称	地　址
福星烟栈	义民巷14号	伍字同号	菜市桥30号
正和烟栈	下板儿巷73号	恒豫昌号	卖鱼桥64号
华成公司	下板儿巷57号	华菲公司	金刚寺巷35号
安五烟庄	仁和路78号	大成公司	下板儿巷25号
民生烟栈	骨牌弄4号	南洋烟公司	城站新开弄1号
汪德源号	拱宸桥大同街114号	源和烟栈	城站新开弄1号

续表

行号名称	地　址	行号名称	地　址
义兴烟行	金刚寺巷 13 号	顺大祥号	菜市桥 3 号
全元烟号	鼓楼湾 38 号	英华烟号	延龄路 10 号
恒昌烟号	海月桥	复新烟号	新民街口 432 号
天福来号	迎紫路 95 号	鼎昌烟号	水师前 84 号
王永兴号	城站新福元路 57 号	广大源号	城站 79 号
万泰祥号	延龄路 26 号	大昌成号	清泰街 47 号
顺大烟号	清泰路 302 号	久昌烟号	国货街 49 号
元亨烟栈	忠清巷 63 号	天成烟号	湖墅夹城巷 66 号
洪长清号	拱宸桥桥西 113 号	万丰祥号	南万松岭 22 号
陈顺泰号	新福元路 41 号	元生烟号	梁家桥 1 号
江景记号	化仙桥塘上 47 号	张阿毛号	下羊市街 26 号
马林纪号	斗富三桥 36 号	李声元号	拱宸桥桥西 29 号
顺丰泰号	湖滨路 51 号	元丰昶号	大关紫荆街 123 号
永和烟栈		正记香烟栈办事处	下板儿巷 72 号
历椿源纸烟号		恒春烟号	清泰路 484 号
陈添昌烟号		通益纸烟公司	
诚泰纸烟号		复新烟公司	庆春街 556 号
珊珊商店		王诚昌烟纸号	
大华烟号	延龄路	大吉祥号	羊市街 78 号
张霞轩号	延龄路 117 号	协兴烟号	竹斋路 402 号
孙震鑫号	忠清巷 52 号	三源烟号	湖墅夹城巷 150 号
福泰来号	延龄路 204 号	如意来烟号	

资料来源:《浙江省烟草志》,浙江人民出版社 1995 年版,第 294—295 页。

全面抗日战争期间,富华贸易公司浙江分公司及所属各办事处,曾负责卷烟批发业务和军政机关的卷烟供应。日军占领区,日伪实行卷烟派货配给制,卷烟批发商由“烟草株式会社”“烟草组合”等指定经营。国民政府统治区实行控制日军占领区卷烟输入政策,加上交通阻塞,省外烟来源基本中断,多数批发商闭歇、停转,由少数制烟厂商和各地手工卷烟户的自销点所代替。民国 31 年(1942 年),嘉兴市日本商人指定的批发商有同源福、源茂昌、大华兴、人和、阜源、久丰、洽和、硖石大兴恒等8家。宁波市有卷烟分卖商50余家。大多数地区则由烟贩单帮、行商形成的集市摊点供应,一直延续到抗日战争胜利。民国33年,实行战时烟类专卖期间采取择商销售、凭照经营。龙泉县登记的批发商有22家。

抗日战争胜利后,上海各厂商恢复驻浙各地的分销机构,代理商、批发商也纷纷复业。当时,上海各烟厂主要以分销、直接经销和特约代销等方式开拓埠外市场。民国35年(1946年),杭州市卷烟商业同业公会会员从207家增至314家,其中上海各烟草公司驻杭分公司及发行所、经理处39家,其余为批发商。

(二)国营商业经营

1949年,卷烟批发业务仍为私营厂商所控制。1950年,百货公司开始经营卷烟,除各县百货公司代批、代销卷烟外,同时委托供销社销售国营烟厂的卷烟;地方国营利群烟厂亦在宁波、温州等地设立销售处,批发该厂产品。1951—1953年,上海各烟草公司的驻杭分公司相继撤销,部分卷烟批发商也因资金周转困难而闭歇。国营商业实行卷烟包销之前,卷烟批发业务仍以公私营厂商运销方式为主。

1953年,省专卖事业公司对省内公私营烟厂所产的卷烟实行包销后,全省的卷烟货源在批发环节上,逐步由省专卖事业公司所控制,至1954年第四季度私营批发商转为零售商的有114户,转入其他行业有88户,吸收其职工的有7户,闭歇的有26户,转业后仍有困难的有33户。1955年,卷烟批发业务已全部为国营商业所掌握。至1956年全面实现工商业社会主义改造后,国营商业掌握卷烟批发,控制生产,领导市场,卷烟批发经营全部纳入国家计划经济的轨道,这种格局延续到20世纪80年代初。

“文化大革命”期间,卷烟经营机构撤并频繁,国营批发网点有所减少。县城以下乡镇,除少数重点经济区、工矿区保留国营公司批发点外,其余都下放供销合作社经营,以区社或经济区设立代(转)批点。

1982年6月,国务院发出《关于改进城乡商品渠道,扩大工业品下乡的决定》,把原来城乡分工改为商品分工,城乡通开,糖业烟酒公司系统在县以下集镇又增设批发点。实行多渠道经营流通体制后,国营商业以外的一些行业也开始擅自经营卷烟批发业务,形成批发网点多而乱的状况。

(三)专卖专营

1984年,省烟草专卖局(公司)成立后,凡成立烟草公司的县市,卷烟批发由烟草公司经营;未成立烟草公司的县市,委托烟糖公司代批;县以下乡镇,委托供销社代批。由于各级烟草公司初建,面临机构不健全、管理跟不上的问题,加上原有的流通渠道受到冲击,烟草公司、非烟草系统的国营商业、供销合作社和个体经营并存等,自由交易的批发市场和市场价格逐步出现。一些地方自发形成了一批卷烟批发市场,由此产生一批不符合烟草专卖法规的卷烟批发贩子和单位。至1988年,全省卷烟黑市猖獗,走私烟泛滥。1992年,全省有集中20个以上经烟摊位的卷烟市场20余个,总摊位1800余户,多数附设在其他商品市场内从事卷烟销售(批发)。卷烟非法交易市场的出现,直接危及国家烟草专卖法规的贯彻实施。为此,省烟草专卖局于1993年10月下发《关于抓紧做好清理卷烟交易市场的通知》,开始全面清理整顿。此后,各地开展清理整顿行动,取缔一大批卷烟自由批发市场。在清理整顿卷烟自由批发市场的同时,为规范市场行为,建立正常的交易秩序,省烟草专卖局根据国家烟草专卖局在1993年发出的《关于建立卷烟批发市场有关问题的意见》,于1994年3月成立卷烟市场管理工作领导小组,12月印发《浙江省××卷烟批发市场章程(范本)》和《浙江省××卷烟批发市场交易规则(范本)》,陆续在各地区试办一个地区性卷烟批发市场,将卷烟批发交易纳入管理轨道。1998年,国家烟草专卖局下发《关于坚决取缔卷烟自由批发市场的通知》。1999年9月,全省17家卷烟自由交易市场关闭。

2000年后,全省卷烟销售网络建设不断得到发展完善,卷烟批发业务纳入正常的流通秩序。全省卷烟批发业务由省烟草公司统一管理,各地烟草公司负责当地卷烟批发销售。

二、零售

(一)烟店和烟摊

清末民初,卷烟零售已在烟庄、烟丝店、杂货铺中出现。清光绪年间,宁波、杭州、温州、嘉兴、绍兴等主要城市及附近集镇已设有兼营卷烟的商店。民国时期,卷烟的零售商已遍及全省各地乡镇,有主营和兼营卷烟的零售商店、烟摊、挑贩。

民国20年(1931年),杭州市有烟纸杂货店1031家,其中城区684家、湖墅区140家、笕桥区97家、江干区69家、西湖区41家,资本平均每家200元左右,经营货物以卷烟为大宗。据云和、松阳、青田、淳安、寿昌、富阳、余姚、临海、建德9个县经济调查统计,共有烟纸杂货店431家。温州市有卷烟零售商200余家。民国25年,宁波市有卷烟零售商400余家。

民国28年(1939年)2月,省战时卷烟管理处登记的全省(除沦陷区外)卷烟贩卖商连同摊贩,共计6985家。其中甬属7县1874家,绍属7县1295家,台属6县705家,金属8县808家,衢属5县445家,严属6县(包括杭属游击区)712家,温属6县602家,处属10县544家。抗日战争中后期,云和成为当时浙江的临时省会,云和、龙泉、庆元3县有卷烟零售商贩200家。宁波市沦陷期间,最多时市内有卷烟商贩1095家。民国36年,宁波有卷烟商店640家,定海有坐商32家,金华城内有22家。翌年,杭州市仅加入卷烟同业公会的就有877家,绍兴县加入卷烟皂烛火柴商业同业公会的会员有119家。

民国时期,全省各地除坐商外,沿街摆摊和肩挑串村走巷的小商贩及提篮到茶馆、戏院、浴室、赌场兜售者不在少数。

(二)零售业改造

从中华人民共和国成立到1954年,卷烟零售商公私营并存,除国营商业、供销合作社的卷烟零售外,其他皆为私营零售商。1949年底,杭州市、宁波市卷烟零售坐商分别为633户、223户。一些基层供销社开始经营卷烟零售业务,所占比重很小。1950年,合作社商业占全省卷烟销售零售量比重仅为1.67%。1952年，杭州市有卷烟摊贩2000余户，宁波市工商业联合会登记有卷烟坐商220户、摊贩448户。据省专卖事业公司调查，1953年底，全省共有卷烟私营零售商29417户，其中摊贩占60%；合作社零售卷烟的有1044户。国营商业、合作社商业卷烟社会销售零售量所占比重从1951年的6.11%增至35.92%。

1954年下半年，为搞好私营卷烟零售商的社会主义改造，省专卖事业公司加强卷烟零售商的组织管理，采取按地区或街道划分小组，核发购烟证，实行联购分销、计划批购等办法。1954年底，全省卷烟私营零售商34612户，其中专营及主营的坐商7241户，其他行业兼营8452户，零售摊贩18919户。1955年，省商业厅按"统筹兼顾、全面安排、积极改造"方针，开展私营卷烟零售商的社会主义改造。由国营公司负责人口2万以上的19个城镇，供销合作社负责人口2万以下的县城、集镇。改造形式以经销为主；个别资金确有困难的，采取代销形式；农村小商小贩，走互助合作道路。11月，改造农村私营卷烟零售商1896户。其中改为经销的1590户、代销的16户、经营小组的258户、合作小组的32户。组成的小组挂"××市(县)国营专卖事业公司卷烟经销店"牌子。1956年1月，省专卖事业管理局根据浙江卷烟零售商点多面广的情况，进一步明确合作小组作为改造的主要形式，采取统一计划、统一进货、分散推销、统一核算的方式。同一地区几户或几十户组成一个合作商店或合作小组。合作商店保持店的形式，合作小组保持摊贩形式。零售商较多地区，几个合作商店(小组)成立一个合作中心商店(小组)。上半年，基本完成私营卷烟零售商的改造。凡是固定经营卷烟业务的，由专卖事业公司负责领导管理和提供货源，并给予部分代销业务。在农村，为贯彻"村村有烟酒卖"的方针，不论坐商和摊贩仍保持原有分散零售经营特色，并将集中在城镇的零售商有计划地下伸到农村。同时，新发展一批代销户。金华地区农村供应点从2863个增至5572个；7月，舟山地区2068个自然村有卷烟零售点2069个；9月，宁波地区新增供应点1905个，92.65%的自然村有供应点，基本做到平原100～120户、山区50～80户以上的村设有供应点，分散偏僻村则以货郎担送货下村。

1958年后，农村实行人民公社化，合作商店、合作小组相继并入人民公社供销部，乡村零售网点减少。如金华塘雅区的农村供应点由1957年的33个，减到1964年上半年的7个。城乡烟酒零售供应点的减少，造成消费者购买不便，并影响烟酒销售计划的完成。

1965年，省商业厅和供销合作社再次强调树立面向农村的原则，积极做好推销工作。利用有证商贩零星购销、上山下乡、游庄串村的长处，发挥他们补充社会主义商业的积极作用。基层供销社和合作商店(小组)亦运用各种形式，定期定点送货下乡，并调整和恢复了一批下伸店。金华地区发展建立代购代销点137个。在城镇，则组织零售部门送货到机关、工厂、学校、团体，组织小商贩在车站、码头等处设摊供应。是年，全省有合作商店网点27299个。

"文化大革命"期间，个体商业被作为"资本主义尾巴"批判，部分停业，合作商业也有所减少。1973年底，据省商业局的调查，三代商店(由原合作商店改造为国营商业、供销社、代营商店)网点7522个，职工27133人；合作商店的网点13605个，职工73777人。此后，又进一步减少。至1977年，三代商店职工12064人，合作商店职工38782人。

1979年后，实行开放搞活的政策，集体和个体商业得到发展。据省糖业烟酒公司的调查统计，1983 年，全省有国营卷烟集体企业 488 个，有卷烟代销店 21000 多家，经营卷烟的个体户 8 万多户。

(三)零售业的专卖管理

省烟草公司成立初期，烟草专卖系统只掌握了卷烟一、二、三级批发业务，卷烟零售仍然依靠国营商店和农村供销合作社及其所属的分店、代购代销店进行。然而，在商品经济大潮的冲击下，供销社不仅退出了原有卷烟批发环节，甚至零售业也受到影响。1985 年底，全省有国营、集体经营卷烟的零售网点 22432 个，经营卷烟的个体户达到 19 万户。个体经烟户的出现，在农村改变了过去由供销社及代销店单一经营的局面，增加了零售网点。1986 年开始，省烟草专卖局为加强对卷烟零售市场的专卖管理，由各级烟草专卖局对辖区的卷烟零售单位和个体户审核发放“烟草专卖零售许可证”。据统计，1987 年底全省有零售点 175083 个，其中烟草公司系统 34 个，其他国营商业 2099 个，集体商业 14050 个，个体商业 158900 个。1989 年 11 月底，全省领取“烟草专卖零售许可证”的单位和个人有 61293 个，其中单位 12593 家、个体户 48700 个。1990 年，全省共有领取“烟草专卖零售许可证”的单位和个体户 9.69 万个。

20 世纪 90 年代后，卷烟零售网点不断发展和延伸，并在经营上开始走向规范。1992 年，杭州市烟草公司在全市建立 4 个直属卷烟批发部，从事卷烟批发零售业务。1994 年起，全省烟草商业系统探索农村卷烟销售网络建设模式，各市、县级烟草公司建立一大批烟草公司自营的零售店或专卖店，卷烟零售业务得到加强。是年，全省零售网点 174809 个，其中属烟草公司直接延伸的有 220 个。随着全省卷烟销售网络建设的不断发展，烟草系统自营、联营、直营以及个体持“烟草专卖零售许可证”经营等方式的卷烟零售格局进一步扩大，同时逐步适应网络建设的要求。2003 年，全省各地实施上海“电话订货、网上配货、电子结算、现代物流”的网建模式，卷烟零售业积极探索终端网络建设。是年底，全省 7 个地区实现电话订货，入网销售率 98%，23.6%的零售客户实行电子结算，部分烟草公司还采取发展连锁店、加盟店等形式，建立新的零售客户服务关系。2006 年，全省卷烟持证零售客户 25 万余户，入网销售率 100%，电子结算率 61.6%。2007 年，全省电子结算率达到 85%，农村电话订货率 100%。这一期间，按国家烟草专卖局的统一部署，全省烟草行业开展多元经营清产核资工作，对系统内自营、直营、联营的卷烟批发零售业也进行了清理和清退，关闭注销了 48 家卷烟批发零售企业。2008 年后，全省推进规范化卷烟零售示范店建设，各地烟草公司在资金、管理、服务上，积极帮助卷烟零售客户开展统一的建设管理工作。2009 年 6 月，省烟草专卖局(公司)制定《浙江烟草卷烟零售示范店建设管理工作规范》，对示范店功能、建设要求等做出具体规范，要求示范店按“统一店面形象、统一证照悬挂、统一服务标准、统一管理模式、统一营销活动、统一商品展示、统一明码标价”建设，各地零售网点的建设得到进一步加强。

三、特别供销方式

(一)凭证凭票

民国33年(1944年)元月,龙泉县烟类专卖业务处"为调剂市场,平抑市价,防止伪烟,推行福利,减轻公务人员负担",对各机关团体公务人员实行凭证定量供应,每人供应优待价卷烟50～100支。

1949年10月至1958年上半年,全省卷烟供应一直采取自由选购、敞开供应的方式。

1958年,新昌县因甬产卷烟紧俏,曾一度实行定量凭票供应。1959年第二季度末,浙江省卷烟货源减少,市场供应紧张。7月起,卷烟销售采取分区包干办法,即分区按单位核实吸烟人数,送货上门供应。城市以机关、团体、学校、工厂以及居委会为单位,农村以食堂或生产大队为单位,由商业部门按月分批拨给。在此基础上,各地相继采取凭票、凭证供应的办法。1960年,缙云县推行凭票定量供应,烟票分红、白两种,供应对象是机关、企事业、学校等单位的职工,供应品种为"新安江""雄狮""利群"等卷烟。是年12月,宁波市商业局决定,核定吸烟人数,按月公布供应定量,发给烟票,凭票供应。

1965年,全省卷烟货源逐步好转,但等级品种之间不平衡。7月,除少数紧俏品种继续实行凭票凭证或划片定量供应等办法外,大多品种均平价敞开供应。1972年,有的市、县曾一度取消凭票凭证供应。1973年8月,卷烟货源再度紧张,各地陆续恢复凭票凭证和组织供应。杭州、宁波等市县实行以户定量,一次发票,分期使用,凭票购烟,逐月(期)公布定量和品种。1975年起,全省大部分地区改为凭票凭证与敞开供应相结合的供应办法。

1983年后,随着社会购买力的提高和卷烟货源结构的变化,凭证凭票供应的卷烟等级逐步提高,品种逐渐减少。1988年7月后,13种名优烟价格放开,逐渐停止发放烟票。12月,杭州市供应的"西湖"(平装)和"杭州"(平装精),实行敞开供应,凭票供应的品种全部改为过滤嘴烟。1989年,温州市凭票供应名存实亡,第一季度烟票回收率仅14.08%。金华地区除市区保留凭票烟外,其余县、市全部取消凭票。1989年11月起,宁波市凭票供应的卷烟也限于过滤嘴烟。1990年6月,省政府办公厅转发的省烟草专卖局等4家单位《改进卷烟供货方式,拉开质量差价,搞活经营意见》规定:"对卷烟采取计划分配和选购相结合的供货方式,零售环节全部敞开供应,取消'凭票烟',不搞'特供烟'"。7月1日起,省内零售环节各种卷烟全部实行敞开供应。

(二)特需供应

特需供应即对特殊消费者需要的保证供应,或作适当照顾的办法。当时,多种特供消费品中就包括卷烟,人称特供烟(主要是甲级、乙级卷烟)。特需供应对象,首先是外宾、专家和高级知识分子,以及省定特殊对象;其次是重点城市、重点工矿林盐渔区和部队。还有根据货源、节日农忙等情况,对县城、农村进行一些特别品种的供应。1954年12月,省专卖事业公司发出《做好1955年元旦、春节卷烟供应工作的通知》,规定甲乙级烟照顾主要城市、工矿区,丙丁级烟以供应农村为主。1959 年第三季度，卷烟货源不足，省商业厅食品管理处为保证重点供应需要，压缩市场供应，规定甲级烟专供外宾，乙级烟在杭州、宁波、温州三市以及重点工矿区、专署所在地酌情供应，农村市场一般不安排。1960 年 5 月，杭州市对卷烟采取内部组织供应办法。城区内厂矿企业、机关团体等职工用烟，由单位统一登记，核定数量，指定就近商店供应；驻杭部队由后勤部门向规定的卷烟批发商店直接申购；外宾用烟，由外事接待单位提出计划，按计划供应；省、市及部队首长，高级民主人士，大学教授等用烟，由所在单位提出需要量，按月供应；省、市重要会议用烟，凭会议正式通知，申请供应。

1961 年 5 月 24 日，省人民委员会批转省商业厅《关于工矿区副食品供应等问题的意见》，规定按职工总数的 60%作为吸烟人数计算，每人每月供应卷烟 7.5 包。对指定的衢州化工厂、长兴煤矿、绍兴钢铁厂、漓渚铁矿、新安江水电站、横山钢铁厂、富春江水电站、江山煤矿、闲林埠钢铁厂、平阳矾矿等 10 个重点工矿区，按直接参加劳动人数的 80%计为吸烟人数，每人每月供应卷烟 7.5 包，视卷烟货源情况随时调整，基本保持城市职工的供应水平。次年 1 月始，根据省人民委员会批转宣传部、统战部、财贸部《关于省级在杭的高级知识分子和一部分民主人士的副食品供应问题的报告》，对七至三级研究人员，除按定量供应外，每人每月再增加供应卷烟 2 条；一至二级研究人员，增加供应甲级卷烟 2 条。同时，杭州市规定，对外国留学生吸烟者每人每月供应卷烟 2 条，外国侨民每人每月供应 1 条。1963 年，根据省人民委员会指示，对盐民的卷烟供应，不分生产淡旺季全年安排，供应数量不低于当地职工水平。第二季度开始，对省指定的重点工矿、林区的卷烟，采取按季列入专项指标，包干供应。

1968 年 4 月，省副食品公司规定，对夏汛期间在浙江沿海的省内外出海渔民于现行定量外给予适当补贴，给予舟山补贴卷烟 400 箱，台州 78 箱，包干供应。舟山出海渔民的卷烟供应历来不分省内外，一律列为重点照顾对象。

供应侨汇烟也是特需供应的一种。1957 年 7 月 30 日，为争取外汇收入，国务院批准“关于争取侨汇问题”的指示，根据侨汇额核发一定比例的物资购销凭证（俗称侨汇券）给国内收汇人，侨汇券持有者在专门商店或柜台购买紧俏商品或生产物资，包括购烟证券。该制度到 90 年代初废止。1964 年，供应侨汇物资的购买凭证，分为定量商品（供应票）和选购商品（购买券）两种，卷烟被列为凭票定量供应商品。1966—1977 年，省内不再专项安排侨汇烟，只是在供应上优先照顾。1978 年 6 月 20 日，省商业局下达《关于做好侨汇商品供应工作中有关具体问题的通知》，要求在年侨汇 10 万～100 万元的县、市设专柜，100 万元以上的设华侨商店。侨汇商品货源，根据人民银行提供的侨汇额度，由省商业局每年专项安排。“浙江省侨汇商品供应证（券）”由省商业局、省粮食局统一印刷，省人民银行统一发放。规定每 100 元人民币侨汇供应侨汇商品 30 元，其中选购商品 18 元，定量供应商品 12 元（可凭票供应甲乙级烟 6 包）。次年 7 月，取消原商业部对各省、市专项调拨侨汇商品的办法，改为一切侨汇商品由地方自行组织供应。1980 年 1 月起，浙江省对各市、县的侨汇供应物资也不再专项安排，由各地在留成侨汇额度内自行组织。1983 年 1 月，浙江省不再专项安排侨汇定量烟。省烟草公司成立后，专门设立侨汇留成外汇额度（美元）账户，开展经营侨汇烟业务工作。1988 年 1 月，侨汇烟经营采用人民币、外汇额度、用汇指标同时结算的办法。

（三）奖售换购

奖售换购，是指国家以掌握的卷烟产品货源去换取其他物资。20 世纪 60 年代初，卷烟极度匮乏，按一定比例对农（牧）民出售的产品给予奖售，是当时国家一项通行的政策。

1960 年 4 月 14 日，省人民委员会批转省商业厅报告，开始对交售生猪实行奖售。1961 年 8 月 19 日，省商业厅、省供销社联合下达《关于农副产品收购几个政策问题的意见》，规定对部分重要农副产品收购的奖售标准。农副产品奖售和换购工作在各地迅速开展，卷烟是奖售和换购的主要工业品之一。全省规定实行卷烟奖售和换购的农副产品有 20 多种。属中央人民政府规定的有粮食、棉花、油料、木材、茶叶、出口畜产品等 6 种，省规定的有猪、禽、蛋、菜兔、鲜奶、晒烟、黄麻、苎麻、棕片、蜂蜜、草席及出口需要的栗子、白果、南瓜子、猪鬃、麦冬、春桑芽等 17 种。用于奖售的卷烟货源由省糖业烟酒公司根据各有关省级公司下达的农副产品收购指标，按照规定的奖售标准，专项下拨，按实计奖，季度结算，增收增拨，少收结转下年（季）度继续使用。也有的农副产品奖售烟采取一次拨给，包干使用。奖售的卷烟由省糖业烟酒公司统一印发奖售烟票，票额分为 1 包、3 包、5 包。农民可持奖售烟票在当地商店购买规定数量的平价卷烟。

1961—1964 年，全省共计支付农副产品奖售卷烟 10.47 万箱（未包括烟叶换卷烟数），占全省销售总量的 14.6%。其中 1963 年最多，支付 4.27 万箱。用于粮食、棉花、油料、茶叶、木材、出口畜产品和三类产品收购①的占 37%。1964 年下半年，卷烟陆续敞开供应，奖售卷烟随之停止。

1981 年后，卷烟供应出现偏紧，省内对一部分上调的重要农副产品，拨给一定数量的补助卷烟，由各市、县掌握使用。1982 年 10 月，按各市、县生猪上调任务数，专项安排“新安江”牌以上卷烟 7120 箱作一次性补助。1986 年 12 月，金华市安排市区春节市场供应，从当地货源中调剂“西湖”牌卷烟 4 万条，换购鸡蛋。1985—1989 年，主产烟叶的县对烟农投售烟叶，奖售一定数量的卷烟。有些地方根据当地货源情况和农副产品收购需要，对部分水产、土产品等也采用卷烟换购或补助的方式。

（四）高价供应

从 1961 年 1 月起，大城市在保持平价定量供应的同时，逐步敞开供应高价糖和高价糕点。1962 年，国家增加了包括卷烟在内的 8 种高价商品。1963 年 9 月 4 日，国务院财贸办公室下发《关于国营商业统一经营高价卷烟问题的批复》。11 月 1 日，浙江省有计划有步骤地开展高价卷烟销售工作。高价卷烟的批发业务，由国营商业统一经营，城乡市场统一安排，货源统一分配，价格统一管理。零售业务由国营商业、公私合营商店及供销合作社经营；在国营

① 1961 年以后，政府将农产品分为三大类，出现了统购、派购和议购三种形式。第一类实行统购的，主要是粮食、棉花和油料，由国家下达统一的收购任务，这类农产品在生产单位完成交售任务之前不准上市。第二类实行派购的，如麻、烟、茶、生猪等，也由各级政府向生产单位分派交售数量。交售多余部分才能上市。第三类是第一、二类以外的农产品，由国营商业部门和供销社与农民直接议定价格收购的价格和数量，实行议购，同时允许自由上市。

商业、供销合作社供应点不足的地方，经过归口单位同意，组织合作商店经销。

高价卷烟的销售价格，根据“敞得开，销得出，高于牌价，略低于集市价格”的原则确定。货源采取专项分配，多销多拨，余缺调剂，按实结算。开始供应的品种有：乙级烟“大重九”“长风”“青鸟”牌，丙级烟“旗鼓”、烤烟型“高山”、晒烟型“高山”，丁级烟“全禄”等7种。

高价卷烟销售开展后，销售极为旺盛，集市卷烟价格回落20%～50%，无证卷烟商贩大大减少。1963年11月3日，省商业厅决定增加杭州生产的“香雪海”“乾坤”牌卷烟，在宁波（除诸暨）、舟山、台州、温州等4个专区所属指定的市场高价销售。宁波生产的“大红鹰”卷烟在杭州、嘉兴、金华、丽水等4个专区所属市县（加诸暨）指定的市场高价销售。年底，全省有40个市、县开展高价卷烟供应，共有16个品种。

随着卷烟货源的增加和平价供应的逐步实行，高价卷烟销售量直线下降。1965年上半年，销售1.93万箱，比上年同期减少55.3%；全年销售量2.06万箱，只完成中国糖业烟酒公司下达指标8万箱的25.72%。1966年1月20日，商业部、轻工业部、国家物价委员会联合通知，“个别地区仍卖高价卷烟的，自2月1日起一律退出高价，转为平价敞开供应”。省商业厅按此精神，转达各地要求结束高价卷烟供应。

（五）进口寄售烟

1984年以前，进口寄售烟由省土畜产进出口公司经营。寄售代销单位有：杭州饭店、杭州华侨饭店、杭州友谊商店、杭州民航小卖部、花港饭店、楼外楼、杭州酒家、花家山宾馆、省工艺美术服务部、西子宾馆，以及绍兴饭店、宁波友谊商店、宁波华侨饭店、温州华侨饭店、青田侨汇商店等18家。销售的卷烟品种有：“登喜路”“乐福门”“健”“总督”“555”“红双喜”“摩尔”“云丝顿”“万宝路”等15种。全省月平均销售750条左右。

1985年1月1日，省土畜产进出口公司的进口寄售烟业务移交省烟草公司。7月，国家烟草专卖局、中国烟草总公司为适当照顾来华外籍人员及港澳、台湾同胞等对外国卷烟的需要，对寄售进口烟以外汇券供应，适当调整价格。

1986年4月起，各寄售单位销售进口寄售烟的外汇兑换券货款，按零售金额汇入省烟草公司账户，由省烟草公司按进口烟供货价与零售价10%的差率（手续费），以人民币结付给各寄售单位。后来对进口寄售烟实行买卖方式，采用按零售价现款结算，按规定支付给寄售单位手续费。寄售代销网点从1986年的35个，发展到1990年的67个。

1986—1990年，全省共销售进口寄售烟8.54万件，其中1986年6651件，1987年1.60万件，1988年3.98万件，1989年1.66万件，1990年6306件。根据国家外汇局规定，寄售代销进口烟的外汇利润按40%计算留成，其中50%归省烟草公司，另一半归各地寄售代销点。1986—1990年，进口寄售烟共留成外汇额度125.12万美元，其中省烟草公司62.71万美元，各地寄售代销单位62.41万美元。

1994年1月1日起，国家外汇管理体制改革，实行了人民币官方汇率和市场调剂汇率的并轨，取消了侨汇券，外汇券也停止流通。从此，侨汇券退出了历史舞台。

（六）国产旅游外汇烟

1985 年 7 月，国家烟草专卖局、中国烟草总公司为支持旅游事业发展，满足来华华侨及港澳、台湾同胞吸烟的需要，为国家多创外汇，经财政部税务总局特别批准，对上海等地的 8 家烟厂生产的 22 个牌号卖外汇券的旅游烟，实行减征三分之一产品税，决定由中国卷烟销售公司统一收购、统一经营、统负盈亏。

随着国产旅游外汇烟市场供求状况的变化，省烟草公司对各种国产旅游烟的品种、规格，以及供货单位提供货源的情况，采取逐年调整外汇兑换券和人民币的比率供货。1987 年 2 月，省烟草公司在全省特供会议上规定，对省产卷烟的供货价，以收回外汇兑换券 80%、人民币 20%的比率计价。1986—1987 年，凡持有特种许可证的单位，购买国产旅游烟（包括省产烟）一律按外汇兑换券供货。

1988 年开始，省烟草公司根据全省市场供求情况，对国产旅游外汇烟采取“以外汇兑换券进按外汇兑换券出，以人民币进按人民币出”的原则，促进国产旅游烟的销售。1988 年销售 3401.4 箱，比 1987 年的 2100 箱增加 61.97%。外汇券结算的比率随着汇差的变化而变化。1989 年 7 月，上海烟草进出口公司开始逐步调整国产旅游烟外汇兑换券结算比率，以外汇兑换券占 70%、人民币占 30%的比率供货。1990 年 1 月开始，对国产旅游烟，采取外汇兑换券占 65%、人民币占 35%的比率供货。1990 年 2 月，中国烟草总公司通知，将上海、云南等地产的 18 个品种、规格、牌号卷烟的供货价，由中国烟草总公司统一安排制定，不准擅自变动。零售价格放开，由零售企业自由浮动，自行定价。对上海、常德、济南等地的 11 家卷烟厂产的 13 个牌号卷烟的供货价，由中国烟草总公司统一安排制定，零售价格由省烟草专卖局制定，零售企业不得浮动。

全省国产旅游外汇烟供应点从 1986 年的 45 个扩大到 1990 年的 104 个。5 年间共销售国产旅游外汇烟 1.58 万箱。

表 48-4-3-2　1986—1990 年浙江省烟草公司国产旅游外汇烟销售和创汇情况一览表

年份	沪产卷烟（箱）	滇产卷烟（箱）	其他省外卷烟（箱）	省产卷烟（箱）	省产卷烟创汇（万美元）
1986	1576.6			142.8	7.55
1987	1441.6	165.0	100.6	392.8	30.20
1988	2081.6	585.8	30.6	703.4	34.44
1989	1656.0	448.8	39.8	733.0	36.56
1990	2345.0	452.1	20.0	2855.2	90.71
合计	9100.8	1651.7	191.0	4827.2	199.46

资料来源：根据《浙江省烟草志》浙江人民出版社 1995 年版第 321 页表格整理。

四、卷烟出口

1991年，浙江省产卷烟通过上海烟草进出口公司代理初次出口。1992年，上海烟草进出口公司在杭州市设立常驻代表，成立了浙江烟草进出口办事处，卷烟出口销售开始委托中国烟草进出口总公司经营。1997年，浙江烟草进出口公司成立，开始全权处理烟草进出口业务。杭州卷烟厂和宁波卷烟厂都有专门负责国际市场的拓展人员，外贸谈判与国际市场考察由工商双方参与，生产备货上实行外贸优先的总体原则。2006年，浙江中烟公司成立了进出口部，开始全面承担推进卷烟国际市场的拓展工作。

（一）出口量

1991年，浙江省产卷烟出口实现"零"的突破，首次出口数量即达3630件，创汇42.18万美元。此后，卷烟出口呈上升趋势，至2010年，卷烟出口已达31.52万件，创汇额为2482.61万美元。

表48-4-3-3　　1991—2010年浙江省产卷烟出口情况一览表

年份	出口量(件)	创汇额(万美元)	年份	出口量(件)	创汇额(万美元)
1991	3630	42.18	2001	210000	1380.00
1992	8510	88.00	2002	268000	1709.00
1993	20650	201.00	2003	207440	1553.23
1994	43000	249.98	2004	191285	1474.39
1995	139500	1200.00	2005	76770	963.34
1996	249500	1800.00	2006	67360	902.35
1997	84370	1087.18	2007	78260	954.35
1998	147500	860.00	2008	100180	1091.79
1999	11000	75.83	2009	170980	1544.10
2000	66000	455.00	2010	315180	2482.61

资料来源：根据省烟草公司和浙江中烟公司统计资料整理。

（二）主要品牌和区域

1991年，浙江省卷烟出口主要是新加坡和中国香港地区。随着走出去战略的实施，境外市场逐步拓展，2010年，浙江省卷烟销至美国、俄罗斯、加拿大及中国香港、中国澳门等20多个国家和地区，出口卷烟集中到"摩登""利群"和"大红鹰"三大品牌上来。

表 48-4-3-4　　1991—2010 年浙江省产卷烟出口主要品牌和区域情况一览表

年份	主要品牌	国家和地区
1991	鹿城、黑猫、西湖、保俶塔、摩登	新加坡、中国香港
1992	鹿城、黑猫、西湖、保俶塔、摩登	新加坡、中国香港
1993	鹿城、黑猫、西湖、保俶塔、摩登、雄狮	新加坡、中国香港、中国澳门
1994	红白、雄狮、黑猫、西湖	新加坡、中国香港、中国澳门
1995	红白、雄狮、黑猫、西湖	中国香港、中国澳门、美国、新加坡、俄罗斯、南美等
1996	红白、雄狮、大红鹰	中国香港、中国澳门、美国、新加坡、俄罗斯、南美等
1997	摩登、大红鹰、雄狮、金狮、红白(来牌加工)	中国香港、中国澳门、美国、新加坡、俄罗斯、南美等
1998	摩登、雄狮、金狮、红白(来牌加工)	中国香港、中国澳门、新加坡、俄罗斯及非洲、南美、东欧
1999	摩登、大红鹰、红白(来牌加工)	中国香港、中国澳门、新加坡、俄罗斯及非洲、南美、东欧
2000	摩登、大红鹰、利群、GOLDEN(来牌加工)、SHIELD(来牌加工)	中国香港、中国澳门、新加坡、俄罗斯及非洲、南美、东欧
2001	摩登、利群、GOLDEN (来牌加工)、SHIELD(来牌加工)、LIBERTY(来牌加工)	中国香港、中国澳门、美国、新加坡、阿拉伯联合酋长国、巴拿马、俄罗斯及非洲、东欧等
2002	摩登、大红鹰、利群、SHIELD、(来牌加工)LIBERTY(来牌加工)	中国香港、中国澳门、美国、新加坡、阿拉伯联合酋长国、巴拿马、俄罗斯及非洲、东欧等
2003	摩登、大红鹰、利群、雄狮、B POWER、SHIELD(来牌加工)、LIBERTY(来牌加工)	中国香港、中国澳门、美国、新加坡、阿拉伯联合酋长国、巴拿马、俄罗斯及非洲、东欧等
2004	摩登、大红鹰、利群、雄狮、五一、B POWER、GOLDEN(来牌加工)、SHIELD(来牌加工)	韩国、新加坡、美国、澳大利亚、巴拿马、南非、印度等
2005	摩登、大红鹰、利群、雄狮、五一、B POWER、GOLDEN(来牌加工)	中国香港、中国澳门、韩国、新加坡、美国、澳大利亚、阿拉伯联合酋长国、巴拿马、南非、印度等
2006	摩登、大红鹰、利群、雄狮	中国香港、中国澳门、韩国、新加坡、美国、澳大利亚、阿拉伯联合酋长国、巴拿马、南非、印度等
2007	摩登、大红鹰、利群	中国香港、中国澳门、韩国、新加坡、美国、澳大利亚、阿拉伯联合酋长国、巴拿马、南非、印度等
2008 年	摩登、大红鹰、利群	中国香港、中国澳门、美国、加拿大、巴拿马、秘鲁、智利、伯利兹、新加坡、马来西亚、印度尼西亚、韩国、澳大利亚、新西兰、荷兰、比利时、阿拉伯联合酋长国、伊朗、也门、伊拉克、吉布提等
2009 年	摩登、大红鹰、利群	中国香港、中国澳门、美国、加拿大、巴拿马、秘鲁、智利、伯利兹、新加坡、马来西亚、印度尼西亚、韩国、澳大利亚、新西兰、荷兰、比利时、阿拉伯联合酋长国、伊朗、也门、伊拉克、吉布提等
2010 年	摩登、利群	中国香港、中国澳门、美国、加拿大、巴拿马、秘鲁、智利、伯利兹、新加坡、马来西亚、印度尼西亚、韩国、澳大利亚、新西兰、荷兰、比利时、阿拉伯联合酋长国、伊朗、也门、伊拉克、吉布提等

资料来源：根据杭州卷烟厂、宁波卷烟厂和浙江中烟公司卷烟出口资料整理。

第四节 价 格

晚清至民国初，卷烟的价格基本上是随行就市。民国实行卷烟公卖期间，卷烟由同业公会议价，报市政府备查，同业组织发挥着卷烟价格管理、协调作用。同时，政府对卷烟价格进行管控。中华人民共和国成立后，国家对卷烟价格实行“统一领导，分级管理”，由政府物价部门、商业行政部门和企业统一作价。省商业厅、省专卖事业公司和浙江省物价局(以下简称省物价局)参照商业部、专卖事业总公司确定的卷烟价格掌握定价。这种统一核价和分级管理的形式，一直延续到20世纪80年代初。1984年9月，《烟草专卖条例施行细则》发布后，执行统一的批零差价率和进销差价率，实施统一审批、审核卷烟的定价、调价，价格调整开始趋于平衡稳定。1987年，温州市进行计划外名优卷烟价格放开试点。1992年12月起，全面放开国产卷烟(含雪茄烟、出口卷烟、旅游外汇卷烟)的出厂价格和调拨价格，由生产、经营企业自主定价，并安排卷烟的计税基础出厂价格，由国家物价局、国家烟草专卖局、财政部和国家税务局另行制定卷烟计税基础出厂价格管理办法。卷烟价格全面放开后至2010年，省烟草专卖局(公司)原则上不再对卷烟具体定价，而是进行宏观调控，指导定价，并实施监督、检查、限价、考核和信息服务。

一、价格管理

(一)同业协调

民国时期，就已出现卷烟业同业公会。当时的市场经济条件下，同业组织依照“商业习惯”管理有关事务，按“业规”确定价格管理权限，发挥着卷烟价格管理协调的作用。有时，为保护公平营业，同业组织还制定并公布统一的价格。

民国20年(1931年)，杭州市卷烟批发价格和零售价格，由同业公会议定，报市政府备查，然后公布执行。杭州市卷烟同业公会规定：“凡新牌号卷烟入市，应即检同样品烟报告同业公会，由同业公会召开会议议定批发和零售价格单，通告同业悬贴，不得紊乱，并将价格单呈报市政府备查。”另“同业如有违反规定者，由同业公会公断，不服公断者，由同业公会报请市商会公断或呈报市政府核办”。

中华人民共和国成立后，行业价格管理职能逐渐被行政管理取代。

(二)行政管理

抗日战争期间，主要由政府直接管理和调控价格，行业职能弱化，出现价格较混乱、多头参与卷烟价格管理现象。抗日战争胜利后至20世纪50年代初，卷烟价格议定成为同业组织的一项重要职能，并通过一定形式公布价格，以便同业共同遵守。

民国27年(1938年)5月，《浙江省卷烟公卖施行细则》规定，各种牌号卷烟销售价格的核定权归省卷烟公卖处，由省卷烟公卖处核定全省划一的卷烟售价，卷烟售价应注明在公卖证上，凡经营卷烟的商人贩卖卷烟，均须按照公卖证上所标明价格出售。

民国30年(1941年)2月，财政部贸易委员会浙江办事处在致富华贸易公司浙江分公司的函件中称：该处下属单位查获收购的禁销“大前门”牌卷烟，其销售价格核定权为财政部贸易委员会。7月，财政部税务署公布《货物统税暂行条例》，规定调查卷烟销售价格，编制物价指数，评定批发价格、完税价格等，均由该署设置之货物评价委员会办理。评价委员会委员由财政部酌聘有关部门主管人员充任，并聘请经济、农林、社会等部代表参加，使卷烟价格的评定与各项政策相协调。

民国31年(1942年)5月，财政部公布《战时烟类专卖暂行条例》，规定烟类价格采取分级管理原则：烟类专卖局收购烟类，应组织评价委员会参酌产制成本及品质加合法利润拟定收购价格，呈请财政部核定公告。批发价格由烟类专卖局以各区收购成本和国家专卖利益为计算标准分别制定，呈报财政部核定公告。零售价格由当地烟类同业公会制定，报请烟类专卖局核定公告。烟类承销商经销各种烟类应按照烟类专卖局规定价格出售。

民国33年(1944年)3月，财政部通知浙江区税管局，倘若烟商不依照国家规定合法利润、不依照国家规定价格销售卷烟者，浙江区税管局有权查办。同月，财政部苏浙区烟类专卖局颁发《所属办事处办事细则》，规定各办事处必须根据财政部颁发的各种价格计算办法和计算公式，制定烟类产制成本和收购价格、出厂价格、批发价格、零售价格，并报上级备案。6月，经财政部核准，烟类专卖局有权没收烟商抬价销售的卷烟。

民国35年(1946年)4月，浙江省政府召开参议会议讨论平定物价问题。会议决定各行业的商品价格(包括卷烟价格)必须由各同业公会议定，呈报当地政府核准施行。是年，《杭州市卷烟商业同业公会规约》规定，卷烟同业所售卷烟价目单，无论批发价格或零售价格均由同业公会议定，报请市商会转呈杭州市政府核定，然后通告同业悬贴，不得擅自增减。凡同业实行卷烟廉价时，必须报同业公会转请市商会以给卷烟廉价证后，方可廉价销售。如有违反规约者，先由卷烟同业公会公断，不服公断者，由同业公会报请市商会调解，或呈请市政府处理。

民国37年(1948年)8月，经财政部国税署批准，浙江区货物税局对于省内生产的个别牌号卷烟价格，具有临时核定权。浙江区货物税局根据卷烟内在品质和包装装潢，核定鄞县七星烟厂生产的普通“宝珠”牌卷烟完税价格每5万支3170万元。是月19日，国民政府颁布《财政经济紧急处分令》，强制执行限价政策。在为期70天的限价期间，浙江省各市县依然继续贯彻执行民国35年4月浙江参议会议决定，对卷烟价格采取同行业议价、政府核定的办法。不同的是，各市县卷烟商业同业公会在议定卷烟价格时，必须按《东南日报》公布的卷烟限价加以议定，然后报请市县政府核定后执行。10月5日、9日、13日，杭州市卷烟同业公会、永嘉县卷烟商业同业公会、瑞安县卷烟火柴商业同业公会分别按照报纸公布的卷烟限价，议定该市、县各种牌号的卷烟价格，报请市、县政府物价评议委员会讨论核定后公布执行。

(三)统一定价

1952年，国家有关部门开始筹划卷烟价格的控制和统一定价。此后一个较长时期内，实行“统一领导，分级管理”，由政府物价部门、商业行政部门和企业统一掌握卷烟价格。省商业厅、省专卖事业公司和省物价局参照商业部、中国专卖事业总公司掌管的卷烟商品价格掌握定价。这种统一核价和分级管理的形式，一直延续到20世纪80年代初。

1953年，浙江省专卖事业公司开始经营卷烟，由省商业厅掌握卷烟定价权，参考商业部制定的有代表性的不同等级、牌号的卷烟价格，制定全省卷烟价格。1955年，省商业厅规定了卷烟价格权限：(1)省商业厅执行商业部和商业部授权中国专卖事业总公司制定的沪产“飞马”“劳动”“勇士”牌卷烟在杭州市的销售价格；制定商业部不掌握的沪产各种牌号卷烟在6个专署所在地、4个直属县，以及杭州、绍兴的销售价格；制定杭州、宁波产丙、丁级卷烟的收购价格和在6个专署所在地、4个直属县，以及杭州、绍兴的销售价格。(2)省商业厅授权省专卖事业公司制定建德、桐庐、浦江、温州、富阳、兰溪产丙、丁级卷烟的收购价格，并报省商业厅备案。(3)省商业厅授权各专卖事业分公司制定除专署所在地外各市、县的沪产卷烟和地产丙、丁级卷烟的销售价格，并报省商业厅备案。

1961年12月，省商业厅根据“统一领导，分级管理”原则，规定省商业厅掌握杭州和省内各个等级卷烟的收购价格，以及全省各市、县所在地的省内外各个等级卷烟的销售价格，省以下各级机构对卷烟零售价格以及批零差价、地区差价均无制定权。1967年，根据省商业厅指示，省副食品公司通知各地，在调入省外产的改换或新品种卷烟时，可根据产地零售价格加0.01元/包的地区差价销售。

1980年，为适应放开搞活的形势，省糖烟酒菜公司通知所属单位，自行组织的省外卷烟可由调入的地区公司，按照省物价局规定的地区差价，自行制定销地销售价格。

(四)专卖核价

1982年6月19日，国务院批准轻工业部等5个单位的报告，同意适当调整突出不合理的品种比价，并指出：“今后各地生产新牌号卷烟，都要报中国烟草总公司统一定价。”次年9月，国务院颁布《烟草专卖条例》，规定卷烟和雪茄烟的出厂、调拨、批发与零售价格，由中国烟草总公司统一制定。未经审批单位批准，其他任何部门、单位和个人不得自行变更。进口、寄售外国卷烟与雪茄烟的进口价和零售价，由中国烟草总公司统一审批，未经批准不得随意调整。1984年9月3日，国家烟草专卖局发布《烟草专卖条例施行细则》，规定卷烟和雪茄烟的出厂、调拨、批发与零售价格，由省烟草公司审核后，报中国烟草总公司审批。

1986年6月23日，国家烟草专卖局、中国烟草总公司发布《烟草行业内部管理办法(试行)》，规定烟草及其制成品实行统一的计划价格，不搞自由价格。卷烟价格实行分级管理：甲、乙、丙级卷烟的零售价、批发价、出厂价的制定和调整，进口卷烟和寄售外国卷烟、雪茄烟及其他烟草制品的口岸价、供应价、零售价的制定和调整，国家旅游烟的出厂价、结算价、供应价、零售价的制定和调整，由中国烟草总公司审批。属于全国性的名优产品或涉及卷烟价格总水平的调整，卷烟和雪茄烟的批零差率和进销差率的制定和调整，卷烟、雪茄烟的地区差价、差价额(率)幅度制定，由中国烟草总公司会同国家物价局审批。省级烟草公司在中国烟草总公司和国家物价局制定的卷烟、雪茄烟的地区差价或地区差率幅度内，具体制定全省卷烟、雪茄烟的地区差价或地区差率，审批和制定丁、戊级卷烟的出厂、批发和零售价格，报中国烟草总公司备案；根据中国烟草总公司卷烟、雪茄烟的调拨价格不得高于批发价格和低于出厂价格的规定，制定和调整地产卷烟、雪茄烟的调拨价格。

1987年8月后，中国烟草总公司规定：甲、乙级新牌号、新规格、新包装卷烟价格均由各省、自治区、直辖市烟草公司提出意见，报中国烟草总公司审批，并报国家物价局备案。这种核定价格的办法，一直延续到1991年10月卷烟零售价格放开才停止执行。

（五）价格放开

浙江省卷烟价格放开以后，先后推出过价格双轨制、名优烟自行定价、零售价放开、企业自主定价等做法。

1. 价格双轨制

卷烟放开价格之前，黑市价与市价并存，且二者背离严重。这种“双轨”现象自20世纪80年代始持续了很长时期。温州是改革开放后市场经济发展较早的地方，卷烟黑市交易问题严重。1987年4月28日，经国家烟草专卖局批准，温州市开始试行卷烟价格双轨制。即计划内卷烟供应仍实行国家统一定价，计划外名优卷烟供应实行市场调节价。试行地区为已经建立烟草公司的温州市的鹿城区和苍南县。对计划外名优卷烟的定价，采取随行就市，高于牌价、低于市价的原则。批发价格由温州市烟草公司和苍南烟草公司组织定价小组，集体讨论制定，并报省烟草公司备案。零售价格则由持有“卷烟零售许可证”的国营、集体企业和个体户在低于当日市场价格的前提下，自行制定。

2. 名优烟自行定价

随着经济体制改革的深入发展，国家统一定价的格局逐渐被突破。在这一背景下，业务主管和物价部门重新考虑改变卷烟价格管理体制。1988年7月28日，全国13种名烟价格放开后，价格权限下放给企业，政府进行宏观调控、检查、监督。浙江各地放开后的13种名烟销售价格，由各经营企业以进货价格为基础，结合当地市场供求情况，按照摆得住、销得出的原则，自行定价。

3. 零售价放开

浙江省是全国最早实行卷烟批发零售价格放开的省份。1990年6月2日，经省政府批准，全省范围内实行卷烟批发价浮动、零售价放开。至此，浙江省卷烟零售价格管理权限全部放给企业。

4. 企业自主定价

零售价放开后，全省开始试行卷烟调拨价格浮动，卷烟出厂价不变，浮动调拨价按省烟草专卖局制定的批发浮动中心价和现行的调拨扣率制定。具体要求，优质紧俏卷烟要摆得住、销得出；滞销卷烟既要销得出，又要防止低价竞销；平销卷烟维持正常经营成本和合理利润。1992年12月，经国务院批准，国家物价局、国家烟草专卖局联合发出《关于放开卷烟的出厂、调拨价格和安排计税基础出厂价格的通知》，明确自1992年12月10日起，全面放开国产卷烟（含雪茄烟、出口卷烟、旅游外汇卷烟）的出厂价格和调拨价格，由生产、经营企业自主定价，并安排卷烟的计税基础出厂价格，由国家物价局、国家烟草专卖局、财政部和国家税务局另行制定卷烟计税基础出厂价格管理办法。

1993年2月，《浙江省烟草专卖局关于卷烟出厂价格放开后价格管理的暂行办法》制定，规定甲、乙级卷烟计税基础出厂价格由国家烟草专卖局制定和调整，丙、丁、戊级卷烟和雪茄烟的计税基础出厂价格由省烟草专卖局制定和调整。省产卷烟各个时期的实际调拨结算价格和批发参考价由省烟草专卖局（公司）牵头召集各卷烟厂和商业企业，以计税基础出厂价格为基础，协调定价。实际挂牌批发价格由批发企业自主确定。新牌号卷烟试销期内价格由生产厂家自主确定，一年后上报审批计税基础出厂价；甲、乙级上报国家烟草专卖局，按照国家烟草专卖局正式批复执行，丙、丁、戊级报省烟草专卖局审批。省外卷烟按实际进货价，掌握三级批发大于二级批发的利润分配原则，一般顺加3%～5%差率对三级批发企业作价。

（六）宏观调控

1.指导和监督

卷烟价格放开后，卷烟生产和流通中出现定价不规范、不科学等问题，为此，国家烟草专卖局要求切实加强价格监督检查。1994年8月，省烟草专卖局发出《关于建立卷烟价格申报备案制度的通知》，要求各级各单位重视对市场价格信息的收集和应用，健全卷烟定价组织和物价管理制度，建立企业定价申报备案制度，各卷烟厂改造和开发的产品在投放市场试销前，必须向省烟草专卖局（公司）申报，每个季度省产卷烟价格无论有否变动，应在产销衔接会前5天，及时将卷烟调拨结算价格变动情况和理由上报省烟草专卖局（公司）备案。各单位从中国卷烟批发市场和云南卷烟市场及其他渠道购入的省外烟，其进价和批发指导价变动情况，也应及时上报备案。1998年8月，省烟草专卖局发出《关于认真执行国家烟草专卖局〈卷烟价格宏观调控和管理暂行办法〉和〈卷烟定价规范〉的通知》，明确指出：凡列入国家烟草专卖局价格监控管理的卷烟牌号，其出厂价和调拨价的调整及同牌号新规格产品出场价和调拨价的制定，应报省烟草专卖局，由省烟草专卖局转报国家烟草专卖局批准，企业按批准的价格执行。今后各卷烟厂根据市场需要，新改造和开发牌号的卷烟出厂价、调拨价由生产厂家自主确定，在正式执行前须报省烟草专卖局备案。

2.限价和信息服务

价格放开后，卷烟降价竞销、作价混乱以及其他形式给"回扣"、搞促销等现象较为突出，为此，省烟草专卖局根据国家烟草专卖局有关限价政策精神，制定相关办法、制度和检查监督机制。同时，按照国家烟草专卖局卷烟价格信息管理的要求，建立卷烟价格指数统计报告制度，定期上报。

2001年6月，省烟草专卖局（公司）明确杭州卷烟厂、宁波卷烟厂实际销售价格应按照或者高于国家税务总局核定的计税价格执行，同一牌号规格的卷烟省内外交易价格必须一致，交易价和实际执行价必须一致。次年2月5日，各地区贯彻落实价格统一政策，执行全省统一批发价格。台州将现行批发价低于全省统一批发限价的，全部调整到位；高于全省统一批发限价的，则根据市场、货源等因素，由定价小组重新制定。金华地区停止所有奖励促销活动，建立八类烟管理制度，规范管理行为。4月，省烟草专卖局（公司）下发《浙江省卷烟价格管理暂行规定》，指出省卷烟价格管理领导小组和办公室，主要负责制定全省卷烟价格管理政策，确定和发布各类卷烟的全省统一价格。杭州卷烟厂、宁波卷烟厂和省卷烟销售公司是统价稳价的主要责任者，主要负责提出各自生产和代理的卷烟品牌（规格）的统一批发价格，提供各相关品牌的统一零售指导价。各市、县级烟草专卖局（公司）是执行统价稳价措施的主体。2003年7月底，按照省烟草专卖局、省物价局《关于规范卷烟零售价格行为的通知》精神，嘉兴、衢州、台州、舟山4个地区和其他地区的部分县级烟草公司推行卷烟零售价格规范管理工作。2004年5月，按照国家烟草专卖局要求，全省实行国产卷烟价格目录管理，卷烟牌号（规格）的价格必须进入由所在省工业公司编制、国家烟草专卖局备案并公布的卷烟价格目录，未进入价格目录的卷烟牌号（规格）不得进行交易。是年，浙江省所经营的所有牌号规格卷烟实行区域统一批发价格。

2006年2月，省烟草专卖局（公司）贯彻国家烟草专卖局办公室《关于加强卷烟统一批发价格目录管理的通知》精神，加强卷烟统一批发价格目录管理工作，更新统一批发价格目录。实行卷烟统一批发价格目录“进一退一”制度，即商业单位引进一个卷烟牌号规格（不包括国产雪茄烟和进口卷烟、雪茄烟），必须退出经营一个卷烟牌号规格（列入国家烟草专卖局确定的重点品牌除外）。

2008年7月，省烟草专卖局（公司）贯彻国家烟草专卖局《关于完善卷烟价格管理工作的通知》精神，加强卷烟价格目录管理，不断完善卷烟价格管理工作程序，严格控制工商企业的调拨价格和批发价格。新开发的卷烟牌号规格，其含税调拨价格不得超过480元/条（含），批发毛利率不得超过25%（含），商业批发价格不得超过640元/条（含）。进一步规范卷烟各环节价格管理。对于上市的含税调拨价格超过480元/条（含）且批发毛利率超过25%的卷烟牌号规格，逐步将调拨价格调整到480元/条（含）以下并按不超过25%（含）的批发毛利率取整确定批发价格；烟草商业企业所属的卷烟零售店，经营所有牌号规格卷烟的零售价格不得超过1000元/条（含）；工商协同，即通过合理投放调控零售价格，禁止商业企业“批条”行为，所有卷烟产品都要通过零售户正常投放市场，工商企业不得通过人为炒作提高零售价格。2009年初，针对行业卷烟品牌的市场价格波动较大的情况，省烟草专卖局（公司）采取“保牌稳价”的策略，建立省产卷烟主骨干规格价格监控体系，通过每周二对市场价格进行汇总和分析，逐步完善1680个价格采集点的价格采集与监控，加强对市场价格的监测和对投放货源的调控，使省产卷烟市场价格整体平稳受控。

2010年，省烟草专卖局（公司）贯彻国家烟草专卖局《关于加强对高价位卷烟生产经营和价格管理的意见》，要求所有卷烟品牌规格的零售指导价均不得超过1000元/条。各级烟草专卖局要与当地物价部门密切配合，对卷烟零售明码标价工作加强监督管理，如发现社会卷烟零售户存在没有明码标价或实际零售价格超过1000元/条的行为，烟草商业企业要立即停止向该零售户有关牌号规格的供货。

二、价格调整

(一)价格波动不平衡

清宣统元年(1909 年),经杭州海关输入的卷烟每千支 3 关平两,经宁波、温州海关输入的为 1.72 关平两,价格相差较大。民国元年(1912 年),杭州、宁波、温州海关输入的卷烟价格已较接近,每千支分别为 1.92、1.89、1.91 关平两。民国 8 年,从三海关输入的卷烟中,英美烟公司等外国烟公司出品的每千支分别为 2.63、2.62、3.13 关平两。民国 14 年 2 月底,杭州的卷烟批发价:“金龙”牌 5 万支 915 元,“加力克”5 万支 975 元,“司令”牌 5 万支 850 元。上海海员烟草公司出品的“大金锚”牌,在宁波的零售价为每包 5 枚铜圆。民国 19 年,杭州市场上华成烟草公司产品的批发价为:每箱 20 支装“美丽”牌 395 元、“生生”牌 315 元、“富贵”牌 125 元,10 支装“美丽”牌 385 元、“芬芳”牌 160 元。南洋兄弟烟草公司产品的零售价为:“白金龙”大号罐 7 角、小号罐 5 角,“大长城”10 支装每包 200 文。

表 48-4-4-1

民国 19—25 年(1930—1936 年)浙江省部分市场卷烟年均价格一览表

金额单位:元(银圆)

市场地点	品名及规格	单位	民国 19 年	民国 20 年	民国 21 年	民国 22 年	民国 23 年	民国 24 年	民国 25 年
杭州	金鼠	200 支	0.903	1.041	0.974	0.953	0.940	0.865	0.906
宁波	金鼠	200 支	0.898	1.065	0.92	0.919	0.935	0.874	0.908
平湖	10 支装老刀	包	0.046	0.085	0.069	0.059	0.058	0.0515	0.0645
黄岩	20 支装软黄金	包	0.075	0.083	0.085	0.079	0.072	0.072	0.072
义乌	10 支装金鼠	包	0.05	0.05	0.0535	0.055	0.0515	0.052	0.053
鳌江	20 支简装飞马	包	0.074	0.084	0.076	0.076	0.076	0.076	0.076
沈家门	20 支装大黄金	包	0.048	0.061	0.068	0.071	0.080	0.064	0.065

资料来源:根据《浙江省烟草志》浙江人民出版社 1995 年版第 333 页表格整理。

说明:杭州、宁波市场为批发价,其他为零售价。

抗日战争全面爆发后,经济环境恶化,运输受阻,卷烟市场供应不足,地区间价格波动更是不平衡。民国 35 年(1946 年)后,全国物价暴涨,浙江市场的卷烟价格随之飞涨,甚至早晚价格也有所不同。卷烟(中等国货)杭州市场每包的零售价,民国 36 年 1 月为 433.33 元,12 月涨到 4833.00 元。民国 37 年 8 月 19 日,国民政府宣布发行金圆券,发行日以法币 300 万元兑金圆券 1 元。此后,浙江省市场卷烟价格涨势更猛。据《东南日报》市场行情,民国 37 年 11 月至民国 38 年 4 月部分牌号卷烟价格涨势更加惊人。

表 48-4-4-2

民国 37 年(1948 年)11 月至民国 38 年 4 月浙江省部分牌号卷烟价格一览表

单位:元/条

牌别	民国 37 年		民国 38 年				
	11 月 19 日	12 月 26 日	1 月 4 日	2 月 5 日	3 月 19 日	4 月 10 日	4 月 28 日
20 支大英	35	70	105	1000	3100	23000	150000
20 支白兰地	33	59	88	710	2950	22000	150000
20 支红金	31	59	85	630	2900	21000	150000
20 支大乾坤	15	27	39	250	1200	8500	68000
20 支银行	35	70	98	920	—	—	—
20 支嘉宝	21	27	58	380	1850	14000	100000
20 支大克雷斯	—	—	88	700	—	—	—
20 支红三星	—	21	32	220	950	7500	55000
20 支金鼠	—	44	68	500	2000	17000	110000
20 支大总会	—	15	21	—	750	—	—
20 支四时	—	15	21	135	680	5000	—
20 支红高乐	—	—	—	—	3000	22000	150000
20 支大公	—	—	—	—	830	7500	54000
10 支美丽	—	—	140	1100	—	—	220000
20 支前门	55	—	—	—	—	—	—

资料来源:根据《浙江省烟草志》浙江人民出版社 1995 年版第 334 页表格整理。

民国 38 年(1949 年)5 月后,由于战争尚未完全结束,物资匮乏,投机倒把猖獗,物价出现几次大波动,卷烟市价仍自由浮动。

1949 年 11 月 13 日,国营杭州市贸易公司挂牌供应卷烟,每条"天华"牌 0.19 元,"金盾" 0.18 元。1950 年 1 月至 1952 年 7 月,全省部分市场的卷烟月平均价格如下表所示。

表 48-4-4-3　　1950 年 1 月至 1952 年 7 月浙江省部分市场卷烟月均价格一览表

金额单位:元

市场地点	品名规格	单位	1950 年		1951 年		1952 年	
			1 月	7 月	1 月	7 月	1 月	7 月
杭　州	20 支简装飞马	条	0.981	1.753	1.89	2.12	2.29	1.89
宁　波	20 支简装飞马	条	0.996	1.68	2.078	2.25	2.24	1.769
温　州	20 支劳动	条	2.004	2.004	2.374	2.374	2.034	2.034
平　湖	20 支劳动	包	0.117	0.160	0.149	0.166	0.173	0.150
黄　岩	20 支简装飞马	包		0.185	0.268	0.277	0.277	0.210
鳌　江	20 支简装飞马	包		0.175	0.160	0.160	0.175	0.107
沈家门	20 支简装飞马	包			0.260	0.260	0.280	0.210
义　乌	20 支简装飞马	包			0.280	0.280	0.280	0.280

资料来源:浙江省工农业商品比价问题调查研究办公室编印:《工农业商品比价问题调查研究资料汇编》。

说明:其中杭州、宁波、温州三地为批发价,其他为零售价。

1953 年 1 月 1 日,卷烟纳税税种由货物税改为商品流通税,价格相应调整。沪产卷烟产地批发价调高 8%,省产卷烟销售价格相应调高。5 月,省产卷烟滞销,为打开销路,采取部分地产卷烟降价的措施。杭产"旗鼓"牌每条批发价由 1.54 元降为 1.45 元。7 月,又调整卷烟的地区差价、品种差价、批零差价、销售价格,从而扩大销路,并有效地限制私营批发商的竞销,改变市场价格的混乱局面。

(二)价格调整频繁

1953 年下半年开始,卷烟逐步实行国家统一定价,价格狂涨的现象得到遏止。省商业部门、专卖事业公司和物价部门根据卷烟总体价格水平随物价总指数变动而变动的实际情况,频繁调整卷烟价格。11 月 4 日,商业部根据卷烟供求情况,结合品种质量的提高、包装的改善,适当调整 5 种卷烟的销价,沪产"飞马"牌每条为 1.93 元,"指南""勇士"牌每条为 0.98 元,新"前门"牌每条为 2.46 元,津产"绿叶"牌每条为 0.97 元。其中"前门""飞马"的调幅为 4%,"指南""勇士"的调幅为 10%,浙江加上地区差价安排销售价格。12 月,又调整上海"精中华""绿锡包""精前门"及青岛"红锡包""哈德门"等卷烟价格。1954 年 9 月 1 日起,省专卖事业公司为了增加库存,满足旺季市场需要,根据商业部的指示,决定沪、津、杭、甬产丙、丁级卷烟销售价格分别提高 6.68%和 9.98%。其中,省产丙级卷烟销售价格提高 7.02%,丁级卷烟销售价格提高 10%,甲、乙级卷烟销价不动。由于调价后,专卖事业公司尚在亏本经营,市场供应仍感不足，为平衡产销，弥补亏损，增加国家积累，商业部决定再次调整乙、丙、丁级卷烟价格，全国总的调高4.6%，浙江省上调幅度为5.89%，其中乙级5.91%、丙级7.18%、丁级3.82%。1955年7月1日起，全国丙、丁级卷烟烟支改细。7月20日，省专卖事业公司下达《烟支改细后调整地产丙、丁级卷烟价格的通知》，将省产丙级卷烟销售价格平均调低6.18%，省产丁级卷烟销售价格平均调低4.86%。

1956年7月，为扩大推销，压缩库存，减少霉变损失，省商业厅决定将丙、丁级卷烟销售价格降低9.8%。1957年3月，食品工业部、城市服务部根据烟叶供应情况和满足消费者的要求，决定将丙、丁级卷烟由细支复改为粗支。卷烟改粗后的销售价格在原细支价格的基础上，每箱加价25元，每包零售价格加0.01元。当时，市场上高档卷烟供不应求，为了缓解供求矛盾，适当满足市场需要，省商业厅根据全国卷烟销售价格提高水平，结合全省实际情况，决定从4月5日起，将甲级卷烟零售价格平均提高8.2%，乙级卷烟零售价格平均提高4.6%。1958年，甲、乙级卷烟销售数量有所下降，部分品种滞销积压。8月28日，省商业厅根据产地调价幅度，决定将沪产“牡丹”“前门”“美丽”“红金”等12个品种、16个规格卷烟的销售价格适当下调，批发价格平均调低8.19%，零售价格平均降低8.20%。9月，又将青岛产“哈德门”“红锡包”批发价每条调低0.30元，零售价每包调低0.03元。

1962年，省外烤烟收购价格提高，卷烟生产发生亏损，为避免过多地影响市场价格，全国物价委员会决定分两次提价。1962年12月10日，省物价委员会结合全省实际，调高卷烟销售价格。除云南产精装“大重九”“红塔山”、安徽产简装“玉猫”、菏泽产新装“满堂红”和“满山红”5个品种质量较差的提价幅度为5%～8%，宁波产简装“五一”、山东产简装“一枝笔”2个品种价格偏低的提价幅度略高于10%外，其他所有品种卷烟的批发价格和零售价格，一律在现行价格的基础上提高10%。1963年11月1日，省物价委员会再次下达《提高卷烟销售价格的通知》，决定杭州、嘉兴、宁波地区从11月6日起，其他地区从11月8日起，在1962年12月10日实际提高9.47%的基础上，再提高9.64%。省产卷烟两次价格调整情况如下表所示。

表48-4-4-4　　1962—1963年浙江省产卷烟价格调整情况一览表

单位：元/包

产地	牌号	等级	烟型	规　　格	零售价格		
					1962年12月10日调整前	1962年12月10日调整后	1963年11月6日、8日调整后
杭州	杭州	甲		精装20支粗支	0.42	0.46	0.51
	西湖	乙		精装20支粗支	0.30	0.33	0.37
	西湖	乙		简装20支粗支	0.28	0.31	0.35

续表

产地	牌号	等级	烟型	规　　格	零售价格		
					1962 年 12 月 10 日调整前	1962 年 12 月 10 日调整后	1963 年 11 月 6 日、8 日调整后
杭州	利群	乙		简装 20 支粗支	0.24	0.26	0.29
	新安江	丙		简装 20 支粗支	0.20	0.22	0.25
	旗鼓	丙		简装 20 支粗支	0.17	0.19	0.22
	雄狮	丙		简装 20 支粗支	0.15	0.17	0.19
	雄狮	丙	晒烟	简装 20 支粗支		0.17	0.18
	香雪海	丙		简装 20 支粗支		0.18	0.19
	大乾坤	丁		简装 20 支粗支	0.11	0.12	0.13
	大乾坤	丁	晒烟	简装 20 支粗支		0.12	0.12
	欢庆	丁		简装 20 支粗支		0.12	0.13
	高速	甲		简装 20 支粗支	0.40	0.44	0.49
	祖国	乙		简装 20 支粗支		0.25	0.29
	上游	乙		简装 20 支粗支	0.30	0.33	0.37
宁波	五一	乙		简装 20 支粗支	0.23	0.26	0.29
	钢花	丙		简装 20 支粗支	0.20	0.22	0.25
	高山	丙		简装 20 支粗支	0.17	0.19	0.22
	高山	丙	晒烟	简装 20 支粗支		0.19	0.20
	香兰	丙		简装 20 支粗支		0.18	0.19
	双燕	丙		简装 20 支粗支	0.15	0.17	0.19
	双燕	丙		简装 20 支细支		0.16	0.18
	红鹰	丁		简装 20 支粗支	0.11	0.12	0.13
	求学	丁		简装 20 支粗支	0.10	0.11	0.12

资料来源：根据《浙江省烟草志》浙江人民出版社 1995 年版第 337 页表格整理。

说明：表格中所列价格均为全省县城以上统一执行的零售价格。

（三）价格相对稳定

1963 年 10 月，全国物价委员会发出《关于提高卷烟销售价格的通知》后，卷烟价格虽有小幅波动，但批发和零售价格有时上调，有时部分下调，总体趋势是保持相对平稳。这一现象持续近20年。

1963年11月至1966年1月，开展高价卷烟供应工作，由省糖业烟酒公司系统统一经营高价烟的批发业务。高价卷烟价格本着敞得开、销得出，高于牌价、略低于市价的原则确定。高价卷烟的品种以丙、丁级卷烟为主，甲级卷烟因货源紧张，未卖高价。乙级卷烟因受货源限制，只在重点市、县卖高价。1965年，部分卷烟敞开供应后，销量增加。8月28日，省商业厅对品质差价不尽合理的"凤凰""青鸟"等13个牌号卷烟销售价格下调4.6%。1966年2月，省商业厅和省物价委员会根据国家有关部委关于调整部分卷烟品质差价的通知精神，结合全省市场情况，适当调低了品质差价不够合理、销售比较困难的26个品种卷烟价格。

1966—1976年"文化大革命"期间，卷烟价格冻结。其中，1970年10月，山东省对该省10个牌号的老产品进行削价处理，幅度在30%左右，浙江省也对这些卷烟在山东省的削价幅度内作了相应处理。1971年9月，省产卷烟增产较多，"利群""五一"两牌号卷烟库存过大，经省革命委员会生产指挥组同意，决定对5月份前生产的两牌号卷烟作一次性削价处理，每包零售价降低0.03元。

1978年8月，由于山东、河南、安徽产部分卷烟积压，省商业局决定本着按质论价的原则作一次性削价处理，每包削价不超过0.06元。

(四)价格上升渐趋平衡

1981年，全国烟叶收购价大幅度提高，卷烟供不应求。11月，浙江省贯彻国务院《关于调整涤棉布和烟酒价格的通知》精神，按"质量好、信誉高、价格低的品种，适当多提；反之，则少提或不提"的原则，调整卷烟销售价格，其中杭州、宁波产卷烟产地零售价格，甲级卷烟平均每包提高0.27元，乙级卷烟每包提高0.08元左右，丙级卷烟每包提高0.02元左右，丁戊级卷烟不提价。1983年4月10日，国家调整部分甲二级烟和过滤嘴烟价格，浙江省调低销售价格的卷烟共16种规格，其中，过滤嘴卷烟14种规格。零售价格每包降低0.03～0.08元。此后一个时期内，卷烟价格虽没作过多调整，但实际价格随着整体物价水平的变化而上升很快。

随着改革的逐步深入，经济的迅速发展，城乡人民生活水平的明显改善，出现集团消费增长过快、一部分人追求高消费的倾向，造成名烟供不应求。为了运用价值规律指导生产，调节供求，引导消费，打击黑市交易，增加财政收入，国务院决定放开名烟名酒价格，提高部分烟酒价格。1988年7月28日，省物价局、省烟草专卖局根据国家物价局、国家烟草专卖局《关于放开名烟价格和提高部分高中档卷烟价格的通知》精神，结合全省实际，调整卷烟价格，放开"中华""云烟""玉溪""红塔山""红山茶""茶花""牡丹""阿诗玛""大重九""恭贺新喜""石林""红双喜"(上海)、"黄人参"13个牌号名烟的销售价格，由经营企业自行定价；同时，提高部分高、中档卷烟价格。浙江省产卷烟提价品种共9个，其中甲级烤烟型卷烟6个，甲级混合型卷烟1个，乙一级烤烟型卷烟2个。产地零售价格平均每包提高0.108元，凡未调价的过滤嘴卷烟，在现行零售价格的基础上，一律每包加价0.04元。1990年6月，浙江卷烟零售价格全部放开，按有利于平抑市价的原则由企业自定，严格明码标价。通过运用价格杠杆进行价格疏导，卷烟价格逐步趋于合理。下半年，浙江省低档滞销卷烟市价有所回升，中档畅销卷烟市价有升有降，高档畅销卷烟市价略有下降，省产卷烟市场适销比例有所提高。

1991年6月，经省物价局、浙江省财政厅（以下简称省财政厅），并经省政府同意，省烟草专卖局发出《关于试行卷烟调拨价格浮动的通知》，规定省内外产卷烟的调拨价格，按省烟草专卖局统一制定的批发中心价和现行的调拨扣率确定，其中省内产各等级混合型卷烟的调拨扣率，在现行基础上上升0.5%，省外产全部卷烟（包括13种名优烟、查扣烟）的批发中心价（或批发指导价）及其浮动幅度，由省烟草专卖局（公司）每季制定一次，各地新到省外卷烟品种的批发中心价，由市级烟草专卖局报省烟草专卖局制定，浮动幅度从严控制，下浮从紧，上浮不限。卷烟价格全部放开后，各种卷烟价格自由浮动，各种牌号的零售价格由剧烈跳动到渐趋平衡，但不同牌号在不同地区形成一定的市场范围，价格也经常发生变化。1995年，卷烟价格总体水平呈现上升，传统名优烟价格波动。1997年后，卷烟总体价格水平相对稳定而略有上升。

（五）价格趋于规范

1998年8月，省烟草专卖局贯彻《国家税务总局关于贯彻〈国务院关于调整烟叶和卷烟价格及税收政策的紧急通知〉的通知》精神，为确保卷烟消费税改行差别税率的顺利实施和平稳过渡，暂时冻结一切卷烟牌号的出厂价，明确要求全省各单位、各企业不得借卷烟税率调整之际，人为调整、变更卷烟牌号类别或变相调整、变动各类卷烟的出厂价。2000年9月28日，省烟草专卖局（公司）发出《关于调整部分卷烟最低批发限价的通知》，对部分卷烟品牌的最低批发限价进行调整。

表48-4-4-5　　2000年浙江省调整部分卷烟品牌最低批发限价情况一览表

单位：元/条

牌　号	原最低批发限价	调整后的最低批发限价	牌　号	原最低批发限价	调整后的最低批发限价
大红鹰（精品）	193	188	西湖（老版软）	28	26
上游（新品）	51	46	雄狮（老版）	50	46
利群（蓝）	163	155	宫灯	53	50
新安江（红）	96	94	红塔山（84毫米盖）	74	68
西湖（老版硬）	70	62	红塔山（84毫米软）	69	65

资料来源：省烟草专卖局《关于调整部分卷烟最低批发限价的通知》（浙烟销管〔2000〕121号）。

2003年12月19日，省烟草专卖局发文要求贯彻《国家烟草专卖局印发〈关于进一步加强烟草系统卷烟价格管理的暂行规定〉的通知》和《国家烟草专卖局关于国产卷烟价格梯次化管理的实施意见》。明确指出根据国家烟草专卖局规定，卷烟批发价格已上升为行业指令性价格，新品牌的定价和老产品价格的调整都必须由国家烟草专卖局核准后才能执行，各单位不得擅自定价和调整。要求进一步规范卷烟批发价定价、调整的申报和制定程序；各单位新老卷烟品牌批发价的定价、调整必须实行网上申报制；老品牌批发价格的调整，首先由市级烟草公司在网上向省烟草公司申报，然后由省烟草公司征求该卷烟产品生产企业和生产企业所在的省级工业公司意见后报国家烟草专卖局核准；若牵涉两个以上地区经销的品牌，需召开市级烟草公司一级定价会议讨论获得一致意见后，再进行申报；并全面实行全省卷烟统一最低批发价。2004 年 1 月 1 日起，将原全省实行的最低批发限价过渡到全省统一最低批发价。

2006 年 7 月 3 日，根据《国家烟草专卖局办公室关于华东四省(市)局(公司)执行新一期卷烟统一批发价格的批复》的要求，省烟草专卖局决定调整“利群”(长嘴)等 33 个卷烟规格的统一批发价格。

表 48-4-4-6　　2006 年浙江省卷烟统一批发价格调整情况一览表

单位:元/条

生产厂家	卷烟牌号	类别	含税调拨价	原批发价	调整后批发价
杭州卷烟厂	利群(长嘴)	一	150.00	185.00	180.00
杭州卷烟厂	利群(软蓝)	一	100.00	155.00	150.00
杭州卷烟厂	利群(硬蓝)	一	100.00	140.00	135.00
杭州卷烟厂	利群(蓝天)	一	100.00	150.00	135.00
杭州卷烟厂	利群(新版)	一	80.00	125.00	116.00
宁波卷烟厂	大红鹰(红)	一	85.00	122.00	115.00
宁波卷烟厂	大红鹰(精品)	一	128.00	185.00	180.00
宁波卷烟厂	大红鹰(银)	一	108.00	155.00	150.00
宁波卷烟厂	五一(精品)	二	58.00	93.00	90.00
黄山卷烟总厂	都宝(国际)	二	55.90	90.00	88.00
红河卷烟厂	红河(精品 88)	一	60.00	88.00	85.00
红云集团	小熊猫(精品)	一	138.06	180.00	170.00
红塔集团	玉溪(铂 11 毫克)	一	180.00	260.00	265.00
武烟集团	红金龙(九州腾龙)	三	33.00	45.00	43.00
武烟集团	红金龙(四海腾龙)	二	44.00	70.00	63.00
黄果树集团	驰(醇香佳品)	三	32.00	45.00	44.00
黄果树集团	黄果树(红佳品)	三	33.00	45.00	43.00
许昌卷烟厂	帝豪(阳光)	一	123.68	175.00	186.00

续表

生产厂家	卷烟牌号	类别	含税调拨价	原批发价	调整后批发价
新郑卷烟厂	金芒果(盛世经典)	一	123.69	180.00	186.00
长沙卷烟厂	白沙(精品二代)	一	66.50	90.00	88.00
长沙卷烟厂	白沙(软)	三	27.30	33.00	34.50
长沙卷烟厂	白沙(精品)	一	66.50	72.00	74.00
长沙卷烟厂	白沙(银世界)	一	79.00	100.00	90.00
长沙卷烟厂	白沙(硬)	三	33.50	40.00	41.00
常德卷烟厂	芙蓉王(蓝塑十支)	一	180.00	220.00	240.00
常德卷烟厂	芙蓉(醇香佳品)	三	19.30	25.50	26.00
常德卷烟厂	芙蓉(黄后)	三	30.00	37.00	36.00
龙岩卷烟厂	七匹狼(豪情)	三	32.99	43.00	42.00
厦门卷烟厂	金桥(软)	三	26.44	32.00	31.00
广西卷烟总厂	真龙	一	120.00	160.00	165.00
广西卷烟总厂	真龙(红)	一	71.49	88.00	80.00
什邡卷烟厂	天下秀(红名品)	三	31.00	45.00	44.00
宝鸡卷烟厂	猴王(金色)	二	36.00	45.00	44.00

资料来源:省烟草公司《中国烟草总公司浙江省公司关于调整部分卷烟规格统一批发价格的通知》(浙烟计〔2006〕54号)。

2008年后,全省须报国家烟草专卖局核准批复的有关拟调整卷烟价格的品牌越来越少,省烟草专卖局(公司)和浙江中烟公司均按照"全国卷烟调拨和批发价格目录"执行,且浙江中烟公司执行的卷烟调拨价格目录和省烟草专卖局(公司)执行的统一批发价格目录必须与国家烟草专卖局制定的价格目录保持一致。

第五节　储　运

卷烟储运包括仓储和运输两个环节。卷烟仓储主要包括仓库建设、储存养护、入库出库等方面的工作。晚清民国时期,浙江的卷烟仓储条件简陋、设施简单、养护技术水平低、制度不全。中华人民共和国成立以后,仓储条件开始改善,从租借仓库到逐步建造卷烟仓库。1984年烟草实行专卖专营后,全省各级烟草公司先后建造专用仓库,管理制度逐步健全,设备配置先进完善,养护技术亦实现了信息化。浙江的卷烟运输方式随着浙江经济的不断发展以及城乡道路的改善而发生变化。中华人民共和国成立前，卷烟运输基本以水路和铁路为主，杭州、宁波、温州为全省卷烟运输的主要集散地。中华人民共和国成立后，国家逐步加快经济建设，公路开始成为卷烟运输的重要通道。2004年后，全省卷烟物流配送一体化工作开始推进，公路汽车直运逐渐成为卷烟运输的主要方式，2010年，省外卷烟运至浙江，省产卷烟调至各市、县均采用汽车运送。

一、仓储

（一）仓库

民国时期，卷烟专用仓库主要有两类。一类是卷烟企业为在浙江省销售该企业卷烟而设。民国13年（1924年），英美烟公司在杭州、绍兴、嵊县、湖州、兰溪、遂安、宁波、定海、余姚、温州、处州、海门、台州、石浦、嘉兴等地均设有卷烟仓库。主要有3种，一是直属仓库，设于通商口岸，属公司所有或者租借；二是应急仓库，一般设于非条约商埠，以公司或某一中国雇员的名义租借，由公司雇用有担保的仓库管理员负责看管；三是15甲级仓库，一般设在非条约商埠，由一家非公司雇用的叫作15甲级仓库管理员的中国商行派遣人负责看管，仓租由公司按存货数量计算，保险则由公司办理。当时，南洋兄弟烟草公司、华成烟草公司等企业也在杭州、宁波、温州、金华等大中城市设有卷烟中转货仓。另一类是政府为实行卷烟公卖或专卖所需而设。民国16年，浙江省实施卷烟公卖时，省卷烟公卖局下属的区分局各设有卷烟中转仓库1个，全部属租借。其中杭州仓库（所在地杭县，可容卷烟600余箱）、宁波仓库（所在地鄞县，可容卷烟1000余箱）、温州仓库（所在地永嘉）属一等仓，湖州仓库（所在地吴兴，可容卷烟600～700箱）、绍兴仓库（所在地绍兴）、海门仓库（所在地海门）、兰溪仓库（所在地兰溪）属二等仓，桐庐仓库（所在地桐庐）属三等仓，衢州仓库（所在地衢县）和处州仓库（所在地丽水）属四等仓。民国31年，英美烟公司在永嘉有仓栈2所，可容卷烟2000箱，在丽水有仓栈1所，可容卷烟数百箱；南洋兄弟烟草公司在永嘉建有仓栈1所，可储卷烟500～600箱。

中华人民共和国成立初期，浙江省仍有上海卷烟企业设置的卷烟仓库，其中有中华烟公司杭州仓库、南洋兄弟烟草公司杭州仓库等。省内国营商业系统随着卷烟经营业务的开展，开始设立卷烟仓库。1949年，金华百货公司兰溪县公司有卷烟专用仓库1个，实用面积90平方米。1952年，丽水县公司建造卷烟仓库100平方米。卷烟储存多数与百货商品合用仓库，且主要为前店后仓，批零合一，仓批合一，保管经营合一，属临时性装卸或周转用房。

1953年，省专卖事业公司先后在杭州、宁波、金华、绍兴等地成立采购供应批发公司、批发站和批发部。全系统78个单位，多数租用民房、庙宇、祠堂作为卷烟仓库，包括酒类在内共有仓库1.1万平方米。1954年起，余姚、缙云、金华等地相继新建卷烟专用仓库。私营工商业社会主义改造完成后，国营批发单位商品储存量增加，所需仓库面积增大。为此，省专卖事业公司根据各地业务量大小，编制建仓计划，在杭州、嘉兴、金华建造中转仓库，嘉兴及其各县实际建仓3500平方米，温州700平方米，其他地区各县也改建和扩建了一批商品仓库。

1963年，省糖业烟酒系统有仓库397个，面积7.6万平方米，其中半数以上是结构简陋的民房或仓棚，多数为综合仓库，卷烟专用仓库相当少。至1969年，全省商业系统新建卷烟仓库9000平方米，以砖木结构为主，需借助密封材料隔热防潮方可储存卷烟。规模较大的有温州矮凳桥卷烟仓库，单层砖木结构，1900平方米；嘉兴范蠡湖卷烟仓库，双层砖木结构，819平方米。

20世纪70年代始，省内陆续建造库基较高、排水畅通、三油二毡（涂三次沥青，加两层油毛毡）地坪、设隔热层屋面和加防潮层墙壁的具有较好密封隔热防潮性能的规范化仓库，并根据商品的性质实行专库专用。据1974年统计，全省副食品系统有商品仓库27.6万平方米，其中卷烟专用仓库2.3万平方米，比1965年增长35%，但与卷烟储存量增加63%比，仍严重不足。

1982年，省糖烟酒菜系统80个地市县公司有卷烟专用仓库3.5万平方米。新建成的大型卷烟仓库有：金华杨梅山卷烟中转仓库，砖混结构，面积1087平方米；江山市西山仓库，混合结构，双层，面积755平方米；临海城关仓库，砖木结构，三层，面积878平方米；鄞县仓库，混合结构，面积883平方米。1983年末，全省糖烟酒菜系统有自有仓库51.93万平方米，其中卷烟用仓库4.92万平方米；另外租仓库6.42万平方米，其中卷烟用仓库0.56万平方米。

1985年，全省烟草系统有卷烟仓库1.18万平方米（使用面积），多数为各级烟草公司组建时所接收。之后，全省烟草系统发挥专业公司优势，始建专用卷烟仓库。至1989年，全省烟草系统新建仓库建筑面积达3.7万平方米。

表48-4-5-1　　1989年浙江省烟草系统卷烟仓库面积一览表

单位：平方米

单位或地区	自有仓库建筑面积			外租仓库使用面积
	合计	新建	接收	
杭州调拨站	11273	9873	1400	—
宁波调拨站	5791	3603	2188	200
湖州地区	4723	3300	1423	250
台州地区	6452	2274	4178	80
衢州地区	3215	1985	1230	—
金华地区	8947	5915	3032	—
舟山地区	1150	1150	—	386
嘉兴地区	1216	—	1216	—
杭州地区	3670	954	2716	2630
宁波地区	3315	734	2581	74
绍兴地区	5739	3709	2030	—
丽水地区	4090	2520	1570	195

续表

单位或地区	自有仓库建筑面积			外租仓库使用面积
	合计	新建	接收	
温州地区	5142	1001	4141	180
合　计	64723	37018	27705	3995

资料来源:《浙江省烟草志》,浙江人民出版社 1995 年版,第 347 页。

说明:新建指烟草公司成立后自建的仓库,接收指烟草公司组建时划转的仓库。

20 世纪 90 年代后,全省烟草系统为满足卷烟业务增长的需要,以长期租用、改建和新建等形式,扩建卷烟仓库。1992 年,浙江烟草商业系统共有 28 个市、县级烟草公司新建卷烟仓库,使用面积增长 7 万余平方米。

2001 年后,信息化建设全面启动,卷烟物流配送项目被提到重要议事日程。为此,全省烟草商业系统相继建立配送中心或卷烟中转站,尚无条件建立的,采用扩租或改建的形式。2003 年,全省烟草商业系统卷烟仓库使用面积达 28 万余平方米。其中,杭州市烟草公司在沈家村改建卷烟物流配送中心 1.2 万平方米,长兴烟草公司建造中转站 1 万平方米,温岭烟草公司建造配送中心 1.28 万平方米。

表 48-4-5-2　　2003 年浙江省烟草商业系统卷烟仓库情况一览表

单位名称	市级仓库面积(平方米)	批发网点仓库数量(个)	批发网点仓库面积(平方米)
杭州市烟草公司	16344	35	6388
宁波市烟草公司	12092	51	13901
温州市烟草公司	9883	44	28036
嘉兴市烟草公司	6882	29	19655
湖州市烟草公司	8319	20	24650
绍兴市烟草公司	11525	24	8450
金华市烟草公司	8448	30	19233
衢州市烟草公司	6950	28	13086
丽水市烟草公司	10433	10	29500
台州市烟草公司	10837	34	9324
舟山市烟草公司	6733	21	3655
合　计	108446	326	175878

资料来源:根据 2003 年浙江省烟草专卖商业系统物流中心建设情况报告及相关资料整理。

2004年后，全省推进构建以市级烟草公司为市场主体的网建格局，开始推进卷烟物流配送一体化整合运作，注重资源效能的优化和配置，进一步优化整合卷烟配送中心、网点仓库。2006年，全省卷烟物流形成杭州、宁波、温州、嘉兴、湖州、绍兴、金华、衢州、丽水、台州、舟山11个卷烟配送中心，8个分中心，55个中转站的配送格局。2010年，全省烟草商业系统新一轮卷烟配送中心调整建设开始。舟山配送中心搬迁后，运行良好；绍兴、丽水配送中心进入土建施工；杭州、宁波配送中心完成工艺规划设计。全省烟草商业系统卷烟物流配送点布局完整拥有杭州、宁波、温州、嘉兴、湖州、绍兴、金华、衢州、丽水、台州、舟山11个卷烟物流配送中心，5个分中心，46个中转站。全省11个地区配送中心占地面积21.46万平方米，仓库建筑面积4.25万平方米，分拣区域建筑面积2.14万平方米，仓库最大总储存量10.55万箱。分拣、仓储等功能分区较为明确，能基本满足所在地区的物流配送需求。

（二）养护技术

民国时期，卷烟养护技术措施比较简单。民国16年（1927年），省卷烟公卖局的卷烟防霉措施主要有以下几项：修仓库时，在地面上铺砂土，再在距地面1.33～1.67米的高度架地板，地板槛设计的方向与当地风向一致，以利两端开通后空气对流；烟箱堆放离开墙壁0.33～0.67米；梅雨期空气湿度大和深秋天燥时多闭门窗，避免烟支受潮和油质挥发。

20世纪50年代初，卷烟养护技术仍较简单。主要方法有：用布条、牛皮纸、柏油纸糊门、窗、墙缝隙，阻止外部湿气流入仓库；使用砻糠铺地，摆上竹垫，再搁上木架，隔绝地潮；将仓内卷烟合理堆放（梅花形、井字形等），便于通风降温；晴天早上开窗，保持仓库干燥、凉爽；夏天高温天气，夜晚开窗，预防卷烟发热；黄梅季节或下雨天，采用大块石灰吸收仓库内潮气，或用烧红的火炉蒸发仓库内水分；经常翻仓防止卷烟霉变，尤其气候异常时，一般隔天翻仓一次；采用眼看（烟叶色泽）、鼻闻（烟味）、手摸（烟支软硬）、耳听（烟支捏时的声音）的方法，检查辨别储存的卷烟是否正常。1954年，省专卖事业公司系统产生霉烟220箱，损失金额2.6万元。

1955年，省专卖事业公司向各经营单位推荐使用烘烤箱抢救受潮卷烟的技术，结合石灰吸潮方式，当年抢救卷烟874箱，避免经济损失33.9万元，系统内56家单位实现全年不霉一条烟。1956年，个别单位开始研究使用“固封密闭”和氯化钙吸潮法卷烟养护技术。省专卖事业公司宁波分公司采用冰块降低烟库温度，使全区当年无一起卷烟霉变事故发生。瑞安县公司和建德分公司还分别研制出卷烟蒸汽水分检验器和卷烟蒸汽烘烤箱，用于测定卷烟含水量和抢救受潮卷烟。全省卷烟防霉能力有所提高。

20世纪60年代，卷烟储存多数由大间统仓改用小间小垛，“固封密闭”与氯化钙吸潮技术在全省得到全面推广使用。1964年，平阳宜山开始研究采用“小土密封”法保管卷烟技术，有的密封仓设6个隔层、3道防线，有效防止了卷烟霉变。至1967年，平阳县15个基层供销社143个供销分部，有124个建起卷烟密封设备；其中宜山供销社有14个密封仓，10个密封柜，24个密封箱（桶），储存卷烟2.7万条；并在当年的全国仓储保管会议上介绍开展小土密封仓工作的经验。1965年，青田卷烟仓库除密闭仓库外，还用棉胎包盖烟垛，实行双保险。丽水仓库利用密闭的电孵箱保管高档卷烟。海宁县糖业烟酒公司长安经营组仓库保管员倪志明在实践中摸索出用平时晒燥的卷烟纸箱即时更换阴雨天进仓的卷烟纸箱的卷烟防潮办法，取得较好的防霉效果。1966年，宁波地区副食品公司采用5千克装的旧糖精塑料袋，将其一只只烫起来用以密封卷烟仓间，减少内外温湿度交换，保持同样的库内湿度，使氯化钙吸潮剂更换次数减少，用量节省三分之一，既节约材料，又降低劳动强度。1970年，以宁波地区副食品公司新华卷烟仓库为代表，卷烟保管摸索出一套行之有效的养护方法，主要是用薄膜作密封材料密闭仓库，防止潮气侵入；用氯化钙吸潮，保证仓内湿度在65%以下；卷烟进仓立即抽查，如水分过高或发热即时采取措施；勤查卷烟的色香味和含水量，勤查仓内温湿度和密封程度；合理堆垛以提高仓容量和利于水分、热量的散发，防止发热霉变；根据卷烟质量、含水量及不同季节定时间隔翻仓；卷烟水分超过13%标准的绝不出仓。

1971年后，根据商业部的指示，省副食品公司系统开始推行江苏省六合县运用“小土密封”法保管卷烟的经验。是年，嘉兴平湖县基层商店建起小土密封卷烟仓库19个，面积252平方米，农村代销店利用箱、桶、缸、坛等也建起小土密封仓群。1973年，杭州地区8个县市共建小土密封仓库303个，密封箱、柜、缸等1400余个。1978年，省商业厅、省供销社继续推广江苏六合“小土密封”经验，各地因陋就简、土法上马、因地制宜，自行动手相继建造一批卷烟小土密封设施。余杭县糖业烟酒公司有密封仓库147个，面积1800余平方米。至1980年，省糖烟酒菜公司系统共推广使用小土密封仓(柜、箱等)1389个，面积1万余平方米。与此同时，建成的一些标准化、规范化卷烟仓库，均采用地面铺沥青、油毛毡，屋顶加隔热层，墙壁设防潮层等技术，具有较高的密封隔热防潮性能，可确保卷烟的储存安全。其间，各地还积极开展卷烟仓储技术革新。1978年，丽水县糖业烟酒公司试制成功活动式土排风吸潮机、手提式双层小型土排风吸潮机等，以氯化钙为吸潮剂，具有体积小、移动方便、结构简单、造价低、吸潮效果好的特点，可有效地控制小土密封仓和小型仓库的库内湿度。1979年，杭州副食品公司学习上海市烟糖公司和商业储运公司烟糖仓库保管卷烟的经验，与萧山县副食品公司一起研制出卷烟水分测试器，提高了卷烟水分检验水平。1980年，杭州市糖业烟酒公司和临安县烟糖公司，为解决使用降湿机后仓温增高，不利于卷烟保管的问题，自己动手做试验，采取将降湿机制热部分分割，把发热部分装在库外，吸湿部分装于库内，达到降温吸湿的效果。后推广至桐庐、富阳等地使用。同年，桐庐县副食品公司根据远红外烘烤食品的原理，研制成功小型远红外线烘房，体积4立方米，用于抢救受潮卷烟，效果较好。杭州市糖业烟酒公司研制JIR-P型半导体远红外自控卷烟烘房，获省商业厅科技成果二等奖和杭州市科技成果三等奖，一次可烘烤卷烟4800条(1982年6—9月，烘烤卷烟3744件，避免损失6万元)。1981年，杭州市副食品公司为解决卷烟仓库库门启闭频繁影响库内温湿度控制的问题，借鉴肉厂冷冻库大门装置风幕的技术，有效控制了库门开启时库外潮气、热量的进入。1985年，全省烟草系统卷烟仓库共配有KJS-2FS型空气降湿机85台、空调机42台、水分测定器45台、排风扇71台、风幕30台。

1987年，各级烟草公司更加重视仓储技术的提高和仓储设备的改善，全系统增添各种空调器82台、吸湿机41台、排风扇15台、风幕19台。至1990年，全省烟草系统卷烟养护技术基本上实现科学化和现代化。卷烟养护方法趋于规范、使用有效。主要内容有：“二检”(检查卷烟内在质量,检验烟支含水量),“三结合”(通风与密封结合,吸潮与降温结合,养护与治救结合),“四查”(查品种,查数量,查规格,查牌号),“五看”(看出厂日期,看烟箱完整率,看烟箱软硬度,看烟箱干净度,看条包完整率),“六勤”(勤检查,勤翻仓,勤倒垛,勤整理,勤联系,勤测温湿度),“七验”(手指轻捏烟包,软硬适中,烟支含水量正常;手指搓烟支,听到有沙沙声,质量正常;拆包细闻,无香气、有怪味为发霉前兆,急需抢救;眼看烟丝黄亮、油润,质量未变,发现白、黑色茸毛粉状为霉变;烟支点燃,吸时杂气重,香气不谐调,刺激大,有苦辣味为霉变;手掌摸烟箱有发热,应立即翻垛,或拆箱架条,降温吸潮;用检测仪每日测定仓库温湿度,对照标准表查对是否正常)。

1996—2002 年,省烟草公司将防霉作为业务工作的一项重要内容,要求各市、县级烟草公司、卷烟厂(调拨站)做好卷烟防霉工作,按照“先进先出,推陈储新”的原则对库存卷烟进行分类排队,落实防范措施,组织防霉检查,严格把好卷烟出厂和进库水分关,强化卷烟仓库防火、防汛、防台、防盗的“四防”工作。2003 年后,省烟草专卖局(公司)组织有条件的卷烟仓库与公安“110”联网,并加强节假日对卷烟仓库的值班巡查,同时落实相应的防范措施和应急预案,加强卷烟仓库的规范化管理。2008 年,深入应用数字化信息技术,提高了卷烟储存养护水平。

二、运输

(一)管理

民国 16 年(1927 年),省卷烟公卖局为加强卷烟的运销管理,在其内部设立运输科,并制定办事细则,明确职责任务。

1950 年后,国营公司逐步建立健全各项运输管理制度,加强运输管理。1956 年,省专卖事业公司规定,省产卷烟由省专卖事业公司确定运输路线、下达调拨计划,由产地二级站制订运输计划;省外烟调入由商业部下达分配计划,省专卖事业公司按照计划与产地公司衔接调拨运输计划。

1962 年,省糖业烟酒公司贯彻商业部颁发的《商业运输管理暂行条例》,制定《糖业烟酒和蔬菜盐运输实施细则暂行办法》。全省实行集中管理和分级负责相结合,按照及时、准确、安全、经济的原则组织运输。省产卷烟由省糖业烟酒公司确定运输路线,根据调拨计划直运销地。外省调入卷烟由地区公司编制运输计划,省糖业烟酒公司综合编制、确定运输工具和时间,报商业厅、铁路局、交通局等有关部门协调。

1979 年,根据省商业厅下发的《全省商业部门开展合理运输节约费用的通知》,卷烟运输实施定商品、定起点、定止点、定路线、定工具的“五定”运输。1980 年,根据省政府的有关规定,卷烟运输取消归口管理,改由分公司编制月度运输计划,报送当地承运部门审查、批准后,归入计划执行。

1984 年,省糖烟酒菜公司贯彻商业部《商业运输管理暂行条例》,印发《储运管理补充办法》,详细规定了商品的分级管理、运输中转、报表填报、事故处理等工作内容。

省烟草公司成立后，明确卷烟销售部门具体负责全省烟草系统的卷烟运输管理，卷烟运输进入专业化管理阶段。1986年，省烟草公司制定《浙江省烟草系统运输管理试行条例》，强调卷烟运输必须贯彻执行国家的有关法律和政策，执行公安、交通等部门发布的有关规定，省产卷烟由省烟草公司确定运输路线，编制调运计划，省外卷烟根据全国平衡计划，由省烟草公司与产地衔接，产地制订运输计划运达全省销地。同时，制定《浙江省烟草系统自备汽车管理(试行)办法》，要求凡有自备货运汽车3辆以上的单位建立汽车队，实行内部独立核算或单车核算，制定健全有关岗位责任制和安全行车制度，并建立行车奖、安全奖、节油奖等。1989年起，杭州、宁波卷烟调拨站及各市级烟草公司汽车队先后建立经济责任制。

2002年6月，跨省的卷烟运输到货确认工作首先在浙江省进行试点，在中国烟草交易中心签订卷烟购销合同运输卷烟的，必须进行到货确认。按照"谁订货，谁确认，谁确认，谁负责"的原则，由卷烟购销合同的需方单位依据随货同行的准运证进行卷烟到货确认。卷烟购销合同需方单位收到卷烟后，收货方应在准运证有效期加3日内上网确认，并在准运证随货同行联上加盖"货已收讫"印章，准运证随货同行联应存档备查，并据此登录国家烟草专卖品准运证计算机网络管理系统进行网上确认。2003年，省烟草专卖局(公司)进一步规范卷烟到货确认工作，设立经办人AB角制度，确保实际到货与合同及准运证核定数量品种相等；及时确认收货时间，专卖监督部门及时检查；到货合同、准运证随货同行联由专人负责。2004年，省烟草专卖局(公司)规定，凭省内准运证在浙江省境内运输的卷烟，必须进行到货确认。2008年，全省烟草商业系统实施车辆智能调度系统，主要包括3G智能调度运营规划、3G配送线路智能调度管理、GIS/GPS配送车辆在途导航、3G车辆监控管理等。

2009年，浙江中烟公司通过在运输车辆上安装GPS车载设备，使浙江中烟公司和第三方物流公司通过浙江中烟公司统一的GPS监控平台，能够有效施行车辆运输情况二级监控管理，确保货物与运输车辆安全。同时，结合物流管理，对GPS车载设备的运行情况进行监控，做到有运输任务的车辆GPS设备100%正常使用，消除GPS监控盲点。

(二)方式

清末民初，卷烟输入省内完全靠水运。杭州、宁波、温州为全省的主要卷烟输入口岸。省内卷烟分运，沿江沿河地区以内河船运为主，偏僻地区则以手车、挑担运送为主。

民国5年(1916年)前后，南洋兄弟烟草公司的卷烟开始通过沪杭铁路运抵杭州。民国13年，英美烟公司委托运输公司将卷烟运至设于杭州、绍兴、嵊县、湖州、兰溪、遂安、宁波、定海、余姚、温州、处州、海门、台州、石浦、嘉兴等地的卷烟仓库，再由各地仓库分运给仓库所在地区的大小经销商。

民国16年(1927年)，浙江省实行卷烟公卖，卷烟运输业务全部由省卷烟公卖局运输科负责，一般委托转运公司或轮船公司代办运输，上海运至浙江的平均运费为每箱3.00元，另加按价值5‰计的中途保险费。

民国22年(1933年)，浙江省的枫泾、嘉兴、嘉善、硖石、长安、临平、笕桥、拱宸桥、杭州、南星桥、闸口、曹娥、余姚、宁波等铁路车站均有卷烟输入或中转。

民国 27 年(1938 年),浙江省实行战时卷烟管理,卷烟全部用海船自上海运输抵宁波、海门、温州。再由宁波分运甬、绍所属各县及金所属一些县;温州分运温、处、金、衢、严所属各县,以永嘉、丽水、永康、金华、兰溪县为主;海门分运台属 6 个县,及通过公路运往新昌、嵊县、乐清、永嘉等县。民国 28 年,镇海口封港后,沪甬直接航路被阻绝,烟商运输卷烟的航路有:从上海到乍浦,过钱塘江到三北的庵东或蟹浦,再转驳内河船到宁波;从上海到石浦,挑运到象山西周或泗州头,经象山港挑到鄞县横溪,再过驳内河船运至宁波;从沈家门到镇海新或郭巨,转到宁波;沪轮在镇海口封锁处外侧停泊,用小轮过驳,通过狭小的一个口子运入宁波。民国 31 年,随着战争的加剧,交通更加阻塞,卷烟主要由温州、宁波运进浙江,少量的从海门、浙西输入,再分运各地,但风险极大,运费极高。

20 世纪 40 年代后期,杭州、宁波、温州仍为全省卷烟运输的主要集散地。杭州通过钱塘江水路和浙赣、沪杭、杭甬铁路,分运附近各县镇和吴兴、绍兴、金华、兰溪等地,以至邻省上饶、屯溪、南昌及皖南等地。温州经瓯江水系分运到属县和青田、丽水、龙泉、景宁、云和、松阳等县。宁波则以杭甬铁路及宁波至曹娥、奉化、镇海、慈溪公路线为主脉分运卷烟。另外,嘉兴、湖州经京杭大运河和沪杭铁路,海门则经海道,从上海运入卷烟。

20 世纪 50 年代,卷烟运输选择顺序为水路、铁路、公路。1954 年 1 月 1 日,包销收购站至中转站的运杂费用由调入方负担。1955 年,省专卖事业公司规定,宁波、杭州、金华中转的沪产卷烟原则上由车站或码头分运给销地单位。1956 年,省专卖事业公司根据商业部的指示,规定省产丙丁级卷烟从产地到销地县级以上公司所在地的运杂费由产地公司负担。1957 年,省产卷烟供应省内全部采取“送货制”办法。杭产卷烟供应片以铁路运输为主,公路、水路补充;甬产卷烟供应片以船运为主,汽车、火车补充。1958 年后,为做到运输路线合理,全省各地开展直线运输,并根据商品产销情况和流转方向,由产地与销地直接挂钩,实行就厂直拨和就车站码头直接分运的方式,减少不必要的中间环节。

1961 年 3 月,经商业部、铁道部同意,利用国际铁路线,云南烟经越南河内小轨铁路运至广西南宁,再转大轨铁路运入浙江。1963 年,为打破按行政区划进行商品流通而形成的市场分割状况,省商业厅、省供销社发出《关于恢复与建立合理的商品跨区供应的联合通知》,大部分省产卷烟实行由产地直调销地,省外卷烟也采用直拨办法,即分南北两路,以金华站、杭州站、嘉兴站和省商业厅驻上海办事处为调拨中心,由调拨中心直调各县三级批发单位。1964 年,实行汽车、火车合理装载,30 吨火车车皮装载量达到 212～215 箱,相对节省了运费。

“文化大革命”期间,铁路、公路交通不畅,合理运输难以开展。1973 年,从营口调往省内的 6400 箱卷烟因铁路受阻无法调运,由东海舰队派登陆艇运回。

1977 年,商业部转发国家经委《关于大力开展合理运输工作的通知》后,全省再次广泛开展直达直线、“四就直拨”(就仓库、车站码头、工厂、船舶直接过载运输)和“以零拼整”运输。当年,宁波地区糖业烟酒公司扩大“四就直拨”,坚持合理流向,卷烟直拨率达 95%,节约费用 6 万多元。

1978 年,为理顺工商、商商之间的关系,省商业部门完善省产卷烟运输的合理流向,以产销分区平衡组织卷烟流通代替按行政区域组织卷烟流通,有效提高了卷烟运输效率。其间,省外卷烟运往杭州、宁波、绍兴、嘉兴、金华等地区一般直接通过铁路分别运至艮山门站、宁波北站、绍兴站、嘉兴站、金华站；运往丽水地区一般采取陆陆联运方式，即铁路至金华站转公路到丽水；运往温州、舟山、台州地区除沪产烟外一般采取陆海联运方式，即由铁路运至宁波北站转宁波港务三处，再分别运到温州港、舟山港、海门港。临近省份所产的卷烟亦有用汽车直接运输至销地的。

表 48-4-5-3　　1978 年浙江省产卷烟运输情况一览表

产地（发运地）	第一道环节			第二道环节		
	发货站港	运输工具	流向范围	发货站港	运输工具	流向范围
杭州	杭州	内河船	桐乡、崇福、德清、乌镇、新市、吴兴、南浔、双林、菱湖、海宁、海盐、嘉兴、平湖、梅溪、临平、塘栖、余杭、富阳、桐庐、临浦、瓜沥、打石山	打石山	汽车	新登
	杭州	汽车	递铺、萧山、临安、昌化、於潜、淳安			
	南星桥	铁路	嘉善、建德、寿昌、金华、衢县、江山、龙游、兰溪、义乌、绍兴、诸暨、贺村、郑家坞	建德 龙游 衢县 贺村 义乌 郑家坞 金华	内河船 汽车 汽车 汽车 汽车 汽车 汽车	梅城 遂昌、龙泉 常山、开化 庆元 东阳 浦江 永康、武义、壶镇、缙云、丽水、青田、云和
宁波	宁波	内河船	余姚、慈溪			
	宁波	海运	白墩、石浦、定海、普陀、岱山、海门、温州、鳌江	白墩 海门 温州 温州 温州	汽车 内河船 内河船 海运 汽车	象山 黄岩、温岭 瑞安、乐清 洞头、玉环 文成、泰顺
	宁波	汽车	镇海、宁海、奉化、天台、三门、仙居、临海、新昌、嵊县			
	宁波北	铁路	上虞、绍兴			

资料来源：《浙江省烟草志》，浙江人民出版社 1995 年版，第 363 页。

1981 年，运价调整，50 千米以内公路运价比水路、铁路低，省糖烟酒菜公司提出凡 50 千米以内的尽量安排公路运输。1983年，运价再次调整，改为200千米以内尽量采用汽车运输。此后，铁路运输由于运量大、运速快、运价低，成为卷烟长途运送的首选工具，公路运输由于具有中转环节少、可直达仓库装卸、运送快速方便等特点而成为卷烟短途运输的首选工具，水路运输因时间长、易造成卷烟湿损等原因运输量逐渐减少。

省烟草公司成立后，各卷烟调拨站、市级烟草公司通过就厂直拨、车站直拨、销地直拨和选择合理运输工具，不仅节省了运输费用，而且缓和了库存紧张的状况，大大缩短卷烟在途时间。1985年，杭州调往浦江的卷烟由原铁路发郑家坞站中转改为汽车直送。1986年，宁波运往定海、石浦两地卷烟亦由海上水路改为汽车运输。1988年，杭州调拨站调义乌、东阳、磐安的卷烟由原拼车发义乌中转分运改由汽车直运；宁波调拨站努力扩大运输直拨率，铁路直拨分运节约装卸费和市内运费1.22万元，公路直拨分运节约装卸费2015元；丽水市公司采取直调快运，可直运的从金华直接分运，量大的省外卷烟直接送货至县公司仓库，年直调直运卷烟节约运杂费9000余元。

20世纪90年代后，随着浙江省交通事业的发展，尤其公路建设的长足发展，省际、各大中城市之间更多采用汽车运输，少数城市、山区、偏远城镇、乡村采用铁路、公路、水路相结合的方式。1991年起，杭州卷烟厂生产卷烟调运杭州地区均用汽车直送；除安吉外，调运嘉兴、湖州地区等地经内河船运；调金华、衢州、丽水地区，主要经铁路发运铁路沿线各站就近中转；调义乌、东阳、磐安、浦江用汽车直送；调宁波、舟山、温州地区用铁路发宁波中转，铁路运输紧张时改用汽车补充。宁波卷烟厂生产卷烟调温州、永嘉、洞头等地用船运至温州港中转；调舟山的岱山、嵊泗等县通过海运直达；调省内其他市县的均经公路由汽车直送。嘉兴卷烟厂生产卷烟调嘉兴、湖州等地从嘉兴卷烟厂直送，调其他各地一般送杭州拼车分运。省产卷烟调省外多数采用汽车直送，远途的用火车或集装箱发运。

2000年后，卷烟从卷烟厂到成品中心库之间采取托盘运输。2003年6月，杭州卷烟厂在行业内率先采取工商之间卷烟托盘运输的方式。2006年3月底，宁波卷烟厂省内销售配送也开始采用托盘运输方式。2007年底，浙江中烟公司与省外14家烟草公司实现工商之间卷烟托盘运输。工商之间卷烟托盘运输这一新运输方式的实现，提高了装卸作业速度，明显减少了过程卷烟破损，卷烟收发货差错率也明显下降；运输装卸作业托盘化推进了卷烟配送的现代化进程；体现快速、完好、准确的特点，同时为仓库管理现代化、信息化创造了良好的基础条件。2003—2010年期间，全省公路建设得到较快发展，“十一五”末，覆盖全省的高速公路网全面形成，农村康庄工程基本全面覆盖，省内外卷烟调运逐步从中心城市采取汽车直运到全省11个地市全部采取汽车直运至各地卷烟物流（配送）中心，由当地物流（配送）中心或中转站分送至各县级烟草公司，再送达卷烟零售客户的模式。

第五章　专卖管理

专卖，是指由国家颁布法律、法规，对某种商品特许专门机构经营，并实施行政监督管理的一种制度。烟草及其制品是一种特殊消费品，吸烟对人体健康有一定的危害，世界上大多数国家都规定烟草由国家垄断经营，课以重税，寓禁于征，以达到引导、抑制消费之目的。

中国的烟草专卖管理，起端于民国4年（1915年）的北洋政府，其时称为“全国烟酒公卖”，但并非是规范的抑或是真正意义上的专卖管理制度，仅是对部分烟草生产、经营进行征税。这种制度开始并未得到全国的响应，浙江省虽于是年8月即予以实施，亦仅仅是征税而已。民国16年，浙江省开始实施卷烟公卖，属全国首创，然未几即中止。民国27年3月，省政府委员会议又决定试办卷烟公卖，虽经推行，但由于外商抵制等原因，贯彻并不彻底。

中华人民共和国成立后，浙江省人民政府（以下简称省政府）对烟草市场进行清理，实行统一管理，由国营企业垄断经营，对私营企业实行加工、收（统）购、包销政策。对私营工商业的社会主义改造完成后，卷烟的产、供、销全部纳入国家计划管理轨道。

1983年9月，国务院发布《烟草专卖条例》，实行国家烟草专卖。1984年3月，浙江省烟草专卖局（以下简称省烟草专卖局）成立，对烟草实施专卖管理，保护合法的生产、经营。1991年6月29日，第七届全国人民代表大会常务委员会第二十次会议通过《中华人民共和国烟草专卖法》，并于1992年1月正式实施。国家对烟草专卖品的生产、销售、进出口依法实行专卖管理，并实行烟草专卖许可证制度，真正以法律形式确立了国家烟草专卖制度。

1996年1月，省政府颁布《浙江省烟草专卖管理办法》（省政府令第70号），完成浙江烟草的地方立法。2003年3月和2005年9月，省政府根据浙江烟草市场实际情况和上位法律法规变化更新情况，又先后两次对《浙江省烟草专卖管理办法》进行修改和补充完善。

第一节　体　制

浙江省的烟草专卖管理体制，虽在民国4年（1915年）8月即已产生，但管理并不完整和彻底，其体系也并不是当时世界上采取的专卖管理体制，而是实行官督商销，产制、运销悉听民众自由经营，政府加以一定程度的控制，按照公卖物品数量的价格征收若干公卖费，以保护和增加税收。这种体制对整顿税收制度、增加财政收入曾起到积极作用。但由于受历史条件和社会制度等因素限制，不可能实行彻底的、完全的专卖管理体制。

中华人民共和国成立以后，烟草专卖体制的建立，亦经历了漫长的过程。1951年9月1

日，省政府依据财政部发布的《专卖事业暂行条例（草案）》和《各级专卖事业组织规程（草案）》，成立省专卖事业公司，对烟酒实施专卖。是年12月，又正式建立省专卖事业局，对烟酒类实行统购专卖和运销管理。其后，在计划经济的体制下几经变迁，直至1983年9月23日，国务院发布《烟草专卖条例》，方正式建立国家烟草专卖制度。1991年6月29日，全国人大常委会通过《中华人民共和国烟草专卖法》，把烟草的国家专卖制度以法律的形式确立和固定下来。1984年3月，省政府批准成立浙江省烟草公司（以下简称省烟草公司）和省烟草专卖局。1993年底，全省11个市（地）、64个县（区、市）建立了烟草专卖机构。1996年，省、市（地）、县（市）烟草专卖局先后成立稽查总队、支队、大队及专卖管理所，至此浙江省的烟草专卖管理体制完全建立。

一、民国时期

（一）烟酒公卖

民国4年（1915年）4月，北洋政府公布《全国烟酒公卖暂行简章》，在全国推行烟酒公卖。7月，财政部派员会同浙江省财政厅组织烟酒公卖筹备处，并经财政部批准公布《浙江省烟酒公卖局暂订施行细则》。10月，省烟酒公卖局正式成立。初时，将全省划分为9个区域，设置9个公卖分局。民国6年，在浙西、闻堰、曹娥、松阳4个产烟区域设置烟类专局。为加强赣烟输入的管理，在原属第七区的常山设第十区分局。至此，全省有公卖分（专）局14处。民国7年7月，因裁节经费，将松阳烟类专局裁撤并入第九区分局。民国9年3月，省烟酒公卖局奉令改为烟酒事务局，各分局改为事务分局。民国20年1月，根据财政部命令，省烟酒事务局与省印花税局合并，成立浙江印花烟酒税局，各区烟酒事务分局改为稽征分局，浙西、闻堰、曹娥专局改为烟类稽征分局。以上机构名称变更和合并后，其公卖管理职能不变，直到民国22年7月改征土烟特税、停征公卖费为止。

省烟酒公卖局成立时，属财政厅主管。各区分局视税费之多寡，派委员或监察员主管公卖事宜。之后，又将原有委员、监察员统改称为分（专）局长。民国5年（1916年）5月，曾将公卖局并入财政厅，以厅长兼任局长，另设专职副局长1人。11月，脱离财政厅独立设置，由京署委派局长办理。

根据《全国烟酒公卖暂行简章》，在公卖分局管区域内，组织烟酒公卖分、支栈，招商承办经理公卖事宜。凡商民买卖烟酒均由公卖分支栈代为经理，并按照规定代征公卖费。

表 48-5-1-1　　民国 16 年(1927 年)浙江省烟叶公卖价格及公卖费率一览表

烟叶产地	烟叶等次	成本(元)	利益(元)	捐税(元)	公卖费(元)	公卖价格(元)	公卖费征率(%)
	净拣烟叶	12.0	1.2	1.8	2.2	17.2	12.8
新昌、嵊县、松阳、广丰	上等烟叶	10.0	0.9	1.8	1.8	14.5	12.4
新昌、嵊县、萧山、桐乡、德清、乌镇、常山、开化、平阳、松阳	中等烟叶	8.0	0.7	1.8	1.5	12.0	12.5
桐乡、德清、乌镇、萧山、富阳、桐庐、常山、开化、江山、松阳、平阳、杭县	次等烟叶	5.5	0.5	1.8	1.2	9.0	13.3
富阳、桐庐、江山、杭县	下等烟叶	3.0	0.5	1.8	0.8	6.1	13.1
	烟筋	2.4	0.6	0.5	0.5	4.0	12.5

资料来源:根据《浙江省烟草志》浙江人民出版社 1995 年版第 459 页表格整理。

表 48-5-1-2　　民国 18 年(1929 年)浙江省烟类实征公卖费数及折合费率一览表

名　称	实征公卖费(元)	每百斤征收额(元)	平均价格(元)	折合公卖费征率(%)
烟叶	132600	1.5	14	10.7
烟筋	3219	0.5	5	10
全省坊制烟丝	879.13	3.6	24	15
输入烟丝	4931.64	3.6	40	9
输入黑烟丝	323.55	1.5	14	10.7
合　计	142000	—	—	—

资料来源:根据《浙江省烟草志》浙江人民出版社 1995 年版第 460 页表格整理。

说明:烟叶公卖费征率共分五等,表中费率系折中数。

据民国 7—13 年(1918—1924 年)和民国 17—19 年共 10 年统计,浙江省征收烟酒公卖费共计 917 万余元。民国 13 年征收数最低,为 75.86 万元;民国 19 年最高,为 107.37 万元。其中烟类征收的公卖费约占总数的 14%。民国 18 年,烟类公卖费实收 14.2 万元;民国 19 年,为 14.06 万元。

(二)卷烟公卖

1.民国16年(1927年)的卷烟公卖

民国15年(1926年)底,国民革命军占领浙江全省。民国16年3月,浙江省政局渐趋稳定,各项事业需款日增,省政府为增加财政收入,拟改卷烟特税为卷烟公卖。据当时调查,浙江省每月运销卷烟约7000箱,如照西方各国卷烟税率普遍在60%以上的办法征收,年税收可达1000余万元,而原实行的特税,年收入仅200余万元。于是,由国民党中央执行委员会政治会议浙江分会第二次会议议决实行卷烟公卖,所有收入拨充全省建设及实业之用。同年5月24日,浙江省务委员会公布《浙江省卷烟公卖条例》,成立浙江省卷烟公卖筹备处,发表《卷烟公卖筹备宣言》,申明浙江省在全国首创卷烟公卖,是仿效西欧各国的专卖制度而行之,其目的不仅是增加收入,更是"扶植华商、提倡国货,抵制外商之经济压迫"。26日,筹备处接收省卷烟特税局,正式办理卷烟公卖事务,省政府指派王鲲徙为卷烟公卖筹备处主任。因各代征特税的公栈契约到6月底期满,27日又报经省务委员会通过《浙江省卷烟公卖筹备期间暂行办法》,作为《浙江省卷烟公卖条例》未正式施行前,加强运销管理的措施。6月1日,开始存烟登记,一律以原征收特税的税率加倍征收。6月10日起,凡浙江省境内烟商应向卷烟公卖局批购,不准再向卷烟公卖局以外的厂商、公司及其分支机构批发卷烟。6月10日后进省境的卷烟,不发售印花,使之不能移动。原规定运输卷烟凭特税局"运单"的,通知上海有关部门从10日起失效。是月,省卷烟公卖筹备处先后制定《浙江省卷烟公卖局组织条例》《指定商人公卖卷烟办法》《办事章程》等9个规章制度,全省设立11个仓库,区公卖分局也从8个改设为11个,沪产卷烟由驻沪办事处直调或经中转后调往各仓库。月底,筹备工作就绪,所有局长、分局长、处长、科长都由省政府委任到职,加征之税工作开展顺利。当月增加临时公卖费收入20余万元。7月1日,省卷烟公卖局成立,开始在全省实施卷烟公卖。

表48-5-1-3　　民国16年(1927年)浙江省卷烟公卖机构设置情况一览表

公卖分局		仓　库			管辖区域
名　称	驻 地	名　称	类　别	沪产烟调运	
第一区分局	杭县	杭州仓库	一类	直调	杭县、余杭、临安、萧山、诸暨、浦江、富阳、新登
第二区分局	嘉兴	嘉兴仓库	一类	直调	嘉兴、嘉善、平湖、海盐、桐乡、崇德、海宁
第三区分局	吴兴	湖州仓库	二类	直调	吴兴、长兴、安吉、孝丰、德清、武康
第四区分局	鄞县	宁波仓库	一类	直调	鄞县、镇海、象山、定海、南田、宁海、奉化、慈溪、余姚
第五区分局	绍兴	绍兴仓库	二类	杭州宁波转	绍兴、上虞、嵊县、新昌

续表

公卖分局		仓　库			管辖区域
名　称	驻 地	名　称	类　别	沪产烟调运	
第六区分局	海门	台州仓库	二类	直调	黄岩、温岭、临海、天台、仙居
第七区分局	兰溪	兰溪仓库	二类	杭州中转	兰溪、金华、武义、永康、东阳、义乌、汤溪、龙游
第八区分局	衢县	衢州仓库	四类	杭州中转 兰溪转	衢县、江山、常山、开化
第九区分局	桐庐	桐庐仓库	三类	杭州中转	桐庐、分水、於潜、昌化、建德、寿昌、淳安、遂安
第十区分局	永嘉	温州仓库	一类	直调	永嘉、玉环、瑞安、平阳、乐清、泰顺、青田
第十一区分局	丽水	处州仓库	四类	温州中转	丽水、缙云、松阳、遂昌、宣平、云和、龙泉、景宁、庆元
驻沪办事处	上海	—	—	—	—

资料来源：根据《浙江省烟草志》浙江人民出版社 1995 年版第 462 页表格整理。

依照《浙江省卷烟公卖条例》规定，公卖局的主要职责是审查登记卷烟销售商，核发牌照；管理、公卖行销浙江的卷烟，督察烟商在公卖的卷烟上贴足印花；办理卷烟运输事务，规定卷烟公卖价格；处理一切有关公卖事宜。浙江省实行卷烟公卖后，得到省内外多数华商烟厂的拥护和支持，当时向浙江省公卖局申请登记的，有沪浙华商烟厂 23 家，提供配销的各牌卷烟、雪茄烟共 110 余种。省内各地卷烟经卖、分卖、零卖商纷纷呈报登记领照。在此同时，国民政府财政部议办全国卷烟统税，照《全国卷烟统税细则》规定，浙江省本不属实施省份，但由于政府当局内部的矛盾，更迫于外国政府的干涉、外国烟商的压力，7 月 7 日财政部以“各省征税方法不一”为由，指令浙江实行卷烟统税，停办公卖。7 月 13 日，王鲲徙上书省政府转呈财政部历陈利弊，谏议准予试办一年以观实效，南洋、华成等烟公司也联名支持浙江公卖，结果都未被采纳。议办统税消息很快通过报纸传遍全省，致使卷烟厂商都等待观望。上海各大华商烟厂因实行统税而负担加重，先后停工抗议，造成浙江市场卷烟来源中断，公卖收入锐减，管理陷于停顿。8 月 3 日，省政府将财政部实行卷烟统税指令转给省卷烟公卖局，并规定 8 月 16 日为改征统税日期。

浙江两个多月来的卷烟公卖筹备经过和有关工作资料，于 10 月被编成《浙江卷烟公卖局汇刊》，蔡元培、马叙伦等为汇刊写了序和弁言。

2. 民国战时试办的卷烟公卖

民国 26 年（1937 年）12 月，杭州及杭嘉湖地区 14 个县市相继被日军侵占，省政府搬迁永康方岩，财政受到极大损失。为解决战时财政困难，省政府主席黄绍竑提出“用公卖制度，建立财政的新基础”。次年 3 月，省政府委员会议决试办卷烟公卖（初议时称专卖，后遵照财政部意见改公卖），先后制定通过《浙江省卷烟贩卖商登记规则》《浙江省卷烟公卖处组织章程》

《浙江省试办卷烟公卖简章》《浙江省卷烟公卖施行细则》等有关规章。4月1日，浙江省卷烟公卖处成立，省政府委任黄祖培为处长，从设在丽水碧湖的浙江省战时工作人员训练团中遴选百余人为办事人员，并相继在宁波、绍兴、海门（旧台属）、金华、衢州、建德（旧严属，包括杭属游击区）、丽水（旧处属）、温州各区设立公卖分处。其主要职责是征收公卖费；制定卷烟公卖价格；会同税务机关查验、监督烟商照章缴纳税费，贴足印花（卷烟公卖证）；审核发放卷烟贩卖商登记证；检查处理违反公卖案件。为加强和协助卷烟公卖稽查管理，又在各分区设立查缉办事处，设稽查员等若干人，办理查缉事务，所有查获案件交由各主管征收机关处理。4月5日，公布根据财政部意见修改后的《浙江省试办卷烟公卖简章》和《浙江省卷烟公卖施行细则》，通告从4月20日起按《存烟登记办法》开始存烟登记。由于省政府训令各县协助支持，登记工作开展顺利，仅半个月时间全省境内存烟登记就有约1.5万箱，登记费收入达119.8万元。5月1日，正式实施卷烟公卖。公卖内容：对已完统税、运销浙江省的卷烟，按照商人向烟厂进货实价，除去统税数目，征收50%的公卖费；所收卷烟公卖费，按月以总数的三分之一解缴国库，三分之二留交省库；商人在浙江销售卷烟所缴纳的公卖费，不得向财政部请求退税。已征公卖费的卷烟由公卖处核定划一售价，在浙江省境内行销，每3个月估定1次。贩卖卷烟的店铺、摊贩，不论专营、兼营，均须照章登记。运销或经过浙江的卷烟，均按指定地点入境；对经过浙江省运销他省的卷烟，缴纳通过保证金，出境后退还，已缴纳公卖费的卷烟，须改运或分运他处销售，核发分运单，持单运输。在规定时期内办理存烟登记，收取登记费，每10支售价在1角以上者2分，1角以下者（含1角）1分。若违反公卖办法，分别处以罚款、没收卷烟、撤销登记，直至送法院惩处。对举报、协助缉查有功人员予以奖励。

浙江卷烟公卖试行不久，就遭到英美烟商的竭力反对，不断向国民政府施加外交压力，又时值霉季，加上存烟过多，因此5—7月几乎无卷烟进境。8月起，始有陆续申请进口。与此同时，财政部电令浙江省政府，谓"浙江省卷烟公卖试办以来，迭经引起外交纠纷，请即停办"。9月30日，浙江省政府不得不停止公卖。从10月1日起，改为实行《浙江省战时管理卷烟进口运输贩卖办法》。公卖时期，总计进入浙境卷烟1万箱左右，公卖费收入共98.3万元。

（三）烟类专卖

民国30年（1941年）3月，国民政府为增加国库收入，筹办盐、糖、烟、酒、火柴等日用必需品专卖。民国31年5月1日，财政部成立烟类专卖局。5月13日，国民政府公布《战时烟类专卖暂行条例》，将全国划为10个专卖区。9月，浙江省政府将《战时烟类专卖暂行条例》转发。

民国32年（1943年）1月1日，浙江省开始烟类专卖。3月，财政部派王世鼎来浙，任苏浙区烟类专卖局长，兼管皖南区域烟类专卖。4月23日，又任命王巽之为局长。8月15日，在浙江丽水县西园庙弄11号正式成立财政部苏浙区烟类专卖局。内设总务、业务、财务3科和设计考核委员会（监察机构）。下设永嘉、丽水等8个区办事处，若干业务所、业务员办公处。

表 48-5-1-4　民国 32 年(1943 年)财政部苏浙区烟类专卖局机构设置情况一览表

机构名称	驻地	管　辖　范　围
苏浙区烟类专卖局	丽水西园庙弄	
永嘉区办事处	温州小南门	平阳业务所,瑞安、乐清、玉环、青田业务员办公处
丽水区办事处	丽东路	云和、龙泉业务所,碧湖、景宁、庆元、松阳、缙云、宣平、永康(驻缙云壶镇)业务员办公处
衢县区办事处	梧桐巷	龙游业务所,江山、汤溪、常山、开化、遂昌业务员办公处
临海区办事处	更铺巷	温岭、海门业务所,黄岩、宁海、天台业务员办公处
建德区办事处	县前(梅城)	昌化业务所,寿昌、富阳(驻场口)、桐庐、遂安、分水业务员办公处
屯溪办事处	屯溪	祁门、南陵业务所,太平、宁国、歙县、休宁业务员办公处
於潜办事处		
深长办事处		

资料来源:根据《浙江省烟草志》浙江人民出版社 1995 年版第 464—465 页表格整理。

民国 32 年(1943 年)9 月,全省开始烟类运销商登记和存烟登记,丽水区办事处率先实施。次月,其他各区办事处先后开征专利。征收率为熏烟叶按收购价格征 30%,卷烟、雪茄烟按收购价格征 100%或 60%。同时,对未实施专卖区域经批准运销专卖区内的烟类,也同样征利和管理。据统计,是年全省共征收解库的专卖利益为 588.1 万元。民国 33 年 1—10 月,为 4184.1 万元。实行烟类专卖后,未经政府许可,不准从国外或非施行专卖的区域输入专卖烟类。苏浙区烟类专卖局和缉私部门联合开展外烟、敌烟、私烟的查缉工作,同时加强对手工卷烟的管理。

民国 33 年(1944 年)8 月 22 日,因日军窜犯,苏浙区烟类专卖局迁往青田县小奕办公,部分职员解散,丽水办事处等部分机构裁撤。9 月 23 日,为安全及交通便利,苏浙区烟类专卖局再次迁到瑞安县大峃(今属文成县),永嘉区办事处也同时迁往。12 月遵照财政部指令,为扩充业务,裁撤机构,苏浙区烟类专卖局在瑞安大峃改组为苏浙区专卖事业局,委任王巽之为代理局长,除烟类外还包括火柴等专卖事务。改组后,经财政部批准,将下属分支机构改设为丽水、屯溪等 4 个分局。

表 48-5-1-5　　民国 33 年(1944 年)苏浙区专卖事业局机构设置情况一览表

机构名称	驻　地	管　辖　范　围
苏浙区专卖事业局	瑞安大峃	(兼管)永嘉、瑞安、泰顺、乐清、玉环、青田 6 县办事处(分处)
苏浙区临海二等分局	临海更铺巷	临海、天台、宁海、三门、黄岩、温岭、仙居、磐安、海门 9 县办事处(分处)
苏浙区丽水三等分局	城关丽东路	丽水、云和、景宁、龙泉、庆元、松阳、宣平、缙云、永康 9 县办事处(分处),(代管衢县区所属)衢县、遂昌、龙游、汤溪、江山、常山、开化、寿昌、遂安 9 县办事处(分处)
苏浙区於潜三等分局	於潜	於潜、昌化、建德、桐庐、淳安、分水、富阳、安吉、孝丰、临安、新登、长兴 12 县办事处(分处)
苏浙区屯溪一等分局	屯溪	屯溪、休宁、祁门、广德、绩溪、宁国、旌德、天石埭、青阳、泾县、南陵等 14 县办事处(分处)

资料来源:《浙江省烟草志》,浙江人民出版社 1995 年版,第 465 页。

根据《战时烟类专卖暂行条例》规定,烟类专卖范围包括纸卷烟、雪茄烟、熏烟叶、其他机制或仿机制烟类和卷烟用纸五类,并对制烟机器及特种用具的制造、购运、贮存实行管制。《战时烟类专卖暂行条例》没有将土烟叶、土烟丝纳入专卖,但浙江土烟叶产量较大,如松阳县当时年产量有 1000 余吨,并作为当地雪茄烟和外地卷烟的原料,各区都要求将其列入专卖品。税收部门对此意见不一。民国 32 年(1943 年)10 月,财政部明确土烟叶、土烟丝不属专卖范围,不征专利,也不纳入专卖管理。熏烟叶和土烟叶的区分:凡经烘房用火力熏烤完成的烟叶不论品种,美种烟叶不论其熏烤方法,均属熏烟叶专卖范围,由专卖部门征管,不应征收统税;其他用晾晒方法干燥的,国产土种烟属土烟叶,应由税务机关征管;对利用土烟丝生产假冒卷烟的,要切实查禁。用土烟叶制造卷烟,自刨土烟丝做原料的,不征统税,已征统税的从 12 月 28 日起应即停征;制成卷烟,不论用土烟叶或熏烟叶,均应照章征收专利。浙江在战时财政状态下实施烟类专卖,是因为政府无法筹集大量资金直接经营和产制,又无巨款对商民所制烟类全部收购,故为适合战时财政体制,实行战时专卖管理政策,个人仍可自由经营、生产制造,由国家管制运销,不收购专卖品而采用征收专卖利益办法。

民国 34 年(1945 年)1 月,国民政府调整税制,简化机构,取消烟类专卖改办统税。浙江因交通阻隔,会计统计报表未齐,经财政部同意展延 1 个月,于 2 月底停征专利。4 月,各项表册、卷宗凭证、财产移交省税务管理局。5 月 15 日,苏浙区专卖事业局撤销。

二、中华人民共和国成立后

(一)专卖事业

1951 年 1 月,财政部发布《专卖事业暂行条例(草案)》,规定专卖品的范围,除东北、内蒙古两区卷烟专卖继续进行外，其他省市区定为酒类、卷烟用纸两种。9月1日，省政府依据《专卖事业暂行条例(草案)》和《各级专卖事业组织规程(草案)》，成立省专卖事业公司，对酒类实行统购专卖和运销管理。次年9月，中央人民政府财政经济委员会召开全国卷烟专卖会议，确定在酒类专卖的同时，实行卷烟专卖。12月1日，省政府将省专卖事业公司由财政厅划归商业厅领导管理，并挂省专卖事业管理局牌子。

1953年1月，原由百货系统经营的卷烟、卷烟用纸业务连同人员、仓库、库存和在途商品，以及接收永泰和、颐中烟草运销公司的机构仓库，全部移交给全省各级专卖机构。是年第一季度，省财政、商业、专卖等部门根据商业部制定的《烟酒专卖条例(草案)》《烟类专卖施行细则(草案)》《烟类专卖实施方案(初稿)》，及华东区专卖事业公司制定的《华东区卷烟存货登记补缴专卖利润办法(草案)》等有关规章，结合浙江具体情况，分别制定下发《浙江省烟类实施专卖存货补缴专卖利润办法(初稿)》《浙江省卷烟实施专卖的几点意见》。有的地市专卖事业处结合该区情况，也提出补充意见发到所属各县，经讨论补充修改后，上报专卖总公司和华东区公司。同时，省专卖事业公司转发中国专卖事业总公司为实施卷烟专卖而发的配套管理文件《专卖品违章案件罚没款提奖分配办法》《关于管理卷烟原料烟丝的规定(初稿)》，并组织力量调查杭州、宁波、金华等地区的公私营烟厂产销、生产成本等情况。各地市、县专卖机构普遍调查当地卷烟行业的基本情况和烟商摊贩的卷烟库存，全面掌握浙江全省卷烟概况。7月，中央人民政府有关部门针对实行卷烟专卖主客观条件尚不具备的实际，决定改专卖为扩大卷烟包销，以促进计划生产，加强市场领导，保证国家财政收入，为逐步实现卷烟专卖打好基础。下半年，浙江省各级专卖事业公司积极开展省产卷烟包销，与有关部门配合控制私商活动，堵塞私商贩运，制止抢购套购、抬价等投机行为，并结合对私营工商业社会主义改造，贯彻利用、限制、改造政策，逐步把烟草行业纳入社会主义计划管理。

1953年8月，省专卖事业公司贯彻全国专卖经理会议精神，根据专卖事业总公司《扩大卷烟包销试行方案》，制定《浙江省扩大卷烟包销具体方案》，对17家卷烟厂的产品，按所有制性质和生产规模，及"先公后私""先大后小"的原则，实行订购、收购、代销、包销，并订立合同，进行监督检查。产品由国家包销后，烟厂不得再自行销售，原有烟厂销售机构、仓库、门市人员、销售渠道概由包销公司(站)接收。9月1日，中国专卖事业公司杭州采购供应站，首先对地方国营利群烟厂实行包销。随后，金华、宁波等专卖二级站也对辖区烟厂进行包销。1954年7月至1956年5月，烟叶由省土产公司划交省专卖事业公司经营，对烟厂所需原料实行统一分配。

1954年9月底，全省17家公私营烟厂均实行包销或收购，96%以上产品归专卖公司统一安排市场，统一销售。10月，结合对私营工商业社会主义改造，又对部分私营烟厂实行加工订货。从此，省产卷烟的产销全部由国家控制，自由竞销的混乱现象得到根本改变。11月，省专卖事业管理局对全省城乡卷烟零售商实行《卷烟凭证购货办法》，发给《卷烟批售手册》(全省不统一，有的称购烟簿、卷烟购买证、购烟登记册等)，核定供货计划，凭证向发证的专卖公司计划批购，无证不予供货。卷烟零售商必须按核定的计划进货，按国家规定的零售价格明码标价，不得抬价或降价。

1956年1月，省专卖事业管理局发出《对卷烟、酒类、烟丝三个行业社会主义改造规划意见》，实行全行业归口管理和改造。凡经营卷烟、火柴等5类商品占比50%以上的日杂商店和主营、专营卷烟的摊贩，均由专卖公司归口，分别采取经销、代销等改造方式。到年底，全省私营卷烟零售商和烟丝行业，基本上实行公私合营或组成合作商店、合作小组。是年，国家对私营工商业社会主义改造完成，全省卷烟生产企业经撤并改组后，地方国营利群烟厂、公私合营联工烟厂列为国家定点厂，产品作为国家计划商品全部由国营专卖公司收购。

烟草工商企业实现国有化后，国家对烟草制品产供销实行计划管理，财政上实行统收统支。1958年1月，全省专卖事业机构撤销，烟草及其制品分别归口农业、工业、商业部门管理，直至1984年3月省烟草专卖局(公司)成立。

(二)烟草专卖

烟草专卖是指国家对烟草专卖品的生产、销售和进出口业务实行专卖专营、统一管理的制度。烟草专卖品为卷烟、雪茄烟、烟丝、复烤烟叶、烟叶、卷烟纸、滤嘴棒、烟用丝束、烟草专用机械。卷烟、雪茄烟、烟丝、复烤烟叶统称烟草制品。1981年5月，国务院决定烟草实行国家专营，以改善市场卷烟供应，增加国家财政收入。

1983年9月23日，国务院发布《烟草专卖条例》，建立国家烟草专卖制度。1984年3月29日，省政府批准成立省烟草公司和省烟草专卖局。次年7月，省政府为加强烟草行业的专卖管理，发出组建市(地)、县烟草专卖局的通知，凡建立烟草公司(经理部)的市(地)、县都要建立烟草专卖局，实行省烟草专卖局和当地政府双重领导，以省烟草专卖局领导为主。各级烟草专卖局在其辖区范围行使国家授予的烟草专卖行政管理权力，用行政的、法律的手段，保证国家对烟草行业的专卖专营。

1992年1月《中华人民共和国烟草专卖法》正式实施。国家对各类烟草产品的生产、销售、进出口依法实行专卖管理，并实行烟草专卖许可证制度。

烟叶种植和收购由国家下达计划，实行计划种植、计划收购，由烟草公司或受其委托的代购单位和生产者签订生产收购合同，所产烟叶全部由烟草公司收购，其他任何单位和个人都不得收购经营；卷烟、雪茄烟生产和销售，实行指令性计划，根据国家计委下达的生产计划，由国家计划内的烟厂生产，禁止手工卷烟生产，并且必须按照国家规定的质量标准进行生产，不符合质量的产品不得出厂。烟草及其制品的国内市场，由烟草公司统一安排。卷烟、雪茄烟的收购、分配、调拨、批发业务由烟草公司及其委托单位统一经营，其他任何部门、单位或个人都不得经营该项业务，生产企业不得自行销售；卷烟盘纸、过滤嘴(包括滤材)、烟草专用机械，实行择优定点，计划生产，统一分配，烟厂不得自行购买，生产企业不得自行销售；实行专卖许可证制度，凡生产、经营烟草专卖品、烟草专卖管理品的企业、单位和个人，都必须申请领取“烟草专卖许可证”，没有领取专卖许可证的单位和个人，不得经营卷烟、雪茄烟或烟丝的产销业务。烟草专卖品的运输，须持有烟草专卖部门的准运证明，无证者不准运输。烟叶、卷烟、雪茄烟的收购、出厂、调拨、批发、零售价格由中国烟草总公司会同国家物价局统一制定，未经制定部门批准，不得擅自变动。卷烟、雪茄烟和有包装的烟丝，必须使用注册商标，禁止销售手工卷烟和白包烟；进出口贸易、引进技术、进口烟草物资机械、对外经济技术合作等，统一由烟草公司经营管理和组织实施。由烟草专卖管理部门对《中华人民共和国烟草专卖法》的贯彻实施进行监督和检查，依法规范烟草企业生产经营行为，查处违反烟草专卖法律法规的各类非法行为。

1993年11月12日，全省11个市(地)、64个县(区、市)都建立了烟草专卖机构。各级烟草专卖局设置专卖办公室(科、股)，作为贯彻实施专卖管理的职能部门。1996年1月，省政府颁布《浙江省烟草专卖管理办法》(省政府令第70号)，完成浙江烟草的地方立法。

2003年3月和2005年9月，省政府根据浙江烟草市场实际情况和上位法律法规变化更新情况，又先后两次对《浙江省烟草专卖管理办法》进行了修改和补充完善。至2010年，烟草专卖制度一直施行。

第二节 政策法规

民国时期，浙江省推行烟酒公卖或卷烟公卖，其公卖政策、规章由当时的省政府发布，执行和管理部门为省烟酒公卖局或省卷烟公卖局。

中华人民共和国成立以后，从1951年1月财政部发布《专卖事业暂行条例(草案)》起到1983年9月23日国务院发布《烟草专卖条例》止，其间经历32年，但真正意义上的专卖立法并没有完成，烟草业实施的主要是国家的统购统销政策和指令性计划，无单独的政策、法规。1991年6月29日，全国人大常委会通过《中华人民共和国烟草专卖法》，是国家的第一次烟草立法。浙江省烟草专卖管理政策法规的发布，除省政府颁布《浙江省烟草专卖管理办法》外，基本上由省专卖事业管理局、省烟草专卖局制定相应的实施办法和细则，其作用相当于针对烟草生产、经营的一系列政策和规章。其政策法规的意义还在于必须与国家颁行的相关法律相配套，如卷烟经营许可必须与《中华人民共和国行政许可法》相配套，“打假打私”必须与国家颁行的《中华人民共和国刑法》《中华人民共和国刑事诉讼法》相配套。因此，由省烟草专卖局发布的相关规定或制度，其实质上带有政策指导作用。

一、民国时期

(一)公卖规章

1.《浙江省烟酒公卖局暂订施行细则》

民国4年(1915年)5月，北洋政府实行烟酒公卖，先后颁布《全国烟酒公卖暂行简章》《各省烟酒公卖局暂行章程》《烟酒公卖栈暂行章程》《各省烟酒公卖局稽查章程》等规章，饬令各省推行。7月，浙江省制定《浙江省烟酒公卖局暂订施行细则》(以下简称《细则》)。7月31日，呈财政部核准施行。

《细则》明确了公卖机构设置。省烟酒公卖局(以下简称省局)下设分局，分局辖区内分别设立公卖分栈、支栈。各分局配备委员或监察员 1 人，一、二等司事 1～3 人，以及巡丁若干人，管理所属烟酒公卖兼征税捐任务。

《细则》规定了组织公卖栈的办法和公卖栈的职责。各分局在所管区域内，分地点组织公卖分、支栈，一般一区组织分栈 1 所，名称为浙江省第×区烟酒公卖分(支)栈。公栈受省局及分局的指挥监督，执行其职务：(1)稽查该区域内各烟酒商店的单票、簿据、烟酒数量和种类，以及随时报告营业状况、产销数目、市价涨落等情况。(2)检查区域内有没有未粘贴印照的烟酒及私自营业的烟酒商店，若有发现随时密报分局核办。(3)报告该区域内烟酒商店的开设或停止营业。(4)督促各烟酒商店粘贴印照，及代征公卖费。(5)汇集、催缴经征公卖费并按旬解局。(6)受各主管局特别委托的事务。《细则》规定公卖的程序和办法。烟酒公卖实行官督商销，贩卖的烟类须缴纳公卖费，粘贴公卖印照，凡商民买卖烟酒均由公卖栈代为经理。

《细则》确定了公卖费征收办法。烟类购销价格，每年由公卖局分两期拟定，新烟上市时为一期，腊尾春头时为一期。公卖费由公卖栈代征，公卖费额由省局依据全国烟酒公卖暂行简章规定，结合全省产销实情随时公布施行。各分局、公栈征收款项均属中央专款，包括公卖费、公栈押款、罚款及私货变价款，就近缴存省金库，省局按月列表报部听候照章存拨。

《细则》明确了稽查管理。各主管局派常驻员驻分支栈，监察和检查单票簿据。分支栈奉主管局之命，稽查该区域买卖烟酒各商店的单票簿据和烟酒种类数量，分栈同时有权稽查支栈。区与区之间有连带关系的也可越区检查，以上规定均不得抗拒，如有违抗，照章处罚。

《细则》明确了罚则。抗拒缴纳公卖费不接受检查者，处以 50 元以上、500 元以下的罚金。贩卖烟酒不贴印照或印照挖补或涂改月日，裱背复用者，将烟酒扣留充公，并照章罚办。印照内所填数量、种类与货物不符，或故意将印照揉碎，使所填年月日及县名、牌号字迹不清，或甲县商号的烟酒贴用乙县印照，或粘贴他人印照致与牌号不符者，除取消原贴印照，责令换领印照补缴公卖费外，加倍处罚。用柿漆、泡化水等物将印照轻贴、浮贴企图重用，或印照不填牌号月日，及所填的月日数量不用大写希图改填重用，或已缴公卖费故意不贴印照者，加倍处罚。

2.《浙江省卷烟公卖条例》

民国 16 年(1927 年)5 月 24 日，浙江改卷烟特税为卷烟公卖，省务委员会公布《浙江省卷烟公卖条例》(以下简称《条例》)。《条例》规定卷烟公卖的范围、内容和实施办法。浙江境内卷烟，包括纸卷烟、雪茄烟，由省政府实行专营公卖，设立省卷烟公卖局主管公卖各项事务。凡行销境内之卷烟概由省政府设厂制造，必要时得特准商民于省内设厂承制，或在省外、国外指定厂商代制。卷烟的运销为省政府特权，商民仅限在指定区域内设置店铺、摊营业，并须经公卖局认许给照。还对卷烟运输、价格、公卖印照等，分别规定了具体管理办法。

3.《浙江省卷烟公卖施行细则》

民国 27 年(1938 年)3 月 29 日，省政府公布《浙江省卷烟公卖施行细则》(以下简称《施行细则》)。《施行细则》的主要内容包括：运销或经过浙江境域的卷烟，须从省政府统一指定的地点进口(入境)；卷烟运销商在进口时必须立即填具报单，到当地卷烟公卖机关缴纳公卖费，取得收据后即连同烟件到公卖机关请贴“卷烟公卖证”；已缴纳公卖费卷烟如改运、分运他处销售，须申领“分运单”；经由浙省境内运输他省之卷烟，须办理过境手续，填具报单缴付通过保证金，核发“通过证”，烟箱加贴封条，指定地点出境和查验，出境后经查核相符退还保证金；烟厂出厂价及各种卷烟售价，由省卷烟公卖处核定；开设贩卖卷烟店、摊，必须申请登记，贩卖卷烟均须整包出售不得零支散卖，不得贩卖未贴公卖证的卷烟。《施行细则》还规定了各种违章处罚原则。

（二）公卖制度

1.《浙江省卷烟公卖筹备期间暂行办法》

民国16年（1927年）5月27日，浙江省务委员会第十四次会议通过《浙江省卷烟公卖筹备期间暂行办法》（以下简称《暂行办法》），作为公卖条例未正式施行前，省境内商人行销卷烟必须遵守的过渡办法。《暂行办法》规定从6月1日起至公卖正式开始日止，除继续执行原卷烟特税办法外，对贩卖卷烟商贩的库存卷烟进行登记，并加倍补征特税作为临时公卖费，出售的卷烟加贴一倍特税印花。10日起省境内烟商不准再向公卖局以外进货，经销卷烟商店、摊担须预领特定牌照。制烟厂商欲行销浙省境内须于20日以前向公卖筹备处申请登记。

2.《浙江省卷烟公卖局指定商人公卖卷烟办法》

民国16年（1927年）6月，经浙江省政府核准，施行《浙江省卷烟公卖局指定商人公卖卷烟办法》（以下简称《办法》）。《办法》规定：指定商人公卖卷烟分为经卖商、分卖商、零卖商。由卷烟公卖分局在所辖县境内选择家庭富裕、办事公正、熟悉卷烟销售业务，同时具备堆存、推销实力的商人，呈请省卷烟公卖局指定。在一县区域内视销烟多少、运输便利等情况，设经卖商1～6处，分卖商、零卖商人数由各分局酌情而定。经省卷烟公卖局指定的公卖商，由分局发给悬牌，名称为浙江省卷烟公卖局某县第×经卖商（分卖商、零卖商），悬挂于营业场所。

《办法》对要求成为指定公卖商者，规定须向分局申请，呈报省局核准并分别领取甲、乙、丙、丁各种营业牌照，除零卖商外均须缴付保证金，除提篮者外均收取牌照费。批发卷烟须验明牌照，经卖商不得直接批给零卖商。省卷烟公卖局规定卷烟零售价格，零卖按规定价格出售，批烟时以各种卷烟规定的零售价格，内扣15%作为公卖商人手续费，其中经卖商2%、分卖商3%、零卖商10%。经卖商批售的卷烟向分局填具批领单，经核明指定栈房领取，烟款必须在出库后25日内缴清，否则在保证金内照数扣除，同时公卖卷烟商人必须遵守有关规章，如有违犯，照章处罚外，吊销牌照，取消公卖商资格。

3.《浙江省卷烟公卖局临时稽查章程》

民国16年（1927年）6月，浙江省卷烟公卖筹备处制定《浙江省卷烟公卖局临时稽查章程》（以下简称《稽查章程》）。《稽查章程》规定，省卷烟公卖局设立稽查处，配置稽查长1人、稽查员20人，由省卷烟公卖局委任派往各地，受稽查长和各地分局的指挥监督，执行一切稽查事宜。考查稽查员执行任务情况，查验印花，调查私制、私运、私贩的卷烟，以及其他省局临时指定的稽查事项。

《稽查章程》规定，稽查员发现稽征员违法情事，应即报告省卷烟公卖局。查获烟商舞弊，运销未贴印花或没有贴足印花之卷烟，除查明该烟商所在地稽征员，报告所属卷烟公卖分局按规定处罚外，须将查究实情报告省卷烟公卖局。同时还规定对私制、私运、私售卷烟和故意违抗检查的商人，应协同当地警察厅究办。规定稽查员每10日将经办各事向省卷烟公卖局汇报1次，遇有重要案情要随时呈报。

4.《浙江省试办卷烟公卖简章》

民国27年(1938年)3月，浙江省政府经咨请财政部特准，公布《浙江省试办卷烟公卖简章》(以下简称《卷烟公卖简章》)。《卷烟公卖简章》规定：运销浙江省境的卷烟征收50%公卖费，其收入分成解缴国库和省库；制销的卷烟除贴足统税印花外，须粘贴“卷烟公卖证”；如违犯简章规定的运销管理办法，由浙江省卷烟公卖处照章处罚。

5.《浙江省卷烟贩卖商登记规则》

民国27年(1938年)3月，浙江省政府公布《浙江省卷烟贩卖商登记规则》(以下简称《登记规则》)。《登记规则》规定，凡在浙江省境内贩卖卷烟的商店、摊贩，不论新开业或公卖施行前已开设的，专营或兼营的，均须按照规则申请登记，经省公卖处核准后发给开业“登记证”方准经营。核准登记后如有变更或歇业，须申报办理变更或歇业登记。对不遵章登记贩卖卷烟者，除没收卷烟外，处以500元以下罚金。

二、中华人民共和国成立后

(一)专卖管理执法规章

1951年1月，中华人民共和国财政部发布《专卖事业暂行条例(草案)》，规定专卖品的范围，除东北、内蒙古两区卷烟专卖继续进行外，其他省市区定为酒类、卷烟用纸两种。1983年9月23日，国务院发布《烟草专卖条例》，建立国家烟草专卖制度。

1.《卷烟凭证购货办法》

1954年11月，浙江省专卖事业管理局制定《卷烟凭证购货办法》(以下简称《办法》)。规定全省卷烟零售商不分城乡一律实行凭证购烟，无证者不予供货。凭证名称为卷烟批售手册，由省专卖事业管理局统一印制。发证对象为经工商登记批准，领有经营卷烟业务执照的住商和摊贩，由卷烟零售商填具包括资金、从业人员、经营状况等内容的申请书，按行政区划，报所属县市专卖事业公司审核发放。实行凭证购烟后，零售商按期向供货地专卖事业公司报送购货计划，经核批后，凭供烟计划进货，并按规定的零售价格出售，不得擅自改变。《办法》还对有关实行凭证购货工作规定了注意事项。

2.卷烟盘纸实行专卖管理的规定

1988年6月15日，省计经委、省轻工业厅、省工商行政管理局、省烟草专卖局根据《烟草专卖条例》及其施行细则的规定，联合下发《关于对卷烟盘纸实行专卖管理的通知》(以下简称《通知》)。《通知》决定卷烟盘纸的生产、供应、运输实行专卖管理。浙江省的卷烟盘纸定点生产企业，由省轻工业厅和省烟草专卖局共同审定，并由省烟草专卖局核发“烟草专卖生产许可证(临时)”，无证不得生产卷烟盘纸。定点生产的企业，在保证完成国家计划的前提下，经省轻工业厅和省烟草专卖局同意，可以接受国家定点烟厂和外贸单位扩大出口创汇的来料加工。超产的卷烟盘纸在优先安排好省内3家国家定点的烟厂需求外，也可供应给国家定点的省外烟厂。运输卷烟盘纸须持省烟草专卖局签发的“烟草专卖准运证”。

3.《浙江省烟草专卖管理办法》

1996年1月18日，省政府令第70号发布《浙江省烟草专卖管理办法》(以下简称《办法》)。《办法》分总则、烟草专卖行政管理机构、烟草专卖许可证、烟草专卖品的生产和经营、烟草专卖品的运输、法律责任、附则7章，涉及烟草专卖品的生产经营管理各个方面。

2000年3月20日，省政府第33次常务会议审议通过《关于修改〈浙江省烟草专卖管理办法〉的决定》，并于4月4日以省政府令第117号颁布施行。2004年7月1日，《中华人民共和国行政许可法》施行。烟草专卖行政许可项目审批发生变化，2005年9月，省政府第48次常务会议审议通过《关于修改〈浙江省烟草专卖管理办法〉的决定》，并以省政府令第196号颁布施行。

4.寄售烟、旅游烟和侨汇烟专卖管理的有关规定

1988年3月，省烟草专卖局制定下发《关于加强寄售烟、旅游烟和侨汇烟专卖管理的有关规定》。主要内容包括：经营寄售烟、旅游烟必须领取“烟草专卖特种零售许可证”；经营侨汇烟事先须报省烟草专卖局核准，所需货源，统一由省烟草公司组织供应，凭省烟草专卖局发的“烟草专卖准购证”凭证登记供货。无准购证一律不予供货，经营单位不得擅自向其他单位采购。零售不得卖大户，每人限供2条(侨汇烟中一般牌号限购4条，外宾和台、港、澳同胞及海外侨胞酌情放宽)；不得擅自变价销售，不得以烟串换物资或搭配其他滞销商品。

5.出省组织卷烟货源实行烟草专卖准购证的规定

1988年6月，省烟草专卖局为制止无计划的乱渠道向省外进货，制定《关于出省组织卷烟货源实行烟草专卖准购证的规定》。规定出省组织计划外卷烟货源实行“准购证”制度。计划外出省组织卷烟货源只限市级烟草公司，并必须在完成省烟草公司下达的销售计划前提下，才能组织。进货数量严格执行省烟草公司下达的计划控制数。采购地区不限，但供货单位必须是烟草系统同级以上公司。

6.查缉走私外烟零售管理的规定

1990年1月，省烟草专卖局下发的《关于查缉走私外烟由指定国营零售商店公开零售的通知》规定，查缉的走私外烟一律由烟草公司或其委托的烟糖公司收购，并在省烟草专卖局指定的国营零售商店拆条限包公开出售，出售的外烟在每包盒皮上打印“专卖查处”的标记。零售单位，由省烟草专卖局发放临时“烟草专卖查缉走私外烟零售许可证”，限期一年；无“烟草专卖查缉走私外烟零售许可证”的单位擅自销售走私卷烟的，卷烟一律予以没收。查缉的走私外烟需要向外调销的，可由市级烟草公司在辖区内调剂，凭市级烟草专卖局开具注有“查缉走私外烟”的准运证调运；如需调出市(地)辖区的由省烟草公司在省内调剂，凭省烟草专卖局开具注有“查缉走私外烟”的准运证调运。

7.烟草专卖批发、零售许可证管理办法及有关规定

1993年7月21日，根据国家烟草专卖局《关于烟草专卖许可证管理的若干规定》精神，省烟草专卖局制定了《浙江省烟草专卖批发、零售许可证管理办法》(以下简称《办法》)。《办法》

主要内容包括:许可证审查和核发、范围和条件、申领期限、管理四大方面内容。《办法》规定:经营烟草制品批发业务的烟草专卖批发企业(含委托代批)、特种零售企业和查缉走私外烟零售企业许可证,由所在地烟草专卖局审查,经市(地)烟草专卖局签署意见,报由省烟草专卖局核发。烟草专卖零售(企业、个体)许可证,由所在地烟草专卖局审查、核发。同时规定了烟草专卖批发企业许可证、委托代批许可证、特种零售许可证、企业零售许可证、查缉走私外烟零售许可证、个体零售许可证的发放范围和应具备的条件。

随着各地烟草专卖局(公司)的相继组建,及委托代批的取消,《办法》已不适应新的管理模式。2001 年 3 月 23 日,省烟草专卖局制定《浙江省烟草专卖许可证管理暂行规定》(以下简称《规定》)。《规定》主要内容包括:烟草专卖许可证的种类,省内经营的烟草专卖批发企业许可证的申请、审查和核发,烟草专卖零售许可证的申请、审查和核发,特种烟草专卖经营企业许可证的申请、审核和核发,临时烟草专卖许可证的申请、审核和核发,烟草专卖批发、零售网点的布局,烟草专卖许可证的年检,烟草专卖许可证的有效期、变更、注销和补办,烟草专卖许可证的发放程序,监督检查,对违反有关烟草专卖许可证管理法律法规和规章行为的处罚。

8. 卷烟交易市场专卖管理办法

1995 年 8 月 15 日,省烟草专卖局批准试办卷烟批发市场和卷烟交易(零售)市场,为维护卷烟交易市场的正常交易秩序,加强卷烟交易市场的专卖管理,制定《浙江省卷烟交易市场专卖管理办法(暂行)》。主要内容包括:卷烟交易市场的主管机关,市场内专卖管理部门职责,经营者的资格和条件,禁止交易卷烟的范围,杭州、区域性和边贸卷烟交易市场的进货、供货原则,准运证开具条件,交易费标准,许可证注销、吊销情形,责任追究等。当地烟草专卖局在卷烟交易市场内设立专卖管理部门,其主要职责为:审核、发放进场设点经营户的烟草专卖经营许可证,对经营户的经营行为进行监督管理,开具准运证和准购证明,依法查处违法违章行为。1998 年底,浙江省卷烟交易市场全部关闭,该管理办法相应废止。

9. 烟叶生产经营管理规定

2008 年 2 月,省烟草专卖局(公司)制定《浙江省烟草专卖局(公司)烟叶生产经营管理规定(试行)》(以下简称《规定》)。《规定》明确:每年烟叶生产前,有种烟意向的烟农向县级烟草公司提出种烟申请,县级烟草公司对申请的烟农进行资格审查,初步拟定种烟面积,造册登记,由市级烟草公司汇总烟叶种植收购计划,上报省烟草专卖局(公司);省烟草专卖局(公司)将烟叶种植收购计划下达至市级烟草公司,市、县级烟草公司将计划进行分解;县级烟草公司参照上年烟叶收购情况及当年烟农种烟意向及烟农生产投入能力,确定各户烟农的合同种植面积,由烟农签字确认后张榜公示;烟叶种植收购合同的主体为市级烟草公司(或被授权的县级烟草公司)和烟农户主,双方签字后生效;合同应约定种植面积、收购量,明确双方的权利与义务;合同签订必须在每年烟叶移栽开始前全面完成;合同一式两份,合同双方各执一份。烟叶收购实行"公开、公平、公正"的原则;县级烟草公司根据下达的烟叶种植收购计划,结合实际拟定烟叶收购具体措施,报审核批准后执行。约定的烟叶收购总量不得突破上级烟草公司分解到该地区的国家计划。烟叶的购销必须签订烟叶购销电子交易专用合同(简称购销合同);烟叶运输必须使用国家烟草专卖局统一管理的烟草专卖品准运证计算机网络管理系统签发准运证;烟叶按程序组织调运到目的地后,应及时在准运证上加盖到货确认印章,并根据原烟交接样品进行烟叶数量、质量检查验收,完成烟叶交接。

(二)专卖监督管理制度

1.省际卷烟流通和加强运输管理的规定

1988年6月1日,省烟草专卖局制定《关于省际间卷烟流通和加强运输管理的规定》(以下简称《规定》)。《规定》重申,向省外进货和供货,除须按《关于搞活卷烟流通的暂行规定》执行外,个别县(市)公司有特殊情况须向省外供货,可报经市级烟草专卖局批准。对省际毗邻地区,可根据历史习惯保持原供货渠道,凭对方烟草专卖局发的"准购证"供货,省际卷烟运输,凡属国家计划调拨的,凭调出方省烟草专卖局签发的准运证(注明合同号码、签订日期)和随货同行联的发票通行。属计划外出省采购的,除必须持有调出方省烟草专卖局签发的准运证外,还须有省烟草专卖局开具的出省采购卷烟的准购证,凭双证通行。不符以上规定,或者证货不符、品种数量不符、凭证多次使用等,各地烟草专卖局有权查扣处理。

2.贯彻实施行政许可法配套制度

2004年6月18日,省烟草专卖局制定《浙江省烟草专卖局贯彻实施行政许可法配套制度》。

(1)《烟草专卖行政许可申请、办理规定》。该规定内容有申请与受理、核查、决定与送达、公开、变更等。该规定自2004年7月1日起执行。

(2)《烟草专卖行政许可规定备案审查规定》。该规定明确各级烟草专卖行政主管部门制定的行政许可由制定机关报上一级烟草专卖行政主管部门备案,同时报同级政府法制办备案。备案机关应当对报送备案的行政许可规定的下列内容进行审查:制定行政许可规定的主体是否具有法定职权,具体内容是否与现行法律、法规、规章及国家方针、政策相抵触,制定程序、公布方式是否规范,以及其他应当审查的内容。备案机关对报送备案的行政许可规定应当自收到全部材料之日起30日内,将审查意见书面通知制定机关。该规定自2004年7月1日起执行。

(3)《烟草专卖行政主管部门行政许可过错责任追究规定》。内容为烟草专卖行政主管部门及其工作人员在实施行政许可活动中,有8种情形之一的,应当追究行政许可过错责任。有6种情形之一的,应当追究过错责任的行为。对行政许可过错责任人员的处理方式有责令改正、责令书面检查、通报批评、扣发部分或者全部奖金、调离专卖管理岗位、行政处分等6种。

3.卷烟纸专卖管理暂行规定

2005年8月,《浙江省烟草专卖局卷烟纸专卖管理暂行规定》颁布。主要内容包括:省烟草专卖局组织、指导、监督卷烟纸生产经营企业,所在地烟草专卖局对卷烟纸生产经营企业实施有效监管,依法查处卷烟纸生产经营企业的违法违规行为,市级烟草专卖局负责实施检查和日常监控。卷烟纸生产经营企业必须主动配合烟草专卖管理监督工作,并根据管理监督需要,提供生产经营合同执行情况、残次和破损卷烟纸销毁情况、货款往来情况、卷烟纸入库和出库等销售调运情况资料；每月向当地烟草专卖局报送卷烟纸生产、销售、库存报表。省烟草专卖局每半年对卷烟纸生产经营企业开展一次检查，各卷烟纸购入企业必须执行到货确认制度。

第三节　证　照

在专卖管理体系中，证照核发是其主要手段。

民国时期，着眼点在征收税金，故其实施的烟酒公卖或卷烟公卖主要在流通领域，贩卖烟叶及其制品须取得省级烟酒公卖局或其下属分局核发的执照、印照、牌照、凭照，或者是公卖证、登记证、许可证等。此种管理方式并非是完整、规范的专卖管理。

中华人民共和国成立以后，政府对烟草生产、经营环节进行全面清理，实行统一管理，由国营企业集中经营，对私营企业实行加工、收(统)购、包销政策。1956 年对私营工商业的社会主义改造完成后，烟草制品的产、供、销全部纳入国家计划管理轨道。在长达 20 多年的时间里，有关部门核发相关证照，虽不是专卖体制下的产物，但因为在计划经济的框架下，故带有强烈的指令性和制约性。1983 年 9 月，国务院发布《烟草专卖条例》，自此始实行烟草专卖许可证制度。1991 年正式立法，在法律界定烟草专卖品的基础上，对烟草专卖品的生产、销售、进出口及运输、携带等各个方面均依法实行专卖证照管理，依法确立了烟草专卖的证照体系。

一、许可证照

民国初，国民政府财政部就规定贩卖烟草必须领取特许牌照方得营业。从民国 4 年(1915 年)北洋政府开始实行烟酒公卖，到 20 世纪 80 年代国家实行烟草专卖，都把凭证产销作为专卖管理的重要制度。

(一)公卖执照

民国 4 年(1915 年)，浙江省实行烟酒公卖。根据《全国烟酒公卖暂行简章》规定，贩卖烟酒由经省烟酒公卖局许可并发给“执照”的公卖栈代为经理。烟酒公卖栈由各区域公卖分局招商承办。凡愿充公卖栈经理人，先将姓名、地址、籍贯、职业，以及该区域内烟酒产销种类、数量等情况填具申请书，并取得殷实商人保证，缴纳 1000 元以上、5 万元以下金额的公栈押款后，呈请省烟酒公卖局核准发给公卖执照。

(二)公卖印照

民国 4 年(1915 年)实行的烟酒公卖，规定商店贩卖的烟类须于包裹及盛贮器具上，分别实贴“公卖印照”，方许可行销。经销未贴公卖印照的烟类，概作私烟论处。公卖印照由财政部印制，发给省烟酒公卖局，由省烟酒公卖局发给各公卖分支栈派员粘贴。

商民制销烟酒向该管公卖分局或稽征所按照烟酒商登记规定申请登记，并按月将出产或销售烟酒品类数量列表呈报。贩卖之烟酒，要在包装容器上贴用公卖印照。每月由烟酒公卖分栈或支栈通知该区域各商民，先期估计送交公卖的烟酒数量、种类。分栈或支栈接到前项报告即前往检查，并负责代征公卖费和开给凭单，粘贴好公卖印照。

烟类印照要填明品种、数量、县名及商人牌号，实贴在烟件烟箱的包面上，查验后于贴印照骑缝处加盖橡皮图记。贴有公卖印照之烟酒可以行销省内外。

（三）营业牌照

民国16年（1927年），浙江省实行卷烟公卖，贩卖卷烟由省卷烟公卖局指定地点营业的各类商人经理。凡要求指定为经理公卖卷烟的商人，须向公卖分局申请登记，呈请省卷烟公卖局指定，领取营业牌照方可营业。

营业牌照由省卷烟公卖局印制，按季申领，分级发放。营业牌照分甲、乙、丙、丁4种。甲种营业牌照，发给经卖商，须是家庭富裕、办事公正、熟悉卷烟业务，并具有向公卖分局预批卷烟、储存推销实力的商人；向公卖分局申请登记并缴纳5000元至2万元的保证金后，由省卷烟公卖局审查批准，每季缴牌照费30元；全省申请登记的商人有549人。乙种营业牌照，发给分卖商，须具有向经卖商预批整箱卷烟，开设店铺实力的商人；向公卖分局申请登记，并缴纳保证金100元，由省卷烟公卖局核准；每季缴牌照费8元。丙种营业牌照，发给零卖商，向所辖公卖稽征所申请登记，经公卖分局审核批准；每季缴牌照费1元。丁种营业牌照，发给提篮者，向所管公卖稽征所申请登记，经公卖分局核准；免交牌照费。

（四）卷烟公卖证

民国27年（1938年），浙江省政府试办卷烟公卖时，规定浙江省境内运销的卷烟，征收公卖费后需粘贴公卖证，未贴公卖证的卷烟作私烟论处。

公卖证，又称“浙江公卖封缄证”，由浙江省卷烟公卖处统一印制，经省审计处加盖戳记，发给各地公卖机关贴用。烟商缴纳公卖费后，持缴费收据连同烟件送交公卖机关请贴。公卖机关会同当地税务机关查验相符后，撕去箱面已贴的统税印花，拆箱后在卷烟最小包装（包、盒、罐）上粘贴公卖证。贴毕再装回原箱，贴上封条，编上号码，盖上戳记，准许在省内贩销。

（五）登记证

民国27年（1938年）4月，浙江省卷烟公卖处和各地公卖机关，对实行卷烟公卖前的卷烟库存进行登记，缴纳登记费后贴上登记证，未贴登记证的不准销售。5月，按照《浙江省卷烟贩卖商登记规则》，对贩卖卷烟的店铺、摊贩，不论专营、兼营，均实行登记，核发登记证。登记证由卷烟贩卖商填写申请书，向所在地卷烟公卖分销处办理。公卖分销处接到贩卖商登记申请后，在3日内填发临时登记证交给申请人，呈请省公卖处核准，发放开业登记证。登记事项有变更时，要填具变更登记申请书，报省公卖处领取变更登记证。12月，浙江省战时卷烟管理处公布《卷烟商贩登记规则》。浙江省境内的卷烟商贩，重新进行登记，领取省战时卷烟管理处发的登记证，方准开业。

登记内容，包括商店名称、店主姓名、所在地、资本额等，报所在地管理部门，经省战时卷烟管理处审核登记后发给开业登记证。发给的登记证要挂在店门口易见之处。登记事项变更，要领取变更登记证。歇业，要填具歇业登记书，连同原发的登记证，报省卷烟管理处注销。

（六）贩卖许可证

民国27年（1938年）10月，浙江省施行《战时管理卷烟进口运输贩卖办法》，运销浙江境内的卷烟，须缴纳管理费和粘贴贩卖许可证。烟商缴纳管理费后，将卷烟送当地管理机关，经查验相符后，在最小包装（包、罐）的封口处贴上贩卖许可证，每条两端封口处粘贴小封缄证，在原箱面上加贴大封缄证，方能运销。

省内烟厂制造运销全省境内的卷烟，应于卷烟制成后，未装箱前缴纳管理费，按上述规定粘贴贩卖许可证和大小封缄证。

（七）专卖凭照

民国32年（1943年），浙江省实行战时烟类专卖。规定从事烟类贩销的承销商、零售商，须经专卖局核准登记，发给专卖凭照方准营业。对违反规定，不经登记许可者，处以500元以下的罚金，情节重大者，并予以停业的处分。

（八）专卖凭证

民国32年（1943年）苏浙区烟类专卖局成立后，按国民政府财政部发布的《战时烟类专卖暂行条例》规定，对制烟厂商所制烟类和特许商人从国外输入的烟类，由专卖局收购专卖。并规定专卖的烟类要在包面上实贴专卖凭证方能运销。

专卖凭证分两类，卷烟类为10支、20支、50支，雪茄烟类为5支、10支、20支。由财政部派员会同区专卖局人员共同监制。由各烟厂、商会、同业公会、合作社填具申请书，经上一级专卖管理部门审核同意后，填据向各区办事处领用。由各区专卖办事处或专卖业务所封贴，或派员监贴。凭证粘贴牢固后加盖销印，烟箱箱面上加贴"烟类已贴凭证证明单"。证明单填明烟类、牌号、等级、支装、共有支数、已贴凭证支数、起运地点、运销地点、字号、年月日，由填发员、查验员签名盖章。

（九）烟草专卖许可证

1983年9月，国务院发布《烟草专卖条例》，实行烟草专卖许可证制度。1985年，浙江省凡经营烟草专卖品及烟草专卖管理品产销业务的企业、单位、个体经营户，都必须领取烟草专卖许可证，并按有关规定缴纳管理费。烟草专卖许可证、申请书和有关表证由国家烟草专卖局统一制定，分级审核、发放。许可证分"烟草专卖许可证"和"烟草专卖个体零售许可证"两种，生产、收购、调拨、批发、（特种烟草）零售六大类。所有各类烟草专卖许可证，除个体零售和临时许可证外，都设正副本，正本为悬挂式，副本为折叠式。

1.烟草专卖生产许可证

由生产企业填具申请书,经省烟草专卖局审核,报国家烟草专卖局发放。1990年底,按规定领取生产许可证的企业有:经国家批准纳入计划的杭州卷烟厂、宁波卷烟厂、嘉兴卷烟厂(原桐乡雪茄烟厂);经国家择优定点,生产卷烟盘纸的有杭州华丰造纸厂、嘉兴民丰造纸厂;生产烟草专用机械的有宁波轻工机械厂、临海烟草机械设备厂、杭州长城烟草机械厂;生产滤嘴材料丙纶丝束的有余姚化纤棉纺总厂;经省烟草专卖局批准生产烟丝的有松阳烟丝厂。除以上企业外,尚有省定点生产烟草机械零件的绍兴卷烟机配件厂等20家,由省烟草专卖局发放临时生产许可证。

2.烟草专卖收购许可证

1988年11月,根据国家烟草专卖局有关规定,对经营烟叶的烟草公司系统的收购站(点)及烟草公司委托经营烟叶收购业务的供销社,发放收购许可证。由企业、单位填具申请书,经县级烟草专卖局审核后,报省烟草专卖局审发。

3.烟草专卖调拨许可证

1988年6月,国家烟草专卖局规定,经营烟草专卖品调拨业务的企业,必须向省烟草专卖局申请领取调拨许可证。没有调拨许可证的企业、单位,不得经营烟草调拨业务。1989年,申领了调拨许可证经营烟草专卖品调拨业务的单位有省烟草公司杭州、宁波调拨站,各地市级烟草公司及烟叶主产区的县级烟草公司共14家。

4.烟草专卖批发许可证

1986年8月,省烟草专卖局在全省范围内审批发放。对烟草公司系统内经营批发业务的发给烟草专卖批发许可证;烟草公司委托经营批发业务的,发给委托代批许可证;经烟草公司委托的县以下乡镇国营、供销社转批点,发给临时委托转批许可证。1988年6月,国家烟草专卖局通知临时委托转批许可证撤销,并停止审发;原发的临时委托转批许可证,全部改发委托代批许可证。

5.特种烟草专卖经营企业许可证

经营烟草专卖品进出口业务和经营外国烟草制品购销业务的企业,须向省级烟草专卖行政主管部门提出申请,由省级烟草专卖行政主管部门审查签署意见,报国家烟草专卖局审批发证。在海关监管区内经营免税的外国烟草制品购销业务的企业,向所在地烟草专卖局提出申请,由企业所在地烟草专卖局审查签署意见,报省级烟草专卖局审批发证。

6.烟草专卖零售许可证

零售许可证(包括临时零售、临时代销、特种零售),由省烟草专卖局统一印制,除特种零售许可证外,由县级烟草专卖局审发。申领时,由企业填写申请书,还须具备资金和有固定经营场地的证明,由主管单位或街道盖章签署意见。按照网点布局合理、便利消费的原则,经县级烟草专卖局审核后发放。原则上已领有工商营业执照,经营烟草零售业务的企业和个体户,都可申领零售许可证。新开业经营烟草的,要先办理申领专卖许可证,凭许可证向工商行政部门办理登记领取营业执照。非长期经营的集体企业和个体户发给临时零售许可证。乡供销社的临时代销店(点)发给临时代销许可证。经营进口卷烟、雪茄烟和收取外汇的国产卷烟的企业、单位，发给特种烟草专卖经营零售许可证，由省烟草专卖局发放，申领时还须有外汇管理部门出具的外汇账户证明。

1986 年 5 月，全省各级烟草专卖局开始审发烟草专卖零售许可证。领取烟草专卖许可证后，实行亮证经营。如改变名称、地址、法定代表人、经济性质、生产经营范围、生产经营方式，发生合并、分立、转业、歇业等情况，都必须办理变更登记申请和歇业注销手续，缴销烟草专卖零售许可证。

以上各类专卖许可证，有效期均为 5 年，到期必须换发新证。从 1988 年开始，规定凡领证满 1 年的，都要年检，年检时间为当年 12 月 1 日至次年 3 月 30 日，按发放权限规定分级负责。

1993 年 7 月，全省共重新核发换发各类专卖经营许可证 147262 份，其中批发企业许可证 122 份，委托批发企业 742 份，特种零售企业 174 份，国有(集体)零售企业 23015 份，个体零售 122653 份，查缉走私外烟临时零售许可证 556 份。

1994 年，全省经国家烟草专卖局核发的跨省经营卷烟批发业务的企业有 79 家。同时，全省 32 家烟草公司获得处理罚没走私烟定点批发企业许可证。1995 年，重新换发查缉走私卷烟零售许可证 570 份。1996 年，对全省烟草专卖委托批发、特种零售许可证和查缉走私卷烟零售许可证进行年检，委托批发单位由年检前的 373 家减少到年检后的 171 家，特种零售许可证的单位由年检前的 188 家减少到年检后的 177 家，查缉走私卷烟零售许可证的单位由年检前的 622 家减少到年检后的 461 家。1998 年 10 月，全省累计换发烟草专卖经营许可证 14 万份，其中批发许可证 820 份，特种零售许可证 1100 份，零售许可证 138080 份。

2003 年 12 月，全省统一换发 2003 版烟草专卖零售许可证。2003 版烟草专卖零售许可证新增“供货单位”和“许可范围”两项内容，通过“烟草专卖许可证管理系统”在网上进行申请、受理、审批和办理。2004 年，全国取消烟草专卖特种烟草专卖零售许可证。2005 年 8 月，全省一律停止向外商投资的商业企业(包括香港、澳门特别行政区的投资者，台湾地区投资者投资的商业企业)发放烟草专卖零售许可证。2008 年，省烟草专卖局对领有烟草专卖许可证的单位和个人换发 2008 版烟草专卖许可证。

2010 年底，全省发放烟草专卖许可证 331729 份，其中烟草专卖生产许可证 9 份，烟草专卖经营许可证 331720 份(批发许可证 80 份，特种批发许可证 87 份，零售许可证 331553 份)。

二、准购证

浙江烟草经营实行凭证进货、凭证供货，始于全面抗日战争时期。烟草专卖实行后，准购证作为许可证制度的重要组成部分，是经烟户进货必用的证件。

(一)进口许可证

民国 27 年(1938 年)，省政府颁布《战时卷烟进口运输贩卖办法》，规定运销浙江省境内的卷烟，须事先将卷烟牌号、包装、出品厂名、数量及进口地点，填具申请书，送请浙江省战时卷烟管理处审查登记，经核准发给进口许可证，方可进口，如有违反，照贩卖私烟论处。

(二)熏烟叶准购证

民国32年(1943年)12月,苏浙区烟类专卖局《熏烟叶管理办法》规定,熏烟叶只能在专卖机关指定的市场出售,并以售于经核准给证的制烟厂商或运销商为限。制烟厂商或运销商购买熏烟叶时,应先填具申请书,报请专卖机关核发准购证,没有准购证,不得购买熏烟叶。

(三)卷烟批售(承销)手册

1953年11月,省专卖事业管理局规定实行卷烟凭证购货办法。凡经工商登记批准,领有经营卷烟零售营业执照的住商和摊贩,都可以向当地专卖事业公司申请领取卷烟批售(承销)手册,凭手册向发放的专卖公司进货。专卖事业公司凭证供货后,在手册上逐笔登记,以备检查,无证者不予供应。手册由省专卖事业管理局统一印制,分单月、双月用两本,县级专卖事业公司审发,按年度使用、换领,收回成本费。

(四)烟草专卖准购证

1.簿记式

《烟草专卖条例施行细则》规定,领有烟草专卖零售许可证的企业和个体经营户,应当同时向发证部门领取烟草专卖品准购证,凭准购证到指定地区的若干批发单位购进烟草专卖品。准购证由省烟草专卖局根据国家烟草专卖局制定的格式统一印制。

1986年6月起,全省已建烟草专卖机构的市县,按照许可证发放权限,随同许可证一起发放一份零售许可证、一本准购证。特种零售企业,由省烟草专卖局审发,并在准购证首页盖上“特种零售”戳记;其他各类零售企业、个体经营户,由县级烟草专卖局审发,对临时零售的,盖上“临时零售”戳记。烟草公司批发企业按规定的地区范围实行凭准购证供货。

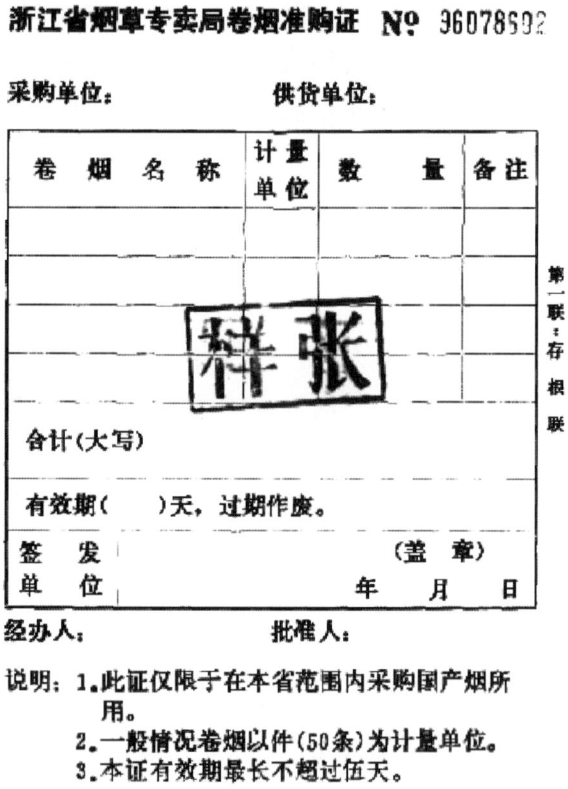
浙江省烟草专卖局卷烟准购证 №　96078692

采购单位:　　　　供货单位:

卷烟名称	计量单位	数量	备注
合计(大写)			
有效期(　　)天,过期作废。			
签发单位	(盖章) 年　月　日		

第一联:存根联

样张

经办人:　　　　批准人:

说明:1.此证仅限于在本省范围内采购国产烟所用。
2.一般情况卷烟以件(50条)为计量单位。
3.本证有效期最长不超过伍天。

图48-5-3-1　浙江省烟草专卖局卷烟准购证样式(省烟草专卖局提供)

2.表格式

1988年6月,为整顿卷烟流通渠道,制止无计划盲目出省采购卷烟,省烟草专卖局规定,出省组织卷烟货源实行烟草专卖准购证。没有领取准购证的,一律不准出省计划外采购,供货方也不能供货。表格式准购证一式三联。一联签发单位留存,二联供货单位留存,三联承运单位随货同行。领取准购证须向省烟草专卖局申请,经销售主管部门审核后,由省烟草专卖局签发，并作为运输途中随货同行的必备凭证。

1990 年 6 月，国家烟草专卖局在全国范围内使用统一规格式样的烟草准运证。省际烟草专卖品的运输，无中国烟草总公司监章合同的，要持有调入调出双方省级烟草专卖局开具的准运证。是月起，省烟草专卖局对出省采购计划外卷烟，改为开具“浙专烟进字准运证”，代替出省组织卷烟货源准购证。原规定办法停止执行。

1996 年 3 月，为加强准购证的使用管理，省烟草专卖局变更“浙江省烟草专卖局卷烟准购证” 式样，并于次月启用。“浙江省烟草专卖局卷烟准购证”是委托批发单位和卷烟交易市场的经烟户跨地区采购卷烟的合法凭证。随着全省卷烟交易市场的彻底关闭和委托批发形式的取消，2000 年 4 月 1 日，“浙江省烟草专卖局卷烟准购证”停用。

三、准运、携带证

(一)准运证

烟草运输须凭准运证，从民国初的烟酒公卖制开始，相沿至今。

1. 运销验单

民国 4 年(1915 年)，浙江实行烟酒公卖。《征收烟酒公卖费规则》规定，商人将已征公卖费的烟酒运往他处销售时，除领取缴纳公卖费的凭单外，由经征局、所、公栈发给运销验单。商人持单执运，公卖机关验单放运。

运销验单由省烟酒公卖局照财政部发的格式印制，一式四联。一联存根，二联交商执运，三联送主管公卖局，四联送交指销地点公卖局查验。民国 9 年(1920 年)4 月，改由中央财政部印制颁发，并改一式六联，增加送省烟酒公卖局和财政部考查各一联。运销验单由省烟酒公卖局编号盖印发给分局、所，转各该区域内的公栈填用报查。商人在省内从甲区域运抵乙区域指销地点后，持验单报请乙地公栈查验，并由公栈收回报主管公卖局备核。从外省运销浙江省或经过浙江省运销他省之烟酒，其首先运经的区域公栈，应查明指销地方、货色重量，并发给验单后放行。运商应向中间经过的地方公卖局报验，经查验相符后，查验的公卖局在执运一联上盖章，注明经过日期。发给商人验单时，应随征验单费大洋 1 角。如同一烟类，不分重量多少，只按票数征收。验单须注明有效期，由公栈发给验单时，按商人指销地点的路程远近确定。如逾期到达，验单就作为无效，因沿途阻滞，确属无弊的，要取得所在地的殷实商号担保，准许向所在地公卖局换领验单，免征验单费。验单由经征机关按月将第三、四、五联汇总送所管分局。所管分局将第三、四联按月呈送省烟酒公卖局，省烟酒公卖局将第三联按月汇送财政部烟酒事务署查核。

2. 运输凭单

民国 16 年(1927 年)7 月，浙江实行卷烟公卖，规定卷烟运输事务统一由卷烟公卖局办理，不准商人私运。在卷烟运往各埠时，由卷烟公卖局发给运输凭单。凭单由省卷烟公卖局签发，为文书格式，分为收执联和存根联。持凭单运输，通过各地之公卖机关负责查验，货单相符即准予通行。

3. 分运单

民国27年(1938年)5月，浙江省试办卷烟公卖，省外运销浙江的卷烟和省产卷烟，运到指定销售地点后，拟改运或分运他处销售，须持已缴纳公卖费的收据，报请当地公卖机关审核，领取分运单。沿途及到达分运或改运的销售地点时，须持分运单请当地公卖机关查验。如未到达指销地点，在中途销售或再次改运、分运，应按前条规定向中途的公卖机关重新换领分运单。

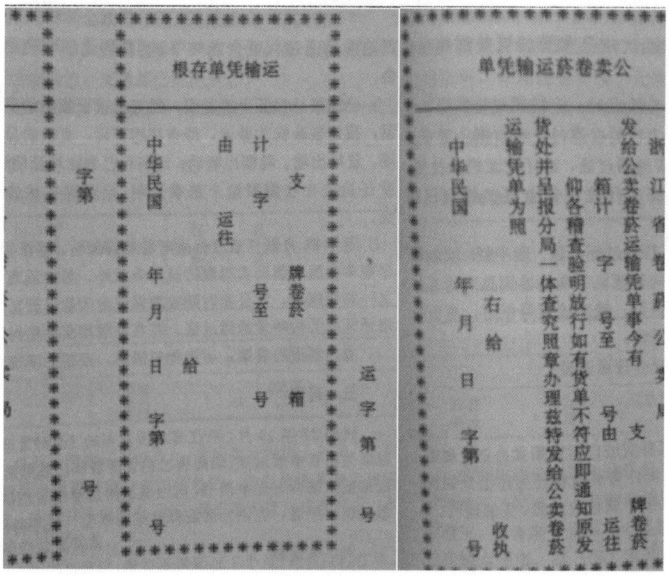
运输凭单存根
公卖卷菸运输凭单

图48-5-3-2　浙江省卷烟公卖局运输凭单样式(《浙江省烟草志》，浙江人民出版社1995年版，第489页)

4. 通过证

民国27年(1938年)5月，《浙江省卷烟公卖施行细则》规定，经由浙江省境运销他省的卷烟，必须由省政府指定的地点进口，并由运销商填具报单，报请当地卷烟公卖机关审核后，发给通过证方准通过。申领通过证，先缴纳保证金。卷烟公卖机关根据运销商的申报，经查核相符后，开给缴纳通过保证金通知书。运商持通知书向当地代收公卖费的机关缴纳保证金。已缴通过保证金的卷烟，经过通过证指定的查验地点时，应持通过证和缴款收据，报请查验机关登记，经查核相符后，查验的公卖机关在通过证和收据上盖章证明，放行出境。卷烟出境后，运商将已盖出境证明章的通过证，送还发证机关注销，发证机关在收据联给予盖章证明，运商即持该收据向代收保证金机关领回保证金。10月，浙江省改办战时卷烟管理后，继续实行通过证办法。除申领、查验程序基本参照卷烟公卖时期的规则办理外，另由运商向管理机关缴纳卷烟批发价五分之一的管理费，改公卖时期收取保证金为取具殷实银行、钱庄或商号保结，再由卷烟管理机关验明发给通过证，并在卷烟箱面粘贴封缄证。境内制造的卷烟，运销他省销售，亦按上项规定办理通过证。

5. 运照

民国27年(1938年)10月，浙江省政府发布《战时管理卷烟进口运输贩卖办法》，规定卷烟运输要申领运照。烟商将已纳管理费和已粘贴贩卖许可证的卷烟运往他处销售，在起运前填具出运申请书，向当地或附近卷烟管理机关申请领取运照，凭照通行。未领运照的卷烟，无论公营或私营，运输单位一概不得承运。

6. 准运单

民国32年(1943年)1月，浙江省实行战时烟类专卖。专卖的烟类，非经政府许可不得由国外输入，也不得由未实行专卖的区域移入，专卖局收购的熏烟叶及其制成品，由专卖局自行运输，或委托商人和运输单位代运，出运时发给准运单。

制烟厂商或运销商购买的熏烟叶，出运时，向购买地区的专卖机关领取准运单随货同行，随购随运的，分批发给准运单。烟叶种户或合作社、同业公会等自运熏烟叶至外地售卖，须事先将烟叶数量、运销地、路线等填表，报请专卖机关领取准运单，随货运行。制烟厂商将熏烟叶从总厂移运分厂，或分厂转运总厂，须经专卖机关驻厂员审核后，转请专卖机关发给准运单，到达运地后，准运单由驻厂员验明注销。省外调入熏烟叶，运销商事先要将产地、数量、进口地点等填表，申报专卖机关领取进口凭证，在进口时再换发准运单。

7.烟草专卖准运证

1983年9月，国务院发布的《烟草专卖条例》及其施行细则规定，向省外调出卷烟、雪茄烟、烤烟和名晾(晒)烟，一律凭省级烟草公司根据中国烟草总公司的调拨计划、文件或合同签发的准运证明，办理托运手续。省内运输，一律凭省、市、县级烟草公司证明，办理托运手续。无准运证明的，交通部门拒绝承运。准运证按国家烟草专卖局制定的格式，由省烟草专卖局统一印制，一式三联。

由调出单位(或购货单位)填写《准运证申请单》，连同购货发票、合同、烟草专卖许可证副本，一并交当地烟草专卖局审发。调出省外的，由当地烟草专卖局签署意见，报省烟草专卖局或省烟草专卖局指定的市级烟草专卖局审核签发。省内运输由省、市、县级烟草专卖局签发。准运证有效期按运程远近、运输工具而定，最长不得超过1个月，在备注栏注明。

1985年7月，全省发放烟草专卖品准运证。1988年6月，为加强卷烟盘纸、烟草专用机械(包括主要零部件、烟草专用仪器、仪表)的专卖管理，省烟草专卖局规定，实行凭省烟草专卖局签发的准运证办理运输。1989年9月，为便利有关市、县级烟草公司办理烟叶调往省外的准运证手续，省烟草专卖局将烟叶准运证委托各烟叶产地的市、县级烟草专卖局签发。12月，又根据国家烟草专卖局的规定，对烟用丝束、滤嘴棒，也实行凭省级烟草专卖局开具的准运证运输。

1990年6月1日起，遵照国家烟草专卖局的规定，省际运输使用全国统一规格样式的烟草准运证和准运专用章。统一格式的准运证分为："特、调、进、出"4种字编号。除"特"字属国家烟草专卖局专用外，"调"和"进"字均由省烟草专卖局开具。"调"字专用于计划内调拨；"进"字专用于出省计划外采购，无烟草总公司监章合同的计划外调剂；"出"字准运证，由省烟草专卖局和省烟草专卖局指定的各市级烟草专卖局开具，专用于向省外供货，无鉴章合同的计划外调剂。新证格式除增加有效期一项及运输方式栏略有变动外，基本内容与旧证相同。省内运输烟草专卖品和烟草专卖管理品，继续执行原规定办法。原式样的准运证及旧印章，使用到1990年12月31日为止。

1992年4月1日，浙江省"调""进""出"字烟草专卖品准运证不再使用，统一改用"运"字烟草专卖品准运证。全省境内烟草专卖品的运输，仍使用原"专"字烟草准运证。

是年，省烟草专卖局制定《办理烟草专卖品出省准运证的暂行规定》。规定省烟草专卖局委托市级烟草专卖局开具的出省准运证，是各地卷烟调出省外的运输凭证，只限于各市级烟草专卖局使用，不得再委托县级烟草专卖局开具；各市级烟草专卖局符合下列情况，可直接开具出省准运证：按全国订货会议签订合同供应货源的，进货方是市级烟草公司并有对方省烟草专卖局准运证明需要调剂供应计划外货源的，经省烟草公司特批同意的。

1993年2月，烟用滤嘴材料运输实行准运证制度，省际运输烟用滤嘴材料凭中国烟草进出口公司对外签订的合同和中国烟草总公司签章的供货、加工合同或调拨单，办理国家烟草专卖局的“准”字准运证；省内运输烟用滤嘴材料由省烟草专卖局开具准运证。1994年2月，省烟草专卖局制定《委托卷烟调拨站办理出省准运证的暂行规定》，明确由卷烟调拨站经营的省产卷烟出省准运证，委托杭州、宁波、嘉兴卷烟调拨站开具。各卷烟调拨站只限于开具该厂生产的卷烟品种。3月7日，省烟草专卖局明确由省卷烟销售公司经营的寄售烟、旅游烟、侨汇烟及给省内各级烟草公司的计划分配卷烟，委托省卷烟销售公司开具准运证。

1997年11月，省烟草专卖局明确，对卷烟准购证上已规定具体品种、数量的，卷烟准购证持有人不得随意调整。各经烟单位和个人，不准利用到省际边贸交易市场进货的卷烟准购证擅自到省外进货。各试办的卷烟交易市场应对经营户使用后的烟草专卖品准运证、卷烟准购证（随货同行联）建立回收制度，对不缴回烟草专卖品准运证、卷烟准购证的，今后将不予以开证。各地烟草公司设在杭州卷烟交易市场（省卷烟调剂中心）内的经营部不得以自己名义出省采购卷烟。

1998年2月1日，省际运输烟草专卖品起用新版防伪准运证。5月，国家烟草专卖局发布第1号令，规定跨省、自治区、直辖市运输国产卷烟、雪茄烟、烟叶、复烤烟叶、烟丝、卷烟纸，由调出方省级烟草专卖行政主管部门根据国家烟草专卖局有关业务主管部门鉴章的购销合同原件签发烟草专卖品准运证，运输中，鉴章的购销合同原件应与烟草专卖品准运证同行。

2000年5月，国家烟草专卖局规定自当年7月1日起，对跨省运输烟叶开具准运证实行计算机打印和管理，同时启用2000版烟草专卖品准运证。新版烟草专卖品准运证当时只适用于跨省、自治区、直辖市的烟叶运输，其他烟草专卖品的运输和省、自治区、直辖市内的烟叶运输，仍使用1998版烟草专卖品准运证。

2001年1月，国家烟草专卖局对跨省、自治区、直辖市运输卷烟的准运证实行计算机打印和管理。自当年9月1日起，对跨省的烟机和烟用物资运输，启用准运证计算机网络管理系统，同时启用2000版烟草专卖品准运证。为加强对烟机和烟用物资流向的监控及烟草专卖品准运证使用的管理，各需方单位在收到货物后，应尽快通过准运证计算机网络管理系统进行到货确认。

同年1月，经国家烟草专卖局批准，省烟草专卖局授权11个市级烟草专卖局签发省际运输卷烟的烟草专卖品准运证，启用新的烟草专卖准运专用章。浙江省内新版准运证只适用于省内卷烟运输，实行计算机打印管理。

2003年9月，省烟草专卖局根据国家烟草专卖局授权签发拍卖烟草专卖品的准运证。各烟草拍卖行拍卖的烟草专卖品，由所在地的省烟草专卖局审核并通过烟草专卖品准运证管理系统开具准运证。烟草专卖品准运证加盖省烟草专卖局准运专用章。

2006年7月1日起，根据国家烟草专卖局规定，运输卷烟、雪茄烟的启用2006版烟草专卖品准运证。

（二）携带证

1990年，国家烟草专卖局出台《关于旅客异地携带卷烟实行限量的通知》，规定旅客异地携带国产烟10条为限，外国烟5条为限，两者合计不得超过10条，超限量携带应持有县级以上烟草专卖局的证明。

2006年6月，根据国家烟草专卖局有关精神，规定个人携带评吸、新产品促销、检测、残损烟调换、补货等卷烟超过限量的，需要开具携带证。

第四节　卷烟生产专卖管理

民国时期的烟酒公卖或卷烟公卖管理，对生产环节除了征收一定的税金外，并未确立一套具有针对性、适应性的管理体系。同时，由于外国烟商的抵制，更由于抗日战争时期的兵燹，对烟草生产和卷烟制造的所谓专卖管理就更显薄弱了。

中华人民共和国成立之初，虽未形成比较完善的生产环节专卖管理体制，但国家对烟草已开始实施专卖政策。省政府于1951年9月即成立专卖事业公司，12月组建省专卖事业局，着手开展专卖管理。首先对生产环节的源头——烟叶收购进行控制，从最初的公私联购到后来省产烟叶大部分由国家收购，1951年私商收购的烟叶即仅占30%。1956年私营烟栈消失，全省烟叶均由国家掌控（见第一章第三节）。其次对卷烟产品实行统购包销，严禁私销。至1954年10月，全省17家公、私烟厂的产销均由国家控制。

1956年以后，即在国家的统一部署下，陆续关停计划外烟厂（含地方政府办的小烟厂），烟草制品一律由国营烟厂生产。同时，取缔手工加工的烟草制品。

1983年9月，国务院发布《烟草专卖条例》，规定卷烟、雪茄烟由烟草公司所属烟厂统一生产，其他任何单位和个人不得生产。1991年6月，《中华人民共和国烟草专卖法》颁布，规定开办烟草制品生产企业，必须经国务院烟草专卖行政主管部门批准，取得烟草专卖生产企业许可证。省、自治区、直辖市卷烟、雪茄烟年度总产量计划由国务院计划部门下达。烟草制品生产企业的卷烟、雪茄烟年度总产量计划，由省级烟草专卖行政主管部门根据国务院计划部门下达的计划，结合市场销售情况下达，地方政府不得向烟草制品生产企业下达超产任务。在烟草行业内部，有一套适用于卷烟生产的完整的专卖管理程序和制度，至此，针对卷烟生产环节的国家专卖管理体系遂告完成。

一、关停计划外烟厂

1956年社会主义改造完成后，杭州利群烟厂和宁波联工烟厂列为国家定点厂，实行计划管理。1963年3月，中共中央批转轻工业部党组《烟草工业集中管理方案》，规定卷烟只能由轻工业部所属烟厂生产。5月，省人民委员会发出通知，全省卷烟生产企业，除轻工业部定点的杭州利群烟厂、宁波联工烟厂和省定点的桐乡雪茄烟厂以外，其他企业都应关闭，停止生产。1983年9月,国务院《烟草专卖条例》发布后,浙江省除杭州、宁波、桐乡3家国家定点厂外,尚有生产雪茄烟的温州烟厂和松阳烟丝厂以及1984年4月新建的浦江烟厂,按照国务院规定,凡未批准纳入国家计划的卷烟厂和雪茄烟厂都必须关停。

温州烟厂,系1956年烟丝行业改造后发展起来的全民企业。1970年,始产雪茄烟。1973年,始产卷烟。1978年,因未纳入国家计划,原材料困难,停产卷烟。烟草专卖前产品有雪茄烟和烟丝。1983年7月,根据省政府关停计划外烟厂的通知,停产雪茄烟,仅生产烟丝并转产其他轻工业产品。1986年,停产包括烟丝在内的全部产品。

松阳烟丝厂,系松阳县的县属企业,产品有烟丝和雪茄烟,曾购置卷烟机准备生产卷烟。1983年6月,松阳县政府报告要求纳入国家计划,未被批准。当地政府服从大局,执行省政府通知和省轻工业厅的批复,封存卷烟机,停产雪茄烟,并进行整顿。后经省烟草专卖局批准,成为全省唯一的烟丝生产定点企业。1989年11月,国家烟草专卖局发给"烟草专卖生产许可证"。

浦江烟厂,1984年4月筹建,9月投产卷烟。使用未经注册的"仙华""花桥"牌两个商标,产品由集体商业销售,为计划外烟厂。1984年8月到1985年6月,省烟草专卖局3次派员前往处理,1985年7月停产关闭。

1990年至2010年,全省已无计划外烟厂。一些小型烟丝加工企业,因产品无销路,在各地烟草专卖局成立后,通过烟草专卖许可证的发放和市场整顿,也自然淘汰。

二、取缔手工卷烟

抗日战争时期,浙江省卷烟奇缺,全省各地利用地产晒烟原料制作手工卷烟,风行一时。虽当时的征税机关和烟类专卖部门也实行管理,但收效甚微。

民国38年(1949年)9月10日,省人民政府公布《浙江区手工卷烟户管理暂行办法》,严格管理手工卷烟。1950年和1951年,省政府先后实行烟叶和卷烟盘纸的统一管理,由土产和百货公司掌握收购和经营,采取逐渐切断原材料供应的办法,限制手工卷烟生产。1953年,专卖事业公司开始统一经营卷烟,对烟叶和卷烟盘纸实行统一分配。结合对私营工商业社会主义改造,专卖部门与工商、税务部门配合加强手工卷烟的产销管理。1956年对私营工商业社会主义改造完成后,全省手工卷烟基本被淘汰。

20世纪60年代初,卷烟供应严重不足,手工卷烟重新出现,从农村小集镇蔓延到中小城市。1963年11月,省商业、轻工、财政、工商行政、供销合作社5个厅局,转发中央人民政府有关部局《关于严格取缔和禁止手工卷烟生产、销售的联合通知》,禁止任何单位和个人生产手工卷烟。在生产手工卷烟的,由当地政府立即组织取缔。禁止制造出售手工卷烟生产工具,各地生产、销售单位现存的手工卷烟工具,由当地工商行政管理部门监督处理或者烧毁。凡从事生产、贩卖手工卷烟和工具的无证工商户,由工商行政部门按国务院《关于打击投机倒把和取缔私商长途贩运的几个政策界限的暂行规定》严肃处理。

三、烟草机械管理

民国32年(1943年)，浙江实行战时烟类专卖时，就有制烟机器及特种用具的制造、购进、储存须经专卖局核准的规定。1983年，国务院发布《烟草专卖条例》，将烟草专用机械(以下简称烟机)列入烟草专卖范围。1987年，浙江省根据《烟草专卖条例》《烟草专卖条例施行细则》，将烟机生产经营纳入全省烟草专卖管理。

(一)生产实行许可证

烟机实行定点生产。定点生产企业必须领取“烟草专卖生产许可证”，无此证的非定点企业不得生产烟机。

1986年10月，省烟草专卖局(公司)调查整顿全省烟机行业。次年上半年，全省17家烟机生产企业成为首批定点企业，纳入烟草专卖管理范围。7月，成立跨行业、跨地区、跨所有制的浙江省烟草机械联营公司(简称省烟机公司)。省烟机公司归口省烟草专卖局领导管理，实行公司集中经营与烟机厂自主经营并重的原则。是月31日，省烟草专卖局向全省烟机行业和省内外有关单位发出《关于加强烟草机械行业生产、销售管理的通知》，规定凡生产试制(包括仿制)烟机产品及关键主配件的生产企业，必须按规定向国家烟草专卖局、省烟草专卖局申请领取“烟草专卖生产许可证”。浙江省烟机产品(包括主配件、仪器、仪表)，都纳入省烟机公司统配计划；生产企业必须凭中国烟草总公司或省烟草公司签发的“卷烟机械设备分配通知单”和经省烟机公司监证的订货合同，安排生产和订货。无“卷烟机械设备分配通知单”和未经监证所签订的合同一律无效。不准向未经国家批准的计划外卷烟厂、雪茄烟厂供应烟机产品，各地烟草企业不得向非定点厂订购烟机产品。12月，经国家烟草专卖局同意，由省烟草专卖局向定点烟机企业颁发“烟草专卖生产(临时)许可证”。1988年1月起，全面实行许可证管理。

1992年1月，《中华人民共和国烟草专卖法》施行。烟草专用机械列为烟草专卖品。烟机生产企业必须取得烟草专卖生产企业许可证，并且只可将产品销售给烟草公司和持有烟草专卖生产企业许可证的烟草制品生产企业。8月，国家烟草专卖局公布烟草专用机械名录，对名录中28种烟草专用机械设备的生产、销售、进出口业务依法实行集中统一管理。1994年2月，国家烟草专卖局印发《国家烟草专卖局管理的设备的管理规定》，对列入《国家烟草专卖局管理的设备目录》的设备购置、改造和大修理、使用、调拨及报废等进行审批监督。1999年1月，国家烟草专卖局颁布《烟草专用机械专卖管理办法》，明确烟机生产、经营要接受国家烟草专卖局及所在省级烟草专卖局的监督检查，领取烟草专卖生产企业许可证后方可进行烟机的生产和销售，不得自行转让或出售烟机，不得从非定点的特定烟机部件生产企业购买特定烟机部件。

2000年3月，省烟机公司歇业。7月，成立浙江省烟草机械有限责任公司，由省烟草专卖局(公司)授权负责全省烟机零配件生产、经营的管理工作。2002年4月，中国烟草交易中心设立中国烟草专用机械零配件交易会，负责指导全国的烟机零配件交易活动，在各省成立地区分会,具体负责当地的烟机零配件交易活动。2007 年 11 月,国家烟草专卖局办公室印发《烟草专用机械企业申领许可证管理办法》。

(二)凭证运输

1988 年 6 月,省烟草专卖局为保护定点企业的合法产销,制止和查处无证产销活动,经国家烟草专卖局同意,对省际烟草机械设备和专用配件运输,实行凭"烟草专卖准运证"托运和通行的政策。"烟草专卖准运证"统一由省烟草专卖局签发。

(三)销售使用统一发票

1989 年 2 月,为加强烟机行业的产销专卖管理,确保烟机质量,强化烟草行业内部管理,全省烟机行业销售烟机及零配件,使用中国烟草总公司烟机(配件)统一专用发票。该"烟草机械专用发票"由省烟机公司和领有"烟草专卖生产许可证"的烟机定点生产企业,凭证向当地税务部门办理手续到指定地点印制使用。无"烟草专卖生产许可证"的非定点企业一律不得印制使用。卷烟厂购买烟机产品,凭专用发票报销入账,其他发票及收据一律不予报销,不得入账。

1992 年 1 月 1 日起,使用浙江省烟草机械(配件)统一专用发票,规定"烟草机械专用发票"只限于省烟机公司及省内持有"烟草专卖生产许可证"的烟草机械专用(配件)定点生产厂(即省烟机公司所属成员厂)销售烟草专用机械及烟机零配件专用;"烟草机械专用发票"由税务机关按全国统一格式统一印刷;定点烟机生产厂只能将"烟草机械专用发票"用于销售该厂自产的烟草机械及烟机零配件;卷烟厂购买国产烟草专用机械(配件)和仪器必须取得规定的"烟草机械专用发票",其他发票和收据视同非法凭证,一律不得入账。1994 年 2 月,为有利于烟草专用机械的专卖管理和烟草机械配件的行业管理,省税务局同意在省内烟草专用机械整机及零配件定点生产厂使用的增值税专用发票的右上角加盖红色"浙江省烟草机械联营公司票证专章"。盖章工作由省烟机公司派员直接到各定点生产厂家进行。

四、商标管理

1982 年 11 月,省轻工业厅针对卷烟商标使用混乱,牌名多,商标未经注册产品就在市场销售,随意变更注册商标图案,滥用文字、拼音,假冒侵权等情况,按中国烟草总公司整顿卷烟商标的通知精神,整顿卷烟厂的商标。当时,杭州卷烟厂、宁波卷烟厂共有卷烟商标牌号 23 个、品种 31 个。审查清理后,有的补办注册或变更手续,有的停产。同时,按市场信誉及适销情况,保留牌号 21 个、品种 27 个。其中杭州卷烟厂专用注册商标有"杭州""西湖"等牌号 10 个、品种 13 个;宁波卷烟厂专用注册商标有"宁波""上游"等牌号 7 个、品种 10 个;另有两厂共同使用的"新安江""旗鼓""大红鹰""经济"4 个注册商标。

1983 年 9 月,国务院发布《烟草专卖条例》,规定卷烟、雪茄烟必须使用注册商标,产品无注册商标,不得在市场销售。1984 年 4 月,国家烟草专卖局、工商行政管理局又规定,计划内烟厂生产并在市场销售的卷烟、雪茄烟,未办理注册商标的,必须在 1985 年 3 月前办好注册手续，逾期不办要停止生产，产品不准在市场销售。1985 年 4 月，省烟草专卖局组织各生产企业自查卷烟、雪茄烟商标注册、使用、管理等情况。5 月，会同有关部门在全省 30 个重点市县，开展卷烟商标和物价大检查。通过自查、检查，处理了一批假冒他人的注册卷烟商标以及未经注册或不规范、滥用文字拼音等卷烟商标。9 月，为区别卷烟商标是否注册，便于消费者对卷烟产品质量的辨认和监督，按国家烟草专卖局《关于卷烟、雪茄烟使用商标文字有关问题》的规定，各烟厂在新设计或重印注册使用的卷烟、雪茄烟商标标识、条包上，都陆续印上"注册商标"或"®"标记。

1987 年 4 月，省烟草专卖局针对各地非法制作假冒卷烟猖獗、各烟厂在商标印制管理上存在的混乱状况，制定《加强卷烟、雪茄烟商标包装管理意见》。意见规定新注册商标或变更商标图案文字，事先须经省烟草专卖局审查同意，未经核准注册的商标，一律不准包装出厂销售。印制卷烟、雪茄烟商标，实行专人负责、定点印制，图形色彩不得擅自变改；多处印制同一商标标识必须有统一的标准色彩；印刷后的废次品（包括盒纸、条包、封口条等）一律收回，监督烧毁，不准流出厂外，不得转让或作废纸出售。8 月，根据中国烟草总公司的统一部署，再次整顿全省 3 家烟厂卷烟、雪茄烟商标的管理工作。重点清理未经注册就擅自使用的商标；随意更改注册商标图案，与其他厂雷同或仿国外名烟，不符《中华人民共和国商标法》（以下简称《商标法》）规定又不办理变更手续的商标。10 月底，各厂完成自查清理和重点检查。通过清理整顿，审定全省保留使用的卷烟、雪茄烟注册商标 46 个，注销或办理变更注册的商标 10 个，解决所属权有争议的商标 3 个。1988 年 4 月，国家烟草专卖局、中国烟草总公司对商标标识、商标申请和审查、商标的管理等，实行全国统一的管理办法。卷烟、雪茄烟商标标识除图案必须符合《商标法》规定外，商标的文字使用都统一按国家规定，包装正面汉字标明商标名称（字大醒目）、商品名称和企业名称。联营产品和监制产品，以汉字标明生产企业和监制单位名称。并标注"注册商标"或"®"标记，烟支数、类型和焦油含量。硬条包装图案用色与小盒包装一致，一名多景商标，条包图案与其中一景相同。包装正面以汉字标明商标名称、商品名称。软条包装，条包封签以汉字注明商标、商品和企业名称。出口产品根据销往地区政府法律规定，包装上注明有关吸烟与健康的警句。烟草制品商标由烟草专卖部门实行严格管理。申请注册卷烟、雪茄烟商标，生产企业要连同申报材料，须先经省烟草专卖局审查同意，再报中国烟草总公司批准，并要同时申请注销与申请注册数量相同的已注册的卷烟或雪茄烟商标。商标一经注册，其商标图案、用色不得随意变改，不得增添任何纪念、旅游等方面的文字或图案，改变图案须重新办理注册。注册商标 3 年以上没有使用的自动申请注销，1 个注册商标只能用于同一质量等级的产品。要求各企业都要建立商标档案。

1994 年 6 月，中国烟草总公司规定，影射他人作品，申请与已注册商标图案近似的新商标；未经中国烟草总公司同意擅自标注"中国烟草总公司出品"或"中国烟草总公司专卖"字样；违反《烟草专卖法》的有关规定，未申请注册商标就销售其产品；违反《商标法》擅自在已注册商标上标注"纪念、祝贺"等字样，以及擅自标注"中外技术合作"、各类"联营""专销" 等字样的，必须办理注销和停止使用。

1996 年 6 月，国家烟草专卖局制定《烟草制品商标使用管理规定》。经国家烟草专卖局批准的烟草制品生产企业,方可申请和拥有烟草制品注册商标;卷烟、雪茄烟必须在包装上标明卷烟国家标准中规定的内容和“吸烟有害健康”字样;出口的卷烟、雪茄烟应在包装上标明“专供出口”的中文字样;中外技术合作和国内企业间技术合作开发的产品,必须提交有关合作协议、技术文件和成果鉴定报告等文件,经国家烟草专卖局商标主管部门审查同意后,方可在商标上加注有关合作字样及合作方的名称;禁止在商标上标注各种地方专卖、专营字样;禁止自行在注册商标上加注各种旅游、纪念性的文字和图形。企业的新产品开发和老产品改造中卷烟商标的使用要按照“先申请、审批,再使用”的原则,并将商标报省烟草专卖局(公司)备案。

1997 年 8 月,省烟草专卖局就出口卷烟的生产经营和新牌号卷烟的注册商标作出规定,各烟厂在生产出口卷烟过程中,必须严格按照《烟草专卖法实施条例》的规定,在卷烟的箱、条、盒包上加注“专供出口”中文字样(来牌加工和全外文包装的除外)。2001 年 8 月,省内烟草市场出现一批无注册商标的“白包烟”“试制烟”,对此,省烟草专卖局依据《烟草专卖法》作出规定:省内两烟厂不得以任何理由生产、销售无注册商标卷烟,各级烟草公司不得销售无注册商标的“白包烟”“试制烟”。

2004 年 6 月,国家烟草专卖局规定免税出口卷烟商标及包装标识。2004 年 10 月 1 日起,免税出口卷烟使用全英文(其他外文)或部分英文(其他外文)商标及包装标识,免税出口卷烟品牌,在卷烟包装盒、条和箱上一律采用全英文(其他外文)商标及包装标识。凡申请免税出口卷烟计划的卷烟生产企业,在申报计划的同时需分别向国家烟草专卖局、中国烟草进出口(集团)公司及各省级工业公司提供免税出口卷烟包装盒、条样品备案,对未按要求印制免税出口卷烟商标及包装标识的,各级主管部门不得提报免税出口卷烟计划。

2007 年 2 月,国家烟草专卖局作出规定:企业在新品牌(规格)开发、老产品改造的商标设计、产品描述、包装及宣传用语等方面,要严格执行国家相关法律、法规、行业标准及国家烟草专卖局有关文件要求;新产品商标设计必须符合《商标法》《中华人民共和国质量法》、GB5606—2005《卷烟》系列国家标准、《卷烟名称编制规则》及《国家烟草专卖局关于规范境内销售包装标识的规定》等有关法律、法规、标准、文件的规定,商标图文规范,内容得当,表述清晰,商标图形不得采用人物肖像和其他注册商标相近似的设计;商标采用外文标注时不得使用与有关法律法规、标准规定内容相悖的文字或可能误导消费者、引起争议的意思表示;卷烟盒包装内置卡片中的文字不得违反相关法律法规和《卷烟》系列国家标准及国家烟草专卖局文件的规定。

第五节 烟草市场专卖管理

国家对烟草实施专卖管理,比较直接的体现便是在流通环节进行控制和征税。浙江省最早于民国 4 年(1915 年),设立浙江省烟酒公卖局并订有稽查章程。规定贩卖运销烟酒须以公卖局制定的“公卖印照”“单票”证明,不准销售未贴公卖印照的烟酒。各公卖分局于所辖区域内设卡管理运销，配有巡丁，或由县知事派警察、乡镇团丁配合缉查。对查获贩销无证的私烟，除没收货物外，还要加倍处罚。民国27年，浙江试办卷烟公卖和改行战时卷烟管理办法。在此期间，除公卖和管理机关负有管理监督卷烟运销职能外，省政府还在各区专设缉私办事处，分别办理查缉私运、私销卷烟事务。民国28年3月，省政府发出训令，要求各保甲人员切实协助卷烟管理机关查缉人员，缉查私运、私销的卷烟。民国32—33年，浙江省实行战时烟类专卖，财政部苏浙区烟类专卖局和各区办事处，根据部颁《查验规程》规定，配有查验人员若干人，负责检查监督烟类专卖的贯彻实施和查处违章行为。

20世纪50年代初，为有利于实施烟草专卖，在国家对私营卷烟工商业渐次进行社会主义改造的同时，对烟叶和卷烟采取统购包销和加工订货办法，建立起国家主管、掌控的烟叶和卷烟流通体系。此后，长期实行统一计划、统一经营、统一管理，实行商品统一调拨的制度。此种制度延续期间，烟草购销矛盾并不突出，市场主要由税收和工商行政部门进行监督管理。

1983年11月1日，《烟草专卖条例》施行。1987年，卷烟市场价格逐渐放开，卷烟流通领域的秩序发生变化，由此而面临着在商品经济条件下实施专卖管理的课题。1992年1月，《中华人民共和国烟草专卖法》实施。1996年1月，省政府颁布《浙江省烟草专卖管理办法》，省烟草专卖局及所属全省各级烟草专卖部门依法加强烟叶、卷烟市场管理，建立一系列的制度和规范；取缔卷烟非法交易，整顿卷烟流通渠道；打击卷烟走私贩私活动，加强了专卖执法力度，由此而形成了涵盖全省的烟草市场专卖体系，维护了国家利益和消费者利益。

一、烟叶市场管理

1985年，浙江省的烟叶产、购、销纳入烟草专卖管理。省烟草专卖局（公司）首先清理整顿烟叶收购站、点，根据“合理流向、方便投售、便利运输”原则，规定烟草系统烟叶收购（加工）站、点的设置流程：必须先由所属县烟草公司提出方案，报市级烟草专卖局审核；委托供销社代购的，由产地县按照专卖管理的要求，与当地供销社共同协商提出调整设置收购网点的方案，经市级烟草专卖局审核后，报省烟草专卖局同意正式定点。非经烟草专卖部门批准，任何单位、个人都不准另行设点收购烟叶。此后，省内产烟叶的市、县级烟草专卖部门在当地政府领导下，与工商部门一起全面清理所属地区的烟叶收购站、点，对设置不合理的予以撤销和重新改建。

1986年1月，省烟草专卖局（公司）在松阳召开全省烟叶生产收购工作会议。强调各产烟区的烟草专卖管理部门要在当地政府领导下，加强对烟叶收购站、点的领导，部署在新烟上市前的烟叶收购站、点检查工作。4月，省烟草专卖局与省工商、税务等部门联合发出通知，规定浙江烟叶市场由省烟草公司统一安排，委托供销社统一收购，其他任何部门、单位和个人都不得收购，违者根据情节轻重，按《烟草专卖条例》规定处罚。新烟上市季节，各产烟地县（市）政府根据《烟草专卖条例》和省烟草专卖局规定，均印发《加强烟叶市场管理的布告》，制止烟贩私自收购、抬价抢购烟叶等非法活动。

1987年7月，省烟草专卖局和浙江省物价局（以下简称省物价局）发出《认真执行烟叶收购价格防止加价抢购的通知》，要求各地严格执行省定的烟叶收购价格，不得擅自采取加价或补贴等变相提价，认真执行香料烟国家等级质量标准和晒烟、白肋烟的省定等级质量标准，不得抬级抬价或压级压价收购。违反规定造成收购秩序混乱的地区，除减少专用化肥和卷烟奖售指标外，还要追究有关人员责任。各地对所设的收购站、点进行严格检查，对非法设置的站、点予以取缔，保障了烟叶收购工作的顺利进行。桐乡县在烟叶收购季节，专门由烟草、工商、税务等部门联合组成市场检查小组，采取定期与不定期的形式检查全县产烟区的站、点，及时处理未经专卖部门批准、擅自收购烟叶的单位和烟贩。各地还打击处理了一批欺行霸市的违法分子。

1988 年 11 月，为治理整顿烟叶市场秩序，根据国家烟草专卖局《加强烟叶收购调拨专卖管理的通知》，全省实行烟叶收购许可证制度。凡烟草公司设置的烟叶收购站、点及委托各地供销社代收的站、点，经省烟草专卖局验收合格定点后，发给“烟草专卖收购许可证”，凭证收购。没有收购许可证的单位和个人一律不得收购烟叶。

1989 年 4 月，苍南、平阳、文成等县政府先后发布《加强烟叶市场管理的通告》，成立烟叶收购管理小组，加强对烟叶市场的检查管理，打击各种非法收购烟叶活动，并以各种形式，向烟农宣传烟草专卖及国家对烟农的优惠政策，鼓励农民积极向国家投售烟叶。8 月，省烟草专卖局规定，除持有省烟草专卖局核发的“烟草专卖收购许可证”的站点外，其他任何场所都不允许进行烟叶交易。如在城乡集市或其他场合出售或收购烟叶者，除没收全部烟叶外，买卖各方均处以总值 10%以下罚款；违反价格政策规定者，要追究有关单位和个人责任，并视情节轻重处以商品总值 20%以下的罚款；对无证运输烟叶者，系非批准的经营单位，烟叶一律没收，并视情节轻重处以罚款；属批准合法经营单位的无证运输，经查实后处以相当于调拨价 10%以下的罚款。

1990 年 6 月，省烟草专卖局根据《烟草专卖条例》和中国烟草总公司《认真做好烟叶收购工作若干规定》，结合全省实际制定下发《浙江省烟叶收购工作规则》。规定委托代购烟叶要由县烟草公司与代购单位签订代购协议；毗邻地区的收购站(点)，要严格执行边界协议，做到统一奖售标准，统一收购时间，统一收购目光，不争购毗邻地区烟叶，共同维护收购秩序；收购站、点不准经营烟叶，对收购的烟叶，不准弄虚作假，抬级上调。

(一)烟叶收购站

1988 年，浙江实行烟叶收购许可证制度，设立烟叶收购站(点)，须经省烟草专卖局验收合格定点后，发给“烟草专卖收购许可证”，凭证收购。

20 世纪 90 年代，国家烟草专卖局依据《中华人民共和国烟草专卖法》对烟叶的种植、收购和调拨等方面作出明确规定。烟叶必须由中国烟草总公司所属的各级公司或其委托单位收购，其他单位和个人不得收购。烟叶收购站(点)由县级烟草公司或其委托收购部门提出，经市级烟草专卖局同意，报省级烟草专卖局(公司)批准方可设立。未经批准不准擅自设立收购站(点)；烟叶产区的市、县级烟草公司，要按省级烟草公司的安排组织烟叶收购和经营，不准跨地区自行组织烟叶收购和经营；烟叶的收购必须实行合同制。由烟草公司或其委托单位根据国家计划、国家规定的收购标准、价格同生产者签订烟叶收购合同，并认真履行；烟叶收购站(点)或委托的收购站(点)所收购的烟叶,必须按实际收购等级全部交所在县级烟草公司;各烟叶经营单位、各卷烟厂不准通过烟草系统外的任何部门和个人购销烟叶;不准到非烟叶产地的市、县级烟草公司购销烟叶;不准弄虚作假,为非法生产、经营单位提供证明、账号。根据上述精神,1995 年 7 月,省烟草专卖局重新审批烟叶收购站(点)。经审核批准,1995 年省内烟叶收购站(点)共 26 家:嵊县北漳供销社北漳烟叶收购站、嵊县北漳供销社华堂烟叶收购站、嵊县下王供销社下王烟叶收购站、嵊县贵门供销社贵门烟叶收购站、嵊县贵门供销社平山烟叶收购站、新昌烟草公司坝下收购站、新昌县东茗供销社东茗收购站、新昌县东茗供销社章家畈收购站、新昌县城南供销社琅珂收购站、新昌县城南供销社城南收购站、新昌县拔茅供销社拔茅收购站、新昌县拔茅供销社桃源收购站、新昌县镜岭供销社镜岭收购站、新昌县澄潭供销社澄潭收购站、新昌县儒岙供销社儒岙收购站、新昌县沙溪供销社沙溪收购站、新昌县城郊供销社城郊收购站、仙居烟草公司烟叶收购站(流动)、松阳烟草公司古市收购站、松阳烟草公司西屏(北山)收购站、桐乡烟草公司梧桐收购站、桐乡烟草公司石门收购站、桐乡烟草公司灵安收购点(临时)、桐乡烟草公司钱林收购点(临时)、桐乡烟草公司炉头收购点(临时)、桐乡烟草公司百桃收购点(临时)。

1996 年 8 月,省烟草专卖局批准同意嵊州市增设城关供销社城关收购站、甘林供销社苍岩收购站两个委托收购站。2002 年 8 月,省烟草专卖局批准同意龙泉烟草公司在县级公司、兰巨乡设立烟叶收购站,新昌烟草公司在城关镇南门设立烟叶收购站,景宁烟草公司在鹤溪、沙湾设立烟叶收购站,云和烟草公司在云和镇贵溪设立烟叶收购站,庆元烟草公司在安溪设立烟叶收购站。

(二)烟叶购销

1998 年,省烟草专卖局(公司)根据《中华人民共和国烟草专卖法》有关烟草公司或其委托单位应与当地烟叶种植者签订烟叶收购合同的规定,明确烟叶收购合同应约定烟叶种植面积,全面与农户签订烟叶种植和收购合同。合同中注明对合同外种植的烟叶,烟草部门不予收购。

1999 年 5 月,省烟草专卖局根据国家烟草专卖局的精神和国务院计划部门下达的计划,与烟叶种植者签订烟叶收购合同并约定种植面积。对烟叶收购实行烟叶收购许可证管理。烟叶收购站根据烟草公司或者其委托单位与烟农签订的合同组织收购,不得超合同收购,也不得拒收合同内烟叶。非烟叶产区的市、县级烟草公司不准收购、经营烟叶。烟叶产区的市、县级烟草公司只准收购辖区自产烟叶,不准跨地区收购烟叶。省际烟叶调拨计划由国务院计划部门下达,省内调拨计划由省、自治区、直辖市计划部门下达,其他单位或个人不得变更。省际烟叶的运输,按国家烟草专卖局《烟草专卖品准运证管理办法》的规定执行。国家储备烟叶的运输,凭中国烟草总公司烟叶调拨调剂通知单原件,办理国家烟草专卖局签发的烟草专卖品准运证。2000 年 4 月,国家烟草专卖局针对 1997 年以来有些产区烟叶大量积压,生产经营出现困难,一些单位和个人非法购销、运输烟叶,有的通过个体烟贩订购烟叶的情况,下达《开展烟叶流通秩序整顿工作的通知》。省烟草专卖局明确,整顿的对象为省烟叶物资公司、杭州卷烟厂、宁波卷烟厂、各烟叶产区烟草公司。各单位首先开展自查，省烟草专卖局(公司)随后复查，主要检查是否存在无合同、超合同购销及三角结算等违规行为。对查出的问题责任人进行处理并予全省系统内通报，省烟草专卖局加强烟叶购销业务的监督管理，省烟叶物资公司除省外基地烟叶和省产烟叶外，暂停采购省外烟叶的业务。

2001年，为扩大烤烟试种，省烟草专卖局批准云和县、景宁畲族自治县试种优质烤烟，庆元烟草公司负责烟叶收购和调运。

2006年12月，浙江中烟工业公司(以下简称浙江中烟公司)承担的烟叶生产经营管理职能划转省烟草专卖局(公司)，省烟草专卖局(公司)建立烟叶生产经营管理办公室，与浙江烟草进出口公司合署办公。

2008年2月，省烟草专卖局(公司)制定《浙江省烟草专卖局(公司)烟叶生产经营管理规定(试行)》。规定了市级烟草公司(或被授权的县级烟草公司)与烟农户签订烟叶种植收购合同，合同应约定种植面积、收购量，明确双方的权利与义务。合同签订必须在每年烟叶移栽开始前全面完成。合同一式两份，合同双方各执一份。烟叶收购实行"公开、公平、公正"原则。县级烟草公司根据下达的烟叶种植收购计划，结合实际拟定烟叶收购具体措施，报审核批准后执行。约定的烟叶收购总量不得突破上级烟草公司分解到当地的国家计划。烟叶的购销必须签订烟叶购销电子交易专用合同(简称购销合同)；烟叶运输必须使用国家烟草专卖局统一管理的烟草专卖品准运证计算机网络管理系统签发的准运证，准运证上调出单位、调入单位、到货地和加工地必须与购销合同一致，实际运输的烟叶等级、数量与准运证相符。烟叶调运到目的地后，应及时在准运证上加盖到货确认印章。

二、卷烟市场管理

20世纪80年代初，浙江省卷烟流通渠道较混乱，名优紧俏卷烟倒卖猖獗，多头批发、乱渠道进(供)货严重，无证商贩大量运销省外烟、走私烟，冲击了计划内烟厂生产，影响了正常的卷烟经营秩序，减少了国家财政收入。烟草专卖部门与工商、公安、物价、交通、铁路、司法等有关部门密切配合，宣传贯彻《烟草专卖条例》和专卖政策法规，全面加强卷烟市场管理，整顿流通秩序，打击取缔非法经营；各级烟草公司承担起卷烟的批发业务，所有卷烟批发、零售网点一律实行烟草专卖许可证制度，理顺了流通渠道，改善了市场供应，保障了消费者利益。

(一)批发市场管理

20世纪80年代初，全省多头批发，违章经营情况严重。烟草专卖实行后，各地烟草专卖部门在当地政府领导下，与有关部门紧密配合，开展了一系列的卷烟批发市场治理整顿工作。

1.实施专卖许可证制度

1986年4月，省烟草专卖局针对卷烟批发渠道混乱的情况，会同省工商行政管理局、省公安厅、省税务局、省交通厅联合发出《关于认真贯彻〈烟草专卖条例〉，加强烟草专卖管理的通知》。规定全省卷烟市场由省烟草公司统一安排，卷烟的收购、分配、调拨和批发，由烟草公司及其委托单位统一经营，其他任何部门、单位和个人都不得经营该项业务，有关生产企业未经允许亦不得自销。要求各有关部门配合做好市场管理和监督检查，并尽快开展烟草专卖许可证的审查发放工作，以理顺卷烟流通渠道，建立正常的烟草专卖管理秩序。5月，已建烟草专卖机构的市县，按《烟草专卖条例》规定，在工商部门配合下，相继调查和清理卷烟批发网点，与工商部门联合发布发放烟草专卖许可证的通告，集中开展专卖许可证的审批工作。原已向工商行政管理机关领有营业执照，经营卷烟批发业务的单位，按规定期限向当地专卖管理部门办理申报手续，领取专卖许可证。8—12月，省烟草专卖局根据以下审批原则，先后给湖州、绍兴、嘉兴、金华、海盐、新昌等市县的182户委托代批单位，审查发放了烟草专卖批发(委托代批)许可证，首批实行有证经营：在烟草公司设有批发机构的所在地，不重复设立其他代批单位；除可以委托国营或供销社代批外，其他行业、个体户都不得经营代批业务；设立卷烟委托代批点，只能是交通偏僻、零售商贩进货不便的地区；同一乡镇集市不得设两个代批点。对不符合规定的单位，责令停止卷烟批发业务。对无批发许可证继续擅自经营卷烟批发业务的，或领有许可证企业不按规定渠道进(供)货的，都依法进行查处。

全省各地烟草专卖机构建立后，专卖管理部门集中力量对该辖区范围的卷烟批发单位进行检查清理，在基本掌握卷烟批发网点经营活动的基础上，开展许可证审发工作。把实行许可证制度作为调整批发网点的手段，使卷烟批发环节全部掌握在烟草系统手中。

1988年10月，省烟草专卖局召开全省许可证换发工作会议，部署换发烟草专卖许可证工作。对1986年12月31日前领取"烟草专卖批发(委托代批)许可证"的企业，结合换证进行全面清理整顿和检查，对遵章守纪无违法活动的，予以换发新证，有违法经营活动的，不予换证并吊销原发专卖许可证。

1989年2月，全省实行一年一度的烟草专卖年度检查制度。凡领取"烟草专卖委托代批许可证"已满一年的企业，都按规定填写《烟草专卖许可证年检报告书》，接受专卖年检。通过年检进行遵章守法教育。对违章的进行处罚，属个人承包经营的进行调整；对无经营能力和问题严重的违章户，令其停业整顿或吊销许可证。

1992年4月，省烟草公司直属二级批发企业共有14个。分别为省卷烟销售公司、省烟草公司杭州调拨站、宁波卷烟厂(调拨站)、省烟草公司杭州分公司①、省烟草公司宁波分公司、省烟草公司温州分公司、省烟草公司嘉兴分公司、省烟草公司湖州分公司、省烟草公司绍兴分公司、省烟草公司金华分公司、省烟草公司衢州分公司、省烟草公司丽水分公司、省烟草公司台州分公司、省烟草公司舟山分公司。

1993年7月，鉴于部分地区烟草专卖局(公司)尚未组建，为确保市场供应，省烟草专卖局按国家烟草专卖局有关烟草制品流通中委托批发的规定，采取委托代批的办法。未组建烟草公司的县(市)，其卷烟由省烟草公司委托当地商业局或糖烟酒公司批发，经省烟草专卖局审批，颁发"烟草专卖批发企业许可证(委托代批)"；县级烟草公司以下的下伸批发网点，由县烟草公司委托，经县级烟草专卖局审查，由省烟草专卖局核发"烟草专卖批发企业许可证(委

---

① 1985—2008年，地市级烟草公司称烟草分公司；2008年浙江烟草商业实施母子公司体制后，改称为××市烟草公司。

托代批)”。

1994年,全国城乡卷烟销售网络建设拉开帷幕,行业正式启动农村下伸批发网点工作。次年,全省在全面整顿清理现有基层批发(委批)网点基础上,重新调整基层批发点,建立批发销售网点400个,其中烟草公司建立健全自设网点和“以我为主”的卷烟批发网点256个,基本达到中心乡镇设有批发点。1995年,为规范进口烟、查缉走私烟经营,国家烟草专卖局、公安部、国家工商行政管理局、海关总署《关于严厉打击卷烟走私整顿卷烟市场的通告》规定:“凡经营合法进口卷烟的单位,必须持有烟草专卖部门核发的特种烟草专卖经营企业许可证;经营查没的非法进口卷烟,必须持有国家烟草专卖局统一制定、核发或授权省级烟草专卖局核发的‘处理罚没走私卷烟定点企业’证照,并按规定渠道进货。”据此,省烟草专卖局上报并经国家烟草专卖局审核批准,浙江省处理罚没走私卷烟的定点批发企业52家。

2.清理卷烟非法交易市场

1984年前后,全省各地逐步形成一批烟贩从事卷烟非法经营活动的市场。据1988年10月统计,上规模有代表性的市场有25个,卷烟年成交量56万余箱,相当于全省卷烟年销售量的40%以上。

1986年以来,各级烟草专卖管理部门,在各级政府和有关部门的支持配合下,先后关闭取缔义乌稠城、黄岩上蔡等全国闻名的卷烟非法交易市场。对瑞安市南门、丽岙镇,苍南县灵溪镇,温岭县泽国镇,玉环县三角眼,天台县平桥,临海市杜下桥、白水洋,青田县新大街、温溪镇,龙泉县环城东路,金华市杨公殿,东阳市北门,兰溪市新影路,龙游县城关、湖镇,衢县航埠镇,慈溪市周巷镇,奉化市大桥,宁波市镇海沿江,诸暨县城关镇,新昌县儒岙镇,嘉善县魏塘、枫南、杨庙,桐乡县城河路、乌镇,长兴县仓前街,余杭县乔司镇等地的卷烟非法交易市场,予以查处打击。至1990年止,经过打击取缔、整治后,多数市场的非法交易已得到制止,但仍有少数市场转入地下活动或死灰复燃。

(1)关闭义乌稠城卷烟市场。1984年,义乌县一些烟贩和近郊农民,集中在稠城农副产品市场进行卷烟非法经营活动,自然地形成小范围的卷烟黑市。1986年后,规模逐步扩大,虽经工商、物价等部门多次冲击,但屡禁不绝,长期处于赶不跑、堵不住、禁不了的混乱局面。1988年初,成为省内大型的非法交易市场。

1988年5月,义乌市政府决定采取“疏导”办法,自6月10日起,将卷烟经营活动从农贸市场副食品大类中分离出来,设立专业市场放开经营,由工商局、税务局、烟草专卖局给经烟户办理“三证”。9月,市场持“三证”的经烟户有395户。随着义乌稠城卷烟市场的放开,假冒烟、霉变烟充斥市场,经营的外烟、走私烟占80%。不法烟贩以邮局允许每个邮包可寄2条香烟为由,从广东、福建等地寄入各种走私外烟。是月上旬,义乌邮局每天收到卷烟邮包5000余个,最多时邮局积压烟包达10.4万件。同时,一些不法分子还勾结个别铁路职工偷运走私烟,或从粤闽等地强行将大量走私烟带上列车。广州、厦门、昆明等地开往沪杭的客运列车至义乌境内时,常出现抛烟事件。省市烟草专卖局针对该市场暴露的种种症结,多次向当地政府和有关部门提出要求,必须坚决查处和关闭义乌稠城卷烟市场。同时,引起新华社、中央电视台、《浙江日报》《浙江法制报》《经济生活报》、省电视台、省广播电台等新闻单位关注，记者的实地采访调查在新闻媒介披露或以“内参”形式送有关领导，引起全省、全国震惊。12 月 9 日，省烟草专卖局向省政府提出《关于要求关闭义乌稠城卷烟市场的报告》。省政府有关领导四次批示，要求义乌市政府根据《烟草专卖条例》治理整顿，并向省政府作出报告。

1989 年 1 月，为落实省政府领导批示，省政府办公厅召集省有关部门和义乌市政府协调统一整治关闭市场的意见。是年春节，国家烟草专卖局局长江明到义乌调研，指出：“迟关不如早关，避免被动。”省烟草专卖局协同有关部门，派干部驻义乌做督促协查工作，组织加强交通要道路检路查，控制各地卷烟非法流入和无证贩运。上海铁路局为整顿铁路运输秩序，决定来往于厦门、广州、昆明的三对客运列车暂不停靠义乌站。义乌市烟草专卖局张贴通告，大张声势地宣传《烟草专卖条例》，组织力量整顿市场，狠狠打击违章违法活动，重新审查持有许可证的经烟单位和个体户，收回卷烟市场烟贩的许可证。经义乌市政府市长办公会议决定，4 月 6 日，义乌稠城卷烟市场正式关闭。

(2)取缔黄岩上蔡非法卷烟市场。上蔡市场地处黄岩市峰江乡上蔡村和桥洋村，与温岭县泽国镇毗邻。1986 年前，烟贩利用上蔡、桥洋易于逃避检查，水陆交通便利等地理优势，以租用农民住房作为倒烟活动的仓库，在泽国成交，再到上蔡、桥洋提货，由此形成较大规模的卷烟非法交易市场。1986 年 2 月温岭县有关部门整治泽国非法卷烟交易市场后，原在泽国的交易点转移到上蔡，当地农民乘机毁田搭棚为烟贩提供交易场所，并很快形成规模。1987 年，发展成为浙东地区公开贩卖走私烟的大型集散地，也是浙江最大的以批发为主的卷烟非法交易市场。

1987 年 3 月省、地烟草专卖和工商行政部门联合调查上蔡非法卷烟市场后，省政府办公厅牵头召集烟草专卖、工商、公安、财税、物价等部门协调，研究了取缔非法卷烟市场的措施。12 月，台州地区烟草专卖、工商部门会同当地政府和有关部门，第一次组织开展查处上蔡市场的工作。时隔不久即死灰复燃，且愈演愈烈。次年下半年，台州地区烟草专卖局在省烟草专卖局和地区行署的支持下，组织市场周围各县市加强卷烟的路检路查，查处无证运输，打击走私贩私活动，以堵截非法烟源流入，遏制上蔡非法市场的发展。省烟草专卖局向全省各地发出不准为上蔡卷烟市场提供烟源的通知，以控制供货渠道。同时，大力宣传烟草专卖政策法规，依靠新闻单位披露非法交易市场弊端，形成强大的舆论压力，从而致使非法交易市场有一定程度萎缩。1989 年 10 月省政府整治卷烟市场秩序联席会议后，黄岩县政府决定取缔上蔡非法卷烟市场。在省烟草专卖局等有关部门和台州地区行署的支持下，抽调县公安、工商、烟草专卖、财税、物价等部门 100 余人，由县政府统一部署指挥取缔行动。11 月 4 日，在县政府领导指挥下，全面取缔仍在市场非法经营的不法烟贩，对部分烟贩分别作出罚款、吊销营业执照和许可证等处罚。对重点倒烟大户立案侦查，追缴偷漏税款，进一步实施重点打击。1990 年 4 月 7 日，黄岩市政府组织公安、工商、烟草专卖、土地管理及市场所在地政府等部门组成的检查整治队伍，按预定方案，准时进入市场。当场查扣非法经营的卷烟 7340 条；搜查并捣毁卷烟窝藏点 28 处，假冒烟加工点 8 处，收缴假冒烟 3650 条，冒牌商标标识 10 万余张，制作假冒烟的工具与辅助材料一批，并当众予以烧毁；拆除非法交易棚屋 4 处；还查获没收电击催泪两用手枪 1 支。为巩固取缔成果，市政府又责成土地管理局全面清理上蔡市场场地，拆除一切违章建筑，全部还田于农。

3.清理卷烟批发交易市场

20世纪90年代初期，卷烟市场由卖方市场变为买方市场，在利益驱使和地方保护主义的支持下，各类商业企业和个体经营户纷纷加入烟草经营。1992年起，全省一些地（市）、县的街头巷尾陆续出现集中设摊的自发卷烟交易市场，走私烟、假冒烟泛滥的卷烟交易市场，街道、乡（镇）和村擅自开办的卷烟交易市场，在一些商品市场附设的卷烟交易场所。这些非法违规的交易形式，严重冲击了正常的卷烟流通秩序，造成国家税收的大量流失。

1992年，省烟草专卖局针对地方积极兴办市场的动向，发出卷烟不准任意进入市场交易的通知，要求各单位、个体户坚持烟草专卖制度，停止筹建卷烟交易市场。各经烟主管部门加强对所属经烟单位、个人的法制教育，严格内部管理，正确引导合法经营，劝阻所属经烟单位和个人不要任意从事卷烟经营活动。要求供销社，国营、集体和个人经烟户要增强法制观念，自觉维护烟草专卖法律法规的严肃性，在烟草专卖局核定的经营地点、范围内，依法从事卷烟委托批发和零售经营业务。任何单位和个人未经烟草专卖局批准，一律不准进入任何地区、部门以各种理由开办的卷烟交易市场从事卷烟经营业务。各级烟草专卖局要加强烟草专卖管理，为合法经烟、依法治烟保驾护航。是年5月，省长葛洪升在省烟草专卖局（公司）“关于龙游县湖镇经济开发实验区开设卷烟非法交易市场的做法应该制止”的《情况反映》上作了重要批示：“这种做法是错误的，要纠正。”各市、县级烟草专卖局根据省烟草专卖局要求，专题向当地政府汇报，得到当地政府领导的理解和支持。1993年，全省有经烟摊位20个以上的卷烟市场20余个，总摊位约1800余户，多数附设在其他商品市场内从事卷烟经销活动。这些卷烟市场，既没有经过省烟草专卖局批准同意，也没有纳入当地烟草专卖管理轨道。是年10月，省烟草专卖局根据国务院《进一步加强烟草专卖管理的通知》精神，下发《抓紧做好清理卷烟交易市场的通知》，要求按规定关闭街头巷尾中设摊的自发市场，走私烟、假冒烟泛滥的卷烟交易市场，由街道、乡（镇）和村擅自开办的卷烟交易市场；清理整顿经县以上政府同意、由县工商行政管理部门或其他部门单位主管在其他商品市场附设卷烟交易场所的，以及未纳入烟草专卖部门管理的卷烟交易市场。市（地）所在地或一个县（市）内设有两个及以上卷烟交易市场的允许一个列入清理范围，其余一律关闭。

是年，清理规范了余杭乔司贸易市场、宁波江东农贸市场、慈溪周港副食品市场、奉化炒货市场、余姚南门副食品市场、北仑农副品批发市场、镇海骆驼综合市场、浙闽边境市场、瑞安西门卷烟市场、乐清柳市水果市场、温州大南门市场、上虞农贸市场、诸暨小商品市场、德清新市贸易市场、嘉兴秀州商城、嘉善商城、桐乡乌镇市场、义乌卷烟市场、龙游综合市场、临海大田市场、三门海游副食品市场、玉环三角眼市场、温岭泽国卷烟市场、丽水副食品市场、椒江台州副食品综合市场和黄岩城关副食品市场。1994年1月，省烟草专卖局下发《清理现有卷烟交易市场验收标准》。通过清理整顿，一个市（地）在辖区现有卷烟交易市场中选择保留一个作为卷烟零售市场，纳入正常专卖管理的卷烟经营场点（12个），未经省烟草专卖局批准同意的卷烟市场予以取缔关闭。12月，省烟草专卖局在清理整顿原有卷烟市场的基础上，原则批准同意各地区试办一个地区性卷烟批发市场。试办有：杭州卷烟交易市场、余杭卷烟交易市场、宁波卷烟交易市场、慈溪卷烟交易市场、温州卷烟交易市场、苍南卷烟交易市场、嘉兴卷烟交易市场、嘉善卷烟交易市场、湖州卷烟交易市场、长兴卷烟交易市场、绍兴卷烟交易市场、诸暨卷烟交易市场、金华卷烟交易市场、义乌卷烟交易市场、衢州卷烟交易市场、龙游卷烟交易市场和台州卷烟交易市场。

1994年3月，浙江省地区级卷烟批发市场陆续开始试办。为抓好卷烟批发市场的试办工作，规范市场行为，建立正常的交易秩序，省烟草专卖局成立卷烟市场管理工作领导小组。12月，按“坚持专卖，搞活流通，规范交易，科学管理”的要求，根据《中华人民共和国烟草专卖法》和国家烟草专卖局有关规定精神，结合浙江卷烟市场实际，省烟草专卖局制定《浙江省××卷烟批发市场章程（范本）》和《浙江省××卷烟批发市场交易规则（范本）》。

1996年2月，省烟草专卖局为逐步把全省卷烟流通的体外循环纳入体内循环，在充分调查研究的基础上，对全省试办或保留的各类卷烟交易市场，提出加强专卖管理、完善宏观调控的意见。建立以省卷烟调剂中心为龙头的调控体系，规范区域性卷烟交易市场。区域性交易市场继续贯彻“引导、管理、利用、限制”方针。次年1月，浙江省卷烟交易市场管理委员会组建。管委会全面负责全省卷烟交易市场的政策、管理、货源方面的协调。2月，省烟草专卖局为加强卷烟交易市场宏观调控和管理，重申卷烟交易市场的产生是浙江省烟草主渠道暂时不能满足卷烟市场需要情况下的产物，是主渠道的补充，主要起余缺调剂和补货作用；试办卷烟交易市场的主要目的是变体外循环为体内循环，变无序为有序，与个体批发大户、非法卷烟市场争夺市场空间；试办卷烟交易市场必须坚持烟草“主办、主管、主营”原则，主办、主管是行政行为，是根本，是基础，主营是经营行为，是核心，起调控作用。1998年7月，国务院下发《关于调整烟叶和卷烟价格及税收政策的紧急通知》，明确提出“严厉打击制假走私，坚决取缔非法烟厂和各类非法交易市场”的要求。11月，国家烟草专卖局下发《关于坚决取缔卷烟自由批发市场的通知》，要求2000年底前取缔全国所有卷烟自由批发市场。年底，根据国家烟草专卖局部署和五省市清理整顿市场联席会议精神，省烟草专卖局开展卷烟自由批发市场的取缔工作，关闭余杭、诸暨、湖州、衢州4个卷烟交易市场。次年9月，关闭杭州、宁波、慈溪、长兴、绍兴、温州、苍南、台州、金华、义乌、龙游、嘉兴、嘉善13家卷烟交易市场，至此，全省的卷烟自由批发交易市场基本取缔。

2000年后，随着城乡卷烟销售网络的建立、功能的发挥以及卷烟自由批发交易市场的取缔，全省卷烟流通秩序步入正常轨道。

（二）零售市场管理

1985年，浙江烟草专卖部门贯彻《烟草专卖条例》，规定对经营卷烟零售业务的单位、个人加强专卖管理和监督检查，实行凭证经营、凭证进货制度，在工商、公安等部门支持配合下，取缔无证经营，查处非法经营活动，治理卷烟零售市场秩序，保护了合法经营。全省各级烟草专卖机构建立后，根据《烟草专卖条例》规定，把实行凭烟草专卖许可证经营、凭烟草专卖准购证进（供）货制度，作为加强卷烟零售市场管理、理顺经营环节的重要措施。

1985年11月，针对外烟经营渠道混乱的情况，省烟草公司和省外汇管理局联合发出通知，规定经营进口寄售烟和收取外汇的国产旅游烟业务的单位，必须持有“烟草专卖特种零售许可证”方准经营，并按规定凭“烟草专卖准购证”向省烟草公司进货。无证的，不得经营，也不予供货。次年 4 月，省烟草专卖局向全省各地经营进口寄售烟、国产旅游烟零售业务的友谊、侨汇商店及涉外宾馆、饭店共 47 个单位，审查发放第一批“烟草专卖特种零售许可证”和“烟草专卖准购证”，实行凭证经营、凭证进货。同月，省烟草专卖局、省工商行政管理局联合发文，要求全省已建烟草专卖机构的市县，迅速开展审发烟草专卖零售许可证工作。凡经营卷烟零售业务的国营商业、供销社和集体单位、个体户，不论专营或兼营，都须向当地烟草专卖局申请领取烟草专卖许可证后，方许可经营。至 1986 年 12 月 31 日，全省各地领有烟草专卖许可证的卷烟零售商共有 1.06 万户，其中个体 7280 户。实行凭证经营、凭证进货后，烟草公司在货源分配上采取计划照顾与自由选购相结合，保护有证经营。

1987 年后，随着全省烟草专卖体制的逐步完善，烟草专卖许可证制度在全省各地全面贯彻，成为卷烟市场管理的重要手段和有效措施。1988 年 10 月，根据国家烟草专卖局《关于换发增发烟草专卖许可证的通知》，各地对 1986 年 12 月 31 日前领取许可证的零售企业单位、个体户进行许可证换发。同时结合市场整顿，调整烟草零售网点布局，实行定点设摊、亮证经营。对屡次违法经营的，注销经烟业务，不予换发新证。次年 2 月，各级烟草专卖部门对在全省范围内经营国产卷烟、雪茄烟、烟丝零售业务的企业，以及经营进口烟、侨汇烟、旅游烟零售企业，开展自查、抽检与重点复查相结合的年检。经过换证和年检，全省领有专卖零售许可证的卷烟零售商有 6.35 万户。

1990 年 1—4 月，省烟草专卖局继续按许可证年检的规定范围，采取条块结合、自查抽检并举方式，统一部署全省 1989 年度年检。是年，全省年检面 100%，严格了凭证经营、凭证进货制度，查处了一些违章经烟户，提高了广大经烟户的专卖意识。

2000 年 3 月，省烟草专卖局实施以烟草专卖管理所（队）为依托，以“管理到户、服务到户、宣传到户”为标志的户籍化管理工作，对各卷烟经营户卷烟经营规模和守法经营等情况进行细分，将卷烟经营户分为重点管理户、一般管理户和守法经营户；根据细分结果，建立完整的卷烟经营户档案，对卷烟经营户每次进货的时间、数量、品种逐一进行登记；对各类不同的卷烟经营户，采取不同的检查频率，进行分类管理；建立专卖管理部门、责任人与卷烟经营户的联系制度；建立专卖管理所（队）与业务经营部的联系制度，共同研究解决问题的办法，疏通联系渠道。

2001 年 9 月，国家烟草专卖局在台州召开全国烟草专卖户籍化管理现场会，会上推广了浙江台州、广西桂林、重庆巴南烟草专卖局户籍化管理的典型经验。台州市烟草专卖局在管理形式上，积极探索以烟草专卖管理所（队）为依托，以“管理到户、服务到户、宣传到户”为标志的烟草专卖户籍化管理新模式，实行专卖户籍化管理与经营户籍化管理相结合，专卖管理和访销配送相结合，工作目标与收入分配相结合，运用信息技术，把零售户资料输入计算机，建立基础数据库，通过专卖及访销 POS 机，直接导入计算机管理系统，深化户籍化管理。

2002 年 7 月，省烟草专卖局制定规范外国烟草公司驻浙江省代表机构卷烟促销活动的若干规定。规定了外国烟草公司驻浙代表机构在浙江促销卷烟报批程序和办法、促销活动的天数、促销的对象限制等，使外国卷烟在浙江促销有章可循。8月，省烟草专卖局针对全省统一批发价和规范卷烟市场出现的新情况，组织开展清市场、打大户、保工程专项行动，任务为清理农贸副食品市场内的卷烟摊群，打掉违法经烟大户，查堵假、私、乱、地方烟厂的卷烟源头。专项行动对9个重点市场及4个一般市场进行了清理，对违法经烟大户实施了打击。这9个重点市场为：宁波二号桥茶叶副食品市场、奉化炒货市场、慈溪市周巷中国食品城市场、绍兴绍兴县钱清华清副食品市场、杭州市滨江区边江农贸市场、萧山区城厢镇萧山商城、丽水灯塔街粮油副食品市场、嘉兴文昌路秀州商城和长兴雉城镇金陵商厦；4个一般市场为：台州市路桥区东南副食品市场、黄岩区城关副食品市场、苍南县灵溪镇副食品市场和永嘉县上塘镇农贸综合市场。

2003年1月1日起，浙江省在免税店经营的卷烟、雪茄烟须加贴国家烟草专卖局印制的专门标志。7月1日后，在免税店经营的卷烟、雪茄烟没有加贴专门标志的，依法予以查处。

2003年5月，省烟草专卖局对依法没收或者罚款后交由烟草公司收购的地方卷烟厂卷烟，在烟草公司所属零售商店或者经营部零售柜台进行定点销售。在销售时，在卷烟的条包装或者盒包装（拉线）上加贴“查扣卷烟准予销售”的防伪标志。7月，根据国家烟草专卖局有关规定，取消外国烟草公司驻浙代表机构下一年度举办活动的审批和外国烟草公司驻浙代表机构计划内促销活动的审批。12月，省烟草专卖局作出规范卷烟促销活动规定。各级烟草专卖局依照国家烟草专卖局和省烟草专卖局有关规定，加强对辖区内卷烟促销活动的监督管理，保证促销活动的规范有序开展。

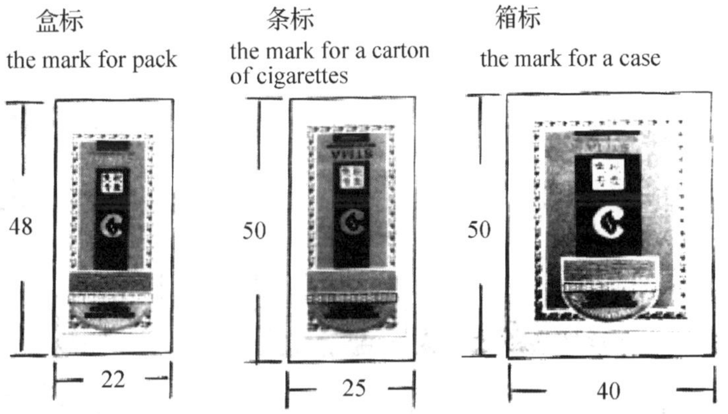

图 48-5-5-2 国家烟草专卖局印制的专门标志式样（《浙江省烟草志（1991—2010）》，浙江古籍出版社2015年版，第375页）

2004年1月，省烟草专卖局对全省卷烟零售经营户实施计分制诚信等级管理，根据卷烟零售经营户遵章守法经营的状况，运用动态量化计分的方法确定其经营诚信等级，实施差异化服务和管理。是年，根据国家政策，“特种烟草专卖零售许可证”取消。全省所有持有新领取的“烟草专卖零售许可证”的零售户均可从事合法进货的国产卷烟和进口卷烟的零售业务。

2005年2月，省烟草专卖局（公司）下发《推进双诚信建设的实施意见》，在全省开展“双诚信”活动。各级烟草专卖局（公司）与卷烟零售经营户双向承诺监督、计分考核评价、差异管理服务、专销结合奖惩，与卷烟零售经营户签订诚信协议书。各级烟草专卖局（公司）根据卷烟零售经营户的诚信等级，实施差异化管理和服务，体现诚信受益、失信失利的原则。

2006年8月，省烟草专卖局（公司）根据中国烟草总公司的有关文件精神，统一烟草商业企业卷烟零售客户分类标准。分类结合市场类型、经营规模、守法情况，细分零售客户。按业态分类：食杂店、便利店、超市、商场、烟酒店、娱乐服务、其他。按经营规模分类：大、中、小。

按市场类型分类:城市、农村。按守法情况分类:合法、非法、违规。

2009年2月,省烟草公司规定卷烟委托送货点必须严格遵守《中华人民共和国烟草专卖法》及其实施条例,严格按签订委托送货协议要求,及时、准确地做好送货服务,并公开送货服务电话。卷烟委托送货点必须严格遵守卷烟价格管理规定,严禁擅自变价或额外收取送货费用,严禁擅自截留、转批卷烟。

2010年底,全省持有"烟草专卖许可证"的卷烟零售户共计31.56万户。

三、运输管理

运输管理是国家烟草专卖管理机关,为贯彻执行烟草专卖法规,对烟草及其制品运输的监督管理。主要是实施准运证制度,以制止和打击非法运销烟草专卖品。

(一)运输

民国4年(1915年),浙江省实行烟酒公卖,省烟酒公卖局和分局以及公卖分支栈,依照《浙江省烟酒公卖局暂订施行细则》规定,设置稽查机构和配备稽查人员(巡丁),负责稽查该区域内烟酒商的运销事宜,监督检查不申领"运销验单",不贴"印照"的无单照私运私销烟酒违章案件。同时根据《烟酒公卖暂行条例》的规定,由各级地方政府长官协助检查人员共同负责办理。对地方官吏中协助得力的或意存推诿者,报财政部酌情奖惩。民国12年2月,浙江省长公署向所属军警颁发缉查执照,由所属军警协助烟酒公卖机关查缉,捉拿私运私销的违法烟酒商。对查获无单照的私运私销案件,由省烟酒公卖局、分局没收违章物品,另处以50元以上、500元以下的罚金。

民国16年(1927年)7—8月,浙江省实行卷烟公卖,卷烟的运输事务全由公卖机关自行办理。凭省卷烟公卖局制发的"运输凭单"随烟运行,不允许商人私运。依照《浙江省卷烟公卖局临时稽查章程》规定,省卷烟公卖局设置稽查员20人,派往各地检查私运私贩之卷烟,发现有私运私贩案情,由当地警察官署协同进行查处,对抗拒检查者,由当地警察所抓捕究办。

民国27年(1938年)5—9月,浙江第二次试行卷烟公卖,规定卷烟的运输管理和缉私检查事项,由各级政府负责。公卖的卷烟运往他处销售或经过浙江省,凭"分运单"或"通过证"运行。各地公卖机关设有查缉机构,运达分运单指定地点,或经过境点,由烟商主动申报查验,如不依照规定,无单证运输、擅自改运、不报请查验,一经查获,处以10元以上、100元以下的罚金。10月,浙江省实行战时卷烟进口、运输、贩卖办法,根据战时节约的原则,采取限制卷烟消费措施。当时浙江省的卷烟大都来自境外,或从日占区进入,由于沿海各省的重要港口相继沦陷,宁波、温州两处成为通往内地各省的交通要道,江西、安徽、湖南等省卷烟也从甬、温两处转运,因此卷烟成为当时大宗运输货品。省政府对卷烟进口、运输实行严格管理,不论运销浙江境内或过境均征收管理费。运往浙江省的卷烟无论过境或运销,都必须从当时省政府指定的宁波、海门、温州三处进口,并且须在上月20日前,先报经当地管理机关核准,发给进口许可证始得进口,未经核准、未按指定地点,无证者一律不准擅自运输入境。卷烟进口后运往境内他处销售,或经浙江运销他省,凭"运照"或"通过证"通行,由各地卷烟运销管理机关负责监督检查。对不依照规定进口，无证（照）运输，不按指定地点、路线、时间进出口，以及出境时不申报查验等违章行为，处以 10 元以上、100 元以下罚金。

民国 32 年（1943 年），浙江省实施烟类专卖，依照规定由国家管制烟类运输，由专卖局设置公栈自行配运或委托商人办理，运出时持准运单随货同行，商人未经登记许可不得私运、私销。对违反专卖条例私运私销案件，除专卖机关各办事处派员监督缉查外，主要由财政部浙江缉私处及其所属机构负责协查。查获违反专卖管理的案件，连同违章物品，移送当地烟类专卖主管机关处理，除将违章运销的烟类没收外，另处以 1000 元以下的罚款，上项罚金以五成充赏协查单位。

中华人民共和国成立后，烟草长期实行计划经济，运输由国家统一调度。1983 年 10 月烟草专卖后，实行准运证制度。1985 年 7 月开始，浙江省烟草及其制品运输，必须持有烟草专卖管理机关的准运证明，无准运证明的一律不准运输。

1986 年 1 月，省烟草专卖局作出加强烟草运输管理的规定，从省外调入或调出省外的烟草及其制品，须持省级烟草专卖局签发的准运证通行；省内运输和系统内调拨的卷烟，凭调出单位的货票和县以上烟草专卖局签发的准运证通行；烟草专卖管理品的运输，须持有省级烟草专卖局签发的准运证。4 月，省烟草专卖、公安、交通、工商、税务五厅局联合通知全省各地，卷烟运输须持有烟草专卖局签发的“烟草专卖准运证”（省内公路、水路运输亦可凭烟草专卖机构签盖“烟草准运专用章”的证明），无上述证明的卷烟，交通运输部门不得承运。擅自无证运输，有关部门按《烟草专卖条例》规定一律查扣，并处以相当调拨价总值的 10%以下的罚款。

1988 年 6 月，为制止乱渠道进货、供货，以及省外卷烟的盲目冲击，省烟草专卖局制定《省际间卷烟流通和加强运输管理的规定》。省际运输，凡属计划调拨的，凭调出省的省级烟草专卖局准运证和随货同行的货票通行。属计划外出省采购的，必须持有调出方省级烟草专卖局开具的准运证和随货同行的货票，以及浙江省烟草专卖局开具同意出省采购的准运证双证通行。不符以上规定，证货不符、品种数量不符、票证多次使用等，都作违章查扣，严肃处理。

1990 年 6 月，铁道部、交通部、民航局、国家烟草专卖局联合发出《加强烟草专卖品运输管理的通知》，调整准运证使用办法，实行全国使用统一规格样式的烟草准运证及专用图章。规定包括烟草种子、卷烟纸、滤嘴棒、烟用丝束、烟草专用机械等在内的所有烟草专卖品，都必须持有省级以上烟草专卖局开具的准运证。省际运输烟用丝束、滤嘴棒及查没收购的走私卷烟，必须凭国家烟草专卖局开具的准运证。对不符以上规定的，使用复印件、证不随货行、证货不符的都作无证运输查处。擅自办理无证托运的，追究托运人责任。9 月起，国家烟草专卖局印发《关于修改〈烟草专卖条例施行细则〉的决定》，明确对无准运证明，擅自托运烤烟、名晾（晒）烟、卷烟、雪茄烟、烟丝者，处以相当于调拨价 10%以下的罚款，对情节较重的，可处以强制收购或没收其烟草专卖品。

1992 年，省烟草专卖局制定《办理烟草专卖品出省准运证的暂行规定》，规定各地卷烟调出省外凭省烟草专卖局委托市级烟草专卖局开具的出省准运证。次年 2 月，烟用滤嘴材料运输实行准运证制度，省际运输烟用滤嘴材料凭国家烟草专卖局的“准”字准运证；省内运输烟用滤嘴材料由省烟草专卖局开具准运证。

1998年5月，根据国家烟草专卖局1号令规定，跨省、自治区、直辖市运输国产卷烟、雪茄烟、烟叶、复烤烟叶、烟丝、卷烟纸，凭调出方省级烟草专卖行政主管部门签发的烟草专卖品准运证，运输中，鉴章的购销合同原件应与烟草专卖品准运证同行。

2000年5月，根据国家烟草专卖局规定，自2000年7月1日起跨省运输烟叶凭计算机打印开具的准运证。

2001年1月，根据国家烟草专卖局规定，对跨省、自治区、直辖市运输卷烟凭计算机打印开具的准运证。9月起，对跨省的烟机和烟用物资运输凭计算机打印开具的准运证。2003年9月1日起，根据国家烟草专卖局规定，运输拍卖的烟草专卖品，凭所在地的省级烟草专卖局审核并通过烟草专卖品准运证管理系统开具的准运证。

（二）携带卷烟管理

民国时期，浙江试办卷烟公卖时，曾规定旅客随身携带的卷烟每人不得超过200支，雪茄烟不得超过100支。改行《浙江省卷烟进口、运输、贩卖办法》后，规定卷烟以100支为限，雪茄烟以50支为限，超限量携带按违章论处。

中华人民共和国成立后，一度未实行携带卷烟管理。1983年公布的《烟草专卖条例》及其施行细则也未有明确规定，因而一些不法分子和群众，利用乘坐车船之便，携带大量卷烟转手倒卖，造成卷烟市场的混乱。

1985年，浙江省开展烟草专卖运输管理。各地烟草专卖管理部门参照有关规定，在车站码头执行检查任务时，以“内控”可携带各种国产卷烟（包括各种雪茄烟）10条为限，外国烟以5条为限，超过以上数量的，要凭准运证，对确实特需自用的，取得乡镇以上证明可酌情放宽。

1988年3月，国家烟草专卖局和铁道部发出通知，首次规定，旅客乘坐火车每人只限携带卷烟10条，对于确属个人自用超过携带数量者，须持有烟草专卖局烟草专卖品个人携带证明。5月，全省统一执行省烟草专卖局和省公安厅、省工商行政管理局、省打私办的联合通知规定，旅客通过铁路、民航、公路携带自用的卷烟，限带外烟10条或国产名优烟10条，对超过限额一倍以内的，原则上予以收购，超限额一倍以上的，按违章规定处理。1990年3月起，按照国家烟草专卖局发布的《关于旅客异地携带卷烟实行限量的通知》规定，全国统一执行对旅客异地携带国产烟10条（2000支）为限，外国烟以5条（1000支）为限，两者合计不得超过10条。因特殊需要超限量携带者，应持有县以上烟草专卖局的烟草专卖品个人携带证明。违反上述规定，按照专卖法规有关规定处理。

2006年7月，根据国家烟草专卖局有关精神，明确规定个人携带评吸、新产品促销、检测、残损烟调换、补货等卷烟超限量的，需要开具烟草专卖品个人携带证。

2008年1月，国家烟草专卖局规范异地携带卷烟管理和携带证使用，个人乘坐车、船、飞机等交通工具，跨地（市）携带卷烟每人次1万支（50条）；卷烟工商企业的公务人员跨地（市）携带业务用烟，超过个人携带卷烟最高限量的，必须向烟草专卖局申请办理携带证。卷烟工商企业的公务人员跨地(市)携带业务用烟的数量,每人次不得超过5万支(250条),需要开具烟草专卖品个人携带证。

(三)邮寄卷烟管理

检查管理邮运渠道投寄的卷烟,是加强专卖运输管理、遏制非法倒卖活动的重要措施。1984年9月公布的《烟草专卖条例施行细则》规定,烟草实行限量邮寄,卷烟、雪茄烟均以10条为限。

1986年2月,温州烟贩利用卷烟邮寄的便利,通过广东省普宁县不法烟贩与当地邮政部门少数职工串通,采用伪造姓名、地址,"化整为零"的手段,从广东汕头、普宁、流沙等地投寄大量名优烟,到温州、瑞安、乐清等地非法倒卖。2月24日至3月6日,先后有3000多个卷烟邮包(15万余条卷烟),由铁路运抵金华邮运转运站,再用邮政专车运往温州,被金华市工商管理部门发现,按邮政管理等规定,电告邮包收件所在地温州市工商行政管理局调查处理。温州市工商行政管理局在公安、烟草专卖、邮政部门配合下,按照法律程序暂扣这批烟包。烟贩得悉卷烟邮包被扣后,纠集100余人到邮局、工商行政管理局闹事,连续5天聚众在市政府门前请愿,煽动群众围攻工作人员,严重扰乱温州市的社会秩序。事件发生后,省政府领导非常重视,派出由省烟草专卖、工商行政、邮电、公安等厅局组成的工作组,配合温州市政府平息事态,并迅速查清案情,依法处理聚众闹事的犯罪分子。对确实按规定,邮寄限量范围10条以内的予以发还;对伪造姓名、地址,超过限量邮寄倒卖卷烟者,视情节轻重给予收购、罚款、没收处理。"温州邮寄烟案"真假收件人共有419名,被查扣卷烟(包括瑞安、乐清、金华查扣的在内)共有33.34万条,除部分发还外,其他由烟草公司以国家规定价格安排市场供应,得到广大群众的拥护和支持。罚没款70万元上缴国库,对闹事的为首不法烟贩依法由公安部门收审8人,经法院判处徒刑的1人,拘留6人。

1986年3月29日,国家烟草专卖局修改《烟草专卖条例施行细则》,第21条"邮寄卷烟、雪茄烟以10条为限"的规定改为"邮寄卷烟、雪茄烟以2条为限"。4月,国家烟草专卖局与邮电部联合发出《关于修改卷烟、雪茄烟邮寄数量的通知》。各地邮政部门严格执行规定,控制一次多件,或多次交寄的做法,积极配合烟草专卖、工商行政部门,制止通过邮寄进行卷烟倒卖的活动。邮寄限量修改后,缓解了邮运压力,通过邮路非法贩运活动明显减少。但随着名优烟供需矛盾日益加剧,沿海地区走私卷烟活动日益猖獗。烟草专卖部门加强公路、铁路的运输管理后,1987年下半年,不法烟贩重新开始利用邮政渠道,用假造姓名、伪报物品、多点投寄等手法,从广东、福建邮寄走私烟、名优烟进行贩私倒卖活动。10—12月,温州市查获非正常邮寄的卷烟邮包800个,经审查其中就有1人投寄卷烟邮包300余个(600余条)。金华市烟草专卖局和邮政部门配合,按照《烟草专卖条例》《中华人民共和国邮政法》的规定,运用法律手段加强邮检,先后查扣明显违章投寄的卷烟邮包2500余个。

1988年1月24日至2月底,温州市政府组织公安、工商、烟草专卖等部门,开展打击非法邮寄、黑市倒卖走私卷烟的专项斗争。在邮政部门支持配合下,查处各种非法邮寄烟14万余条,价值420万元。经审查,由公安部门立案审理的惯犯、集团性作案的大要案就有18起(23

人)。春节期间,烟草部门将查没收购的卷烟全部以低价供应温州城乡居民,收到较好的社会效果。绍兴、丽水、湖州、义乌等市县也先后查处一批重大邮寄烟案件。8月24日,省邮电管理局根据邮电部指示精神,发出《关于暂停收寄香烟包裹的通知》,规定从9月1日起暂停收寄香烟包裹。

1993年3月,省烟草专卖局和省邮电管理局根据国家烟草专卖局、邮电部文件精神,联合发文对烟草及其制品邮寄业务作了规定,自3月1日起,恢复烟草及其制品的邮寄业务,邮寄卷烟、雪茄烟每件以2条(400支)为限(二者合寄时亦限2条)。邮寄烟叶、烟丝每件以5千克为限(二者合寄不得超过10千克)。用户邮寄烟草及其制品,每人每次限寄1件,不准多件邮寄。次年5月,省烟草专卖局和省邮电管理局对邮寄烟草及其制品业务作补充规定,如发现采用一次多件或者多次交寄超过5件(含5件)以及伪造品名、超限量等方式邮寄烟草及其制品的,必须向当地烟草专卖局反映,并依法配合按有关规定处理;各地烟草专卖局对依法查封、扣押的违法邮寄的烟草及其制品,应当在查封、扣押之日起3日内书面报省烟草专卖局,并按省烟草专卖局的授权范围立案查处。对违法邮寄烟草及其制品的案件,可按照收件人姓名予以立案调查,并比照《烟草专卖行政处罚规定》第八条规定进行处罚。对伪造姓名、地址或者扣押后无人认领的,可按有关规定作无主处理;负责依法查处违法邮寄烟草及其制品案件的烟草专卖局在作出处理决定前,将案件证据材料送省烟草专卖局审核,经核实无误,按有关规定办理审批手续。

四、稽查与案件处理

1985年下半年,浙江省名优烟供需矛盾突出,非法无证运输倒卖卷烟日益猖獗。1986年,为加强烟草运输专卖管理,全省各级烟草专卖部门依照《烟草专卖条例》和有关规定,与公安、工商、税务、交管等部门协同配合,在铁路、公路、水路等交通运输线上对烟草运输行使监督检查职能,制止非法运销,查处无证运输违章案件。

(一)稽查(检查)

1987年4月,省政府办公厅牵头召集烟草专卖、工商、公安、物价、商业等有关厅局负责人举行会议,专门商讨加强卷烟市场管理,实行综合治理的措施,在全省各地开展以查处大要案为重点的打击非法倒卖卷烟活动,以整顿治理卷烟流通秩序。8月,省人大办公厅和中共浙江省委(以下简称省委)、省政府办公厅先后发出通报,要求各级政府重视和加强对烟草专卖管理的领导,切实采取措施,坚决制止倒卖贩运卷烟非法活动。9月,省政府办公厅给萧山、金华、杭州三市政府发出专函,责成严肃查处有关企业和人员内外勾结参与贩运倒卖卷烟的大案。是年,全省各地开展卷烟市场整治,查处违章经营案件4100多起,查没各种卷烟220余万条,处理黄岩、嵊县、萧山等地发生的倒烟大要案,其中个案值10万元以上的6起,50万元以上的1起。

1988年10月和1989年3月,省烟草专卖局在各级政府的支持下,先后查处黄岩县金清的两家商店为无证烟贩提供大量烟源,违章贩运、批销卷烟410.7万条和705.18万条的大案。1990 年 9 月起，各级烟草专卖局贯彻国家烟草专卖局《关于修改〈烟草专卖实施条例施行细则〉的决定》，对擅自经营卷烟批发业务，情节较重的，实行强制收购或没收其烟草专卖品，从而有效地打击了非法经营卷烟活动。

1998 年，元旦、春节、“五一”、国庆等节日期间，全省开展“打假保节日”专项治理卷烟市场行动，全省共组织专卖检查人员 1 万余人次，检查卷烟店面、摊位 1 万余个，查获各类假冒卷烟 44 万条，走私卷烟 12 万条。

1999 年 4 月 1 日起，各级烟草专卖局开通启用“96177”，作为全省卷烟打假打私等违法案件统一举报、投诉电话，接受广大消费者投诉、举报，拓宽了获取打假的信息渠道。

2002 年为国家烟草专卖局确定的“卷烟打假年”，全省专卖稽查工作重点打击“四烟一网”（即假烟、私烟、返销烟和乱渠道进货烟，地下卷烟非法营销网络）。建立重大案件挂牌督办制度，凡确属省烟草专卖局挂牌案件，各地要通力合作，定时侦破，并报结果。开展 3 次专项行动，即打击温岭籍人制售假烟专项行动、打击非法拼装烟机专项行动、“打大户、清市场、保工程”专项行动。

2003 年，省烟草专卖局针对卷烟零售市场特种零售许可证取消前后卷烟市场出现的新形势，调整整治的重点，会同公安部门，加强监控航空、铁路、公路 3 条主要运输线；加强与铁路公安协作，重点查处浙赣一线利用铁路非法贩运卷烟的活动。组织开展了打击走私“555”卷烟为主的专项行动。针对杭州、萧山、余杭等地部分大户非法活动猖獗的情况，省烟草专卖局召开杭、嘉、湖、绍四市专卖管理联席会议，明确提出“打大户、清市场”的意见，建立跨区域案件通报制度和违法大户名单抄告制度。加强全省烟机配件的监督管理，对 58 家烟机零配件厂实行专卖户籍化专项管理，并重点监控烟机零配件较多的地区，把防线前移，做到标本兼治。2003 年 11 月到 2004 年 2 月，开展了“百日卷烟打假打私”专项行动。

2004 年，省烟草专卖局与省公安经侦、治安、高速公路交警、工商、民航、铁路公安等有关执法部门建立了联合执法协作机制，与检察院、法院等司法机关建立烟草专卖执法与刑事司法相衔接机制。针对浙江省高速公路网络相继开通情况，省烟草专卖局、省公安厅联合开展整治利用高速公路非法运输烟草专卖品违法犯罪活动，并建立联合稽查机制。

2005 年，省烟草专卖局制定《案件查处指挥协调规定（试行）》，要求整合全省情报信息和稽查资源，提高省、市两级烟草专卖局在打假工作的指挥协调能力。建立全省统一调度指挥系统，全省联动协查机制，重大案件统一部署指挥，联合查处，提高打击效率。各市建立以市烟草专卖局为主体的“一体化”稽查机制，提高稽查的机动性、快速反应能力和案件查处准确率。

2006 年，全省烟草专卖管理初步形成联横合纵的执法网，横向联合公安、工商、质监等行政执法部门，纵向整合省、市、县三级稽查力量的立体联防、协同作战网络。成功破获了以两籍（临海、温岭籍）人员为主的宁波“2006.7.11”网络案，涉案金额 1100 万元，涉案人员 33 人。加强与工商、质监部门联合监管市场的力度，全省移送工商管理部门处理的无证经营卷烟案件 4188 起、售假案件 2942 起。省烟草专卖局与省工商行政管理局联合下发整治市场的文件，各级烟草、工商密切配合，对宾馆、酒店、娱乐场所进行专项整治，有效促进了对零售市场的监管。

2007年，根据省烟草专卖局卡口建设的总体部署，调整省际交通要道所在地的市、县烟草专卖局的组织机构，充实稽查力量，建立苍南、常山、长兴、嘉善四大卡口，形成以甬台温高速、杭金衢高速、杭宁高速、沪杭甬高速四大省际卡口为主的大稽查圈布局。卡口设立初见成效，四大卡口查获涉烟案件329起，查获卷烟占全省的25.4%，查获假烟占全省的28.4%，查处国标假烟网络案2起。

2008年，全省专卖管理区域一体化格局形成，省烟草专卖局加强对省、市、县三级专卖执法资源的统一调配，完善“二级指挥三级联动”的立体指挥网，各级烟草专卖局主动交流信息、主动串并案件、主动配合调查，充分发挥全省专卖执法的整体优势。初步形成华东地区专卖管理一盘棋，省烟草专卖局牵头召开华东六省(市)联席会议，在跨地区联合办案上形成共识，坚持“小案服从大案，个案服从网案，行政案服从刑事案”原则，支持配合案件串并和证据互用，初步建立省际联合打假的协作机制。是年，嘉兴市烟草专卖局与上海烟草专卖、公安部门配合，转战福建、广东、湖北等6省(市)，破获涉案金额亿元的“浙沪6·6系列运销假烟网络案”，查获假烟0.83万件，抓获犯罪嫌疑人56人，查扣车辆19辆。

2009年，多部门协作，开展市场检查活动，工商、质监部门严厉查处无证经营和市场上各类销售假烟违法活动；交警、运管、铁路、民航、海关等职能部门加强对承运货物的监管，着力切断假烟流通渠道；通信主管部门配合烟草整治互联网的工作，关闭涉烟非法网站，删除涉烟非法信息。是年1月1日起，全国统一的烟草专卖品市场监管举报电话“12313”在全省范围开通，“12313”设在市级烟草专卖局。原省内统一的专卖举报咨询电话“96177”，于4月1日起停用。

2010年1月，省烟草专卖局组织开展卷烟市场专项整治行动。重点整治销售假冒卷烟行为和无证经营卷烟行为以及礼品回收店非法经营卷烟的行为，重点监管元旦、春节期间及夜间等违法行为高发时段的卷烟经营活动，重点检查餐饮娱乐场所以及车站、商贸市场、特色街区等销售假冒卷烟、无证经营卷烟违法行为的高发区域。加强市场监管，突出元旦、春节等重点时期市场秩序的专项治理。杭州市采取“教育与引导、治标与治本、管理与服务相结合”的方法，集中整治无证经营3个月；绍兴市从市场走访中获取线索，成功查获一起专门从事省产卷烟收购，返销绍兴、苏州两地的非法经营网络大案。

(二)净化率检查

2002年，根据国家烟草专卖局要求，为全面增强卷烟市场监控能力，省烟草专卖局组织开展卷烟市场净化率①达标活动。当年11月，省烟草专卖局组织4个检查组，对全省11个市和20个县级烟草专卖局所在地的3100家经营户进行卷烟零售市场净化率检查，全省市场净化率加权平均数为90.70%。2003年开始，省烟草专卖局建立卷烟市场净化率定期考核制度，每半年全省考核一次，同时设立各市级烟草专卖局的卷烟市场净化率考核档案。是年，省

---

① 卷烟市场净化率是衡量烟草专卖管理工作的综合性指标，由卷烟合法渠道进货率、持证经营率、亮证经营率3个指标组成。

烟草专卖局两次组织全省卷烟市场净化情况的明查和暗访，检查经烟户2320家，11个市级烟草专卖局所在地的市场净化率第一次加权平均数为96.26%，第二次加权平均数为97.3%。18个县级烟草专卖局所在地的市场净化率第一次加权平均数为97.54%，第二次加权平均数为97.63%。次年，省烟草专卖局对全省卷烟市场进行3次市场净化率检查，市场平均净化率为96.93%。2005年，省烟草专卖局检查组抽查各市烟草专卖局及部分县级烟草专卖局所在地的卷烟零售户。采取明察暗访方式，共抽查卷烟经营户2320户，全省平均净化率为98.13%。此后，省烟草专卖局调整市场净化率考核标准，促进了市场净化率的提高。

表48-5-5-1　　2002—2010年浙江省各地卷烟市场净化率一览表

单位：%

地区	2002年	2003年	2004年	2005年	2006年	2007年	2008年	2009年	2010年
杭州市	82.25	96.46	96.88	99.52	98.18	99.60	98.89	97.22	97.38
宁波市	88.92	96.30	92.81	99.17	96.09	98.20	97.15	99.59	99.57
温州市	97.28	96.67	97.82	99.01	98.52	99.40	98.96	98.71	99.32
嘉兴市	88.83	96.93	97.35	98.95	96.00	98.10	97.05	98.46	98.98
湖州市	86.50	97.19	94.54	98.78	96.01	98.20	97.11	99.67	98.91
绍兴市	94.67	97.50	98.12	98.65	97.44	98.20	97.82	98.49	99.80
金华市	87.27	97.61	98.75	98.40	99.52	100.00	99.76	99.22	99.98
衢州市	88.50	96.80	96.88	97.23	98.37	100.00	99.19	99.37	99.66
丽水市	99.33	97.00	96.21	96.94	98.20	100.00	99.10	99.06	99.81
台州市	88.08	98.50	97.50	96.59	98.08	98.80	98.44	99.59	98.66
舟山市	96.13	98.60	99.38	96.20	99.52	100.00	99.76	99.97	99.94
全省平均	90.70	97.23	96.93	98.13	97.81	99.13	98.47	99.03	99.27

资料来源：根据浙江省各市级烟草专卖局提供的资料整理。

五、打击卷烟走私贩假

（一）打击走私烟草专卖品

浙江省地处东南沿海，历来是走私贩私活动要地。港、台、闽走私集团在粤闽沿海形成购、运、销网络，从事走私外烟和出口倒流名烟的非法活动；浙江省沿海一些地区的农民和不法烟贩，从广东、福建等地运销走私烟成风。1989年以来，走私船只逐步北移浙江沿海，南起苍南，北至舟山海域，直至杭州湾的平湖和钱塘江沿岸的海盐、余杭等地。走私集团与内地不法分子勾结，直接在海上走私船交易，再驳运全省各地黑市转手倒卖，使浙江省成为全国卷烟走私贩私的高发地区。在省政府的领导和统一部署下，浙江烟草专卖管理部门主动配合公安、海关、工商行政等部门，坚持“海上抓、岸边堵、口岸查、市场管、处罚严”的方针，开展打击卷烟走私贩私活动。

1986年6月，浙江省贯彻国务院第五次打击走私工作会议精神，沿海地区的缉私部门把打击卷烟走私列为打私工作重点。烟草专卖管理部门结合卷烟市场整治，把打击非法运销走私卷烟列为专卖管理的重要内容，协同工商、公安、税务、交管等部门，在各交通要道开展缉私检查。

1987年上半年，杭州缉私检查站在杭州城站查获温岭烟贩邮寄走私烟倒卖案件；烟草专卖、工商、边防等部门在瑞安、温岭缉获海上直接走私卷烟的船只。衢州、丽水等地查获大批从广东直接用汽车偷运的走私烟。金华等地查处一批利用邮车等特种车辆偷运走私烟的案件。台州和杭州查获一批企业单位、涉外宾馆参与倒卖走私烟，为无证烟贩提供进口烟转手倒卖等案件。8月，省烟草专卖局就深入开展整治卷烟市场秩序的问题，向省人大、省政府专题汇报，提出有关部门协同配合，实行综合治理的意见。9月，省打击走私办公室主持召开全省市(地)、县打私办主任会议，决定由省打私办协调联合开展依法打击行动。会议具体研究了依法查处走私贩私案件的归属处理权限，明确案额个人在2万元以上，集体在30万元以上的为大要案；查没的走私卷烟统一交由烟草公司收购供应，缉私部门不得内部私分等。会后，沿海各地均开展以查处重大走私倒卖卷烟为主要目标的综合治理。

1988年5月，根据省烟草专卖局、省打私办、公安、工商四部门《关于依法打击重大卷烟走私贩私活动的通知》，各地、各部门集中力量打击利用船只、车辆偷运，企事业单位内外勾结以及集团性走私贩私，伪造地址、姓名、物品，“化整为零”大量邮寄走私烟的大案。6月，省打私办在椒江市召开省烟草专卖、公安、边防、海关以及宁波、舟山、台州、温州4个沿海市地有关部门负责人座谈会，明确职责分工，加强海上反走私行动的协同配合。烟草专卖部门密切与缉私部门的联系，着重开展国家烟草专卖管理政策法规的宣传，进行烟草专卖管理的业务指导，积极配合海上缉私工作，处理违反烟草专卖管理的违章案件。

1989年，卷烟走私贩私渠道发生变化，走私船只北移浙江海域。1—6月，在温台海面查获走私船只20艘，截获走私卷烟1000余件，价值240万元。同期，烟草专卖部门查处偷运贩销走私烟案件969起，罚没收购各种走私烟1400余件，案值300余万元。8月14—16日，温州海关在玉环、平阳附近海域成批查获走私烟2308件，价值570万元。全省各地烟草专卖、工商部门，先后查获利用邮政车、消防车、油罐车、轿车等特种车走私卷烟，以及改装、夹藏水果等商品的车辆走私案。与此同时，暴力抗拒查缉事件不断发生。是年7—8月，义乌、东阳、玉环先后发生烟贩哄抢被查扣的走私烟事件。8月16日，嘉兴30余名烟贩在76次列车上向地面抛烟20余件，引起车上秩序混乱，造成列车在区间停车50多分钟。义乌烟贩在152次列车上向地面抛烟40余件时，当场砸伤正在施工的农民工2人。据统计，1988年下半年到1989年上半年，全省烟草专卖系统有70余人被殴打或遭到围攻。

1989年10月，省烟草专卖局、工商行政管理局、公安厅、省政府打击走私办公室贯彻国务院东南沿海四省打私工作会议精神，联合制定《打击卷烟走私贩私活动，整治卷烟市场秩序的行动方案》。是月 12 日，省政府发出通知，规定非法在浙江省海域、地域内运输、收购、销售的外烟，一律予以没收，并处以等值以下的罚款；走私贩私卷烟的专用运输工具（经过改装设有特别藏匿装置的），及有证据证明用于走私贩私卷烟的资金一律予以没收；明知是走私贩私卷烟，仍为其提供运输、资金、收购、销售、窝藏等条件的单位和个人，没收其非法所得，并处以非法所得 2～4 倍的罚款。是月 20—22 日，全省打击走私倒卖卷烟整治卷烟市场联席会议召开，具体部署全省深入开展打击走私活动的专项斗争，确定打击的重点区域。会后，各地加强打私机构建设，由市、县政府主要领导分管打私工作，建立打击走私协调会议制度，充实缉私力量，制定具体实施方案。广泛开展宣传教育，采取“海上抓、岸边堵、陆上查、市场管”的方法，打击、惩办、整顿、教育、管理五管齐下，实行总体作战综合治理。从 11 月下旬至 12 月 20 日，全省出动检查人员 7000 余人次，车辆 246 次，市检 302 次，路检 422 次。查获走私贩私非法倒卖卷烟 1.54 万件，价值 2000 万元。

1990 年 2 月，省政府再次召开打私工作会议，确定查缉走私卷烟、强化卷烟市场管理为当年打私工作的重点。各地烟草专卖部门按省政府统一部署，有针对性地抓重点地区、重点对象、重点案件，综合运用经济、行政、法律手段进行严厉打击。温台沿海地区的市、县政府，组织驻地海军、边防、海巡等力量和有关部门，重点查缉走私船舶，打击海上走私活动。金华、义乌、黄岩等市县集中力量取缔走私烟的集散市场。不少市县建立举报制度，重奖举报有功人员。10 月 22 日，省政府再次发出《关于严厉打击卷烟走私活动的通知》，强调卷烟走私的严重性、危害性，要求各级政府坚持不懈地加强反走私工作领导。各地结合实际，抓住重点，调整对策。沿海地区充分发挥基层政权作用，重点查缉走私严重的港湾和区、乡、村。公安部门运用侦察手段，拓宽情报来源。烟草专卖部门和有关部门密切配合，互通情报，齐抓共管。温州、台州市级烟草专卖局多次组织人员深入卷烟走私贩私活动比较猖獗的地方调查研究。温岭、玉环等县烟草专卖部门派员参加当地政府组织的路线教育工作队，深入走私贩私严重的乡、镇、村，了解卷烟走私活动情况，开展打击走私活动的政策教育。丽水、衢州等地进一步加强走私烟运输通道的检查。

1991 年，为贯彻国家工商行政管理局、国家烟草专卖局、海关总署和公安部《关于打击香烟走私整顿香烟市场的通告》精神，省烟草专卖局成立打击卷烟走私工作领导小组，在省委、省政府的领导和统一部署下，各级烟草专卖局积极会同公安、工商行政等部门，开展全省打击卷烟走私、整顿卷烟市场专项行动。沿海走私严重的台州、温州、舟山、宁波、嘉兴和杭州等地区的市级烟草专卖局积极参与了当地政府组织的联合行动。7 月，省政府召开会议专题研究全省打击卷烟走私贩私、整顿卷烟市场专项斗争的行动方案。此次专项行动以市（地）为单位，统一行动。在这次专项行动中，全省烟草系统共有 4059 人次参加联合行动或公路与市场检查，共查获各类违章案件 1103 起，查获走私香烟 41.39 万条，收购走私香烟 97.81 万条，整顿、取缔卷烟交易市场 10 个，抓获卷烟走私贩私骨干人员 95 人。

1992 年 11 月，省政府办公厅批转省烟草专卖局《关于打击卷烟走私贩私、严格没收走私烟处理制度意见》，规定查获的走私卷烟，必须定向拍卖给当地县以上烟草公司或由当地县以上烟草公司收购，其他单位不得自行处理。1995 年 5 月，省烟草专卖局、省工商行政管理局、省公安局、杭州海关联合发文，规定在市场罚没的零散非法进口卷烟51条以上的，委托烟草拍卖行拍卖；50条(含)以下的，当地烟草公司收购后，由持有烟草专卖局核发的“处理罚没走私卷烟定点企业(零售)许可证”的单位代销。

1997年5月，省烟草专卖局组织全省11个市级、64个县级烟草专卖局600余名专卖管理人员，在当地公安、工商、检察、技术监督等部门的配合下，开展烟草专卖检查。重点查缉以“555”为主的走私卷烟和省产名优烟的假冒烟，以及走私烟、假冒烟的集散地。3天内共出动2721人次，检查经烟户1.71万户，查扣走私烟1.64万条。

1998年8月，省打击走私综合治理领导小组把卷烟列为打击走私活动的重点商品之一，明确海关加强货运渠道查缉，工商行政管理部门加强查缉陆路流通渠道，要求烟草专卖部门进一步清理整顿市场，取缔走私卷烟交易场所和交易活动。

2004年1月，省烟草专卖局转发国家烟草专卖局《进一步加强免税出口卷烟专卖管理有关问题的通知》，并规定各地凡一次查到“专供出口”卷烟5件以上，立即上报省烟草专卖局，并查清卷烟的来源和流向。对涉嫌内外勾结走私出口卷烟的，移交司法部门追究法律责任。

此后，由于打击力度不断强化，国产卷烟质量不断提升，消费者吸食口味更加偏重中式卷烟等因素，走私卷烟逐渐减少。

(二)打击假冒烟草专卖品

20世纪80年代以来，全省烟草专卖管理始终将打击假冒卷烟作为一项重点工作，高悬利剑，与制假售假分子开展“拼智力、拼耐力、拼实力”的持久战，“端窝点、断源头、破网点、抓主犯”，不断加强打击力度，形成多层次、全方位的卷烟打假格局，维护了国家和消费者利益。

1985年前后，安徽省亳县，河南省周口、项城和江西省上饶等地非法生产的假冒“西湖”牌卷烟，大量向江浙两省倾销，严重冲击浙江卷烟市场，损害了“西湖”牌的声誉和消费者利益。是年7月起，全省各地烟草专卖局通过有关部门在车站、码头进行检查，打击从安徽、河南等地贩销浙江的假冒烟。10月，派员协同安徽、江西省烟草专卖部门，取缔了亳县、上饶等地非法产销假冒“西湖”牌卷烟的窝点。

此后，义乌、江山烟草专卖部门在当地公安、工商部门支持下，又取缔了义乌稠城、江山茅坂乡制作假冒过滤嘴“牡丹”“大重九”的两个非法加工场。

1988年6月，宁波市查获临海、黄岩等地烟贩从广东汕头地区潮阳县的非法加工厂购进假冒的“宁波”“上海”等牌卷烟。烟草专卖部门和宁波卷烟厂、公安部门一起组织力量，赴广东协助当地烟草专卖部门，在潮阳县卢岗公安派出所的全力支持配合下，取缔了当地专制假冒烟的非法工厂。

1989年2月，杭州市公安、工商部门，查获福建省诏安县许某等烟贩与余杭乔司镇、萧山义蓬镇等地17个烟贩勾结，在不到半年时间内先后贩卖、制作假冒“杭州”牌卷烟7300多条的案件。是年7月，省烟草专卖局、杭州卷烟厂会同杭州市检察、公安、工商部门组成工作组，前往福建省诏安县查处制作假冒“杭州”牌卷烟的非法加工场。在福建省和漳州市、诏安县烟草专卖局的大力支持及当地公安部门协助配合下，抓获非法制假的案犯。至1990年底，在温岭、金华、嘉善、嘉兴等地取缔6处手工假冒烟非法加工场。

1992年2月，为贯彻省政府《关于严厉打击制售假冒劣质商品违法活动的通知》精神，省烟草专卖局会同省标准计量局、省工商行政管理局、省公安厅联合下发《关于严厉打击制售假冒商标卷烟、整顿卷烟市场的通知》。按照国家烟草专卖局和省政府的统一部署，协同工商、公安等部门开展一系列打击制售假冒卷烟活动，联合捣毁卷烟制假窝点26个，收缴一大批制假工具和原辅材料。公安机关收审情节严重的违法分子6人，公开宣布逮捕犯罪分子2人。全省烟草专卖管理部门查获假冒商标案件130起，查获假冒卷烟23.1万条，假冒商标118.7万张，当众销毁假冒卷烟21.09万条。1994年，各级烟草专卖部门查获假冒烟158万条，协助工商等部门查处假冒烟17.6万条，公开销毁假冒烟119.72万条。

1995年9月21日，余杭市政府派出由市府办、打假办和工商、烟草专卖、公安、检察、法院、司法、监察、宣传等部门及乔司镇政府组成的打假工作组，进驻乔司镇开展打击制售假烟专项行动。这次专项行动立案侦查制售假烟违法案件21起，捣毁假烟加工场1个，加工窝点7个，端掉假烟窝藏点5个，假烟仓库2个，涉案违法人员33人(其中直接责任人23人)，收容审查2人；查缴假冒烟525.6件，查扣制假烟机设备1套，假冒烟包装66.8万张。

1996年，为巩固余杭乔司的打假成果，当地政府组织工作组进驻制售假冒卷烟严重的村镇，开展专项治理，先后捣毁制假窝点40个，依法逮捕为首分子6人。

1997年6月，全省各级烟草专卖局在当地公安、工商、检察、技术监督等部门的配合下，开展烟草专卖大检查行动，检查行动的重点目标是以“555”为主的走私卷烟和假冒省产名优烟以及走私烟、假冒烟的集散地。据统计，这次行动全省共出动检查人员2290人次，检查经烟摊点1.3万个，查扣走私烟1.4万条。

1999年3—6月，省烟草专卖局组织开展净化市场百日打假专项行动，重点打击假冒省产名优卷烟、“中华”牌卷烟、“555”走私卷烟，缉查制假工具(包括机制机器、手工制造用的工具)及贩假窝点。是年5月，浙江、江西、福建三省烟草专卖局达成共识，在三省及毗邻地区协同作战，联手打假。浙江省烟草专卖局还与上海市烟草专卖局签订“互访备忘录”，加强两地边界的卷烟市场管理，加强边界公路道口和铁路运输的专卖管理，建立大(要)案联合办案制度，建立互访、考察交流制度。12月，省计经委、公安、监察、财政、交通、工商、烟草、技监、纠风办等九部门联合成立卷烟打假活动工作小组，在全省范围内组织开展严厉打击制售、偷运假冒烟专项活动。专项活动重点区域确定为余杭乔司及周围的海宁翁家埠，萧山南阳至绍兴安昌一线，义乌稠城；浙赣、沪杭铁路线和104、205、318、320、330国道沿线的地市、县(市、区)；重要省道沿线，包括龙泉市、庆元县、景宁畲族自治县。

2000年3月，各级烟草专卖管理部门在公安、工商、技术监督部门密切配合下，针对重点目标、重点区域，开展大规模卷烟打假集中统一行动，共出动检查人员3378人次，查获的假冒卷烟4.01万条，走私烟480条，捣毁窝点3个。集中打击、整治私假卷烟集散地“杭州湾”和义乌稠城。在乔司区域进行检查290次，夜间突查22次，查处案件69起，捣毁窝点48个，查扣运假烟汽车4辆，查扣各种假冒卷烟3.3万条、散支烟2313千克、制假商标57万张；在义乌稠城进行两次大规模清理检查，查处违法案件971起，查处各类卷烟8.59万条，罚没款59

万元。在铁路、国道、省道沿线分兵把守，堵源截流。至是年5月，各级烟草专卖管理部门在公安、工商、技术监督部门密切配合下，共出动检查人员17.4万人次，查处各类违法案件2.12万起，查获各种假冒卷烟7.96万条、走私烟5.67万条，捣毁窝藏点62个，查扣违法运输车辆6辆。

2002年，省烟草专卖局根据温岭籍人卷烟制假售假地域分布广、流动性大、手段隐蔽、团伙作案等特点，成立打击地下卷烟运销网络专项行动协调小组，负责搜集各地打击地下卷烟运销网络的各类信息、情况，分析地下卷烟运销网络的特点和最新动态，协调各地打击地下卷烟运销网络的具体行动，各地根据省烟草专卖局统一部署，组织全省性打击地下卷烟运销网络的统一行动。是年10月，根据国家烟草专卖局、公安部联合打击制售假烟违法犯罪活动的指示精神，省烟草专卖局和省公安厅建立联席会议制度。同时，建立大要案移交制度、情报线索联系制度。12月，省烟草专卖局为加强跨区协作，提高办案效率，建立烟草违法大要案件挂牌督办制度，加大对假冒、走私烟及非法拼装倒卖烟机等违法犯罪活动的追刑力度。涉及范围广、查处难度大的案件或者案情复杂、在全省有重大影响的案件，均可列入挂牌督办。2004年11月，全省开展严厉打击制售假冒卷烟网络专项行动，打击重点为假冒烟制、运、销地下网络，制假、贩假、售假网络和团伙，无证经营户。对违法两次以上的卷烟经营户，一律依法取消经营资格。在专项行动中，1959户异地卷烟经营户被取缔。全省共查处各类卷烟违法案件3.83万起，查获违法卷烟182.15万条，其中假冒卷烟50.63万条。全年共办结涉烟追刑案件65起，判刑103人。

2005年3月，金华市烟草专卖局开展打击制售假冒卷烟网络专项行动，受到省烟草专卖局表彰。5月，省整规办、省高院、省高检、省公安厅、省监察厅、省工商局、省技监局、省烟草专卖局等八部门联合开展打击制售假冒卷烟专项行动。重点打击整治制售假冒卷烟网络和团伙、流窜返销假冒卷烟的团伙、配送假冒卷烟网络和团伙、调包团伙，全面取缔无证经营，严厉查处非法生产和销售烟草专用机械及其配件行为。2004年10月至2005年3月，各级烟草专卖局开展打假行动9350次，出动打假人数2.5万人次，捣毁制假窝点9个；查获制售假冒卷烟案件7380起，查扣假冒卷烟1.29万件、制假用烟叶8440千克、假冒商标标识10.52万张；追究制售假冒伪劣卷烟违法人员刑事责任被判刑47人、劳动教养2人。4—9月，各级烟草专卖局开展打假行动1.1万次，出动打假人员6.8万人次，捣毁制假窝点1个；查获制售假冒卷烟案件8828起，查扣假冒卷烟1.03万件、制假用烟丝690千克、假冒卷烟商标标识6万张；追究制售假冒伪劣卷烟违法人员刑事责任被判刑60人、劳动教养1人。

2006年，全省各级烟草专卖局建起一个横向联合公安、工商、质检、检察院、法院等部门，纵向整合省、市、县三级稽查力量的立体联防网，形成联横合纵，以网制网，二级指挥、三级联动的打假协作机制。嘉兴、湖州、温州等市级烟草专卖局，建立与毗邻省、市烟草专卖局的协作关系，联合整治省际交界地域的卷烟市场。是年，全省共查处假冒烟案件1.4万起，查获假冒烟193.4万条，总标值2.92亿元；全省司法机关审结涉烟追刑案件182起，拘留、判刑259人；破获案值百万元以上的假烟网络案12起，其中案值超千万元的网络案6起。

2007年1月15日，省烟草专卖局、省公安厅联合召开全省卷烟打假表彰会，授予卷烟打假工作中贡献突出的38个先进集体“浙江省卷烟打假工作先进集体”称号，授予46名先进个人“浙江省卷烟打假工作先进个人”称号。是年，全省共查获假烟6.38万件，查获网络案件30起，其中国标假烟网络案16起。有3起案件因案情重大、涉及面广，被公安部、国家烟草专卖局列为部级督办案件，是为全省首次。刑拘、逮捕涉烟犯罪嫌疑340人，判决涉烟犯罪案件168起；追究涉烟犯罪分子刑事责任285人，其中2人因销售假烟被判处无期徒刑，也为全省首次。

2008年8月，上海、江苏、安徽、江西、福建、浙江六省（市）烟草专卖局在杭州市召开省际卷烟打假联席会议。该次会议达成共识：建立健全华东六省（市）卷烟打假协作机制，通过联通信息、联合行动、联动惩处，提高卷烟打假工作效率，进一步遏制卷烟制假行为。

2009年9月，省烟草专卖局与省道路运输管理局联合开展非法涉烟运输专项整治工作，严厉打击非法运输烟草专卖品行为，依法查处非法运输烟草专卖品的大案要案，严惩涉烟违法分子，遏制涉烟运输活动。在专项整治行动中，投入稽查力量2.27万人次，检查货运企业7739个，查处违法案件2959起，查扣违法卷烟23.39万条，查获涉案车辆140台，查获违法货运企业105个，刑拘32人、逮捕14人、判刑12人。11月，省烟草专卖局贯彻国家烟草专卖局开展打击网上非法经营烟草专卖品工作要求，清理利用各类网站非法发布烟草专卖品经营信息活动；关闭非法经营烟草专卖品的网站；查办大要案，处罚在电子商务网站上非法经营烟草专卖品的商户；建立和完善网上监管技术手段和工作机制。12月2日，省烟草专卖局与省公安厅联合召开全省卷烟打假总结表彰电视电话会，表彰卷烟打假特殊贡献奖单位5个、卷烟打假先进集体65个、卷烟打假先进个人93名。

2010年6月，为贯彻国家烟草专卖局、公安部有关打击制售假烟网络犯罪工作的精神，省烟草专卖局与省公安厅联合成立浙江省打击制售假烟网络领导小组，设立打网办。制定《浙江省涉烟重大刑事案件实行督办的规定》，实行重大案件督办制度。9月，省烟草专卖局、省通信管理局、省公安厅、省工商行政管理局联合转发《关于严厉打击利用互联网等信息网络非法经营烟草专卖品的通告》，加强互联网监管，建立联合执法工作机制、案件移送制度和联席会议制度。

表48-5-5-2　　　　1986—2010年浙江省查获违法卷烟案件统计一览表

年份	案件数量（起）			卷烟数量（万条）			罚没款（万元）	追刑案件（起）	行政处罚（起）	追刑人数（人）
	总数	假冒烟	走私烟	总数	假冒烟	走私烟				
1986	2085			84.00			34.30			
1987	4692		12	260.00		5.21	163.00			
1988	7483		2300	329.00		28.61	324.00			
1989	11462		7428	576.00	3.27	14.43	997.29			
1990	12789		12553	721.69		110.00	3335.60			
1991	13099			671.46	13.91	100.56	3088.38			

续表

年份	案件数量(起)			卷烟数量(万条)			罚没款(万元)	追刑案件(起)	行政处罚(起)	追刑人数(人)
	总数	假冒烟	走私烟	总数	假冒烟	走私烟				
1992	8681		632	671.08	12.41	55.78	2116.75			
1993	4920			358.29	23.10	29.37	2653.90			
1994	5881		152	440.00	158.00	23.00	8936.00			
1995	23608			603.84	227.33	43.80	4412.67			
1996	33781			936.26	588.42	69.10	6011.00			
1997	32000			805.00	469.00	92.37	6744.00			
1998	34000			940.00	706.00	92.40	6409.00			
1999	89828			349.45	131.12	16.97	4196.63			
2000	97000			410.00	164.00	19.00	4825.00			
2001	76021			374.65	127.26	22.22	4812.00			27
2002	56674			36.75	45.56	17.18	4531.87			
2003	51043	13247	1035	48.75	38.47	10.29	4705.93			
2004	38296	13218	1563	182.15	50.63	10.92	3535.51	65		103
2005	37118	16326	2785	101.57	95.94	5.64	8465.90	107		157
2006	38172	13707	2049	280.30	193.40	6.94	2944.13	182		259
2007	35156	14346	2269	401.99	319.05	11.94	3430.08	168		285
2008	23116	9008	429	389.52	307.80	11.50	3274.38	211		457
2009	23197	6373	626	510.96	171.07	9.59	3042.03	191	17599	495
2010	19593	5501	489	146.10	86.19	5.14	2939.41	208	16312	514

资料来源:根据省烟草专卖局专卖管理综合统计报表数据。

说明:查获案件数量和卷烟数量,未含国产卷烟非正常渠道流通的案件和数量。

(三)荣誉

2005年,国家烟草专卖局和公安部联合开展卷烟打假工作。年末,国家烟草专卖局、公安部表彰在卷烟打假工作中爱岗敬业、勇于创新、贡献突出的先进单位和个人,授予温州市烟草专卖局专卖监督管理处“卷烟打假先进集体”称号。

2006年12月,国家烟草专卖局、公安部表彰卷烟打假先进集体和先进个人,省烟草专卖局、省公安厅被授予“全国卷烟打假工作特殊贡献奖”。

2007年12月,国家烟草专卖局和公安部联合召开全国卷烟打假总结表彰会议,省烟草专卖局、省公安厅双双被授予2007年“全国卷烟打假工作特殊贡献奖”。这是2006年设立此奖后,浙江省公安和烟草部门连续第二年获此殊荣。副省长金德水在省政府办公厅专报信息上批示:“浙江省公安厅、浙江省烟草专卖局再度荣获全国卷烟打假特殊贡献奖,来之不易,表示祝贺。省烟草打假,公安、烟草、工商、质监等部门形成合力,重拳出击,维护了良好的烟草市场秩序,促进了烟草行业的健康发展,为加强国家和地方税收作出了积极贡献,对此我表示充分肯定。望在新的一年里,取得更大的成就,为全省作出更大的贡献。”

2008年5月,国家烟草专卖局通报表彰省烟草专卖局在卷烟打假工作取得的成绩。

2009年和2010年,省烟草专卖局、省公安厅均获国家烟草专卖局、公安部授予的“全国卷烟打假工作特殊贡献奖”。

第六节　专卖内管

建立专卖体制内部的管理机构、机制,始于2005年,主要宗旨是加强烟草行业内部的管理监督,促进行业自律,保障行业持续稳定健康发展。主要任务是对烟叶种植、卷烟制造、烟草流通各个环节中行业内部的流程和职能进行监督,确保其依法行政和规范办事。而实际上的内部监督管理工作,则在烟草专卖体制建立以后即已进行。1983年9月23日,国务院发布《烟草专卖条例》,建立国家烟草专卖制度,其中即含行业内管的部分要求。1996年1月18日,省政府令第70号发布《浙江省烟草专卖管理办法》,其中有“烟草专卖品的生产和经营、烟草专卖品的运输、法律责任”等,即已涉及对烟草专卖品的生产、经营方面的监管内容。在具体工作中,省烟草专卖局在20世纪90年代初,即已针对卷烟生产和经营活动进行了监管和检查。同时,结合实际研究制定该辖区内部专卖管理监督制度,逐步建立长效机制。

一、监管机制

(一)机构

2005年12月,省烟草专卖局根据国家烟草专卖局“省级烟草专卖局设立内部专卖管理监督办公室”的精神,加强烟草专卖品生产经营企业的内部监督管理,在专卖监督管理处设立内部专卖管理监督办公室。2006年12月,省烟草专卖局制定《浙江省烟草专卖局内部专卖管理监督工作标准与流程》。内部专卖管理监督工作标准有:内控制度监督、卷烟经营监督、烟叶经营监督。规定内部专卖管理监督必须对行业内所有烟草专卖品生产经营行为实行事前、事中、事后全过程的专卖管理监督。2007年,全省市级烟草专卖局专卖管理处设立内管办,县级烟草专卖局专卖管理科设立专职内管岗位。省烟草专卖局开发了内管软件,把“信息化”作为提高专卖内部监管能力的重要手段,实现对业务经营流程的实时、全程监管,全面提高监管效率。“实时监管、实地核查、实施追究”,增强监管的实效性,解决了“以管促控”的方法问题。

(二)制度

2007年4月,省烟草专卖局制定《浙江省烟草专卖局内部专卖管理监督定期检查制度》

《浙江省烟草专卖局内部专卖管理监督教育培训制度》《浙江省烟草专卖局内部专卖管理监督工作报告制度》《浙江省烟草专卖局内部专卖管理监督同级监管制度》《浙江省烟草专卖局内部专卖管理监督案件查办制度》五项工作制度。自 2007 年 4 月 5 日起执行。

《浙江省烟草专卖局内部专卖管理监督定期检查制度》主要内容为：省、市级烟草专卖局内部专卖管理监督办公室及县级烟草专卖局内管岗位工作人员具体负责开展此项工作；定期检查的对象是浙江省行业内依法从事烟草专卖品生产经营的企业；各级烟草专卖局应定期对行业内企业规范生产经营情况进行全面检查，定期检查采取全面检查与专项检查、集中检查与走访市场相结合的方式进行；每次定期检查的报表、数据及文字材料须由检查组长和被检查单位负责人签字确认后存档备查，检查结果要及时向被查单位反馈，并报上一级烟草专卖局备案。

《浙江省烟草专卖局内部专卖管理监督教育培训制度》主要内容为：省、市级烟草专卖局内部专卖管理监督办公室负责实施教育培训工作，县级烟草专卖局由专卖管理监督处指定专人负责此项工作。全省行业内从事烟草专卖品生产经营和内部专卖管理监督岗位的工作人员必须按制度参加培训。教育培训工作实行省、市、县烟草专卖局三级管理，教育培训采用集中培训、专题讲座、业余自学、考试考核相结合的形式展开，省烟草专卖局每年至少组织一次全省性的集中培训。

《浙江省烟草专卖局内部专卖管理监督工作报告制度》规定各级烟草专卖局应将定期对行业内企业生产经营行为开展的事前、事中、事后全过程专卖管理监督情况，以及日常监管情况，报告上级烟草专卖局。

《浙江省烟草专卖局内部专卖管理监督同级监管制度》主要内容为：各级烟草专卖局内部专卖管理监督办公室负责具体实施对同级企业及下属关联企业的监管工作；各级烟草专卖局内管部门对同级企业烟草专卖品生产经营行为实行事前、事中、事后全程监管；各级烟草专卖局专卖内管部门实施同级监管工作应注意留下工作痕迹，实施监管的相关文件、记录、资料应妥善保存。

《浙江省烟草专卖局内部专卖管理监督案件查办制度》主要内容为：行业内部违法违规案件由各级烟草专卖局内部专卖管理监督办公室会同纪检监察、审计、财务、经济运行等部门查处，明确由省烟草专卖局负责查处行业内部违法违规经营案件的范围及查处程序。

2007 年 5 月，省烟草专卖局制定《浙江省烟草行业内部专卖管理监督责任追究规定》。主要内容为：责任追究范围、责任追究的形式和适用、追究程序。责任追究坚持“有错必究、责罚相当、教育与惩罚相结合”的原则。

（三）机制

2007 年 9 月，省烟草专卖局建立内部专卖管理监督检查队伍。人员由省烟草专卖局、浙江中烟公司、各市级烟草专卖局有关人员组成。任务是根据国家烟草专卖局、省烟草专卖局专卖内管工作的阶段性重点，定期不定期地组织专卖内管监督检查工作；依据检查情况，针对性地提出整改、处理和加强专卖内管工作的意见、建议。

2008年8月，省烟草专卖局根据国家烟草专卖局《烟草行业内部专卖管理监督工作规范（试行）》，结合浙江省烟草行业内部专卖管理工作实际，制定《浙江省烟草专卖局烟草行业内部专卖管理监督具体工作规范（试行）》（以下简称《规范》），明确浙江省烟草行业内部专卖管理监督的具体工作。《规范》明确省烟草专卖局内部专卖管理监督办公室具体组织实施全省内部专卖管理监督工作，制定内部专卖管理监督制度，协调同级业务部门建立健全规范自律的内控制度，加强对制度执行情况的监督检查，推进专卖内管长效工作机制建设；对下级烟草专卖局内部专卖管理监督工作进行指导、协调、检查及考核；对省内工业、商业、进出口企业烟草专卖品的生产经营行为进行事前、事中、事后的专卖管理监督；负责省烟草专卖局驻工业公司特派办的人员管理及工作指导、协调；查处全省行业内部发生的重大违法、违规案件。10月，省烟草专卖局规范工业企业内部专卖管理监督具体工作，制定工业企业内部专卖管理监督制度、措施和办法，用制度规范管理和生产经营行为；按照工业企业组织构架和业务流程，在企业生产经营的内控要素、关键节点，进行事前、事中、事后全过程的有效监管，把不规范的生产经营苗头控制在事前和事中阶段；组织开展对工业企业生产经营活动的日常监管工作。监管原辅材料、烟用机械等专卖品购进环节29个内控要素、卷烟生产环节17个内控要素、卷烟销售环节16个内控要素、处理废弃烟草专卖品环节1个内控要素。

二、工业企业监督管理

对工业企业的监管，主要内容是生产卷烟所需烟草专卖品购进情况，卷烟生产计划的实施情况，卷烟购销合同签订情况及报废烟草机械、烟叶等专卖品的处置情况。

（一）监管

1992年10月，针对卷烟生产经营、卷烟进货等方面实施监管。监管内容为：是否违反国家烟草专卖局、省烟草专卖局规定，擅自向省外或乱渠道组织货源；是否为系统外单位或经烟户代签全国订货合同或提供合同、账户，是否向计划外烟厂或地方烟厂进货，是否向无证经烟单位和个人提供卷烟烟源及有无违规跨区供货；除卷烟以外，是否向无烟草专卖许可证的单位或个人提供或购买烟叶、盘纸、烟用丝束、滤嘴棒、烟草专用机械（包括配件）等烟草专卖品；是否由非定点印刷单位印制卷烟商标标识，将该单位未经处理的卷烟废次商标或残烟丝束向外供应等。

2000年9月，宁波大红鹰纸业有限公司为宁波卷烟厂代理进口成品卷烟纸业务终止，该公司的生产经营归口省烟叶物资处（公司）管理。进口大卷烟纸由省烟叶物资处（公司）委托浙江烟草进出口有限公司与外商签订购入合同。跨省运输分切卷烟纸，须持有国家烟草专卖局开具的准运证，省内运输须持有省烟草专卖局开具的准运证。对于分切后的卷烟纸销售，杭州、宁波两卷烟厂所需分切卷烟纸，由省烟叶物资处（公司）与宁波大红鹰纸业有限公司签订购销合同并结算；省外卷烟厂所需分切卷烟纸，仍由宁波大红鹰纸业有限公司与各省级烟叶物资公司签订购销合同并结算。

2001年8月，省烟草专卖局根据国家烟草专卖局有关精神作出规定，杭州卷烟厂、宁波卷烟厂不得以任何理由生产销售无注册商标卷烟。

2003年7月，省烟草专卖局规定各卷烟厂必须按省烟草专卖局（公司）的季度生产计划组织生产，不得以任何理由超计划生产。如遇特殊原因需要增加生产计划，必须向省烟草专卖局（公司）提出申请，经省烟草专卖局（公司）报国家烟草专卖局同意，方可生产。年度生产计划完成后，应即停止生产，不得使用下一年度计划提前生产；停止试制（白包）卷烟的生产和销售。按《中华人民共和国商标法》和卷烟国家标准，工业企业不得生产无商标的试制（白包）卷烟。凡不符合规定的无商标卷烟必须无条件停止生产和销售，严格样品烟、评吸烟、业务招待卷烟的管理。

2004年3月17日，省烟草专卖局驻杭州卷烟厂、宁波卷烟厂联络室成立，并派驻特派员。7月，省烟草专卖局按国家烟草专卖局的部署组织开展严厉打击违法生产经营卷烟纸行为，抽调人员组成监管组，派驻卷烟纸生产企业，监管企业生产经营情况，并建立健全监管制度。实行到货确认制度，对于7月1日以后开具的、有效期已满的卷烟纸准运证，省烟草专卖局、嘉兴市烟草专卖局每半个月汇总统计一次，并将统计数据提供给卷烟纸收货单位所在地省级烟草专卖管理部门核对。实行烟草、公安联合办案制度，省烟草专卖局及杭州、宁波、嘉兴市烟草专卖局根据监管工作情况，定期与公安部门召开联席会议，研究情报线索，确定打击目标。并对其生产经营情况进行24小时监管。查处了杭州华丰纸业有限公司卷烟纸流入地下制假窝点，无合同、无准运证，重复使用合同、准运证等问题。

2006年11月，省烟草专卖局调整驻工业公司专卖管理机构。撤销省烟草专卖局驻杭州卷烟厂、宁波卷烟厂联络室，设立省烟草专卖局驻浙江中烟公司专卖管理监督特派员办公室（以下简称特派办）。特派办对计划执行情况、合同管理情况、准运证管理、原辅材料管理、专卖品报废处理、制度建设和执行等进行重点监管。

（二）检查

1995年4月，省烟草专卖局组织检查烟丝厂、丙纤丝束厂、烟机厂、卷烟盘纸厂、卷烟厂专卖品生产和经营执行专卖法规情况。检查中，未发现生产企业与非法烟草专卖品生产企业搞联营或转让生产技术、产品牌号的问题，以及卷烟厂向无专卖许可证的单位和个人购买烟机设备、原辅材料问题。

1996年4月，省烟草专卖局组织检查全省卷烟厂、烟草机械设备（整机）厂、卷烟盘纸厂、烟用丝束厂等烟草专卖品生产企业及部分烟叶产区的烟草公司1995年守法经营情况。检查结果为：全省各企业都能自觉依照有关法律、法规和行业规定组织生产经营活动，没有出现直接、主动参与制假等现象。次年4月，省烟草专卖局组织检查全省卷烟厂、烟草机械设备（整机）厂、卷烟盘纸厂、烟用丝束厂1996年执行专卖法规情况。检查结果为：被检单位没有严重违反专卖法律法规的情况发生，更没有向非法生产、经营单位购进原辅材料和提供货源现象出现。12月，省烟草专卖局对杭州卷烟厂、宁波卷烟厂进行烟用丝束专项检查，结果是进货量和使用量正常，没有发现乱渠道进货的情况。

2000年6月，省烟草专卖局对杭州华丰纸业有限公司、浙江民丰（集团）公司、杭州卷烟厂、宁波卷烟厂等企业生产经营的卷烟纸、进口卷烟纸（含大筒），分别进行执法检查。检查结果为：上述企业的国产卷烟纸生产计划及供货、销售、购进渠道都比较规范，未发现向地下卷烟厂供货的情况。

2006 年 2 月，省烟草专卖局组织开展 2005 年生产经营情况内部专卖管理监督检查。检查对象为行业内所有从事烟草专卖品生产经营的企业。10 月，省烟草专卖局组织开展 2006 年生产经营情况内部专卖管理监督检查。

2008 年 10 月，省烟草专卖局对浙江中烟公司生产经营情况进行专卖内管内控定期检查。检查结果为：卷烟生产销售、原辅材料和烟用机械购进、废弃烟草专卖品的处理等环节，均严格按照《中华人民共和国烟草专卖法》和国家烟草专卖局、省烟草专卖局的规定执行。

三、商业企业监督管理

对商业企业的监管，内容主要是卷烟购销合同签订情况、卷烟到货确认制度执行情况、卷烟入网销售情况。

（一）监管

1994 年 6 月，省烟草专卖局执行国家烟草专卖局对系统内单位购进和销售假冒商标卷烟处理的有关规定。明确对库内假冒商标卷烟，在搞清来源的基础上，坚决予以销毁；对系统内单位发生购进假冒商标卷烟的案件及时上报，并按国家烟草专卖局规定的处理权限分级负责，严肃处理。对查获各种卷烟的案件，执行先鉴别真伪后收购的制度。凡属先收购后鉴别而购进假冒商标卷烟的，均应立案严肃查处。同时，对经检测认定为假冒商标的卷烟案件，也要单独立案，并在内部相应建立进出台账制度，防止假冒商标的卷烟变相或转嫁流入市场。

是年，主要监管商业企业购销情况，是否有无乱渠道进货、供货问题；运输中是否存在无证运输问题；有无转让、租借烟草专卖经营许可证情况；以及业务合同、银行账号、支票、现金、准运证的管理和从业人员的管理情况。11 月，省烟草专卖局下发加强卷烟新品种开发管理的通知，规定严禁白包烟以任何形式在市场上试销流通。1998 年 11 月，为规范跨省采购卷烟行为，省烟草专卖局规定，禁止各级烟草公司为系统外单位和个人代订跨省卷烟采购合同。为推进全省卷烟交易市场关停工作，省烟草专卖局重申禁止各级烟草公司为系统外单位和个人在中国卷烟批发市场代订卷烟采购合同的规定。次年 11 月，为规范系统内多种经营企业的卷烟经营，省烟草专卖局重申系统内任何企业、单位开办的多种经营企业不得从事卷烟批发业务。取得烟草专卖许可证的多种经营企业，严格按许可证规定的地域范围、经营范围和经营方式从事卷烟购销业务。经营卷烟业务的多种经营企业只能将卷烟零售给消费者，不得搞批发或变相批发。各市、县级烟草公司原则上不得跨市、县向多种经营企业的卷烟零售单位提供货源。多种经营企业违反上述规定者，由烟草专卖行政主管部门按烟草专卖法律法规予以处理。

2001 年 1 月，为进一步规范全省卷烟的物流管理，加强内部监督，省烟草专卖局规定凡省内各级烟草公司从杭州卷烟厂、宁波卷烟厂、省外合同购入、省卷烟销售公司购入的所有卷烟，在销售前，都必须在卷烟条包装的两头加贴二维条形码。4 月 1 日起，一律停止使用原来的激光全息防伪码。8月，为禁止无商标卷烟经营，省烟草专卖局规定各级烟草公司与省外烟厂签订的各类名目的“白包烟”“试制烟”加工、联营等合同立即停止执行，且不得销售这类卷烟。

2002年6月，省烟草专卖局（公司）根据国家烟草专卖局规定，在全省开展跨省运输卷烟的到货确认工作。7月1日正式开始到货确认，收货方应在准运证有效期满后3日内上网确认，并在准运证随货同行联上加盖“货已收讫”印章，准运证随货同行联应存档备查。

2003年1月1日起，凡在中国烟草交易中心签订的卷烟购销合同，卷烟运输中必须进行到货确认。到货确认按“谁订货，谁确认；谁确认，谁负责”的原则，由卷烟购销合同的需方单位依据随货同行的准运证进行卷烟到货确认。4月，省烟草专卖局根据国家烟草专卖局要求，部署在全省开展专项治理卷烟体外循环工作。9月，省烟草专卖局确定从10月1日起，实行省内卷烟的运输到货确认制度，凭省内准运证在省境内运输的卷烟，必须登录省烟草专卖局专卖管理信息系统“准运证”模块进行网上到货确认。每次卷烟到货确认最迟在准运证有效期满后3日内完成。12月，省烟草专卖局规范行业内部卷烟经营，进一步做好卷烟体外循环专项整治工作。规定工商企业所属的三产公司经营卷烟只能零售，不得批发；所在地烟草公司要按入网零售户对待；停止省际毗邻地区的卷烟边贸经营；不得跨区域跨省销售卷烟，从事卷烟边贸的一律停止；各单位组织的不适销货源，要在系统内部调剂，按规定开具准运证。

2004年2月，省烟草专卖局（公司）按国家烟草专卖局规定组织开展行业卷烟生产经营决策管理系统（“1号工程”）实施工作。“1号工程”主要内容为：产品数码跟踪和工商信息数据采集两部分。产品数码跟踪包括卷烟生产计划取码、卷烟产品下线打码、出厂扫码和商业到货确认，工商信息数据采集包括工业信息数据采集和商业信息数据采集。

2005年12月，省烟草专卖局（公司）根据全国烟草行业加强内部管理监督工作的精神，修订完善《浙江省烟草行业内部专卖管理监督实施办法》。修订后的实施办法，其监管理念由单一的管制向监管与内部控制并重转变，监管的方式由阶段性的专项整顿向日常的制度化监管转变，监管的内容由解决单一的突出问题向全面管理监督转变，监管的方法由事后跟进式的检查向事前、事中、事后全程监督转变。

2006年3月，省烟草专卖局在全省范围内开展监管卷烟经营大户专项工作。对上年月均进货量1000条以上的经营大户；月均进货量虽未到1000条，但有乱渠道进货、售假贩私行为，向小户、无证户供应货源嫌疑的经营大户进行监管。对进货量大，但确系零售经营的守法大户，依法保护，加强服务；对有转批行为的大户，业务部门要以实际零售量为基础，严格按照合理定量的规定控制货源；对售假销私、乱渠道进货的违法大户，加大查处力度，屡教不改的限制、停供货源，并责令停业整顿直至取消经营资格；对异地违法经营大户和原在卷烟交易市场经营、有相对固定的销售网络的重点违法大户，予以严厉打击，有两次以上违法行为被处罚的，一律取消经营资格，如继续经营则按非法经营罪移交司法部门处理。

（二）检查

1995年6月，省烟草专卖局对烟草专卖品经营企业进行执行专卖法规情况检查。检查结果为:经营企业严格按规定采购和供应卷烟,抽查未发现乱渠道进货和供货情况;货源供应上,供货对象都是有烟草专卖许可证的单位和个人以及直接消费者;运输情况,经营企业按照国家烟草专卖局《准运证管理规定》办理有关手续,未发现转让、租借许可证的问题,没有为无烟草专卖许可证的企业、个人提供业务合同、银行账号、支票、现金、准运证及其他便利条件的行为;没有聘任行业外人员为业务负责人或业务员的问题。

2003年5月和8月,省烟草专卖局组成检查组专项治理检查工商企业的卷烟体外循环,从卷烟到货确认,卷烟购、销、存,财务资金往来等环节,核对检查各单位的卷烟业务,抽查分析入网销售情况。

2004年6月,省烟草专卖局根据国家烟草专卖局专项治理卷烟体外循环精神,开展专项治理卷烟体外循环检查。检查内容包括:调入卷烟与到货确认数量是否相符,卷烟出库数量与入网销售数量是否相符,有无不入网、假入网和拆账分摊卖大户现象,统一批发限价执行情况,有无重复使用合同、准运证,有无到货确认制度,到货确认操作流程以及档案建立是否规范,有否体外循环。

2006年2月,省烟草专卖局检查上年生产经营情况内部专卖管理监督情况。检查对象为:全省所有从事烟草专卖品生产经营的企业。检查重点包括:有无违规购进卷烟和搞虚假到货确认,有无不按规定扫码,有无拆单分摊、假入网、超许可范围销售卷烟,有无合理定量的制度规定、监控大户的相关措施,烟叶生产经营有无不按合同收购、跨区收购烟叶,有无违规销售、报废处理烟叶,有无违反准运证管理规定运输烟叶,卷烟进出口有无违规购进烟草专卖品,有无出口倒流、超许可范围销售卷烟。6月,省烟草专卖局对省烟叶物资公司(浙兴调拨站)、浙江烟草进出口公司、宁波大红鹰纸业有限公司进行执法检查。检查结果为:省烟叶物资公司(浙兴调拨站)、浙江烟草进出口公司、宁波大红鹰纸业有限公司和杭州卷烟厂、宁波卷烟厂在经营(分切)进口卷烟纸业务中,其进口、销售渠道比较规范,未发现向地下烟厂供货的情况。10月,省烟草专卖局开展当年生产经营情况内部专卖管理监督检查。检查对象为:全省所有从事烟草专卖品生产、经营、进出口的企业(包括三产企业、关联企业)。检查重点为:有无违规购进卷烟问题,有无拆单分摊、假入网、超许可范围、违反合理定量、价格管理规定销售卷烟问题,购进量与入库扫码量是否一致,有无违反准运证管理、到货确认规定购进卷烟问题,批条烟、残损烟、查扣烟等“八类烟”的使用、处理是否符合制度规定,有无违规种植、收购、销售、运输、报废处理烟叶问题,三产企业、自营零售店有无违规购进、销售、运输卷烟问题,对虚拟客户、应急订单等容易出现违规情况的环节有无制定制度并严格执行。

2007年4月,省烟草专卖局(公司)在企业自查的基础上,复查各市级烟草专卖局(公司)、浙江烟草进出口公司查出问题和存在漏洞的整改完善情况,专卖内管制度执行情况,机构设置情况以及日常监管的开展情况。

2009年11月,省烟草专卖局对全省行业内企业当年规范经营情况、委托代送点的设置、运行和管理情况,紧俏品牌、波动品牌、滞销品牌供应的规范情况,应急订单的管理使用情况进行了专项检查。

第六章 科学技术

浙江引入烟草的400余年间，人们有意识地开展科技活动，大约始于民国时期的20世纪30年代末，有人进行了烟草品种试验、烟草施肥试验、烟草病虫害调查与防治研究、烤烟试种推广、雪茄烟试制及生产技术培训等。而卷烟制造方面的科技研究起始更晚，要到中华人民共和国成立之后。

20世纪50年代至70年代，浙江省烟叶种植的科研活动以省农业管理部门组织为主，辅以烟叶产区自发进行试验研究。香料烟、烤烟的试种和推广开始得到重视。卷烟工业广泛开展群众性的技术革新活动，实现生产劳动机械化和连续化，取得了相当的成果。产品研发也有一批至今仍被市场认可的牌号面世。

1983年11月1日起，《中华人民共和国烟草专卖条例》在全国实施，正式确立烟草专卖制度。此后，浙江烟草科技迅猛发展。全省烟草科技管理机构相继成立，建立完善了一系列科技管理制度，组织实施了各类课题研究、产品研发以及管理创新等活动，科技成果比较显著。烟叶种植在全省的统一部署下进行科学试验，以烟草行业为主，与大专院校、科研单位、产地烟农结合进行种子改良、科学培植、土肥改良、病虫害防治等多方面的实践，成果丰硕。卷烟生产企业通过“七五”至“十一五”的技术改造，整体装备、技术、工艺水平得到大幅度提高。“七五”技改，全省开始引进国外的先进卷烟生产、包装设备。“八五”技改，主要更新改造制丝、卷接包等生产设备，提升产品内在质量，降低消耗。“九五”“十五”技改，以大力推广应用高新技术、扩建厂房工程项目为主要特点，着力调整产品结构，提高产品技术研发能力和竞争力，提升生产制造的优化和过程控制能力，提升综合管理的服务、保障、优化能力。“十一五”技改以规模效益为特点，浙江省卷烟生产企业实行联合重组，杭州卷烟厂进行异地技术改造，扩大企业规模，宁波卷烟厂引进先进技术，实现生产管理全过程电脑控制。通过持续不断的技术改造，浙江卷烟工业技术装备已达到世界一流、国内先进的水平，为卷烟工业发展奠定了物质技术基础。

产品研发以市场为导向、企业为主体、产学研相结合，围绕卷烟调香、减害降焦、特色工艺等课题组织攻关，针对改进卷烟品质、吸味、减害降焦进行试验研究，不断取得进展，继而推广应用。2001年卷烟焦油含量降至17毫克/支，2005年卷烟焦油含量降至15毫克/支，2008年降至13毫克/支，2010年降至12毫克/支，个别产品达到焦油量5毫克/支。逐步形成以低危害、低焦油、高香气、高品质为主导的卷烟产品，增强了核心竞争力。

第一节　科技管理

浙江省的烟草科技管理，在相当长的一个时期是比较薄弱的。民国时期，在烟叶培植方面曾经存在过科研机构，但受制于当时的政治、经济条件，无法进行全省的烟草科技管理，从事科研的人员亦不多。1949年以后，群众性的烟草科技活动在局部范围得以展开，但仍没有统一的管理机构。1984年浙江省烟草公司(以下简称省烟草公司)成立后，相继设立有关科技管理工作职能部门和科研机构，技术队伍不断得到发展，研究领域从烟叶种植、卷烟工艺、产品开发、质量体系、烟草化学等方面全面展开。同时，在制度建立方面开始从传统方式逐步转向注重科技项目管理，先后在新产品管理、技术研究成果、技术奖励、项目管理及技术创新等方面建立了一系列制度，规范科技工作和科技项目的组织实施。

一、科研机构

民国时期，浙江省主要从事烟草科研的机构有两家。一是浙江省农业改进所，20世纪30年代末至40年代初，松阳、平阳等地先后进行烟草品种试验、烟草施肥试验、烟草病虫害调查与防治研究、烤烟试种推广、雪茄烟试制及生产技术培训等。二是民国38年(1949年)初从南京迁到萧山的国民政府农林部烟产改进处萧山工作站，曾开展烟草种植试验和烟草良种的种植推广；是年5月，由杭州市军管会实业处农林组接管，时有职员3人及南京疏散来的人员9人；8月，并入浙江省实业厅农业改进所。80年代初，省内无专门的烟草科技机构。省烟草公司成立后，为适应全省烟草行业科学研究、技术开发和生产发展的需要，相继成立省烟草公司科技处、省香料烟科学试验站、浙江中烟工业公司(以下简称浙江中烟公司)技术中心、浙江中烟公司博士后科研工作站等科技机构和组织。

(一)浙江省烟草公司科学技术处

1985年，省烟草公司设置生产科技部，负责全省烟草行业的卷烟质量、工艺技术和科研开发管理。1986年7月，在生产科技部的基础上，正式成立科学技术处，有专职人员7人，其中工程师2人。1987年，科学技术处内设科研开发管理、产品质量管理、标准化计量管理、工艺技术管理、环保管理等岗位，并负责省烟草质量监督检测站的筹建。1989年后，负责行业的科研开发、技术交流、科技成果推广应用管理，全面质量、产品创优评优、质量统计分析管理，卷烟工艺技术、标准化、计量管理和浙江省香料烟科学试验站筹建等。1990年，工作人员增至9人，其中高级工程师2人，工程师3人，助理工程师2人，技术员1人。该处成立后，加强了全省烟草行业的科技管理工作。1995年1月，科学技术处改名为科技教育处，原政治工作处所属职工技术培训教育职能划归科技教育处管理。2001年，从事科技活动人员为17人，其中中级职称10人，初级职称6人。是年4月，科技教育处的职责修订为制定全省烟草行业科技发展规划、年度计划；组织编制烟草行业新材料、新工艺、新技术、新产品科技开发项目和研究课题的年度计划；组织实施技术创新和重大科研项目攻关及科技成果应用推广工作；负责全省烟草系统技术监督、质量管理工作，组织实施全省烟草系统标准化、信息化工作。2003年7月，浙江烟草实施省级公司工商管理分开的体制改革，省烟草公司科技教育处划入浙江中烟公司。2004年7月，省烟草公司重新成立科技处，与省烟草质量监督检测站合署办公。2008年，科技处职责修订为研究制定全系统科技发展规划及规章制度，制订科技开发、创新项目和课题研究年度计划并组织实施，负责科技经费等有关费用的预算和决算，负责归口管理科技成果转换、科技奖励、科技保密、知识产权保护等与科技相关的工作，协调国内外科技交流与合作，参与技术改造论证工作，负责全省烟草系统科技宣传教育工作。

（二）浙江省香料烟科学试验站

浙江省香料烟科学试验站为副处级事业单位，隶属省烟草公司。任务为开展栽培调制、品种培育、病虫害防治等以提高香料烟烟叶品质为目标的各项试验与研究，负责全省香料烟原种和良种生产、供应，并承担技术培训、咨询及生产的普及推广工作。1989年3月开始筹备，站址在嵊县境内。同年6月，中国烟草总公司批复同意建立。9月，正式成立筹备组。1990年7月，站址改设绍兴市。1991年，浙江省香料烟科学试验站暂设办公室、栽培育种室和调制分析室3个部门，定员15人。1992年，正式开展研究工作。1993年，浙江省香料烟科学试验站暂设生产技术研究室和行政科研管理室，分别具体负责大田生产技术管理和试验站内部行政、科技管理工作；有3间常规化验室，配备7530—紫外分光光度计、6400—火焰光度计等常规分析仪器；有科技人员6人，其中有专业技术职称的5人(中、高级职称各1人，初级职称3人)，平均年龄不到33岁。1995年8月，浙江省烟草专卖局、中国烟草总公司浙江省公司[同时出现时简称省烟草专卖局(公司)]决定，浙江省香料烟科学试验站划归绍兴市烟草公司管理，站名及职能不变，其人员、机构及管理权限全部划归绍兴市烟草公司管理，并同意绍兴市烟草公司成立生产技术科，具体负责浙江省香料烟科学试验站的业务管理工作，继续承担香料烟科研试验任务。

（三）浙江中烟公司技术中心

2006年3月，浙江中烟公司技术中心正式组建。该中心组建后，原浙江中烟公司科技部、杭州卷烟厂技术中心、宁波卷烟厂技术中心撤销。技术中心设原料研究部、香料研究部、材料研究部、技术研究部、市场研究部、综合管理部、工艺研究部、质量检测站、计量管理部。2006年，技术中心共有员工127人，其中博士1人，硕士13人；高级职称1人，中级职称24人。至2010年，技术中心拥有在职员工153人，其中博士6人，硕士25人；高级职称2人，中级职称56人。

（四）浙江中烟公司博士后科研工作站

浙江中烟公司博士后科研工作站于2006年开始筹建。2007年，该站被省人事厅批准为“浙江省博士后工作站试点单位”。是年9月，启动试运行。2008年，该站被人力资源和社会保障部、全国博士后管委会授予“国家级博士后科研工作站”资格，研究领域涉及烟草毒理学、烟草化学等。至2010年底，培养博士后2名，在站博士后1名；共取得授权发明专利3项，发表论文8篇，其中SCI6篇，1项成果获浙江中烟公司科技进步二等奖，1项获中国博士后科学基金二等资助项目。

二、科研制度

20世纪50年代至60年代，全省烟草方面的研究开发项目甚少。卷烟生产企业内部的产品开发、技术革新及改进，由企业自订规划，一般采取“定项目、定时间、定人员”的方式组织实施，成果划分5个等级奖励。一等奖，即具有独创性，使用新技术，对生产有显著成效，解决生产关键问题者，奖100元以上；二等奖，即吸收国外经验，国内尚未使用，根据企业条件有重大改进者，或解决一个关键问题，在该厂和他厂有推广价值的，奖50～100元；三等奖，即建议效果较大，通过试验分析对生产有一定效果者，或吸收先进经验，结合企业具体条件，在主要方面有改进的，奖15～50元；四等奖，即建议经验证明能解决生产上部分问题者，或能提高工作效率者，奖5～15元；五等奖，即一般操作、工具或机械改进，能保证质量，提高效率者，或推广他厂先进经验在企业运用者，奖5元以下。

20世纪70年代至80年代初，工业方面一般性的研究开发项目、技术改进及革新项目，由各卷烟生产企业自行立项，较重大的研究、开发和推广项目列于轻工业部、省科委、省轻工业厅及市轻工业局的科研计划中下达；农业方面的项目计划主要由省科委、省农业厅、省供销社及市、县有关部门编制下达。项目一般为谁下达，谁负责监督实施。项目完成后，视其产生的经济、社会效益大小和技术复杂程度，上报部、省及市参加成果评定与奖励，或者由企业自行给予奖励。1978—1982年，杭州卷烟厂实现技术改进及革新项目183项，发放技术革新奖奖金1531元。其奖励办法，遵照精神与物质鼓励相结合、以精神为主的原则，分成7个等级，并规定一、二等奖的项目必须由市轻工业局组织鉴定验收，奖金超过100元时要报主管局备案。

表48-6-1-1　　1982年杭州卷烟厂技术革新成果奖励标准一览表

奖励等级	成果每年产生的经济效果	奖　金	荣誉奖
一	100万元以上	500元	奖状
二	10万元以上	300元	奖状
三	1万元以上	200元	奖状
四	不满1万元	100元	表扬
五	不满5000元	70元	表扬
六	不满1000元	40元	表扬
七	不满500元	酌情奖励	表扬

资料来源：《浙江省烟草志》，浙江人民出版社1995年版，第396页。

1985年后，由省烟草公司生产科技部(后为科学技术处)，负责全省烟草系统的科研开发管理。1986年后，全省烟草系统的科研开发工作逐步理顺和加强，科研开发项目基本由烟草系统内各级单位确定下达。1987年，中国烟草总公司下达给浙江省的项目有宁波轻工业机械厂承担的“新型中速滤嘴棒成型机研制”，浙江农业大学和省烟草公司承担的“优质香料烟生产技术研究”，省烟草公司承担的“烟草薄片粘结剂及薄片质量指标研究”。

1987年，省烟草公司发布《浙江省烟草工业新产品管理试行办法》，明确烟草、烟草制品和烟草专用机械及辅料等研究、开发、试制的原则和程序，要求企业在生产发展基金中专门列出新产品开发基金，以促进新产品的开发研制；同时允许企业从产品销售收入总额中提取1%作为企业技术开发基金，可以将研制开发费用摊入新产品成本或全部产品成本，促进产品更新换代。1988年，全省共开发“四新”(新产品、新技术、新材料、新工艺)卷烟产品10种。

1988年，省烟草公司开始自行编制烟草科研技术开发项目年度计划，当年下达科技项目7项，拨发科技补助费8.8万元，至1990年累计下达科技开发项目16项。1989年1月，省烟草公司颁布《浙江省烟草公司科学技术进步奖(试行)办法》，并成立省烟草公司科技进步奖评审委员会，由9人组成，省烟草公司经理潘必兴任主任委员。科学技术进步奖的奖励对象为烟叶种植、卷烟制造工艺技术、卷烟制造机械、制造卷烟用的辅助材料、烟草标准化、烟草科技情报、有关吸烟与健康及其他软科学等研究成果。奖励等级分2类，每类又分3级。具体奖励标准如下。

表48-6-1-2　　1988年浙江省烟草公司科学技术进步奖奖励标准一览表

奖励类别及等级		增利节支价值及奖金		荣誉奖
类　别	等　级	价　值	奖　金	
一类	一	50万元以上	2000元	奖状及荣誉证书
	二	20万～50万元	1000元	
	三	10万～20万元	500元	
二类	一	—	500元	
	二	—	300元	
	三	—	100元	

资料来源：根据《浙江省烟草志》浙江人民出版社1995年版第397页表格整理。

1989年5月，为贯彻《浙江省人民政府关于推进工业企业技术进步的若干规定》，省烟草公司开始建立卷烟工业企业技术进步考核制度。考核指标包括技术开发、产品质量、技术改造三方面，共11个小项，纳入企业承包合同及厂长任期目标责任制；考核成绩分4档，对取得“优秀”“良好”的企业，由省烟草公司分别按企业职工年平均标准工资的30%和15%给予企业承包及其合作者单项奖励。同时，设立省卷烟工业技术进步优秀企业奖，每两年评选一次，对有成绩的企业主要领导和有贡献的科技人员给予一定物质鼓励。是年，各烟厂分别设置企业技术开发基金，陆续建立健全厂办科研机构，配备研究人员及试验仪器设备，使卷烟新产品试制、新技术开发力量大为加强。7月，省烟草公司颁发《浙江省烟草科研技术开发项目管理暂行办法》。对列入中国烟草总公司和省级计划的、省烟草公司计划安排及委托和招标的，包括卷烟新产品试制开发，新原辅材料、新工艺、新设备研究开发，烟草品种优化及质量提高，卷烟质量改进及原辅物料消耗降低等方面内容的烟草科研开发项目，全部由省烟草公司实行行业归口统一管理。8月，省烟草公司颁布《浙江省烟草公司科学技术研究成果管理办法》，实行烟草科技成果分级管理。按中国烟草总公司的规定，中国烟草总公司管理烟草行业部级及部级以上或认为应由中国烟草总公司管理的重大科技成果，省烟草公司管理全省烟草行业的重大科技成果，各基层单位管理该单位的全部科技成果；同时规定科技成果按下达项目单位、重要性及涉及面大小，分为3个鉴定级别，即部级（中国烟草总公司）、省烟草公司和基层鉴定。各卷烟厂、市级烟草公司和省烟机公司陆续明确专人负责科技成果管理，加强该地区、该单位科技成果的鉴定、登记、建档、申报、奖励、保密、交流、应用推广及统计分析等基础工作。

1990年，省烟草公司印发《浙江省烟草专卖局（公司）科技工作先进集体、先进工作者评比办法（试行）》，成立由11人组成的省科技工作先进集体、先进工作者评审委员会，建立科技工作先进集体和先进工作者每两年一次的评选制度。奖励以荣誉奖为主。先进单位奖予从事科技工作及科技管理的直接人员，人均10元；先进部门人均奖20元；先进工作者奖100元。是年，全省评选表彰科技工作先进集体3个，先进科技工作者9人。

1996年11月，省烟草专卖局（公司）根据《中华人民共和国科学技术进步奖励条例》和《中国烟草总公司科学技术进步奖试行办法》及有关规定，结合全省烟草行业特点，制定《浙江省烟草专卖局（公司）科学技术进步奖励办法》。明确奖励对象是为全省烟草行业的发展进行了创造性劳动，推动烟草行业科学技术进步，提高社会或经济效益而做出较大贡献的集体和个人。奖励范围包括烟草农业技术、烟草制品及工艺技术、烟草机械及仪器设备、烟用辅助材料、烟草标准、烟草科技信息（情报）、计算机软件等。科学技术进步奖分为科学技术研究成果和科学技术推广成果，分设一、二、三等奖，奖金分别为8000元、5000元、3000元和4000元、2000元、1000元。

1999年12月，省烟草专卖局（公司）修改《浙江省烟草专卖局（公司）科学技术进步奖励办法》有关条款：一、二、三等奖申报项目的主要完成人人数，从原来的不超过5人、4人、3人分别改为不超过6人、5人、4人；科学技术研究成果一、二、三等奖奖金标准，从原来的8000元、5000元、3000元分别提升为15000元、8000元、5000元；科学技术推广成果一、二、三等奖奖金标准，从原来的4000元、2000元、1000元分别提升为6000元、4000元、2000元。

2005年3月，为规范全省烟草系统科学技术项目管理，避免盲目、重复研究和开发，省烟草专卖局印发《浙江省烟草专卖局科学技术项目管理办法》，明确科学技术项目包括科学研究、技术开发和科技成果的推广应用项目。对立项、项目实施管理、验收及成果管理、经费管理等作出统一规定。原《浙江省烟草科研技术开发项目管理暂行办法》废止。

2006年7月，《浙江省烟草专卖局（公司）技术、管理创新奖评选办法》出台。规定创新奖根据其创新内容分为技术创新奖和管理创新奖。范围主要包括现代企业制度建设、标准化管理、数字烟草、企业文化建设、循环经济、清洁生产、专卖管理、经济运行调控、卷烟销售网络建设、假冒伪劣卷烟鉴别检验技术研究等方面。创新奖的申报必须同时符合五项要求，即创新性、实践性、效益性、推广性、时效性。创新奖评选坚持公平、公正、公开原则，每年一次。技术、管理创新奖各分一、二、三等奖，各等奖数额不限；按《浙江省烟草专卖、商业系统2006年度经营管理目标考核办法》对单位及个人予以奖励。

2007年10月，省烟草专卖局(公司)印发《浙江省烟草专卖局(公司)创新奖励办法》，原《浙江省烟草专卖局(公司)技术、管理创新奖评选办法》废止。新办法规定，创新活动要坚持围绕中心、贴近一线、注重效用、提升水平的指导思想；创新项目要坚持有用、好用、管用的原则；创新奖的评选坚持科学、公平、公正的原则；创新项目根据专业分为专卖管理、卷烟营销、物流配送、人事教育、企业文化、企业管理、财务审计、烟叶生产、多种经营、数字烟草、质量监督等类别；创新奖主要依据创新项目的效益程度、推广程度和创新程度3个方面进行评选；创新奖设特等奖、一等奖、二等奖和三等奖4个等级，达不到要求时可以空缺。

2008年2月，省烟草专卖局(公司)制定《浙江省烟草专卖、商业系统科学技术(创新)项目管理办法》，原《浙江省烟草专卖局科学技术项目管理办法》废止。新办法规定，项目是指经省烟草专卖局(公司)或市级烟草专卖局(公司)批准立项的，与省烟草专卖、商业系统管理、生产、经营相关的项目，主要分为软科学研究项目、科学技术项目、技术革新项目和成果推广应用项目四类，具体包括行业战略规划、发展策略和企业文化建设的研究制定，先进管理、经营、生产技术方法的研究、改进和应用，先进科学技术、设备的引进、改进和应用，新产品(新品种)、新技术、新材料的研究、开发和应用，先进成果、标准的推广、改进和应用等。项目按照分级管理原则，分为省级项目和市级项目两类。项目设立坚持围绕中心、贴近一线、注重效用、提升水平的指导思想，坚持有用、好用、管用的原则，以行业急需解决的管理、技术难题为目标，借鉴国内外成熟的科学成果，利用行业内外先进的技术力量，结合浙江烟草实际进行立项选题。2009年11月，省烟草专卖局(公司)对立项科技(创新)项目评审验收工作有关事项作出进一步规定。项目评审验收坚持随时申请、随时受理、形式初审、现场评审的工作原则。项目评审验收严格按照《浙江省烟草专卖、商业系统科学技术(创新)项目管理办法》规定的工作程序执行。完成评审验收和结题的项目，其成果经过一定时间的推广应用且应用效果明显，方能参加创新奖的评选。

第二节　产品研发

浙江省对烟草进行科学研究并开发出新的产品，始于民国27年(1938年)，当时的省农业改进所主持试种烤烟及其他一些种植试验，前后延续了数年时间。中华人民共和国成立之后，各级政府及有关主管部门重视和支持烟叶的种植培育，浙江试种成功香料烟并成为国家香料烟种植的第一个基地。其他烟叶产品的科研开发也有一定的成果。1984年以后，烟叶种植由省烟草公司统一主管，烟叶研究与开发方面进入了一个较快发展并成果涌现的时期。

民国时期，省内卷烟产品很多，但由于是私营烟厂经营，产品主要是为了应市谋利，且工艺技术相对落后，并没有真正意义上的产品研发。20世纪50年代至60年代，省内烟制品的开发以烤烟型卷烟为主。70年代末至80年代初，开发了外香型卷烟和过滤嘴卷烟。1985年后，省内卷烟生产企业在继续开发烤烟型新产品外，同时开发混合型、新混合型及低焦油含量卷烟。90年代初期，各卷烟厂通过加强梗丝技术研究、调整叶组配方、对老产品进行改造等开发多规格卷烟产品，以适应市场不同的消费需求。2000年起，随着人们对吸烟与健康的日益关注，特别是国家烟草专卖局提出“提质降耗、减害降焦”工程后，浙江卷烟工业立足于维护消费者利益、将降低烟草制品对人体危害作为科技研究工作的重点，坚持“稳步降焦、重在减害”的原则，大力推进技术进步，采取综合性卷烟增香保润、减害降焦技术，兼顾物理、化学、生物等方法，强化卷烟减害降焦技术成果的转化应用，卷烟品质大幅度提升。

一、烟叶

20世纪30年代末，浙江省农业改进所主持开展美国烤烟试种和晒烟开发。50年代，引进土耳其烟种，进行香料烟的试种推广。60年代初，开发试种从安徽、河南、山东引入的烤烟。1975年后，着手晒烟品种的改良试验。80年代中期，开始香料烟新品种的选育研究。90年代以后，着重在香料烟、晒红烟优质生产关键技术上进行研究探索。在此期间，全省各烟叶产区结合生产实际也开展昆虫害研究及大田管理、栽培等试验。

（一）产品选育

1.烟草品种对比研究

民国27年（1938年），由省农业改进所王希言主持，开始进行烟草品种对比试验研究，试验地设在松阳古市中心农场，参试品种有蒲扇叶、尖刀叶、牛舌尖、小烟种和美国烟。次年，继续试验，对比品种增加新昌烟和萧山烟。种植采用移植法，每穴一株，品种随机排列，重复3次。每小区种烟2行。是年6月9日开始采摘，7月28日采摘完毕。试验显示萧山烟产量最高，亩产147.05千克；新昌烟产量最低，每亩只有89.56千克。松阳小烟种、牛舌尖、蒲扇叶及尖刀叶质量大致相同，即叶片厚而色深黄褐，烟味浓辣；萧山烟与美国烟则叶片薄，味醇和而淡，烟灰色灰白，品质颇良。试验结论为萧山烟产量品质均优，颇有推广价值；美国烟产量虽逊，但与其他品种比相差有限，而品质最适合制雪茄之用，亦可推广。

民国33年（1944年），试验由省农业改进所第八推广站承担。试验地设在平阳桥墩。试验比较的品种有松阳211号、309号、310号、303号、321号和平阳牛舌尖烟等6种。种植采取随机区组法排列。是年3月9日移植烟苗，7月5日收获完毕。结果显示牛舌尖产量最高，与其他各种烟有显著差异，211号产量最低；牛舌尖和303号两烟味醇和，灰色白，品质较好，211号味浓辣且灰色黑，质量最逊。试验得出的最后结论为：平阳牛舌尖烟产量品质尚优，可供当地推广种植之用。

2.烟草品种观察

民国27年（1938年），由省农业改进所马骏主持，孙贻谋、潘威协助，开始进行烟草品种观察，目的是了解各种烟草品种的性状，以作为选种的标准。民国28年，在松阳古市中心农场继续试验。试验品种有松阳烟蒲扇叶、尖刀叶、牛舌尖、小烟种及美国烟、萧山烟、新昌烟；田间采取依次种成一排的布置方式，生长期间，择生育正常之植株5株，作为观察对象；观察项目主要为植株高度、茎之色泽、叶片数、叶间距离、叶指数、叶耳大小、叶色泽、叶厚薄、花筒色、花瓣边色、花瓣边直径、花蕊色、每小丛花数、开花时间、荚形状、荚大小、荚颜色、种子色泽、种子大小等。至民国30年，累计试种品种188种。民国31年，因日军入侵停止试验。民国33年，继续试验，地点设于省农业改进所第八推广站（平阳桥墩），观察试验的品种有211号、302号、303号、304号、309号、310号、313号、316号、318号、319号、321号、牛舌尖、圆叶烟等，观察方法和内容同往年。试验初步结论为萧山烟产量最高，生长亦佳。

3. 烟草杂交试验

民国28年（1939年），由省农业改进所沈浚哲主持烟草杂交试验研究。利用蒲扇烟叶高产和美国烟叶优质的特性，杂交出一种优质高产的烟草新品种。杂交过程为在花蕾形成初期，每株选择顶花10～20朵，每朵用玻璃纸袋覆罩，其余花朵摘除，到开花，隔日先行去雄，次日交配，蒲扇叶与美国烟互为父母本。杂交试验历经数年。

4. 土耳其烟试种

1950年10月，中华烟草公司提出在国内试种土耳其烟的意向。1951年，上海烟草工业科学研究室和省农业厅承担试种任务，选择新昌县作为试种地。试种面积1.98亩，有沙姆逊、牛津15号、坎他那、沙马那等4个品种；栽培、管理及采收调制，除不摘心及略缩短种植行株距离外，其余均采用当地晒烟的方法。试种结果，沙姆逊株高110～130厘米，叶片8～32张，色泽金黄、油润，香气芬芳，燃烧性好，青枯病较少，最宜于当地种植。1952年，开始推广此品种；1955年，种植面积468亩。1960年，轻工业部烟草工业科学研究所选用75%的新昌香料烟和25%的烤烟，研制成功“辉煌”牌高级香料型卷烟，其香气优雅浓郁，烟味醇厚，基本达到国际高级香料型卷烟水平。

5. 雪茄外包皮烟叶试种

1957年，轻工业部烟草工业科学研究所与桐乡县农业局合作，在屠甸地区着手雪茄外包皮烟叶试种，品种选用当地小叶种。1958年，试种不遮阴2.6亩、对照0.5亩，遮阴0.2亩、对照0.1亩。遮阴栽培地移栽后一星期搭棚架，盖芦帘。调制上分晒制和晾制。遮阴栽培的烟叶，在人工控制温差小的民房内晾制，烟叶颜色为青灰色的占70%，淡红棕色的占25%，杂色的占5%；在受自然影响日夜温差大的民房内晾制，青灰色的占60%，淡红棕色的占32%，杂色的占8%。试种烟叶全部供上海卷烟厂卷制雪茄烟用，每千克17.7元。1959年，试种面积扩大到5亩。1960年，拟决定试种100亩，后因试验费用无法落实而终止。2002年，桐乡烟草公司根据市场需求状况开展雪茄包皮烟的试种，并将样品送至有关部门化验。2005年，桐乡烟草公司向桐乡市科技局成功申报“桐乡晒红烟雪茄包皮烟避雨遮阴栽培试验”研究课题，将雪茄包皮烟的生产试验引向深入。

6. 烤烟种植试验

1963年，宁波联工烟厂在管江公社烟叶辅导员配合下，于该公社蒋潭大队进行烤烟种植试验,其目的为进一步鉴定鄞县烤烟质量,摸索生产规律,确定今后烤烟品种种植区域化。试验分品种鉴定和肥料施用两大项目。鉴定用品种全部来源于轻工业部烟草科学工业研究所,有特 401、抵字 101、黄苗松边、竖把 4 种,采用同一土质、同量肥料种植。经大田观察,特 401 最佳,产量达每亩 90 千克,但染病率(黑胫病、花叶病)较高,达 4.6%;抵 101 染病率低,只有 1.9%,但产量略低,每亩 83 千克。肥料试验以特 401 为对象,以饼肥(菜籽饼)为试验肥料,施用量分成 75 千克、50 千克、25 千克 3 个组。经对比得出,施肥量不仅与产量有关,而且对品质也有很大影响。

7. 晒红烟“松选 3 号”品种选育

松阳县农牧特产局和县土特产公司共同选育。主要研究人员易心诚、颜一鸣、周渭水等。1975 年,农技人员在斋坦公社京梁大队烟田,发现烤烟与晒烟自然杂交而成的烟株,叶片无病斑,经留种、选育、再择优留种;至 1978 年,其性状基本稳定,定名为“松选 3 号”。该品种生长期约 120 天,抗病,耐肥,优质,叶色棕黄,光泽鲜明,香气足,浓度大,劲头足,高产,大田亩产量达 225～250 千克。1982 年正式推广,种植 1250 亩。1984 年 12 月,通过农牧渔业部外事司,向非洲贝宁提供该品种种子 3 克,供其试种。1986 年,种植 7100 亩,占该县烟叶总面积的 95%。1987 年 3 月 31 日,通过松阳县农学会组织的技术鉴定。获松阳县 1985—1987 年度科技进步二等奖,丽水地区 1986—1988 年度科技进步三等奖。

8. 晒红烟品种“桐乡 303”选育

主要研究人员有陶行奇、高长臣、陆辛强、屠金福、徐洪生。选育采用“回交三交”的杂交方法。将原桐乡县土特产公司从中国农科院青州烟草研究所引进的烤烟品种“单育 1 号”与桐乡当地晒红烟品种软尖秆、硬尖秆经 3 年杂交及系统选育而成。1976 年,由“单育 1 号”作母本,与软尖秆杂交。1977 年,种植杂交一代,并选择其中抗性较强、叶多叶大、叶形较规整、组织较细致、叶耳较小的株系作母本,与软尖秆回交。1978 年,种植回交一代,并继续筛选抗性较强、组织较细致、叶耳较小、丰产性状良好的株系作父本,与硬尖秆杂交。1979 年,进行小区试验。1981 年,品种性状趋于稳定,推广种植面积 2000 亩。该品种株高叶多,叶大肉厚,丰产性好,耐旱,抗病;平均亩产 204 千克,比软尖秆增产 31.33%,增产值 16.36%;晒制后,尼古丁、总糖、蛋白质、含氯量等主要化学指标符合卷烟生产要求,质量属中至好,为制作混合型卷烟的上乘原料。1984 年,推广到 3000 亩。1985 年后,因烟草黄瓜花叶病的危害和烟叶收购价格与其他农副产品收购价格相比明显偏低等原因,种植有所减少。1989 年 7 月 2 日,通过桐乡县科委组织的技术鉴定和省级品种审定。同年,获省烟草公司科技进步一类一等奖。至 1990 年止,累计推广种植 2.02 万亩,为烟农增加收入 104.17 万元,为国家增加税金 40.03 万元,为企业增加利润 7.92 万元。

9. 晒红烟“松杂 87”选育

由松阳县农科所主持,研究人员有周建华、施效秀、詹芳娟、方以霆等。1986 年,开始亲本复壮。1987 年,用“松选 3 号”与松烟“资 S7”杂交选配。1988 年后,开始品种对比试验、生产试验和大田多点试验。次年,种植 104.3 亩。该品种的特点是耐旱、耐瘠薄;适应性广,水田、滩地及坡旱地均宜种植;根系发达,吸肥力强,亩施纯氮肥比对照品种减少约 12 千克;烟叶质量与“松选3号”属同一档次。缺点是烟株下部透光差，易致下部叶片腐烂、色黯。1990年1月，通过青州烟草研究所品质检测；12月31日，通过省级审评，获1990—1991年度省烟草公司科技进步一类二等奖。该成果以论文形式在1991年第2期《浙江烟草》上发表。1993年2月，省烟草公司发布《关于“晒红烟‘杂交一代’工业验证”课题结题的意见》，由松阳县农科所承担的“晒红烟‘杂交一代8701’工业验证”课题试验工作已经结束，所送“8701”(三级)和老品种“松选3号”(三级)两种烟叶样品，经嘉兴卷烟厂同等级单品种质量配方替代试验表明，单品种外观及内在评吸质量接近；在同样配方(其他原料不变)、相同的工艺条件下，用“8701”(三级)和“松选3号”(三级)配方的两种“金杯”牌雪茄型卷烟的内外在质量相似，无明显差异，“8701”(三级)可以在“金杯”牌雪茄型卷烟中替代“松选3号”。1995年，桐乡与浙江农业大学生物技术研究所合作，引进种植美国新型品种2个(“长寿”“威斯康星38”)、四川4个品种、松阳1个品种、桐乡2个品种共9个，进行品种对比试验。

10. 香料烟新品种选育

香料烟新品种选育为优质香料烟生产技术研究项目的试验课题之一，由浙江农业大学承担。1987年开始试验，分香料烟品种间杂种优势及其配合力研究和新品种选育两大内容。参试品种有沙姆逊、新沙姆逊、巴思马、特齐别勒237、帕扎尔克、马特尔483、哈尔马利、84-t5、84-t4、84-t2、谢基尔卡。试验地设于浙江农业大学实验农场。1988年，在新昌县种植各品种间杂交后代，进行选育，并以沙姆逊为对照品种，其中新沙姆逊与谢基尔卡的杂交后代中有几株表现出成熟早、叶片多且紧凑的特性，被留种。1989年，留种继续试种，并选择出产量高、品质优的植株与沙姆逊进行回交，共育出42株优良单株。1990年，与沙姆逊进行种植比较鉴定，由于客观原因，试验结果不理想。该项研究未育成可推广的优质香料烟新品种，但表明浙江省香料烟品种选育和杂种优势利用的研究是可行的，继续试验可育选出有推广价值的香料烟新品种。1998年6月，由浙江省香料烟科学试验站主持、合肥经济技术学院参与合作、在新昌县和嵊州市实施试验的“优质吃味型香料烟抗病品种的选育”课题，通过了由中国烟草总公司组织的科学鉴定。鉴定认为：该项目经过4年研究，选育出的杂交一代优势组合，产量、品质性状有明显改善，增强了原有抗性，较好地解决了品种退化问题，具有较大的适用推广价值，同时为香料烟杂交一代的利用提供了可靠的理论数据，填补了我国香料烟品种选育的空白，达到了国内同类研究的先进水平。

11. 其他产品选育研究

2001年，“‘世纪一号’晒红烟新品种研究试验”由桐乡市灵安镇农业技术推广服务站承担攻关。2006—2007年，松阳开展小苗直栽大田配套小拱棚的试验、多品种烟叶对比试验、品种单株培育等。2008年，丽水地区开展青牛液态肥烟田试验、替代性有机肥大田试验、清香型新品种红花大金元的试种、小苗直栽大田配套小拱棚试验及多品种对比试验，节约了生产成本，提高了烟叶的科技含量。

(二)生产技术

1.烟草摘心留叶数试验

由省农业改进所松阳县中心农场马骏主持,徐望协助。民国27年(1938年),开始试验,以美国烟为试验对象,当年得出留叶14片、15片,烟叶产量最高的初步结论。次年,重复试验,分3个区集,按留叶12片、14片、16片、18片、20片和不摘心6种情况对比研究。结果为留叶18片时产量最高,16片次之,12片最低,但差别不显著;留叶多少与烟叶色泽无关,而留叶少叶厚味浓,留叶多或不摘心叶薄味淡。就该试验而言,摘心时以留叶片16片到18片较理想。

2.烟草草木灰比较试验

由省农业改进所松阳县中心农场主持,研究负责人王希言。目的为掌握草木灰施用对烟草产质量的影响,并确定适当施用量。民国27年(1938年),试验得知草木灰可以促进烟草生长和增其燃烧能力。次年,进一步探索施用方法和用量的规律。研究对象为美国烟。试验按总用肥量的不同及基肥与3次追肥用量的不同,共规划7个处理项目。试验结论为草木灰施用100千克,分4次平均施用处理效果最佳,比不施草木灰可增产46.92%;施用以每次用量相当,用量约25～35千克为宜;施灰量越大,烟叶质量越优,总肥量相等时,施基肥和3次追肥的比仅施3次追肥的,所产烟叶质量要优。

3.烟草有机氮肥比较试验

民国27年(1938年)开始,省农业改进所承担试验,试验主持王希言。目的是比较松阳市场上买卖的有机氮肥的肥效及其经济价值,并获得一种最经济的氮肥,作为指导农民种烟的参考。试验地点选于松阳古市,供试品种为当地栽培最广泛的牛舌尖。试验的氮肥有豆饼、菜饼、桐饼和柏饼4种,试验用随机排列法重复3次,共4区集。是年3月24日移植,于秧苗成活后7日及20日,各施一次肥,施量均为37.5千克;两星期后再施第三次肥,施量50千克。试验结果表明,4种油饼肥效大致相当,豆饼略强,烟叶产量相差甚微。从经济角度讲,豆饼价格最高,菜饼、桐饼最廉。从质量看,豆饼区叶色深绿,植棵强壮,干叶色黄褐而有光泽;菜饼及柏饼区则叶黄而势弱,干叶色黄褐而稍淡。结论为豆饼最适合用作烟草肥料,菜饼亦可,柏饼则不足采用。

4.烟草昆虫害研究

由省农业改进所王启虞、姚向辰主持。观察地点选松阳古市、望松等地。民国27年(1938年),着手对烟草危害最烈的小地老虎的分布进行调查。次年,进一步研究共发现烟草害虫16种,主要有烟螟、小地老虎、烟草蛾、烟蚜、斜纹夜盗蛾、条纹灯蛾、青臭椿象、烟草盲椿象、烟草蓟马、蝼蛄等。其中烟螟以幼虫态越冬,3月中旬在被害的烟草叶背或折下叶片的一角,作白色薄丝化蛹,4月中旬羽化,第一代5月中旬化蛹,6月上旬羽化。小地老虎一年发生6代。烟草蛾一年发生4代,越冬蛹于4月下旬羽化。第一代6月下旬入土化蛹,中旬羽化;第二代7月中旬化蛹,8月上旬羽化;第三代9月上旬化蛹,9月中旬羽化;第四代于11月下旬幼虫老熟后入土化蛹越冬。该研究基本了解掌握了上述害虫的形态和生活习性。部分研究结果刊登于《浙江农业》民国29年第22—25期合刊。

1993年4月，浙江农业大学植保系承担“浙江省烟草昆虫调查研究”。1995年，松阳县农业局、松阳烟草公司承担“烟草(晒红烟)病虫害防治技术研究”课题。1996年1月，省烟草公司科技教育处向中科院动物研究所、西北农业大学、山东农业大学、浙江农业大学等单位发函，要求对浙江农业大学承担的“浙江省烟草昆虫调查研究”项目进行技术鉴定。3月，省烟草公司下达《1996年第一批烟草科学研究与技术开发项目计划的通知》，“选育抗烟草青虫转基因品种的研究”由浙江农业大学承担。1999年，绍兴市烟草公司与浙江大学合作开展“沙姆逊转基因烟草T抗虫试验”大区对比试验。

5.烟草立枯病防治研究

20世纪30年代后期，松阳烟草立枯病害流行，最严重的一年造成烟叶损失约50%。民国27年(1938年)，省农业改进所利用理化方式对烟草立枯病的发生情形开展研究试验。次年，楼春吾等人于松阳古市中心农场又进行此病的预防方法的比较试验。试验以发病最重的美国烟为供试品种。对比试验分为土法、高畦法、硫黄粉法(1)、硫黄粉法(2)、硫黄粉法(3)、基肥后施法、肥皂水消毒法、升汞水消毒法、早植法、晚植法、低畦法和施加硼酸法等12种防治方法。实验发现病害一般在5月30日至6月10日发生，6月30日至7月10日最重。试验探得施加硼酸法能促进烟草生育，增加产量，减轻害病率，用费低廉(每亩仅用9.28克)，用法亦简便，可以推广；早植法，即于春分后2日移植幼苗于烟田，受病率最低，产量亦高，为最经济的防治方法，颇值得提倡。该研究成果发表在《浙江农业》民国29年第22—25期合刊。

6.烟草氮肥豆饼用量比较试验

松阳烟农种烟有用豆饼肥料的习惯，但其用量多少无一定的依据。为此，民国28年(1939年)，省农业改进所在松阳古市中心农场举行烟草豆饼用量试验。试验以美国烟为供试品种，共种植3个区集。豆饼按所用总量及每次所用量的不同分为6种处理因素进行对比研究。对比结论为：豆饼用量增加，产量随之提高；总量相同时，分3次平均施用比第三次施用较多的效果要差；豆饼用量以每亩70千克最为经济；依该试验分3次施用，即头两次各20千克、第三次30千克的方法更为经济合理。试验由省农业改进所沈浚哲主持。

7.晒红烟两段育苗带土移栽技术应用

1979年，松阳县土特产公司和农牧特产局试验成功并实施推广该技术，主要参加人员有颜一鸣、金向东、周渭水等。该技术能适时移栽，赶至5月上中旬打顶，避开花叶病高峰期，减轻病害；缩短烟草大田生长期，错开与粮食生产争劳力争季节的矛盾；亩产增三成以上。1983年12月，获省农业厅农技推广三等奖。成果推广运用至今。

8.晒红烟喷施“农乐”微肥试验

由松阳县农牧特产局完成。该项技术成果成本低，劳力省，使用简便，无副作用，比对照品增加产量7.29%～25.19%，增加产值8.31%～32.58%，每亩成本约0.30元。研究成果发表于1987年5月出版的第2期《烟草科技情报资料》。

9.松阳县晒红烟生产区划研究

由松阳县农牧特产局颜一鸣主持。该成果本着“扬长避短、发挥优势、提高综合效益”的原则，在客观总结松阳晒红烟生产历史、现状和存在问题的基础上，科学分析、全面评价当地自然资源和社会经济条件，提出松阳晒红烟生产区划意见，对松阳晒红烟生产的合理布局起到了积极的促进作用。研究成果发表于《浙江烟草》1987 年第 2 期，获 1987 年丽水地区科技成果一等奖。

10. 氮素形态和配比对香料烟产质量影响实验

系中国科学院南京土壤研究所和中国烟草总公司共同主持的“优质烤烟生产的土壤环境及合理施肥”项目中的课题之一。1987 年开始，以王中富、张如大为主在新昌县新溪乡杨坑村香料烟生产区进行试验。试验因素分 5 个氮肥品种（3 个形态）处理，即 XSF-1（$NaNO_3$）、XSF-2（$NaNO_3$、KNO_3）、XSF-3（KNO_3）、尿素、饼肥。田间采用随机排列，每个处理重复 3 次。试验历经 3 年，头两年施肥总量相同，第 3 年略有减少。试验表明在雨量正常、日照充足时，硝态氮优于氨态氮，更优于有机态氮，主要表现在烟叶退劲快，落黄好，上等烟比例高，还原糖含量高，香气足。施肥方面，每亩施纯氮 5 千克左右，N、P_2O_5、K_2O 以 1∶1∶2 的配比，用无机氮与有机氮相结合的专用肥料，可提高质量，亦可适当提高产量，宜在香料烟产区推广采用。该成果论文编入《优质烤烟生产的土壤与施肥》一书。1990 年，该项目获中国科学院科技进步二等奖。

11. 晒红烟晾制试验

由桐乡县烟草公司完成，主要试验人员有高长臣、陶行奇、沈林祥、徐剑中等。1986 年，省烟草公司考察团赴菲律宾考察，得知国外将晒烟改晒制为晾制以提高烟叶质量的信息。1987 年，按照中国烟草总公司的要求，开始探索性试验。是年，试验样本在北京国际烟草博览会上展出，受到法国、联邦德国等烟商青睐。1988 年正式列为浙江省烟草科研项目。同年，从青州烟草研究所引入适宜晾制的晒烟品种。对比试验探索出环境要宽敞干燥通风，烟叶随采随穿，烟筋干时应尽快取下叠挺等一套晾制技术。按该技术所生产的烟叶，具有晾烟风格，一至三级烟叶质量平均比晒制烟叶提高 13.14%，3 年试验生产的 623 吨烟叶，为烟农增收 5.98 万元，同时还节省调制费用 1.89 万元。1991 年 8 月通过省级鉴定。获 1990—1991 年度省烟草公司科技进步一类三等奖。《烟草科技情报资料》1988 年第 1 期介绍了试验研究情况。1991 年，桐乡烟草公司完成晒红烟晾制试验。

12. 香料烟生产技术研究

1987 年，香料烟生产技术研究确定为中国烟草总公司科技开发项目，由省烟草公司和浙江农业大学共同承担，项目负责人潘必兴，主持人贾仁清、黄建如。研究共分为 5 大课题，即优质香料烟栽培技术开发、优质香料烟施肥技术、香料烟病虫害防治、香料烟品种选育和香料烟种植区划研究。大田试验在嵊县和新昌两优质香料烟技术开发区内进行。试验工作历经 4 年，有省烟草公司，绍兴市烟草公司，新昌、嵊县烟草公司，浙江农业大学农学系、植保系、农业气象教研室及新昌、嵊县气象站与供销社等单位约 36 人参加。研究结果表明沙姆逊和巴思马两品种适应性较好，产质量稳定，耐黑胫病。试验还得出亩栽以 9000 株左右为当，移栽于 4 月 30 日前后为好，氮、磷、钾施用以 1∶2∶3 或 1∶1∶2 为佳，土壤以黄沙壤土和红沙壤土为宜的结论。研究成果同时为制定优质香料烟栽培技术措施、编制全省优质香料烟栽培技术规范提供了依据。1990年,“优质香料烟栽培技术开发”课题通过中国烟草总公司的鉴定,翌年获中国烟草总公司科技进步三等奖。

1991年,香料烟调制技术研究取得效果,大棚调制与自然调制的烟叶相比,色泽好、颜色均匀、香气足杂气少,而且调制时间短,简便易行,更容易为烟农所接受。10月,由省烟草公司、绍兴市烟草公司、浙江农业大学合作的“浙江省优质香料烟生产技术研究”获得中国烟草总公司科技进步三等奖。1992年6月,省烟草公司《香料烟调制技术研究1992年工作建议意见》提出,主要品质指标是外观品质颜色淡黄至深黄,叶片油润丰满,光泽鲜明;内在化学成分一级尼古丁含量1.5%左右,总糖含量5%以上,施木克值不低于0.5。要求新昌、嵊县、仙居、文成、平阳烟草公司组织实施。

2004年,浙江省香料烟产区和上海烟草集团公司、北京卷烟厂、河南农业大学联合开展的“浙江优质香料烟生产关键技术研究”课题开始实施。桐乡烟草公司首次在石门镇新星村租赁64亩土地建立了烟叶试验基地,通过营养钵育苗、配方施肥、品种对比、筛选、提前播种、提前移栽、科学打顶抹杈、地膜覆盖试验等,烟叶生产在科学种植方面迈出了实质性的一步。2005年,继续开展“浙江省优质香料烟生产关键技术研究项目”。2006—2007年,绍兴的“浙江优质香料烟生产关键技术研究”,先后实施6项科学项目,从土壤环境、肥料类型、种植技术、调制方法等角度对优质香料烟质量特征形成开展研究,探明了浙江优质香料烟生长所需的土壤条件、所需要的肥料和类型,掌握了浙江香料烟的生长发育规律和养分吸收规律,确定了浙江香料烟最佳农田管理措施。

13. 晒红烟优质适产模式栽培技术研究

松阳县古市农技站和松阳烟草公司1987年开始研究,主要参加人员有叶旺发、周渭水、颜一鸣。1988年,正式列为省烟草公司科技开发项目。该项目总结传统栽培技术,吸收其中合理部分,探索出一套与现行生产水平和产质指标相适应的综合栽培技术,为制定松阳晒红烟栽培规范化措施提供了依据。1989年示范试验51.31亩,1990年推广面积615亩,两年累计增收14.5万元,国家增税6.68万元。1990年12月,通过省烟草公司组织的技术鉴定。获省烟草公司1990—1991年度科学技术进步一类三等奖。1991年,松阳烟草公司与松阳县古市农技站共同完成的晒红烟优质适产栽培技术研究获省烟草公司科技进步一类三等奖。4月,省烟草公司下达1992年第一批烟草科研技术开发项目的计划,其中“晒红烟调制质量技术研究”课题交由松阳烟草公司、松阳县古市农技站承担。

14. 晒红烟高产栽培技术推广

松阳县古市区农技站和新兴乡徐郑村在松阳县农牧特产局和松阳烟草公司的支持协助下推广应用。参加人员有叶旺法、颜一鸣、刘樟品、李素华等8人。1988年,运用该技术种植129.2亩,亩产220千克,比1987年增产29.4%。1989年种烟103亩,亩产243千克,比1987年亩产增加73千克。1989年12月,通过丽水地区农业局验收鉴定,并获浙江省人民政府(以下简称省政府)农业丰收三等奖。

15. 浙江省烟草侵染性病害调研

1988年6月,以青州烟草研究所和山东农业大学为主持单位的全国烟草侵染性病害调查研究协作组成立。根据该协作组统筹计划，同年12月，浙江省设置以省烟草公司为主持单位，浙江农业大学植保系及绍兴、新昌、嵊县、桐乡、松阳5个市、县级烟草公司为协作单位的“浙江省烟草侵染性病害调查研究”课题组。课题组共12人，组长黄建如。1989年，经省烟草公司批准，此课题被列为该年度烟草科技开发项目。调研历时3年，共有71人参加。基本查明全省各类型烟草侵染性病害的种类、分布和危害情况；摸清主要病害的田间消长规律，严重度与烟叶产量、产值损失关系，建立损失估计模型；在总结主要病害防治经验和开展药剂防治试验的基础上，提出各地主要病害有效的综合防治措施，并在生产上示范推广，收到较好的防治效果。该项目于1991年结题，基本弄清全省共有17种侵染性病害及其分布、发生和消长规律，防治试验的结果较好，达到全国协作组规定的要求，同时为研究制定省内烟草病害防治措施提供翔实可靠的依据，对提高省内名晾晒烟质量和经济效益有一定促进作用。

16. 其他生产技术研究

1995年，浙江农科院承担“金衢地区烤烟优质高产引种栽培技术研究”。

2001年，省烟叶物资公司、省农科院、省烟草质量监督检测站承担“以提高浙江省烤烟可用性为中心的综合配套技术研究与应用”课题。

2002年12月，省烟草公司下达《2002年烟草科学研究和技术开发项目》，“晒红烟规范生产、加工和工业应用研究”由松阳烟草公司承担研究工作。晒红烟产区和郑州烟草研究院合作开展“地方名优晾晒烟生产技术体系、质量评价指标和工业应用”研究。次年，晾晒烟产区在烟叶科研基地开展施肥、品种选育、土壤改良、烟叶晒制、病虫害防治、烟叶仓储醇化等一系列试验。尤其是松阳烟草公司和郑州烟草研究院合作进一步开展“地方名优晾晒烟生产技术体系、质量评价指标和工业应用”的研究。

2006—2007年，桐乡的晒红烟雪茄茄衣烟避雨遮阴栽培试验研究课题，经过避雨遮阴栽培，基本获得成功。松阳开展小苗直栽大田配套小拱棚的试验、多品种烟叶对比试验、品种单株培育等。

2008年，桐乡的晒红烟雪茄茄衣烟避雨遮阴栽培试验研究课题通过地方相关部门的验收评审。丽水地区开展青牛液态肥烟田试验、替代性有机肥大田试验、清香型新品种红花大金元的试种、小苗直栽大田配套小拱棚试验及多品种对比试验，节约了生产成本，提高了烟叶的科技含量。

2009年，桐乡烟草公司与河南农业大学合作，开展优质雪茄茄衣烟叶的栽培和调制技术研究，进行品种滤选、肥料梯度试验和遮阳材料试验，掌握了第一手的数据，取得初步的科研成果。同时，全面普及晒红烟的地膜覆盖栽培技术，采用化学抑芽方法实现省工、省时与增效，并在烟区中倡导“烟—菊”“烟—麦（或蚕豆）”“烟—水稻”等科学套种或轮作模式，以减轻晒红烟的病虫害。绍兴市烟草公司在河南农业大学专家的指导下，将“香料烟化学抑芽技术应用研究”“烟草赤星病综合防治体系研究”“香料烟大棚调制技术研究”列入公司创新研究项目，还尝试利用大棚晾晒代替露天晒制烟叶技术，利用机械设备穿烟代替手工穿烟，以减轻烟农的劳动强度。丽水市烟草公司进行晒红烟新品种培育，推行小苗直栽大田配套小拱棚试验，开展半自动大棚晒制新方法，以期减轻劳动强度。

2010年，省烟草公司下达年度科技创新项目计划，确定由松阳烟草公司承担“晒红烟大棚晒制技术研究”项目。桐乡烟草公司重点开展“采摘成熟度”“干物质和矿物质积累变化规律”“氮磷钾肥料配比”3项研究，并通过与工业企业及科研院校合作，进行了“小苗膜下移栽”“晒红烟品种对比”和“晒红烟塑料大棚调制技术”试验的研究。绍兴市烟草公司加强与北京卷烟厂、河南农业大学等厂商、科研院校合作，开展优质香料烟生产关键技术研究；同时组织技术力量，着重进行有机肥试用、抑芽技术应用、科学调制、病虫害防治等方面的研究探索。

二、烟草制品

20世纪50至70年代，浙江省卷烟工艺改进不快。而80年代以来，随着消费结构的变化，以及新技术、新装备、新工艺的广泛应用，卷烟工艺得到快速发展。此外，通过再造烟叶的开发应用、二氧化碳膨胀烟丝的开发应用、加香加料等，提升了卷烟质量，在减害降焦方面取得重大进步。

（一）卷烟工艺

1. 制丝

20世纪90年代，杭州卷烟厂、宁波卷烟厂先后引进了烟丝二氧化碳膨胀加工设备，开展生产技术研究与应用工作。二氧化碳膨胀技术是由美国菲莫公司与阿尔考（Airco）工业气体公司于70年代联合发明的。它是通过一定的压力条件让液态二氧化碳对烟叶进行浸渍，然后让浸渍后的干冰烟丝在高温气流作用下，将固态的二氧化碳介质快速升华为气态二氧化碳，使烟丝组织中植物细胞快速膨胀而使烟丝体积增大，膨胀率可达到60%～80%。独立加工的二氧化碳膨胀烟丝按产品配方掺配比例要求掺用到烟丝中，可以提高烟丝填充值（立方厘米/克），减少卷制烟支内烟丝的耗用量（毫克/支），使烟支抽吸过程焦油量降低。

在“九五”技改中，杭州卷烟厂、宁波卷烟厂引进的制丝线上都配置了烘前HT增温增湿设备，对提高烘后烟丝填充值有一定的作用。烘丝段采用“HT增温增湿＋滚筒薄板烘丝＋风选冷却”新加工工艺模式，使用HT增温增湿能瞬间提高干燥前烟丝的温度（70℃～90℃）和含水率（1.5%～2.5%），使烟丝吸收蒸汽膨胀，间接加大了烟丝干燥的强度，使游离烟碱和氨类物质挥发量增加，也降低了焦油产生量，改善和提高了烟丝的感官质量。

在2001—2010年期间，杭州卷烟厂、宁波卷烟厂在制丝线上配置了江苏智思SH93气流干燥设备系统。该设备系统采用类似英国狄更森公司的HXD设备系统及德国虹霓公司HDT设备系统气流干燥技术。加工后的烟丝具有良好的膨化效果和卷曲度，烟丝膨胀率可达到15%～30%，提高了烟丝填充能力，同时能去除青杂气和游离烟碱。气流干燥膨胀与二氧化碳膨胀都是为了提高烟丝的填充值，从而实现卷烟降焦的目的，但使用方式是有区别的，气流干燥膨胀工艺可以加工产品烟丝，而二氧化碳膨胀工艺只能加工掺配物，或称填充物。

自2001年起，杭州卷烟厂在制丝线上开始掺用造纸法再造烟叶，此前是掺用辊压法再造烟丝。造纸法再造烟叶特点为密度小，填充值高；耐机械加工性能好，成丝率高；燃烧速度快，焦油释放量仅为烟叶的一半左右；产品具有可选择性，可根据实际需要对其内在的化学含量指标进行调控。尤其2006年浙江中烟公司与杭州、宁波两卷烟厂重组后，通过技术中心降焦技术的研究，再造烟叶使用量是逐年增加，其表现特点为：使用品牌结构在提升、配方中的使用比例在增加、使用的方法在优化。综合研究成果的应用结果是在卷烟配方中再造烟叶掺用比例增加，卷烟烟支的抽吸口数在减少，相应的焦油量、烟碱量也在降低。

2. 卷包

通过卷烟滤嘴适当加长的方式，稳步推进卷烟降焦工作。20世纪90年代以来，浙江卷烟工业对卷烟产品按国家烟草专卖局历次的降焦要求，选择采用的方法之一是稳步地实施卷烟滤嘴加长技术。当初卷烟滤嘴长度都是20毫米，逐渐加长的产品滤嘴规格分别有25毫米、30毫米、34毫米。理论模型计算可知，卷烟滤嘴对有害物质的过滤效率由当初的44%（20毫米）分别可增加到49%（25毫米）、53%（30毫米）和55%（34毫米）。在卷烟长度不变的条件下，滤嘴长度增加，抽吸过程产生的烟气在滤嘴内与滤嘴丝束的碰撞机会增多，从而提高滤嘴对烟气中有害物质的截留比例。在设备改造完成后，针对每个牌号的设计要求，对卷烟滤嘴长度增加后对卷烟的内在和外在质量的变化进行理化特性测量与数据分析，通过调整滤嘴部分与无嘴烟支部分的重量、吸阻等物理指标，对滤嘴长度增加后的卷烟进行对比评吸评价，最终设计确定卷烟产品滤嘴加长后的各项物理控制指标。

应用沟槽滤棒技术，稳步推进卷烟降焦工作。从2005年首次使用沟槽滤棒生产“利群”（阳光）卷烟以来，卷烟沟槽滤棒技术已逐渐在浙江中烟公司的多个卷烟产品中得到应用。普通滤棒由醋酸纤维丝束和成型纸在加工设备上组合而成，而沟槽滤棒则在醋酸纤维丝束和成型纸之间增加一层瓦楞状纤维素纸。纤维素纸不仅具有与醋酸纤维丝束相似的对烟气粒相物的截留作用，而且对焦油的截留率还远高于醋酸纤维丝束；同时，在纤维素纸上制成的特殊压纹沟槽，扩大了其表面积，改变了卷烟烟气的行走路径，增加了惯性碰撞和扩散沉积，对烟气的有害物质产生了更强的过滤效果。曾做过严谨的试验论证：将20毫米长度沟槽滤棒和10毫米长度无沟槽滤棒组合成30毫米长度沟槽滤棒，滤嘴对有害物质的过滤效率比普通滤棒提高10%～15%，吸阻降低了20%～25%，既能降低卷烟烟气中有害物质，又能提升卷烟抽吸的舒适性和协调性。

应用滤嘴通风稀释技术，稳步推进卷烟降焦工作。在2010年，浙江中烟公司在“利群”（软老版）、“利群”（神州）等低焦油牌号开发中应用滤嘴通风稀释技术。滤嘴通风稀释技术是国际上应用最广泛和最有效的减害降焦技术之一，通过在接装纸上打孔，提高卷烟在抽吸时的通风率，使更多的空气稀释主流烟气，从而降低烟气中的有害物质。经大量实验证实：滤嘴通风率每增加1%，烟气焦油量约降低0.15毫克/支。所以，在卷烟焦油的释放量及滤嘴过滤焦油效率一定的情况下，通过调整滤嘴通风率来降低烟气中的有害物质是卷烟降焦的有效方法。

（二）叶组配方

1. 造纸法再造烟叶开发和应用

再造烟叶也称烟草薄片、环保烟叶，即为了提升卷烟质量、降低卷烟焦油，提高烟叶利用、降低烟叶耗用，采用萃取技术和薄片工艺加工制成的烟叶。浙江生产再造烟叶起源于20世纪80年代。2001年前采用辊压法，后启用造纸法。根据造纸法再造烟叶生产工艺技术特点及原料情况，结合产品降焦需求，使用不同类型烟叶开发了多款再造烟叶产品，如KY-1、KY-2、KY-3、HY-1、HY-2。1999年，造纸法再造烟叶进入中档“雄狮”产品叶组配方。2001年4月19—20日，国家烟草专卖局科教司组织的环保型再造烟叶产品鉴定会在杭州举行，杭州卷烟厂国内首创研制的环保型再造烟叶通过专家鉴定，是国内研制生产的第一个正式应用于卷烟产品的环保型再造烟叶。完全用环保烟片制成的卷烟，其焦油释放量仅为10毫克/支左右。如配方中掺用20%的再造烟叶，可使卷烟焦油释放量下降10%左右。经测试，环保烟片所产生的环境烟气，只相当于普通烟叶环境烟气的三分之二左右，大大减轻了被动吸烟的危害性。2004年，升级改造再造烟叶品质，拓展再造烟叶使用范围及增加再造烟叶使用比例，强化叶组配方外源性减害降焦技术推广应用。在原有造纸法再造烟叶的基础上，升级改造并形成了KY-4再造烟叶，并加强了再造烟叶提纯除杂、外加纤维、填料等相关应用研究，在保障再造烟叶产品品质的基础上，进行了集成应用，有效将再造烟叶降焦释放量控制在6.5毫克/支以下。是年，“利群”(新版)、“利群”(蓝天)卷烟产品开始使用再造烟叶，膨胀烟丝使用比例增加和再造烟叶使用奠定了“内源性”叶组降焦的基础，同时，部分牌号增加使用了上部烟叶，弥补了降焦后产品香味损失，保障了产品品质及风格稳定。2008年，“利群”(老版)、“利群”(软蓝)开始使用再造烟叶。

2. 中高档卷烟产品二氧化碳膨胀烟丝开发和应用

根据“九五”技改工作进度，2000年之前完成了中高档卷烟产品二氧化碳膨胀烟丝叶组配方研发和工艺试验，2000年完成了产品中试，并在相关产品中掺配使用了12.5%，降低卷烟焦油含量约0.5～0.8毫克/支。该项技术的应用，为省产卷烟产品减害降焦工作奠定了基础。二氧化碳膨胀烟丝一方面有利于叶组配方降焦，另一方面拓展了中高端产品原料使用范围，提高了原料利用率。

通过优化叶组配方结构，中高档卷烟拓展了部位结构并作产区调整，下部烟叶使用比例增加了5个百分点，并使用了少量的二氧化碳膨胀烟丝，实现了降焦；中档卷烟通过使用造纸法再造烟叶和二氧化碳膨胀烟丝实现降焦；中低档卷烟通过增大梗丝使用比例和再造烟叶实现降焦。

2000年，根据行业“减害降焦”的卷烟发展方向，卷烟工业积极采用新技术、新材料等综合降焦技术，杭州卷烟厂、宁波卷烟厂先后完成了中低焦油“利群”、中低焦油“大红鹰”产品的叶组配方开发工作。该两款卷烟盒标焦油13毫克/支，大大低于国内盒标焦油18毫克/支的水平。

2002年，杭州卷烟厂完成了“利群”(喜庆)产品的叶组配方设计工作。通过叶组配方设计平均降低焦油1.5毫克/支，达到88分内在质量设计值和15毫克盒标焦油设计值要求的同时降低了配方成本，是杭州卷烟厂第一款配套常规烟支设计达到15毫克盒标焦油的产品。2003年，杭州卷烟厂完成了盒标12毫克焦油英式烤烟型“雄狮”(翻盖)的叶组配方设计和掺配工艺设计，同年销售1300余箱，出口后得到境外市场的认可，是国内第一款较高品质的英式烤烟型卷烟。

2004年，杭州卷烟厂完成了盒标焦油11毫克“利群”（阳光）产品的叶组配方开发，该款产品优选了美国、津巴布韦、加拿大等国际高品质的烟叶以及云南、湖南、贵州等国内优质的烟叶，辅助34毫米长度的联合效益通风槽滤嘴，在进一步降低焦油和一氧化碳含量的同时，保证了产品具有充足的香气和优良的吃味，开创了杭州卷烟厂高档卷烟开发的先河。

3.叶组配方模块配方设计技术的开发和应用

2004—2010年期间，研究分析了上、中、下部烟叶焦油释放量，根据“利群”品牌叶组配方特点，结合不同部位烟叶品质特点，建立了“部位模块”限制性和协调性品质指标，形成了叶组配方降焦“部位模块”应用技术。“部位模块”的应用，可以降低卷烟产品焦油量0.3～0.6毫克/支。同时，根据不同产区和等级烟叶焦油释放量及配方调整，有效减少了产品配方上等烟叶使用比例10%以上，上等烟叶使用比例的减少，贡献了一定的“减害降焦”效果。2007—2010年，徐清泉、夏琛、吴继忠、程昌合、廖付等人潜心研究、缜密设计和验证，开发并形成了浙江中烟公司叶组配方模块配方设计技术。该项技术在品牌产品开发和维护中得到了广泛应用，尤其是运用该项技术，拓展了“利群”品牌产品叶组配方产区，烟叶使用由8个国内产区拓展到11个、2个进口国别拓展到4个。

（三）加香加料

2004年，焦油量从17毫克/支降到15毫克/支。首先，通过加香加料，降焦后的卷烟总体接近或保持降焦前的内在品质及风格。其次，提升并改善降焦所带来的香气量下降问题，使烟气细腻柔和，改善烟气形态。再次，通过添加润性香料，减轻烟气的干燥感，降低烟气的刺激性。最后，改善口感，使卷烟余味更舒适。

KY-4薄片：通过加料加香的修饰与改进，增加并提升薄片的香气质量，降低口腔灼烧感，减轻纸质气息。

“利群”（阳光）：加料加香配方精选国外天然植物提取香原料，反复调配而成。通过加料加香，弥补超长滤棒所带来的香气损失，使烟气细腻醇和，减轻烟气的干燥感、刺激性。在表香上，将蔬菜、果甜及烟草香巧妙地融合一体，赋予“利群”（阳光）独树一帜的嗅香及抽吸风格。

“利群”（长嘴）、“利群”（软长嘴）：加料加香配方精选国外天然植物提取香原料，通过调香师反复多次的调香，改善了长滤嘴棒所带来的香气损失；通过加料提升香气质量，使烟气更为集中，细腻圆润性得到较好的保持；坚持轻加料轻加香的风格，在改善提升烟气质量、余味吃味的同时，完好地保持了“利群”（长嘴）应有的烟草本香。

2009年，通过加料加香的修饰与改进，增加并提升梗丝的香气质量，减轻梗丝的木质气，降低梗丝抽吸时候烟气的灼烧感，改善余味及吃味。

2010年，焦油量从15毫克/支降到13毫克/支。主要卷烟产品有“大红鹰”（软蓝）、“利群”（软蓝）、“利群”（老版）、“利群”（蓝天）、“利群”（新版）。

表 48-6-2-1　　1986—1990 年浙江省卷烟减害降焦研发代表产品一览表

时间	产品名称	成果介绍	研发单位	获奖情况
1986 年 4 月	100 毫米“金南湖”牌淡味混合型卷烟	该产品等级为甲级，规格为(70 毫米＋30 毫米)×24.5 毫米，焦油含量为中，叶组配方中采用省产晾晒烟叶 20%，烟碱含量每支 1.04～1.17 毫克。	桐乡雪茄烟厂在郑州烟草研究所协作下研制	1986 年参加省名优新特产品展销会，获“金鹰奖”。1988 年获省烟草公司科技进步一类二等奖。
1986 年 8 月	84 毫米“杭州”(金版)牌混合型卷烟	采用晾晒烟工艺处理方法及新的加香加料技术，使烤烟与晾晒烟香味糅为一体，烟香与外加香谐调一致，具有典型的混合型卷烟风格。等级为甲级，规格为(64 毫米＋20 毫米)×24.5 毫米，焦油含量为中。质量与风格接近国际上流行的混合型卷烟产品。	杭州卷烟厂	1986 年，在省名优新特产品展销会上获“金鹰奖”。1988 年 1 月通过省烟草公司组织的技术鉴定。同年获省烟草公司科技进步一类三等奖。
1987 年 2 月	84 毫米“舒乐”牌新混合型卷烟	卷烟配方采用上等烤烟与晾晒烟，并加入具有镇咳、化痰、定喘等作用的中草药。1987 年 7 月至 1988 年 1 月先后进行小批样烟试制、检测、评吸和 169 位自愿者的临床试用、药理试验、肺功能试验及毒性毒理检测与动物试验。该卷烟安全可靠，可缓解因吸烟引起的呼吸道不适症状，具有止咳、平喘、祛痰的功能，质量符合甲级新混合型卷烟标准。	杭州卷烟厂着手开发，7 月与浙江中医学院签订技术合作协议，决定共同合作研制	1988 年 4 月通过省级技术鉴定，认为该产品填补全省新混合型卷烟空白。获 1986—1988 年度省烟草公司优秀“四新”产品奖。
1987 年 6 月	84 毫米“古松”牌新混合型卷烟	该卷烟的特点是：香气谐调，吃味醇和，余味较清爽，无刺激，无药味，可缓解吸烟对人体呼吸道的不良影响，有一定镇咳、祛痰和平喘功效。	宁波卷烟厂与宁波市医学会合作共同开发	获 1986—1988 年度省烟草公司优秀“四新”产品奖。
1988 年	84 毫米“上游”(金版)牌混合型卷烟	采用国内各大产烟区中上等烤烟叶，合理掺入一定比例的白肋烟、香料烟，通过反复试验研制而成。产品属甲级混合型卷烟，规格为(64 毫米＋20 毫米)×24.5 毫米，焦油含量为中。	宁波卷烟厂	1988 年，通过省级技术鉴定，并获省烟草公司科技进步一类三等奖。同年被评为省优质产品和宁波市优秀新产品。

续表

时间	产品名称	成果介绍	研发单位	获奖情况
1988年	84毫米“福音”牌新混合型卷烟	1988年10月，开始小样研究，小样试产。1989年5月，初步定型，产品采用上等烟叶原料，并在烟丝中加入中草药药汁。经产品质量检测、动物毒性试验、临床试验、征求用户使用意见，至1990年7月研制成功。同年9月，通过省级技术鉴定。特点是香气谐调，吸味醇和，余味较干净舒适，无药味与刺激，焦油含量平均每支17.19毫克，比一般卷烟低30%左右。经浙江医科大学组织的100例临床试验，对心血管和呼吸道疾病的有效好转率分别为76.42%和75.39%，并具有一定的降血压效能。	省烟草学会承担，协作单位有嘉兴卷烟厂、浙江医科大学、省烟草质量监督检测站	产品获1990年省新优产品“骏马奖”。
1990年	84毫米甲级“福德门”牌烤烟型卷烟	产品以云南、贵州、山东、河南成熟度好和烟碱含量较高的中高档烟叶为原料，经加香加料和工艺处理卷制而成。烟丝色泽金黄油润，香气充足，烟味浓而饱满。	杭州卷烟厂	经全国卷烟优质产品评委会鉴定和中国烟草总公司综合考评，被确定为1990年度全国卷烟配方改革中标产品。
1990年	100毫米“保俶塔”牌低焦油混合型卷烟	选用对烟气香味有良好作用的混合型香精，采用膨胀梗丝、烟丝和高透气度卷烟纸等先进技术，产品色泽棕红油润，烟味醇和浓郁，香气谐调，余味舒适，燃烧性好，平均焦油含量每支仅12.15毫克。	杭州卷烟厂	获1990年度省烟草公司优秀“四新”产品奖。
1990年	84毫米“力宝”牌低焦油混合型卷烟	特点是采用膨胀梗丝、烟丝和高透气度卷烟纸等先进的工艺技术和新材料，卷烟平均焦油含量每支13.23毫克，风格具有或接近国际流行口味。	杭州卷烟厂	经全国卷烟优质产品评委会鉴定和中国烟草总公司综合考评，被确定为1990年度全国卷烟配方改革中标牌号。

资料来源：根据《浙江省烟草志》浙江人民出版社1995年版第418—420页整理。

表 48-6-2-2　2001—2010 年浙江省卷烟产品开发和降焦改版情况一览表

年份	开发牌号	降焦改版			出口卷烟产品开发牌号
		焦油量(毫克/支)	数量(个)	牌　号	
2001		17	32	福德门、大红花、黑猫(激光)、黑猫、劲马、金猴、双叶、西湖(绿)、杭州(绿)、杭州(红)、西湖(红)、杭州(八角红)、杭州(八角黄)、杭州(黄)、紫荆花(新)、普陀山、杉杉、王府、杭州(精品)、紫荆花、金雄狮(绿)、雄狮(金)、佛手王(金)、天堂(新)、雄狮(八角)、新雄狮王、利群(新版)、利群、利群(蓝)、利群(金)、新安江、新安江(红)	
2002—2005		15	22	利群(阳光)、利群(阳光 2 盒装)、利群(软长嘴)、利群(长嘴)、利群(长嘴 8 支装)、利群(长嘴红)、利群(蓝天)、利群(蓝)、利群(老版)、利群(新版)、新安江(蓝)、新安江(软)、新安江(银红)、雄狮(吉祥)、雄狮(新)、雄狮(老版红)、西湖(明珠)、西湖(W)、西湖(红)、西湖(绿)、双叶(绿)、双叶	雄狮(吉祥英文)、利群(喜庆英文)
2006	大红鹰(全新)、大红鹰(软新品)、利群(硬)、利群(休闲)				
2007	大红鹰(软新品)、大红鹰(新品)、雄狮(硬)、雄狮(红)				摩登(印度尼西亚)、摩登(秘鲁)
2008	利群(硬)、利群(神州)、雄狮(007)、雄狮(新)	13	21	利群、大红鹰、雄狮、新安江等系列产品	摩登(伊朗)、利群(长嘴英文)、摩登(马来西亚)

续表

<table>
<tr><th rowspan="2">年份</th><th rowspan="2">开发牌号</th><th colspan="3">降焦改版</th><th rowspan="2">出口卷烟产品
开发牌号</th></tr>
<tr><th>焦油量
(毫克/支)</th><th>数量
(个)</th><th>牌　　号</th></tr>
<tr><td>2009</td><td>大红鹰(新品)、大红鹰(软新品)、利群(软红长嘴硬化)</td><td></td><td></td><td></td><td>利群(英文 GM)、大红鹰(英文 GM)、利群(长嘴 AZ)、摩登(阿拉伯联合酋长国)、摩登(秘鲁 BH)</td></tr>
<tr><td>2010</td><td>利群(逍遥)、利群(神州)、利群(软老版)</td><td>12</td><td>11</td><td>利群(阳光 11 毫克)、利群(软长嘴)、利群(软红长嘴)、利群(硬)、利群(长嘴)、利群(新版)、利群(老版)、大红鹰系列、雄狮系列</td><td>摩登(印度尼西亚 BH)、利群(长嘴秘鲁)、利群(长嘴印度尼西亚)、利群(长嘴 GM)、利群(软长嘴 GM)、利群(阳光 GM)、利群(神州欧盟)、摩登(南美 BH)</td></tr>
</table>

资料来源:根据浙江中烟公司档案资料整理。

表 48-6-2-3　　　1996—2005 年宁波卷烟厂各卷烟牌号焦油加权情况一览表

单位:毫克/支

<table>
<tr><th>年份</th><th>所有牌号焦油加权平均</th><th>“大红鹰”系列焦油加权平均</th><th>备　　注</th></tr>
<tr><td>1996</td><td>18.03</td><td>—</td><td rowspan="4">统计结果为焦油量加权平均值。</td></tr>
<tr><td>1997</td><td>18.24</td><td>—</td></tr>
<tr><td>1998</td><td>16.08</td><td>—</td></tr>
<tr><td>1999</td><td>15.90</td><td>—</td></tr>
<tr><td>2000</td><td>16.05</td><td>16.85</td><td rowspan="6">统计结果为焦油量加权平均值,其中 2003 年为 6—12 月统计结果。</td></tr>
<tr><td>2001</td><td>15.21</td><td>15.50</td></tr>
<tr><td>2002</td><td>14.69</td><td>15.39</td></tr>
<tr><td>2003</td><td>14.89</td><td>16.09</td></tr>
<tr><td>2004</td><td>13.75</td><td>14.98</td></tr>
<tr><td>2005</td><td>12.24</td><td>14.10</td></tr>
</table>

资料来源:根据宁波卷烟厂档案资料整理。

表 48-6-2-4　　1998—2005 年杭州卷烟厂各卷烟牌号焦油加权情况一览表

单位:毫克/支

年份	所有牌号焦油加权平均	"利群"系列焦油加权平均	"雄狮"系列焦油加权平均	"西湖"系列焦油加权平均	"新安江"系列焦油加权平均
1998	16.80	—	—	—	—
1999	16.00	18.02	16.59	15.91	17.90
2000	15.70	—	—	—	—
2001	15.34	16.75	16.49	13.89	18.12
2002	15.71	16.88	16.31	14.64	16.75
2003	15.86	16.50	16.30	15.51	16.46
2004	15.41	15.75	15.90	15.20	15.70
2005	14.11	14.85	14.07	13.62	14.88

资料来源:根据杭州卷烟厂档案资料整理。

表 48-6-2-5　　2006—2010 年浙江中烟公司各卷烟牌号焦油加权情况一览表

单位:毫克/支

年份	所有牌号焦油加权平均	"利群"系列焦油加权平均	"雄狮"系列焦油加权平均	"大红鹰"系列焦油加权平均	"西湖"系列焦油加权平均	"新安江"系列焦油加权平均
2006	12.88	14.27	12.84	14.36	11.84	14.22
2007	13.40	14.37	12.30	14.97	—	—
2008	12.83	13.89	11.33	14.41	—	—
2009	12.36	13.56	11.04	13.12	—	—
2010	12.21	13.20	10.52	12.62	—	—

资料来源:根据浙江中烟公司档案资料整理。

第三节　技术进步

浙江省卷烟工业技术革新始于 20 世纪 50 年代,当时响应国家"艰苦奋斗、勤俭建国"的号召,各卷烟工业企业开展了持久的、群众性的技术革新活动,并取得了较多的成果。囿于当时的经济实力和技术基础,大多数成果显得简单粗放,较多体现在局部技术改良和项目革新上。80年代以后，为适应和满足市场需求，在国家的大力支持下，卷烟工业企业开展了大规模的技术改造。“七五”(1986—1990年)期间，开始涉及烟草设备引进和技术改造，但基本以自行设计和国产设备为主。从“八五”(1991—1995年)开始至“十一五”(2006—2010年)，全面采用国际先进的烟草机械设备、管理控制系统及工艺技术等，同时配套设施日臻完善。

一、技术革新

浙江省卷烟工业企业的群众性技术革新活动，以提高烟制品的质量为主要内容。20世纪50年代初，项目小、数量少。如杭州利群烟厂改造卷烟机上的布带盘铜婆司，均衡所卷烟支的长短与松紧；采用汽枪加湿发酵工艺和改进烟丝发酵时间、温度和湿度，提高烟丝色泽和吃味。宁波联工烟厂在设备渗漏油处加设防护罩，避免产生油渍烟；借鉴南洋烟厂先进的烘丝工艺处理技术，增强烟丝弹性和减少烟丝造碎等。

20世纪50年代中期，技术改进的侧重点开始转向统一先进的操作技术方法。杭州利群烟厂统一推广的技术，主要有沈金荣的拍叶顺扯操作法、俞阿土的切丝车自动帆布输叶操作法、上海烟厂的抽茎机操作法和郑国荣的卷烟机限额用丝操作法、卷烟用纸不停车自动换纸法、“以焖代烤”烘烟工艺法、包装机统一流水作业及“6653”包装法、条包平包改侧包操作法；宁波联工烟厂统一推广的方法，主要有卷烟机烟枪“三吃劲”法、锡包工段“五轻”操作法、炒烟工段缓火慢烤和定时定量投丝操作法、锅炉房的充磅压火法、撕叶工段的一根顺撕法和“五快”(拿叶快、解把快、摆得快、抽筋快、勒头快)操作法；杭州友合烟厂推广的先进方法，有蒸叶工段的轻放、轻拆、轻拨操作法和混合蒸叶、扯叶工艺法。

1958年，省内卷烟厂开展以解放繁重的手工劳动，提高劳动生产率，实现卷烟生产机械化为目的的群众性技术革命和技术革新(简称“双革”)活动，技术改进项目增多，内容涉及设备、工艺、质量、节约、操作等方面。全省卷烟生产企业实现“双革”项目104件，其中推广应用的较大项目有宁波联工烟厂的卷烟机利用车轴转动装置实现自动输送加丝，每台可节约劳力0.8人；卷烟机永进式刀头改制成“新中国”式刀头，每天提高产量5箱，年降低成本10710元；仿制绞头机，改变手工扯烟筋，工效提高10倍以上；卷烟机单滚筒轧糨糊改进为双滚筒，减少爆口烟支的产生。杭州利群烟厂的自制卷烟自动加丝器，每台卷烟机可节约劳动力1人；采用切丝自动输送装置，提高切丝质量，减轻劳动强度；采取烟叶高温发酵，改善卷烟色香味，提高烟支成品质量；改进卷烟机，使车速从每分钟810支提高到940支；扩大切丝看台能力，节约劳动力50%；自制成功卷烟简易条包机，替代手工包装。

1959年，全省卷烟工业企业共实现“双革”项目257件，其中设备方面127件，操作方面27件，节约原材料利用品方面33件，改进设计提高质量方面36件，其他方面34件。重大项目29件，主要有宁波联工烟厂自制的铁木结构简易包装机，产量每分钟45包，比手工操作提高工效14倍，推广应用18台；自制仿洋式全铁结构条包机，实际产量每分钟30条，比手工操作提高工效12倍，推广应用3台；采用高温快速发酵筒法发酵烟叶，缩短发酵周期，每月节煤27吨，节电1224度；自制木制楔形碎叶分离机，台时产量250千克，比手工操作提高工效4倍；自制印花封口机，使卷烟小包包装全部实现机械化，被全国卷烟工业同行称为“宁波式封口机”。杭州利群烟厂自制的1—5型卷烟包装机，提高生产率25倍；自制单烟道简易包装机，推广应用12台；自制卷烟大包机，比手工操作提高效率3.72倍；实现制丝车间大联合，缩短生产周期20%，减轻工人的劳动强度。

1960年后，省内卷烟工业企业的技术革命和技术革新进入巩固、提高时期，在逐步完善以往成果的基础上，“双革”项目侧重于拾遗补阙，使卷烟生产成龙配套，并向着生产连续化及部分自动化方向发展。此时期，较大项目有每分钟转速800转打叶机，台时产量300千克，比手工操作提高工效30倍；电动控制管道送烟丝设备；铁木结构小车送丝设备，电动遥控自动将烟丝加入卷烟机；烟叶高温发酵室，能容纳75千克烟包300包，发酵质量接近一年以上自然酵化的烟叶；电控缺支器，产生小包缺支可自动响铃报警；卷烟机断纸器，卷烟机出现故障可自动切断卷烟纸，使每箱卷烟平均盘纸消耗下降45米；包装机烟库由单道下烟改为双道下烟，使包装能力翻了一番。至1963年，全省卷烟企业实现“双革”项目近400件，平均机械化和半机械化程度由1958年的20%左右升至90%以上，75%以上的工人已从事机械作业。

1964—1966年，省内卷烟工业企业推行小革新、小建议、小改进、小发明(简称“四小”)活动，共提出“四小”项目250件左右，其中推广实施项目主要有：改进包装机部件并推广折纸操作方法，使台时产量普遍提高，包装不合格率降到0.23%；自制打梗、润梗、联合风力分离设备，润梗温度由20℃提高到50℃，贮存时间增加至6小时，使润后梗子润化、水分均匀，梗中带叶从35%下降为12%，节约劳动力4人；在卷烟机打粗梗辘上加装一只飞轮，解决卷烟机因暂时停车所引起的烟支软硬不均问题，减少烟支白点；改进条包机，适应防潮纸包装需要，并实现小包和条包联合包装；将射流技术应用于风力送丝机的控制调节，提高设备利用率；对原抽梗机加装解叶把器，改进齿片装置，制成“新郑式”抽梗机，使机台操作由2人减为1人，梗中带叶降到10%左右。

1972年前后，为挖掘生产潜力，卷烟工业企业的群众性技术革新活动再度兴起。杭州卷烟厂革新成功的重大项目有：夹钳式简易过滤嘴烟装接机，成本4600元，每分钟产量500支，经专业机械厂改进，推广到全国各烟厂使用；贮丝机，使制丝生产实现连续化，减少烟丝损耗，被收入省轻工业《科研双革成果选编》；四合一喂丝机，使烟丝造碎降低，实现烟丝供应的机械化，被收入省轻工业《科研双革成果选编》；旋转式吸风贴印花机，解决小包粘连质量问题，全面推广可使该厂每年节约糯米6000千克；氧化镁电烙铁，使每只电耗从原来的400瓦降为200瓦，每月可节电3060度。宁波卷烟厂革新成功的重大项目有：包装机光电控制缺支指示器，基本制止缺支现象，后推广到其他烟厂使用，一台包装机安装一套仅需150元；自动封箱机，每班产量400箱，成本仅1000元，被省第一轻工业局确定为技术革新重点推广项目；新真空回潮工艺，使烟叶色泽好转，造碎下降，每箱卷烟减少原料损耗1.1千克，月增产卷烟260箱。

1973年，杭州卷烟厂承担研制LB2-15型链板式贮丝机，此为轻工业部重要科学研究项目。4月，提出初步设计方案。5月，通过方案会审。6月，制订出设计任务书。1974年5月，试制完成，并投入试运转。该机长22米、宽1.75米、高3.7米，内分上下两层，每层贮丝2400千克左右，链板线速度可以无级调速，采用镀锌铁皮作链板，以链条作传动形式，烟丝温度和贮存时间有仪表指示。贮丝机贮存7～8小时后的烟丝与装于木箱仅贮存0.5～1.5小时的烟丝比，弹性好，卷出的烟支间隙较均匀，竹节少，烟支轻，烟丝消耗每箱可降低 0.3 千克。1975 年，该机被省第一轻工业局确定为重点推广项目。1978 年，获得全国科技大会奖。1979 年后在全国烟草行业推广应用。

1977 年后，企业的群众性技术革新活动愈来愈丰富，实现的革新项目逐年增多，规模增大。至 1985 年，杭州卷烟厂革新成功的重大项目有：成品包装入库连续化生产设备，使烟箱开箱、上胶、封条、堆箱入库实现连续化，每班节约劳动力 3 人；卷烟机牌箱改进，使卷烟机车速提高，并解决烟支长短超标准的质量问题。宁波卷烟厂革新成功的重大项目有：鼠笼式感应电动机慢速起动装置，可使卷烟机起动时保持缓慢平滑，解决卷烟纸断裂和时常产生软烟的问题；真空回潮机自动开闭门及进出烟包，使烟包回潮实现机械化操作。桐乡雪茄烟厂改造完成的 YB70 型包装机，改包 100 毫米长支烟，产量达每分钟 80～100 包，质量符合标准要求，获省青工"五小""智慧杯"竞赛优秀成果奖。

1986—1990 年期间，各卷烟厂结合技术改造及引进设备的消化吸收和 QC（质量管理）活动，专业人员与群众相结合，促进了技术改进和革新活动更广泛的开展，并取得明显成效。

宁波卷烟厂革新项目成果有：全自动无触点式风力送丝控制器，由原分立元件继电器触点控制改为采用 CMOS 集成电路全自动无触点控制，对卷烟机群的料位自动扫描、自动转换、自动加料，减少电气故障，保证车间正常生产。强化热风干燥型烘丝机，使烘丝能力从每小时 1500 千克提高到 3000～3500 千克，节约投资和成本费用约 70 万元。烟草薄片丝喂料机，采用调速电机变换输送速度，控制掺和数量，解决国内烟草薄片丝生产应用中普遍掺加不均的问题，提高卷烟质量，改变人工加料，减轻劳动强度。贮叶柜脉冲步式进料控制，参照联邦德国虹霓公司设备的铺叶形式，结合该厂实际情况加以改造而设计完成，可提高铺叶质量，减少电机损坏，减轻劳动强度，满足工艺要求，扩大生产能力。小型喷射泵，应用于酒精提升输送，15 分钟可提升至 3 米高度；白肋烟加料和润叶加潮加料；烟丝机回汽加热自来水，供给浴室热水，平均每天供 60℃热水 38 吨。

杭州卷烟厂革新项目成果有：YJ13 型卷烟机组集中吸风系统，装配离心式风机，由渐扩管连接吸风系统替代单台小风机，24 台设备合计减少装机容量 52.5 千瓦，全年节电 14 万余度，约 1.7 万元，使卷烟机单机从每分钟 1550 转提高到 1750 转，开机利用率增加 4%～5%，台班产量增加 1.9～2.1 箱，获该厂节能一等奖，因在国内烟草行业具有一定先进性，兄弟烟厂纷纷采用。制冷空调设备改造，工作性能稳定，夏天室内外温差达 6℃～8℃，湿度可任意调节；其除尘部分基本解决烟厂空气含尘量高、回风部易堵塞的问题，改造费用约 1 万元。封箱机改进，改进点为采用自动控制门和自动抹箱装置，替代手工操作；改进上下开箱机构，开箱率达 95%以上；上胶系统加装电气控制线路，使开箱上胶、不开箱不上胶，节约胶水；重新设计可伸缩切条滚筒刀架，解决封条拖条抹平问题，使封条切断干脆，搭头粘接牢固；取消电耗大、效果差的烙铁封条烘干装置；获该厂革新奖，并申请国家专利。翻叠箱机，与封箱机配套，形成成品封箱、过仓一条线；该机简单合理，故障率低，属国内较先进机械；经适当改装，也可用于其他行业仓库叠箱进仓机械，有一定社会效益；获该厂革新奖，并申请国家专利。YJ21 型装接机气泵房通风设施，为解决车间噪声大和温度高（夏季）而设计；应用后，车间噪音明显降低，温度下降5℃左右；同时，杜绝由于房内温度过高而引起电机烧毁的现象，泵的使用寿命提高2～3倍，降低维修费用；获该厂“双革”奖。国产小包上烟翻盘机，采用进口机MK-8翻盘加滤嘴棒的原理，改变原先用手工加烟支的方式，提高劳动效率，同时减少烟支的空头，提高质量；获该厂QC（质量管理）成果三等奖。

二、技术改造

浙江卷烟工业企业大规模技术改造真正起步是在20世纪80年代中期，即烟草专卖体制建立以后的国家第七个五年计划期间，称为“七五”（1986—1990年）技改。在国家的支持下，开始投入较大的资金对制丝、卷烟、包装设备进行更新、改造及与之相适应的厂房建设。

“七五”技改期间，浙江卷烟工业引进了部分新设备、新工艺、新技术以提高产品质量，降低消耗，扩大生产。全省烟草共完成投资20389万元，引进英国莱格制丝生产线1条，引进卷烟包机组和制丝设备30台，新增国产专用设备79台，完成厂房、原料库土建35108.8平方米和其他公用工程设施建设。“七五”技术改造后，全省卷烟年生产能力达120万箱，滤嘴烟年生产能力达68万箱，卷接机组横包能力从无到有，技术装备得到初步改善。“七五”期末，全省卷烟工业实现税利8.26亿元。

进入20世纪90年代，浙江卷烟工业技术改造瞄准了世界卷烟工业先进水平。

（一）杭州卷烟厂技术改造

1. “八五”（1991—1995年）期间技术改造

杭州卷烟厂“八五”技改着重完善制丝工艺设备，提高部分卷接包机组的装备水平，增加先进的检测仪器并装备计算机部分网络和控制系统。该厂“八五”技改由6个项目组成：引进烟草专用设备6台（PROTOS-70卷接机组3台、GDX1包装机组3台）、增加国产叶丝在线膨胀机（HT）1台、一车间大屏幕显示系统、全厂部分计算机管理系统、六车间引进3组卷包设备的数据采集系统、六类11台烟草专用仪器。自1993年11月开工至1995年9月竣工。项目完成总投资1.44亿元。

2. “九五”（1996—2000年）期间10%重点技术改造

杭州卷烟厂“九五”技改的目标是调整产品结构，提高产品档次，降低原辅材料消耗，提高单箱利税水平，增加产品出口，实现名优卷烟产品产量翻番。引进制丝线、卷接包及辅助设备、制丝线配套工程，引进高架库物流系统。项目土建工程主要是新建主厂房4.47万平方米、综合科研楼1.66万平方米、综合动力站房0.12万平方米。引进的主要设备为7000支/分钟高速卷接机组8台和400包/分钟高速包装机组5台，并配备进口卷接包联接设备15套，滤棒风送设备5套。引进部分烟支质量检测仪器，新增二氧化碳膨胀烟丝设备。

3. “十五”（2001—2005年）后期重点技术改造

杭州卷烟厂“十五”后期重点技术改造项目投资估算为12.97亿元，项目所需资金全部由企业自筹。项目主要包括4个方面：新增叶组自动化配方库和叶丝在线膨胀、微波松散、SRC光电除杂等先进制造工艺设备，新增2台套PROTOS-GD设备，将卷接包设备配套调整到21

台套；新增 1 条 570 千克/小时的干冰膨胀烟丝生产线及 1 条 3000 千克/小时的备丝线，同时将现有的 1 条 570 千克/小时的干冰膨胀烟丝生产线由“九五”主厂房搬迁到“七五”主厂房，实现两套设备并行布置；征用主厂区北区与万松岭隧道之间的 2.1 万平方米地块建设技术研究与发展中心；征用位于萧山义桥的 500 亩土地建设工厂仓储物流中心。

4. “十一五”（2006—2010 年）易地技术改造项目①

总体目标是打造“国内一流、国际先进”的烟草企业，确保工艺技术和装备水平在常改常新的前提下，达到“十年先进、二十年不落后”。易地技改的总体布局，根据卷烟生产的工艺流程和物流运输的要求，结合厂区周边环境和场地特点，综合现代环境科学、建筑艺术学和景观生态学，将整个厂区划分为厂前区、办公科研区、生产区、动力中心、仓储区和预留发展区等 6 个功能区。

一期工程项目主要内容，包括新建卷烟生产联合工房、办公检验生活配套中心、动力中心、综合库等生产、科研、管理、仓储和公用动力设施用房，新增制丝生产线工艺设备，搬迁原有的卷接包设备，并根据生产需要补齐更新卷接包设备，建设配套的公用动力工程、生产物流系统与全厂信息化系统等，形成相对完整的生产与管理体系。联合工房建筑面积 18 万平方米，配备 3 条能力为 4000 千克/小时的制丝生产线，采用自动化箱式储丝、智能化掺配和数字化配丝技术；关键制丝设备根据“中式卷烟、分类加工、丝配模式”工艺指导思想进行定制，工艺控制上达到“宽幅适应、精确控制、机动可调”；搬迁原有的卷接包设备，新引进 2 万支/分钟超高速卷接包机组；通过辅料平衡库、滤棒固化库、滤棒交换中心、条烟与箱装输送等系统的柔性化设计，大大提高生产柔性化水平；为更好满足浙江中烟公司精细化管理的需要，在物资采购、生产制造、市场营销整个流程进行批次管理系统建设；制丝集控、卷包数采、能源管理及消防环境控制等智能化集中控制中心的建立，提升了生产过程监控能力和生产系统协调能力；大力引入“绿色工房”理念，通过运用一系列节能、环保、降耗的新技术和新材料，使联合工房成为全国烟草行业第一个按照三星级标准设计建设的“绿色工房”，为杭州卷烟厂争创“绿色企业”打下坚实基础。

“十一五”易地技术改造项目实际完成总投资 46.2 亿元（含尾工工程 0.91 亿元），其中建筑安装工程投资 16.55 亿元，设备及工器具投资 21.28 亿元，工程建设其他费用 1.5 亿元，其他投资（土地使用权、软件）3.39 亿元，非经营项目转出投资（可抵扣增值税进项税额、35 千伏变电站接入线路）3.47 亿元，工程物资 0.01 亿元。项目资金为企业自筹。

杭州卷烟厂通过易地技改，企业产能有所扩大，产品结构、经济效益明显提升。

---

① “十一五”易地技术改造项目遵循“兼顾近期要求和长远发展”的理念，按照“一次规划，分期实施”的原则推进。项目分为两期实施，项目总征地 1032 亩，总建筑规划面积 61 万平方米。一期技改规划年产能 100 万箱，建筑面积 30.2 万平方米。2008 年 12 月正式动工，2011 年 10 月开始试生产，2013 年底基本完成一期工程项目。

表 48-6-3-1　杭州卷烟厂“十一五”易地技术改造前后各项经济指标对照一览表

项　　目	单位	易地技改前(2010 年)	易地技改后(2012 年)	增幅(%)
产　量	万箱	98.34	101.24	2.95
工业总产值	亿元	180.28	232.77	29.12
工业销售产值	亿元	180.29	230.10	27.63
税利总额	亿元	144.23	195.50	35.55
其中:税金	亿元	131.89	172.80	31.02
利润	亿元	12.34	22.70	83.95
单箱收入	元	18333	22728	23.97
单箱税金	元	14666	19311	31.67
单箱利润	元	1255	2242	78.65
单箱耗叶	千克/箱	33.51	32.39	−3.34

资料来源:杭州卷烟厂“十一五”易地技术改造项目竣工验收报告。

(二)宁波卷烟厂技术改造

1. “八五”(1991—1995 年)期间技术改造

宁波卷烟厂“八五”技改项目,主要是设备技术改造以升级换代,所需场地均在原有厂房的基础上改造。该厂的“八五”技改由薄片生产线改造、打叶线全打改造、增建 35 千伏总降压变电站、扩建 10 吨/小时锅炉 1 台及配备蓄热器、空压增容、KDF-2 嘴棒成型机组、SASIB6000型横包机组(以公用配套工程为主体)7 个单项组成。技改实际投资 4310 万元,其中银行贷款 3780 万元元,企业自筹 530 万元。

“八五”技改后,宁波卷烟厂的技术装备和生产能力上了一个台阶。薄片生产线改造使单线产量由原来 90 千克/小时提高至 150 千克/小时,薄片质量、掺兑等级和掺兑比例都有较大幅度提高;打叶线全打改造使打叶生产能力由原切尖后 3000 千克/小时提高至全打 5000 千克/小时,满足生产高品味及合作出口卷烟对打叶工序质量的要求;增建 35 千伏总降压变电站项目,使全厂电力容量由“八五”前的 3800 千瓦电力容量增至 6300 千瓦;扩建 10 吨/小时锅炉 1 台及配备蓄热器的项目,锅炉扩建项目土建面积为 1460 平方米,该工程项目采用计算机控制,在送引风机、水泵和炉排风机上选用变频调速,节约电能达 30%以上,节煤 8%左右,锅炉装机能力由 20 吨/小时提高到 30 吨/小时;空压增容项目使空压装机能力提高至 102 立方米/小时;SASIB6000 型横包机组和 KDF-2 嘴棒成型机的投入,加速产品结构的调整,使产品质量和名优烟比例不断提高,经济效益十分显著。

表 48-6-3-2 宁波卷烟厂“八五”技术改造有关效益对照一览表

项 目	1991 年(万元)	1994 年(万元)	增减绝对值(万元)	增幅(%)
产值	51308	62905	11597	22.6
销售收入	47653	53373	5720	12.0
税金	26171	28443	2272	8.7
利润	88.4	4195	4106.6	464.5

资料来源:宁波卷烟厂“八五”技术改造竣工验收报告。

2. **“九五”(1996—2000 年)期间 10%重点技术改造**

项目总投资 15 亿元,主要任务是调整产品结构,理顺工艺流程,更新部分设备,配齐公用工程,留有发展余地。目标是技改后生产规模为 40 万箱/年;改造完成后,产品结构为一类烟提高到 25%,二类烟为 35%;全部产品为滤嘴烟;硬盒包装比例约占 50%。改造的主要项目有采用烟片工艺,更新 1 条 5000 千克/小时制丝生产线;配置自动化烟叶配方工序;新建主生产车间及辅房,原厂房改作综合车库;更新部分卷接包及其相应的辅联设备;更新部分公用动力配套设施;建立计算机网络。根据“一次规划,分步实施”的原则,分别实施主厂房工程(包括动力工房)、科技综合楼工程、自动化成品库工程和机修综合楼配套工程 4 个项目。

主厂房工程项目:从 1998 年 10 起至 2001 年 9 月全面完成;工程总占地面积 1.54 万平方米,主厂房工程(包括动力工房和管理及生活辅助房)总建筑面积 4.74 万平方米;新建 1 条 6000 千克/小时片烟制丝生产线;新购 6 套 PROTOS-70 卷接机组、6 套 GDX-2 包装机组;新增 1 套条烟输送系统和 4 台装封箱机;新增 1 台 KDF-2 嘴棒成型机组、3 套储存和发射系统;新建制丝中央控制系统、储丝房中央控制系统、动力工房中央控制系统;在公用配套设施方面配齐高低压配电、空压、真空、空调、锅炉、除尘、风力送丝等系统。

科技综合楼工程项目:从 1999 年 7 月起至 2003 年 8 月完成竣工验收,工程总建筑面积 2.82 万平方米,配置电梯及配套的公用设施供电、供水、污水排放、暖通等,有消防、环保、人防等配套工程。

自动化成品库工程项目(原主厂房改扩建):总改造面积 1.5 万平方米,拆除房屋面积 0.35 万平方米,扩建面积 0.25 万平方米;引进自动化成品输送线 1 条;配套的空调、配电及消防等系统改造,均采用计算机控制,实现成品的出库、入库及辅料的存贮和输送的全线自动化。

机修综合楼配套工程项目:在现有厂区内新建主体三层、局部四层的机修综合楼 1 座,建筑面积 1.17 万平方米,主要包括检修培训中心、机修间、五金仓库房、暂存库、医务室等;配备相应的给排水、供电、暖通空调、消防等配套设施。

表 48-6-3-3　宁波卷烟厂"九五"期间重点技术改造目标值与达到值对比一览表

项　目	目标值	达到值(2002 年)	项　目	目标值	达到值(2002 年)
产量(万箱/年)	40	42.75	烟叶单耗(千克/箱)	<40	37.27
一类烟比例(%)	25	27.14	单箱利税(元)	3000	8184
二类烟比例(%)	35	41.07	总利税(亿元/年)	12	34.98
滤嘴烟比例(%)	100	100	利润(亿元/年)	1.5	7.17
焦油含量(毫克/支)	<15	符合			

资料来源:宁波卷烟厂"九五"期间 10%重点技术改造项目竣工验收报告。

3. "十五"(2001—2005 年)后期重点技术改造

项目总投资概算为 1.58 亿元,所需资金全部由企业自筹。技改完成后企业的生产规模为 60 万箱/年,产品结构为一类烟 19.2 万箱/年,二类烟 31.8 万箱/年,三类烟 9 万箱/年。项目建设内容:在原有主厂房东面新建主厂房,总建筑面积 1.69 万平方米;在新扩建主厂房南面新建高架立体库,总建筑面积 576 平方米;新增货架、运输设备及控制与管理等组成的原辅料出入系统。

工艺设备:新增 1 条 5000 千克/小时制丝生产线,在该线上采用气流式叶丝在线膨胀设备,对现有的 5000 千克/小时制丝生产线进行相应调整,两条生产线并行生产,满足分组加工的要求。给水排水:在主厂房扩建部分增加室内消火栓给水系统,立体库内设消火栓给水系统和预作用自动喷水灭火系统。供电:新增用电负荷 5598 千瓦,其中备用 132 千瓦,新增计算负荷 3242 千瓦;将 35 千伏主变压器更换为 2 台 SG10-6300 千瓦/35/10 型干式变压器,增容 4600 千瓦。供热:新增工艺用气负荷 8.5 吨/小时,新增空调用气负荷 7 吨/小时。制冷、空调、除尘:在高架库辅房五层新建一制冷站,内设置两台离心式水冷型冷水机组,每台机组的额定制冷量为 3516 千瓦。在制丝车间设置两个集中空调系统,每个系统风量为 12 万立方米/小时;在储丝房设置两个集中空调系统,每个系统风量为 10 万立方米/小时;在梗加工车间设置一个集中空调系统,风量为 10 万立方米/小时;在卷接包车间和滤棒车间设置两个集中空调系统,每个系统风量为 12 万立方米/小时;在辅料立体库和配方立体库各设置一个集中空调系统,每个系统风量为 10 万立方米/小时;在高架各辅房每层设置一个集中空调系统,每个系统风量为 2 万立方米/小时。在制丝车间新增 3 个除尘系统,梗加工车间增设 3 个。压缩空气供应和抽真空系统,新增压缩空气用气负荷 24.9 标准立方米/分钟,新增最大抽真空负荷为 42 标准立方米/分钟。

4. “十一五”（2006—2010年）期间干冰膨胀烟丝生产线技术改造项目[①]

经过“九五”和“十五”后期技术改造，宁波卷烟厂形成1条5000千克/小时烘丝生产线和1条4800千克/小时在线膨胀线的制丝生产能力，同时配套1条570千克/小时二氧化碳（干冰）膨胀烟丝生产线。

干冰膨胀烟丝生产线技术改造项目建设目标：购置1条生产能力为1140千克/小时的干冰膨胀烟丝生产线，项目完成后，报废原有570千克/小时干冰膨胀烟丝生产线。项目在宁波卷烟厂原有厂房内进行，不涉及新建厂房及新增用地。主要建设内容为，土建及公用配套工程，对原膨胀烟丝车间进行局部改造，对公用动力设备进行适应性改造；工艺设备方面，购置膨胀烟丝生产线，配置配套的制丝设备、成品烟丝储存及输送设备等。

土建工程分为结构加固工程和建筑整修工程。工艺设备安装工程，引进意大利加比欧（Garbuio）公司大部件、秦皇岛烟草机械有限责任公司组装的SD504切丝机2台；安装调试北京达特烟草成套设备技术开发有限责任公司集成的1140千克/小时干冰膨胀烟丝生产线主机设备1套；安装调试秦皇岛烟草机械有限责任公司生产的热风润叶机1台、加香机1台、贮柜4台、裙边提升机2台、喂料机4台；安装调试新购皮带输送机14台、振动输送机8台；改造利用电子皮带秤3台、喂料机1台、皮带输送机10台、振动输送机7台。公用工程，使用原有溴化锂制冷机组进行制冷，新增冷却塔1台、空调箱2台及相应空调自控系统；变配电变压器、高压开关柜、低压开关柜使用厂区原有配置；蒸汽、真空、除尘系统由厂房内原系统供给。其他工程，工艺视频监控系统1套，增补消防、安保监控、门禁系统。

该工程实际完成投资1亿元，全部由浙江中烟公司自筹，其中建筑工程费0.13亿元，设备费0.85亿元，其他费用0.02亿元。

（三）嘉兴卷烟厂技术改造

嘉兴卷烟厂“八五”（1991—1995年）技术改造项目，目标为卷烟生产能力为5万箱/年，主要解决产品质量不高的问题，降低烟叶消耗。项目完成投产后可提高梗丝和嘴烟质量，嘴烟单箱耗叶由48.56千克下降为46千克，横包产量嘴烟由10%增加到60%。项目总投资核定为1300万元。

技改项目主要内容是购置YJ14/23型卷接机3台、3000型横包机1台、国产仿HLP2硬盒翻盖小包机1台和YS14型低产切丝机1台等主要生产设备。项目重点是：改造梗丝膨胀线、更新卷接包机组和部分公用工程配套土建。1997年7月，嘉兴卷烟厂“八五”技术改造项目通过验收。实现年产卷烟2.93万箱，销售收入7247万元，创税利2600万元，其中利润突破100万元。

之后，嘉兴卷烟厂无技术改造项目。

---

① 干冰膨胀烟丝生产线技术改造项目从2010年1月开始筹备，到2011年9月试生产，历时21个月。试生产期间，设备运行良好，质量稳定可控，产能达到设计要求；从2011年9月至2012年2月累计生产膨胀烟丝2842吨，生产能力较改造前增加1倍，该项目经验收合格后正式投入生产。

第四节　科技成果

浙江省内各卷烟企业实施的研究开发项目、技术改进及革新项目，自 1980 年省政府颁布《浙江省科学技术进步奖励办法》后，开始进入省级科技进步奖评定的序列。1987 年，中国烟草总公司科技进步奖首次在烟草行业内评奖，使得浙江烟草科技成果评定又新增一途径。本节记载的是从 1980 年起获得省级以上的各类科技成果奖项。2000 年以后，信息化技术的研究与开发成为全省烟草行业科技成果评定的重要领域。2006 年，全省烟草商业系统以技术为支撑，向管理要效益，开始实施管理技术创新项目的评定和推广。1980—2010 年，全省烟草行业获省级以上科技开发研究项目有 19 项、QC（质量管理）成果 28 项；2006—2010 年，全省烟草商业系统获管理技术创新成果一等奖的有 7 项。

一、科研成果

表 48-6-4-1　　1980—2010 年浙江省烟草行业省级以上科研成果汇总一览表

年份	成果名称	完成单位	授奖部门	奖项及等级
1980	老式卷烟机改造 528 吸丝轮装置	杭州卷烟厂	省政府	科技成果四等奖
1980	1000 千克打叶机	杭州卷烟厂、郑州烟草研究所	省政府	科技成果四等奖
1981	GLZ-9 型醋酸纤维过滤嘴成型机	杭州卷烟厂等	省政府	科技成果三等奖
1982	制丝车间连续化生产线	杭州卷烟厂	轻工业部	科技成果二等奖
1983	GLZ-9 型醋酸纤维过滤嘴成型机	杭州卷烟厂等	轻工业部	科技成果三等奖
1989	膨胀梗丝新工艺	杭州卷烟厂	中国烟草总公司	科技进步二等奖
1989	薄荷烟滤嘴棒载体加香工艺	杭州卷烟厂	中国烟草总公司	科技进步三等奖
1989	YB-3 型烟草薄片生产线	绍兴烟草机械设备厂	省政府	科技进步四等奖
1989	晒红烟高产栽培	松阳县古市区农技站等	省政府	农业丰收三等奖
1991	浙江省优质香料烟生产技术研究	省烟草公司、浙江农业大学、绍兴市烟草公司	中国烟草总公司	科技进步三等奖

续表

年份	成果名称	完成单位	授奖部门	奖项及等级
1995	优质吃味型香料烟雄性不育系的转育及利用	省烟草公司香料烟科学试验站、青州烟草研究所	中国烟草总公司	科技进步三等奖
1997	LB15(LB15A)辊压法烟草薄片生产线	宁波卷烟厂	中国烟草总公司	科技进步三等奖
1999	烟梗洗涤机	宁波卷烟厂	中国烟草总公司	科技进步二等奖
1999	烟丝提升传送装置	宁波卷烟厂	中国烟草总公司	科技进步三等奖
2000	杭州市烟草专卖局(公司)计算机网络管理信息系统	杭州市烟草公司、中国计算机软件与技术服务杭州公司	中国烟草总公司	科技进步三等奖
2001	造纸法烟草薄片(再造烟叶)产品	杭州卷烟厂、杭州光华实业股份合作公司	中国烟草总公司	科技进步二等奖
2001	计算机信息管理系统	宁波卷烟厂	省政府	科技进步三等奖
2007	基于推拉式工作流的企业供应链研究及其在烟草行业信息化中应用	杭州卷烟厂	省政府	科学技术二等奖
2008	利用 RFID 技术实现烟草成品物流整托盘扫码出入库	杭州卷烟厂	中国烟草总公司	科技进步三等奖

资料来源:根据历年国家烟草专卖局(中国烟草总公司)颁布的文件整理。

二、QC 成果

表 48-6-4-2　　1984—2010 年浙江省烟草行业省级以上 QC 成果汇总一览表

年份	成果名称	完成单位	授奖部门	奖项及等级
1984	提高滤嘴棒圆度	杭州卷烟厂	省轻工业厅	二等奖
1985	运用正交试验法,解决滤嘴棒下陷问题	杭州卷烟厂	省轻工业厅	二等奖
1987	应用正交试验,解决聚丙烯与金拉线的粘接问题	杭州卷烟厂	中国烟草总公司	现代化成果优秀奖
			省质量管理协会	优秀 QC 小组

续表 1

年份	成果名称	完成单位	授奖部门	奖名及等级
1989	改进烟草薄片丝的掺和质量，提高薄片利用率	杭州卷烟厂	省质量管理协会	优秀 QC 小组
1989	安装丝束爆条装置，降低丝束消耗	宁波卷烟厂	省质量管理协会	优秀 QC 小组
1990	严管理、降消耗、争创一级车间	杭州卷烟厂	省质量管理协会	优秀 QC 小组
1990	搞好仓储工作，确保烟叶质量	宁波卷烟厂	省质量管理协会	优秀 QC 小组
1990	现代化管理会计方法在企业经营决策中的应用	嘉兴卷烟厂	省质量管理协会	优秀 QC 小组
1991	向滤棒质量要效益——吹风装置在国产滤棒成型机上的应用	杭州卷烟厂	中国烟草总公司	二等奖
1991	稳定滤棒圆周，提高嘴烟质量	宁波卷烟厂	中国烟草总公司	三等奖
1995	增设干棒取样装置，提高滤棒甘油脂含量精确度	杭州卷烟厂	国家烟草专卖局	二等奖
1996	充分利用人力资源，攻克故障显示屏汉化难关	杭州卷烟厂	国家烟草专卖局	一等奖
1997	改进条包端面挡板，提高设备效率	杭州卷烟厂	国家烟草专卖局	二等奖
1998	改善 PROTOS-70 卷接机组梗、丝分离性能	杭州卷烟厂	国家烟草专卖局	三等奖
1998	增添气动雾化喷水器，提高膨胀烟丝整丝率	宁波卷烟厂	国家烟草专卖局	三等奖
2000	减少 HAUNI/KLK_2 烘丝机干头干尾烟丝数量	杭州卷烟厂	国家烟草专卖局	三等奖
2001	建立客户服务系统，缩短服务受理时间	宁波卷烟厂	国家烟草专卖局	二等奖
2002	开发应用滤棒质量实时监控系统	杭州卷烟厂	国家烟草专卖局	二等奖
2002	改造集灰系统，降低压棒间空气含尘浓度	宁波卷烟厂	国家烟草专卖局	二等奖
2006	增强薄荷滤棒生产柔性	杭州卷烟厂	中国质量协会	全国优秀 QC 小组
2006	软包内衬输送系统改装——减少内衬纸歪斜病疵	宁波卷烟厂	中国质量协会	全国优秀 QC 小组

续表 2

年份	成果名称	完成单位	授奖部门	奖名及等级
2007	解决小盒内卡纸被擦污问题	浙江中烟公司杭州制造部	中国质量协会	全国优秀 QC 小组
2007	降低烘丝机蒸汽进出口温差	浙江中烟公司宁波制造部、技术中心	中国质量协会	全国优秀 QC 小组
2008	解决“大红鹰”(银)喷铝转移纸表面光亮度一致性问题	浙江中烟公司技术中心	中国质量协会	全国优秀 QC 小组
2009	创建一种监控烘箱的新方法	浙江中烟公司杭州制造部	中国质量协会	全国优秀 QC 小组
2010	多楼层整托盘出入库侧面扫码技术的研究和实施	温州市烟草专卖局(公司)	国家烟草专卖局	三等奖
2010	提高“利群”(软长嘴)商标包装速度	浙江中烟公司	中国烟草总公司	二等奖
2010	降低水松纸油渍烟缺陷	浙江中烟公司	中国烟草总公司	三等奖

资料来源:根据国家烟草专卖局(中国烟草总公司)历年全国烟草行业 QC 成果发布文件,省烟草专卖局(公司)和浙江中烟公司、杭州卷烟厂、宁波卷烟厂档案资料整理。

三、技术管理创新成果

表 48-6-4-3　　2006—2010 年浙江省烟草专卖商业系统创新成果情况一览表

年份	成果名称	完成单位	授奖部门	奖名及等级
2006	营销工具箱	杭州市烟草专卖局(公司)	省烟草专卖局(公司)	一等奖
2008	信息基础平台动态监管研究	绍兴市烟草专卖局(公司)	省烟草专卖局(公司)	一等奖
2008	市场净化程度评估与监管对策分析	温州市烟草专卖局(公司)	省烟草专卖局(公司)	一等奖
2009	以市场为导向的货源动态分配机制	绍兴市烟草专卖局(公司)	省烟草专卖局(公司)	一等奖
2009	基于经营管理一体化背景下全面预算管理探索	宁波市烟草专卖局(公司)	省烟草专卖局(公司)	一等奖
2010	内部控制评价体系	绍兴市烟草专卖局(公司)	省烟草专卖局(公司)	一等奖
2010	卷烟市场智能监管系统	金华市烟草专卖局(公司)	省烟草专卖局(公司)	一等奖

资料来源:根据省烟草专卖局(公司)发布的《关于表彰行业创新项目的通知》整理。

第七章　行业管理

烟草业的形成，大约在民国时期，已有同业公会，但同业公会并无行业管理职能。民国政府实施烟酒公卖，主要是为了征税，采取以征代管的方式。中华人民共和国成立后，从20世纪50年代到80年代，烟草种植、生产、收购、销售等管理，分别由农业、工业、供销、商业等部门承担。至1984年，浙江省烟草专卖局、浙江省烟草公司[同时出现时简称省烟草专卖局(公司)]成立，全省烟草行业产供销、人财物、内外贸实行垂直领导、统一管理。逐渐形成了包括机构、队伍、计划、统计、税收、质量、标准化、信息化等内容的行业管理体系，并且随着改革的推进，不断进行调整、完善和优化。同时，员工队伍逐步发展壮大，企业用工制度在改革中趋向规范，与现代企业制度接轨。

烟草业的计划与统计始于中华人民共和国成立后。在较长的一段时间里，由供销、工业、商业等部门分别部署计划和进行统计。省烟草专卖局(公司)成立后，随着计划经济向市场经济的转变，浙江烟草行业的计划管理工作以“满足市场需求，改进产销衔接”为方针，不断进行完善。2005年后，从“调控为主”转向“按客户订单组织生产、组织货源”，行业统计工作也相应从单纯统计趋向更加侧重统计分析预测，为生产经营服务。

第一节　机构与队伍

明末至清代，政府对烟草生产经营的管理史无记载，唯见征税，这便是“以征代管”。伴随着烟草及其制品生产加工的发展，民国时期，除实行征税外，曾设有浙江省烟酒公卖局和浙江省烟酒事务所，其主要职能是“稽征”税收。中华人民共和国成立后，政府对烟叶种植、收购、经营、卷烟制造、调拨、批发零售均实行有效的管理，但分别隶属于农、工、商、供等有关政府机构。1984年实施专卖管理后，全省烟草业方有统一的管理建制。浙江烟草业的从业人员，民国时期始见记载，然并不完整。1949年至国家烟草专卖体制建立之前，卷烟工业的在职人数有据可查，而从事卷烟销售的人员无据可征。省烟草专卖局(公司)成立后，职工队伍建设则是其主要工作职能之一。从事烟叶种植的烟农，因其变迁性、流动性较大，史无确记，不列入本节记叙。

一、机构

(一)清代至中华人民共和国成立前

清代至民国时期,浙江省的烟草管理,从省到县除短期有过专门机构外,均由税务部门“以征代管”。清康熙年间(1662—1722年),浙江可能已设机构征收烟税。清咸丰三年(1853年),烟税并入百货厘金,由各地厘金局卡征收。

民国元年(1912年),浙江设省统捐局。民国4年,实行烟酒公卖,成立浙江省烟酒公卖局,全省设9个分局,县设稽征所。民国6年,烟捐归浙江省烟酒公卖局征收。民国9年,浙江省烟酒公卖局改为浙江省烟酒事务局,内设总务、烟类事务等3科。民国12年,成立浙江省征收卷烟特税总局,全省设8个分局,县设稽征所。民国16年5月,浙江改卷烟特税为卷烟公卖,先后成立浙江省卷烟公卖筹备处和浙江省卷烟公卖局,按公卖区域设11个分局。由于英美等国烟商的干涉,国民政府屈服于压力。8月16日,浙江奉令停办卷烟公卖,改为卷烟统税,成立浙江省卷烟统税总局,9月至次年1月改称浙江省卷烟税总局。民国17年9月,浙江省卷烟税总局改组为浙江省卷烟煤油税局。次年2月,浙江省卷烟煤油税局改组,改称浙江省卷烟统税局,下设杭州、嘉兴、宁波、兰溪、温州5个查验所,各县设查验分所。民国20年,卷烟、棉纱、火柴等5种税统一征收,浙江省卷烟统税局改组为浙江省统税局。同年1月,浙江省印花税局和烟酒事务局合并为省印花烟酒税局。民国27年4月,浙江省政府试办战时卷烟公卖,成立省卷烟公卖处,对运销浙江境内的卷烟征收公卖费,此举遭到外国烟商的无理干涉,于9月底停办。遂即实施战时卷烟管理,公布《浙江省战时管理卷烟进口运输贩卖办法》和《浙江省战时卷烟管理处组织规程》,在丽水成立浙江省战时卷烟管理处,由省财政厅长黄祖培兼任处长,内设办公室和总务、管理科,并在宁波、绍兴、温州、台州、丽水、衢州、金华、严州和浙西设战时卷烟管理分处,指定宁波、海门、温州海关办理烟草进出口事务。凡在浙江省境内运销、制造卷烟的中外烟厂、烟店、烟贩等均需登记,核准烟价和商标牌号,统纳卷烟管理费。民国29年,成立浙江省战时烟酒消费特捐征收处。民国32年1月,浙江开始实行烟类专卖,8月在丽水正式成立苏浙区烟类专卖局,在浙江设永嘉、临海、丽水、於潜、衢县、建德等办事处,县设业务所或业务员办公所。民国33年12月,改组为苏浙区专卖事业局,扩大专卖事务。次年5月撤销。民国34年后,先后由闽浙区货物税局、浙江区货物税局、浙江区国税稽征管理局统办烟类税收事务。

(二)中华人民共和国成立至浙江省烟草公司成立前

中华人民共和国成立后,全省相继建立省、市、县(市、区)级烟叶生产、烟叶购销和卷烟工业、商业等管理机构。

1. 省级管理机构

(1)烟叶生产管理。1949年5月26日,杭州市军管会实业处农林组接管国民政府农林部烟产改进处萧山工作站。8月,烟草工作站并入浙江省实业厅农业改进所。1950年8月,烟叶生产由省农林厅土产改进所管理。1952 年 7 月，省农林厅将烟叶生产管理归口特产局。1954 年 8 月，省农林厅改称省农业厅，烟叶生产继续由特产局管理。1968 年 3 月，省农业厅特产局改称特产处。1970 年 2 月，烟叶生产由浙江省革命委员会生产指挥组农林局特产畜牧处主管。1973 年 5 月，烟叶生产归省农业局经济作物处主管。1981 年，经济作物处改称经济作物局。1985—2010 年，主要产烟县烟叶生产由浙江省烟草公司（以下简称省烟草公司）统一管理。

（2）烟叶购销管理。1949 年 5 月中旬，经浙江省贸易总公司（以下简称省贸总）改组后的泰生贸易公司曾负责烟叶收购业务和提供烟叶市场动态。1950 年 4 月，省商业厅成立中国土产公司浙江省公司，烟叶购销业务归其经营管理。1951 年 8 月，由省商业厅、供销社、土产公司等及公营私营烟厂组成浙江省烟叶收购委员会，统一组织烟叶收购。1953 年 1 月 16 日，省商业厅成立浙江省烟麻公司，烟叶购销业务归其经营管理。1954 年 1 月 1 日起，省烟麻公司与省土产公司合并成立省土产公司。同年 7 月，省商业厅将省土产公司的烤烟、晒烟等购销业务移交省专卖事业公司经营管理。

1956 年 5 月，省专卖事业公司的烟叶购销业务划给省农产品采购局经营管理。省内外市场需要烟叶由省专卖事业公司向省农产品采购局进货负责供应。1957 年 1 月，省农产品采购局撤销，烟叶购销业务移交省供销社棉麻烟经营管理处。1958 年 4 月，省供销社棉麻烟经营管理处烟叶购销业务并入省商业厅工业原料管理处。1959 年 5 月，烟叶购销业务划交省商业厅特产公司经营管理。

1962 年 4 月，省人民委员会调整省商业厅与省供销社业务分工，棉、麻、烟等 7 类商品划交省供销社特产公司经营管理。1965 年 1 月 18 日，轻工业部成立中国烟草工业公司驻浙江省烟叶收购供应办事处。3 月 1 日起，办事处负责烟叶的收购、分配、调拨、供应、储存和土烟丝、雪茄烟原料的安排，供应出口烟叶等业务，烟叶的收购工作仍委托供销社代理。1965 年下半年，浙江省烟叶收购供应办事处下设杭州、宁波烟叶供应站。1970 年 3 月 25 日，浙江省烟叶收购供应办事处撤销，烟叶购销业务归口省供销社土特产公司经营管理。

1985 年 3 月起，省特产公司的烟叶购销业务移交省烟草公司统一管理。

（3）卷烟工业管理。1950 年 7 月，省工矿厅设轻工业组，开始管理卷烟生产。1951 年 2 月，省工业厅设轻工业管理室，管理卷烟和卷烟盘纸的生产。1955 年 1 月，省工业厅增设食品工业处，全省卷烟生产归其管理。1956 年 1 月，省工业厅食品、造纸工业处改为食品、造纸工业专业公司，加强卷烟、卷烟纸生产管理。1957 年 5 月，省工业厅撤销食品、造纸工业专业公司，合并成立轻工业生产技术处，卷烟和卷烟盘纸生产归其管理。1957 年 12 月，省轻工业厅成立，仍由轻工业生产技术处负责卷烟、卷烟纸生产管理。1959 年底，省轻工业厅成立食品工业局，负责管理卷烟生产。1960 年 7 月，卷烟和卷烟盘纸生产由省轻工业厅划到省商业厅管理。1961 年 3 月，卷烟和卷烟盘纸生产又划归省轻工业厅管理。1963 年 7 月 1 日，中国烟草工业公司成立后，烟草行业实行供产合一的集中管理体制。1964 年 1 月 1 日，杭州卷烟厂和宁波卷烟厂上划轻工业部，由中国烟草工业公司上海分公司管理。1969 年底，杭州卷烟厂、宁波卷烟厂下放到省管理，省又下放到市管理。

1971年1月，省轻工业局第一轻工业公司负责卷烟和卷烟盘纸生产管理。1978年6月，省第一轻工业局轻工业公司负责卷烟和卷烟盘纸生产管理。1981年9月，省轻工业厅轻工业公司分为食品工业、造纸工业等公司，卷烟生产由食品工业公司，卷烟盘纸生产由造纸工业公司管理。1983年10月11日，省烟草专营公司成立，与省轻工业厅食品工业公司合署办公，一套机构、两块牌子。

1984年3月29日以后，省烟草公司成立。1985年后，卷烟工业管理划归省烟草专卖局（公司）。

（4）卷烟商业管理。1949年5月中旬后，省贸总系统负责管理卷烟经营业务。8月，省商业厅成立，与省贸总一套班子、两块牌子。1950年3月26日，省贸总撤销。4月1日，省商业厅成立省级专业公司，卷烟和卷烟盘纸购销业务由中国百货公司浙江省公司经营管理。

1953年1月1日，上述业务全部移交给省专卖事业公司。1953年7月，省商业厅增设省专卖事业管理局，与省专卖事业公司合署办公，一套班子、两块牌子，受同级商业行政部门和上级公司（局）的双重领导。1958年1月，省商业厅撤销专卖事业公司，卷烟购销业务由新成立的商业厅烟酒业务处接办。4月1日，烟酒业务处并入食品管理处。1959年9月，省商业厅撤销食品等管理处，卷烟购销由食品公司经营管理。

1962年10月，省商业厅成立中国糖业烟酒公司浙江省公司（以下称省糖业烟酒公司），负责经营管理卷烟购销等业务。1965年9月，省糖业烟酒公司、省供销社副食品经营管理处和省食品公司蔬菜科合并，成立省副食品公司，卷烟购销业务由其负责经营管理。1977年12月，省副食品公司改名省糖烟酒菜公司。

1985年后，省糖烟酒菜公司的卷烟收购、调拨、批发、销售等业务划归省烟草公司。

2.市级管理机构

1949年5月中旬后，各市、专区国营贸易公司开展烟类购销业务。1950年4月，撤销市、专区国营贸易公司，卷烟购销业务由市、专区百货公司经营管理。杭州市和宁波专区百货分公司同时负责卷烟盘纸的经营业务。1950年5月17日，舟山解放。5月27日，宁波专区百货分公司即派工作组到舟山，筹建宁波专区百货分公司沈家门办事处，负责经营卷烟批发、零售业务。1951年7月，定海县百货支公司成立后，担负舟山卷烟购销经营业务。

1953年1月，全省各市、专区百货系统经营的卷烟和卷烟盘纸业务及其卷烟仓库和有关人员，全部移交各专卖事业处经营管理，受省专卖事业公司和专署商业局（工商科）双重领导。时有杭州、宁波、温州、嘉兴、金华、台州、衢州市（专区）专卖事业处。5月，成立杭州、宁波、温州、绍兴市专卖事业支公司，并按经济区成立杭州、宁波、金华专卖采购供应批发站。1954年2月，成立舟山专区专卖事业管理局、支公司。7月，撤销杭州、宁波、金华专卖采购供应批发站和宁波、温州两市支公司。同时，设立嘉兴、宁波、温州、衢州、金华专区专卖事业支公司。同年撤销台州、衢州专卖事业支公司，同时成立建德专卖事业支公司。1955年7月，全省专卖事业支公司改名分公司。时全省设有嘉兴、宁波、金华、温州、建德专区专卖事业处（分公司）和舟山专区专卖事业局（分公司）、杭州市专卖事业局（公司）、绍兴市专卖事业局、湖州市专卖事业公司，后又增设温州市专卖事业公司。1956年，建德、舟山专区专卖事业分公司撤销，增设嘉兴市专卖事业公司。1958 年 1 月，撤销全省各级专卖事业公司，卷烟购销业务由省商业厅所属二级采购供应站经营，实行以省商业厅管理为主、地方商业局管理为辅的双重领导关系。

1958 年，杭州市和宁波、舟山、金华、温州、嘉兴等专区国营商业和供销系统的专业公司(科)合并，卷烟调拨批发业务由市、专区商业局综合、食品、副食品采购供应站经营管理。杭州市区供应由杭州市烟酒糕点批发商店负责。次年 3 月，舟山专区综合采购供应站改为舟山综合采购供应站。6 月，杭州副食品采购供应站业务归省商业厅直接管理。1961 年 10 月后，宁波、温州、金华、嘉兴等专区撤销采购供应站，成立食品分公司。1962 年，舟山专区成立糖业烟酒采购供应站(分公司)。台州专区成立省食品公司台州分公司，兼营卷烟业务(次年移交台州专区百货分公司经营)。1963 年 5 月后，宁波、嘉兴、金华、温州等专区食品分公司分出糖烟酒业务，成立专区糖业烟酒分公司。1964 年 7 月，嘉兴糖业烟酒批发站改为中国糖业烟酒公司嘉兴工作组，与嘉兴专署商业局合署办公。9 月，绍兴县副食品公司行使分公司职权，负责该地区卷烟购销批发业务。1965 年 10 月，舟山、温州、嘉兴、宁波、金华等专区糖业烟酒公司与供销社副食品公司先后合并，成立副食品(食品)分公司，卷烟购销业务归其经营管理。1966 年，台州专区卷烟购销业务移交台州副食品采购批发站经营。1969 年 2 月后，绍兴专区商业服务站副食品组负责全专区卷烟购销业务。1970 年，杭州市糖业烟酒公司、果品公司合并，成立杭州市烟糖果品公司，经营管理杭州市区卷烟购销业务。1971 年 1 月，宁波专区商业、二级站与市有关公司分开，分别成立宁波专区、市副食品公司，卷烟购销业务归其经营管理。1973 年 7 月，丽水地区所属各县卷烟购销业务划归丽水地区副食品公司经营管理。9 月，重新建立杭州副食品公司(二级站兼分公司)，杭州地区卷烟购销业务归其经营管理。10 月，绍兴地区副食品公司成立。

1978 年 1 月后，台州、舟山、金华、嘉兴、宁波、温州等市(地区)撤销副食品公司，改设糖烟酒菜(糖业烟酒)分公司，经营管理卷烟购销业务。4 月，杭州市烟糖果品公司划出果品业务后，改设杭州市糖业烟酒公司(市区)。1981 年 4 月，丽水地区糖烟酒菜分公司成立。1983 年 7 月，绍兴地区副食品公司与市糖业烟酒公司(三级站)合并，成立绍兴市糖业烟酒分公司(二级站)。10 月，嘉兴、湖州设市，分别成立嘉兴、湖州市糖业烟酒分公司。1984 年 1 月和 4 月，宁波、温州地区副食品公司与其市糖业烟酒公司合并，改称省糖烟酒菜公司宁波、温州分公司，实行站、批发、零售统一管理。4 月，杭州副食品公司改名为省糖烟酒菜公司杭州分公司。8 月，金华贸易中心开业，金华地区糖烟酒菜分公司成为贸易中心所属的经营部，保留二级站经营体制。1985 年 3 月，零售与批发分开，成立金华糖烟酒批发公司。5 月，金华、衢州设市，分别成立金华、衢州糖烟酒菜分公司。

1985 年后，各市(地)糖烟酒菜分公司相继划出卷烟经营业务，归新组建的市级烟草公司统一经营管理。

3. 县(市、区)级管理机构

(1)烟叶经营管理。1950 年，中国土产公司浙江省公司桐乡、松阳县土产收购站，新昌县土产办事处，浦江县土产收购站，温州市土产公司平阳办事处桥墩烟叶收购站先后成立，负责烟叶收购业务。1951 年 2 月，桐乡县土产收购站改为嘉兴市土产公司桐乡县经营组。8 月，中国土产公司嘉兴分公司桐乡县土产支公司成立，下设崇德土产经营组。同年，松阳县土产收购站改为中国土产公司丽水支公司松阳办事处，下设古市营业组。新昌县土产办事处改为中国土产公司新昌县土产支公司。嵊县由供销社统一经营烟叶购销业务。1953 年 1 月，各产烟县先后建立县烟麻支公司办事处或经营组(收购组)，负责烟叶经营业务。1954 年 1 月，产烟县烟麻公司机构及烟叶经营业务又并入县土产公司。7 月，各县烟叶购销业务由土产公司划归县专卖事业分处批发部经营管理。

1956 年 1 月，松阳、桐乡、崇德、新昌、嵊县、平阳、浦江、萧山等县烟叶业务移交县农产品采购局。1957 年 1 月，各县农产品采购局撤销，烟叶业务移交各县供销社农副产品采购站(土产、特产站)。1958 年，烟叶购销业务划入各县商业局农副产品采购供应站(土产公司)。1960 年，烟叶购销业务又划归县供销社农产品采购站。

1965 年起，由各县土特产公司负责烟叶代购销业务。1970 年，各县烟叶业务归县土特产公司或土产果菜公司经营。1986 年 4 月后，桐乡、松阳、新昌、嵊县、兰溪、平阳、苍南等县(市)烟叶业务相继归县级烟草公司经营管理。

(2)卷烟商业管理。1950 年 4 月，各县卷烟购销业务由百货公司系统(云和、庆元、景宁等县为供销社)经营管理。丽水、余姚、定海、兰溪、湖州、永康、平阳、萧山、诸暨、绍兴、上虞、嵊县、新昌、临海、黄岩等百货支公司(县公司)，硖石、平湖、江山、龙游、华埠等百货办事处，崇德、乌镇、新塍、西塘、海盐、镇海、奉化、宁海、象山等百货营业所，碧湖、龙泉、松阳、东阳、浦江、武义、义乌、佛堂、汤溪、建德、寿昌、遂安、淳安、常山、沈家门、岱山、瑞安、文成、泰顺、遂昌、塘栖、临平等百货分销处(经营组)，均经营卷烟批零购销业务。此后，部分县改设为百货支公司或百货商店。

1953 年 1 月，各县的卷烟购销业务由百货公司(供销社)移交县专卖事业分处经营管理。1953 年 6 月，调整健全专卖事业机构，各县分处营业部改为批发部。1955 年 7 月，批发部一律改称县专卖事业公司。其职责为贯彻执行有关烟类生产、销售的方针政策，对私营烟类商业进行社会主义改造，负责烟类市场管理、卷烟销售批发业务。是年，全省共有县专卖事业分处 75 个；县专卖事业公司有嘉兴、嘉善、平湖、桐乡、崇德、长兴、海宁、海盐、德清、孝丰、余杭、武康、安吉、临安、余姚、慈溪、镇海、奉化、上虞、新昌、嵊县、宁海、临海、天台、三门、义乌、永康、东阳、武义、浦江、常山、松阳、平阳、乐清、瑞安、玉环、丽水、龙泉、汤溪、磐安、缙云、诸暨、衢县、兰溪、遂昌、龙游、江山、黄岩、温岭、仙居、於潜、昌化、桐庐、淳安、遂安、寿昌、分水、开化、富阳、新登、普陀、岱山、象山、绍兴、萧山、杭县等 66 个。1956 年，新增青田、云和、庆元、景宁、洞头、宣平、文成、嵊泗、泰顺、吴兴等 10 个县专卖事业公司。

1958 年，全省改变商业管理体制，各县烟类购销调拨业务合并于商业局烟酒(食品)股(科)的有 10 个县，合并于商业局业务科的有 3 个县，其他大部分合并于县食品、副食品采购供应批发站(经理部)。1960 年后，国营商业与供销社机构分开，各县的烟类购销批发业务多数由县食品公司经营，部分归县副食品公司经营，少数由县生活资料经理部经营。1962 年 12 月起，先后改称糖业烟酒公司的有平湖、海宁、海盐、桐乡、嵊县、新昌、上虞、诸暨、吴兴、安吉、长兴、德清、东阳、义乌、永康、武义、兰溪、缙云、云和、景宁、温岭、玉环、临海、黄岩、仙居、三门、天台、瑞安、乐清、平阳、余杭、萧山、淳安、桐庐、临安、衢县、江山、龙游、开化、常山、鄞县、镇海、奉化、余姚、慈溪、宁海、象山等县。

1965 年后，各县糖业烟酒公司、果蔬公司和供销社副食品供应站相继合并，成立县副食品公司。至 1973 年，卷烟购销业务除杭州（市区）、温州、嘉兴、吴兴、瑞安、金华、遂昌、嵊县、天台、玉环等县归糖业烟酒公司，青田、丽水、云和、龙泉、缙云、淳安、安吉、鄞县、文成、洞头、普陀等县归食品公司外，其他均由县副食品公司经营。

1978 年后，多数县撤销副食品公司，改称县糖业烟酒公司。1983 年，余姚、慈溪、象山、宁海、镇海、奉化、余杭、富阳、桐庐、临安、淳安、永嘉、瑞安、平阳、乐清、泰顺、文成、洞头、嘉兴、湖州、海宁、平湖、定海、嵊泗、岱山、普陀、江山、诸暨、嵊县、新昌、温岭、黄岩、椒江、三门、仙居、天台、玉环、常山、丽水、青田、云和、龙泉、遂昌、缙云、庆元、松阳、金华、兰溪、永康、武义、义乌、绍兴、临海、开化、海盐、桐乡、德清、长兴、安吉的卷烟购销业务归县（市）糖业烟酒公司；鄞县、萧山、建德、嘉善、衢州、浦江、东阳卷烟购销业务归县（市）副食品公司（站）。

（三）省烟草专卖局（公司）成立后

1. 省烟草专卖局（公司）

1982 年 1 月，中国烟草总公司正式成立，对全国烟草行业的产供销、人财物、内外贸实行集中统一管理。1983 年 10 月 11 日，浙江省人民政府（以下简称省政府）批准成立浙江省烟草专营公司，与省轻工业厅食品工业公司两块牌子、一套班子。1984 年 3 月 29 日，省政府批准成立省烟草公司，同时挂省烟草专卖局牌子，由省轻工业厅代管。5 月 2 日，启用省烟草公司、省烟草专卖局印章。

1984 年 12 月 30 日，浙江省计划经济委员会和中国烟草总公司签署《关于中国烟草总公司浙江省公司上划交接协议书》。从 1985 年 1 月 1 日起，省烟草公司和所属企业划归中国烟草总公司，实行中国烟草总公司和地方政府双重领导，以中国烟草总公司为主的管理体制。省烟草专卖局与省烟草公司两块牌子、一套班子。

1985 年 5 月 15 日至 8 月 1 日，杭州卷烟厂、宁波卷烟厂、桐乡雪茄烟厂先后移交省烟草公司集中统一管理。卷烟工业企业 1984 年底前批准的基建、技改、技措、引进等项目继续有效。1985 年起，上述项目的资金由省烟草公司安排；1986 年起，属国家统配、部管物资由省烟草公司负责供应，能源和三类物资仍由地方有关部门安排。

1985 年 4 月 1 日，省烟草专卖局（公司）从省轻工业厅大院迁至杭州市劳动路 127 号（省军区第二招待所）。7 月 1 日起，省烟草公司财务、基建、物价、劳动工资、能源等在浙江省计划中单列户头。同月 24 日，省政府确定省烟草公司为副厅级单位。11 月 16 日，中国共产党中国烟草总公司分党组下达通知，任命省烟草公司、省烟草专卖局正副经理、局长。1990 年 9 月 21 日，省烟草专卖局（公司）机关迁入新落成的浙江烟草大楼（杭州市浣纱路 7 号）。1991 年，省烟草专卖局（公司）内设 2 室 9 处，下辖 5 个直属单位、11 个市级局（公司）及 3 个卷烟厂。1994 年 6 月 7 日，经省机构编制委员会研究同意，省烟草专卖局机构规格定为正厅级，省烟草公司的级别维持原状。次年10月，省烟草专卖局（公司）机关搬迁至人民路7号（2003年10月，人民路更名为将军路）。1998年8月，按照全国烟草行业统一规定，省烟草公司经理改称为总经理。

2003年7月18日，根据全国烟草行业改革的部署，全省烟草系统实施工商管理体制分设的改革，成立浙江中烟工业公司（以下简称浙江中烟公司），卷烟工业划归浙江中烟公司管理，省烟草专卖局（公司）与浙江中烟公司实行机构、职责、人员、财务"四分开"，省烟草专卖局（公司）履行国家烟草专卖局关于省级烟草专卖局（公司）对行业所属单位"管理、服务"职能，对浙江中烟公司实行专卖管理和执法监督职能。

2010年，省烟草专卖局（公司）机关内设15个职能部门，下辖杭州、宁波、温州、嘉兴、湖州、绍兴、金华、衢州、丽水、台州、舟山11个市级烟草专卖局（公司）以及浙江烟草投资管理有限责任公司、浙江烟草进出口有限公司。拥有总资产398.51亿元，共有从业人员10851人。

1984年，省烟草公司成立。从1984年12月至1985年11月，林振玉任经理，张婉如、张仁琪任副经理。

1985年11月至2010年12月，省烟草专卖局历任局长是潘必兴、蒋世杰、赵万兴、钱锦根、邱萍。1985年，根据行业通知，省烟草公司改为中国烟草总公司浙江省公司。是年11月至2010年12月，中国烟草总公司浙江省公司历任经理（1998年8月起改称为总经理）是潘必兴、蒋世杰、赵万兴、钱锦根、邱萍，历任副经理（1998年8月起改称为副总经理）是张婉如、张仁琪、蒋世杰、张益山、钱锦根、于政雄、戴伟坤。

1985年2月1日，省烟草公司宁波卷烟调拨站成立。原由省糖烟酒菜公司宁波分公司经营的卷烟收购、调拨业务移交宁波卷烟调拨站统一经营。3月30日，省烟草专卖局（公司）设办公室、人事劳资、计划财务统计、生产技术基建、原料物资专卖、销售6个部门。6月11日，根据工作需要，设办公室、政治处、专卖、劳动工资、计划基建、财务物价、生产科技、原料物资、储运、销售、审计11个部门，职工156人（包括离退休干部27人）。同日，省糖烟酒菜公司杭州分公司经营的卷烟收购调拨业务，正式移交省烟草公司。此后，根据国家烟草专卖局关于机构改革的精神和业务发展需要，先后对机构进行多次调整。

2008年7月，经国家烟草专卖局国烟人〔2008〕24号文件批准，省烟草专卖局（公司）内设机构为：办公室（外事办公室）、综合计划处（经济运行处）、专卖监督管理处（专卖稽查总队、内部专卖监督管理处）、政策法规和体制改革处、财务管理处、审计处、科技处、人事劳资处、思想政治工作处（机关党委、行业工会）、监察处（与党组纪检组合署办公）、安全保卫处、销售管理处。专业部门为：经济信息中心、离退休人员管理办公室、机关服务中心、职业技能鉴定站、烟草质量监督检测站、浙江省烟草拍卖行、投诉中心、烟草学会秘书处、综合整顿办公室。子公司为：浙江烟草进出口有限公司、浙江烟草投资管理有限责任公司。

2.市级烟草专卖局（分公司）

1984年12月19日，省政府办公厅发出组建全省烟草公司的通知，规定各市（地）都要成立烟草分公司，负责该市（地）范围内卷烟业务的经营管理。次年5月起，省烟草公司先后与嘉兴、湖州、温州、衢州、金华、绍兴、丽水、台州、舟山、宁波、杭州等市（地）政府财贸办公室、商业委员会、商业局和供销社签订组建烟草分公司上划交接协议书。各市(地)商业部门经营的卷烟调拨、批发业务,供销社管理的烟叶收购、调拨业务,全部移交省烟草公司统一经营管理。同时划转相应的人员、财产、仓库、资金等(除杭州市外,其余各市、地财政关系仍在地方)。各烟草分公司实行上级公司和地方政府双重领导,以上级公司为主的领导体制。

1985 年 7 月 15 日,省政府同意在已建立烟草公司的市(地)、县(市、区)成立烟草专卖局,与同级烟草公司实行一套班子、两块牌子,不另增人员编制。1985 年 9 月起,各市(地)烟草专卖局相继成立,烟草专卖局受省烟草专卖局和市(地)政府双重领导,以省烟草专卖局领导为主。

1991 年初,全省有嘉兴、湖州、温州、绍兴、衢州、金华、丽水、台州、舟山、宁波 10 个市级烟草专局(分公司)。5 月,杭州市烟草专卖局(分公司)宣告成立,全省 11 个市级烟草专卖局(分公司)全部完成组建。与此同时,继续抓好县级烟草专卖局(公司)的组建工作。1995 年,全省烟草专卖局(公司)机构组建工作全面完成。

各市级烟草专卖局(分公司)机关一般设:办公室(行政、人事秘书科)、专卖办公室(12 月更名专卖管理科)、政治工作科、财务会计(物价)科、计划业务科、审计科、仓储运输(基建)科。温州市烟草专卖局(分公司)另设有监察纪检科。1993 年 6 月,省烟草专卖局(公司)加强机构设置、人员编制的宏观管理,规定市级局(分公司)设置办公室、专卖管理、销售管理、人事劳资、财务物价、监察审计、基建储运、烟叶、计划统计等 7～9 个科室。1995 年,经省编委同意,市、县级烟草专卖局机构升格为一级局(正处级和正科级)单位。

2005 年 8 月,省烟草专卖局(公司)制定《市(地)级烟草专卖局(分公司)机构设置、职能配置、岗位设置和人员编制调整指导意见》,要求各市级烟草专卖局(公司)结合该单位实际,强化经营、管理、协调、服务职能,认真做好机构设置、职能配置、岗位设置和人员编制调整工作。市级烟草专卖局(分公司)机关一般设:办公室、财务管理处、审计处、安全保卫处、信息中心、投资管理处、人事劳资处、监察处、思想政治工作处、专卖监督管理处、法规处、经济运行处(监督考评中心)、营销中心、配送中心。

2008 年底,实施母子公司体制后,全省 11 个市级烟草公司基本完成市级和所属县级单位工商注册变更登记,全省烟草商业系统确立“三级法人、二级管理、一级营销”的管理模式。改革后,市级烟草公司的称谓由原浙江省烟草公司××分公司改名为浙江省烟草公司××市公司;县级烟草公司的称谓由原××县(市、区)烟草公司改名为××市烟草公司××分公司。市级烟草公司主要从事卷烟销售经营与管理,负责统一采集订单,统一组织货源,统一配送卷烟,组织实施省烟草专卖局(公司)制订的经营目标和计划,完成经营任务,保证国有资产安全和保值增值。

2009 年 9 月,省烟草专卖局(公司)批复调整各市烟草专卖局(公司)机构设置,增设企业管理处、内部审计派驻办公室(与审计处合署办公)和职业教育培训中心(归口人事劳资处管理),撤销经济运行处和督察考评中心,同时还撤销部分市级烟草专卖局(公司)投资管理处。是年,11 个市级烟草专卖局(公司)先后完成调整工作。

2010 年底,市级烟草专卖局(公司)一般设:办公室、人事劳资处、思想政治工作处、监察处、专卖监督管理处、法规处、企业管理处、财务管理处、审计处、安全保卫处、信息中心、营销中心、配送中心等职能处室。

表 48-7-1-1　　浙江省各市(地)烟草专卖局(分公司)批准成立时间一览表

机构名称	烟草分公司成立时间	烟草专卖局成立时间
嘉兴市烟草专卖局(分公司)	1985-05-01	1985-10-03
湖州市烟草专卖局(分公司)	1985-08-08	1985-09-07
温州市烟草专卖局(分公司)	1985-08-16	1985-12-17
绍兴市烟草专卖局(分公司)	1985-10-20	1986-03-17
衢州市烟草专卖局(分公司)	1985-12-30	1986-06-14
金华市烟草专卖局(分公司)	1985-12-31	1986-03-01
丽水地区烟草专卖局(分公司)	1986-07-01	1987-03-03
台州地区烟草专卖局(分公司)	1986-11-23	1986-11-23
舟山市烟草专卖局(分公司)	1987-02-15	1987-04-18
宁波市烟草专卖局(分公司)	1988-04-01	1988-04-01
杭州市烟草专卖局(分公司)	1991-05-15	1991-05-15

资料来源:根据各地市政府相关文件整理。

说明:1994 年 11 月 10 日,台州地区烟草专卖局更名为台州市烟草专卖局。2000 年 7 月 19 日,丽水地区烟草专卖局更名为丽水市烟草专卖局。

3. **县级烟草专卖局(公司)**

1985 年 3 月 14 日、4 月 1 日、10 月 1 日,青田、三门、仙居县政府批准成立青田、三门、仙居县烟草公司。同年 6 月 24 日,由省烟草公司和海盐县政府共同组建的海盐县烟草公司成立。之后,各县(市、区)相继组建县级烟草公司和烟草专卖局,两块牌子、一套班子,全面负责该区域内的烟草专卖管理和卷烟批发经营业务。

县级烟草专卖局(公司)实行上级烟草专卖局(公司)和县级政府双重领导,以上级烟草专卖局(公司)为主的领导体制。县级烟草专卖局(公司)的人员编制根据精简原则,由各市级烟草专卖局(公司)按劳动定员的标准核定。

表 48-7-1-2　　浙江省各县(市、区)烟草专卖局(公司)批准成立时间一览表

机构名称	烟草公司成立时间	烟草专卖局成立时间
海盐县烟草专卖局(公司)	1985-06-24	1986-04-03
苍南县烟草专卖局(公司)	1986-02-09	1986-02-09

续表1

机构名称	烟草公司成立时间	烟草专卖局成立时间
桐乡县烟草专卖局(公司)	1986-05-15	1986-05-15
新昌县烟草专卖局(公司)	1986-07-24	1986-07-24
松阳县烟草专卖局(公司)	1986-09-22	1988-03-07
诸暨县烟草专卖局(公司)	1986-09-24	1986-09-24
兰溪市烟草专卖局(公司)	1986-10-15	1987-06-17
嵊县烟草专卖局(公司)	1986-10-25	1986-10-25
东阳县烟草专卖局(公司)	1986-12-14	1986-12-14
浦江县烟草专卖局(公司)	1986-12-27	1986-12-27
三门县烟草专卖局(公司)	1987-01-01	1987-01-16
仙居县烟草专卖局(公司)	1987-01-01	1987-01-20
上虞县烟草专卖局(公司)	1987-02-15	1989-02-25
青田县烟草专卖局(公司)	1987-04-07	1989-11-03
文成县烟草专卖局(公司)	1987-06-24	1989-06-24
椒江市烟草专卖局(公司)	1987-10-30	1987-10-30
江山县烟草专卖局(公司)	1987-11-05	1987-12-28
武义县烟草专卖局(公司)	1987-11-23	1987-11-23
玉环县烟草专卖局(公司)	1987-12-17	1987-12-17
义乌县烟草专卖局(公司)	1988-01-19	1988-01-19
瑞安市烟草专卖局(公司)	1988-01-27	1988-01-27
乐清县烟草专卖局(公司)	1988-02-04	1988-02-04
平阳县烟草专卖局(公司)	1988-02-04	1988-02-04
天台县烟草专卖局(公司)	1988-04-09	1988-04-09
温岭县烟草专卖局(公司)	1988-06-03	1988-06-03
龙泉县烟草专卖局(公司)	1988-09-05	1988-09-05
长兴县烟草专卖局(公司)	1988-12-09	1988-12-09
黄岩县烟草专卖局(公司)	1988-12-28	1988-12-28
建德县烟草专卖局(公司)	1989-01-26	1990-07-04

续表 2

机构名称	烟草公司成立时间	烟草专卖局成立时间
龙游县烟草专卖局(公司)	1989-04-21	1989-04-21
永康县烟草专卖局(公司)	1989-04-25	1989-04-25
缙云县烟草专卖局(公司)	1989-05-29	1989-05-29
遂昌县烟草专卖局(公司)	1989-09-11	1989-09-11
德清县烟草专卖局(公司)	1989-08-16	1989-10-28
余姚市烟草专卖局(公司)	1989-12-21	1989-12-21
安吉县烟草专卖局(公司)	1990-01-05	1990-01-05
普陀区烟草专卖局(公司)	1990-02-19	1990-02-19
萧山市烟草专卖局(公司)	1990-04-01	1990-08-28
临安县烟草专卖局(公司)	1990-08-03	1990-08-03
瓯海县烟草专卖局		1990-09-27
慈溪市烟草专卖局(公司)	1990-10-13	1990-10-13
岱山县烟草专卖局(公司)	1990-10-20	1990-10-20
余杭县烟草专卖局(公司)	1990-12-15	1990-12-15
宁海县烟草专卖局(公司)	1991-01-01	1991-01-01
富阳县烟草专卖局(公司)	1991-01-14	1991-01-14
桐庐县烟草专卖局(公司)	1991-01-31	1991-01-31
象山县烟草专卖局(公司)	1991-04-08	1991-04-08
淳安县烟草专卖局(公司)	1991.07-06	1991-07-26
鄞县烟草专卖局(公司)	1991-07-19	1991-07-19
平湖市烟草专卖局(公司)	1991-08-01	1991-07-24
奉化市烟草专卖局(公司)	1991-08-03	1991-08-03
嘉善县烟草专卖局(公司)	1991-09-01	1991-07-24
海宁市烟草专卖局(公司)	1991-10-01	1991-08-17
常山县烟草专卖局(公司)	1991-12-25	1991-12-25
开化县烟草专卖局(公司)	1991-12-25	1991-12-25
镇海区烟草专卖局(公司)	1992-03-16	1992-03-16

续表 3

机构名称	烟草公司成立时间	烟草专卖局成立时间
北仑区烟草专卖局(公司)	1992-05-19	1992-05-19
嵊泗县烟草专卖局(公司)	1993-11-12	1993-11-12
磐安县烟草专卖局(公司)	1994-09-06	1989-03-19
泰顺县烟草专卖局(公司)	1994-10-17	1990-03-09
洞头县烟草专卖局(公司)	1994-12-16	1988-12-12
永嘉县烟草专卖局(公司)	1995-03-16	1990-01-05
庆元县烟草专卖局(公司)	1995-11-10	1989-08-16
云和县烟草专卖局(公司)	1995-12-16	1990-02-25
景宁畲族自治县烟草专卖局(公司)	1995-12-20	1989-09-27

资料来源:根据各县政府相关文件整理。

说明:瓯海县烟草专卖局1990年9月成立,1992年瓯海撤县并区后更名为瓯海区烟草专卖局,2001年10月并入温州市烟草专卖局。

4. 直属卷烟厂

省烟草公司成立后,全省有杭州、宁波、嘉兴3家直属卷烟厂。1996年1月,嘉兴卷烟厂被杭州卷烟厂兼并,更名杭州卷烟厂嘉兴分厂。2004年12月,杭州卷烟厂嘉兴分厂正式注销。

2003年7月,浙江烟草省级公司工商管理分设,杭州、宁波两家卷烟厂划归浙江中烟公司管理。

5. 浙江中烟公司

(1)机构沿革。2003年6月,国家烟草专卖局同意《浙江烟草工商体制改革实施方案》(国烟法〔2003〕307号)。7月18日,浙江中烟公司注册成立,与省烟草专卖局(公司)脱钩。浙江中烟公司具独立法人资格,实行总经理负责制,由国家烟草专卖局领导和管理,主要承担烟草制品生产和销售,烟叶、烟草物资、烟机零配件及其他相关的生产经营任务。下辖杭州、宁波两家卷烟厂以及宁波三润投资有限公司和中烟文化策划有限责任公司。8月,经省政府批复同意,浙江中烟公司在省政府直属管理单位序列汇总列编,级别与省烟草专卖局相同,即正厅级。

2003年第四季度,中国共产党浙江中烟公司党组会议上提出浙江烟草工业"内联外拓"发展战略,并于次年7月,向省政府递交《关于实施浙江烟草工业"内联外拓"发展战略的请示》。2005年1月,中共浙江省委(以下简称省委)书记习近平作重要批示:"内联外拓符合方向,有利于我省烟草工业做大做强做优,应予支持。"经省政府、国家烟草专卖局同意,2006年9月19日,浙江中烟公司举行揭牌仪式,与杭州卷烟厂、宁波卷烟厂合并重组成一个法人主体，继续使用“浙江中烟工业公司”名称，直接从事卷烟生产经营。

2007 年 11 月 30 日，根据《国家烟草专卖局、中国烟草总公司关于浙江中烟工业公司更名改制和建立董事会的批复》（国烟法〔2007〕481 号），浙江中烟工业公司更名改制为浙江中烟工业有限责任公司，设立董事会作为工业公司最高决策层。浙江中烟公司成为烟草行业第一批建立现代企业制度的省级工业企业之一。

2010 年底，浙江中烟公司内设 16 个职能部门以及杭州、宁波制造部，共有从业人员 3127 人，总资产 248.32 亿元。

2003 年 7 月，浙江中烟公司成立之初，副总经理张益山主持工作；2004 年 1 月起，张益山任总经理；2010 年 10 月起，副总经理刘建设主持工作。2003 年 7 月至 2010 年 12 月，浙江中烟公司历任副总经理是刘建设、徐芳权、孟伟刚、许明忠、杨柳军。

（2）内设机构。2003 年 11 月，浙江中烟公司印发《浙江中烟工业公司部门职责（试行）》，内设办公室、人力资源部、科技开发部、生产管理部、财务审计部、法律改革部、市场营销部、物资供应部 8 个职能部门。2004 年 12 月，生产管理部更名生产与安全管理部。2005 年 2 月，浙江中烟公司设立纪检监察部，与人力资源部合署办公，名称为人力资源部（纪检监察部）。

2006 年，全省卷烟工业联合重组开始启动。2 月，浙江中烟公司实行卷烟统一营销，市场营销部更名为市场营销总部。3 月，信息中心、技术中心两部门成立，由原科技开发部更名改设。8 月，浙江中烟公司设进出口部。9 月 19 日，省内卷烟工业“三位一体”正式实施，原杭州卷烟厂、宁波卷烟厂法人资格取消。同时，浙江中烟公司内设机构进一步完善为：办公室（外事办公室）、综合计划部、生产管理部、安全保卫部、财务管理部、审计部、法律与改革部（整顿

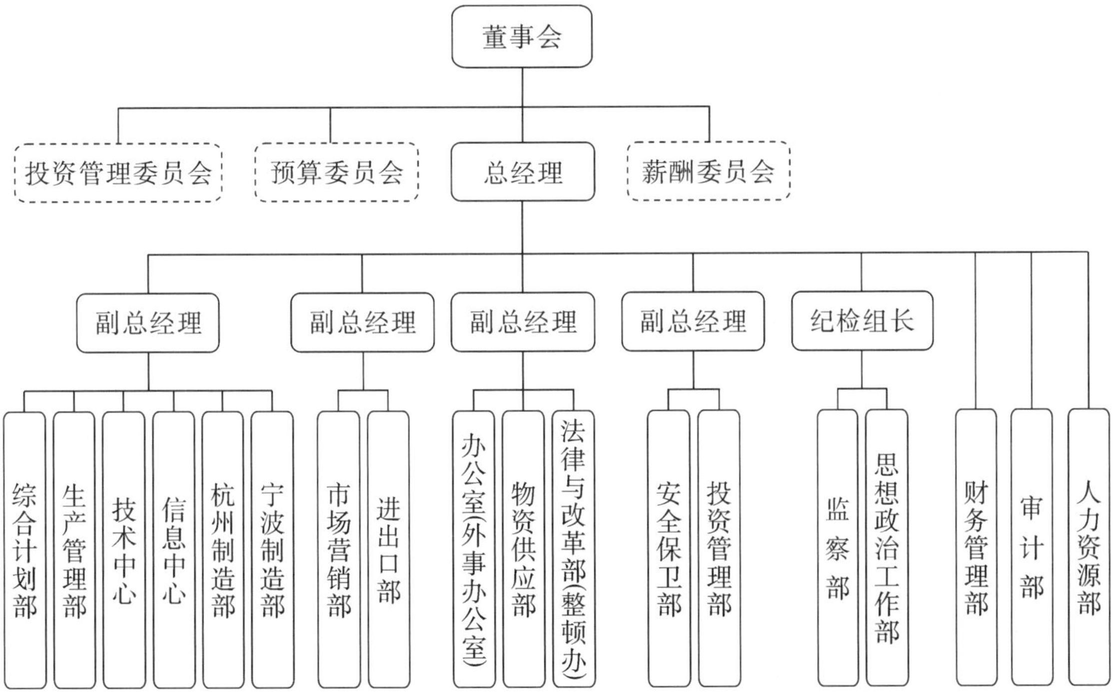

图 48-7-1-1　2010 年浙江中烟公司组织结构图（浙江中烟公司提供）

办）、投资管理部、人力资源部、思想政治工作部、监察部、市场营销部、物资供应部、进出口部、技术中心、信息中心等16个职能部门和杭州、宁波2个制造部。

2007年11月，浙江中烟公司按照现代企业制度要求建立董事会，设立董事会办公室处理董事会日常事务，挂靠在办公室（外事办公室），逐步完善法人治理结构。2007年11月至2010年12月，徐璒、卢瑞刚先后任董事长，张益山、刘建设、徐芳权、李晓兵、舒明、孟伟刚、韩春宁任董事，潘志刚任监事。

2009年8月，浙江中烟公司召开一届八次董事会会议，设立董事会投资管理委员会、预算委员会、薪酬委员会。3个专门委员会属咨询审核机构，保障专业领域决策的科学性。

二、队伍

（一）概况

明末清初，随着烟丝作坊的出现，产生最初的烟丝手工业工人。清末杭州始有浙江最早的卷烟生产工人。清宣统三年（1911年），绍兴县有50家烟丝店坊，规模大的雇工20～30人，一般雇工5～10人，多数雇工1～2人。

民国元年（1912年），据国民政府农商部统计，浙江省制烟业有手工作坊或工场54家，职工946人。民国10年前后，杭州城区有烟丝业职工2000余人。其中宓大昌烟店刨烟工常年达500～600人。民国14年后，随着卷烟工业的发展，宁波等地的卷烟工人一度达到近千人。全面抗日战争前夕，因国民政府只准在上海、汉口、天津、青岛四地开办烟厂和英美烟公司廉价倾销卷烟，浙江境内许多小烟厂无力竞争相继停闭，卷烟工人减至百余人。烟丝业在广大乡镇仍有一定发展。据余姚、临海、富阳、寿昌、淳安等7县105家烟丝店坊统计，共有职工500余人。

抗日战争时期，国民政府在非沦陷区，准许商人和民众集资开设机制、半机制和手工卷烟厂（社），卷烟工人队伍有所扩大。时为浙江战时大后方的丽水地区，据不完全统计，机制、手工卷烟工人达千人。迁往嵊县的杭州宓大昌烟店，10名工人被日军杀害，几十名工人被拉夫，烟店几乎被洗劫一空，仅剩下35名工人。

民国36年（1947年），因颐中烟公司的卷烟大量廉价倾销和国民政府重税苛征，浙江大批卷烟厂（社）倒闭，仅宁波一地烟业失业职工达3000余人。民国38年初，多数卷烟厂时开时停，难以为继，职工人数大为减少，烟丝店坊也明显萎缩。据杭州、温州、嘉兴、湖州、绍兴、金华、台州等25个市、县不完全统计，时有烟丝店坊431家，职工近千人。

20世纪50年代初，利群烟厂的干部，主要是浙江省军区创办的公营利群烟厂和省政府办公厅直属福利烟厂中担任厂长、主任、课长、会计等职务的人员。1950年9月，据省工业厅统计，全省46家机制卷烟厂，有职工2288人。1951年底，增加到3491人。1952年4月，利群烟厂转入地方时，有干部74人，其中军队转业及坚持地方工作的干部35人，新参加工作的14人，工人提拔的9人，雇佣人员16人，占全厂职工的17.8%。公私合营、私营烟厂的干部，主要是从外系统调入或在工人中选拔担任政府代表和公方代表的人员。此后，杭州、宁波、金华、台州、温州等地私营烟厂，因规模小，技术差，产品质量低，难以维持生产，陆续关闭。至1954年底，全省卷烟工业职工减少到2616人。全省私营卷烟批发商从业人员为732人，其中职工146人；私营卷烟主营兼营零售商和摊贩从业人员为40344人，其中职工1850人；烟丝店（厂、坊）从业人员为2528人，其中职工1830人（包括家庭工740人）。

1956年，对私营烟厂进行社会主义改造，采取就地淘汰、改组归并、合并合营等办法。全省卷烟生产企业合并成地方国营杭州利群烟厂和公私合营宁波联工烟厂。温州、金华、建德等专区被淘汰、改组、归并的烟厂的职工，大部分就地安排到其他工商企业，部分技术工人安排到杭州利群烟厂，少数老弱病残的职工由当地适当安排。当年，地方国营杭州利群烟厂和公私合营宁波联工烟厂共有干部147人。1957年，全省卷烟工业共有职工1440人，其中计划内临时工133人。

1958年底，利群、联工两厂有职工1434名。1962年，各厂实行精兵简政，动员部分家在农村的职工下放到农村，全省卷烟工业职工减至1268人。1967年后，因卷烟工业发展的需要，又向社会招收新工人。1970年，杭州卷烟厂、宁波卷烟厂扩建厂房，除向社会招工外，还安置一批基建征地农民工，职工人数增至1693人。1979年，杭州卷烟厂、宁波卷烟厂和桐乡雪茄烟厂向社会招工，并安排接收一批返城知识青年，职工人数增至2298人。

1984年，省烟草专卖局（公司）成立，干部陆续从省轻工业厅、商业厅及有关公司、杭州卷烟厂等单位抽调。随着烟草行业的发展，全省各级烟草专卖局（公司）的相继成立，干部人数逐年增加，从1986年的604人，增加到1990年的1349人，各类专业干部1070人。

1985年末，全省烟草系统职工增至4523人，其中卷烟厂职工4211人。1990年末，全省烟草系统共有职工7328人，其中省烟草专卖局（公司）380人，卷烟工业5402人，市、县级烟草专卖局（公司）1546人。1990年，经省烟草公司工人技术考核委员会审核批准，杭州卷烟厂、宁波卷烟厂有11人被首批评聘为工人技师。

20世纪90年代，浙江烟草系统人员以岗位性质分类，分为管理人员、专业技术人员、工人三类。2007年，全省烟草专卖、商业系统根据国家烟草专卖局国烟人〔2007〕204号文件精神，把岗位划分为管理类（包括综合管理序列和专业管理序列）、专业技术类、职业技能类（或生产操作类）、业务类、服务类五类岗位。2007年5月至2009年9月，浙江中烟公司开展岗位分类和岗位评价工作，将浙江中烟公司各部门所有岗位按工作性质、专业、工种等要素设置成管理、专业技术、生产操作、业务、工勤服务5类岗位。

2010年底，浙江烟草共有从业人员13978人，其中烟草专卖、商业系统10851人，工业系统3127人。

表48-7-1-3　　1949—1990年浙江省卷烟工业企业职工人数一览表

年　份	职工平均人数	年　份	职工平均人数	年　份	职工平均人数
1949	2798	1951	3491	1953	2998
1950	2768	1952	3248	1954	2616

续表

年　份	职工平均人数	年　份	职工平均人数	年　份	职工平均人数
1955	2520	1967	1389	1979	2298
1956	2178	1968	1457	1980	2400
1957	1440	1969	1631	1981	3261
1958	1434	1970	1693	1982	3292
1959	1649	1971	1680	1983	3800
1960	1573	1972	1740	1984	3892
1961	1446	1973	1738	1985	4120
1962	1268	1974	1742	1986	4334
1963	1426	1975	1667	1987	4745
1964	1412	1976	1669	1988	5138
1965	1388	1977	1784	1989	5207
1966	1275	1978	2063	1990	5178

资料来源:1949—1979年数据取自于《浙江省第一轻工业系统统计资料汇编》,1980—1984年数据根据有关文件摘录,1985年数据取自于中国烟草总公司统计年报,1986—1990年数据取自于《浙江省烟草行业年报汇编》。

(二)用工形式

民国时期,卷烟厂和烟丝店坊用工以雇佣制为主,一般有计月工、计件工和计时工等形式。薪金不一,由雇主自定。雇主可随意解雇,职工生活没有保障。宁波卷烟工业职工中计月工占三分之一,计件工和计时工(多为季节、临时工)占三分之二。季节工大多是女工、童工和老年人。宁波形容这些工人是"豆腐嚼不动(年老),脚桶够不着(年幼)"。其劳动条件极差,工资低廉。宁波有歌谣形容烟业女工的悲惨情境:"锡包娘子(包装女工)背脊驼,扯叶婆婆手指红,摸黑做起摸黑息,还要糠菜当饭吃。"

中华人民共和国成立初期,浙江烟业工人就业,尚须自找门路或由烟业工会介绍安排。1952年起,公营和公私合营烟厂工人开始由政府有关部门招工、调配和统筹安排。1955年4月,地方国营利群烟厂根据国务院规定制定《厂内劳动规则(草案)》,《规则》分录用、职责、劳动时间、调动和辞退、处分等项。1956年后,卷烟厂劳动用工除企业内部调整劳动组织外,烟厂上报增加专业工人的申请计划,经当地工业局批准,征得劳动部门同意,由上级主管部门统一调配,列入固定职工平衡计划。烟厂职工除固定工外,还有计划内临时工。临时工中有技术专长者适当延长劳动合同期。1964年杭州卷烟厂、宁波卷烟厂上划中国烟草工业公司管理后,处理暂列编外职工、调出系统外和调入职工以及开除职工须报中国烟草工业公司批准。

1978年起，卷烟厂招收部分计划外用工。次年，各卷烟厂接收一批返城知识青年就业，并实行职工退休由子女顶替的办法，招收的新工人多数为混岗集体工。1983年开始，浙江3家卷烟(雪茄烟)厂开展劳动用工制度的改革，招收新工人试行劳动合同制，由劳动部门核定招工指标，企业和应招者签订劳动合同。1985年，卷烟企业用工多种形式并存，有固定工、计划内临时工、混岗集体工、合同制工、计划外用工等。全省烟草系统固定工比重为56.7%。

1986年10月起，烟草系统各单位除接收安置复员、退伍、转业军人和大中专、技校毕业生仍为固定工外，新招收的工人一律实行劳动合同制。企业用工和劳动者就业实行双向选择。同时，各级烟草公司组建时，也划入一批混岗集体工。1987年，省烟草专卖局(公司)规定所属各卷烟厂及市、县级烟草专卖局(公司)招收和调配职工都要事先提出计划报省烟草专卖局(公司)，由省烟草专卖局(公司)按照国家烟草专卖局(中国烟草总公司)下达计划，经综合平衡后批复执行。是年底，全系统共有混岗集体工1152名，卷烟工业企业有合同制工人979人。1988年起，省烟草公司决定实行劳动工资、安全生产、劳动保护等工作分级管理。各级烟草公司的劳动用工计划的上报、下达、实施等，均由上一级烟草公司直接管理。各县烟草公司原报送省烟草公司的劳动、工资计划、报表，一律由市级烟草公司管理，并由市级烟草公司汇总上报省烟草公司备案。但部分县级烟草公司在实行分级管理后的劳动用工有失控现象。是年，为理顺劳动计划管理体制和解决历史遗留问题，杭州卷烟厂经杭州市劳动局审核批准，有482名混岗集体工改为全民所有制工。1990年1月，省烟草公司收回市级烟草公司对所属县级烟草公司招收和调配职工的审批权。12月，省烟草公司商请省劳动人事厅同意，全系统各单位的混岗集体工纳入计划管理，由所在的县以上人事局(劳动局)审批，并报省烟草公司备案。混岗集体工纳入计划管理后，用工制度不变，分别享受劳动合同制工或固定工的有关待遇。

1991年初，全省烟草企业用工形式分为固定工、计划内临时工、混岗集体工、合同制工、计划外用工等，新招收的工人一律实行劳动合同制。1992年，全省烟草系统实施“定员定额”，采取措施分流富余人员，部分主业人员分流到三产企业、多元化企业。1994年，全面推行劳动用工制度改革。杭州、宁波、嘉兴3家卷烟厂统一实行全员劳动合同制，在明确企业与职工双方责、权、利的前提下，企业与员工分别签订长、中、短期劳动合同。

1996年，根据《中华人民共和国劳动法》规定以及国家烟草专卖局部署，在县级烟草公司推行全员劳动合同制，年底企业与员工分别签订劳动合同。1998年，随着专卖工作深入开展，卷烟销售网络建设工作启动，全省烟草行业用人需求剧增，系统采用人事代理制的用工形式解决基层或辅助性岗位人员短缺的矛盾。

2004年，浙江卷烟工业全面实行全员劳动合同制，即除中国共产党国家烟草专卖局党组管理的领导干部外，所有职工与用人单位签订劳动合同。2007年12月，全省烟草商业系统以贯彻《中华人民共和国劳动合同法》为契机，全面实行全员劳动合同制度。至年底，劳动合同覆盖全省烟草系统内全体在编在册员工。是年，省烟草专卖局(公司)明确了劳务派遣适用范围，人事劳资和法规部门共同配合，清理不规范的劳动用工行为，查漏补缺做好劳动管理工作。对辅助性、可替代性较强的岗位实行劳务派遣；对办公楼保安等人员实行劳务外包；对超过退休年龄的聘用人员予以辞退，努力消除因用工矛盾引发不和谐的因素。浙江中烟公司开展主业空缺岗位对分流员工开放，实行竞聘上岗的工作。随着《中华人民共和国劳动合同法》的实施，浙江中烟公司进一步规范用工形式。2008年，组织开展136名人才代理制员工纳编工作，原375名人才代理制员工除1名被依法辞退后，全部转为浙江中烟公司正式的劳动合同制员工。实施市场营销终端业务员用工形式转型工作，终止与各地劳务派遣中介机构的派遣协议，解除了653名终端业务员的劳动关系。2007—2010年，共组织7批分流员工竞聘上岗，165名分流员工到主业重新上岗。

（三）职称评定

1955年开始，各卷烟厂专业技术人员实行职称任命制，由上级工业主管部门批准。1979年开始，各卷烟厂对专业技术职称进行套改，实行资格评定制，由上级工业主管部门技术职称评定委员会考核审查确认。1983年，专业技术资格评定工作全面开展。1985年，全省卷烟工业企业有中级专业技术职称15人（工程师12人，经济师3人），初级专业技术职称39人。

1986年，专业技术资格评定工作整顿之后，继续实行技术职务聘任制。

1987年7月16日，省烟草专卖局（公司）职称改革工作领导小组成立，负责全省烟草系统工程、农业、经济、会计、统计等10类人员的专业技术资格评定工作。1988年3月8日，省烟草专卖局（公司）成立工程技术、经济、会计、统计专业技术中级资格评审委员会，设工程工艺、工程机械、经济、会计、统计专业技术评议组。各卷烟厂、大部分市级烟草公司设有经济、会计、统计专业技术初级资格综合评审委员会。高级专业技术资格证书由中国烟草总公司职称改革工作领导小组办公室核发，中级专业技术资格证书由省烟草公司职称改革领导小组核发，初级专业技术资格证书由省烟草公司、市级烟草公司、卷烟厂职称改革领导小组分别核发。高级专业技术职务由省烟草公司行政领导聘任，中级专业技术职务由各单位行政领导聘任。

至1990年底，全省烟草系统获得专业技术资格的有839人，其中高级职称17人，中级职称128人，初级职称694人。

1991年6月，省烟草专卖局（公司）专门成立企业政工人员专业技术资格评聘工作领导小组。是年，行业组织政工专业资格评审工作，通过各级政工任职资格者75名。

1992年8月，全省烟草行业执行专业技术职务人员考核暂行办法，每年对受聘专业技术职务人员就政治思想、业务知识、工作能力、工作实绩4个方面进行年度考核，考核结果作为专业技术人员晋升、调薪、奖惩和连续聘任的依据。

1995年起，全省烟草行业专业技术资格评聘工作经常化，并逐步实行评聘分开。聘任工作在定岗、定编、定员、定责的基础上由单位行政领导进行，所聘的专业技术职务与所从事的专业技术岗位相一致，注重工作实绩。从工作实绩、业务能力、德勤表现3项进行考核，并据考核结果进行奖惩。

1999年11月，省烟草专卖局（公司）出台《浙江省烟草系统专业技术职务评聘条例》，规定高级专业技术任职资格评审确认权限为中国烟草总公司职改领导小组，中、初级专业技术职务由省烟草公司职改领导小组评审确认，杭州、宁波两厂专业技术职务由卷烟厂职改领导小组评审确认。

2003 年 7 月，浙江中烟公司成立职称改革工作领导小组，组建推荐高级专业技术资格综合评议组，工程、政工系列中级专业技术资格评审委员会。次年 1 月，出台《浙江烟草工业系统专业技术职务聘任办法》，实行总量控制、结构比例控制、最高职务档次控制和定期核定制度。同时规定高级专业技术职务由中国共产党浙江中烟公司党组研究决定，其岗位职数报国家烟草专卖局备案；专业技术职务聘任贯彻公开、平等、竞争、择优原则，采取分级管理、逐级聘任办法。其中高级专业技术职务聘任期限为每届 3 年，中、初级每届聘期 2～3 年。逐步建立浙江卷烟工业系统专业技术职务岗位设置与聘任制度。并把工人岗位分为初、中、高级工及技师四档。

2007 年 7 月，省烟草专卖局（公司）制定《浙江省烟草专卖局（公司）机关专业技术职务聘任工作暂行规定》，规定了岗位设置原则、聘任专业技术职务应满足的条件、聘任专业技术职务进行的程序、解除专业技术人员聘任的情形。同时还制定《机关技能岗位聘任工作暂行规定》，明确技能岗位为承担技能操作和维护、后勤保障、服务等职责的工作岗位，技能岗位聘任每 3 年进行一次，对聘任者实行聘任期年度考核和聘任期考核。

2008 年，浙江中烟公司制定《专业技术职务聘任实施办法》，建立和完善了公司专业技术职务评聘制度。

2010 年 6 月，省烟草专卖局（公司）下发《浙江省烟草专卖商业系统专业技术岗位聘任工作实施意见》，要求市、县级烟草专卖局（公司）专业技术人员，按照资格评定与岗位聘任分离、按需设岗和按岗竞聘、分级管理的原则，严格依程序规定进行。市级烟草专卖局（公司）设置高级、中级、初级专业技术岗位，县级烟草专卖局（分公司）设置中级、初级专业技术岗位。

2010 年底，全省烟草行业共有专业技术人员 2754 人，其中工业系统 832 人，商业系统 1922 人。

第二节　计划与统计

烟草及其制品用途单一，其生产经营既要满足消费，又不能不加限制地任意发展。这种特性决定了国家对烟草及其制品必须加强宏观调控，进行总量控制，避免盲目发展。计划与统计管理，是国家对烟草行业管理与监控的重要手段。浙江烟草自史有记载至民国末，无论生产或是流通，未曾实施过计划。中华人民共和国成立以后，国家实行计划经济，卷烟的生产和流通自不例外。改革开放后，烟草业的产品开发和结构调整，全面实行市场经济；而行业本身的专卖专营性质，对烟草生产和流通，仍具有极强的计划性。自明末至民国，政府对烟草业的统计极其零散。中华人民共和国成立后，于 20 世纪 50 年代初，国家建立了统计制度，生产经营的相关数据按不同的主管部门统计上报。1984 年专卖体制建立后，烟草业的统计方有了统一的体系，并不断健全和完善。

一、计划

(一)卷烟生产计划

浙江省烟草业实行卷烟计划生产始于1950年。是年10月30—31日，省工业厅召开全省第一届卷烟工业会议，根据“以销定产”的方针和浙江城乡卷烟消费状况，制订年内卷烟生产计划，分配各烟厂第四季度分月的卷烟生产任务。季度卷烟生产计划经当地主管部门核准后实施，分月计划数允许有5%的伸缩性，若月任务未完成部分在任务数5%以上，除保留5%在下月补足外，其余由主管部门另行分配或减除。

1952年8月26日，为适应市场繁荣和卷烟旺季的新形势，省工业厅规定各地未完成卷烟生产任务量准许并入下季度补充生产，由各地主管部门按各厂实际需要进行分配；手工卷烟厂(坊)生产任务，由工商行政部门按季分月核定。1953年2月，省工业厅编制的浙江省地方工业1953年度基层单位生产计划指标，将卷烟产品正式列入国家计划。浙江省列入国家计划的卷烟厂有利群(地方国营)、建德(公私合营)、友合、勤工、协兴、民丰、英雄、裕星、联工、华盛、馥众(以上为私营)等11家。由市、县主管部门按国家卷烟计划控制数代编，计划分经济类型、卷烟年产量、等级、产值、主要原料成品消耗、主要经济技术定额、生产能力利用率、单位成本等项目。1954年，卷烟产品产量计划以杭州市工业局的控制数为依据，品种按专卖公司意见和烟叶原料库存、供应情况安排计划。1955年，省工业厅编制浙江省工业系统1955年工业产品产量计划，卷烟生产计划分别安排地方国营、公私合营、私营烟厂的卷烟生产数量。省工业厅按烟叶资源和供应状况，分季下达卷烟生产计划，要求各地工业局严格掌握，不论季度、月度均须按核定任务数执行。

1959年2月，国务院批准卷烟列入二类产品，实行计划生产，由国家计划委员会综合平衡下达年度卷烟生产计划，由轻工业部组织所属企业执行。此后，浙江省卷烟生产计划由卷烟厂根据生产能力和烟叶资源，提出卷烟生产方案，上报市轻工业局和省轻工业厅，省轻工业厅依据烟叶资源和烟厂技术改造进度、生产能力状况，编制全省卷烟生产计划报轻工业部和省人民委员会。轻工业部根据国务院计划指标批准下达到省，然后逐级下达到卷烟厂。1963年，桐乡雪茄烟厂的雪茄烟生产编入省计划，手卷雪茄烟和机制雪茄烟分别列项。1964年1月，国家加强卷烟生产计划统一管理，卷烟生产计划由中国烟草工业公司根据国务院下达的卷烟生产计划指标和上海分公司上报的年度生产计划，编制下达杭州卷烟厂、宁波卷烟厂生产计划。计划分年度卷烟生产量、品种等级(乙级、丙级、丁级)等项目。月度执行计划由杭州卷烟厂、宁波卷烟厂和烟叶办事处分别编制，报上海分公司备案。

1970—1972年，省革命委员会生产指挥组编发的浙江省轻工业“四五”规划设想和浙江省工业生产计划、浙江省主要工业产品产量生产计划、浙江省轻工业生产计划，都列有全年卷烟生产数量和杭州卷烟厂、宁波卷烟厂生产数等项目。1973年后，由省一轻局编制的浙江省轻纺工业生产计划，将卷烟年度生产量和国家计划数量、省增产计划数量列入计划。省一轻局还同时下达季度卷烟生产收购计划。卷烟增产计划由省一、二轻局及商业局联合下达，卷烟厂按质量、品种完成和超额完成增产计划，各地商业部门按计划收购、统一调拨。1977 年 7 月，省一轻局编制浙江省一轻工业“五五”“六五”规划设想，有卷烟产量指标、烟叶原料平衡、卷烟自给情况、新增生产能力等项目。1978 年后，由省轻工业局轻工业公司按轻工业部下达的卷烟生产指标，以杭州卷烟厂 51%～52%、宁波卷烟厂 48%～49%比例分别下达卷烟生产计划。

1982 年起，由省轻工业厅食品工业公司按中国烟草总公司卷烟生产计划指标，编制年度卷烟生产计划，并经全省计划会议讨论通过后下达执行。1983 年全省卷烟生产计划从 63 万箱调整为 73 万箱。

1984 年，省烟草公司报经国家计委和中国烟草总公司批准，将卷烟生产计划由 74 万箱调整为 80 万箱。浙江省卷烟工业调整卷烟产品结构，增产市场适销的甲乙级卷烟，卷烟生产超额完成年度生产计划。其中甲乙级卷烟产量 44.32 万箱，占总产量的 55%，丙级以下卷烟产量下降。浙江省卷烟生产总产量占全国卷烟总产量的 3.81%，居第 11 位。

1985 年起，省烟草公司根据中国烟草总公司下达的卷烟生产计划，结合浙江实际，编制下达卷烟生产年度计划，并报中国烟草总公司和省政府。同时，以年度计划为依据，结合各厂烤烟原料和生产设备实际状况，下达季度卷烟生产计划。同年 12 月，省烟草公司下达 1986 年卷烟行业生产、收购计划，有工业总产值、工业净产值、主要技术经济指标、能源增加数量等项目。其中主要产品产量为指令性计划。

1986 年 2 月，省烟草公司根据中国烟草总公司部署，编制上报浙江省“七五”卷烟生产计划建议数的报告。

1988 年，省烟草公司编制浙江省烟草公司综合计划，其中与卷烟生产相关的计划有工业产值、产量、工业主要技术经济指标、卷烟质量、卷烟产品技术转让和联营加工、辅料供需、科研与产品开发、采用国际标准、技术改造、设备、基本建设、工业企业劳动生产率等。同时，卷烟产量作为指令性计划列入省计经委编制的工业主要产品产量、交通运输计划。

1986—1990 年，浙江省卷烟生产在烤烟调拨困难、辅料供应紧缺、能源供应紧张的情况下，经中国烟草总公司批准，三次调整卷烟生产计划，及时调整产品结构，采取各种有效措施，保证卷烟厂的正常生产、市场的正常供应，完成和超额完成中央人民政府下达的税利入库指标。

1991 年 1 月至 2003 年 7 月，全省卷烟生产计划实行省烟草公司与卷烟厂二级管理模式。省烟草公司侧重于生产计划的编制、下达与管理，卷烟厂重在计划的执行。

1991 年，省烟草公司根据中国烟草总公司下达全省卷烟生产年度总计划以及相应的原辅料计划，结合浙江省实际，编制下达年度、季度卷烟生产计划；根据省烟草公司下达的计划，卷烟厂按照实际，于每月 15 日前会同调拨站衔接，编制执行月度生产作业计划。省烟草专卖局（公司）严格控制生产总量，下达给卷烟厂的卷烟生产计划指标中除工业总产值、卷烟产量外，还有库存分解指标。全省卷烟工业逐步开始以市场为导向组织生产，在国家计划指导下以销定产。1992 年，国家烟草专卖局开始组织省际卷烟生产计划调整，并规定该计划调整不作为年度计划的基数。次年，省烟草公司按《烟草行业计划管理办法》编制卷烟工业生产计划，主要指标有卷烟生产总量、卷烟等级、品种计划、名优烟牌号及产量计划等指标内容。1994—1997年，通过省际调整，全省卷烟生产计划依次调减6万箱、1.9万箱、3万箱、3万箱。1998年后，随着“84工程”“大品牌工程”等一系列战略的实施，省产卷烟销售向好，省际调整开始逐年调增，当年调增5.5万箱，1999年调增10.5万箱，2000年调增12万箱。

2003年7月，全省烟草工商管理分设后，浙江中烟公司负责浙江卷烟工业生产计划编制管理，根据国家烟草专卖局下达的季度卷烟生产计划，结合产销实际，按季将生产计划和库存计划分解下达至杭州、宁波两家卷烟厂。并督促两厂合理安排生产进度，按照“适销、高效、规模”的原则，以量、价、利的最有效组合，力求按市场需求科学组织生产。

2004年，浙江中烟公司正式实施《经济运行宏观调控实施办法》，加强对生产、经营的规范管理和调控，杜绝超进度生产、瞒产行为的发生，严禁超计划生产。是年，加强与兄弟省份工业公司及企业的联系，争取省际计划调剂（2003年计划调剂8.5万箱）。2004年，国家烟草专卖局逐步停止生产计划的省际调剂。通过联营加工、合作生产，加大委托加工力度。同时，国家烟草专卖局规范联营加工卷烟计划管理，按产地原则进行管理，产量列入加工企业的各省级主管单位的卷烟生产计划之内编报。浙江卷烟工业在政策的指导下，通过联营加工、合作生产，与省外诸多企业建立合作关系，以联营加工生产弥补产量缺口，提高资源配置效率。2003—2006年，为弥补计划不足，将有限的自产内销卷烟计划用于生产适销高效的中高档产品，浙江卷烟工业通过省外委托加工低档卷烟来腾挪计划指标。2005年，全国烟草行业正式运营生产经营管理决策系统，按照卷烟生产计划自动生产相应码段，一箱一码，通过码段实现对卷烟生产计划的全程管理。同时，为加大调控，中国烟草总公司将生产计划改为月度下达。是年10月，根据国家烟草专卖局安排，杭州卷烟厂开展“按订单组织货源、组织生产”试点工作。次年2月，浙江中烟公司将杭州、宁波两家卷烟厂的生产打通，启动浙江卷烟工业产销统一调度，实现信息互通，以生产调度令的形式直接组织杭州、宁波两家卷烟厂的生产计划安排，统筹计划，统一调度，逐步形成“互动确认、网上配货、滚动生产、应急调度”的业务运作模式。是年下半年，全国卷烟交易统一计划管理，工商交易方式调整为实行半年协议、实时合同的交易管理方式。2009年，国家烟草专卖局下发《关于加强卷烟存销比管理的意见》，在全行业内以存销比作为生产调控的主要依据，对牌号、生产进度和商业库存实施动态管理。依据卷烟存销比按月下达生产进度，对卷烟存销比偏高的省级工业公司严格控制其生产进度计划并冻结部分生产进度，凡是存销比超出合理范围的品牌控制其产量。

2010年，浙江中烟公司根据中国烟草总公司《关于调整卷烟计划管理方式下发意见》，将卷烟年度生产计划编制和下达方式，调整为由各省级烟草公司加强对卷烟市场的分析和预测，深入推进“按客户订单组织货源”工作，根据市场真实需求提出卷烟销量建议意见。中国烟草总公司在综合平衡的基础上，专门编制下达重点品牌年度生产计划。浙江中烟公司在半年调出计划的基础上，上浮一定比例与烟草商业企业签订协议，使品牌更好地适应市场、满足消费者需求。

(二)卷烟流通计划

浙江省卷烟流通计划可以分为商业部门主管和省烟草公司主管两个时期。

1.商业部门主管时期

1949年5月中旬，浙江省贸易总公司及所属公司开始经营卷烟业务，卷烟成为回笼货币、稳定市场的重要商品之一。此后，较长一个时期里，浙江卷烟购销业务均由省商业厅(局)及所属有关专业公司经营和管理，执行商业系统颁发的计划管理制度和有关规定。

1950年4月，省百货公司编制卷烟购销计划。1951年9月，按政务院的规定，卷烟列入计划管理，其购进、销售、调拨、进口、出口、库存指标，均由中央贸易部集中管理。

1953年1月，卷烟购销计划归省专卖事业公司编制，执行商业计划管理制度。先由各专区专卖事业处(公司)编报全区卷烟购销计划方案，上报省专卖事业公司，经综合平衡后下达。

1954年后，县专卖事业分处(公司)作为基层单位编报计划方案，经同级行政单位审查上报，专区分公司汇总全区计划方案，取得市(专区)商业局同意后上报省专卖事业公司。省专卖事业公司按上年度卷烟购销计划执行情况和当年卷烟销售情况预测，结合各地要货计划方案，编制全省卷烟商品流转计划，经省商业厅审核同意上报商业部，批准后下达全省各地执行。当时编制的年度计划尚有商品流转费用、财务(利润)、基建等计划。同时，还有业务部门编报的季度卷烟分品种要货计划。是年10月，商业部下达1955年度国营商业计划商品目录，卷烟列为第一类计划商品。

1957年12月，省商业厅规定市、县商业局为基层的计划综合编报单位。次年，省人民委员会改进商业管理体制，规定省商业厅管理的计划商品，实行分类分级管理，卷烟列为第二类计划管理商品，归工业品类，省商业厅只管调拨、销售两个指标。全省卷烟商品流转计划由省商业厅根据商业部卷烟计划指标结合全省情况，编制卷烟商品流转计划下达市(地)、县商业局执行。

1959年2月，国务院把卷烟列入计划商品的第二类商品，实行计划收购、计划调拨，由国家计委综合平衡，商业部组织所属企业执行。

1961年9月17日，省商业厅编制计划管理商品目录，卷烟列入第二类计划商品的烟酒类，由省商业厅按年按季下达商品流转计划，全省各地按计划执行。雪茄烟列入第三类计划商品的副食品类，由省统一平衡，根据国家出口任务和省内外需要，按年按季下达调拨计划，产地完成调拨计划后可在省内自行处理，出省由省商业厅批准。

1963年后，由省商业厅根据商业部计划指标，平衡、编制实施年度卷烟商品流转计划，经省人民委员会批准后，由省商业厅下达。季度卷烟品种调拨计划由商业专业公司下达。

1964年，省商业厅编制的卷烟商品流转计划，包括平价定量供应与高价敞开供应两部分。平价部分对城乡采取分组计划供应。城市分定量、特需、凭证、敞开4种形式，农村分定量、凭证、奖售、敞开4种形式。

1966年，省商业厅根据商业部卷烟销售计划指标，编制下达年度商品流转计划。同年10月，省商业厅确定跨地区供应的卷烟商品按经济区编制流转计划，福建省的福鼎、拓荣、浦城、崇安四县跨区供应卷烟，编入温州、金华地区卷烟商品流转计划。

1970年，省商业局根据商业部下达卷烟计划指标，编制年度主要商品流转计划和季度商品计划。省副食品公司依据省商业局年度计划，按季下达卷烟商品流转计划和卷烟调拨计划。各县副食品公司的年度商品流转计划，报当地商业局综合上报和下达。季度的分品种调拨计划，由地区副食品公司汇总上报省副食品公司，省副食品公司平衡后下达地区公司，由地区公司再分配到各县公司。

1977年前，卷烟计划调整控制甚严，省副食品公司核定下达的计划，市(地)与县(市)公司均无机动数，若需要增减计划，地区公司只能在省核定的年度计划范围内，安排分季计划时在比例上作适当考虑。1977年后，省副食品公司的计划控制较前稍有放松，各县(市)公司在计划执行过程中，如发现计划同实际情况有差距，报省副食品公司批准可突破年度计划，超计划执行。

1980年12月，商业部强调卷烟是国家计划商品，必须坚持按国家计划进行收购。工商双方根据市场需要与原料可能按季衔接卷烟品种等级计划。同时，各地商业部门执行计划后多余部分，可在糖烟酒三类商品交流会上自行交流。省商业厅按商业部卷烟销售调拨指标和卷烟货源可供情况，经平衡编制下达年度卷烟商品流转计划。省糖烟酒菜公司依据省商业厅年度卷烟商品流转计划，编制下达年度商品流转计划和季度卷烟调拨计划。

1982年，中国烟草总公司成立后，卷烟是国家专营商品，实行集中统一管理。省糖烟酒菜公司依据中国烟草总公司季度卷烟调拨计划，按季下达卷烟销售调拨计划。在省糖烟酒菜公司管理期间，各地编报的卷烟季度和年度计划，分别于季前和年前45天上报省糖烟酒菜公司。

2.省烟草公司主管时期

省烟草专卖局(公司)成立后，逐步建立和健全卷烟计划检查制度，注重计划检查与统计分析相结合，按月、季、年度进行，除表式外，增加较为详细的文字分析，分析主客观原因以及市场变化和趋势，采取措施促进计划的完成。1985年，省烟草公司贯彻执行中国烟草总公司卷烟计划管理制度，实行统一经营、统一购销调拨，凡会计独立核算单位的市级烟草公司和县级烟草公司均为编报计划的基层单位，季度计划在季前30天，年度计划在年前45天上报省烟草公司。省烟草公司按中国烟草总公司年度卷烟销售计划和各地要货计划，下达年度卷烟销售计划和季度调拨计划。省烟草公司按季召开卷烟调拨衔接会议，平衡省内卷烟分品种调拨计划。1988年，省烟草公司下达年度《浙江省烟草公司综合计划》，其中《产供销计划及主要技术经济指标综合表》有关卷烟流通的计划项目有：卷烟货源(年初库存、省内卷烟购入、加工卷烟、联营联销卷烟、省外烟调入、进口寄售烟、旅游侨汇烟)、卷烟销售、调出省外卷烟等。其中卷烟销售计划有：全省卷烟总销量、市(地)和县别(杭州、宁波市计划下达到县)销售数量。1989年，增加卷烟销售总值、增销目标数量等项目。同年增加嘴烟及主要品种收购计划，计划分厂和品种列项，包括收购总量、嘴烟收购量、主要品种收购量。1990年，销售总值改为批发销售总值，增加卷烟创汇计划。

20世纪90年代初，卷烟仍实行“统购包销”的政策，杭州、宁波卷烟调拨站根据省烟草公司下达的产销计划，负责对应卷烟厂产品在省内流通企业的调拨进度安排。时值全国性的产大于销的形势，许多商业企业出现亏损，浙江烟草行业供求矛盾逐步激化。1992年，省烟草公司决定转换经营机制，把企业推向市场。杭州、宁波卷烟调拨站分别与杭州、宁波两家卷烟厂进行“厂站合一”，嘉兴卷烟厂成立嘉兴调拨站。各调拨站按省烟草公司下达的季度产销计划指标和省内产销会议双方认定的数量，分等级品种制订调拨计划，并按调拨计划，直接向全省各市、县级烟草公司(含接受委托代批的县级烟糖公司)提供对应厂的产品；并按省烟草公司下达的计划，向省卷烟销售公司提供出口产品。

1992年，省外卷烟调入计划总量12万箱，省烟草公司统一签订上海、北京产卷烟和侨汇、旅游烟的进货合同，并负责其卷烟的调入。

1994年5月，省烟草公司组织各市、县级烟草公司首次赴京参加全国卷烟交易会，面向全国采购卷烟，县级烟草公司面向全国跨省经营卷烟业务。此后，每年交易两次。

1995年，省烟草公司制定《省外卷烟调入管理办法》，对省外卷烟调入计划实行控制总量、分级管理。省烟草公司将半年指标下达给市级烟草公司，再由市级烟草公司分解下达给各县级烟草公司，并严格控制县级烟草公司调入指标。是年，浙江省卷烟调剂中心成立，各市、县级烟草公司开始互相“商商”调剂。

1996年，省产卷烟计划衔接由原来的一年4次改为2次；计划衔接在省产卷烟年度销售总计划内，由各厂与市、县级烟草公司直接衔接，实行合同制，省烟草公司签章备案；省产卷烟衔接合同数为省产卷烟销售计划的依据，并作为省烟草公司对各地年度考核的目标数。1997年，省外卷烟调入指标全年一次性下达，全年通用。

2001年，卷烟调拨站撤销。杭州卷烟厂、宁波卷烟厂分别设立业务部门，负责计划的衔接。2003年7月后，浙江中烟公司负责省产卷烟调拨计划的编制、执行与管理。

2004年，全省烟草商业经济运行管理系统网站开通运行。省烟草专卖局(公司)制定《2004年度浙江省烟草商业系统经济运行监管考核办法》，规定卷烟购销计划通过登陆全省烟草商业经济运行管理系统网站编报，市级烟草公司可使用该系统收集和审核所辖县级烟草公司的各项计划编报数。同时，根据省烟草公司要求实行月度计划预报制度。省烟草专卖局(公司)根据上级要求，编制年度全省卷烟销售、省外调入、省内购进计划和年末商业库存计划，并于9月10日报送国家烟草专卖局。2004年，进口卷烟(雪茄烟)计划每半年下达一次，省烟草专卖局(公司)负责综合平衡后提出半年度进口卷烟(雪茄烟)需求，于5月15日、11月15日前报送国家烟草专卖局，国家烟草专卖局据此编制半年计划并下达。进口卷烟由中国烟草进出口(集团)公司对外谈判、签订《烟草专卖品进口特种合同》，卷烟(雪茄烟)进口口岸由中国卷烟销售公司与中国烟草进出口(集团)公司协商后安排，进口卷烟国内销售由中国卷烟销售公司统一管理。

2005年，全省卷烟销售计划执行实行以地区为单位的政策，省内外卷烟调入和销售计划都由市级烟草公司统一执行，由市级烟草公司与省内外卷烟工业企业签订合同。卷烟合同的签订方式按国家烟草专卖局的要求，在中国烟草交易中心实行网上交易。卷烟调入和销售计划的执行与以市级烟草公司为市场营销主体的新格局相配套。在业务流程上，逐步创造条件尝试推行以零售户订单组织卷烟货源的模式。当年，国家烟草专卖局对省级烟草专卖局(公司)下达低档卷烟销售基数,并明确下达的低档卷烟基数是指令性计划。

2006年下半年,国家烟草专卖局下达各工业公司的调出计划,不再确定省产卷烟销售指标和省际调剂指标。随着卷烟区域性市场被打破,浙产卷烟逐步形成全国性大市场、大品牌,通过积极培育省内市场,奋力开拓省外与国际市场,省产卷烟调拨计划的总量与格局发生巨大变化。

表48-7-2-1　　1991年与2010年浙江省产卷烟调拨计划情况一览表

年份	调拨总量(万箱)	省内调拨		省外调拨	
		数量(万箱)	比重(%)	数量(万箱)	比重(%)
1991	76.43	73.2	95.77	3.23	4.23
2010	215.98	112.4	52.04	103.58	47.96

资料来源:根据杭州卷烟厂、宁波卷烟厂、浙江中烟公司和省烟草公司的资料整理。

(三)出口卷烟计划

卷烟出口实行计划管理,计划审批流程总体是计划由卷烟出口企业向国家烟草专卖局下属的进出口主管部门申报,进出口主管部门审核汇总后报国家烟草专卖局,国家烟草专卖局审核后报国税局,由国税局下达出口卷烟的计划。卷烟出口计划实行年度计划与季度计划相结合,年度计划为参考,季度计划为正式计划。卷烟出口计划实现专项使用,卷烟出口计划不占用卷烟内销计划,同时卷烟出口计划不能作为内销卷烟计划使用。

20世纪90年代之前,浙江省无卷烟出口。1992年8月,国家烟草专卖局制定《关于出口卷烟生产计划管理的规定》,省烟草公司根据该规定执行。卷烟出口计划审批实行代理制。1994年,中国烟草进出口公司驻浙江办事处设立。1995—1996年,全省出口卷烟计划编制由省烟草专卖局(公司)会同中国烟草进出口公司驻浙江办事处,于每年7月份报批国家烟草专卖局,经国家计委批准后在年度计划中一并下达,出口卷烟计划的调整由省烟草专卖局(公司)根据对外出口合同编制计划,报国家烟草专卖局批准后执行。1997年,浙江烟草进出口公司成立,自营烟草及其制品的进出口业务,由代理制转向自主经营,卷烟出口计划开始由进出口公司与杭州卷烟厂、宁波卷烟厂沟通协商后,报省烟草专卖局(公司)同意后编制和上报。

2003年7月,浙江烟草工商管理分设。省烟草专卖局(公司)与浙江中烟公司共同衔接卷烟出口事宜。计划的上报由浙江烟草进出口公司编制,经省烟草专卖局(公司)与浙江中烟公司共同会审后上报。2006年8月起,浙江中烟公司设进出口部,负责浙江出口卷烟计划管理。

二、统计

浙江省烟草业方面的统计工作,民国时期由税务部门管理。中华人民共和国成立后,烟草统计报表由有关主管部门连同其他商品（产品）综合填报。1985年后，省烟草公司统计报表统一执行中国烟草总公司统计制度。

（一）卷烟生产统计

民国17年（1928年），浙江省卷烟统税局统计烟厂制销、贴用印花、烟叶用存日报表，烟叶存销旬报，出厂卷烟和运输卷烟完贴印花月计表等。

1950年6月，省工矿厅试行《建立统计制度初步规定报表格式草案》，统计卷烟企业产值、产品产量、职工人数、劳动生产率等项目。10月，省工业厅按全国首届卷烟工业会议建立健全卷烟产销报告制度的要求，正式由卷烟厂填报《卷烟工业产销报告表（月报）》，于次月5日前报市、县主管部门，再由市、专区汇总填报统计月报，连同原件分别上报省工业厅和华东工业局。12月，省工业厅检查全省各地执行卷烟生产报表制度情况，要求各卷烟厂严格执行卷烟生产报表制度，并经驻厂税务员盖章后于次月3日前寄送省工业厅，同时报当地主管局（科），并由当地主管局（科）于次月10日前报省工业厅，以便核对。

1953年，省专卖事业公司按省财政委员会规定，制定《浙江省专卖系统1953年度统计报表暂行办法》，汇总填报《浙江省地方国营和公私合营工矿企业定期统计月报表》，卷烟和烟丝加工列入统计。

1955年，增加《卷烟生产配方建议和月末分品种等级原料库存统计表》和《卷烟原料耗用实绩月报》。

1959年3月，省轻工厅指定杭州利群烟厂和宁波联工烟厂填报电讯《生产五日报表》《卷烟产品产量及技术经济定额指标旬（月）报》，统计卷烟产量正品率、每箱耗烟叶量、每箱纸耗量、设备利用率等项目。4月，省轻工业厅补充修改轻工业统计报表制度，卷烟生产企业统一填报的电讯报表有日报、旬报、月报；邮寄报表有工业总产值、主要产品产量、职工人数及工资、劳动生产率、安全生产、主要产品生产成本等月报。报送办法：电讯报表中的日报，由市、县轻工业（工业）局和企业直接上报；旬报和月报由专署、市轻工业局根据企业报表汇总上报。12月，省轻工业厅制定统计报告制度，杭州利群烟厂和宁波联工烟厂作为重点企业规定报送的报表有：日报，将每天实际产量、计划品种和当天生产情况，在次日上午以电话向省轻工业厅汇报；旬报，将总产值、主要产品产量、质量及技术经济定额，在次旬一日报出；月（季）报，有产值、产量、试制新产品、新品种、主要产品质量及技术经济定额、创造发明及技术革新、生产事故、劳动工资等报表，各种报表均根据省统计局统一制订表式。

中国烟草工业公司管理期间，卷烟工业企业执行中国烟草工业公司统计报表制度，各种统计报表由卷烟厂上报中国烟草工业公司和上海分公司，抄报省和卷烟厂所在市（地）主管部门。同时，精简统一卷烟工业企业内部生产报表，废除厂部、车间日报制度，机台与车间建立统计台账。

1974年11月，省一轻局指定杭州卷烟厂、宁波卷烟厂电讯《生产五日报表》改为书面《生产旬（月）报》，在旬（月）后二日前上报，星期天照报，上报省一轻局轻工业公司。

1976年1月，省计经委规定从2月上旬起，由省一轻局填报卷烟工业产品产量旬报，于旬末第二天上报省计经委。

1981年1月9日，轻工业部指定杭州卷烟厂、宁波卷烟厂电讯汇报《卷烟生产旬报》，统计旬计划、旬实绩、旬止累计、去年同旬止累计等项目。

1982年9月，轻工业部又指定杭州卷烟厂填报《轻工业重点企业经济技术指标电报月报》，统计卷烟总产值、产品产量、合格率、每箱耗用烟叶、全员劳动生产率、月计划、月实绩、去年同月实绩对比等项目。上述报表在上报轻工业部时，同时报省轻工业厅。

1983年，省轻工业厅根据轻工业部的规定，将卷烟生产统计报表分为：《轻工业总产值——轻年综1表》《轻工业独立核算企业净产值——轻年综2表》《轻工业主要产品产量——工年综3表》《轻工业主要技术经济指标——工年综4表》《轻工业主要专业生产设备——工年综6表》《轻工业生产耗用主要原材料、能源情况——轻物年综1表》等年报，《轻工业总产量、主要产品产量电讯月报——轻生定月1表》《轻工业总产值及主要产品产量完成情况月报——轻生定月2表》《轻工业采用推广先进技术情况季报——轻生定季4表》《轻工业主要产品质量、消耗、工人实物劳动生产率完成情况月报——轻生定月4表》《轻工业出口产品交货量季报——轻生定季5表》等定期综合统计报表，同时还有《卷烟产量每月完成情况统计快报》。上述诸表由省轻工业厅汇总于每月初上报中国烟草总公司和轻工业部。

1985年，省烟草公司执行中国烟草总公司统计制度，填报《烟草工业总产值及产品产量电讯月报——国工定综01表》，统计工业总产值和卷烟等级品种，精装烟、滤嘴烟、烤烟型烟、混合型烟的产量，月末工业库存，工业自销量等项目。由卷烟厂统计上报省烟草公司的同时上报中国烟草总公司。省烟草公司汇总上报中国烟草总公司。此外，填报的还有《烟草工业总产值及主要产品产量(季报)——国工定基01表》《烟草工业独立核算企业工业净产值(季报)——国工定基02表》《烟草工业主要技术经济指标(一)(二)(季报)——国工定基03表》《主要经济效果指标电讯季报——烟工定1表》等报表。

1986年6月1日，省烟草公司汇总报送卷烟生产业务报表有：《卷烟产量电讯月报——烟生定1表》《卷烟厂卷烟质量统计——烟生定2表》《甲级烟定点牌号生产情况月报表——中烟生3表》《部分卷烟牌号生产情况月报表——中烟生4表》《联合生产牌号生产情况季报表——中烟生5号》。同年，卷烟厂上报省烟草公司的报表有：《烟叶库存月(季)报表一——浙烟业3号》《烟叶库存月(季)报表——浙烟业3—1号》，杭州卷烟厂、宁波卷烟厂填报《国家储备烟库存月报表——浙烟业4号》《国家储备烟库存月报表——浙烟业4—1号》。

1988年，省烟草公司根据业务需要，经省统计局同意，增加《主要经济技术指标的工业旬报》《卷烟分品种生产日报》。

1989年，中国烟草总公司通知执行新的卷烟生产业务统计报表规定，由省烟草公司填报《卷烟产量电讯月报》《甲级名优烟产量电讯月报》《卷烟产品质量抽验统计月报表》《甲级卷烟生产情况月报表》《重点牌号卷烟生产情况月报表》《联合生产牌号生产情况季报表》《聚丙烯丝束滤嘴生产情况月报表》。

1990年，省烟草公司调整业务报表，由卷烟厂填报《烟叶调入计划执行进度报表——浙烟业6号》，以生产年度分5次统计烤烟、香料烟、白肋烟、晒烟、进口烟调入地区计划、实际执行、占计划比重等项目。

1993年，省烟草公司执行中国烟草总公司《卷烟生产业务统计报表规定》，将原《甲级卷烟生产情况月报表》和《重点牌号卷烟生产情况月报表》合并为《重点卷烟牌号生产情况月报表》，停止上报《联合生产牌号生产情况季报表》《卷烟焦油含量统计月报表》《卷烟生产、库存电讯旬报》。7月，国家烟草专卖局将卷烟工业考核指标纳入当年统计制度。全省烟草系统按要求编制烟草行业独立核算工业企业主要经济指标，按月报送《工业企业主要经济月报》，包括工业产品销售率、工业成本费用利润率、全员劳动生产率、万元产值综合能源消耗降低率等10项考核指标。

1994年，卷烟工业统计执行国家烟草专卖局相关统计报表制度。根据行业统计报表制度，卷烟工业统计以软盘上报《烟草系统工业企业主要产品生产能力和设备年报表》，定期上报《烟草系统工业企业总产值及产品产量电讯月报》《烟草系统工业企业统计报表式月(年)报》。主要指标包括工业总产值、产品产量、主要经济技术指标。杭州卷烟厂、宁波卷烟厂被划归为“大型企业”，嘉兴卷烟厂为“小型企业”，列入工业企业统计单位。

2002年初，浙江烟草系统试行全省烟草经济运行分析系统。7月1日，随着国家烟草专卖局正式运行开通管理信息系统卷烟销售子系统，各卷烟厂开始在每日上午12时以前，将前一个生产日的产量数据及调拨数据，由各相关部门操作，经数据传报平台和省烟草广域系统，传报至省烟草专卖局(公司)，再由省烟草专卖局(公司)统一将全省数据传报给国家烟草专卖局。12月，省烟草专卖局(公司)制定实施《浙江省烟草系统统计报表和统计分析考核办法》。

2003年7月，浙江中烟公司成立后，实施对全省卷烟工业统计的审核、上报、管理工作。全省烟草工商管理分设前，省烟草专卖局(公司)管理全省工业统计工作，由卷烟厂负责填报，省烟草专卖局(公司)汇总审核上报国家烟草专卖局，两个层级对应的报表与职责权限有所不同，而这一时期统计报表也是在不断调整优化。工商管理分设后，工业统计由浙江中烟公司管理。特别是自2006年行业应用生产经营决策系统后，涉及工业生产经营的统计数据基本走此线。

2004年第一季度，根据国家烟草专卖局安排，杭州卷烟厂、宁波卷烟厂完成行业卷烟生产经营决策管理系统第一批实施。主要内容包括产品数码跟踪和工商信息数据采集。是年，根据国家烟草专卖局对统计报表制度的修订，增报《烟草行业百牌号卷烟工业电讯月报表(国烟工4表)》，同时增加统计“联营加工卷烟”销量、库存等数据。

2005年4月，按国家烟草专卖局要求，浙江卷烟工业每旬第一个工作日向国家烟草专卖局上报《工业公司卷烟生产经营旬报》。7月，行业卷烟生产经营决策管理系统全面运行，浙江中烟公司负责工业企业数据采集与统计，并经录入、审核汇总到行业卷烟生产经营决策管理系统。2006年，经省统计局批复同意，杭州、宁波两地发生的卷烟生产经营活动，分别填报统计报表，上报当地政府统计部门。是年起，浙江中烟公司负责数据汇总、审核、上报报表至国家烟草专卖局，上报同时附两厂数据。同年2月，按国家烟草专卖局规定，取消《烟草系统重点卷烟工业企业主要经济效益指标电讯月报》统计上报。

(二)卷烟流通统计

关于浙江省卷烟流量的统计,在民国16年(1927年)10月,省卷烟公卖局曾制定《卷烟统计册》,规定省卷烟公卖局统计卷烟牌号收付数量、货供金额;分局统计发货扣除佣金额、货值金额、卷烟牌号收付数量、销售货值金额、余存货值金额。

1949年下半年,省贸易总公司系统填报的《贸易公司经营商品统计表》,将统计卷烟进货、销售、城乡交流等数量和金额列入其中。

1950—1952年,中国百货公司浙江省公司系统填报《国营商业专业公司商品调拨年报表》《国营商业专业公司主要商品库存年报表》《国营商业企业商品国内购销调存统计报表》,卷烟和卷烟盘纸列入统计内容。

1953年,省专卖事业公司填报《国营商业企业主要商品购进统计表》《国营商业企业主要商品销售库存统计表》,分甲、乙、丙、丁级卷烟和雪茄烟,统计销给本公司系统、其他专业公司及地方国营贸易公司、商业部门系统外、期末库存等项目。同时卷烟还列入省商业厅的国营专业公司《主要商品购进来源表》和《主要商品销售对象表》的全年、季、月统计项目。

1958年,省商业厅修订浙江省商业统计制度,统计报表改由各级商业局逐级汇总上报。

1960年,商品流转报表中卷烟分甲、乙、丙、丁、戊5个等级统计。同时,统计土烟丝购销情况。

1962年,恢复由商业专业公司统计汇总上报。卷烟购销统计由省糖业烟酒公司填报《浙江省商业厅商品流转年报表——商流2号》《浙江省商业厅商品流转月(季)报表——商流2号甲式》,并分月统计卷烟侨汇、奖售供应等项目。卷烟实行高价供应期间,还填报高价销售月报表。1965年后,省副食品公司填报《商业部门商品流转统计表式月(季)报表——浙商流1号》,自基层起报,为全社会口径;《商业部门商品流转统计表式月(季)报表——浙商流2号》,自三级批发站(县、市公司)起报,为以批代零口径。

1978年后,省糖烟酒菜公司填报《商业系统商品流转统计表式月(季)报表——浙商流1号》《商业部门商品流转统计表式月(季)报表——浙商流2表》《商业部门主要商品报表——商流2表③》《商业部门商品流转统计月(年)报表——商流2表甲式④》《食糖、卷烟调出分地区月报表——商流3表》等,上述诸表分别统计卷烟购进、销售、调出、库存等项目。

1983年,执行中国烟草总公司统计制度,由省糖烟酒菜公司填报《烟草系统商品流转总值电讯月报——烟流1表》《卷烟商品流转电讯月报——烟流1—2表》《烟草系统商品流转总值表式月报表——烟流2号》《卷烟商品流转表式月报表——烟流2—2表》《卷烟下乡销售统计表》等报表。

1985年,省烟草公司执行中国烟草总公司烟草商业统计制度,经省统计局同意,制定《1985年浙江省烟草商业统计报表制度》,规定统计报表的种类、表式、项目及上报时间程序。填报的报表有《烟草系统商品流转总值电讯月报——浙烟流1表》《卷烟商品流转电讯月报——浙烟流1—1表》《烟草系统商品流转总值表式月(季)报表——浙烟流2表》《卷烟商品流转表式月(季)报表——浙烟流2—2表》《卷烟销售情况月(季)报表——浙烟流2—3表》

《卷烟省(区、市)购进、销售月(年)报表——浙烟流3表》《烟草系统商业机构、人员统计年报——烟流4表》。1987年,根据中国烟草总公司规定,卷烟厂的产品销售均要纳入流通渠道,由卷烟厂按月、季、年度填报,省烟草公司汇总上报《烟草系统商品流转总值电讯月报表》《烟草系统商品流转总值统计表式月(季)报表》。1990年,省烟草公司增加《卷烟业务进、销、存表式月报表——浙烟业1表》,由卷烟调拨站和市、县级烟草公司(未成立县烟草公司的糖业烟酒和副食品公司)填报,统计省产卷烟、省外卷烟、进口卷烟的当地收购、调入、批发销售、调出、月末库存等项目。市级烟草公司汇总县(市)报表于月后6日上报省烟草公司。除上述统计报表外,尚有固定资产投资(基本建设、技术更新改造)、劳动工资、干部状况、干部教育和财务、物价等方面统计年报、季报、月报等40余种,由省烟草公司汇总上报中国烟草总公司。

1991年12月15日起,省烟草公司按中国烟草总公司对工、商企业月份快报部分指标的修改要求,每月7日前上报月快报。

1993年,省烟草公司执行中国烟草总公司烟草商业统计制度,经省统计局同意,制定《1993年全省烟草系统商业统计报表制度》,规定各县级烟草公司、卷烟调拨站上报《卷烟商品流转电讯月报表(浙烟流1—1表)》《烟草系统商品流转总值表式月(季)报(浙烟流2表)》《烟叶商品流转表式月(季)报表(浙烟流2—1表)》《卷烟商品流转表式月(季)报表(浙烟流2—2表)》《卷烟销售情况月(季)报表(浙烟流2—3表)》《卷烟分省(市、区)购进、销售月(年)报表(浙烟流3表)》《烟草系统商业机构人员年报(浙烟流4表)》等至市级烟草公司,再由市级烟草公司汇总上报至省烟草公司。各级单位在上报的同时,分别报当地县(市)、市(地)统计局一份。季报由县级烟草公司于季后10日报送上级单位,各市级烟草公司、卷烟调拨站汇总表于季后12日报省烟草公司;年报的报送时间分别是年后10日前、年后14日前。各县级烟草公司上报市级烟草公司电讯月报的同时,报县(市)统计局一份,市级烟草公司汇总后上报省烟草公司的同时,报地(市)统计局一份。

2002年7月,全省烟草商业系统启动"卷烟日报表系统",全省卷烟流通企业完成日结账后,最晚于第二天12时前,将有关数据通过数据传报平台,经省烟草广域系统传报至省烟草专卖局(公司)信息中心。各类卷烟商业统计报表均开始网上填报。

2003年,省烟草公司每月从当月和当年度累计、去年同期、增减等角度分析全省商业经济运行情况,主要采用《全省商业系统购销存基本情况表》统计卷烟类别和地区卷烟购进、销售、库存情况,《全省烟草系统卷烟购进情况表》统计省产卷烟购进、省外购进、其他购进情况,《全省商业系统卷烟销售情况表》统计省内卷烟、省外卷烟、名优烟销售情况,《全省商业系统主要厂家卷烟销售情况表》分地区统计分析杭州、宁波、上海、云南、湖南卷烟的销售情况;同时,逐步增加销售额及销量排名靠前品牌、价格、类别的分析。

2005年下半年,全省烟草商业系统按国家烟草专卖局行业卷烟生产经营决策管理系统运行办法,上报各类统计数据。至今仍沿用此法。

(三)统计分析

浙江省烟草业的统计分析,大约始于20世纪50年代初,其时各有关部门的烟草产销方面的统计分析，以数据为主，并附简单的文字说明。1950年12月，省工业厅通过对卷烟实行计划生产后市场变化情况的分析，及时调整计划，保证市场供应。1953年，省专卖事业公司规定所属单位对统计工作要做到专人负责，数字正确，简要分析，报送及时。1954年后，强调建立健全原始记录，认真开展统计分析，切实反映商品流转情况。卷烟工业企业相继制定统计工作原始记录管理等制度。1960年，卷烟工业企业的月报都附有较详细的文字分析，内容包括计划执行情况、增减原因、存在问题等。工商部门在搞好计划执行情况检查的同时，还注意卷烟产销矛盾、烟叶购销状况等方面的专题分析。70年代后期，统计分析工作得到加强，重视统计数据分析和市场调研，分析好烟叶、卷烟生产、购销计划执行进度和市场变化情况，成为上下沟通、交流市场信息的有效形式。1980年，轻工系统加强统计分析，提高统计工作的准确性和及时性，既分析各项计划完成情况，又及时总结增产节约、实现经济效益的经验。

1985年后，省烟草公司建立和健全各项统计制度，注重调查研究，做好统计分析，切实发挥统计的服务、监督作用。建成以烟厂和市、县级烟草公司组成的统计分析队伍，对年度全面分析，季度综合分析，月度重点分析，节日专题分析，开展烟草行业产供销状况研究和信息反馈工作。将历年来浙江省烟草行业各种统计数据和经济方面资料输入计算机，归入信息库。省烟草公司还对所属卷烟厂和各级烟草公司实行统计责任制。坚持各项业务活动的原始登记、凭证传递、定期盘点、登记入册、报表审核、数据检查等统计制度。

1986年后，每年召开年报和季报的统计报表互审汇编会，各市级烟草公司视情召开辖区内统计报表互审汇编会。从原始记录、凭证传递、台账登记到报表汇编，对每个环节、每个步骤的统计数据进行核对，发现问题和差错，及时研究纠正。

1987年，全省烟草行业统一商品统计登记台账制度，省烟草公司组织统计人员学习统计法规，自觉进行统计执法检查。省烟草公司采取自查和抽查相结合的办法，数次组织卷烟厂和市、县级烟草公司检查《中华人民共和国统计法》贯彻执行情况，及时上报统计执法检查情况和统计分析资料。省烟草公司1990年3月下发《浙江省烟草系统工商业统计竞赛办法》，组织全省烟草系统开展统计工作竞赛。

20世纪90年代后，省烟草公司对所属工业企业和各级烟草公司实行统计责任制，完善考核制度，并逐步建立统计信息网络，将各种数据统计和经济方面的资料输入计算机，归入信息库，形成资料共享。

1999年1月，省烟草专卖局(公司)开始对全省烟草系统统计工作实施考核，依据行业统计报表制度，针对统计报表的准确性、及时性和全面性及统计分析的准确性、时效性、针对性和逻辑性进行年度考核。

2003年，全省烟草行业执行《统计工作管理办法》，针对统计调查计划和统计报表制度、统计报表与统计分析考核标准和计分方法、统计资料的整理、统计部门及人员权责、统计服务要求、统计信息自动化建设、统计执法监督检查以及奖惩措施等作了详细规定。

2005年，全省烟草商业系统经济运行监督管理办法实施，对统计工作进行考核，主要对统计报表的准确性、及时性、全面性进行计分。

2010年9月，行业统计执法检查小组对浙江中烟公司开展为期两天的统计检查工作。

浙江中烟公司职能部门向检查组全面汇报了公司的自查情况，并牵头负责与协调了相关部门的统计工作核查，检查结果比较好，并得到国家烟草专卖局的肯定。

第三节　税　收

浙江省对烟草的课税，清代康熙年间有记载。民国时期曾经一度征收烟捐及经营许可证牌照税。其后，对烟草征税的名目逐渐增多，税率也不断加重。民国 11 年(1922 年)，浙江省创办卷烟特税，各省纷纷效仿。至民国后期，由于当时物价飞涨，民国政府加强了对烟草的征税。中华人民共和国成立之初，政府为减轻人民的负担，即实行减少税种、简并税目、调整税率的政策，曾经对烟草制品分级征税。1953 年实行一次课征制，1958 年简化为工商统一税。其后，国家烟草税制又历经数次改革，逐与烟草行业发展相适应。

一、明清时期

我国对烟类征税，始于明代。明崇祯十年(1637 年)，朝廷以“烟”与“燕”(北京旧称)谐音为由，下令全国禁烟。崇祯十六年(1643 年)，弛禁兴贩烟酒，听从民便，须加等纳税。

浙江烟税征收可查资料始见于清康熙《金华府志》卷八《课程》。其记载云：康熙十九年(1680 年)奉文，烟酒两税始定税额，其中收卖烟筋铺面为每斤征银 2 厘。时金华府属 8 县有登记烟户 20 名，共征银 20 两 9 钱 3 分 2 厘。康熙二十三年奉文停征。

清咸丰三年(1853 年)，浙江开设烟酒厘，附于百货厘金项下，由厘局征收，厘率初仅值百抽一，后逐渐增至百分之六七。清同治二年(1863 年)，百货厘改为：经过浙东浙西最多抽两起两验，此外不得重征；浙西货运销于浙西，或浙东货运销于浙东，仍抽一起一验。逢起抽百分之三，逢验减半，故一起一验共抽收百分之四点五，两起两验共抽收百分之九。光绪二十二年(1896 年)，烟厘加二成。光绪二十六年，续加二成。光绪二十七年，为筹庚子赔款又加三成。光绪二十九年，清廷帑藏大绌，责成各省整顿抽收烟酒两税，派定浙江省每年税款 30 万两。光绪三十年，因练兵经费所需，烟厘又加五成。

清宣统元年(1909 年)，温州、松阳烟叶厘捐改为先捐后售。迫于西方资本主义国家的压力和一系列不平等条约的束缚，卷烟、雪茄烟缴纳海关税后(即按中英 1861 年《天津条约》的补充条例规定，卷烟以重量为单位按每百斤精制烟叶缴税银 4 钱 5 分的数额缴纳关税)，一般免征厘金。

辛亥革命后，厘金废止。

二、民国时期

民国时期，烟税复杂繁多，按等级分有国税、省税、县税，按性质分有营业税、货物税、消费税等，按稽征对象分有贩运者、消费者、制造者等，税种名称各异，有牌照税、特税、统税等，此外还征收过烟捐。各税税率变动频繁，稽征方式互有异同。

(一)烟捐

民国元年(1912年),浙江省政府改革税制,颁布《征收烟捐章程》,全省烟捐始统一征收。烟捐成于地方,由省财政厅主管。凡省内运销烟件及制造烟丝均需纳捐,捐率分别为:烟叶不论等次每百斤捐银1.50元,外省输入和省产各类烟丝每百斤捐银3.00元,江西运江苏的过境烟叶和烟箱每百斤捐银1.00元,烟筋每百斤捐银0.50元,上等雪茄烟每百支捐银0.60元,下等雪茄烟每百支捐银0.30元,上等卷烟每千支捐银0.60元,下等卷烟每千支捐银0.30元,鼻烟每瓶捐银0.44元。运销烟件由经过的第一经征机关一道征收;省产烟丝由经征机关每月末派员赴制造烟坊查验,并收捐给票。具体征收机关有:商人报运通过的烟类由各统捐征收局征收,其中用轮船装运自浙、瓯两海关进口的由该处的洋广货捐征收局征收;省产烟丝,当地有统捐征收局的由该局征收,无局的由财政厅委托当地专员或县知事办理。

英美烟公司(含该公司在中国设厂)的卷烟制品,因与统捐局签订有按年特认捐数合同,所以该公司输入浙江的卷烟按年缴特认捐后,各捐局不重征烟捐。民国2年(1913年)5月,合同期满,统捐局不允重订,恢复缴烟捐,即每箱卷烟征捐洋3元,后改为每箱征捐洋15元。民国3年7月,英美公使向外交部提出抗议,称"浙江省违背条例,非法征收商品税"。后经协商,英美烟公司输入浙江的卷烟按照向省当局缴付一笔相当于全部货物运至内地的子口税税款,并同时对在通商口岸包括县城在内的全部货物按其销售额的20%另行付出一笔同样税款的办法解决。

民国3年(1914年),为发展地方事业,省财政厅呈准于各种货物捐项下加征二成附税,烟捐同时附加。民国4年8月,奉北京政府令开征烟酒公卖费,烟类(不包括卷烟、雪茄烟)除缴纳烟捐及附税外,另加征值百抽十五的烟酒公卖费。民国6年,省烟酒公卖局接管此捐,并设立浙西(址海宁硖石)、曹娥、松阳(民国7年2月并入第九区分局)、闻堰烟类专局,专征本产烟捐。其后,输入烟类也陆续由统捐局划交各烟酒公卖局稽征。民国元年至7年,全省烟捐实收数分别为132041元、183552元、235594元、216138元、205940元、206780元和187508元。

民国9年(1920年)3月,烟酒公卖局改组为烟酒事务局,烟捐也转由烟酒事务局负责征收。省烟酒事务局下设10个分局和3个烟类专局。第一区分局设于杭县吉祥巷,第二区分局设于嘉兴北门外端平桥,第三区分局设于吴兴县南浔镇,第四区分局设于鄞县城内府街前,第五区分局设于绍兴城内板桥,第六区分局设于临海县城内,第七区分局设于兰溪县城内,第八区分局设于永嘉县谢池巷,第九区分局设于丽水县城内大夫第,第十区分局设于常山县。

民国10年(1921年)和12年,北京政府分别颁布《征收纸烟捐章程》和《征收雪茄烟捐章程》,卷烟和雪茄烟捐开始由国家征收。

民国17年(1928年)9月1日,省产烟叶捐加征五成。时各种烟类的捐、税、费征收情况分别为:烟叶每百斤捐银2.25元、税银0.45元、费银0.80～2.20元。普通烟筋每百斤捐银0.70元、税银0.15元、费银0.50元,省外输入及省产烟丝每百斤捐银3.00元、税银0.60元、费银3.60元,福建仙游黑条烟丝每百斤捐银1.50元、税银0.30元、费银1.50元,江西过境烟叶和烟箱每百斤捐税 1.00 元、税银 0.20 元、费银免纳。民国 14 年至 17 年，全省烟捐税费收入数分别为：303195 元、297501 元、387251 元和 394514 元。民国 18 年后，省外输入烟丝捐有所提高，福建仙游黑条烟丝每百斤纳捐 2.25 元、税 0.45 元，其他省外输入烟丝每百斤纳捐 4.50 元、税 0.90 元，费不变。

表 48-7-3-1　民国 18 年(1929 年)浙江省烟类实征捐税费数及平均折合征率一览表

货　名	正　捐(元)	附　税(元)	公卖费(元)	平均折合征率(%)
烟叶	198152.64	39630.53	132599.91	30
烟筋	4557.60	911.52	3219.00	28
省产烟丝	12515.15	2502.03	879.13	30
输入烟丝	6279.02	1255.80	4931.64	22
输入西烟	2346.98	469.40	—	—
输入黑烟丝	824.63	168.52	323.55	30
赣烟销苏	37946.06	7589.21	免	—

资料来源：根据《浙江省烟草志》浙江人民出版社 1995 年版第 587 页表格整理。

说明：输入西烟(外国烟)由上海西烟公卖费稽征所统征公卖费一道。

民国 19 年(1930 年)，全省征得烟捐(仅指正捐)数为 254127.2 元。民国 20 年 1 月，省烟酒事务局与印花税局合并，烟捐改由省印花烟酒税局主办；原烟酒事务分局改称烟酒稽征分局，浙西、闻堰、曹娥烟类专局改称烟类稽征专局。民国 21 年后，熏烟叶改征统税，捐停征。民国 22 年举办土烟叶特税后，烟捐和公卖费及附税并征时代结束。

(二)牌照税

牌照税有贩卖烟酒特许牌照税、卷烟营业牌照税、烟类营业牌照税、烟酒营业牌照税等。

1. 贩卖烟酒特许牌照税

民国 3 年(1914 年)，北京政府颁布《贩卖烟酒特许牌照税条例》，浙江于 5 月开办。由省财政厅办理，委托各县公署代征，以烟草(包括进口烟草)和酒类贩卖者为征收对象。此税于每年分上下两期换领牌照时完纳税款。烟类牌照分整卖、零卖两类，共 4 种。整卖营业为特种，每年纳税 40 元；零卖营业甲种(主营烟草的固定店肆)每年纳税 16 元，乙种(兼营烟草的固定店肆)每年纳税 8 元，丙种(无固定店肆)每年纳税 4 元。民国 6 年，此税划归省烟酒公卖局办理，由下属各分局负责征收，但部分偏僻地区仍由当地县公署代征。民国 3 年至 7 年，全省烟酒牌照税收数分别为 187641 元、152590 元、140920 元、135826 元和 128220 元。民国 16 年，全省烟酒特许牌照税上下两期共收银 172525 元。民国 17 年 1 月，售卖卷烟改征卷烟营业牌照税。3 月底，开办烟类营业牌照税后，贩卖烟酒特许牌照税停办。

2. 卷烟营业牌照税

民国16年(1927年)底,国民政府公布《卷烟营业牌照章程》。民国17年1月1日,浙江省正式开征卷烟营业牌照税,由省卷烟税总局负责办理。征收对象为售卖机制、手工制卷烟及其他烟叶制品(不包括土制烟丝)业者。征收办法是,营业者向稽征机关申请发给牌照,牌照每年按季领取,分特别和普通两种。同年3月底停办,卷烟改征烟类营业牌照税。

3. 烟类营业牌照税

民国17年(1928年)4月,根据国民政府颁布的《烟类营业牌照税暂行章程》,全省开办烟类营业牌照税,由省烟酒事务局主办,未设分局之处,委托当地政府代为征解。凡售卖土制烟丝、机制卷烟及其他烟叶制成品业者,不论华洋一律领取此牌照并缴纳税款。牌照分整卖和零卖两种,再分3等与5等,每年按季领换。每次领换缴纳的税额为:整卖甲等(卷烟厂商之分公司及经理分销处)100元、乙等(各种制卖土烟店及烟草行)40元、丙等(经理各种烟类批发店)20元,零卖甲等(开设店肆营业一切烟类)12元、乙等(他种商店大部分兼营一切烟类)8元、丙等(他种商店零售一切烟类)4元、丁等(设摊零售烟类)2元、戊等(零售烟类小贩者)1元。民国18年,全省征得烟类营业牌照税147962元。民国19年,为143466元。民国20年1月,此税改由省印花烟酒税局主管,并直接由下属的烟酒稽征分局征收。7月,烟类营业牌照税并入烟酒营业牌照税。

4. 烟酒营业牌照税

民国20年(1931年)7月,国民政府《烟酒营业牌照税暂行章程》开办,由省印花烟酒税局直接稽征。不论华洋烟酒一律请领此牌照并纳税后方得营业。牌照每年分4季领换。烟草各类各等级纳税额与原烟类营业牌照税同。民国22年,全省烟酒营业牌照税收数为242594元。民国23年6月,第二届全国财政会议决定废除各省苛杂税,此税拨归地方,以用作抵补。征收仍照原章程执行,征收机关改成省内各营业税局及兼办营业税的县政府。民国27年3月,省政府决定调整战时烟酒营业牌照税税率,烟类各等级牌照税的每季税额变为:整卖甲等300元、乙等60元、丙等30元,零卖甲等18元、乙等12元、丙等6元、丁等3元、戊等0.7元。民国27年至29年,全省烟酒营业牌照税收数分别为546717元、1017520元和842367元。民国29年1月,省政府决定于征收此税时另行加收二成的抗卫事业费,作为省内各县抗卫事业之用。7月,烟酒营业牌照税停办。售卖烟类仅缴纳普通营业税。

(三)卷烟特税

民国11年(1922年),省政府为改善省内交通,议定修建省道,遂决定借助当时民众抵制洋烟的情势,参照西方各国的办法开征卷烟吸户捐,并定名为卷烟特税,其收入作为修筑省道的专项经费。

民国12年(1923年)2月21日,浙江省征收卷烟特税总局成立,3月1日正式开征。征税对象为浙江境内购吸卷烟(包括雪茄烟)者,税率为从批发价征收卷烟特税20%,纳税款以印花形式粘贴于售卖卷烟的最小单位(罐、盒、包)上。印花分14种,2、4、6、8厘,1、2、3、4、5分(印有雷峰夕照花纹),6、7、8、9分和1角(印有苏堤春晓花纹)。省征收卷烟特税总局直属省行政长官，局长由省行政长官委任。总局按区域下设8个分局，各分局长由总局局长委任，报省行政长官备案。在售卖卷烟较集中的集镇、车站、码头、交通要道及邻省交界处还设立分驻所，负责该地卷烟特税的征收。全省共设有卷烟特税稽征所82个。卷烟特税初时稽征采取"散征制"。由各分局自行发售印花税票，或委托所辖区域内适宜商店作为分售印花处，代为分售印花。印花大都由售卖卷烟的商店自行粘贴，准其在增加的烟价中扣15%的手续费。因该法有疏漏，遂于民国13年1月起实行"公栈制"。由总局拟定公栈章程，分区组设置公栈。公栈由该区域内殷实商人呈报分局批准组织，缴纳保证金后负责承办。卷烟入市先由公栈查验登记并办理缴税手续。税额按照全年印花销数预算，除去手续费外，分月上缴，如印花销数不足归公栈赔缴，近于包办性质。

浙江省开征卷烟特税，遭到英、美等国的强烈反对，要求中国政府下令取消，但得到广大卷烟吸户的支持。毛泽东当年也专门发表《纸烟税》一文，指出开征卷烟特税系国内行政主权，断不容外人侵犯。

卷烟特税为省税大宗收入。民国12年(1923年)，收税116万余元；民国13年，136万余元；民国14年，150万余元；民国15年，达200万元。民国16年初，省财政委员会决定卷烟特税税率增加1倍，改为值百抽四十，因拟改特税为公卖，未实行。5月26日，省公卖筹备处接管省特税总局。6月底，正式停征卷烟特税。

(四)卷烟(统)税

民国16年(1927年)7月7日，按国民政府财政部要求，浙江实行卷烟统税的指令。根据《全国卷烟统税暂行简章》，浙江省制定《浙江卷烟统税总局征收统税暂行细则》。8月16日，正式开办卷烟(含雪茄烟)统税。凡浙江境内烟商向省内外烟厂或烟商购卖卷烟，必须遵照《全国卷烟统税暂行简章》规定，缴纳值百抽五十的卷烟统税，贴足盖有"浙字之全国卷烟统税"印花方准运销浙江。但在具体征收方式和完税环节方面，与《全国卷烟统税暂行简章》规定的就厂就关稽征有所不同。即省内烟厂运烟往他省销售，须向卷烟统税总局请领出运凭照，方可出境。省内烟商采运省外卷烟入境，要先填具报告单，向卷烟统税总局或分局领取采运凭照，方准向烟厂采运。省外烟厂接到浙江省商人的采运凭照后，须报请浙江卷烟统税总局驻该地的办事处验明，并照数填具请购印花凭单领取印花，印花贴于卷烟最小容器上并加盖骑缝图章，贴花卷烟装箱后还须在箱上贴查验单和加盖骑缝图章，单上注明出厂日期及运达地点。9月，国民政府鉴于各省税政尚不统一，实行统税有困难，遂将卷烟统税改办卷烟税，并公布《征收卷烟税章程》和《征收卷烟税施行细则》。其征收对象为卷烟及一切烟叶制造品(除土制各种烟丝外)。税率规定按批发价格征50%，但实际征收仅为35%。

民国17年(1928年)1月17日，财政部公布《征收卷烟统税条例》，恢复卷烟统税。时开办统税的有苏、浙、皖、闽、赣5省。统税采取就关就厂一次征收，进口卷烟(雪茄烟)缴纳海关正税5%和附税2.5%后按海关估价另纳统税20%；境内设厂制造的卷烟(雪茄烟)以海关估价为标准纳统税22.5%(每百元征22.5元)，并分7个等级分别征收税额，一等最高，每5万支售价超过1052元的缴税款280.125元，七等最低，每5万支售价低于125元的缴税款

20.25元。完税以印花为标志。税后卷烟(雪茄烟)在实行统税的5省行销,不再缴其他税捐。因统税由设于上海的卷烟统税处直接就厂征收,省局主要从事卷烟查缉、补税和罚款等事务。民国17年9月,卷烟统税由改组成立的省卷烟煤油税局负责征管。12月,卷烟(雪茄烟)不分舶来、华产,均改为以海关估定的价格作为计价基础,从价征统税32.5%。次年2月,省卷烟煤油税局改组,成立浙江卷烟统税局,下设查验所5家及查验分所35家。民国19年(1930年)10月,卷烟统税实行三级征税方法,即每5万支卷烟售价在540元以上的缴税225元,150～540元的缴税56元,150元以下的缴税32元。民国18年、19年,浙江省分别征收卷烟统税3081元和1295元。民国20年2月,3个等级的缴税额分别增至305元、81元和39元。同年,根据《各省区统税局暂行组织章程》,苏浙皖3省划为一区,在上海设苏浙皖区统税局,浙江杭州、宁波设管理所,负责卷烟统税征收事务。民国21年3月,卷烟统税改为二级征收制,即每5万支卷烟售价在250元以上的缴税95元,250元以下的缴税55元。民国22年12月,等级限价和缴税数额分别增加,即每5万支卷烟售价在300元以上的纳税160元,售价在300元以下的纳税80元。时手工制卷烟每5万支仅纳税10元。民国22年,浙江省卷烟统税收数为98205元。民国26年4月,卷烟改为四级征收制。

民国27年(1938年)5月1日,浙江试办战时卷烟公卖,对已完统税运销浙江境内的卷烟,按商人向烟厂进货实价,加征50%公卖费;10月1日,改征战时卷烟管理费,费率为以卷烟厂所报批发价征35%。民国29年1月,省政府为统筹各县抗卫经费,于征收卷烟管理费时另行带征一成抗卫事业费。8月1日后,改为比照卷烟管理费,征收三成抗卫事业费。后奉财政部令,统税外另加的卷烟管理费及附加的抗卫事业费废除。民国30年实行货物统税后,卷烟统税停办。

抗日战争期间,在敌伪统治区,汪伪政权自立关卡,强征苛捐杂税。对沪已税卷烟重征税捐的有:伪杭州市政府,按值征收7.5%;伪吴兴县征收局,按值征收10%;伪嘉善自治政府,按值征收10%;伪硖石自治政府,按值征收10%。

(五)土烟叶特税

民国22年(1933年)7月1日,根据国民政府《土烟叶特税征收暂行章程》,浙江省与苏、皖、豫、鄂、赣、闽等省同时开办。由省印花烟酒税局主办,成立的萧山、新昌、松阳和浙西等4家土烟特税分局具体负责征收,熏烟产区由已设立的统税管理所征收,其他地区由各烟酒税分局与稽征所征收。征收对象为收卖国产烟叶的商店或于产地临时设庄的商人。纳税每百斤征收国币4.15元,同时带征省附加税0.37元。完税土烟叶领取完税照并于烟包件上粘贴印照,其行销浙、苏、皖、豫、鄂、赣、闽7省特税区内不再另征其他税费。税后土烟叶刨制成烟丝免征烟丝税,但未纳税土烟叶制成烟丝仍需补缴特税。税后土烟叶输往国外可退还全部特税;输往国内非特税区域,准由商人持完税照等凭证,连同运达非特税区后的纳税证据,经核实可发还半数特税,即每百斤还2.075元。非特税区土烟叶及制成的烟丝运销特税区内由入境第一道土烟叶征收机关实足征收特税。当年度,省印花烟酒税局共征收土烟叶税593176元,在全国试办特税的7省中占第一位(不包括熏烟产区设有统税管理所直接报于苏浙皖区统税局的土烟叶税额)。

民国23年(1934年)11月,非特税区土烟叶及烟丝运入特税区时减为征收半税。民国26年,为抗战军需,土烟丝不再免税,完纳特税后的土烟叶所刨制成的烟丝需按土烟叶特税税率半数征收烟丝税,即每百斤净重征国币2.075元,由税收机关就当地各刨烟商店按产量征收,发给完税照并于包件上粘贴印照,行销特区内不再重征;运销国外或非特税区省份时所纳的烟丝税不予退还;由非特税区省份运销特税区内的土烟丝除照章征收土烟叶特税外,还同时照征土烟丝税。

民国30年(1941年)9月,土烟叶、土烟丝改征国产烟酒类税。

(六)战时烟酒消费特捐

属省税。民国29年(1940年)7月,浙江省为节约烟酒消费,寓禁于征,开办省战时烟酒消费特捐,并公布征收章程。其中土烟叶捐率为每百斤征国币8元,由烟商缴纳烟税后即时向征收机关缴纳,捐后土烟叶以省财政厅的印据为运售凭证。全省划分8个区域,即甬属各县、绍萧各县、上嵊新余各县、台(临)属各县、金严及浙西战区各县、衢属各县、温(永)属各县、处(松)属各县,每区设一征收处,并于区内适当地点设立分处,专司各该区内烟酒特捐稽征事宜。此捐实行年余。

(七)货物(统)税

民国27年(1938年)后,烟价暴涨,原从量分级征税方式已不适应,税收锐减,故开始建立以价计税为中心的税收制度。民国30年7月,国民政府财政部公布《货物统税暂行条例》,卷烟、雪茄烟、熏烟叶属货物统税范围,征税方法为从价分级征收。税率为卷烟(雪茄烟)从价征80%,熏烟叶从价征25%。民国31年,统矿税和烟酒税机构合并,由新成立的浙江区税务局(先设在永康方岩,后迁云和)负责办理。各类烟完税额,由财政部依据各省重要市场价格酌定,通令各税务机关实行征收,并分期查明市场实售价格随时调整税额。民国32年4月,货物税和直接税合并,改由设于景宁的浙江省税务管理局负责征管。

民国32年(1943年),浙江实行战时烟类专卖,卷烟、雪茄烟、熏烟叶属专卖品,只征收专卖利益。民国34年2月,专卖取消,恢复货物统税。初始,税率沿用烟类专卖利益率课征,即机制卷烟从价征收100%,手工卷烟和雪茄烟从价征收60%,熏烟叶从价征收30%。完税价以最近核定的专卖收购价格为标准;原无专卖标价和收购价的,按其品质与价格比照同等烟类的完税价计算征税。6月,货物税和直接税分开,烟类税划归设于福建南平的闽浙区货物税局主办。

民国34年(1945年)11月,国民政府修正货物统税条例,机制卷烟、手工卷烟和雪茄烟税率一律从价征收100%,熏烟叶仍为30%,由税务机关派员驻厂或驻场征收。卷烟完税后,贴印花查验证,运外埠的还应填发运照;熏烟叶完税后,填发完税照,并于包件上贴印照。税价税额则以市场每3个月平均批发价为计算根据。同月,此税划归新成立的浙江区货物税局主办。当年,浙江区卷烟税和熏烟叶税收数分别为1.07亿元和274.86万元。

民国35年(1946年)8月,国民政府颁行《货物税条例》,货物统税更名为货物税。民国36年3月,修正货物税条例,烟类税率未变。当年,浙江区卷烟税收为23.45亿余元,熏烟叶税收为14.52亿元。

民国37年(1948年)8月,直接税与货物税再次合并,卷烟类货物税由浙江区国税管理局征收。卷烟(雪茄烟)税率增至120%,熏烟叶税率未变。由于烟价飞涨,完税价格和款额改以出产地附近市场每1个月内平均批发价格作计算依据。此税沿用至1949年底。

(八)国产烟酒类税

民国30年(1941年)9月1日,根据国民政府公布的《国产烟酒类税暂行条例》开办国产烟酒类税。民国31年,由浙江区税务局及其下属机构稽征。依据统税原则,实行从价收税,产地一道征收,行销全国不再重征。税率为土烟叶从价征30%,土烟丝从价征15%,计税价格以出产地附近市场最近6个月内平均批发价格为标准,税后烟件以完税照作为凭证,并于包件封口处实贴印照,在包缝间加盖机关验讫戳记及日期,零星售卖的烟丝不贴印照,只发完税照和加盖"零星门售"字样的戳记。土烟叶税由收买烟叶的烟商或产地临时设庄的商人代出产人缴纳,土烟丝税由刨制烟丝商缴纳。

民国32年(1943年)4月,国产烟酒类税改由浙江省税务管理局主办。次年11月,国产烟酒类税交由浙江区货物税局主办。民国35年8月,再次修订条例,烟类税率提高,土烟叶为从价征收50%,土烟丝为从价征收30%,为便利稽征,实行分类分级课征。民国36年,浙江区各类货物税中土烟叶税收入为193.89亿元,占货物税收入的16.32%,土烟丝税收入为8.48亿元,占0.71%。

民国37年(1948年)2月,国产烟酒类税率再次调整,烟叶征收60%,烟丝征收40%。完税价格以产地附近市场每2个月平均批发价格为计算依据。较大规模的刨烟厂由货物税分局派员驻厂征收,零星刨烟店由货物税分局查定产量,按月征收;烟叶于起运时由商人报请产地货物税机关查验征税。8月,国产烟酒类税划归浙江区国税管理局主办。10月,由于物价猛涨,国产烟类税价格改为以出产地附近市场每1个月内平均批发价格为计算标准。浙江区国税管理局接管后分别核准公布《督征土烟叶税应行注意事项》《国产烟酒类税驻厂征收暂行办法草案》《国产烟酒类税稽征登记补充办法草案》等规定,以加强烟叶、烟丝的税收管理。此税沿用至1949年底。

(九)县征杂捐

烟类除国税、省税之外,各县在不同时期还征收一些杂捐附税,名目繁多。以烟为名的大致有萧山、德清、常山、桐庐的烟叶捐,永康、崇德的烟酒牌照税附捐,嵊县的烟茶米袋捐,温岭的烟茶捐,天台的烟捐,永嘉的卷烟乐捐,桐乡的烟丝业牌照税和烟叶附捐,萧山的烟叶实业捐和烟叶特产改进费,松阳、新昌、缙云、诸暨的烟叶特产捐,松阳的播种烟叶登记费等。

各捐税征收的对象、方法、数额和用途各异。萧山烟叶实业捐无课税额,由烟店认征,归教育局收取,充作教育经费,年约300元。桐乡的烟叶附捐,由浙西烟类专局照正税抽20%,

作为自治经费使用，年征额约 134 元。崇德烟酒牌照税附捐照正税征 20%，年约收 760 元，专作育婴费用。

三、中华人民共和国成立后

民国 38 年(1949 年)5 月杭州解放后，军管会财经部接收浙江区国税管理局，废除苛捐杂税，部分货物暂沿用旧税法征税。但由于烟类税率过高，先后于 6 月 21 日、10 月 1 日、10 月 23 日作过三次调整。

表 48-7-3-2　　　　1949 年杭州烟类税率调整情况一览表

单位：%

货　名	调整前	第一次调整	第二次调整	第三次调整	货　名	调整前	第一次调整	第二次调整	第三次调整
卷　烟	120	80	100	100(机制)	土烟叶	60	60	30	30
				80(手工)	熏烟叶	30	30	30	30
雪茄烟	120	80	80	80	土烟丝	40	40	30	30

资料来源：根据《浙江省烟草志》浙江人民出版社 1995 年版第 595 页表格整理。

1950 年 1 月，中央人民政府决定减少税种，简并税目，调整税率。浙江省成立省税务局，贯彻执行新的税制。烟类主要缴纳两种税。一为货物税，系价外税。对已纳过货物税的烟类产品，税务机关给予相应的完税照证，行销全国任何地方都不再重征货物税。计税方法为市场平均批价÷(1+税率)=完税价格，完税价格×税率=应纳税额。二为工商业营业税，采取查账、民主评议和定期定额 3 种方式，依营业额计算征收。根据政务院《货物税暂行条例》，制定上述两征收税率。7 月 1 日，浙江省根据《关于全国开始调整税收的通知》，下调卷烟、雪茄烟税率，其中卷烟采用分级计征。

表 48-7-3-3　　　　1950 年浙江省烟类货物税税率一览表

单位：%

项　目	细　　目	税　率	项　目	细　　目	税　率
卷　烟	机制、手工制卷烟、雪茄烟	120	烟　叶	熏烟叶	30
烟　丝	高级斗烟丝、板烟丝	120		土烟叶	20
	普通烟丝	30			

资料来源：根据《浙江省烟草志》浙江人民出版社 1995 年版第 596 页表格整理。

表 48-7-3-4　　1950 年浙江省烟类各业工商业营业税征收税率情况一览表

单位：%

业　别	范　围	税　率
工业：烟类制造业	卷烟、雪茄烟、熏烟叶、斗烟丝、普通烟丝	3
商业：卷烟、火柴、皂烛业	卷烟、雪茄烟、烟丝、烟叶	3

资料来源：根据《浙江省烟草志》浙江人民出版社 1995 年版第 596 页表格整理。

表 48-7-3-5　　1950 年 7 月浙江省卷烟、雪茄烟税率情况一览表

单位：%

税　目		税　率
卷　烟	甲级(厂价或首批价每箱 700 元以上)	120
	乙级(厂价或首批价每箱 350～700 元)	110
	丙级(厂价或首批价每箱 150～350 元)	100
	丁级(厂价或首批价每箱 150 元以下)	90
雪茄烟		100

资料来源：根据《浙江省烟草志》浙江人民出版社 1995 年版第 596 页表格整理。

1950 年 12 月，烟丝、烟叶税率调整，分别为高级烟丝 100%、普通烟丝 45%、熏烟叶 40%、土烟叶 40%。次年 6 月，为照顾卷烟工业生产，实行新的卷烟分级标准。厂价或首批价每箱 800 元以上者为甲级，450～800 元者为乙级，250～450 元者为丙级，250 元以下者为丁级。11 月，省财政厅税务局规定，对农民自产烟叶雇工刨烟丝自吸的，按同类货品较低税额分别征税。

1952 年 3 月，省财政厅税务局规定烟丝征收货物税，机制烟丝不论采用何种烟叶均按高级烟丝征税；手工切制的烟丝，如不是历史性的旧式水旱烟丝而为仿照洋式或各地机制高级斗烟丝的，亦按高级烟丝征税。

1953 年 1 月，卷烟、熏烟叶改征商品流通税，根据《商品流通税试行办法》，实行一次课征制。即将原来在生产环节征收的货物税、营业税、营业税附加、印花税及在商业批发和零售环节征收的营业税、营业税附加、印花税合并在一个环节一次征收，已税烟类行销全国，无论批发或零售都不再征收其他各税及附加。雪茄烟、烟丝和土烟叶自 1 月起实行修订后的货物税，税率分别为雪茄烟 50%、烟丝 40%、土烟叶 40%。计税价格以国营公司批发牌价为标准，根据计税价格乘税率计算征税。6 月，因防治棉蚜虫需要，浙江省曾将土烟叶税率从 40%减按 10%征收货物税。12 月，根据财政部《关于调整卷烟计税级距及恢复按税法规定办法计税的通知》，适当调整卷烟计税级价。每箱卷烟在当地国营商业批发价在 750 元以上的按甲级

税率计税，500～750元的按乙级税率计税，300～500元的按丙级税率计税，300元以下的按丁级税率计税。各级税率同前。

表48-7-3-6　　1953年全国烟类商品流通税税率一览表

单位：%

税目		税率
卷烟	甲级（每箱当地国营商业批发牌价750元以上）	66
	乙级（每箱当地国营商业批发牌价500～750元）	64
	丙级（每箱当地国营商业批发牌价300～500元）	62
	丁级（每箱当地国营商业批发牌价300元以下）	60
熏烟叶		45

资料来源：根据《浙江省烟草志》浙江人民出版社1995年版第597页表格整理。

1958年9月，国家为有利于促进生产发展，保证国家建设资金的需要，将货物税、商品流通税、营业税和印花税合并简化为工商统一税。原征商品流通税的卷烟、熏烟叶和征货物税的雪茄烟、烟丝、土烟叶全部改为缴纳工商统一税。工业品在工业环节纳税，农产品在采购环节纳税。商业零售环节另再纳商业零售环节工商统一税3%。

表48-7-3-7　　1958年全国烟类商品工商统一税税率情况一览表

单位：%

税目		税率	税目	税率
卷烟	甲级（每5万支销价720元以上）	69	雪茄烟	55
	乙级（每5万支销价480～720元）	66	烟丝	40
	丙级（每5万支销价290～480元）	63	熏烟叶	50
	丁级（每5万支销价120～290元）	60	土烟叶	40
	戊级（每5万支销价120元以下）	40		

资料来源：根据《浙江省烟草志》浙江人民出版社1995年版第597页表格整理。

1964年，国家调整甲级卷烟税率，改按66%征收。规定进口卷烟一律按甲级卷烟66%的税率征税。

1966年1月，根据财政部规定，熏烟叶税率改为40%，并依照实际收购价格计征工商统一税。

1973年，国家简化税制，将工商统一税、盐税、屠宰税、城市房地产税和车船使用牌照税合并，开征工商税，烟类产品随之改征工商税。按《中华人民共和国工商税条例（草案）》规定，调整税率。零售时，再缴商业零售环节工商税，税率3%。

表48-7-3-8　　1973年全国烟类商品工商税税率一览表

单位：%

税目		税率	税目	税率
卷烟	甲级	66	雪茄烟	55
	乙级	66	烟丝	40
	丙级	63	烟叶（熏烟叶、土烟叶）	40
	丁级	60		
	戊级	40		

资料来源：根据《浙江省烟草志》浙江人民出版社1995年版第598页表格整理。

1980年，财政部规定暂减丁、戊级卷烟税率，分别按45%、30%征收工商税。卷烟中使用的进口烟叶，其价格与国内同等烟叶价格的差价部分，经国家税务局同意，均采取减征卷烟税的办法予以解决。

1981年，甲、乙、丙级卷烟提价，卷烟工商税计征办法有所变动。规定新出厂价与老出厂价的差额部分不计入工商税，即烟厂生产销售的老牌号卷烟，按提价前的出厂价和原征税等级所适用的税率，计征工业环节的工商税；烟厂在提价后生产销售的新牌号卷烟，依据同质同价的原则，比照同等级老牌号卷烟的原出厂价和适用税率，计征工业环节的工商税。商业零售环节的工商税，按提价后的实际销售价格计算征税。丙、丁、戊级卷烟因扩大批零差率而增加烟厂成本部分，用减税的办法解决，即丙、丁级卷烟按55%征税，戊级卷烟按35%征税。次年10月，根据财政部规定，为配合禁止生产白包烟，白包烟一律按甲级卷烟66%的税率征税，不得减免。

1983年4月，国家为减少吸烟的危害性，鼓励发展过滤嘴卷烟，对过滤嘴卷烟的过滤嘴头部分实行免税。12月1日，国务院下达《关于对商品批发业务收入征收工商税的规定》，在商业批发环节开征商业批发工商税。烟类品批发也征收工商税，以进销差价为计税依据，税率为10%。

1984年10月，国家改革工商税制，烟类品在工业环节和采购环节改征产品税。开征产品税后，卷烟提价部分不再免税，按规定缴纳产品税。白包烟、手工卷烟和国家计划外烟厂生产的卷烟、雪茄烟以及未经烟类价格主管部门核定价格或者超越权限核定价格的卷烟、雪茄烟，则按实际销售收入照甲级卷烟60%的税率征收产品税。烟类品除缴产品税外，在商业环节根据《中华人民共和国营业税条例》征营业税。营业税税率为批发10%、零售3%，于商品销售后征收。烟厂直接出口或委托其他单位代理出口的烟类产品，免征产品税；烟厂销售给外贸企业或其他经营出口单位的烟类产品，先照章纳税，待经营出口单位在产品报关出口后，按规定办理出口退税。

表 48-7-3-9　　1984 年全国烟类商品产品税税率一览表

单位:%

税　目		税　率	税　目	税　率
卷　烟	甲级(每 5 万支出厂价 1200 元以上)	60	雪茄烟	47
	乙级(每 5 万支出厂价 680～1200 元)	66	烟　丝	35
	丙级(每 5 万支出厂价 430～680 元)	56	晒烟叶	38
	丁级(每 5 万支出厂价 280～430 元)	50	烤烟叶	38
	戊级(每 5 万支出厂价 280 元以下)	32		

资料来源:根据《浙江省烟草志》浙江人民出版社 1995 年版第 599 页表格整理。

1986 年,财政部制定发布《烟类产品征税办法》。为支持卷烟企业增产过滤嘴卷烟和改进包装装潢,规定对使用过滤嘴及白板纸、玻璃纸等包装物的卷烟,以销售收入扣除过滤嘴及包装物的定额成本后征收产品税。是年 7 月,从事生产卷烟和经营烟叶产品的单位以实际缴纳的产品税、增值税、营业税的税额为计征依据,征缴 0.5%的教育费附加。

1987 年和 1988 年,针对卷烟辅助材料价格逐年上涨的情况,财政部、国家税务局又分别对过滤嘴卷烟的过滤嘴成本和包装物成本的扣除定额作两次调整。1988 年 8 月,国务院、财政部发出放开和提高卷烟、酒价格的通知,规定甲、乙级卷烟的提价收入,除按现行税法征收 60%的产品税以及相应的城市维护建设税、教育费附加外,按甲级 20%、乙级 5%的比例征收专项收入,专项收入款属中央财政收入。

1991—1993 年,全省烟草行业工商企业向国家和地方缴纳的税费有产品税、增值税、营业税、企业所得税、国营企业调节税、城市维护建设税、教育费附加、奖金税、国家能源交通重点基金、国家预算调节基金、建筑税、城镇土地使用税、房产税、印花税、卷烟专项收入、车船使用税等。其税收征管,央属企业的增值税和所得税上交国库,其他各项税费属地缴纳。地方企业所得税、流转税以及其他税费均就地缴地方库。

1994 年 1 月,按国务院发布的新税制条例全面实施税制改革。税种由原来的 32 个减少到 18 个,取消国有企业调节税,停征产品税、奖金税,统一开征增值税、消费税、农业特产税、个人所得税等税种。其中农业特产税是对烟叶生产环节征收。

对卷烟工业企业和烟草商业企业销售烟类品开征增值税,税率有两种:销售卷烟、雪茄烟、烟丝和机烤烟叶,税率为 17%;销售初烤烟叶、晒烟叶、晾烟叶,税率为 13%。增值税实行价外计税的办法,即以不含增值税税金的价格为计税依据。计算公式:应纳税额=当期销项税额-当期进项税额。

各类卷烟、雪茄烟按出厂价统一计征 40%的消费税。1998 年 7 月,为促使卷烟产品结构合理化,将消费税税率调整为三档,一类烟 50%,二、三类烟 40%,四、五类烟和雪茄烟 25%。2001 年 6 月起,再次调整卷烟消费税的计税方法和税率,实行从量与从价相结合的复合计税方法,即按量每 5 万支卷烟计征 150 元的定额税,从价计征由三档调为两档,即每条调拨价为

50元以上的税率为45%,50元以下的税率为30%。2009年5月,为增加财政收入,财政部、国家税务总局对卷烟产品消费税作重大调整。甲类卷烟[调拨价为70元每标准条(200支)及以上]的消费税调整为56%,乙类卷烟[调拨价为70元每标准条(200支)以下]、雪茄烟调整为36%;同时,在卷烟批发环节增加从价税,税率为5%,即按批发卷烟的销售额(不含增值税)乘以5%的税率缴纳批发环节的消费税,实行属地征收。

2006年,全省烟草商业各市级烟草公司财政财务关系上划至省级以后,全省烟草商业企业所得税实行统一征管、集中缴库的管理办法。即新上划的烟草商业企业(不含杭州和宁波)的企业所得税由省烟草公司统一向省地方税务局直属一分局申报缴纳,上缴的企业所得税,省财政厅根据省烟草公司提供的各市、县级烟草公司当年会计核算资料,定期通过调库作为市、县预算收入。各市、县级烟草公司的流转税及其他税费维持属地缴纳不变。宁波市烟草公司上划后,其企业所得税的征管工作由宁波市决定。是年9月,浙江卷烟工业省内联合重组,实施"三位一体"。规定从2006年开始,杭州、宁波两市根据"确定基数不变,共享同比增长"原则,分别以原杭州卷烟厂、宁波卷烟厂2004年在所在地上缴国库的增值税、消费税和企业所得税为基数,三项税收收益实现同比增长。联合重组后,原两厂增值税、消费税及相关的地方税种维持原征管体制不变,其企业所得税按照税法的有关规定由重组后的浙江中烟公司统一缴纳,并按月向杭州市办理增值税和消费税纳税申报,杭州市国税局负责征管,就地缴库,其中中央分成部分直接缴入中央库,地方分成部分按"入库即分"的原则办理。浙江中烟公司的出口退税、日常退库、查补(退)税及涉税性罚款由杭州市国税局分别办理入(退)库工作。

2010年,全省烟草系统工商企业向国家和地方缴纳的税费有增值税、消费税、营业税、企业所得税、水利建设基金、烟叶税、关税、城市维护建设税、中央及地方教育费附加、城镇土地使用税、房产税、印花税、车船使用税、土地增值税等。

表48-7-3-10　　1950—1984年浙江省烟草及其制品缴纳税额一览表

单位:万元

年　份	卷　烟	雪茄烟	烟　丝	晾晒烟叶	烤烟叶	备　　注
1950	120	—	24	19	2	货物税
1951	812	—	225	350	3	
1952	583	—	206	370	4	
1953	975	—	196	168	3	卷烟、烤烟叶征收商品流通税,烟丝、土烟叶征收货物税
1954	1053	—	181	89	1	
1955	1223	—	132	117	1	
1956	1293	—	140	294	1	
1957	2393	—	155	210	1	

续表

年份	卷烟	雪茄烟	烟丝	晾晒烟叶	烤烟叶	备注
1958	1888	—	160	58	5	工商统一税
1959	2515	—	170	32	2	
1960	1690	—	124	61	3	
1961	1585	—	167	83	3	
1962	2366	—	186	287	9	
1963	4067	—	168	260	4	
1964	4978	—	210	244	26	
1965	4591	—	178	190	5	
1966	5257	—	167	164	6	
1967	4746	—	170	160	13	
1968	5193	—	165	150	4	
1969	6845	—	180	140	5	
1970	8103	—	172	136	4	
1971	8541	—	150	128	3	
1972	9251	—	120	142	4	工商税
1973	11260	—	80	145	4	
1974	11104	—	85	132	5	
1975	10124	—	92	111	5	
1976	10644	—	73	147	6	
1977	12622	—	65	123	4	
1978	13978	—	64	141	4	
1979	16072	—	68	140	3	
1980	18319	—	62	169	4	
1981	21096	—	58	308	5	
1982	26005	—	52	348	4	
1983	28152	—	43	146	2	
1984	23461	—	40	172	3	工商税 1—9 月，产品税 10—12 月

资料来源：浙江省税务统计资料。

说明：税额口径为征收年度征收数。

表 48-7-3-11　　1985—2010 年浙江省烟草税利情况一览表

单位:亿元

年份	合计	工业	商业	年份	合计	工业	商业
1985	6.04	—	—	1998	44.00	16.98	27.02
1986	6.26	—	—	1999	72.00	25.66	46.34
1987	7.28	—	—	2000	90.70	33.32	57.38
1988	8.82	—	—	2001	102.90	62.03	40.87
1989	9.22	—	—	2002	122.90	72.64	50.26
1990	9.26	—	—	2003	142.08	85.78	56.30
1991	9.44	8.36	1.08	2004	177.98	105.38	72.60
1992	11.03	9.19	1.84	2005	189.47	107.77	81.70
1993	12.28	7.63	4.65	2006	236.48	133.68	102.80
1994	13.48	8.62	4.86	2007	293.04	161.24	131.80
1995	16.00	8.73	7.27	2008	329.97	177.37	152.60
1996	24.00	8.57	15.43	2009	351.72	194.29	157.43
1997	32.00	16.04	15.96	2010	398.37	232.25	166.12

资料来源:根据省烟草公司、浙江中烟公司财务报表整理。

第四节　质　量

浙江省烟草业对卷烟质量的检测,民国时期仅凭感观识别和经验判断,既无统一标准,也无科学手段。中华人民共和国成立之初,仍由各卷烟工业企业自检自查。20 世纪 50 年代,浙江省卷烟工业企业建立了质量检验科室,进行产品质量检查。60 年代,国家对卷烟工业曾经一度实行托拉斯管理,卷烟质量也曾实行统一管理。70 年代,卷烟工业重新划归地方管理,卷烟工业执行国家轻工业部颁行的质量标准,但质量检测仍以自查为主。80 年代中期烟草实行集中统一管理后,烟草行业建立了三级检测站,形成了国家烟草专卖局、省烟草专卖局及制造企业三级卷烟质量监督检测体系。随着企业技术进步和质量管理的加强,浙江省卷烟内外在质量不断提升,日趋稳定。

一、质量监督

民国时期，浙江卷烟质量无统一标准，质量监督检测由各烟厂自行凭经验进行。一般以看（烟丝颜色、烟支与包装外观等）、触（用手摸捏烟丝测烟丝弹性与含水量）、吸（评吸卷烟香气与味道）等感官评判方式对卷烟在制品和成品质量进行评估与控制，无量化指标显示。这种做法一直沿用到20世纪50年代初期。

1953年，卷烟质量检测由上级主管部门制定标准，但监督检查由各卷烟厂按照规定执行。省内各卷烟厂按省专卖事业公司的卷烟质量规定，监督卷烟的物理外观，规定支圆周27毫米、允差±0.25毫米，长度70毫米、允差±0.75毫米，产品出厂时水分不超过12％，丙级烟保存时间不少于40天，丁级烟35天内不发生霉变。同年12月，各卷烟厂按省工业厅和省商业厅联合下发的《卷烟规格质量标准》监督卷烟质量，一直延续至60年代初期。其间，省工业厅和省商业厅不断完善卷烟质量的检验标准。如1955年制定《卷烟成品规格标准和验收办法、废次品处理办法》，首次较为详尽地统一规定了烟支长度、圆周、重量、含水量（分季节）、均匀度、搭口、切口、表面、钢印，烟丝和梗丝宽度、厚度，小包、条包和箱装规格；同年12月，取消不合格品超过10％则全部产品作次品处理的做法，改为不合规格的产品应当都作为次品处理。1956年5月15日，规定了质量检验的次数及结果。

1957年1月，省内各卷烟厂建立厂部卷烟评吸小组，加强对卷烟色香味研究；赴销区了解消费者对卷烟产品的质量反映，邀请食品站、土产站、卷烟零售及批发商加入评吸小组，接受消费者对产品质量的监督；开始对原材料和包装品进行来料检验。

1961年，省轻工业厅根据轻工业部和商业部加强企业管理、改进和提高卷烟质量要求，每季由省轻工业厅组织两厂和有关单位评吸一次，将省产卷烟与省外烟进行对比评吸；杭州利群烟厂、宁波联工烟厂每月交换样烟一次。1961—1962年，省轻工业厅针对烟叶紧缺、卷烟内掺用填充料比重不断加大的情况，要求各卷烟厂控制填充料使用比例，填充料投入使用时须经挑选剔除杂物并进行高温除杂处理，避免使用单一填充料，停止不合格品牌号的生产。在质量监督管理上，除厂内推行机台自查、机台间互查、专职检查办法和各厂自行组织评吸外，每月由各烟厂组织一次由厂内人员为主并邀请轻工、食品等有关单位人员参加的质量评吸会。商业部门先后在宁波联工烟厂、杭州利群烟厂派驻厂员，加强卷烟产品的出厂检验工作。1963年，省轻工业厅每季一次的全省卷烟质量评比改为半年一次。

1964年4月，省内各卷烟厂执行中国烟草工业公司上海分公司《乙二级以下各级卷烟配方管理试行办法》和《卷烟类别标准试行办法（草案）》。各厂根据中国烟草工业公司上海分公司在1964年内消灭不合格品和进行质量排队的要求，除自行检验并参加上海分公司每月评吸卷烟质量外，每月、季、半年的评比结果及时向全体职工公布。质量评定时对色泽、香气、吃味、烟支水分、含末量、松紧度、外观、燃烧性、小盒包装、条包装、箱装11个项目进行评分。合格品甲级烟不低于94分，乙级以下烟均须不低于87分。

1965年后，产品质量评吸鉴定项目增加。内在质量：色泽（颜色、光泽）、香气（芳香、杂气、协调）、吃味（刺激性、余味）；卷制质量：含末量、燃烧性、松紧度（松度、紧度）、爆口、油渍、黄斑、外观、水分;包装质量:盒装、条装、箱装。1965年到20世纪70年代初,中国烟草工业公司上海分公司每季组织一次产品质量鉴定会,省内烟厂均参加。

1973年,省轻工业局轻工公司每季对省产卷烟质量评吸一次。样品从两家卷烟厂所在市商业仓库直接抽(每牌2条)。评吸会除评鉴省产烟质量外,还交流和研究提高卷烟质量的具体措施。1974年后,卷烟质量评吸鉴定会改为每半年一次。

1977年,省第一轻工业局增加各厂卷烟的不定期抽样鉴定,了解产品质量情况。杭州卷烟厂和宁波卷烟厂开始对口检查产品质量。

1978年10月后,为适应卷烟技术发展,全省开始执行轻工业部新修订的《卷烟部颁标准》。新标准提高了烟支含末量、成品水分、包装材料等要求,补充了卷烟类型、黄斑烟、小盒封签位置偏差及卷烟能否出厂的规定。

1984年,国家烟草专卖局成立。随后,国家烟草质量监督检验中心(一级站)成立,负责监督检测全国各省、市、自治区的卷烟质量。

1987年7月,浙江省烟草质量监督检测站成立(二级站,简称省质检站),卷烟质量监督检测的方式方法、适用标准、检测专业队伍及使用的仪器工具等由此发生变化,监督检测也更具专业性、科学性,检测结果更为可靠。除接受全国卷烟质量中心站每季一次的名优烟抽检外,省质检站每月对省内各卷烟厂每个牌号卷烟抽查一次,按卷烟国家标准规定的要求和检测方法,对各牌号卷烟作烟气分析、常规分析、内在质量评吸和外在质量检验。除内在质量评吸仍由省卷烟评吸委员会每月一次按传统进行感官评吸外,外在质量中的包装、外观、长度、水分、空头、含末量、燃烧性、圆周、重量、吸阻等项目检验、试验与测定均改用仪器设备进行,烟气分析与常规分析也使用仪器设备。

1988年,杭州卷烟厂、宁波卷烟厂成立卷烟质量监督检测站(三级站),根据国标要求,对照企标(企业按照实际情况制定,如地域环境不同对水分的影响,一般指标略严于国标)检验各自的卷烟成品。至此,卷烟质量监督检测形成三级联动。

1991年,烟叶检测项目除各标准规定的项目外,增加总糖、总氮、总烟碱、氯等化学分析。烟用主要辅料(醋酸纤维丝束、烟用聚丙烯丝束、滤棒、拉线、外包装透明纸、卷烟盘纸、滤棒成型纸、水松纸、铝箔纸、沥青防潮纸)的产品检测标准按相应的国家标准或部颁标准执行,尚无国标、部标的,暂按企业标准执行。卷烟产品质量监督检查工作贯彻中国烟草总公司"规定牌号、规定时间、规定方法"的要求。

1992年1月,省烟草专卖局(公司)明确要求杭州、宁波、嘉兴3家卷烟厂在原有经常性抽查的前提下,每周至少随机抽样检测一次成品。

1993年3月,省质检站开始对全省部分烟用配套材料实施质量监督检测,同时受理委托检验。按照GB 12655-90卷烟纸、GB 5605-85醋酸纤维滤棒、ZBY 32006-86滤嘴棒纸等国家标准,对该省企业生产或非该省企业生产但在该省卷烟厂应用的卷烟纸、水松纸、滤棒成型纸、滤嘴棒、卷烟胶等烟用配套材料进行检验。

1995年,省卷烟产品质量监督检查工作,采取统一监督检验(以下简称统检)、监督抽查和定期监督检验3种形式。卷烟产品统检,每季度进行一次,统检范围为全省三烟厂在本季度内生产的卷烟产品，对列入国家烟草质检中心统检牌号的卷烟产品，由省质检站负责抽样，送国家烟草质检中心受检；对未列入全国统检产品目录的季内生产的卷烟产品，由省质检站负责抽样统检。卷烟产品的质量监督抽查：全年组织两次，分别安排在上、下半年进行，由省质检站、省烟草公司科技处及省卷烟评吸委员会负责执行，抽查对象大多是生产量大、销售面广的高中档卷烟、优等品卷烟、名优烟等。定期监督检验由省质检站根据全省卷烟生产情况决定，一般每月一次，重点检查主要产品和抽检不合格或质量问题较多的产品。这种做法一直沿用到20世纪90年代末。

1998年7月，各级在卷烟产品质量检测中执行国家烟草专卖局《关于〈卷烟〉新国标中有关检测技术的说明》，即卷烟焦油量和烟气烟碱量的测定及卷烟烟丝水分测定的判定原则。

2000年，卷烟产品及烟叶质量监督检查工作实行统一分类分别安排，分为全国性统一监督检查，全省性卷烟产品质量市场监督抽查，卷烟滤棒、卷烟纸、烟叶等相关产品质量监督检查。全国性统一监督检查，全年安排两次，时间为第一、三季度，由国家烟草质检中心和省级质检站共同承担，国家烟草质检中心负责统检名优产品、优等品卷烟，省级质检站负责抽样统检其他卷烟。2001年，增加卷烟焦油量专项统检。全省性卷烟产品质量市场监督抽查范围重点为获得全国烟草行业名优卷烟、优等品、一等品和获得浙江名牌等称号的卷烟，时间安排为上、下半年各一次。烟叶质量监督检查重点为抽查省内烤烟等级合格率。省烟草专卖局（公司）实行按季通报各厂降焦工作及产品焦油实际值的制度。

2002年，省产卷烟月检除按原办法抽检外，出口卷烟、联营生产卷烟一并列入质量监督抽查范围，联营生产卷烟的质量监督抽查原则上每季度一次。烟叶质量监督重点仍是抽查省内生产的烤烟烟叶等级合格率。

2004年，省卷烟质量监督检查分为市场卷烟抽查和专项卷烟抽查两种形式。市场卷烟抽查：对象是所有省内流通的卷烟（包括外省烟和进口烟），重点是销量大、市场覆盖面广、近两年来抽查和国家烟草专卖局统检中出现的不合格或质量波动较大的卷烟，每季度一次。专项卷烟抽查：重点是新开发产品、出口产品、焦油量不稳定的产品，上、下半年各一次。

2006—2010年，卷烟产品质量监督检查工作采取省际交叉抽检、市场抽检和委托检验（委托省烟草质量监督检测站）的形式。其中，省际交叉抽检是省烟草质量监督检测站受国家烟草专卖局委托，交叉抽检指定省（市）生产和销售的卷烟产品；卷烟市场抽检分国家烟草专卖局委派和省烟草专卖局组织两种；委托检验由浙江中烟公司委托省烟草专卖局检验省内卷烟生产企业的产品，一般每季一次。检验依据标准：2006年4月1日前生产的卷烟产品仍执行1996版《卷烟》国标，2006年4月1日后生产的卷烟产品执行2005版《卷烟》国标。

二、质量管理

在卷烟质量管理方面，1954年8月，利群烟厂成立技术检验课。1956年后，联工烟厂建立质量检验课，并着重加强水分控制。两厂开始对产品质量进行总评分。在20世纪70年代前，浙江省烟草工业企业的质量管理是以产品监督检测为手段，发现质量问题后进行质量改进的一系列工作。

1973 年，宁波卷烟厂在车间内添设巡回检查车，每天 5 次到车间检查，并将上月卷烟留到本月对比评鉴。杭州卷烟厂采取请进来（请商业部门人员来厂评吸提意见）、派出去（派调查组到各地区城乡听取消费者意见）的办法，及时了解产品质量问题和消费者要求，以提高产品质量。

1978 年 5 月，杭州卷烟厂、宁波卷烟厂开始执行轻工业部《卷烟工业产品质量管理办法》。各厂对原辅材料先检后用，影响产品质量的坚决不用；半成品、成品检验要求，严重熄火、空松、爆口和水分过大的不合格卷烟不许出厂；每季将甲、乙级卷烟样品送省第一轻工业局作质量检查，并将每年 8 月定为“质量月”，由省第一轻工业局组织卷烟质量大检查。此后，每年均开展产品质量月活动。

1979 年，各卷烟厂均健全了厂部、车间、班组和个人四级质检网，建立半月一次的卷烟质量厂际评吸制度，每季一次邀请商业部门参加质量评定。

1981 年 8 月，宁波卷烟厂成立全面质量管理领导小组，实施全面质量管理试行方案。

1984 年，省烟草专卖局（公司）成立后，立即组织各厂实施全面质量管理。抽调各厂主要工程技术人员，加强中心试验室、化验室、计量室力量，做到质量管理组织落实、课题落实。其中，杭州卷烟厂建立起 16 个 QC（质量管理）小组，定期活动，重点攻关。对生产全过程进行控制，坚持做到精心选料，精心发酵，精心配方，精心加工。省烟草专卖局（公司）组织人员对杭州卷烟厂、宁波卷烟厂的产品质量进行评吸鉴定。

1986 年，省烟草专卖局（公司）制定《浙江省卷烟工业质量管理办法》，杭州卷烟厂、宁波卷烟厂强化质量保证体系，推行全面质量管理。省烟草专卖局（公司）定期与不定期地组织质量检查，开展评优活动，及时发布质量通报，推动质量管理工作的深入开展。各厂利用多种形式开展职工质量意识教育，开展群众性 QC 攻关活动，并建立以质量责任制为核心的奖励制度，实行质量否决权。当年，各厂增加车间的质检次数，车间对机台实行不定时、不定点、不定量的随机抽检。

1988 年 7 月，省烟草专卖局（公司）实施中国烟草总公司《卷烟工业企业全面质量管理考核评分办法》，从组织、意识、手段、攻关四环节入手，创优质名牌。1986—1990 年，全省卷烟工业企业参加全面质量管理培训的职工达 4000 余人。

1989—1990 年，全省在推行全面质量管理活动中，深入开展产品创优、管理创奖活动，坚决实行质量否决权，注重扶持新投产牌号促其成长，改进影响产品声誉的陈旧包装装潢。全省拥有一支专业质检队伍，其中省质检站 10 人，3 家烟厂专职质检人员 40 余人。投入使用的质检仪器设备有烟支圆周测定仪、烟草投影仪、卷烟含末量测定仪、物理检测四项测定仪、气相色谱仪、吸烟机、紫外分光光度仪、酸度仪、电子天平、单盘电光天平、快速尼古丁蒸馏仪等。

1991 年，3 家烟厂开展以提高产品质量为中心的教育活动：杭州卷烟厂制定完善的工艺标准、技术标准、材料标准、操作规范，建立重点牌号质保体系；宁波卷烟厂通过在制品、质量、成品入库抽查、用户外退烟 4 项竞赛考核，每季评比奖励，推动产品质量的提高；嘉兴卷烟厂针对质量现状，找问题，查原因，提出“外在质量抓接装，内在质量抓制丝”的策略，并进行了具体分工负责。

1995—1996 年，宁波卷烟厂和杭州卷烟厂分别引进 ISO 9002 质量管理体系，质量管理工作纳入管理体系范畴。

2006 年，浙江中烟公司的质量管理职能部门为技术中心，该中心全面负责公司的质量管理工作。杭州卷烟厂、宁波卷烟厂的质量管理部门下达卷烟工艺、技术、质量标准和技术规程，负责卷烟在制品的工艺、技术、质量的控制和管理，确保卷烟产品的工艺质量符合工艺技术标准。此后，浙江中烟公司根据质量管理体系要求，每年开展不少于两次的内部审核和外部监督审核，不断完善和优化各类质量标准、质量体系，形成全面控制、高效运转的质量管理体系，使质量管理工作科学、系统、规范。

三、质量状况

民国时期，浙江省各卷烟厂的产品质量状况无具体指标反映，质量时好时差，极不稳定。主要的质量问题有空头烟、硬烟、开口烟、长短烟、油烟，以及配方经常变更、配料制度不严、烟丝水分时高时低、烟丝梗丝混合无比例标准等。

1952 年，全省卷烟厂以卷烟废品率来综合衡量产品质量情况。1953 年，杭州利群烟厂各月废品率在 0.9%内，全年平均废品率为 0.62%。1954 年初，丁级烟原料匮乏，省专卖事业公司决定将丙级原料降级使用生产适销的丁级卷烟，丁级卷烟内在质量一度提高。1955 年，各烟厂将卷烟正品率作为产品质量的主要指标，宁波联工烟厂当年正品率为 90.72%。

1956 年 5 月，各厂按烟支长度、圆周、重量、含水量、包装五项指标进行卷烟质量总评分，并以此作为衡量卷烟质量的主要指标。同时，卷烟正品率或废品率作为辅助指标继续使用。是年，杭州利群烟厂卷烟质量总评分达到 99.75 分，废品率为 0.68%；联工烟厂正品率年均达 99.29%。

1957 年 4 月，质量评分指标改为烟支松紧度、外观、燃烧性、含末量、水分、色香味 6 项。各厂每天进行检验和评分，集中力量解决主要质量问题，卷烟正品率不断提高，初步解决内在质量忽高忽低问题。是年，联工烟厂正品率为 99.66%。次年，正品率为 99.72%。1960 年，除质量总评分继续进行外，全省各卷烟厂废除卷烟正品率和废品率指标，开始使用卷烟成品率指标辅助考核卷烟质量状况。该指标一直使用至 20 世纪 90 年代。

1961 年，全省卷烟成品率 99.04%，其中联工烟厂为 99.23%。1962 年上半年，针对原料供应困难，各厂加强配方、工艺、产品检验等方面管理，稳定了产品质量。在华东地区 12 个丙级烟评比中，利群烟厂"旗鼓"牌质量被评为第一名，全省卷烟成品率达 99.73%，物理指标基本达到部颁标准，上年 10 个牌子有 7 个圆周不足的状况明显改善。1963 年，各地卷烟原料供应趋缓，限制填充料使用量和使用范围，产品内在质量逐步恢复，全省年度成品率达 99.80%。第四季度，市轻工业局评吸鉴定杭州利群烟厂的 7 个产品，其中一类品 6 个、二类品 1 个，达到建厂最好水平。其间，全省卷烟质量主要问题是内在质量缺点比外在质量更突出。乙一级以上卷烟香气不足，色泽不匀，乙二级以下卷烟味苦辣、刺喉、缺烟气、含末多；外观质量上存在烟支空松、爆烟多、包装缺支，包装纸箱因回收再利用而经常破裂等问题。

1964 年，杭州卷烟厂、宁波卷烟厂产品每季均参加中国烟草工业公司上海分公司的质量鉴定,内外在质量有 11 个评分项目。同年下半年,全省将等(类)品率作为主要质量指标代替质量总评分。等(类)品分一、二、三等(类),以内在质量与外在质量(以分值计)的高低为判定依据。各等(类)中又分内在质量和外在质量等(类)品两种。杭州卷烟厂第四季度卷烟综合一类品占 67%,内在质量一类品占 83%,在全国同行业中名列前茅,被第一轻工业部列为卷烟行业主要技术经济指标先进企业样板厂,作为各地 1965 年学赶对象。

1965 年,两厂进一步注意解决卷烟质量问题,到第二季度末,杭州卷烟厂 7 个产品外观质量第一次全部达到一类品水平。1966 年,参加中国烟草工业公司上海分公司卷烟质量评比,杭州卷烟厂参评卷烟共 24 只次,其中一类品 19 个,占 79.17%;宁波卷烟厂全年参评卷烟 16 只次,全部为一类品。

1971 年,产品质量存在的主要问题有:乙级以上卷烟香气略少,烟丝光泽不够,略有杂气,香气谐调性较差,刺激性和余味略次,外观上松紧度偏松偏紧,搭口不牢,皱烟、破烟、小包粘连普遍,条装大包纸过小等。

1974 年,卷烟经省内外评吸鉴定,内在质量均稳定在一类品水平,但存在熄火、松支、黄斑烟等问题;全年成品合格率为 99.75%。

1975 年,经几次质量评定,主要质量指标稳定,内在质量全属一类品。其中烟丝色泽因回潮工艺处理改进而提高,烟支过松过紧现象逐渐减少,外观清洁度盒装棱角整齐情况好转,黏丝现象减少。但还存在吃味、香气不稳定和缺支、缺包、熄火等老问题。

1978 年初,针对卷烟质量存在熄火、空松、缺支、黏包、三类品多等问题,各厂进行整改,加强管理。8 月,与上年同期相比,卷烟一类品率从 21.66%提高到 38.6%,三类品率从 13.5%减少到 10.5%。其中卷烟燃烧性和包装质量改进显著,烟支叠印和爆烟基本消灭,全年全省卷烟成品合格率达 99.79%。

1979 年,宁波卷烟厂一类品率为 90.36%。杭州卷烟厂一类品占 66.1%,乙一级“西湖”牌卷烟被轻工业部评为优质产品。

1980 年,全省卷烟合格率达 99.83%,一类品 85.34%,二类品 14.66%,首次消灭三类品。

1981 年,全省卷烟成品合格率达 99.80%,多次评吸鉴定未发现熄火烟和三类品。1982 年,全省卷烟质量基本实现了“西湖”“上游”牌内在质量达到 95 分以上,甲、乙级各牌号卷烟质量争取一类品、消灭二类品、全部产品一类品率达 75%以上的目标。

1983 年上半年,经中国烟草总公司两次鉴定,全省 109 个卷烟牌次中一类品 84.40%,二类品 15.60%,均好于全国平均水平,其中宁波卷烟厂第二季度一类品率达 100%。经省轻工业厅食品工业公司对全省 13 个牌号评吸鉴定,认定内在质量基本稳定,色香味普遍提高,而且消灭了熄火现象。

1986 年起,全省按新的卷烟国家标准进行产品抽验,质量考核中取消产品等(类)品率指标,以卷烟质量抽检合格率作为综合指标。

1987 年,抽检合格率为 72.34%,高于全国平均水平。

1988 年,省产卷烟内在质量稳定提高,但个别牌号外观质量差、焦油含量不稳定、滤嘴烟接装不牢，在全国抽检中连续3次不合格，被停产整顿。

1989年，广泛采用先进工艺技术，采取掺用烟草薄片和膨胀梗丝、调整卷烟配方、使用透气度高的卷烟纸等措施，使卷烟内在质量稳定，抽检合格率提高。1989年和1990年，均有卷烟产品获省优产品称号。“金猴”牌卷烟1990年被评为行业优质产品。至1990年底，卷烟熄火问题基本解决，烟支空松的毛病也有较大改观。绝大部分滤嘴烟的焦油含量从1989年前的23毫克/支左右下降到1990年的20毫克/支以下。

1991年，经中国烟草总公司抽查，浙江省卷烟产品质量合格，综合得分88.78，高于全国抽查卷烟牌号平均水平。

1992年，卷烟质量有较大提高，第一季度、第三季度经中国烟草总公司委托抽查，省产卷烟牌号内外在质量全部合格。

1993年，省烟草公司抽查省产卷烟16个牌号，结果显示产品内在质量基本稳定，焦油含量均符合要求；但外在质量问题严重，外在质量各单项中“烟支外观”和“小盒包装”抽检合格率分别只有33.33％和20％，主要问题是皱烟及翘边、钢印模糊、漏气烟支。是年3月，省物品编码分中心清理检查全省卷烟条码印刷质量，杭州、宁波、嘉兴3家卷烟厂生产的卷烟中有37个牌号、79种规格申请了条形编码。

1995年，省烟草公司两次抽查杭州卷烟厂、宁波卷烟厂，卷烟内在质量继续保持稳定，外在质量有较大提高，大多数牌号得分90分以上，烟支物理指标的控制也较好。

1996年，省产卷烟质量继续保持稳定。经省烟草质量监督检测站两次抽查，内在质量平均得分甲级烟89.44分，乙级烟77分，外在质量平均得分93.5分。

1999年，省产卷烟感官质量基本稳定，包装与卷制质量有较大提高。在省烟草公司抽查的10个牌号中，包装与卷制质量得分全部在92分以上，其中得分为100分的有4个牌号，卷烟焦油量平均值为16.5毫克/支，比上半年下降0.1毫克/支。2002年，省质检站抽查8个牌号，结果为综合质量全部合格，产品质量相对比较稳定。存在的问题仍然是包装与卷制质量方面。

2003—2010年，浙江中烟公司成立后，杭州卷烟厂成品抽检外在质量的生产成品评价指标为优质率，宁波卷烟厂的评价指标为合格率。杭州卷烟厂的优质率和宁波卷烟厂的合格率均在98％以上。2007—2010年，浙江中烟公司卷烟质量总体保持稳定，国家烟草专卖局市场抽检合格率为100％，省质检站抽检合格率也为100％。

表48-7-4-1　　1961—2010年部分年份浙江省卷烟质量一览表

单位：％

年份	卷烟成品率	卷烟质量抽检合格率	年份	卷烟成品率	卷烟质量抽检合格率
1961	99.04		1963	99.80	
1962	99.73		1970	99.51	

续表

年份	卷烟成品率	卷烟质量抽检合格率	年份	卷烟成品率	卷烟质量抽检合格率
1971	99.55		1991	92.90	93.30
1972	99.71		1992	89.40	94.30
1973	99.74		1993	95.02	96.03
1974	99.75		1994	—	—
1975	99.69		1995	94.34	97.35
1976	99.54		1996	98.94	98.05
1977	99.62		1997	97.45	98.52
1978	99.79		1998	99.40	98.84
1979	99.82		1999	100.00	98.93
1980	99.83		2000	100.00	98.96
1981	99.80		2001	100.00	99.07
1982	99.75		2002	100.00	99.17
1983	99.45		2003	100.00	98.82
1984	99.48	99.48	2004	100.00	98.73
1985	99.43	99.42	2005	100.00	99.08
1986	99.18	68.45	2006	100.00	99.02
1987	98.40	72.34	2007	100.00	99.05
1988	97.50	84.88	2008	100.00	99.14
1989	95.40	88.27	2009	100.00	99.18
1990	93.30	90.42	2010	100.00	99.15

资料来源：1961—1990 年数据来自《浙江省烟草志》浙江人民出版社 1995 年版第 244 页表格，1991—2010 年数据来自《烟草系统统计年报》和国家烟草专卖局网站的行业统计年报。

说明：卷烟质量抽检合格率栏内 1985 年以前的数字为各厂按部颁布标准自检数，1986 年以后为省二级站按新国家标准抽样检测数。

第五节　标准化管理

浙江烟草业的标准化管理起始于标准的建立。20世纪50年代,国家开始建立烟草制品的相关标准,并在卷烟工业企业和烟叶种植过程中贯彻实施。80年代初,卷烟工业企业开始开展标准化工作整顿。1991年起,杭州、宁波两家卷烟厂按国家烟草专卖局的要求开始推行ISO9000《质量管理和质量保证》标准。2006年起,浙江烟草工、商企业全面启动标准化管理体系的贯彻施行,制定技术标准、管理标准、工作标准,实行职责、程序、标准、记录、考核和改进全过程管理。

一、技术标准和管理标准阶段

20世纪50年代初,依据国家制定的《卷烟产品规格》要求,浙江省卷烟管理部门结合省情实际,曾制定卷烟方面的技术标准。

1954年,浙江省晒烟严重减产,省外烤烟也因收成不好供应困难。为此,省商业厅和工业厅以节约原材料、降低成本、保证卷烟质量为目的,于当年12月8日发布《卷烟规格质量标准》。次年9月30日,根据中国专卖事业公司卷烟成品验收工作座谈会精神,省商业厅、工业厅制发《卷烟成品规格标准、验收办法、废次品处理办法》,同时规定了卷烟小包装、条包装和箱装的具体要求。

1956年5月10日,省商业厅、工业厅根据轻工业部、地方工业部、商业部联合指示及附发的《卷烟产品标准及检验方法暂行办法》,制定浙江省《卷烟产品标准及检验方法暂行办法》,技术要求项目有烟支长度、烟支圆周、烟支松紧、单箱含丝量、烟支空头、烟支外观、烟支表面(钢印、搭口、切口)、烟支含末量、烟支燃烧性、成品烟支水分、小盒包装、条装、箱装等。12月10日,省工业厅和商业厅在《卷烟产品标准及检验方法暂行办法》基础上,制定发布《卷烟质量规格标准及检验办法(草案)》,作为全省各烟厂组织生产和专卖事业公司收购验收的技术依据。标准分为技术条件、包装与标志、检验规则和检验方法四大部分。其中卷烟按品质高低分为甲一、甲二、乙一、乙二、丙一、丙二和丁级,卷烟技术条件、控制的项目有色泽、香气、吃味、燃烧性、烟丝含灰量、水分、松紧度、外观(烟支外表、钢印、搭口、切口)和烟支尺寸规格(圆周、长度)等。1957年1月1日起,该办法试行。

1963年7月,省供销合作社鉴于烤烟收购中金黄、青黄不分,影响产品质量和价格政策的执行,修订烤烟叶等级规格,根据烤烟部位、颜色、光泽、油分、弹性、厚度、组织、病虫害及机械伤等条件,划分为11个等级。后因产地烘烤技术不完善,为不影响烟农种烟积极性,当月省供销合作社即决定,新烤烟标准暂缓执行,仍采用原五级标准。

1964年,浙江省卷烟工业企业贯彻实施中国烟草工业公司按部颁《卷烟》标准制定发布的《卷烟产品类别标准》。

1972年后,执行轻工业部颁发的《卷烟、雪茄烟质量标准》。

1978年10月1日，实行轻工业部为适应卷烟生产技术发展需要，在1972年标准基础上，修订颁布的QB 691-78《卷烟》标准。

1981年，国家标准总局颁发《工业企业标准化工作管理办法(试行)》，卷烟企业开始开展标准化工作整顿。1983年，杭州卷烟厂起草制定部优质产品“西湖”牌和省优质产品“利群”牌卷烟的内控标准及一些卷烟在制品质量检验标准。20世纪80年代中期后，浙江省烟草行业迈开标准化工作建设步伐，开始了一系列前期准备工作。1985年10月，省烟草专卖局(公司)发出加强标准化工作领导、健全标准化组织机构和尽快配备专(兼)职标准化工作人员的通知，要求各企业编制相应的标准化管理制度，制定、修订主干产品尤其是创优产品的质量标准。同时，成立由省烟草公司和各卷烟厂有关人员组成的浙江省卷烟行业标准化协作组，加强省烟草公司对企业标准化工作的指导和各企业之间的相互交流。全系统标准化工作全面协调发展。年底，杭州卷烟厂、宁波卷烟厂均组建厂级标准化领导小组和办事机构，全省有专(兼)职标准化工作人员20余人，编有企业标准30余种。

1986年，省烟草公司发布《产品标准编写方法》和企业标准代号，使卷烟产品标准日趋规范化、科学化。各企业标准代号为：中国烟草总公司浙江省公司B/ZY・XX－OO、杭州卷烟厂B/HY・XX－OO、宁波卷烟厂B/NY・XX－OO、桐乡雪茄烟厂B/TY・XX－OO，其中XX代表标准顺序号，OO代表标准的年份即年代号。同时，省烟草公司要求，卷烟企业标准必须经省烟草公司审查批准后，方可正式发布实施。1987年，全省组织开展《卷烟》国家标准的宣传、贯彻与实施。各卷烟生产企业根据国家标准的规定，有计划地补充修改卷烟产品标准34个，并相应制定一些管理(工作)标准，配置所需的检测仪器设备。至1990年，各卷烟厂均有一名副厂长专管标准化工作，建有较完善的全厂标准化管理网，初步形成包括原辅材料在内的标准体系，建立了新产品标准化审查和标准化技术文件、图样及技术配方的更改、会签、审批、编号等制度，上级及企业制定发布的标准得到有效的贯彻与执行，卷烟企业标准化整顿验收全部合格。

二、全面质量管理体系阶段

1991年4月，杭州卷烟厂被国家烟草专卖局确定为烟草系统推行GB/T 10300国标的试点企业之一。8月，宁波卷烟厂标准化工作经省烟草公司、省标准计量局验收为合格。1994年10月，国家烟草专卖局印发《关于烟草行业推行GB/T 19000—ISO9000系列标准的意见》，省烟草专卖局(公司)制定落实措施。1995年，杭州卷烟厂制定《杭州卷烟厂ISO 9000系列标准实施计划》，提出按ISO 9002标准建立企业质量体系的思路。宁波卷烟厂成立贯标领导小组，建立工作班子，并与上海质量管理协会咨询中心建立协作关系，推行ISO 9000《质量管理和质量保证》标准。

1996年10月，宁波卷烟厂取得上海市质量管理协会ISO 9002质量认证证书；1997年9月，获准通过行业质量体系审核认证；11月，杭州卷烟厂通过浙江省质量体系审核中心认证和法国VQI认证，并获得BVQI在TGA和SWISS的授信。1998年12月，宁波卷烟厂重新修正企业标准体系，其内容为：工作标准包括《产品标准》《采购技术标准》《工艺技术标准》《半成品技术标准》《设备技术标准》《检验和试验方法标准》等6个；管理标准包括《营销管理标准》《产品开发管理标准》《采购管理标准》《生产管理标准》《设备管理标准》《产品验证管理标准》《检验测量和试验设备标准》《不合格纠正措施管理标准》《搬运储存和服务管理标准》《人事、劳资管理标准》《安全环保管理标准》《财务管理标准》《政工管理标准》《审计管理标准》《行政管理标准》《后勤管理标准》《基建管理标准》《技术改造管理标准》等18个，并于1999年1月1日正式实施。

1999年11月，宁波卷烟厂通过上海市质量审核中心ISO 9002质量体系复评审核。是年，宁波卷烟厂继续实施质量保证体系，对《过程控制程序》文件作出修改，增加卷接工序的烟支重量控制图控制频次，确保卷制烟支重量的稳定性。2000年，宁波卷烟厂制定标准化ABC管理办法，在全厂推行“严、细、实、快”管理办法，共修改文件13个，撤销7个，使标准化文件定稿为126个。并根据质量管理体系要求，将质量把关延伸到原料基地，建立烟叶原料产地检验把关及打叶复烤片监督把关制度，从而使卷烟内在质量和外在质量十分稳定。经国家烟草专卖局和省烟草专卖局多次抽检，“产品质量抽检合格率”和“产品市场抽检合格率”均达到100%。

2006年5月，省烟草专卖局（公司）在总结舟山、嘉兴市烟草专卖局（公司）贯标试点单位经验的基础上，在全省正式启动ISO 9001质量管理体系、OHSAS 18000职业健康安全的贯彻工作。6月，省烟草专卖局（公司）印发《浙江省烟草专卖局（公司）关于各市烟草专卖局（分公司）贯彻ISO 9001—2000标准的指导意见》，明确贯标的指导思想和工作原则、贯标的方法与步骤，全省烟草专卖、商业系统按照时间服从质量、先试点再推开的要求，以市级烟草专卖局（公司）为贯标主体，推进实施质量管理体系建设。次年2月，省烟草专卖局（公司）制定《浙江省烟草专卖、商业企业质量管理体系规范（试行）》。该规范依托ISO 9001—2000标准，作出进一步细化和补充，涵盖省烟草专卖、商业企业的各项工作。纵向是体系框架，主要包括体系策划、管理职责、资源管理、产品实现和评估改进5个方面；横向为具体工作流程，主要包括工作依据、建立流程、标准要求、过程控制、考核评价、改进更新6个方面。

三、“三标一体化”管理体系阶段

2006年9月，浙江中烟公司启动“三标一体化”管理体系认证咨询项目，开展实施适应公司管理特点和发展需求的ISO 9001质量、ISO 14001环境和OHSAS 18001职业健康安全“三标一体化”的管理体系。

2008年4月，全省烟草专卖商业企业先后建立管理体系建设和运行工作逐级报告制度。9月，省烟草专卖局（公司）印发《烟草专卖商业企业管理体系建设规范》，原《浙江省烟草专卖、商业企业质量管理体系规范（试行）》废止。该规范全面系统提出了烟草专卖商业企业省、市、县三级单位建设和运行管理体系的目标和要求，确立“人人有职责、事事有程序、干事有标准、过程有痕迹、绩效有考核、改进有保障”的管理思想，制定通用工作程序和具体工作程序。2008年底，浙江中烟公司编制发布69个主体标准/文件和550个支撑性标准/文件，建立较完善的部门职能和岗位标准体系，完成ISO 9001质量、ISO 14001环境和OHSAS 18001职业健康安全"三标一体化"的管理体系全面试运行。

2009年，浙江中烟公司修订技术标准、管理标准、工作标准共计437个。6月，在烟草行业组织的质量管理体系审核中，质量管理体系文件的执行率为85.5%。9月，省烟草专卖局(公司)制定《浙江省烟草专卖、商业系统管理体系第二方审核管理办法》，规定市级烟草专卖局(公司)管理体系未通过省烟草专卖局(公司)第二方审核的，不得进行第三方认证；该办法从横向5个维度即管理体系的覆盖程度、描述程度、认知程度、执行程度和信息化程度，纵向6个维度即职责、程序、标准、记录、考核和改进，评价市级烟草专卖局(公司)管理体系建立和运行情况；审核结果分"完整系统，执行有效""完整系统，执行较好""较完整系统，执行一般"和"不完整系统，需做较大改进"4种。2010年，浙江中烟公司制定《标准化工作管理办法》《标准/文件控制程序》《相关方管理程序》《最终检验和试验程序》《原料贮存、养护技术要求》等259个标准，开展了标准文件执行率的全面检查。

第六节　信息化建设

浙江烟草业计算机技术的应用始于20世纪80年代。90年代中期，杭州、宁波两家卷烟厂先后将计算机网络系统应用于生产、质量、财务等方面的管理。其后，随着信息化技术的发展，两厂的信息化基础项目不断优化，重点项目不断推进，平台建设不断完善。然而两厂相对独立，信息化建设各有特色。2003年以后，浙江中烟公司着手搭建全省统一的卷烟工业信息化网络，数年间基础建设平台和各个重点项目不断升级优化，并与中国烟草总公司、省烟草公司实现互联互通。烟草商业的信息化建设亦起步于90年代中期，实施于会计电算化。2001年，省烟草专卖局(公司)信息中心成立，会同相关部门，实施一系列信息化系统项目的建设。2010年，多个信息化支撑系统，包括全省管理体系信息化支撑平台、卷烟营销服务综合管理平台、专卖管理系统、财务管理系统、投资管理和办公管理系统、数字化档案系统、安全保卫管理系统、科技创新管理系统、专卖法规质检系统、人力资源管理系统等各个模块先后得以开发和运用。

一、卷烟工业企业信息系统的开发与应用

(一)杭州卷烟厂信息应用系统

1995年，杭州卷烟厂卷烟生产、质量、消耗、设备效率管理系统及计算机网络系统通过鉴定和验收。1998年，杭州卷烟厂先后开发生产、质量、消耗管理系统及备件管理系统、质量缺陷报警系统。2001年，杭州卷烟厂完成制丝上位机系统的升级工作。改单机服务器运行方式为双机热备方式，采用磁盘阵列方式存储数据，提高了系统运行的速度、稳定性和安全性。2003年，杭州卷烟厂全面开展以目标为导向的关键绩效指标(KPI)确立工作，国家"863计划"之一的企业资源管理扩展系统(ERP)通过专家组的现场验收。2003年6月，杭州卷烟厂

建成智能交通自动监控及管理系统，是月下旬，首期66辆卷烟配送车实现网上调度。自动监控及管理系统由全球定位系统(GPS)、通用分组无线服务技术系统(GPRS)、计算机管理系统、地理信息系统(GIS)、移动车辆单元组成。2004年，杭州卷烟厂完成企业ERP项目的二期工程，并启动ERP三期工程和客户关系管理(CRM)项目。

(二)宁波卷烟厂信息应用系统

1997年8月至1998年初，宁波卷烟厂基本完成供销链系统(BPCS)建设，建立系统软、硬件框架，规范管理流程，统一了物料编码标准，开发了实用性报表及查询程序。1998年，完成财务系统建设，实现BPCS系统在线凭证、事务处理，并完成财务系统与供销链系统的接口；同时实施生产系统，完成车间制造数据管理系统、主生产计划系统、物料需求计划系统以及车间订单处理系统，实现BPCS生产计划制造一体化管理，完成产、供销、财务闭环一体化管理。

2000年，宁波卷烟厂开始办公自动化(OA)的建设。2003年，完成操作层、管理层、决策层各功能模块，OA系统基本完成各功能模块与企业现有应用系统的有机集成。通过OA，企业基本实现基于计算机网络的公文流转自动化及无纸办公、移动办公，并实现与互联网的无缝联结。

2002年，宁波卷烟厂开始制造执行系统(MES)的建设实施。2003年，完成过程监控、管理、质量、设备、计划管理等板块。是年，宁波卷烟厂建设CRM系统，分为基础信息管理和客户服务管理两大部分，技术开发采用微软NET结构，引入美国MapInfo公司的地理信息系统组件MapXtreme，将客户信息通过地图方式展现，极大地方便了信息的快速浏览，同时也为下一步其他信息的地理方式集成提供了平台。同时，为CRM系统配套建设了宁波卷烟厂客户呼叫中心。2004年，宁波卷烟厂在强化MES系统、CRM系统和BPCS系统应用的基础上，启动了以信息资源整合为目标的企业综合信息平台项目建设。

(三)浙江中烟公司信息应用系统

2003年，浙江中烟公司成立之时，搭建了浙江中烟公司企业网，实现了与国家烟草专卖局、省烟草公司网络的互联互通；并同步启用综合办公平台，部署经济运行分析等宏观管理应用系统。次年，浙江中烟公司完成国家烟草专卖局生产经营决策管理系统的试运行，开发了与国家烟草专卖局公文远程传输的接口系统，推广应用行业省内卷烟电子交易系统、烟叶信息管理基础软件，全面启动省卷烟生产经营分析报表系统的开发项目和信息网络安全体系的架设。2005年，完成国家烟草专卖局行业卷烟生产经营决策管理系统(“一号工程”)在浙江省的实施应用验收工作。

2006年3月，浙江中烟公司信息中心成立，浙江中烟公司信息化建设以市场营销业务为突破口，开发实施统一的综合营销业务系统，实现统一的卷烟市场信息采集、销售分析、销售预测、计划与投放、卷烟调运、成品库存管理等功能。9月，全面部署统一的财务与物资采购供应、库存管理等信息平台，初步构建了公司基础ERP平台，完成浙江中烟公司数据交互平台建设，统一了公司外网。建成与国家烟草专卖局电视电话系统互联的公司两地三点的电视电话会议系统。2007 年 9 月，浙江中烟公司信息化总体规划咨询项目正式启动。2008 年 12 月，与国际商业机器公司（IBM）合作进行平台建设。2009 年 2 月，ERP 项目正式启动。至 2010 年，物料管理（MM）、生产管理（PP）、销售管理（SD）、财务会计（FI）、成本控制（CO）、质量管理（QM）、预算管理（BPS）、项目管理（PS）、设备管理（PM）和人力资本管理（HCM）十大模块全面建设完成，涵盖公司生产经营的整个过程，全面支撑了企业供应链和财务业务一体化运作。

1. OA 系统

2003 年，浙江中烟公司在原浙江烟草 OA 系统的基础上改造优化，形成浙江中烟公司 OA 系统。2006 年，升级改造公文系统，根据业务需求加强系统的稳定性、可靠性。同时，部署邮件系统、短信平台建设，初步形成浙江中烟公司的内部平台。2009 年，实施包括浙江中烟公司内外网门户功能拓展、系统平台优化、统一行政事务管理应用等建设，在内网门户中扩展建设专题会议模块、抄告单模块，建设车辆管理系统，实现车辆基本信息管理、车辆调度，提高车辆利用率；建设标准化信息系统，实现体系文件质量环（PDCA）整个过程管理；引入统一消息平台，实现日常短信发送和待办任务提醒（如公文流转待办提醒等）；引入统一用户管理平台，初步实现用户的统一管理，并与人力资源管理系统（HR）进行对接，以 HR 系统为用户管理源头，简化用户管理操作，实现用户单次登录。

2. ERP 系统

2009 年 2 月，浙江中烟公司开始 ERP 一期项目建设，主要内容有财务、物料、销售、生产、质量等 7 个模块。11 月，开始 ERP 二期的建设，主要内容有项目管理、设备管理、人力资源管理等 3 个模块。通过 ERP 建设，实现高效的企业一体化运作能力，优化快速响应市场机制，支撑与完善生产制造、营销、技术、物资“四个中心”建设。

3. PDM 系统

2008 年 3 月，浙江中烟公司启动产品数据管理系统（PDM）的建设，以对技术中心相关资源的统一管理与调配为出发点，从人、财（成本）、物、信息 4 个方面集中统一管理入手，通过对技术中心的业务进行分析，结合企业发展的需要，将研发系统划分为十大子系统，包括烟叶价值链管理、产品研发管理、辅助产品设计、产品数据管理、质量管理、综合业务管理、市场信息管理、综合科技、应用集成接口、系统与安全管理。PDM 系统的建设完成，提升了技术中心的数字化研发能力，实现了一键式触发、单点研发、多点同质化生产的管理模式。

4. 物资管理信息平台

2007 年，浙江中烟公司为支持公司物资需求与供应的有效衔接，实施“物资管理信息平台”项目一期。项目一期实现供应商基础信息管理、合同管理、供货管理、国家烟草专卖局数据对接等功能。随着物资采购中心与供应商协同业务模式的采用，以及卷烟批次管理的实施，物资管理对信息化提出更高的要求，通过升级改造物资管理平台，进一步规范供应商管理，加强物资采购协同，实现采购、调运、结算等信息的集成。

5. 营销系统

2006 年，浙江中烟公司基于存销比快速响应市场的网上配货、现代物流信息系统项目建设启动。至 2010 年，完成包括市场营销管理、销售目标管理、半年协议管理、销售预测管理、实时配货管理、物流调度管理、同省物流管理、卷烟在途物流信息管理、工商信息交互平台九大功能模块的综合营销业务系统建设，较好地支撑了公司卷烟销售业务的正常开展。

6. **数字化仓储系统**

2009 年，浙江中烟公司开展基于射频识别技术（RFID）的多层平库卷烟成品仓储信息管理系统建设工作，通过在传统仓库管理信息系统中引入 RFID 技术，实现货物的先进先出，电子货位管理，作业流程监控管理，以解决条形码带来的不足，同时提高仓储管理、控制的精度，从而在数字化和信息化的基础上最大限度提高物流仓储作业管理效率。卷烟成品物流园区通过物联网技术手段，使浙江中烟公司从传统的物流向现代物流进行转变，进一步向信息化、自动化、智能化和集成化方向发展，实现货位数字化、物品数字化、状态数字化及运行轨迹数字化；通过物流内部工艺流程的优化设计，减少物流环节，真正实现流程决定效率的物流原理，提高物流运营效率；将信息技术真正渗透到生产、管理和运营各个环节中，为管理提供及时、准确、系统和易用的信息资源与信息分析工具，提高管理决策水平和管控能力。

7. **视频会议系统**

2006 年 3 月，浙江中烟公司实施视频会议系统一期建设，实现公司本部和杭州卷烟厂、宁波卷烟厂跨区域实时视频交互。次年 5 月，进行视频会议系统二期升级改造，采用宝利通公司的高清设备——HDX9002 系列主机，使会议质量明显提高。2010 年 9 月，浙江中烟公司实施视频会议系统三期建设，升级硬件设备，并开发会议管理软件，实现设备管控、会议管理和网络监测等功能，满足多规模、高密度的视频会议业务需求，实现管理与使用的分离。

二、烟草专卖商业信息系统的开发与应用

浙江烟草信息化工作从 20 世纪 80 年代起步，开始开发与应用。1986 年，省烟草公司引入计算机，计算机管理和应用职能由生产计划处负责。90 年代初，此职能划至科学技术处。90 年代中期，计算机技术在营销业务、会计电算化方面开始应用。2001 年 4 月，省烟草专卖局（公司）经济信息中心成立后，会同相关部门，加强商业企业信息系统建设的指导和管理。至 2007 年，全省各业务模块的主要应用系统先后开发和推广实施。2008—2010 年，省烟草专卖局（公司）全面深入推进信息化支撑项目，在专卖管理、规范经营以及综合管理等领域启动信息系统建设，全力提升全省烟草行业信息化水平。至 2010 年底，多个信息化支撑系统得到推广实施，包括全省管理体系建设信息化支撑平台、卷烟营销服务综合管理平台、专卖管理系统、财务管理系统、投资管理公司协同办公管理系统、全省烟草数字化档案系统、全省安全保卫管理信息系统、科技创新管理系统、全省烟草专卖法规质检一体化平台项目、人力资源管理信息系统等。

（一）OA 系统

2002 年 4 月，全省各卷烟厂、市级烟草专卖局（公司）全面推广实施办公自动化系统，基本形成一个依托全省烟草广域网、行业内部上下连通、规范高效的公文处理、信息交流、综合

管理体系。系统基本构架是一个窗口、三大功能。即一个内部门户网站(办公信息网),文档处理、信息流转、综合事务管理三大功能。2004 年 9 月,文档处理和信息流转两个功能在全系统得到推广和应用。12 月,综合事务系统开发内容确定为 IT 资源管理、安全保卫、车辆管理、资产管理、接待管理、企业文化、会议管理、外事管理、图书管理、工作计划管理等 10 个子系统,并在嘉兴市烟草公司试点。2005 年 4 月,烟草综合事务系统通过嘉兴市烟草公司试点验收。2007 年 10 月,OA 系统整合、提升工程温州市烟草公司试点项目通过验收,之后在全省推广。

(二)专卖管理信息系统

2000 年 4 月,省烟草专卖局着手开发专卖管理信息系统。6 月底,初步完成系统研究开发工作,先后在安吉、绍兴、嘉兴市烟草专卖局试点。2001 年,进入推广阶段。2002 年,专卖管理信息系统软件进行二次升级。2005 年,完成整个系统的建设,在全省范围为各市、县的专卖管理活动提供了完整的、一体化的解决方案。

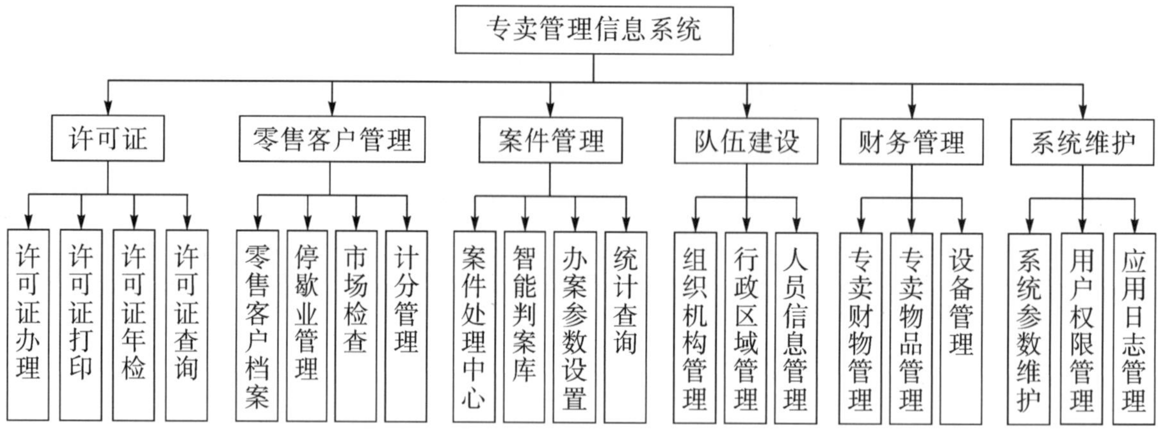

图 48-7-6-1 浙江省烟草业专卖管理信息系统(省烟草专卖局提供)

(三)供应链管理信息系统

2005 年 12 月,省烟草专卖、商业新一代供应链管理(SCM)信息系统完成建设。新的供应链管理信息系统为采购进货、供应商管理与服务、订单管理、库存管理、分拣配送等关键业务活动提供了全方位的支持。

(四)新营销系统

2005 年 4 月,省烟草专卖局(公司)为加快“以地市烟草公司为市场营销主体”的形成和“按客户订单组织货源”新业务模式的建设,启动全省烟草商业系统新营销系统的业务流程梳理和设计项目。2006 年 1 月,新营销系统客户关系管理(CRM)系统完成建设。2006 年 12 月,全省正式推广营销工具箱。

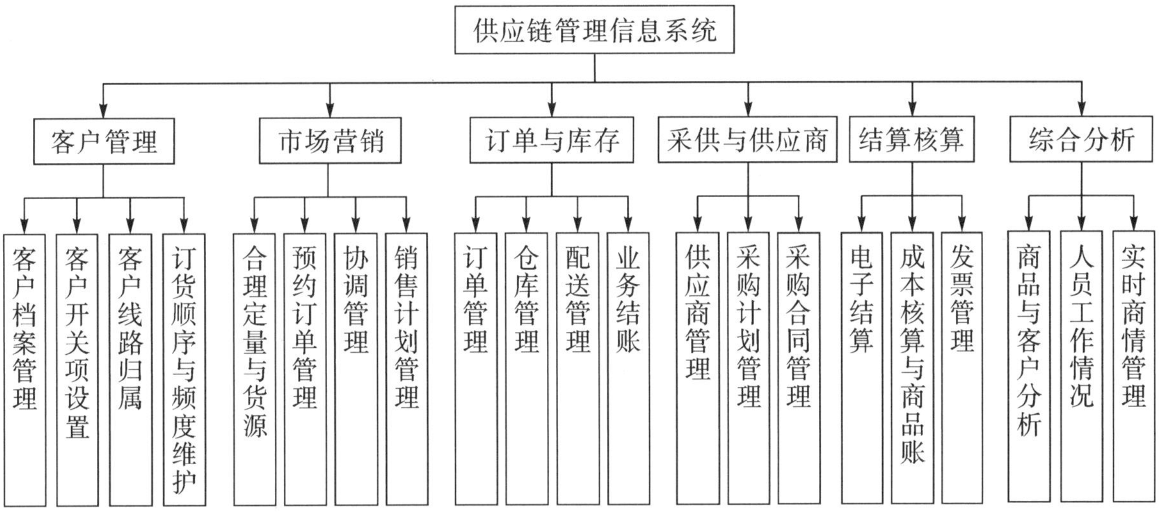

图 48-7-6-2　浙江省烟草业供应链管理信息系统(省烟草专卖局提供)

（五）财务管理系统

2004 年 2 月，省烟草专卖局（公司）为增强会计核算功能，提高财务软件安全性，决定将全省各单位使用的“吉联神犬”2.0 版升级至 3.0 版本。2006 年，财务管理信息化项目先后在杭州、嘉兴市烟草公司两个试点单位启动。该系统采用“二级部署、集中管理”的方式，涵盖会计核算、财务业务一体化、财务预算、资金管理、资产管理、财务分析、在线审计、多元财务等功能，适应取消县级烟草公司法人资格、建立以地市烟草公司为市场营销主体的财务管理要求。2008 年，该系统完成全省的推广实施。

（六）呼叫中心系统

2005 年 10 月，省烟草专卖、商业地区集中呼叫系统建成。新呼叫中心系统弥补了旧模式的不足，技术上采用新型先进的交换机系统，在形式上打破分散办公的局限性，对全地区经烟户开放统一的 800 免费服务电话，采用集中办公的方式，实现统一、方便、快捷、安全的呼叫系统模式。新的呼叫中心系统包括业务咨询、订单采集、订单状态跟踪、投诉/纠纷处理等。系统由 CTI 子系统、IVR 自动应答子系统、语音监控录音子系统、业务应用子系统、呼叫中心监控管理子系统、呼叫统计子系统构成。

（七）物流配送管理系统

2008 年 7 月，在湖州、嘉兴、台州市烟草公司物流综合管理平台试点工作结束的基础上，实施物流综合管理平台推广工作。省烟草物流配送管理系统主要包括仓储管理系统（WMS 系统）、烟草电子标签辅助配货系统（DPS 系统）、智能物流配送系统的整体系统集成解决方案。物流中心仓储管理系统，通过计算机和网络技术对物流中心货物进行账目管理、货位管理、配货管理和作业管理。电子标签辅助配货系统，从营销系统导入订单，对订单数据进行处

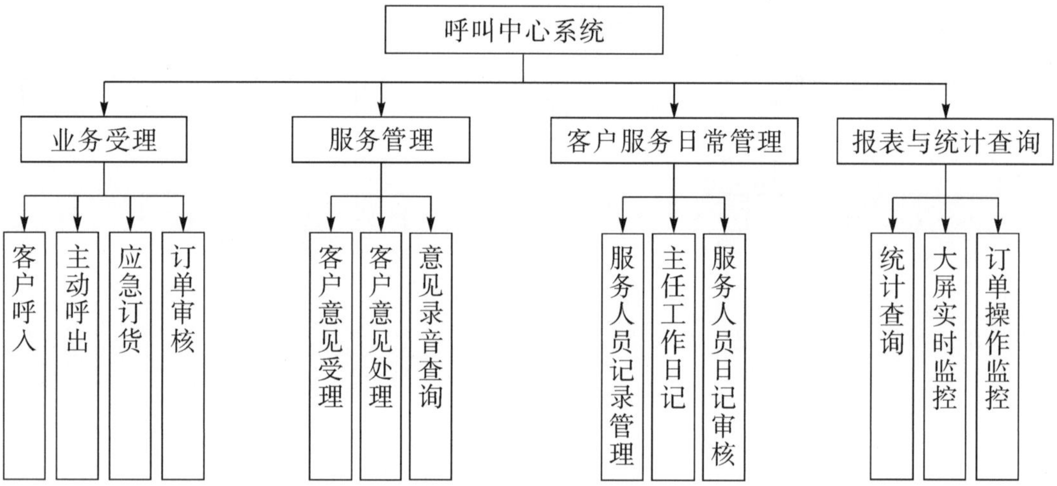

图 48-7-6-3　浙江省烟草业呼叫中心系统(省烟草专卖局提供)

理,生成并打印出订单、备货单、合单备货单以及送货单等;并有独立的数据库,对配货的货物、位置、区段、订单内容分别赋值并配对,使订单货物与货架货物建立一一对应关系,显示操作数量、接收操作应答,从而适时进行记录。智能物流配送系统根据预设定的车辆装载、工作时间等因素自动生成最优配送线路,通过 GPS 定位系统,可以对配送员的车辆行使情况、配送的结果等信息进行监控管理。

(八)工商信息协同系统

工商信息协同系统是应“按客户订单组织货源”的要求,为整合供应链,实现工商之间供应链协同、优化,提高协作水平而开发建设的。工商协同系统的最终目标是培育大市场、大品牌,打造工商之间的无缝供应链。整个交易模式体现了需求拉动供货的业务模式,使工业企业能够贴近市场。工商信息协同系统同时与国家烟草专卖局交易中心系统、商业核心业务系统、工业核心业务系统进行数据交互,系统功能为数据采集、产销衔接、网上配货、数据传输、分析查询、信息发布等。

(九)商业智能系统

2004 年,省烟草专卖局(公司)商业智能(BI)综合查询分析系统初步建成。次年,实施再次提升。该系统为管理层提供统一、一致、综合的历史数据集,是为省烟草专卖局(公司)领导提供决策支持的商业智能系统,为经营管理和决策提供必不可少的辅助支持。系统针对行业特点,实现数据集中,建立专卖管理、客户关系管理、供应链管理、运营支持 4 个主题,提供报表/查询层次、分析层次、决策层次 3 个不同支持程度的辅助决策功能。

(十)专卖智能系统

2005 年,省烟草专卖局(公司)专卖智能系统建成。该系统在全省范围内为专卖管理活动提供了完整的、一体化的电子政务解决方案,同时也为管理层提供了统一、综合的专卖历史数据集。系统实现了省烟草专卖局(公司)与其下属烟草专卖所之间的信息共享和报表数据的集中采集,提供了大量日常报表,更具有数据分析功能。

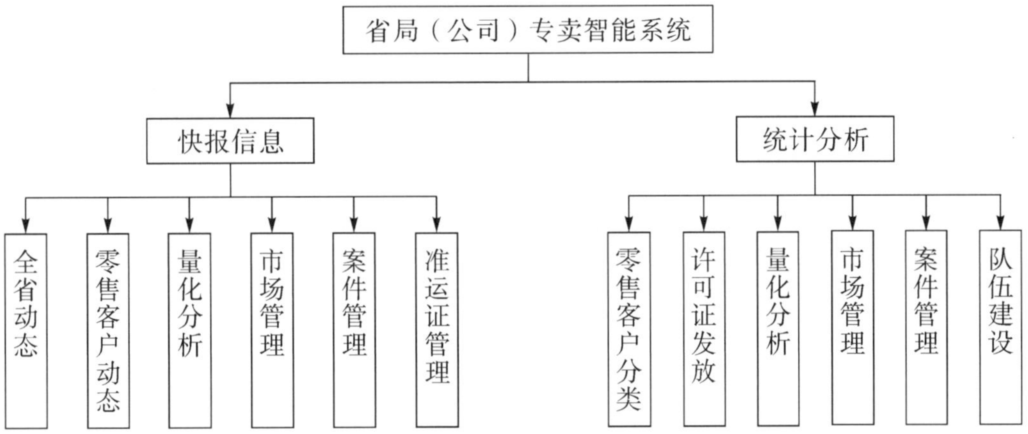

图 48-7-6-4　浙江省烟草专卖局专卖智能系统(省烟草专卖局提供)

(十一)订单监管系统

省烟草专卖、商业订单监管系统是根据国家烟草专卖局“按客户订单组织货源”试点的工作流程形成的,包含“三率一度”(预测准确率、订单满足率、销售增长率以及客户满意度)等内容。方便商业企业从行政区域、价格档次、卷烟等级、工业企业、品牌规格等角度,及时掌握卷烟销售中的工业企业供货、商业企业订单、库存及零售客户进货等信息。订单监管系统从实时数据监控、历史数据分析两个角度对全省进销存数据进行全面展示,并提供预警功能,针对预警数据进行深入定位,给出影响预警指标的相关 KPI 数据,有助于分析异常原因。系统包含订单准确率监控、存销比监控、预测准确率监控、销售增长率监控、客户满意度监控、合同监控、客户分类监控等主题。

(十二)视频会议系统

2005 年 6 月下旬,浙江省烟草视频会议系统在全省范围建成;10 月底,开始边调试、边试用。2006 年 3 月,正式投入使用。省烟草视频会议系统分省、市、县三级部署,最多可同时召开 86 个分会场的会议,为浙江省最大的企业级视频会议系统,也是全国烟草行业最大的省级视频会议系统。

表 48-7-6-1　　浙江省烟草专卖商业其他部分应用系统情况一览表

系统名称	应用部门	开发商	业务功能	开发时间
国家烟草专卖局行业卷烟生产经营决策管理系统	市级烟草公司营销中心、配送中心	北京中软国际信息技术有限公司	两打三扫,工商数据采集,烟叶价格采集,卷烟价格采集,统计应用,行业调控,常用代码设置,订单采集,零售户订单上报	2004 年 11 月

续表1

系统名称	应用部门	开发商	业务功能	开发时间
国家烟草专卖局打码到条及订单采集系统	市级烟草公司配送中心	北京中软国际信息技术有限公司	两打三扫(系统管理,运行监控,件烟、条烟码查询,合同信息查询,件烟信息统计),订单采集(设置,数据查询,订单核对,订单采集运行监控,零售户抽取运行监控)	2006年12月
行业卷烟生产经营数据统计应用系统	市级烟草公司配送中心	北京中软国际信息技术有限公司	统计应用(单据确认,审核报送,价格管理,统计分析,盘库,工商在途分析,缓存管理)	2010年11月
用友NC财务系统	省烟草公司财务处、市级烟草公司财务处	厦门用友烟草软件有限公司	财务核算、预算、报销管理	2006年5月
人力资源管理信息系统项目	省烟草公司人事劳资处、市级烟草公司人事劳资处	东软集团股份有限公司	组织管理、干部管理、人事管理、劳动管理、薪资管理、培训管理、信息查询、报表管理、综合管理、离退休管理、专业技术管理、职业技能管理、系统管理	2008年10月
管理体系建设系统	省烟草公司综合管理处、市级烟草公司企管处	杭州新世纪信息技术股份有限公司	体系展现、体系建立、体系评价、体系改进、统计查询、体系要素维护、系统管理等模块	2009年5月
科技创新管理系统	省烟草公司综合管理处、市级烟草公司企管处	杭州新世纪信息技术股份有限公司	个人桌面、项目管理、QC活动管理、成果管理、评奖管理、统计查询、专家管理、系统管理	2010年8月
纪检监察监管系统	省烟草公司监察处、市级烟草公司监察处	杭州新世纪信息技术股份有限公司	基建工程、物资采购、干部提拔、公务车辆购买监管	2009年11月
外网及管理平台	省烟草公司办公室、市级烟草公司办公室	杭州新世纪信息技术股份有限公司	省烟草公司及11个市级烟草公司外部网站,省烟草学会内部网站、统一管理平台(内网管理、外网管理、学会网站管理、期刊管理)	2010年9月
内网办事公开、民主管理专栏	省烟草公司办公室、市级烟草公司办公室	杭州新世纪信息技术股份有限公司	机关公开、行业公开、公开目录	2010年6月

续表 2

系统名称	应用部门	开发商	业务功能	开发时间
政策法规管理事务系统	省烟草公司法规处、市级烟草公司法规处	浙江创联信息技术股份有限公司	法规事务管理、基础信息管理、政策法规库	2009 年 9 月
信息运维管理平台	省烟草公司经济信息中心、市级烟草公司信息中心	浙江创联信息技术股份有限公司	运维工作、信息发布、日常工作、项目管理、资源管理、知识库、统计分析、系统管理	2007 年 10 月
浙江省烟草质量监督检测站鉴别检验管理系统	省烟草质量监督检测站、市级烟草专卖局法规处	浙江创联信息技术股份有限公司	委托受理、鉴别检验、样品管理、标物管理、统计查询、信息交流、系统管理	2004 年 7 月
浙江省卷烟打假案件计算机网络管理信息系统	省烟草专卖局专卖处	北京成众莱恩信息技术有限公司	打假案件上报、统计和分析	2003 年 7 月
中国烟草总公司浙江省公司卷烟营销服务综合管理平台一省局营销子系统	省烟草公司销管处、综合管理处	杭州州力数据科技有限公司	价格管理、卷烟销售计划管理、网建管理、工业企业管理、其他辅助功能	2010 年 1 月
中国烟草总公司浙江省公司卷烟营销服务综合管理平台一地市营销子系统	市级烟草公司营销中心	浙江创联信息技术股份有限公司	信息交流平台、订单预测、进销存管理、市场营销管理、客户关系管理、仓储管理、采购与供应商关系管理、综合查询分析、系统维护、报表中心	2009 年 9 月
中国烟草总公司浙江省公司卷烟营销服务综合管理平台一批零互动子系统	市级烟草公司营销中心	浙江创联信息技术股份有限公司	动销分析、批零分析、量价存分析、数据采集汇总分析	2009 年 9 月

续表 3

系统名称	应用部门	开发商	业务功能	开发时间
卷烟电话订单呼叫中心	市级烟草公司营销中心	浙江创联信息技术股份有限公司、杭州香溢信息系统工程有限公司	电话订货、客户服务日常管理、业务单据查询、呼叫报表	2005 年 9 月
投诉中心系统	省烟草公司综合管理处、市级烟草公司企管处	杭州香溢信息系统工程有限公司	信息公告、网上订货、信息采集、网上营销	2009 年 11 月
“新商盟”网上订货系统	省烟草公司销售管理处,嘉兴、绍兴、舟山市烟草公司营销中心	山东浪潮齐鲁软件产业股份有限公司	网上订货、网上营销	绍兴:2010 年 11 月 3 日;嘉兴、舟山:2010 年 11 月 22 日
数字仓储管理系统	市级烟草公司配送中心	北京中烟信息技术有限公司	入库信息、库位信息、出库信息、分拣信息、综合查询、数据监控、基础信息	2008 年 9 月
专卖管理系统	市级烟草专卖局专卖管理处、内部管理办公室	浙江创联信息技术股份有限公司	许可证管理、零售户管理、案件管理、队伍建设、报表管理、统计查询	2005 年 11 月
浙江省烟草专卖、商业专卖内部管理监督系统及许可证管理模块	市级烟草专卖局专卖管理处、内部管理办公室	浙江创联信息技术股份有限公司	日常监管、定期工作、内务管理、报表管理	2008 年 1 月
浙江省烟草专卖、商业专卖内部管理监督系统(三期)	市级烟草专卖局专卖管理处、内部管理办公室	浙江创联信息技术股份有限公司	内管违规情况统计表、商业预警、内管流程	2009 年 1 月
一体化协同办公系统软件	市级烟草公司办公室	杭州新世纪信息技术股份有限公司	发文管理、收文管理、IT 运维、车辆管理、实物管理、费用报批、接待管理、工作计划、代码管理、系统管理	2006 年 7 月

续表 4

系统名称	应用部门	开发商	业务功能	开发时间
浙江烟草专卖、商业数字化档案管理系统	市级烟草公司办公室	杭州新世纪信息技术股份有限公司	预归档管理、立卷归档、档案管理、高级管理、BS 档案查询、系统工具、用户指南	2008 年 7 月
个人工作平台	市级烟草公司办公室	浙江创联信息技术股份有限公司	统一代办、工作协同、相关系统、工作计划管理、工作报告管理、工作日志管理、工作表单管理、岗位手册	2009 年 5 月
浙江烟草商业卷烟物流综合管理系统	市级烟草公司配送中心	杭州伊凡特科技有限公司(已注销)	KPI 监控分析(KPI 监控、作业实况、综合分析),综合管理(日常管理、安全管理、绩效管理、费用管理),调度管理(配送中心调度、送货调度、分拣调度、仓库出库调度),作业管理(仓库管理、分拣管理、送货管理),系统维护	2008 年 3 月

资料来源:根据省烟草专卖局(公司)信息中心相关资料整理。

第七节　企业文化

中华人民共和国成立后,浙江烟草行业的企业文化,是在长期的发展实践中,经过逐步积累、沉淀形成的,初始以优良传统、企业精神、企业方针、厂风等形式出现,散见于思想政治宣传、精神文明建设等方面。改革开放以来,随着计划经济向市场经济的转变,各种思想观念发生深刻变革,企业文化建设越来越被企业重视,其内容也得以不断丰富、发展。

一、企业理念

20 世纪 80 年代初,杭州卷烟厂提出“勤俭、创新、求实、求精”的八字厂风和“三座破庙起家的艰苦创业精神、十个一的点滴节约精神、学创结合的挖潜革新精神、超千夺万的义务劳动精神”四大精神及“一专多能,主兼代帮,团体冠军”的队伍风貌。

宁波卷烟厂在发展过程中,一直奉行“自力更生、艰苦奋斗、节俭、务实、求精、创新”的企业精神。1991 年,提出“团结、抓实、巩固、提高”的企业方针。

“九五”期间,全省烟草行业倡导形成以“敢、干、创”为核心的浙烟精神。1997 年 2 月的全省烟草工作会议上,浙烟精神被正式概括为“敢于拼搏、善于竞争;雷厉风行、真抓实干;团结开拓、勇创大业”,第一次明确并统一了全省烟草行业的企业文化理念,各市级烟草公司、工业企业的企业文化建设也由零星的、各自为政状态，开始逐步走向统一发展。

2002年10月，浙江烟草行业汇编形成《浙江烟草形象手册》，明确浙江烟草的使命、战略、目标、宗旨、精神和作风等六大理念。

2006年，浙江烟草专卖、商业系统确定企业文化理念。浙烟宗旨：对您负责、让您满意。浙烟服务理念：客户至上、诚实守信。浙烟管理理念：科学和谐、精细规范。浙烟经营理念：共生共赢、共同发展。浙烟执法理念：严格公正、文明高效。

省烟草专卖局(公司)通过吸纳下属11家市级烟草专卖局(公司)企业文化的精华，并与之相衔接，构建以"两个至上"烟草行业共同价值观为核心，以建立"国内领先、国际一流"的现代流通企业和文明执法主体为愿景，以"精、实、创、和"为精神，以"对您负责、让您满意"为宗旨的浙烟"精实"文化架构体系，以"精实"文化为主线，建立"整体协同、边界明确、核心共享、表述分层"的母子公司企业文化架构体系，制定《浙江烟草专卖商业系统企业文化手册》。至2008年，逐步形成"五圆同心"的母子公司企业文化管理模式，从内到外依次包括行业共同价值观、浙烟核心理念、企业伦理、各市级烟草专卖局(公司)的经营管理理念与视觉识别系统。同年，在推进母子文化管理模式有效对接的基础上，建立省、市两级企业文化内训师队伍，全面开展企业文化内训工作，使全系统员工对母子文化管理模式、"精实"文化的基本内涵以及服务品牌的基本要求形成共识。

2007年，浙江卷烟工业系统制定企业文化建设方案。企业文化理念，由基本理念和经营管理理念组成。基本理念：核心理念为"忧患、拼搏、创新"，企业精神为"敢想敢拼、善谋善为"，企业使命为"创造价值、满足需求"，企业愿景为"优势品牌、优秀企业"。经营管理理念：营销理念为"工商合力、共赢市场"，服务理念为"主动快捷、诚信周到"，质量理念为"一丝不苟创一流"，管理理念为"严细实快"，创新理念为"敢为人先"，用人理念为"有为才有位、有位必须为"，团队理念为"和为贵、人为本、干为先"。

同年12月，在杭州召开的全国烟草行业第三次企业文化建设工作暨政研会秘书长会议上，省烟草专卖商业系统的"精实之道"文化构架、"五圆同心"的母子文化，浙江中烟公司"精致、和谐、大气、开放"的企业文化得到国家烟草专卖局和全国同行的充分肯定。

2008年，浙江烟草行业引入企业文化评价体系，探索建立企业文化激励机制。

二、企业标识

20世纪80年代中后期，省烟草专卖局(公司)通过向社会广泛征集，完成了浙江烟草标识设计。图案中间和两旁代表烟支与烟叶，寓意"两烟"；下部为"浙"字，代表浙江烟草，体现地域特点；整个标志为冠状，寓意浙江烟草要勇攀高峰、走在前列。

20世纪80年代中期，杭州卷烟厂完成厂徽设计，其标识为蓝白色衬映下的柳叶、三潭图形组合，形似繁体"烟"字，寓意工厂的地域、位置、特色，体现烟草加工的企业特点。

1998年，宁波卷烟厂把"大红鹰"作为企业标识：一只朝前翱翔的大红鹰，以钢爪象征锐意进取，鹰头意味高飞领先，"V"形双翅含义"Victory"(胜利)。

图 48-7-7-1　浙江烟草标识（省烟草公司提供）

图 48-7-7-2　杭州卷烟厂厂徽（省烟草公司提供）

图 48-7-7-3　宁波卷烟厂标识（省烟草公司提供）

1999 年，杭州卷烟厂委托中国美院创作主题雕塑，雕塑为平面中崭露 3 个不同的三维立方体，寓意杭州卷烟厂从“三座破庙起家”发展到大型现代化企业；稳固的三维立体造型象征杭烟是一个蒸蒸日上、团结、稳固、严谨、强有力的集体，石英砂铺就的平面象征着市场经济的海洋，平面以下的立方体寓意一种警示，呼唤危机意识；立方体构架的柱体和端头上装饰的纹样，其线条造型吸取良渚文化中最有代表性的文物陶器、玉器上的装饰纹样，用富有地域文化特色的装饰纹样来增强整个雕塑的文化底蕴和历史厚重感，烘托整个雕塑主题，通过浩渺变幻的纹饰象征市场经济的广阔天地，营造企业在市场经济海洋中奋勇搏击、不断前进的氛围。

图 48-7-7-4　杭州卷烟厂主题雕塑（2000 年摄，杭州卷烟厂提供）

2006 年 2 月，全省烟草专卖、商业系统决定统一使用行业形象标识（中国烟草 · 浙江视觉识别系统），其设计分为基础标识设计和应用设计两个系列。其中应用设计系列中的七大类 78 种标准式样，下属单位根据实际情况逐步进行推广使用，并规定了行业企业形象标识的使用规定。

2007 年，浙江烟草工业系统确定企业标识采用字母 C 与烟叶组成的中国烟草行业统一标识与手写体公司名称组合而成。

浙江中烟工业有限责任公司
CHINA TOBACCO ZHEJIANG INDUSTRIAL CO., LTD.

图 48-7-7-5　浙江中烟工业有限责任公司标识一（浙江中烟公司提供）

2008 年，按照国家烟草专卖局下发的行业视觉识别系统和企业文化架构体系，浙江烟草专卖、商业系统以工作场所、办公用品、服务车辆等为重点，基本统一全省各级单位的视觉识别系统（VI）标识，形成整体统一的浙烟企业形象标识。设计和定制标准服务配置，实施一线服务人员、服务对象、服务场所硬件配置的标志性工作，实现用具配置标位化，提供统一VI设计的烟柜（仅供A类户）和“禁止向未成年人售卖香烟”警示牌；设计并制作客户经理、专管员的标准公文包，电话订单员的标准桌面设计，送货员的标准垫板等标准装备。浙江中烟公司在2010年7月1日前，完成公司主体建筑、办公经营场所、卷烟送货车辆、网站等形象推广工作，其图像、文字、颜色、比例等均严格按照系统规范进行。

图48-7-7-6　浙江中烟工业有限责任公司标识二（浙江中烟公司提供）

三、行为规范

20世纪90年代初期，浙江烟草行业的员工行为规范建设伴随着企业文化建设和职业道德建设而逐步展开。

1997年起，宁波卷烟厂开展合格员工、文明员工、优秀员工的评比活动，并制定《宁波卷烟厂员工奖惩条例》以及员工上岗的规定。

1999年，杭州卷烟厂开展以“文明、健康、和谐，我们共同来创造”为主题的职工行为规范教育活动。是年4月，宁波卷烟厂在“飞2000工程”行为识别（BI）规范活动中，分期分批组织培训、考核，从提高个人素质和健全相关制度方面着手，使全厂员工从一言一行做起，从自我仪表做起，不断提升自身素质。

2002年，浙江烟草系统制定《浙烟形象手册（试行）》，对员工的语言、服务、行为等方面作出具体规范。

2007年，全省专卖、商业系统实施国家烟草专卖局制定的市场经理、客户经理、品牌经理、电话订货员工作标准，并编写《浙江烟草工业企业服务承诺书》《浙江烟草专卖行政管理服务规范》和送货员、投诉受理员工作手册，细化服务内容、优化服务流程、明确各岗位的服务标准，形成各具特色的服务规范。

2009年12月，按照国家烟草专卖局《烟草行业行为规范》建设试点部署，浙江烟草工业系统制定《行为规范建设工作方案》，其中，《员工行为规范》分为基本行为规范和业务行为规范两大部分。次年7月，发放至全体员工，开展行为规范自学、自查、自纠。

四、公益事业

改革开放后，浙江烟草行业在改革创新、产业报国、经济效益不断增长的同时，积极支持参与地方文化体育、环境保护、慈善公益等各类活动，回馈社会，受到社会各界的广泛好评。

(一)捐资助学

1. **“利群阳光” 助学行动**

2001 年,杭州卷烟厂与《都市快报》合作,在全省范围内开展“利群阳光”助学活动。该项行动的宗旨是:“帮助有理想、有追求,成绩优异、品行端正,但生活贫困的当年高考生实现他们的追求科学知识、追求人生价值的理想”,目的在于“倡导正直、爱心、责任的价值观和在顺境中回报社会、乐于助人的精神;倡导开朗、自信、豁达的人生观和在逆境中自强不息、勤奋进取的精神”。活动开办至 2010 年,“利群阳光”活动区域从浙江省发展到全国 15 个省市,资助的应届高中毕业特困生增至 1500 名。10 年里,共资助学生 9000 名,资助金额 4290 万元。

2003 年,“利群阳光”获国家工商管理局的商标注册证书,成为全国烟草行业第一个也是唯一的社会公益活动品牌。2006 年,“利群阳光”的主体由杭州卷烟厂转为浙江中烟公司。2007 年 4 月,浙江中烟公司独家注册、全开放的互动门户网站——利群阳光 · 助学行动(http//www. isunfly. com)公益网站开通,成为企业与贫困学子、媒体、社会各界互动的公益活动平台。2008 年,汶川特大地震后,“利群阳光”助学行动在第一时间向四川地震灾区定向追加资助 100 名贫困学子名额。

表 48-7-7-1　　2001—2010 年“利群阳光”助学行动开展情况一览表

年份	开展省份	资助人数(人)	资助金额(万元)
2001	浙江	100	50
2002	浙江、北京、山东	300	120
2003	浙江、北京、山东、江苏	400	170
2004	浙江、北京、山东、江苏、广东、湖南、辽宁	700	320
2005	浙江、北京、山东、江苏、广东、湖南、辽宁、福建、江西、河北	1000	470
2006	浙江、北京、山东、江苏、广东、湖南、辽宁、福建、江西、河北、四川、陕西、云南、贵州、广西	1100	520
2007	浙江、北京、山东、江苏、广东、湖南、辽宁、福建、江西、河北、四川、陕西、云南、贵州、广西	1200	570
2008	浙江、北京、山东、江苏、广东、湖南、辽宁、福建、江西、河北、四川、陕西、安徽	1400	670
2009	浙江、山东、江苏、广东、湖南、辽宁、福建、江西、河北、四川、陕西、安徽、甘肃	1300	650
2010	浙江、山东、江苏、广东、湖南、辽宁、福建、江西、河北、四川、陕西、安徽、甘肃、云南、贵州	1500	750
合计		9000	4290

资料来源:根据杭州卷烟厂、浙江中烟公司资料整理。

2. 大红鹰寒窗基金

1997年，经宁波市政府批准，宁波卷烟厂出资设立“大红鹰寒窗基金”专项助学基金。该基金旨在资助宁波市当年考入国内高等院校、品学兼优而家庭经济困难的学生完成学业而给予的一次性补助。至2005年，宁波市共有3069名学生得到资助，共发放助学金920.7万元。2007年，浙江中烟公司捐助大红鹰青少年英才奖励基金5万元。

3. 其他捐赠助学活动

1989年，省烟草专卖局(公司)捐资15万元帮助文成县建造校舍。

1994年8月5日，绍兴市烟草专卖局、嵊县烟草专卖局分别向绍兴文理学院捐赠30万元、10万元，用于学校的教育、科研。

1996年，杭州卷烟厂向浙江省青少年成才基金捐助9.8万元，宁波卷烟厂捐助40万元援建温州市泰顺县雅阳小学“五一教学楼”。2000年，宁波卷烟厂向延安教育界和上海复旦大学各捐资100万元，建立“大红鹰奖学金”。

2001—2002年，宁波卷烟厂向中国青少年基金会捐款2500万元，为千所希望小学和西部地区学校购买图书，主要配备在青海、甘肃、云南等12个西部省区及其他省份的贫困县，建立“大红鹰希望图书室”。向宁波市人民教育基金捐款1500万元，用于改善部分学校办学条件，奖励在教育、教学中成绩突出的优秀教师和资助品学兼优但家庭困难的学生完成学业。

2005年，嘉兴市烟草公司将原用于庆祝公司成立20周年庆典活动的100万元经费，捐赠给嘉兴市慈善总会，用于成立“嘉兴烟草关爱‘南湖学子’助学基金”。

2007年，浙江中烟公司捐助淳安王阜乡义务教育80万元。

2008年，金华市烟草公司向金华市慈善总会捐款22.34万元，用于阳光助学活动。

2009年，杭州市烟草公司捐款30万元，用于杭州市慈善总会设立的助学基金，帮助淳安中学“志远班”的贫困生。是年5月，浙江中烟公司向四川会理县地震灾区、四川鹿鹤希望小学捐款200万元。

2010年8月，浙江中烟公司向山东省蒙阴县救灾扶贫基金会捐赠助学款60万元，宁波卷烟厂资助宁波市聋哑学校32万元。2010年，杭州市烟草公司捐助20万元、淳安烟草公司捐助10万元，用于淳安中学“志远班”的助学项目。

(二)慈善捐助

1. 省级公司（局）

省烟草专卖局(公司)：2004年，慈善捐款650.74万元；2005年，捐助慈善款98.66万元。

浙江中烟公司：2006年，浙江中烟公司与杭州卷烟厂、宁波卷烟厂联合重组之际，节俭办庆典，捐赠人民币200万元，与浙江省慈善总会联合开展“浙江中烟光明行动”，为浙江省范围内1000名经济困难、急需救助的白内障患者资助全部医疗费用，帮助他们重见光明，活动于当年9月19日正式启动。经过一年的努力，完成1000例手术，成功率100%。2007年，浙江中烟公司分别向杭州市、宁波市慈善总会捐款3000万元、1000万元；参与“春风行动”，共计捐款90万元。2008年，向四川省凉山彝族自治州慈善总会捐款50万元，向宁波市慈善总会捐款1000万元，向杭州市慈善总会捐款3000万元；2009年，资助杭州市上城区“春风行动”，向该区慈善总会捐款10万元，向杭州市慈善总会、宁波市慈善总会分别捐款3000万元、1000万元；2010年，向浙江省慈善总会捐款150万元，向杭州市慈善总会捐款3085万元，其中85万元用于西湖区“春风行动”。

2.市、县级烟草专卖局和卷烟厂

1998年，宁波卷烟厂为建造宁波市老年乐园——“颐乐园”，向宁波市慈善总会捐赠2000万元。

2001年，杭州卷烟厂捐助“春风行动”10万元。是年起，该厂每年向杭州市慈善总会捐款2500万元(2004年和2005年，年捐款增加到3000万元)。

2002年，金华市烟草公司向金华市慈善总会捐款60万元。杭州卷烟厂向杭州市上城区慈善总会捐款35万元、“春风行动”捐款20万元。

2003年，宁波卷烟厂向宁波市慈善总会捐款50万元。杭州卷烟厂向“春风行动”捐款32万元。是年至2009年，杭州市烟草公司向杭州市“春风行动”捐款共332万元。

2004年，湖州市烟草公司、东阳烟草公司分别向当地慈善总会各捐款50万元。杭州卷烟厂向杭州市上城区“春风行动”捐款10万元。

2005年，杭州卷烟厂向省慈善总会捐款50万元，“春风行动”捐款165万元。宁波卷烟厂向宁波市慈善总会捐款12万元，用于重建宁波新四军烈士陵园。温州市烟草公司把庆祝公司成立20周年活动经费100万元捐赠给温州市慈善总会。

2006年，临安、余杭、建德烟草公司分别向当地“春风行动”捐款70万元、60万元、100万元。

2007年，丽水、衢州、舟山市烟草系统慈善捐款分别达116.37万元、70万元和50万元，义乌、宁海、奉化、安吉烟草公司各向当地慈善总会捐款20万元。

2008年，宁波市烟草公司向宁波市慈善总会捐款20万元；绍兴市烟草公司向绍兴市慈善总会捐赠30万元；金华市烟草公司向金华市慈善总会捐赠35万元；台州市烟草公司向台州市慈善总会捐赠100万元，向温岭市慈善总会捐赠50万元，设立助孤专项基金；萧山、镇海、宁海烟草公司慈善捐款分别为26万元、30万元、20万元。

2009年，宁波市烟草公司向宁波市慈善总会捐款30万元，金华、台州、丽水烟草系统分别向当地慈善事业捐款22.7万元、148万元、70万元，萧山、余杭烟草公司分别向所在区慈善总会捐款40万元、60万元。

2010年，杭州、宁波、金华、丽水市烟草公司分别向所在市慈善总会捐款60万元、20万元、22.28万元、65万元，用于“春风行动”。余杭、萧山、富阳、淳安、桐庐和平阳烟草公司也分别向当地慈善总会捐款60万元、55万元、30万元、26万元、8万元和65万元。

从1997年开始，宁波市“慈善一日捐”活动每年举办一次，宁波卷烟厂员工自活动开展以来便积极参与，累计捐款139.36万元。

（三）赈灾捐赠

1. 省级公司

省烟草专卖局（公司）：1988年8月8日，第7号台风袭击浙江，部分烟叶产区严重受灾。省烟草公司捐款45万元，支援灾区生产自救。1991年，长江流域特大洪涝灾害后，浙江省烟草行业发扬“一方有难，八方支援”的精神，开展捐献活动。全行业共向灾区捐款122.47万元，其中职工个人捐款4.27万元，粮票5450千克。1992年7月17—20日，省烟草专卖局派出慰问组，到“7·4”特大洪灾中受灾严重的桐庐、兰溪、龙游、衢州、松阳、金华等地开展慰问活动，向灾区捐款30万元。1994年入夏后，浙江省许多地方暴雨成灾，接着又遇严重干旱，为支援抗灾救灾，省烟草专卖局（公司）筹集救灾款100万元，资助受灾困难户的生产生活。1996年6月底，省内部分地区发生特大洪涝灾害，省烟草专卖局（公司）筹集救灾款170万元（其中现金100万元，卷烟物资差额利润70万元），用于重灾区的救灾工作。同年，还在杭嘉湖洪灾和舟山旱灾赈灾中捐助180万元。1998年，长江、松嫩流域遭百年一遇的特大洪灾，省烟草专卖局向受灾地区共捐款1103.6万元，其中干部职工个人捐款63.6万元，捐衣裤2.4万套（件）。2008年，汶川“5·12”大地震后，省烟草商业系统组织1.2万名员工捐款193万余元，3167名党员缴纳“特殊党费”178万元。

浙江中烟公司：2005年初，组织员工向印度洋海啸受灾区捐款共计43.29万元。2008年，汶川“5·12”大地震后，第一时间向四川省烟草专卖局和川渝中烟工业公司发去慰问信，并以浙江中烟公司名义向灾区捐款1000万元。组织4000余公司员工捐款52万余元，公司党员交纳“特殊党费”43万余元。2010年，向浙江省慈善总会捐款360万元，用于救助云南抗旱；向毕节地区慈善总会、广西百色市靖西县民政局分别捐款60万元、30万元，均用于救助当地抗旱；向三明市、龙岩市、南平市分别捐赠水灾救灾款30万元、30万元、60万元；向丹东市慈善总会捐赠水灾救灾款30万元；向甘肃省民政局捐款100万元，用于舟曲地震救灾；还向西藏烟草公司捐款50万元。

2. 市、县级烟草专卖局（公司）和卷烟厂

1988年7月30日，新昌、嵊县遭受特大洪水袭击，香料烟损失惨重。杭州卷烟厂、宁波卷烟厂各向两县捐款5万元。

1993年，杭州卷烟厂筹捐救灾援助资金37万元。

1994年10月，温州市政府向杭州卷烟厂、宁波卷烟厂和温州市烟草专卖局赠送“教育赈灾”铜匾。两厂在第17号台风后，分别捐款30万元支援温州灾区，其中部分用于教育赈灾；温州烟草系统则一面积极抗灾自救，一面不忘家乡赈灾义务，捐资72万元，其中个人捐资1.17万元，衣物195件。

2004年，为支援第14号台风受灾地的救灾工作，杭州、台州市烟草公司分别捐赠救灾款10万元、106万元。

2005年，杭州卷烟厂捐助救灾款10万元，用于印度洋海啸受灾区救灾。2006年，温州市烟草系统向第8号台风“桑美”受灾地区捐赠救灾款179万元。

2008 年，长兴烟草公司捐赠 20 万元，用于当地的雪灾生产自救。

(四)扶贫帮困

1. 省级公司

省烟草专卖局(公司)：2006 年起，每年向对口扶贫单位淳安县安阳乡资助 10 万元；2008 年起，每年向对口扶贫单位苍南县赤溪镇资助 8 万元。

浙江中烟公司：2008 年，向浙江淳安农村扶贫捐款 70 万元。2009 年，向淳安县农村扶贫工作领导小组办公室提供结对扶贫款 70 万元；通过浙江省慈善总会，向云南普洱市景谷县新烟区提供扶贫款 100 万元；向文成县财政局扶贫资金专户捐助扶贫款 70 万元。2010 年，向淳安县农村扶贫工作领导小组办公室提供结对扶贫款 70 万元，向文成县财政局扶贫资金专户捐助扶贫款 70 万元。

2. 市、县级烟草专卖局（公司）和卷烟厂

1997 年，杭州卷烟厂为救助杭州市特困家庭，在全厂开展"送温暖、献爱心"募捐活动，1604 名员工共捐款 3.99 万元；同年，企业还向杭州市帮困扶贫基金捐款 500 万元。

1999 年，杭州卷烟厂在建厂 50 周年的新闻发布会上，向杭州市教育局捐赠 50 万元；向杭州市公安局捐款 50 万元，用于建立杭州市见义勇为基金。

2000 年，宁波卷烟厂捐款 2600 万元，建立大红鹰慈善帮困扶贫专项资金。从 1997—2012 年，宁波卷烟厂向对口扶贫单位宁海桑洲镇木坑头村共资助 127 万元；2000—2002 年，向丽水松阳县板桥乡共资助 150 万元；2003—2007 年，向丽水市庆元县四山乡共资助 160 万元；2003—2008 年，向宁海桑洲镇上叶村共资助 40 万元。

2001 年，杭州卷烟厂捐助扶贫款 100 万元。次年，该厂向浙江省扶贫办公室捐款 50 万元，向杭州市经委捐赠帮困资金 280 万元。宁波卷烟厂在"慈善一日捐"活动中，向宁波市帮困基金捐款 300 万元。

2003 年，杭州卷烟厂向浙江省扶贫办公室捐款 50 万元，向杭州市经委捐赠帮困资金 88 万元。是年至 2006 年，该厂共捐助淳安县扶贫款 90 万元。2000—2006 年，杭州卷烟厂连续 7 年向武义县竹客乡捐款共计 370 万元。

2004 年，杭州卷烟厂向浙江省、杭州市扶贫办公室分别捐款 50 万元、40 万元。金华市烟草公司捐资婺城区岭上乡百善村脱贫修路款 20 万元。

2006 年，温州市烟草公司为解决扶贫挂钩村文成县百丈漈镇同垟村的饮水难问题，捐款 5 万元。湖州市烟草公司捐助对口帮扶的千金镇金城村、埭溪镇庄上村资金各 2 万元。

2007 年，杭州市烟草公司为帮助扶贫结对乡捐款 65 万元。宁波、湖州市烟草公司对口扶贫分别捐款 26 万元、20 万元。淳安烟草公司捐助结对帮扶项目资金 51 万元，余姚烟草公司扶贫帮困及社会公益事业捐款 50 万元，台州市烟草公司捐赠新河镇罗西村扶贫款 8 万元，仙居烟草公司向埠头镇对垟村捐赠扶贫款 1 万元，天台烟草公司捐赠结对扶贫村扶贫款 2 万元。温州市烟草公司为支持当地政府对革命老区的扶贫慰问活动，向乐清市福溪乡捐助扶贫慰问金 5 万元。黄岩烟草公司向扶贫联系单位屿头乡和里岙村捐款 5 万元，德清烟草公司赞助扶贫拥军款 5.5 万元，余杭烟草公司捐赠建德市李家镇帮扶资金 10 万元。

2008 年，宁波卷烟厂捐助扶贫结对村 20 万元，杭州市烟草公司向帮扶对象捐款 50 万元，衢州市烟草公司扶贫捐款 43 万元，丽水市烟草系统扶贫帮困捐款 78.1 万元，萧山、淳安、余姚烟草公司结对扶贫分别捐助资金 48.5 万元、31 万元、50 万元。

2009 年，杭州市烟草公司向四川南充嘉陵区大通镇和积善乡捐款 20 万元，向建德市三都镇帮扶资金专户捐款 20.8 万元。

（五）公益活动

1. 专项活动

（1）大红鹰玫瑰婚典。1999 年，宁波卷烟厂与杭州市青年联合会、共青团杭州市委共同主办，杭州青年文化传播有限公司承办“中国国际西湖情大红鹰玫瑰婚典”，152 对伉俪在杭州参加首届“大红鹰玫瑰婚典”，取得较好的社会效益，受到各界人士好评。此后，“大红鹰玫瑰婚典”每年举行，影响不断扩大。参加婚典的新人有军人、公务员、法官、教师、医生、工程师、记者、会计、工人、厨师、职员等，除西藏、澳门外，遍及全国各省、市、自治区，在玫瑰婚典缔结良缘的，还有美国、日本、德国、加拿大、秘鲁等国家的新人。

2000 年，在成都、杭州两地举办“天府—天堂大红鹰玫瑰婚典”活动，活动历时半年，来自全国各地的 145 对新人参加。

2004 年，“大红鹰玫瑰婚典”以“情系港澳”为主题，参加婚典的 86 对新人游览港澳风情，接受港澳市民的热情祝福。

2006 年，“大红鹰玫瑰婚典”的主办方由宁波卷烟厂转为浙江中烟公司。

2007 年，“大红鹰玫瑰婚典”第 9 次举办，活动举办城市增加济南和宁波两城市，并与当地团市委共同主办，婚典组委会特别邀请历届参加玫瑰婚典的代表，重温当年浪漫。

2008 年，活动举办城市又增加南昌市。此后，“大红鹰玫瑰婚典”每年在杭州、宁波、济南、南昌同时举行，分别冠名“中国国际西湖情大红鹰玫瑰婚典”“中国宁波三江情大红鹰玫瑰婚典”“中国济南齐鲁情大红鹰玫瑰婚典”“中国南昌赣江情大红鹰玫瑰婚典”，突出 4 座城市的各自特色。

2009 年，“中国国际西湖情大红鹰玫瑰婚典”规模宏大，设有 7 个篇章、5 个婚典子活动，首次展示具有中国传统文化的十里红妆大巡游表演，并有美国和欧洲五国新人参加，吸引了 30 余万人观摩，中央电视台一套《新闻联播》和二套、三套、四套《中国新闻》均予以报道，轰动一时。

“大红鹰玫瑰婚典”为全国首个活动类注册商标和中国杭州西湖博览会的注册项目，多次获团中央精神文明建设“五个一工程奖”等奖项。被杭州市委、市政府评为 2006 年杭州世界休闲博览会暨第八届中国杭州西湖博览会优秀项目银奖、2007 年第九届杭州西湖博览项目金奖，相继获得 2007 年、2008 年“中国十大民俗节庆活动”称号。在 2008 年 11 月举行的中国节庆高峰论坛、全国城市节庆工作年会上，被评为中国十大品牌活动、中国十大最具魅力节庆活动、中国十大最具发展潜力节庆活动。2009 年，获全国“节庆中华奖”和最佳公众参与奖。

2010 年，再获第 11 届中国杭州西湖国际博览会项目金奖。

1999—2010 年，累计参加“大红鹰玫瑰婚典”的新人共计 3171 对。

(2)“全民健身万里行，支持申奥大签名”活动。2001 年，宁波卷烟厂出资 3000 万元举办大红鹰“全民健身万里行，支持申奥大签名”活动。该活动由宁波大红鹰生物工程发展有限公司、《人民日报》海外版、中国国际体育旅游公司联合主办，其宗旨是：促进全民健身，支持北京申奥；展现中华风采，弘扬奥运精神。签名活动的 21 辆彩车 3 月 6 日从宁波出发，兵分三路，申奥车队途经 21 个省、市、自治区，分阶段、分层次地展开申奥活动。500 余万人在支持北京申办 2008 奥运会的长卷上签名。活动记录载入“吉尼斯世界大全”，与之相关的“大红鹰万里申奥图片展”等活动也在全国 17 个城市展开。有 400 多家新闻单位参与此次活动的报道，活动组委会还专门开通了活动的网站，有 100 万人访问。

(3)“利群中国绿色行”活动。2002 年 3 月 28 日，由杭州卷烟厂协办的“利群中国绿色行”大型文艺巡演活动在北京以互动式电视晚会的形式正式启动，中宣部、国家环保总局派出人员出席。该活动是“全国环境警示教育活动”的重要组成部分，由中共中央宣传部、国家环境保护总局、国家广播电影电视总局联合组成的“全国环境警示教育活动组委会”发起，北京电视台承办。旨在唤起全民的环境忧患意识，提高全民环境保护的责任心和紧迫感。“利群中国绿色行”活动在全国 15 个城市展开，其子活动包括全国环保演艺明星评选活动、全国环保公益短片展播、全国优秀环保歌曲、MTV 推选活动、全国环保明星个人与机构宣传及推选活动。

2. 其他捐赠

(1)省级公司。省烟草专卖局(公司)：1996 年，出资支持西湖国际马拉松比赛、游船节。2003 年，为“抗非典”捐款 103 万元，捐助援藏资金 80 万元。

浙江中烟公司：2007 年，向浙江省老年事业发展基金会捐款 20 万元；2008 年，向文成县民政局公益捐款 35 万元，向浙江省残疾人福利基金会捐款 10 万元；2009 年，向浙江省禁毒协会捐款 50 万元；2010 年，向杭州高新开发区老年活动中心捐款 10 万元，向淳安县农村扶贫工作领导小组办公室提供结对扶贫款 70 万元，向浙江省残疾人福利基金会捐款 100 万元(用于举办浙江省第八届残疾人运动会)，向文成县财政局扶贫资金专户捐助扶贫款 70 万元，向四川省盐源县烤烟生产领导小组办公室慈善捐赠 120 万元，向利川市慈善总会捐赠救助款 50 万元，向杭州市慈善总会专项捐赠 2450 万元。

(2)市、县级烟草专卖局(公司)和卷烟厂。1994 年至 1996 年，杭州卷烟厂为杭嘉湖骨干工程建设捐款 214.71 万元。

1997 年，宁波卷烟厂向中华体育基金会捐赠 50 万元，捐助宁波市老年大学 10 万元。

1998 年 3 月，宁波卷烟厂捐款 660 万元，与宁波市劳动局合作建立“天天进步”基金，用于全市下岗职工再就业培训。9 月，该厂分别捐款 30 万元、200 万元，用于青海省循化县的黄河上游波浪滩 77.33 公顷“大红鹰绿化林”和山西省河曲县“大红鹰山区流动医院”的建设。该厂还与南京军区女排联姻，成立南京军区“大红鹰女排”。是年，杭州卷烟厂再次为杭嘉湖骨干工程建设捐款 162.1 万元。

1999 年，杭州卷烟厂捐助中国绿化基金会 50 万元，捐助杭州市见义勇为奖励基金 50 万元。宁波卷烟厂出资 500 万元，在全省 75 个市、县举办万场电影下乡慰问活动。

2000 年春节，宁波卷烟厂资助革命老区老红军生活费 36 万元。该厂支持省体委举办全省“大红鹰杯”木兰拳比赛，与宁波电视台联合举办“大红鹰”敬业爱岗演讲比赛，赞助宁波市第四届服装节开幕式文艺晚会 116 万元。

2001 年，湖州市烟草公司赞助湖州国际湖笔文化节 150 万元。宁波卷烟厂为《浙江工人日报》开辟“大红鹰再就业热线”赞助 16.2 万元，为举办首届中国(温州)瑰丽瓯江民间艺术节活动赞助 5 万元。

2002 年，宁波卷烟厂向革命老区余姚梁弄镇横坎头村捐款 100 万元。杭州卷烟厂捐助省社会治安综保治理协会 20 万元。

2003 年，杭州卷烟厂为“抗非典”捐款 500 万元。杭州市烟草公司捐助中国茶文化研究会 10 万元。

2004 年，杭州市烟草公司捐助浙江省老年基金会 50 万元。

2005 年，杭州卷烟厂捐助中国国际茶会 50 万元。

2006 年，宁波市烟草公司捐助宁波市抗癌健康基金会 3 万元。宁海烟草公司赞助宁海县茶院乡塘厂村 10 万元，用于建设休闲广场。余杭烟草公司资助“利群杯”余杭区社区之歌合唱比赛 4.8 万元。临安烟草公司为第五届中国森林旅游资源博览会赞助活动经费 30 万元。建德烟草公司赞助“中国·新安江旅游节活动”15 万元。象山烟草公司向中国开渔节赞助 10 万元。宁海烟草公司为第四届“中国·徐霞客开游节”赞助经费 20 万元，资助宁海县“走进新农村”新闻作品竞赛、网球协会活动经费各 2 万元。

2007 年，金华、温州、台州市烟草系统公益捐款分别为 127 万元、176.4 万元、15.25 万元；余杭、临安、萧山、桐庐、富阳、镇海烟草公司分别向地方公益事业捐款 90 万元、90 万元、78.5 万元、75 万元、45 万元、30 万元。宁波市烟草公司向象山高塘乡余江村捐助 20 万元。奉化烟草公司向锦山、长岭、春晖 3 个社区各捐款 6000 元，分别捐助奉化市大堰镇韩学士村和西坞镇税务场村 3 万元和 5 万元。宁海烟草公司赞助宁海县第七届运动会 5 万元，捐助宁海县癌症康复会、宁海县茶院乡塘厂村 5 万元、10 万元。象山烟草公司向中国开渔节赞助 50 万元。温岭烟草公司向温岭市社会管理视频监控系统建设和市第四届职工运动会共捐赠 6 万元。

2008 年，温州、舟山市烟草系统公益捐款分别为 149.1 万元、35 万元。富阳、萧山、临安、建德、余杭烟草公司共向地方公益事业捐款 215 万元。鄞州烟草公司向当地政府捐款 30 万元。绍兴市烟草公司向市人大培训中心捐赠 50 万元。黄岩烟草公司捐款 27 万元，用于城市亮化工程。东阳、桐庐、鄞州、富阳烟草公司分别捐助公益事业赞助款 63 万元、70 万元、20 万元、30 万元。为帮助“农村指导员”开展工作，嘉兴市烟草公司向洪合镇大桥乡捐助 3 万元。

2009 年，绍兴市烟草公司向第六届世界合唱比赛组委会提供赞助 41 万元。

1998—2010 年，宁波卷烟厂与宁波市武术队联合成立宁波市大红鹰武术队，赞助资金共计近 137 万元。

第八章　烟　俗

烟草为外来物种，其流入中国数百年间，民间对它有不同的称谓，既有音译，也有各种不同寓意的称呼等等。烟草，明末会稽（今绍兴）人张介宾在其所著《景岳全书》中称“烟”“金丝烟”。钱塘（今杭州）人倪纯宇在《本草汇言》卷五中称“烟草”。清初，新登一带乡间称烟草为“淡巴菰”“金丝薰”。康熙至咸丰年间，浙江人士所著的著述中，烟草的称谓除“烟”与“菸”外，既有按传入音译的“担不归”“打姆巴古”“淡巴姑”“大孖古”“淡肉果”等，也有根据性味、效用、吸食者好恶而起的“八角草”“瑶草”“香草”“臭草”“芬草”“仁草”“仙草”“瑞草”“醉草”“忘忧草”“醺”“金丝醺”“金丝烟”“烟酒”“旱烟”等；此外，还有根据传说而来的“返魂烟”“相思草”“还魂香”“返魂香”等。平湖陆煊《梅谷偶笔》云：“淡巴国有公主死弃之野，闻草香忽苏，乃共识之，即烟草也，故亦名‘还魂香’。”至今景宁畲族自治县、苍南乡间还流传着“宽心草”“解闷草”的传说。

烟草既在中国流行，则必然衍生出各种烟具。随着历史的进程，烟具亦在派生演变，其中还融入中国文化的多种元素，活色生香，引人入胜。

烟草制品发展成为卷烟以后，随着卷烟的行销，又衍生出各种烟标和附随卷烟包装的香烟画片。浙江的卷烟烟标多种多样，渗入了历史、政治、经济、人文、地理、自然等因素，美不胜收。在现代，烟标设计则抽象多于具象，汇入了商品全球化的潮流。香烟画片的产生为了促销，故而设计更具匠心，画面愈显精美。其中杭州卷烟厂1994年起附随八角包装盒“杭州”牌卷烟销售的100套“佰图卡”，创意新颖，颇具收藏价值。

烟草制品在中国流行以后，吸烟不仅仅成为个人的嗜好，还逐渐演化为人际交往的习俗。在浙江，民间的红白诸事，以及建房上梁、迎宾会友等，常以馈赠烟制品为礼。此种风气至今犹存。

第一节　吸烟用具

烟具为吸食烟草的用具及其附属品。在卷烟产生之前，烟具已有悠久的历史。浙江常见的烟具有旱烟管、水烟管、鼻烟壶、烟斗、烟嘴、烟袋等，其中旱烟管、水烟管可用多种材质制成，盛行于清代至民国时期。鼻烟壶始见于清代早期，后逐渐成为工艺品，近代则常常出现于拍卖场。中华人民共和国成立之前，烟具也是吸烟者贫富贵贱、地位、身份、职业的一种标志。卷烟兴起以后，烟具相对简单，但也材质各异，形式缤纷。

一、烟管

烟管亦称烟筒。浙江各地一般称为潮烟管、老烟管、旱烟管。

明末清初时，烟管有铜头木身和竹制的两种，少数也有铜铁等金属制的。清中期后，多为竹制。有无镶嵌与镶嵌之别。

（一）无镶嵌烟管

这类烟管多为自制，其竹取于衰败的毛竹山。浙江西南山区俗语："家败出懒虫，竹败出烟筒"。只要将毛竹山上的细毛竹连根掘起，取有竹脑者，捅掉管中竹节，在竹脑上首部凿一孔供装烟丝，即可使用。山区烟民使用这种烟管无需花钱，即使购买，其价亦廉。20 世纪 60 年代前，山区吸烟者大多每人备有数支。

使用这种烟管，必须配以纸煤（纸捻）。吸用时将烟丝揉成形似豌豆大的团粒，塞入烟孔，用纸煤引火点燃后一口吸尽，烟灰随口吹出，俗称"一口香"。

（二）镶嵌烟管

所选烟管竹，以节密、脑大、呈大猫（老虎）头和老鼠尾式样的为佳，若能达到"九寸十八节"的，则被视为烟管中的上品。颜色有黑、黄、斑、咖啡色等，有的烟管上还雕刻有各种图案或诗文。一种是脑头镶嵌黄铜或紫铜皮，孔内四壁均包以铜皮，以免吸烟时灼焦。考究的还在铜皮上镌刻鸟兽、虫鱼、花卉等图案。另一种是在烟管装烟端嵌有铁、铝、铜质铸成的烟盏，烟管的另一端镶有咬嘴。咬嘴一般为铁、铝、铜、骨质。民国前，有钱人则往往以玉质烟嘴相配，色泽以绿、白两色为多，也配有多色彩的花纹玉嘴。达官贵人有用金、银镶嘴。烟管粗细、长短不一。粗的似大拇指，细的似小指；长的近 2 米，短的 10 余厘米。短烟管，便于随身携带，多系外出和劳动时使用。龙游等地一带的嗜烟者戏称其为"亲生子"。20 世纪 60 年代前，浙江农村和舟山渔区的吸烟者，随身带有这类烟管，在劳动间歇时吸几管解乏。使用长烟管，则以非体力劳动者和妇女吸烟者为多，特别是年老体衰的人，更喜欢用长烟管。清时，就有"烟管长者丈余，好事者以吸管长远烟来舒徐为美"的记载。年长者又可兼作拐杖之用。一些生意人也喜用长烟管，外出时可作防卫器具，所以，温州等地又称此为"江湖烟管"。丽水等地山区的年长者及畲族族长至今仍使用长烟管。

清初，浙江各地就有加工烟管的店坊。城镇的烟管店铺不仅经营普通烟管，而且代客加工高档烟管。据宣统三年（1911 年）《会稽县劝业所报告册》记载，全县有烟管店铺 12 家。绍兴、嘉兴等地的城区内，还专门设立为吸烟者清洗烟管的店家。民国时，龙泉县有专营、制作烟管的店铺数十家，县城的姜源兴铜店，常年在店门口挂着一支长 200 厘米、粗 20 厘米的大烟管，作为广告招牌。该店所经营的烟管用小京竹制作，选料精细，工艺讲究。新昌县城区有专门经营烟管的店铺两家。杭州城内也有数家烟管店和专门制作烟管铜嘴的店坊，其中仅徐福顺一家就年产烟管铜嘴 250 余万套。

20 世纪 60 年代，平阳、苍南、景宁、龙泉、海宁、嵊县、新昌等地乡间尚有加工烟管的店铺。截至2010年，省内有的博物馆和文物部门，还藏有清代的各式玉质烟嘴和象牙烟管。舟山市博物馆藏有清初的玉质旱烟管、烟嘴。绍兴文物管理处保存有清光绪年间(1875—1908年)的象牙烟管一支，全长41.5厘米，其中杆长30.5厘米。上端安有象牙吸嘴，嘴长4.8厘米，下端有象牙佛手，长6.2厘米，佛手上嵌有铜制圆头，以装旱烟之用。绍兴文物商店存有清道光(1821—1850年)和同治年间(1862—1874年)的玉制烟嘴和道光年年间翡翠制成的烟嘴。

二、水烟管

水烟管也称水烟筒。清代中期浙江盛行，初都以竹制贮水管，铜嵌其中，后因竹易损，易之以铜。咸丰以前，官场皆使仆从装烟吸之，民间亦喜效尤，有管长二三尺者，盒挂于旁。同治后改而从短，制用连环式，管与盒并储一套，初呼“二马俱”。徐珂《清稗类钞·饮食类二》载：“吸烟之具，截铜为壶，长其嘴，虚其腹，凿孔如井，插小管中，使之隔烟，若古钱样，中盛以水，燃火而吸之，吸时水作声，汩汩然，以杀火气。吸者以上中社会之人为多。”清末民初，甚至有用白银加工制作的。水烟管的烟管和托手烟座相连之处的挂链很讲究，一般人家为铜链，富贵人家常用银链、金链，有的还饰挂玛瑙、宝石、玉件等。水烟管曾是富庶人家婚嫁时必备之物。

20世纪50年代初，常见的水烟管，有长有短，长的30厘米左右，短的15厘米左右。一般由黄铜制成，也有少量由白铜、紫铜制成。有的壶壁上还刻有精美的图案。1959年前后，市场卷烟供应紧张，嘉兴、绍兴、丽水等地的供销社调入一批兰州水烟供应市场，有的消费者用竹管自制水烟管代用。60年代后期，吸水烟者已很少见，水烟管多被作为古玩或工艺品收藏。80年代中期，水烟管又在部分城镇居民中出现，少数年老者不惜代价，托人到外地购买，一些青年人也以使用水烟管为时髦。用水烟筒吸烟，烟从水中过，既可以滤掉烟气中的一些杂质杂气，又可降低火气，烟味更加醇和，至今都应当算是最为科学的吸烟方式。

三、鼻烟壶

鼻烟壶随着鼻烟的兴起而出现。初时为古药瓶式，多为上层人物使用。上品用水晶、玛瑙、白玉、翡翠等制成，外制绣袋，挂在腰间。普通的鼻烟壶用紫铜、红木、陶瓷、玻璃等制成。据赵之谦所撰《勇卢闲诘》记载：“盛烟之蜡，旧制极小，仅贮两许。磨琢精巧，莹过水晶，闲涂以金，璀璨陆离。其式方、圆、三角、六角、八角，侈弇殊别。又有中分二隔、三隔者。夫己氏曾以一百六十金得二隔者一，余获见之，膻烟也，计不足五两。凡此皆初入中土时珍品。后既遍行，乃有大蜡，一蜡贮斤许，小者亦四两。”壶壁多绘有百子图、仕女画、草虫花鸟、十二星宿和奔马等图案。

鼻烟壶使用，浙江始见于清初，绍兴一带较为普遍，西南山区少见。20世纪50年代后，浙江吸鼻烟者甚少，唯鼻烟壶作为工艺品在一些文物商店、工艺美术商店及花鸟市场仍有出售。绍兴文物商店存有同治年间(1862—1874年)用瓷器制成的鼻烟壶、清道光年间(1821—1850年)用水晶玛瑙制成的鼻烟壶。

四、烟斗

烟斗亦称板烟斗。常见的烟斗均木制，高档的用红木制，也有木制嵌铜雕刻。装烟的头部较大，向上弯呈圆形，直径约 3 厘米，吸口呈扁形，全长约 10 厘米，烟斗中部可以旋开，便于清除烟垢。

烟斗使用，浙江始见于清时的外国传教士和海关的外籍人员，后国人也有仿效。20 世纪 50 年代前，省内使用烟斗者以中上层人士居多，市场亦有出售，质地好，售价高。60 年代初，由于卷烟供应紧张，使用烟斗者渐多，一些杂品商店有售，价格较低。温州鹿城区百里坊一些作坊，曾以杂木制烟斗数十万只销往省内各地。70 年代起，浙江临海小芝雕刻工艺厂，雕刻制作木质烟斗工艺系列产品，斗部雕刻的图案有鸳鸯荷花、松鼠葡萄、金鱼戏水、天娥云彩、孔雀、鲤鱼、白象、凤凰牡丹、熊猫、老虎、奔马、老鹰、鹅、双龙戏珠、龙凤呈祥、双狮抢球、桂林山水、万里长城、六和宝塔、月季鹦鹉、月季花、菊花，以及京剧脸谱、仿古人头等几十种花样。外销美国、苏联、日本、加拿大、南斯拉夫和中国香港等 12 个国家和地区，内销上海、北京、河北、天津等 20 多个省、市、自治区。

五、烟袋

烟袋是装置烟丝的用具。常见的烟袋多为布质，农家大多自己缝制，有的用红绿丝线绣有各种图案，一般系于烟管或挂在腰间。清乾隆时(1736—1795 年)，秀水(今嘉兴)人汪如洋曾赋词《沁园春·咏淡巴菰》云：彩囊深贮，探处还便。在浙江，皮质烟袋亦偶有所见，手工缝制的烟袋，最精致的是烟荷包。烟荷包都用质地好的红布或绸缎制作，款式有葫芦形、多菱形、彩灯形等，绣有精美的花、鸟或福、禄、寿、禧等图案，象征吉祥如意。清时，烟荷包被作为敬送长辈的礼品。在农村，精美的烟荷包还被作为姑娘的定亲信物。至 20 世纪 70 年代，这一习俗在浙江少数民族集中居住地方仍较流行。80 年代后，烟荷包已很少见。

六、烟盒

烟盒有骨质、角质、塑料、木质、纸质和金属制品，形状有圆形、方形、八角形等，大小不一。

清乾隆年间(1736—1795 年)，就有富绅使用日本传入的镂金小盒贮放烟丝。民国以前，使用烟筒多半配有牛骨或硬木雕凿的烟盒，状若猪腰，系于烟管。民国初，嘉兴斜塘制作的烟盒鬼斧神工，底盖均嵌有玻璃，中间藏有图画佳人。山区农民则用一段毛竹制作，上空下实，将外壳刨光，上端安盖。20 世纪 50 年代，乡间的吸烟者家中，常备有两种烟盒，一种是容量为 500 克左右的大烟盒，另一种是铁制的小烟盒，容量不过 1～2 天的消费量。烟盒贮烟不易受潮，不会污染衣袋，便于携带，颇受吸烟者青睐。卷烟普及后，又有用烟盒来装卷烟的，一般可装 20 支。80 年代后，使用者逐渐减少。

七、香烟嘴

香烟嘴又称香烟咬口，种类颇多，长短不一，一般 4～5 厘米，长的有 10 余厘米。普通的有竹木、藤根、陶瓷制品，高级的用象牙、红木、玉质等制成。香烟嘴大多刻有花纹，以象牙雕刻花纹的最佳。

香烟嘴的使用，浙江始于民国时期，盛行于20世纪60年代。其时青田蜡石烟嘴曾普及全省，各地杂品店、百货商店多有出售。70年代末开始，滤嘴卷烟流行，香烟嘴逐渐失去其原本的功能作用，只为个别时尚人士把玩。

八、烟灰缸

烟灰缸种类颇多，大小不一。有陶瓷制品、铝制品、塑料制品、玻璃制品，还有用贝壳制成和木雕的。形状有圆、扁、三角、棱形、动物形等。

20世纪50年代前，烟灰缸一般为城镇吸烟者使用，多为陶瓷制品，也有玻璃制品。50年代后，龙泉县生产的青瓷烟灰缸，款式各异，有花卉、山水、飞禽走兽和神话佛像等。60年代后，吸烟者家中大多备有烟灰缸。70年代，省内流行塑料烟灰缸。80年代，又流行金属制品烟灰缸，有的装有旋转按钮和盖，手指下按，烟蒂、烟灰即自然落入缸内，卫生安全。80年代末，又流行玻璃烟灰缸，造型更为精巧别致，价廉实用。绍兴文物商店存有光绪年间(1875—1908年)出品的景泰蓝烟灰缸一只，外圆形，缸边上部有3个半圆形缺口，可放置卷烟，工艺精巧。

九、火具

省内吸烟最早的火具，名为“火刀”，为当地铁匠锻制而成。其形如“D”字状，拳头大小，背部圆柱形，中空，一头开口，开口处为藏纸煤(纸捻)用，下腹部刃状，另备一块火石。引火时，左手紧抓火石，并夹带纸煤(须有燃后之余屑)，右手捏住火刀用力往火石上擦，火星落到纸煤的余屑上时，纸煤即着火。山区农民一般都随身携带。20世纪50年代初，在农村仍有部分中老年烟民使用，70年代后已极少见。

火柴，民国时期开始使用。20世纪50年代后成为主要火具。50—60年代，火石打火机从城市传入农村。80年代末，流行气体打火机，青年烟民以拥有防风打火机、感应和太阳能等高级打火机为时髦。进入21世纪，气体打火机已经成为吸烟者普遍使用的点火用具。

第二节　吸烟礼仪与习俗

吸烟对感官的刺激而使人产生愉悦，这是烟草得以流传的原因之一。长期以来，民间多有因吸烟而逐渐成俗之事。人们劳作之余吸烟是休息方式之一，至今未变，特别是体力劳动之后更易为人接受。人际交往中也常常互相敬烟，以示礼遇，至今仍有“烟酒不分家”一说。馈赠示敬、嫁娶贺喜、尊长礼师等礼仪烟俗亦不少见，本节特予记之。

一、歇烟

清代，乡间农民有在劳动间歇时，蹲坐在田头地角、树林或竹园边抽烟解乏的习惯，谓："顷刻而周一身，令人通体俱快"。舟山一带渔民，则在撒网捕鱼间歇时，坐在渔船两头吸烟。个体工匠和手工作坊的工人，劳动间歇时也喜边吸烟、边聊天。卷烟未流行时，一般吸"潮烟"。吸一筒潮烟后，将烟灰敲掉，故称"敲潮烟"。20 世纪 70 年代后，除少数山区的年长者外，休息时吸的都是卷烟。至今，浙江大多乡村仍把劳动间歇称为"歇烟"。

二、交往待客

烟、茶接人待客，由来已久。清康熙时，海宁县陈文贞曾在以"淡巴菰"为题的诗中写道：醉人无藉酒，款客未输茶。清代徐珂《清稗类钞·饮食类二》载：宾主酬酢，先以此为敬。直至民国初，敬的都是"潮烟"或"水烟"。嘉兴、绍兴、丽水等地的药铺、大字号店家，迎客做生意，由学徒装好烟，点旺纸捻一并敬上。一些城镇的茶馆酒店也备有潮烟管和水烟管，供食客吸用，烟由食客自备，烟管由店家清洗。畲族人敬烟则更讲究，客人到家，主人要以自己家最长的烟筒装好烟丝，恭恭敬敬地递给客人，数人同到，先敬长者，尔后由主人从火盆中夹起炭火或划燃火柴，为客人点烟，客人一般不宜连吸几筒；冬日左邻右舍、同事朋友来家串门围坐火盆吸烟，也由主人扒开炭火，逐一为大家点火；客人将要离去时，必须将烟筒头的烟灰，在火盆沿上磕尽，意为不带走主人的火种、财宝。现盛行敬卷烟。除来客进门，主人敬烟外，找人办事，则多为来客敬主人烟，而且都是上等烟。

三、婚嫁礼烟

香烟是浙江城乡婚嫁时不可缺少的彩礼。20 世纪 70 年代前多为省产卷烟和沪产卷烟，卷烟凭票供应时，可凭结婚证购买。80 年代，多为外国卷烟、云产卷烟或沪产"中华"烟。90 年代后期至今，随着省产卷烟的迅速发展，省产卷烟和沪产"中华"烟成为浙江城乡婚嫁的主要用烟。

婚宴时颇有讲究。开宴前新郎新娘在门口迎客，见客进门后，新郎新娘到每桌宴席向宾客敬烟、敬酒，新郎给每位来客递烟，新娘点火。在宴席上每桌放两包由红色吉祥图案烟标包装的香烟，供宾客自吸。山区农民嫁娶分喜烟、喜糖，有的在每袋喜糖内放卷烟两支，寓意好事成双。

四、农村造房

民国时期，农村建房，主人一般给建筑工匠吸潮烟，用竹篮盛潮烟和烟具，用一只火钵头点火，供工匠歇力时自取自吸。20 世纪 50 年代至 70 年代农村建房，房主一般给建筑工匠吸卷烟，每人每天一包，上梁日加发一包。亲朋好友来吃上梁酒，房主给来客每人发一包，并在酒席桌上摆几包高档卷烟。到 80 年代末，用烟量增加，卷烟档次提高，房主给建筑工匠每人每天两包卷烟，逢做墙基、搁楼板、上梁，主人给建筑工匠加发一包较高档的卷烟。

五、示辈分

以使用的烟筒长短来表示其辈分的高低，是丽水一带畲族人的独特习俗。辈分高的人家里必须备有一支与其辈分相称的长烟筒，辈分低的人绝对不可拥有长烟筒，更不能用长烟筒吸烟。烟筒嘴的配制也以辈分的高低而定，玉、银、铜质烟嘴为族长、一村中辈分最高的年长者、法师以及参加过 3 次以上传师或学师仪式的男子方可使用。有手艺的人(工匠)有资格使用配制有烟嘴的烟筒，但多数为铁制烟嘴，个别老师傅可使用铜质烟嘴。一般男女吸烟者的烟筒，不配烟嘴。因而畲族中流传着“烟筒不带嘴，讲话没油水”的俗语，意为讲话没分量。

六、烟联姻

旧时，浙江一些乡村，青年男女的婚姻一般由父母包办。因此，做父母的常暗地里为自己的儿子物色对象，一旦发现合心意的姑娘，男方父母就会请媒人去拜访女方父母。拜访时，女方父母叫待聘的女子为来客装一袋烟，让来客有机会细看女子的相貌和举止，以此决定是否可以定亲。女方已定亲或不同意，则不给来客装烟。

七、陪嫁陪葬

20 世纪 50 年代前，浙西南山区，女儿出嫁时的陪嫁品中，大多有绣着龙凤、花卉等图案的烟荷包。若吸烟者谢世，入殓时则将生前所用烟具作陪葬品。1972 年冬，遂昌县靖居公社靖居大队(今松阳县靖居乡靖居村)建小西水库时，于库址北侧山麓一乾隆年间墓穴中，出土铁质烟锅一枚。以烟具陪嫁、陪葬，浙西山区至今犹有此俗。

八、禁忌

(一)忌称“吸烟”

山区畲族人在山上劳动时，同伴间相互招呼吸烟叫“吹火筒”，绝不能叫“吸烟”。传说大山深处有山魈，山魈非常喜欢吸烟，听到有人叫吸烟，山魈就会跟随而来，以致发生不测祸患。故把吸烟改称为“吹火筒”。一是山魈听不懂吹火筒的意思；二是山魈怕火，一听到火字便远远避开。

(二)祖宗牌位前忌吸烟

旧时，畲族居住地及浙西南一些农村，在祖宗牌位前不能吸烟。面对祖宗牌位吸烟，是对祖宗的不敬，而背对祖宗牌位吸烟，则是对祖宗的最大不敬。一般都坐在灶前火塘边吸烟，客人来访也坐在火塘边，边吸烟、边谈话，被视为亲热、接近。

(三)祭祀忌吸烟

清时，浙江各地都禁忌在祠堂吸烟，认为祠堂是祖宗享受祭礼的地方，只能点香、烧纸钱。

畲族还传说如果吸烟，让祖宗灵魂看到或闻到烟味，就会忘了归去而不得安息。

九、香烟画片

香烟画片是一种普及传统文化、推销卷烟、吸引消费者的小型宣传品。最早从国外传入，江浙一带俗称“洋片”。

随烟奉送的画片，其大小一般约60毫米×35毫米，夹在10支装香烟盒内及50支装的听装盒里。香烟画片一般用上等洁白的薄卡纸精印，画面美观，内容丰富，取材于古典小说、民间传说的居多数。此外，还有山水风光、鱼虫花卉、飞禽走兽、京剧脸谱、文物名胜、童话、寓言、成语、谚语、谜语、笑话、风俗及戏曲、电影剧照等。有单枚独立成张，也有按连续性、系列性顺序编号的。如8张的八仙，12张的十二生肖，几十张至上百张的《三国演义》《水浒传》《西游记》《封神榜》《聊斋志异》《东周列国志》《笑中缘》《白蛇传》《啼笑因缘》人物故事和三百六十行等。

香烟画片，正面均是彩色图案，其中有不少出自名家之手。背面大都是卷烟厂商的厂址图案或香烟商标，有的是为正面图案注释的文字说明，也有的是戏曲唱词等。

民国初期，随着卷烟竞销越来越激烈，各卷烟厂商为吸引消费者，开始在香烟盒里附画片随烟奉送。民国12年(1923年)7月，嘉兴福记烟号张贴广告，每购“强盗”牌香烟3盒赠送精美画1张。翌年，英美烟公司在宁波推销小号“哈德门”香烟时，将精美画片作为中十彩的奖品。民国15年前后，上海各民族烟厂也纷纷在《大浙江报》等报纸刊登广告，随烟奉送画片。民国15年2月21日，上海中兴烟草公司与杭州徐茂记店号在《大浙江报》上刊登“奉赠月份牌”启事：“本公司新出10支装‘三多’牌香烟(即多福、多寿、多男子)，每小包内附画片一张。如积存是项画片40张可调换美丽画片一张。”南洋兄弟烟草公司在每包“天门”牌香烟内附一张精印封神传神像小画片，消费者集满全套128张的，可换纯金挂表一只；积存“天门”牌香烟空壳50只，可调最新精美美人头像画片一张。中国华商烟(草)公司的“双烟”牌香烟附有水浒108将的画片，“好景”牌香烟30只空壳可换美女画片一幅。启华烟草公司的“警钟”牌香烟附有关公画片，杭州福泰烟(草)公司经销、上海福昌烟草公司出品的“五蝶”牌香烟附有白蛇传画片。是年9月，杭州市民张舜才在购买“双烟”牌香烟时，得到水浒画片108将中最少见的一张“百胜将军韩滔”，而凑齐全套获得赠品赤金表链一条。此后，各卷烟厂商不时地在香烟中附小画片。

20世纪50年代初，省内一些卷烟厂商也继续以此来推销卷烟。1951年4月5日，杭州私营勤工烟厂在《当代日报》上刊登“天华”牌香烟内附美女、戏剧人物照片的启事。凡积满5张以上者可获奖品。19日，杭州祥丰烟号、嘉兴正华烟号、硖石福昌烟号、绍兴正丰烟号等省内10多家卷烟经销商联合开展“香烟画片”调换香烟的活动。此后，香烟画片逐渐消失。

1994年起，杭州卷烟厂在“杭州”牌香烟(八角)内配插烟卡。出品的“佰图卡”共100套，每套100张，第1～23套发行量5万套，第24～77套发行量15万套，第78～100套发行量5万套，非常精美，具有收藏价值。每套烟卡品名为：(1)故宫藏画，(2)明清扇面，(3)龙凤玉器，(4)古陶瓷瓶，(5)风景油画，(6)古陶瓷壶，(7)宋词硬笔，(8)富字书法，(9)花卉国画，(10)世界奇景，(11)戏曲脸谱，(12)世界名车，(13)鸟趣国画，(14)中外名塔，(15)锦竹国画，(16)猫趣国画，(17)古诗毛笔，(18)浙江山水，(19)观赏金鱼，(20)中外名犬，(21)世界摩托，(22)军用飞机，(23)坦克装甲，(24)潘天寿国画，(25)中外童话，(26)水浒人物，(27)百兽图，(28)红楼梦，(29)滕王阁序，(30)中外舰艇，(31)历代帝王，(32)三国演义，(33)梅花百图，(34)荷花摄影，(35)青田石雕，(36)西游记，(37)封神演义，(38)黄宾虹国画，(39)中国仕女，(40)猛虎国画，(41)鼻烟壶，(42)风筝电绘，(43)唐诗配画，(44)成语配画，(45)徐悲鸿国画，(46)民间剪纸，(47)嵊州竹编，(48)历代名将，(49)趣味谜语，(50)历朝贤臣，(51)自然对章，(52)文学家，(53)吴子熊玻璃雕刻，(54)风光泥人，(55)祖国名胜，(56)黄杨木雕，(57)丰子恺国画，(58)憨牛百图，(59)孙子兵法，(60)灵猴百图，(61)鸡雏百图，(62)松鼠百图，(63)蝴蝶百图，(64)乐器电绘，(65)钟馗百图，(66)英语会话，(67)世界发明，(68)论语配画，(69)元曲配画，(70)传统行业，(71)贵州蜡染，(72)名人头像，(73)鹿趣百图，(74)宜兴紫砂壶，(75)杨柳青年画，(76)自然奇木，(77)自行车百图，(78)盆景百图，(79)戏曲人物，(80)百家姓，(81)仙鹤国画，(82)雨花石，(83)冰雪雕刻，(84)中外玉兔，(85)恐龙世界，(86)济公故事，(87)贝壳雕刻，(88)竹根雕刻，(89)歇后语，(90)中外烟具，(91)德化瓷塑，(92)石桥摄影，(93)阿凡提故事，(94)世界风光，(95)体育项目，(96)齐白石国画，(97)中外火车，(98)民间神话故事，(99)西湖风景，(100)世纪百图。1995 年 7 月，“带烟卡的烟盒”被中国专利局授予实用新型专利证书。1997 年，经上海大世界吉尼斯总部确认，由杭州卷烟厂设计、发行的“佰图卡”为中国最多不重样的烟卡，创下一项上海大世界吉尼斯纪录。

十、烟标收藏

卷烟商标既是商品的标志、产品的包装，也具有一定文化内涵。一张张烟标凝聚着历史、地理和文化知识，具有宣传性、纪念性、欣赏性。烟标与邮票、火花同为世界三大藏品。

民国时期，浙江省各地就有不少爱好者开始收藏各种烟标、雪茄烟封条、烟丝包装纸标等。20 世纪 50 年代初，杭州、宁波、湖州、嘉兴、兰溪等地已有上百名烟标收藏爱好者。他们除了收集当地烟厂和商店制售的卷烟商标外，还通过邮寄向省外烟标爱好者和生产卷烟的厂商交换或索要烟标。50 年代中期，杭州市工商局曾在平湖秋月组织了一次“中外烟标对比展览”，展出的烟标以国产卷烟商标为主，包括省内武林、新中国、联工、勤工、友合等烟厂生产的卷烟商标和部分国外烟标。60 年代后期至 70 年代，省内一些大中城市出现专门交流烟标的场所。杭州市区金衙庄一带，逢星期日常有数十名收藏者在互相交换烟标、香烟画片、雪茄烟封条、烟丝包装纸标、香烟广告及卷烟钢印牌号等。有的收藏者为了得到早期的“老刀”“品海”“老头”“金鼠”“大车”“四马”等单枚烟标和“西游记”“红楼梦”“八仙过海”等套标及“三国演义”“水浒传”“笑中笑”“封神榜”等香烟画片，不惜代价，用高价购入。1988 年 2 月，嘉兴市成立职工烟标爱好者协会，会员 50 余人。是月 17—26 日(正月初一至初十)，在嘉兴市工人文化宫展览厅举办首次烟标艺术展览，参观者 4000 余人次。展出烟标三四千枚，分早期烟标、近期烟标和国外烟标三大类，其中还分“龙烟标集锦”(1988 年正值“龙年”)等 10 个系列。

1989 年 5 月 31 日，杭州市职工收藏协会成立，下设烟标、门券、古玩、火花、报刊、综合等

6个专业委员会，会员近300人。其中搜集烟标的会员165人，会员中有科技工作者、医务工作者、教师、工人、农民、军人、公安干警、机关干部，有年过七旬的退休职工，也有青年学生。他们来自省内的杭州、余杭、宁波、瑞安、临海、兰溪、桐庐、黄岩、庆元、海宁、江山、富阳、丽水、遂昌、舟山等15个市县和上海、江苏、河南、福建、陕西、山东、黑龙江、辽宁等省市。杭州市职工收藏协会自1989年8月在杭州市青少年活动中心地下宫珍宝馆首次举办烟标、钱币、古玩等三大系列展览后，又先后三次展出过中外新老烟标、听标、套标、纪念标、观光标等，其中有中华人民共和国成立前的烟标珍品和绝品，省内各电视台、报刊都作了专题报道。1990年9月，杭州市职工收藏协会举办“庆亚运、迎国庆”专题烟标展览。11月17—25日，浙江省烟草公司(以下简称省烟草公司)、浙江省烟草学会，为吸取中外烟标艺术精华，促进烟标艺术交流，拓宽包装设计人员视野，提高烟标设计水平、装潢质量，促使省内卷烟包装更具魅力，在浙江烟草大楼举办中外烟标展览。展出的4000余枚烟标，是从湖州菱湖退休工人孙其敏收藏的90多个国家和地区的数万枚烟标中精选出来的。展览期间，省烟草公司、省烟草学会还同安徽、湖南、河南等省烟草公司和合肥、常德、柳州等卷烟厂进行了烟标学术交流活动。

收藏者收集烟标的动机各有不同，有实用型(作为美术设计的参考)、研究型(通过烟标结合有关资料，探讨烟草工业的发展、经营方式的变化)，也有专题型(如专题套标、“文化大革命”标、风景名胜标、虫鸟花卉标、体育标等)，还有欣赏型(多为套标收藏者)、好奇型(以青少年居多)。有的收藏者与40多个国家和地区的烟标爱好者建立联系，并涌现一些在全国具有一定知名度的烟标收藏家。湖州菱湖孙其敏，自20世纪50年代初开始收集烟标，收集有90多个国家和地区的烟标；杭州市职工收藏协会理事洪林收藏的烟标总数达7万枚以上，其中国产烟标3万枚以上；两人先后被英国烟壳收藏家俱乐部、美国烟标收藏协会吸收为会员。

收藏烟标中，除早期的单枚烟标外，还有中华人民共和国成立后的套标，如《西游记》《红楼梦》人物故事和八仙过海、西湖十景等，以及“色标”，即用同样图案、不同颜色的烟标。据收藏者称，全省收藏到的较早的烟标有英美烟公司出品的“大车”牌，有永泰和烟公司经销的“现代”“四马”“第壹”“老头”“派律脱”(即“老刀”)、“银河”“象棋”“华盛顿”和民族烟厂生产的“美丽”“白兰地”，以及韩岭烟厂生产的“大刀”，宁波七星烟厂生产的“瓶壶”等。

丛 录

一、文件选录

浙江省征收卷烟特税暂行章程

（民国14年1月公布）

第一条 本省征收卷烟特税，专供兴筑省道之用，凡浙省境内人民购吸卷烟，须按照价值百分之二十缴纳卷烟特税。

前项所称卷烟，为纸卷烟及雪茄卷烟。

第二条 卷烟特税以浙江省道特税印花征收之。

前项特税之收入，归入省地方预决算办理。

前项特税印花，归省长公署印制，由卷烟特税局随时备文请领。

第三条 设置总分局，办理征收卷烟特税事宜，其章程另定之。

第四条 总局长由省行政长官委任，分局长由总局长委任之。

第五条 特税印花之种类、式样，按照税率贴用之，其计算方法由总局分别订定。

第六条 计算卷烟之价值、粘贴印花，以售卖时最小之容器为标准（容器系指罐、盒、包）。

第七条 贴用印花之手续，应由贩卖商店按照下列各项之规定办理。

甲 输入卷烟，于卸货时须报由稽征员逐箱检查实贴验单，不得匿漏。

乙 卷烟输入商店或寄顿处所后，须查照验单，向稽征员制取领取印花单收执备用。

丙 原箱卷烟批发时，须将领取印花单随货交付，如拆箱批发，即应购备花分授承受人。

丁 零卖店或商人对于未备印花之卷烟，不得承购。

戊 凡卷烟一经开箱或开原封时（原封系指箱内之总盒或包），须将印花立时逐件粘贴（件系指最小之容器）。

己 粘贴印花时，应在印花上加盖与营业特许牌照名号相符之骑缝图章。

庚 粘贴印花不得遗漏，或不足税率。

第八条 承办贴用印花而垫款缴税，得照印花票面扣提百分之十五之酬金。

第九条 凡由外省入境之旅客，随身所带卷烟以五十枝为限，如逾此数，须于下车起岸时交候稽征员查验补贴印花，不得隐匿。

第十条　违犯本章程之各项规定，应处以相当之罚金，规则另定之。

第十一条　举发违犯本章程之各项规定，而为负责之见证者，以罚金之半数与之。

第十二条　伪造印花，照刑律伪造有价证券论罪。

第十三条　曾经贴用印花，不得揭下再贴。

第十四条　本章程施行细则由总局拟就，呈请省行政长官核定之。

第十五条　本章程自公布日施行。

浙江省卷烟公卖条例

（民国16年5月24日浙江省务委员会公布）

第一条　本条例为浙江省政府专营境内卷烟公卖事业而设，凡关于卷烟之制造、运销各项事务，均依本条例办理。

前项所称卷烟，包括纸卷烟、雪茄卷烟而言。

第二条　本条例施行后，本省境内不准私自运销各种卷烟，但自外入境之商旅人等携带用余各种卷烟，在规定数量以内者不在此限。

第三条　浙江省政府为施行本条例，特设浙江省卷烟公卖局处理之。

第四条　凡行销境内之卷烟，概由省政府设厂制造，但必要时得特准商民于省内设厂承制，或就省外、国外商厂指定代制。

第五条　浙江省境内卷烟之行销，为省政府特权。商民仅得于指定区域内设置店、担，营业贩卖。

前项商人营业贩卖，须经局认许给照。

第六条　凡省外、国外商厂制造之卷烟欲行销浙省境内，须归局收买公卖，不得与商贩直接营业。

第七条　卷烟行销之运输事务，由局办理商人不得私运。

第八条　各种卷烟卖价务由局依特价成本随时规定，商贩照价出售，不得私自增减。

第九条　由局公卖之卷烟，贴用封缄印花。其无印花者，作私烟论罚。

第十条　施行本条例所规定卷烟公卖各项章程及奖罚专则，由局另订之。

第十一条　本条例经中国国民党中央执行委员会政治会议浙江分会核准施行。

浙江省战时管理卷烟进口运输贩卖办法

（浙江省政府民国27年财字第二四七号令公布）

第一条　浙江省政府为遵照中央战时节约意旨，限制卷烟消费，特制定本办法，管理卷烟进口运输贩卖事宜，遇必要时，得停止卷烟进口。

第二条　浙江省政府为办理前条事务，特设浙江省战时卷烟管理处，其组织另定之。

第三条　运销浙江省卷烟之数量及在浙江省境内制造卷烟之数量，按月由浙江省政府核定之。

第四条　运销浙江省或经浙江省运销他省之卷烟，均需由浙江省政府指定之地点进口。

第五条　烟商每月运销浙江省卷烟，应于上月十五日以前，将运销卷烟之牌号、装别、出品厂名、数量及进口地点填具进口申请书，送请浙江省战时卷烟管理处审查、登记。经审查核准，填发进口许可证，方得进口。

第六条　每月申请进口卷烟之数量，超过该月核定进口数量时，由浙江省战时卷烟管理处按照各商申请登记数目比例，匀摊核定各该商准许进口之数量。

前项准许进口卷烟数量之匀摊每一烟厂之出品，至不得超过核定进口数量之半数。

第七条　烟商申请登记进口，应照申请进卷烟之批发价格，缴纳十分之二之登记押金。前项登记押金，如卷烟不予核准进口，或卷烟进口依照本办法第九条规定缴纳管理费后予以发还核准进口期内进口不足数时，其进不足部分之登记押金予以没收。

第八条　准许进口之卷烟。如系分批进口，应由当地卷烟管理机关将每批进口之数量，在进口许可证上分批注明，加盖戳记。俟准许进口数量如数进足，即将证注销。进口许可证经过核准进口期间即失其效力。

第九条　运销浙江省之卷烟进口时，应由烟商填具报单，连同进口许可证送请当地卷烟管理机关报请查验，经管理机关查验相符，核准进口，即照卷烟批发价格（统税关税在内）缴纳百分之五之管理费。

第十条　烟商缴纳管理费后，即将卷烟送当地卷烟管理机关查验相符，即由管理机关在最小容器之包罐封口粘贴贩卖许可证。每条封口两端粘贴小封缄证，并在原箱面加贴大封缄证。

第十一条　烟商将已纳管理费、粘贴许可证之整箱卷烟，运赴或改运他处销售时，应于起运前填具出运申请书，向当地或附近卷烟管理机关请领运照。

第十二条　经由浙江省运销他省之卷烟进口时，应由烟商填具报单，持赴当地卷烟管理机关报验。经管理机关查验相符，核准通过，即备具殷实银行、钱庄或商号保结，并照本办法第九条之规定标准，缴纳五分之一之管理费。

第十三条　烟商取具保及缴纳管理费后，即将卷烟送管理机关，验明发给通过证，并在箱面粘贴封缄证。

第十四条　已领有通过证之卷烟，经过证内所指定之查验地点时，应将通过证连同卷烟送请该地卷烟管理机关查验、登记、盖戳。放行出境时，应由该地之卷烟管理机关验明货证相符即予通过，并在证上盖戳。证明交回原运商，持赴起运地点之管理机关领回保结。

第十五条　经由浙江省运销他省之卷烟，不得改在浙江省境内行销。

第十六条　已纳之管理费，除计算错误外，无论任何原因不予发还。

第十七条　浙江省境内各烟厂，应将每月制造卷烟之数量，向浙江省战时卷烟管理处申请登记。其登记核准缴纳押金及出厂之手续，适用本办法第五条至第八条之规定。

第十八条　浙江省境内烟厂制造行销本省境内之卷烟，应于卷烟制成后未装箱前，依本办法第九条规定缴纳管理费，并依第十条规定粘贴贩卖许可证及封缄证。

第十九条　在浙江省境内制造之卷烟运销他省时，适用本办法第十二条至第十四条之规定。

第二十条　本办法第九条所称之批发价格，在本国设烟厂制造之卷烟，系指烟厂之批发价格而言，舶来卷烟系指烟行之批发价格而言，均包括统税及关税在内。每月批发价格，应由烟厂或烟行于上月二十日以前自行申报，如逾期不报者，即以上月申报之价格为标准，其抗不照章申报者，由浙江省战时卷烟管理处估定之。烟厂及烟商对于浙江省战时卷烟管理处所估定之价格不得异议。

第二十一条　为防范短报批发价格、希图减轻管理费起见，浙江省战时卷烟管理处保留照原报价收买该卷烟之权。惟收买此项卷烟，除在浙江省境内制造者外，应给以相当之运输保险费用，其标准由浙江省战时卷烟管理处核定之。

第二十二条　卷烟零售价格，不得超过卷烟批发价格及管理费之和之百分之二十。

第二十三条　浙江省战时卷烟管理处为防止故抬市价起见，于必要时，得按卷烟批发价格及管理费之和加百分之二十之价格收买其卷烟。

第二十四条　凡在浙江省境内贩卖卷烟，不论店铺、摊贩，专营、兼营，均须照章登记方准开业。其登记规则另定之。

第二十五条　贩卖卷烟之店铺、摊贩，不得贩卖未贴贩卖许可证之卷烟。

第二十六条　贩卖卷烟应以整包、整罐为原则。其开拆零售者，每种同时只许开拆一包或一罐，超过一包或一罐者照贩卖私烟论处。

第二十七条　外来旅客自用之卷烟不得超过一百枝，雪茄不得超过五十枝，并须将容器启封。此项自用卷烟不准售卖，违者以售卖私烟论处。

第二十八条　贩卖卷烟商店、摊贩，售卖未贴贩卖许可证之卷烟，除将卷烟没收外，处以比照所漏费额二倍以上十倍以下之罚锾。犯至三次或所漏费额达五百元以上者，除照章处罚外，并撤销其登记。

第二十九条　贩卖卷烟之商店、摊贩，未经照章登记贩卖卷烟者，处以一百元以下之罚锾，并停止其营业。其贩卖未贴贩卖许可证之卷烟者，并按本办法第二十八条规定论处。

第三十条　在浙江省境内，无论任何场所，发现未贴贩卖许可证之卷烟，除领有通过证之卷烟外，一律予以没收，并处持有者以比照所漏费额一倍以上五倍以下之罚锾。

第三十一条　无论公营或私营运输机关，一概不得运载未领运照通过证及箱面未贴封缄证之整箱卷烟，暨未贴贩卖许可证或封缄证之零装卷烟，违者除持有人照前条规定处罚外，处运输机关之直接负责人以五百元以下罚款。如系公务员，并依法惩处。私营运输机关，并没收其运输工具。

第三十二条　抗拒卷烟管理稽查机关人员之检查，或妨碍其执行职务者，处以五十元以下之罚锾，其行为涉及刑事范围者，送法院惩处。

第三十三条　凡伪造使用本办法规定各种证照、戳记者，除处以五十元以上一千元以下之罚款外，依法惩处其贴用伪造贩卖许可证之卷烟，并按本办法第二十八条、第三十条之规定分别处罚。

第三十四条　将经用过之卷烟贩卖许可证撕下重用者，除将私烟没收，处以五十元以上二千元以下之罚款。贩卖卷烟之店铺、摊贩违反本条规定者，并撤销其登记。

第三十五条　经由浙江省境运销他省之卷烟，及在浙江省境内制造运销他省之卷烟，限三个月内出境，逾期视为业经在本省私售，照本办法第二十八条规定处罚。

第三十六条　经由浙江省境运销他省之卷烟，出境时如查有数量缺少情事，其缺少部分以私售论，照本办法第二十八条规定处罚。

第三十七条　经浙江省境运销他省之卷烟，不向通过证内所指定之地点报请查验者，处以十元以上一百元以下之罚锾。

第三十八条　不依本办法第十一条规定请领运照，私行出运或货照不符者，处以十元以上一百元以下之罚锾。

第三十九条　私售及私藏未贴贩卖许可证之卷烟，无论何人均得告发。

第四十条　私制卷烟除送统税机关处罚外，并照本办法第二十八条、第三十条规定论处。

第四十一条　依本办法没收之卷烟，由管理机关公开拍卖。无可没收时，责令照缴烟价。所得价款应以半数解库，作十成支配充赏，以四成充赏线人，一成给出力缉获人员，一成给协助军警，二成归当地之卷烟管理机关，二成解浙江省战时卷烟管理处。如由管理机关人员自行发觉，非由线人举报者，其线人充赏部分应并给发觉人员。无军警协助者，应给军警之一成归当地管理机关。由乡长、保甲长协助缉获者，其给与军警之一成应给与协助缉获之乡保长、甲长。由军警会同乡长保甲长协助缉获者，其所得一成奖金应平均支配。

第四十二条　承买没收之卷烟，应由承买人补纳管理费。

第四十三条　依本办法所处之罚款，应将全数分作十成，充赏照第四十一条规定支配之。

第四十四条　卷烟运销管理机关处分案件，应用处分通知书，并按旬汇报浙江省战时卷烟管理处查核。

第四十五条　卷烟管理机关收到罚款、没收品价款等，应填给正式收据，按旬将收据报查联汇送浙江省战时卷烟管理处查核。前项收据式样另定之。

第四十六条　本办法施行后已贴有本省卷烟公卖证及登记证之卷烟，一律视同已纳管理费之卷烟。所有关于运输贩卖及罚则，均适用本办法之规定。

第四十七条　运销浙江省境内之卷烟，在本办法实施后一个月内不许进口，但公卖期间内运销浙江省卷烟，因交通关系不于公卖期内进口者，准予通融展限五日，逾期概不准进口。

第四十八条　浙江省外各地烟厂，如欲将出品运销浙江省，应于本办法实施后一个月以内，向浙江省战时卷烟管理处登记。不照章登记者，其所制卷烟一律不准进口，经过登记期间以后，欲将出品运销浙江省者，须得浙江省战时卷烟管理处之特许。

第四十九条　本办法经浙江省政府公布，自二十七年十月一日起施行。

浙江省烟叶收购管理暂行办法

（浙江省人民政府1951年8月17日第四十五次行政会议通过）

第一条　为保证卷烟工业原料的生产需要，有计划地进行烟叶收购，维护烟农利益，并防止盲目争购，加强烟叶市场管理，特订定本办法。

第二条　为执行本省烟叶收购管理工作，由省商业厅为主，结合省合作总社、省税务局、中国土产公司浙江省公司等机构及公私厂商代表，组织省烟叶收购管理委员会。各烟叶产区，亦得视需要，在当地政府领导下，以工商行政部门为主，结合其他有关机构，成立产区烟叶收购管理委员会。产区烟叶收购管理委员会，应接受其上级烟叶收购管理委员会之指导。

第三条　烟叶收购管理委员会的任务如下：

一、办理公私收购烟叶单位之登记审核事项，并负责统一分配各公私单位收购数量、地点，并规定其收购办法。

二、根据产运销三方面的利益及当地当时实际情况，分别等级品质，议订烟叶统一收购价格，并保证其贯彻执行。

三、规定与检查烟叶收购等级品质的一定标准，并统一衡器。

四、监督并检查各收购烟叶之公私厂商、联购组织及合作社等，是否遵守各种规定，防止抬价争购或压价收购之现象。

五、协助当地工商行政部门进行有关烟叶收购市场的管理事宜。

第四条　凡外省之公私厂商来本省产区收购烟叶，均须携带其所在地工商行政机关之介绍函件（证明其收购用途及收购数量），向省烟叶收购管理委员会申请登记审核，并经介绍至产区烟叶收购管理委员会登记后，方得按照指定之地点、核准之数量进行收购。凡本省境内及烟叶产区之公私厂商，其登记、核准手续，由产区烟叶收购管理委员会办理之，各产区合作社收购社员烟叶，可免办以上手续，但必须严格遵守本办法之其他各项规定，并服从当地烟叶收购委员会之指导。

第五条　为便利公私烟厂收购烟叶起见，由中国土产公司浙江省公司为主，根据自愿原则，吸收业经核准收购之公私烟厂组织公私烟叶联购处，进行统一收购；已参加公私烟叶联购处者，不得在本省另行自购。

第六条　凡烟叶集中产区或集散市场，得视必要，设立烟叶交易市场；在指定地区范围内，办理集中交易，禁止场外买卖。但土产公司通过赊销预购应收烟叶及合作社收购社员烟叶不在此限。

第七条　凡在本省收购烟叶之公私厂商、联购组织及合作社等，均须遵守本办法之各项规定，并服从烟叶收购管理委员会之指导与检查。如有违反本办法及烟叶收购管理委员会之各项规定，私自抬价抢购或压价收购及进行其他投机行为者，烟叶收购管理委员会得据实报请政府予以处分或取缔；其情节严重者，得移送法院处理。

第八条　本办法经浙江省人民政府行政会议通过公布施行。

浙江省人民委员会关于停闭未定点烟厂的通知

各专员公署，各市、县人民委员会：

为了做好烟草工业集中管理工作，根据中央批准轻工业部党组“关于烟草工业集中管理方案的报告”的精神，对本省卷烟企业的定点、生产，作如下通知：

一、本省卷烟企业，除了轻工业部定点的杭州利群烟厂、宁波联工烟厂和省定点的桐乡雪茄烟厂以外，其他未经中央和省定点的卷烟企业，都应关闭，停止生产。

二、凡是经专署、市、县主管部门批准设立的卷烟厂，将现存烟叶生产完毕后，即停止生产，所有设备和原材料加以封存，听候处理；停止生产的时间，最迟不得超过八月底。

三、对于自发性的卷烟工厂，应严加取缔，一律予以关闭。这些工厂的原料和产品，分别由供销部门和商业部门加以收购或处理。

浙江省人民委员会

一九六三年五月十六日

关于同意成立浙江省烟草公司的批复

（浙政发〔1984〕74 号）

省轻工业厅：

你厅〔84〕轻食字 94 号报告悉，现批复如下：

一、根据国务院国发〔1981〕85 号和〔1983〕151 号文件的精神，为了加强对烟草行业的集中统一管理，同意成立浙江省烟草公司，同时挂浙江省烟草专卖局的牌子，由你厅代管。

二、省烟草公司实行供、产、销、人、财、物、内外贸统一管理，属独立核算的经济实体。公司的财务、基建、物价、劳动工资、能源等，在省计划中单列户头，并可直接与省有关部门发生业务联系。

三、同意将杭州卷烟厂、宁波卷烟厂、桐乡雪茄烟厂上划为省公司直属企业，实行自负盈亏；三个厂的财务体制，今年暂不改变。省公司所需开办经费，由省财政厅研究解决。

四、卷烟的收购、调拨、批发、销售业务，目前先委托商业部门经营，今后如何管理，省公司要抓紧进行调查研究，与商业部门共同提出可行性方案，报省政府批准后实施。

五、省内晾（晒）烟的分配计划，由省烟草公司归口制订；种植、收购、调拨等工作，仍按现行办法，分别由省农业厅和省供销社管理。

六、省烟草公司编制，要本着精简的原则，根据业务需要逐步配备；人员从在杭的省级有关单位和杭州市有关单位划转或抽调。

七、组建省烟草公司的有关事项，由省计经委牵头，省轻工业厅、商业厅、财政厅、劳动人事厅、供销社等有关单位参加，协商办理。

浙江省人民政府

一九八四年三月二十九日

关于建立市、地、县烟草专卖局的通知

（浙政办〔1985〕32号）

各市、县人民政府，各地区行政公署，省政府直属各单位：

根据国务院国发〔1983〕151号文件规定精神，为加强对烟草行业的专卖管理，省人民政府同意在已经建立烟草公司（经理部）的市、地、县建立烟草专卖局，与同级烟草公司（经理部）实行一套班子，两块牌子，不另增加人员编制。市、地、县烟草专卖局受省烟草专卖局和当地人民政府双重领导，以省烟草专卖局领导为主。

浙江省人民政府办公厅

一九八五年七月五日

浙江省烟草专卖管理办法

（1996年1月18日浙江省人民政府令第70号发布，2000年4月4日浙江省人民政府令第117号作了修正，根据2005年9月15日《浙江省人民政府关于修改〈浙江省烟草专卖管理办法〉的决定》再次修正。）

第一章　总　则

第一条　为了加强烟草专卖管理，维护消费者合法权益，保证国家财政收入，根据《中华人民共和国烟草专卖法》、《中华人民共和国烟草专卖法实施条例》，结合本省实际，制定本办法。

第二条　本办法适用于本省行政区域内烟草专卖品的生产、经营和管理。

第三条　对烟草专卖品的生产、经营和运输依法实行专卖管理，并实行烟草专卖许可证和准运证制度。

第二章　行政管理与监督

第四条　县级以上烟草专卖行政主管部门主管本辖区的烟草专卖工作，受上一级烟草专卖行政主管部门和当地人民政府的双重领导，以上一级烟草专卖行政主管部门领导为主。

各级公安、工商行政管理、税务、质量技术监督、价格、银行、交通、铁路、民航、邮政等部门应当配合烟草专卖行政主管部门做好烟草专卖管理工作。

县级以上烟草专卖行政主管部门在必要时，可以派员参与有关行政执法部门组成的联合检查活动，依法查处烟草专卖品生产、经营和运输中的违法行为。

第五条　县级以上烟草专卖行政主管部门的职责：

（一）宣传、贯彻实施烟草专卖法律、法规和规章；

（二）对本行政区域内的烟草专卖工作实施统一监督、管理；

（三）按照国家和本办法规定，负责烟草专卖许可证、准运证审查和管理；

（四）制订地方烟草专卖管理工作规则；

（五）依法查处烟草专卖违法案件；

（六）承办上级烟草专卖行政主管部门、当地人民政府交办的其他烟草专卖管理工作。

第六条　县级以上烟草专卖行政主管部门，可以根据烟草专卖管理工作的实际需要，在重点乡（镇）设立派出机构或派驻人员，派出机构或派驻人员在主管部门授权范围内依法监督、检查烟草专卖品的经营活动。

第七条　烟草专卖行政主管部门查处烟草专卖违法案件时，可以行使下列职权：

（一）询问违法案件的当事人及与违法案件有关的单位和个人；

（二）检查违法案件当事人的生产、经营场所及物品；

（三）查阅、复制与违法活动有关的合同、发票、账册、单据、记录、业务函电、电子文件等其他资料；

（四）依法对与违法活动有关的烟草专卖品进行处理，对可能灭失或者以后难以取得的证据，进行先行登记保存、封存、扣留；

（五）法律、法规和规章规定的其他职权。

第八条　烟草专卖行政主管部门可以会同有关部门在车站、码头、港口等交通集散地点对运输烟草专卖品的活动，依法进行检查。

第九条　对生产、运输、销售假冒伪劣烟草制品和经营走私烟草制品的行为，烟草专卖行政主管部门应当配合工商、质量技术监督、海关、公安部门依法查处。其他部门和单位发现违反烟草专卖管理的行为，应当及时通报烟草专卖行政主管部门或者有关行政执法部门；对涉嫌构成犯罪的案件应当依法移送司法机关处理。

有关行政执法部门依法查获的假冒伪劣烟草制品，应当交由烟草专卖行政主管部门按照国家有关规定公开销毁，禁止以任何形式销售。依法查获没收的走私烟草制品，应当交由省人民政府指定的烟草制品拍卖机构拍卖，拍卖所得依法上缴国库。

第十条　对于案件举报人员、协助办案和直接办案的有功单位和个人，应当予以表彰和奖励。

第三章　烟草专卖许可

第十一条　烟草专卖品的生产、经营、进出口依法实行烟草专卖许可证制度。

第十二条　烟草专卖许可的权限：

（一）申请领取《烟草专卖生产企业许可证》，应当向省烟草专卖行政主管部门提出申请，由省烟草专卖行政主管部门审查签署意见，报国务院烟草专卖行政主管部门审批发证。

（二）申请领取《烟草专卖批发企业许可证》，跨省经营的，应当向省烟草专卖行政主管部门提出申请，由省烟草专卖行政主管部门审查签署意见，报国务院烟草专卖行政主管部门审批发证。

申请领取《烟草专卖批发企业许可证》，在省范围内经营的，应当向企业所在地县级烟草专卖行政主管部门提出申请，由企业所在地县级烟草专卖行政主管部门审查签署意见，报省烟草专卖行政主管部门审批发证。

（三）申请领取《特种烟草专卖经营企业许可证》，经营外国烟草制品批发业务、烟草专卖品进出口业务、罚没外国烟草制品批发业务的，应当向省烟草专卖行政主管部门提出申请，由省烟草专卖行政主管部门审查签署意见，报国务院烟草专卖行政主管部门审批发证。

（四）申请设立烟叶收购站（点），应当向企业所在地县级烟草专卖行政主管部门提出申请，由企业所在地县级烟草专卖行政主管部门审查签署意见，报省烟草专卖行政主管部门审批发证。

（五）申请领取《烟草专卖零售许可证》，应当向县（市、区）或设区的市烟草专卖行政主管部门提出申请，由县（市、区）或设区的市烟草专卖行政主管部门审批发证。

第十三条　生产、经营烟草专卖品的企业和个人，应当在取得相应的烟草专卖许可证后，方可向工商行政管理部门申请登记，领取营业执照。在领取营业执照后30天内，向税务部门申请办理税务登记。未取得烟草专卖许可证的，工商行政管理部门不予核准登记。

取得烟草专卖许可证的企业在其住所以外设立从事烟草专卖品生产和经营分支机构的，应当依法向分支机构所在地烟草专卖行政主管部门申领办理烟草专卖许可证。

第十四条　烟草专卖行政主管部门可以在当地行政服务中心设立窗口，统一受理、办理有关烟草专卖许可证。

第十五条　取得烟草专卖许可证的企业和个人，有下列情形之一的，应当向原发证部门办理烟草专卖许可证变更、补办或注销手续，并依法向工商行政管理部门和税务部门办理变更登记或注销登记：

（一）企业合并、分立、转产，或者改变企业名称、法定代表人、企业地址、组织类型、经营范围；

（二）遗失烟草专卖许可证；

（三）停业、歇业或破产的；

（四）法律、法规规定的其他情形。

第十六条　烟草专卖许可证禁止转借、涂改、伪造或买卖。

第十七条　烟草专卖许可证的发证机关可以定期或者不定期地对取得烟草专卖许可证的企业和个人进行检查，经检查不符合烟草专卖法律、法规和本办法规定条件的，烟草专卖许可证的发证机关可以责令暂停烟草专卖业务并依法作出处理。

第四章　生产和经营

第十八条　烟草制品生产企业必须在生产的卷烟、雪茄烟包装上标明焦油含量级和“吸烟有害健康”中文字样。

第十九条　烟草制品生产企业生产的出口卷烟，必须在小包、条包上标明“专供出口”中文字样，按规定的渠道出口。

第二十条　卷烟、雪茄烟和有包装的烟丝，必须申请商标注册。

禁止生产、销售假冒他人注册商标的卷烟、雪茄烟。

第二十一条　禁止为生产假冒伪劣卷烟者提供烟草专用机械(包括配件)、卷烟注册商标标识、原辅材料。

假冒商标卷烟制品由经省级以上质量技术监督部门计量认证合格的烟草质量检测机构检测鉴定，在检测鉴定中可征求被假冒商标卷烟侵权企业的意见。

第二十二条　地方烟草制品和非国家定点烟草制品生产企业应当在其许可证核定的经营范围从事经营，不得超范围经营销售。

第二十三条　开办烟草专卖品交易市场，应当报经国务院烟草专卖行政主管部门审查批准，未经审查批准设立的烟草专卖品交易市场，所在地县级以上人民政府依法予以取缔。

第二十四条　对依法没收的烟草专卖品进行拍卖的，竞买人应当持有烟草专卖批发企业许可证；参与外国烟草制品拍卖的竞买人，应当持有特种烟草专卖经营企业许可证。

第二十五条　卷烟纸、滤嘴棒、烟用丝束和烟草专用机械生产企业应当按国家计划与烟草制品生产企业签订订货合同，并组织生产，不得向无烟草专卖生产企业许可证的单位和个人提供产品。

第二十六条　销售烟草专用机械及其配件，必须按规定使用增值税专用发票。

第二十七条　淘汰、报废、非法拼装的烟草专用机械和残次的卷烟纸、滤嘴棒、烟用丝束及下脚料由当地烟草专卖行政主管部门监督处理，不得以任何方式销售。

第五章　运　输

第二十八条　烟草专卖品运输实行准运证制度。

托运或者自运烟草专卖品必须持有烟草专卖行政主管部门签发的准运证；无准运证的，承运人不得承运。

省内跨市、县(市)运输烟草专卖品，必须持有省烟草专卖行政主管部门或其授权的机构签发的准运证。

省内跨市、县(市)运输罚没走私卷烟、雪茄烟，必须持有省烟草专卖行政主管部门签发的准运证。

市、县(市)境内运输烟草专卖品，必须持有当地烟草公司出具的发票或有效凭证。

第二十九条　烟草专卖品的运输必须货证相符，证随货行。

有下列情形之一的，视为无烟草专卖品准运证运输烟草专卖品：

(一)使用过期、涂改、伪造、复印的烟草专卖品准运证；

(二)准运证核定的调入、调出单位和运达地点与实际不符的；

(三)准运证未随货同行的；

(四)无烟草专卖品准运证运输烟草专卖品的其他行为。

第三十条　邮寄、异地携带烟草制品的数量按国家有关规定执行，确因特殊需要超量邮寄、异地携带的，应当持有县级以上烟草专卖行政主管部门出具的证明。

第六章　法律责任

第三十一条　对违反烟草专卖管理行为的处罚，有关法律、法规已有规定的，从其规定。

第三十二条　违反本办法规定，有下列行为之一的，由烟草专卖行政主管部门按以下规定处罚：

(一)无特种烟草专卖经营企业许可证，在小包、条包上擅自标注有“专供出口”中文字样从事国产卷烟、雪茄烟进出口业务的，可以处违法经营卷烟、雪茄烟总值50%以上1倍以下的罚款，但最高罚款金额不得超过5万元；

(二)违反本办法第二十二条规定，超过许可证核定经营范围经营卷烟、雪茄烟的，可以处违法经营卷烟、雪茄烟总值50%以上1倍以下的罚款，但最高罚款金额不得超过5万元。

第三十三条　无烟草专卖零售许可证经营烟草制品业务的，由工商行政管理部门或者工商行政管理部门会同烟草专卖行政管理部门，责令其停止经营烟草制品零售业务，依法没收违法所得，并可处以违法经营总额20%以上50%以下的罚款。

第三十四条　违反本办法规定有下列行为之一的，由烟草专卖行政主管部门处以其违法运输的烟草专卖品总价值20%以上50%以下的罚款，并可按照国家规定的价格收购其违法运输的烟草专卖品；情节严重的，依法没收违法运输的烟草专卖品：

(一)有本办法第二十九条规定情形，无准运证运输烟草专卖品的；

(二)违反本办法第三十条规定，无烟草专卖行政主管部门证明，超过规定限量1倍以上邮寄、异地携带烟草制品的。

第三十五条　违法生产、经营和运输的烟草专卖品被查获的当事人，经烟草专卖行政主管部门两次书面通知或自查获之日起六十日(易霉坏变质的烟草专卖品自查获之日起三十日)内不到烟草专卖行政主管部门接受处理的，烟草专卖行政主管部门可以依法作出处置。

第三十六条　违反本办法第九条第二款规定，有关单位和个人擅自处理被依法没收的烟草专卖品，由烟草专卖行政主管部门追回被擅自处理的烟草专卖品，依法没收被处理的烟草专卖品和价款，其中购买人没有过错的，价款退还购买人；对擅自处理的单位，处以1000元以上5万元以下的罚款，对直接负责的主管人员和其他直接责任人员按照管理权限由有关部门给予行政或纪律处分。

第三十七条　烟草专卖行政管理人员和处理违法案件的有关部门工作人员有下列行为之一的，由有关部门按干部管理权限对直接负责的主管人员和其他直接责任人员给予行政或纪律处分：

(一)不具备烟草专卖行政执法资格，违法处理烟草专卖案件的；

(二)违反法律、法规规定的行政许可程序实施烟草专卖行政许可的；

(三)利用职务之便违法购买被没收的烟草制品的；

(四)其他滥用职权、徇私舞弊或者玩忽职守行为。

第三十八条　当事人对行政执法机关作出的处罚决定不服的，可以依法申请行政复议或者提起行政诉讼。

第七章　附　则

第三十九条　本办法自发布之日起施行。

浙江省烟草专卖局　浙江省工商行政管理局
转发国家烟草专卖局国家工商行政管理局《关于清理整顿
卷烟批发交易市场的通知》

（浙烟专字〔96〕38号）

各市（地）、县（市）烟草专卖局、工商行政管理局：

现将国家烟草专卖局、国家工商行政管理局《关于清理整顿卷烟批发交易市场的通知》转发给你们，请遵照执行。

目前，我省有的地方制售假冒商标卷烟和走私贩私卷烟的违法活动十分猖獗，个别非法卷烟交易市场已成为走私卷烟、假冒商标卷烟的集散地；在一些经批准试办的卷烟交易市场，也存在着场内交易，场外提货，非法经营假冒商标卷烟和走私卷烟的情况。为了进一步整顿卷烟流通秩序，打击卷烟流通领域的非法经营活动，保护合法经营，促进专卖制度下烟草专卖品市场体系的建立和完善，根据国家法律赋予烟草专卖行政主管部门和工商行政管理部门监督管理卷烟市场，打击制售假冒商标卷烟和走私卷烟的职责，遵照国家烟草专卖局、国家工商行政管理局的决定，上半年将开展对卷烟批发市场进行一次全面的清理整顿。结合我省实际情况，现将有关事项通知如下：

一、加强领导，严密组织，进一步加强卷烟市场的清理整顿工作。各级工商行政管理部门和烟草专卖管理部门要在当地人民政府的领导和支持下，加强领导，密切配合，精心组织，根据国家有关法律、法规及国家工商行政管理局、国家烟草专卖局等四部门《关于严厉打击卷烟走私整顿卷烟市场的通告》和《关于打击制售假冒商标卷烟整顿卷烟市场的通告》精神，结合当地实际情况，共同制定清理整顿卷烟批发交易市场的具体方案，并组织落实，坚决查处制售假冒商标卷烟和走私贩私卷烟的违法行为。

按照《国务院关于进一步加强烟草专卖管理的通知》（国发〔1993〕7号）文件精神，省烟草专卖局已经批准试办或保留了15个卷烟交易市场，鉴于我省目前现状，全省暂停审批新的卷烟交易市场。已开办的卷烟交易市场内经营户要守法经营，坚决杜绝出售假冒商标卷烟和走私卷烟，不准经营计划外烟厂和省外地方烟厂的卷烟。对于未经省烟草专卖局和工商行政管理部门批准的非法卷烟批发市场，必须坚决予以取缔。对违法经营者，分别由工商行政管理部门、烟草专卖管理部门依法予以处罚。

已经省烟草专卖局批准试办或保留的卷烟交易市场，经这次清理整顿仍存在假冒商标卷烟、走私卷烟泛滥情况，当地烟草专卖局无力或无法实施有效管理，以及确实办不下去的卷烟市场，省烟草专卖局将在必要时取消其试办保留权。

二、关于假冒商标卷烟的查处问题。有关执法部门对假冒商标卷烟可联合检查，也可单独检查。烟草专卖部门在市场检查中查获的假冒商标卷烟，交由工商行政管理部门处理，有关烟草企业给工商行政主管部门的奖金，由烟草专卖统一联系兑现，按有关企业的规定，及时转拨给有关工商行政管理部门，不得以任何理由截留。联合查处的，有关企业的奖金按双方协议规定分成。查获的走私卷烟按省烟草局、工商局、公安厅、杭州海关浙烟专字〔95〕95号文执行。

三、认真做好假冒商标卷烟的鉴定工作。处理假冒商标卷烟应先送省烟草质量检测站及其设在有关市(地)烟草专卖局的分站鉴定。各烟草质检部门要进一步提高服务质量。各级烟草专卖和烟草质量监测部门要组织力量,做好假冒商标卷烟识别知识的培训工作,提高执法人员的业务素质,增强打私、打假、监管市场的力度。

各级烟草专卖行政主管部门和工商行政管理部门接此通知后,要立即行动起来,认真开展一次清理整顿卷烟市场的活动,并及时上报各地清理整顿情况。省烟草专卖局和省工商行政管理局将以适当方式,对各地清理整顿情况进行检查。

附件:略

浙江省烟草专卖局　浙江省工商行政管理局

一九九六年二月二十七日

国家烟草专卖局关于成立浙江中烟工业公司有关问题的批复

(国烟法〔2003〕307 号)

浙江省烟草专卖局(公司):

《浙江省烟草专卖局(公司)关于浙江省烟草行业实行工商管理体制改革的报告》(浙烟办联〔2003〕24 号)收悉。经研究,现批复如下:

一、原则同意《浙江烟草工商管理体制改革实施方案》和《浙江中烟工业公司章程》,将浙江省烟叶物资公司变更登记注册,成立浙江中烟工业公司。

二、浙江中烟工业公司(以下简称工业公司)是在杭州、宁波卷烟厂基础上组建的国有企业。工业公司主要承担烟草制品生产和销售,烟叶、烟草物资、烟机零配件及其他相关的生产经营任务。工业公司注册资本为人民币 1000 万元。

三、工业公司由国家烟草专卖局(总公司)领导和管理,与浙江省烟草专卖局(公司)脱钩,省局(公司)与工业公司实行机构、职责、人员、财务“四分开”。

四、工业公司实行总经理负责制。公司领导班子成员由国家烟草专卖局(总公司)任免、考核、奖惩。

五、工业公司按照精简、统一、效能的原则,设置内部管理机构。工业公司定编 50 人,所需人员从省局(公司)现有人员中调配解决,不准从系统外调入人员。

六、工业公司领导和管理所属卷烟工业企业,按干部管理权限任免所属企业的领导班子成员。保留卷烟工业企业的法人资格和现行运行机制。

七、工业公司接受浙江省烟草专卖局的专卖管理和执法监督。工业公司所属企业纳税渠道维持不变。

八、工业公司组建后,要加大企业组织结构调整力度,加快资产重组步伐,要深化企业改革,转换经营机制,要强化内部管理,提高经济效益。

九、组建工业公司政策性强、涉及面广,要积极争取地方政府和有关部门的支持,及时办理工商注册、税务登记、财务和资产划转、专卖许可证等。

十、请按照实施方案的原则、公司章程和本批复的精神组织实施，在批复后一个月内完成工业公司的组建工作。

工作进展情况及遇到的问题，请及时报告国家局(总公司)。

国家烟草专卖局
二〇〇三年六月六日

关于我省烟草商业企业资产财务关系上划若干问题的实施意见

(浙江省人民政府办公厅浙政办发〔2005〕88号文转发)

根据国家对烟草行业人财物、产供销、内外贸实行“统一管理、垂直领导、专卖专营”的管理体制和财政部有关烟草企业财务上划的文件精神，现就我省烟草商业企业资产财务关系上划涉及的若干问题提出如下实施意见：

一、上划目的和指导思想

理顺烟草企业资产财务管理体制，是国家实行专卖专营、集中管理的要求，是深化烟草行业体制改革和理顺产权关系的基础。我省烟草商业企业资产财务关系统一上划，有利于进一步推进烟草行业的改革和发展，提高烟草企业的市场整体竞争能力。为此，本着友好协商、互惠双赢的原则，在不影响烟草商业经营和发展的前提下，对地方政府历年来对烟草商业企业的支持给予资产补偿，妥善处理好我省商业企业上划问题。

二、上划对象及范围

这次上划的烟草商业企业包括除杭州烟草分公司外的其余10家市烟草分公司和63家县(市、区，下同)烟草公司的人、财、物。

三、上划时间和基数

我省烟草商业企业上划的基准日统一确定为2005年1月1日，上划基数为各市、县烟草商业企业2004年12月31日账面资产数。具体上划协议由省烟草公司与上划企业所在地政府签订，并经省财政厅鉴证后正式执行。上划协议的签订工作，原则上要在2005年11月底以前完成。由于办理具体的资产上划手续需要一定的时间，并考虑到资产划转工作的复杂性，为保证市、县烟草商业企业资产财务管理工作的连续性，市、县烟草商业企业在办理具体上划手续期间，2005年暂作为省属企业委托省烟草公司进行管理，并由省财政厅行使资产财务管理职能。

四、资产补偿比例及方式

各市、县在办理烟草商业企业资产上划时，均以2004年12月31日账面净资产为基数，将所在地烟草商业企业账面净资产的60%补偿给所在地政府，其余的均上划到省。补偿地方政府的资产应是货币资金或房地产资产，同时根据各市、县烟草商业企业的不同情况，货币资金或房地产资产的具体构成比例，由市、县政府与省烟草公司协商确定。补偿地方政府的货币资金原则上应一次性全部兑现；确有困难的，经协商也可以从协议之日起分次补偿到位，但最长不得超过5年。补偿地方政府的房地产资产按账面值计算。对用房地产资产中由烟草企业全额出资及拥有绝对控股权的房地产项目资产进行补偿的，其所涉及的相关工作人员劳动关系随资产一并划转。

五、财政、税收关系问题

全省烟草商业企业上划后，2005年度各市、县烟草公司的流转税、企业所得税、税收附加及其他地方税收维持就地缴地方国库不变。从2006年起，全省烟草商业企业所得税先由省烟草公司统一缴入中央和省国库。上缴省的烟草商业企业所得税，省财政根据省烟草公司提供的各市、县烟草公司当年会计核算资料，定期通过调库作为市、县预算收入。各市、县烟草公司的流转税、税收附加及其他地方税收维持就地缴地方国库不变。

六、其他有关财务问题

（一）各市、县烟草企业资产财务关系上划到省后要进行清产核资，对清理出的不良资产经省财政批准后统一核销。

（二）2005年全省烟草商业企业的工效挂钩方案，在资产财务关系上划后由省财政会同有关部门审批，下达给省烟草公司，再由省烟草公司分配下达到各市、县烟草公司。

（三）2005年度市、县烟草公司月度财务指标快报继续按原报送渠道逐级汇总上报，年度会计报表由省烟草公司统一汇总编制，并报送省财政厅。

（四）各市、县烟草企业要根据资产划转协议确定的资产补偿内容，相应调减资产和所有者权益科目。对以后年度应支付的货币资金挂其他应付款处理。

七、宁波市所属烟草商业企业的上划，按照上述原则，由宁波市政府与省烟草专卖局协商办理上划手续和资产补偿事宜。

省财政厅　省烟草专卖局

二〇〇五年九月十四日

国家烟草专卖局关于中国烟草总公司浙江省公司建立母子公司体制改革的批复

（国烟法〔2007〕404号）

浙江省烟草专卖局，中国烟草总公司浙江省公司：

《浙江省烟草专卖局中国烟草总公司浙江省公司关于取消县级公司法人资格、建立母子公司体制的请示》（浙烟法联〔2006〕67号）收悉。根据国办发〔2005〕57号文件精神，经研究，现批复如下：

一、原则同意《中国烟草总公司浙江省公司建立母子公司体制的实施方案》和《中国烟草总公司浙江省公司章程》，请抓紧办理地方烟草企业资产清理和上划手续，切实加强领导，全面组织实施。

二、中国烟草总公司浙江省公司是中国烟草总公司的全资子公司。中国烟草总公司浙江省公司投资设立13个全资子公司，分别是：浙江省烟草公司杭州、宁波、温州、嘉兴、湖州、绍兴、金华、衢州、丽水、台州、舟山市公司和浙江烟草进出口有限公司、浙江烟草香溢投资管理有限公司。

三、中国烟草总公司浙江省公司的出资人为中国烟草总公司。中国烟草总公司浙江省公司投资设立的13个全资子公司的出资人为中国烟草总公司浙江省公司。

四、同意取消浙江省烟草公司富阳市、建德市、桐庐县、淳安县、临安市、镇海区、鄞州区、北仑区、慈溪市、余姚市、奉化市、宁海县、瑞安市、平阳县、苍南县、永嘉县、乐清县、泰顺县、洞头县、文成县、嘉善县、平湖市、海盐县、海宁市、桐乡市、德清县、安吉县、长兴县、诸暨市、嵊州市、上虞市、新昌县、永康市、兰溪市、浦江县、东阳市、磐安县、武义县、义乌市、江山市、龙游县、常山县、开化县、龙泉市、缙云县、遂昌县、青田县、松阳县、景宁县、庆元县、黄岩区、临海市、温岭市、玉环县、仙居县、天台县、三门县、岱山县、嵊泗县公司和浙江省烟草公司杭州市萧山区、余杭区公司，以及浙江省烟草公司舟山市普陀区公司等62家县级烟草公司法人资格并将其全部资产、负债、权益无偿划转到隶属的市级烟草公司，由市级公司统一经营管理。

五、原县级公司取消法人资格后，作为市级公司的营销分支机构，不具有独立企业法人资格，对外统一称为“××市烟草公司××分公司”。

六、中国烟草总公司浙江省公司工商注册的经营范围为：卷烟经营、烟叶生产经营、卷烟进口及烟叶出口、资产经营、综合管理等。主要从事资产经营和综合管理，指导、服务、协调、监管全省卷烟销售，指导全省卷烟销售网络建设，对卷烟销售价格、品牌、库存、结构等进行宏观监测与服务质量监督，推广普及科学种烟技术，增强烟草自主创新能力。

七、中国烟草总公司浙江省公司的领导班子和领导成员由国家烟草专卖局、中国烟草总公司负责管理。要依照国家烟草专卖局、中国烟草总公司有关规定，充分发挥投资委员会、预算委员会、薪酬委员会的作用，明确职责，规范运作，实现科学决策、民主决策、依法决策。

八、中国烟草总公司浙江省公司要按照实施方案明确的公司职责，切实转变职能，对其全资子公司、控股企业、参股企业和国有股权行使出资人权利，依法经营、管理和监督，并相应承担保值增值的责任。

九、中国烟草总公司浙江省公司本级要停止卷烟经营，同时要妥善做好卷烟供销衔接工作，实现平稳过渡。有关资产收益的分配和管理办法，按照国家烟草专卖局、中国烟草总公司的有关规定执行。

十、要按照实施方案、公司章程和本批复及国家烟草专卖局、中国烟草总公司的有关文件精神组织实施，积极争取地方人民政府和有关部门的支持，及时办理财政财务关系上划、资产划转和工商注册、税务登记、专卖许可证变更等手续，并做好相应的账务处理。

请将工作进展情况及遇到的问题及时报国家烟草专卖局。

附件：1. 中国烟草总公司浙江省公司建立母子公司体制的实施方案（略）

2. 中国烟草总公司浙江省公司章程（略）

国家烟草专卖局

二〇〇七年九月二十日

二、诗文著述选录

(一)诗词

自汶上至济宁田间多种蓝及烟草[①]

查慎行

本业抛农务,群情逐贸迁。刈蓝初用染,屑草半为烟。
树艺非嘉种,膏腴等废田。家家坐艰食,那得屡丰年。

天香·烟　草[②]

厉　鹗

烟草神农经不载,出于明季,自闽海外之吕宋国移种中土,名淡巴菰,又名金丝薰,见姚旅《露书》。食之之法细切如缕,灼以管而吸之,令人如醉,祛寒破寂,风味在麹生之外。今日伟男髫女无人不嗜而予好之,尤至恨题咏者少,令异卉之湮郁也。暇日斐然,命笔传诸好事。

瀛屿沙空,星槎翠剪,耕龙罢种瑶草。秋叶频翻,春丝细吐,寄兴绣囊函小。荷筒漫试,正一点温磨相恼。才近朱樱破处,堪怜蕙风初袅。　　娇寒战回料峭,胜槟榔为销残饱。旅枕半欹熏透,梦阑人悄。几缕巫云尚在,溅唾袖余花未忘了。唤剔春灯,暗萦醉抱。

烟　筒[③]

陈　业

截得筼筜竹,装成一匀宜。烟云时吐纳,杖履惯追随。
直欲凌茶碗,还堪敌酒卮。吟边与梦后,正尔系相思。

烟　诗[④]

胡　然

致此目殊方,偏宜带火尝。拈装斑竹管,撮聚紫罗囊。
堪助谈谐趣,能增齿颊香。辟寒同曲蘖,解渴胜茶汤。

---

① 〔清〕查慎行:《敬业堂集》卷四十二。查慎行(1650—1727年),海宁人,清康熙四十二年(1703年)进士。

② 〔清〕厉鹗:《琴画楼词抄》。厉鹗,钱塘(今杭州)人,清康熙五十九年(1720年)举人。

③ 〔清〕俞琰:《咏物诗选》。陈业,嘉善人,此诗清雍正初作。

④ 〔清〕陈琮:《烟草谱》卷三。胡然,魏塘(今嘉善县)人,此诗清雍正初作。

有客常先馈，无风亦自扬。晴窗云叆叇，午榻雾苍茫。
袅袅萦珠箔，霏霏绕画梁。不烦金鸭吐，兰麝已盈堂。

烟诗四首①

汪师韩

移根吕宋始何年，芬草从新拜号烟。匹马就缰归汉垒，一军提鼓入蛮天。
渐教禁榷权丰币，竞以吹嘘费壮钱。荼苦南中空记录，酪奴人久薄春泉。

瑶草耕烟岁取资，黄云叶叶柳丝丝。茅柴霁景编篱薄，筐篚宵分析缕迟。
风俗小函盛满把，火传重晕结相思。倾心还有壶公在，鼻观通参出愈奇。

龙岩石马外诸余，于橐于囊聚物殊。食籍数浮黄矮菜，词林名重淡巴菰。
三餐果腹初虚口，五字微吟正惜须。携取及时供络绎，并申僮约古从无。

偶共香烧性已谙，一枝熺焰手频担。方言有底争衡酒，诗境无聊作配蓝。
嘘气凭依吞篆少，熏心虚美落灰惭。不知通介谁边得，暇采芸编佐笔谈。

烟②

万光泰

小草纷缠市，何年火利开。神农经不载，吕宋国移来。
叶槁干时切，花红露下栽。曲生风味似，为尔减深怀。

幽湖百咏(选一)③

沈　涛

芦塘听雨夜潇潇，风撼桐泾月色饶。破晓橹声摇梦去，喧阗烟市竹西桥。

天香·咏淡巴菰④

王又曾

篾笼匀铺，银刀细切，丝丝尽化金缕。葱茎点注，樱颗含咀，散作一天花雾。恁般滋味，比橄榄槟榔犹愈。仿佛挑灯夜悄，谩解罗囊无语。　　相思日常几度，把竹枝顿忘吟苦。最是梦阑酒醒，那回情绪。石火星星迸处，渐一阵兰香暗中吐。怕不禁寒，炉熏更炷。

① 〔清〕汪师韩：《金丝录》。汪师韩，钱塘人，清雍正十一年(1733年)进士，官编修。

② 〔清〕万光泰：《柘坡居士集》卷八，清乾隆二十一年(1756年)江孟绢刻本。万光泰，秀水(今嘉兴)人，清乾隆二年(1737年)进士。

③ 〔清〕沈廷瑞：《东畲杂记》。沈涛，桐乡人，清咸丰元年(1851年)吟成《幽湖百咏》。

④ 〔清〕王又曾：《丁辛老屋集》卷三。王又曾，秀水人，清乾隆十九年(1754年)进士，官刑部主事。

淡巴菰题[1]

刘　暄

酒后频喷人乍醒，茶前先饷客初来。多情为谱相思句，相思名字重漳泉。

咏小长芦二首[2]

吴光昭

一

吕宋分来种类奇，雅于红豆倍相思。渔洋余话添余记，不数山人樊榭词。

二

流传百首淡巴菰，博采山经尔雅无。自是君家夸胜事，棹歌续咏小长芦。

咏淡巴菰[3]

金　潭

匹马走蛮烟，异想开远道。唵叭有香名，兜娄味亦好。
海外种族繁，奚须马氏造。君咏淡巴菰，僻书殚搜讨。
移种偏中华，处处烟云绕。菰叶碧于蒲，菰花红似蓼。
依依儿女姿，芳气袭怀抱。诚恐西风吹，但愿春不老。
朝烟妃子坟，夜月仙人岛。握管长相思，相思何渺渺。
按拍谱新词，叹息知音少。矧从赤嵌来，搜罗无遗稿。
忧乐不弃捐，名重文章草。余情固淡然，对此心倾倒。

烟草[4]

杨怀栋

瑞草名魁世所稀，芳词盥颂濯蔷薇。分甘每其金丝茏，乞火频添玉屑飞。
吐纳白云成古篆，推敲红豆出新机。须知席上珍奇品，吹气如兰绕客衣。

咏烟二首[5]

沈　澍

一

海南分种亦忘忧，灵艾仙芝未足俦。人值太平歌帝力，天教芳草遍神州。

---

① 《淡巴菰题辞》。刘暄，平湖人，此诗作于清乾隆年间。
② 《淡巴菰题辞》。吴光昭，嘉兴人，此诗作于清乾隆年间。
③ 《淡巴菰题辞》。金潭，仁和（今杭州）人，此诗清乾隆年间作。
④ 《淡巴菰题辞》。杨怀栋，平湖人，此诗清乾隆年间作。
⑤ 《淡巴菰题辞》。沈澍，嘉兴人，此诗清乾隆年间作。

白云对客堪持赠，黄叶经秋总系愁。一自相思留咏后，笑渠屈老尚遗收。

二

消遣闲居赋淡巴，便便腹笥擅才华。寄情癖胜刘伶酒，订谱精逾陆羽茶。

百首好诗传脍炙，几时轻棹访蒹葭。清词丽曲兼详说，端是专门第一家。

咏烟草二首①

张 津

一

烟草由来妙咏赊，而今仍属旧诗家。鸳湖爱唱棹歌调，从此新声唱淡巴。

二

高情差不爱蔫花，不道清吟分外加。自是君身有仙骨，百篇语语带烟霞。

咏烟筒②

沈品琏

百首贻来烟草词，输他红豆号相思。缘知名是相思种，我亦长歌当竹枝。

咏烟草三首③

沈 镐

一

新诗读罢口流涎，赢得词华驾九烟。吐气如虹胸有物，赋成小草笔如椽。

二

人物楼台结撰虚，枯肠搜索藉呼嘘。不知双管同提处，尽道生花孰中书。

三

茶烟常绕鬓丝斜，香缕新番出齿牙。从此清谈添咳唾，谢家风味在餐霞。

咏烟草二首④

陈嗣龙

一

删尽杨枝与竹枝，尊前听取淡巴词。怜他寸草心何限，管领人间儿女悲。

二

助欢茗话解欢醺，争遣无情对此君。秋风红豆相思苦，莫唱江郎陌上薰。

---

① 《淡巴菰题辞》。张津，桐乡人，此诗清乾隆年间作。

② 《淡巴菰题辞》。沈品琏，秀水人，此诗清乾隆年间作。

③ 《淡巴菰题辞》。沈镐，嘉兴人，此诗清乾隆年间作。

④ 《淡巴菰题辞》。陈嗣龙，平湖人，乾隆三十四年(1769年)进士，翰林院编修，都察院左副都御史，此诗清乾隆年间作。

吸　烟①

王尚绳

异域生嘉卉，传来几岁华。相沿成俗尚，吟赏属诗家。
味别酸咸嗜，餐余断续霞。试拈湘管吸，不减醉梨花。

咏烟草②

金崇縈

同作榕城客，相逢便论诗。锦囊名士句，香草美人思。
博物今星使，风流旧牧之。片帆东渡驶，况及九秋时。

咏烟草③

策　轩

终日忙忙烟草里，何知此物真名字。乘风快哉破浪来，此间称述毋乃是。
华词粲如锦绣囊，捃今摭古纷瑶琅。不须重译得真义，百篇字字精且详。
葩经尔雅博物志，俯首让君出一地。我将补入群芳中，应令词人恨少置。

淡巴菰词④

陈广宁

秋来小住黄公院，九和令尹来相见。藉甚西吴大雅才，赠我淡巴诗一卷。
此草不知何年生，葩经尔雅俱无名。佳种产自吕宋国，枝叶馥郁如荃蘅。
近来痴嗜遍天下，那识相思是真假。自古不遇神农尝，至今犹恨题咏寡。
得君百篇为揄扬，搜罗僻书最精详。方音里谚亦兼采，遂令烟谱真洋洋。
棹歌风调百年后，嗣音有笔落君手。新词唱出烟云飞，茶经荔谱同不朽。

食烟草自哂⑤

沈　彩

自疑身是谪仙姝，沆瀣琼浆果腹无。欲不食人间烟火，却餐一炷淡巴菰。

---

① 《淡巴菰题辞》。王尚绳，秀水人，此诗清乾隆年间作。
② 《淡巴菰题辞》。金崇縈，仁和人，此诗清乾隆年间作。
③ 《淡巴菰题辞》。策轩，仁和人，此诗清乾隆年间作。
④ 《淡巴菰题辞》。陈广宁，山阴(今绍兴)人，此诗清乾隆年间作。
⑤ 〔清〕沈彩:《春雨楼集》。沈彩，平湖人，清代女诗人。

烟草二首①

高　澍

一

瑞草味何淡，偏于呼吸宜。翠�如共命，红豆寄相思。
旅馆怀人夜，寒窗觅句时。睡余聊一嗤，爽气沁心脾。

二

午晴香乍爇，卯饮酒初醒。解闷添清韵，奇功补内经。
已喷烟作雾，还恋火如星。对客闲谭久，莲翻舌本青。

天香·和樊榭咏烟草②

陈　章

湘箔排干，并刀缕腻，鹅兜嫩羽盈把。曲项镂金，通中截管，石火星星迸乍。疏帘雾袅，正樱颗吹嘘兰麝。谁道萦怀绾抱，花阴暗香相惹。　移根自来海汉，种春风遍依田舍。便少论功仙录，浣愁堪藉。客到茶瓯未泛，领舌本芳辛漫闲话。更忆销寒，孤蓬雪夜。

天香·淡巴菰和秋潭③

朱方蔼

瀛岛传香，闽山分翠，江乡近日都有。绿叶齐干，金丝细切，味比槟榔差厚。玉纤拈得，待吸取清芬盈口。朵朵巫云轻扬，余痕隔帘微透。　筠筒一枝在手，闷无聊仅消残昼。留客茶铛未熟，探囊先授。最忆宵寒时候，频唤剔春灯小红豆。几度氤氲，如中卯酒。

天香·咏淡巴菰④

吴蔚光

庶圃浇了，荔亭晒叶，箱箱剉就金线。绣袋匀函，锼筒徐吸，焰过着番亲换。熏人没绪，喷几叶巫云撩乱。看被晴丝曳去，花梢软风拖散。　朋来乍迟茗碗，借微醺韵于酣半。搁到灰温脂嫩，匣中红豆。消得相思并唤，况荻雨乌篷火星闪。一炷愁苗，秋袅梦断。

---

① 〔清〕阮元、杨秉初等：《两浙輶轩录补遗》卷六。高澍，清仁和人。

② 《竹香词》。陈章，清钱塘人。客扬州小玲珑山馆，有《孟晋斋集》。

③ 〔清〕陈琮：《烟草谱》卷八。朱方蔼，清桐乡人。

④ 〔清〕陈琮：《烟草谱》卷八。吴蔚光，仁和人，乾隆四十三年（1778年）进士，官刑部主事。

沁园春·咏淡巴菰①

汪如洋

何处移栽种，玉田佳名早传。试�筒巧截，吸来初满；采囊深贮，探处还便。石火催敲，炉香倩爇，雾阁云窗指顾间。闲庭悄，镇相思一缕，消向谁边。　齿芬牙慧堪怜，比烂嚼槟榔味更鲜。惯引他吟兴，僮呼酒后；助他谈屑，客到茶先。鼻嗅偏浓，水吞差辣，嗜好人心笑屡迁。风前语，愿牢持桂信，听我兰言。

咏旱烟②

陈文江

霏霏湘竹管，呼吸起云涛。嗜不因饥渴，清能散郁陶。
含香胜鸡舌，取醉敌醇醪。千缕千丝细，非同涧沚毛。

天香·烟　草③

许宗彦

玉酝灵芽，霞含嫩叶，相思种就仙草。堆绣囊青，浮筜筒紫，浅拨兽炉红小。停针暗吸，看扬出柔情多少。闲傍雕阑伫立，浓麝怕被花恼。　底事消磨客抱，剔兰缸片云低绕。算是最萦情绪，酒阑人悄。半露荑尖小握，待递与纤纤一枝好。背启樱唇，几丝翠袅。

鼻　烟④

许宗彦

一

论蜡携来市舶，海云养就蛮烟。闻道略如采茗，分别雨前火前。

二

疏快胜针风府，不嫌假道灵坚。水玉玲珑满贮，提壶劝遍尊前。

吸水烟⑤

黄菊人

蜀青滇白出熔时，也比湘筜截几枝。三字相需金水火，一窗留伴酒茶诗。
垂来象鼻弯真肖，篆作龙纹润可知。晨夕帘拢借消遣，炉烟搀破碧丝丝。

---

① 〔清〕陈琮：《烟草谱》卷八。汪如洋，秀水人，清乾隆四十五年（1780年），殿试第一名及第，官修撰。

② 〔清〕徐珂：《清稗类钞·饮食类二》。陈文江，清仁和人。

③ 〔清〕许宗彦：《鉴止水斋集》卷九。许宗彦（1768—1818年），德清人，嘉庆己未（1799年）进士，授兵部车驾司主事，后辞官居杭州杜门读书，有《鉴止水斋集》等。

④ 〔清〕许宗彦：《鉴止水斋集》卷二。

⑤ 〔清〕徐珂：《清稗类钞·饮食类二》。黄菊人，清钱塘人。

时勤拂拭发精华，冰雪玲珑制器夸。趋好未除炎气息，癖耽爱结冷烟霞。
纸和蕉卷频频引，香作兰烧屑屑加。携向春风对红碧，年来消受雾中花。
桱几无尘位置平，文囊钿合配逾精。氤氲常觉弥壶谷，灌注何愁没管城。
入手略如燃井法，回肠中有转珠声。朝来换取泉清冽，催得莲花舌底生。
高斋留客试周遭，补漏犹烦冶匠劳。犀点圆灵通暗穴，鲸分呿吸走轻涛。
流芬气带微辛好，画字形钩曲乙高。那得有人亲炙奉，可儿觅个郑樱桃。
浓澹相思小草凭，兰州嘉种近时称。宛填钱孔疑无底，密积膏腴转不澄。
个个心熏铜臭味，番番性变水淄渑。深防损肺因椒麝，一例删除得未能。

（二）文赋

烟①

张介宾

味辛，气温，性微热，升也、阳也。烧烟吸之大能醉人。用时惟吸一口或二口，若多吸之，令人醉倒，久而后苏。甚者，以冷水一口解之，即醒。若见烦闷，但用白糖解之即安，亦奇物也。吸时须开喉长吸咽下，令其直达下焦，其气上行则能温心肺，下行则能温肝脾肾，服后能使通身温暖，微汗，元阳陡壮。用以治表，善逐一切阴邪寒毒、山岚瘴气、风湿邪闭，腠理筋骨疼痛、诚顷刻取效之神剂也。用以治里，善壮胃气，进饮食，祛阴浊寒滞，消膨胀宿食，止呕哕霍乱，除积聚诸虫，解郁结，止疼痛、行气停血瘀，举下陷后坠，通达三焦，立刻见效，此物自古未闻也。近自我明万历时，始出于闽广之间，自后吴楚间皆种植之矣。然总不若闽中者，色微黄，质细。名为金丝烟者，力强气胜为优也。

求其习服之始，则向以征滇之役，师旅深入瘴地，无不染病，独一营安然无恙。问其所以，则众皆服烟。由是遍传。而今西南一方无分老幼，朝夕不能间矣。予初得此物亦疑二，及服习数次，乃悉其功用之捷，有如是者因著性于此。然此物性属纯阳，善行善散，惟阴滞者用之如神。若阳盛气越而多燥多火及气虚气短而多汗者皆不宜用。或疑其能顷刻醉人，性必有毒。今彼处习服既久，初未闻其妨人者，抑又何耶？盖其阳气强猛人不能胜，故下咽即醉，既能散邪，亦必耗气，理固然也。然烟气易散而人气随复，阳气留中，旋亦生气，此其耗中有补，故人多喜服而未见其损者以此。

烟 技②

张 潮

皖城石天外曾为余言：有某大僚荐一人于某有司，数日未献一技。忽一日辞去。主人饯之，此人曰：“某有薄技，愿献于公，望公悉召幕中客共观之可乎？”主人始惊愕，随邀众宾客至。

① 〔明〕张介宾：《景岳全书》卷四十八。张介宾（1563—1640年），山阴人。

② 〔清〕张潮：《虞初新志》卷十六。张潮，清康熙年间湖州人。

询客何技。客曰："吾善吃烟。"众大笑，因询能吃几何？曰："多多益善。"于是置烟一斤，客吸之尽。初无所吐，众已奇之矣。又问："仍可益乎？"曰："可。"又益以烟若干，客又吸之尽。"请众客观吾技！"徐徐自口中喷前所吸烟，或为山水楼阁，或为人物，或为花木禽兽，如蜃楼海市，莫可名状。众客咸以为得未曾有，劝主人厚赠之。

戒烟说赠蒲城张九一①

齐周华

烟与蔫同，草也。能辟瘴疠，消积闷，故人皆以管吸取其气，因又名曰烟。能醉人，因又名烟酒，从本草缺焉。不产于前代，而盛行于今，岂今之俗多瘴疠，人多积闷欤？何同嗜者众也？予之于烟，非惟不嗜，而且欲避，人方入口，而我之脑已疼，故往往对客掩鼻而处。因思东坡有言曰："吾向者望见酒杯而醉。"今吾亦望见烟管而醉矣，此性然也。张生九一，其嗜烟亦与人同。自入吾门后，月余即戒绝。予恐其不情难支，劝之复用。九一曰："先生即已不用矣。何为反教人为，毋乃非恕道乎？"予曰："非也。人各有性，所性在是而强去之，身中必有不堪受者。犹予所性不在是而强用之，其不堪受一也，此正恕道也。东坡不能酒，而饮客必以酒。客曰：'公所为为人乎？为己乎？'曰：'为己。'曰：'公不饮而饮人，岂非为人乎？'东坡曰：'人能饮，而我无以饮之，我心中不堪受，故饮人。虽似为人，实为己也。'予之劝子，亦犹东坡之意也云尔。"九一曰："先生之言，既闻命矣。但某不远数百里来学，不能左右就养，无方足矣，安有日侍讲席而致先生掩鼻以处耶？且烟非疗饥解渴之不可已也。于可已者，尚不能已，则凡声色货利之便于人身者，何能除耶？先生曰性然矣。吾闻孟子曰：'口之于味也，性也，有命焉，君子不谓性也。'先生何不以君子待及门，而以流俗相待乎？"予曰："子言是也。予惧子今日如是，或他日不如是，恐无颜以对长者，不如不戒之为愈也。"九一曰："先生亦见有今日戒而他日破者乎？"予曰："然，居，吾语汝！予昨在二曲，席上有客戴君者，善饮无度。予与主人颇厌之。客微知悔，且亦自言屡被酒误。予与主人因劝之节饮。客曰：'我今欲戒矣，非第节饮而已也。自今后，异日相逢，茶当酒可也。请先生坚之以诗！'予时首肯，即率笔足成二绝云：'他日相逢茶当酒，此言出自先生口。久要惟愿不相忘，莫学刘伶欺彼妇。'又，'《酒诰》先生曾读否？青州从事误人久。已经肯撇杯中物，他日相逢茶当酒。'客起，再拜谢曰：'谨奉命矣'。别去月余，重会客于长安，客已醺醺然醉矣。客惭，因为之辞。予亦惭前此之不体谅人情也。今恐复蹈故辙，故为子作远虑。"九一曰："先生欺予哉！孔子曰：'三军可夺帅，匹夫不可夺志。'难以概论也。安知某即匹夫之不若乎？且烟，一微末事耳。某无瘴疠之待辟，亦无积闷之待消，何故恋而不舍？若于是不能体先生，学先生，况其他乎？先生之不能烟，犹东坡之不能酒，虽性使然，某愿强恕以尽性，谨请先生言为戒。"予嘉其志，因次其语以赠。

附：

烟无典故可考，止有俗情可描。先辈名家烟赋，久已脍炙人口。某因戒烟，求说于先生，先生止据实在与其言者记之，不觉已成篇段。妙在前引古，后证今，前后以酒为喻，已与起处

① 〔清〕齐周华：《名山藏副本》。齐周华（1698—1767年），天台人。

“又名烟酒”句水乳交融。引古处恰是已戒劝人不必戒的成案，而总归一“恕”字。证今处恰是戒后又复破戒的成案，而总归一“惭”字，却仍以“性”字贯彻到底。通首共计八百余言，而零星故事若一线穿成，埋伏照应，无心于法而诸法自周，允知老手随口说话，都是古文也。

蒲城门人张崇寿九一谨识

么么题，说出许多大道理来，引古证今，无不切当。其作法之妙，前评可谓批却导窍。

同学第丁治化学希甫评

蚓庵琐语（节选）①

李王逋

烟叶出自闽中，边上人寒疾，非此不治，关外人至以匹马易烟一斤。崇祯癸未下禁烟之令，民间私种者问徒。法轻利重，民不奉诏，寻令犯者斩。然不久因边军病寒无治，遂停是禁。予儿时尚不识烟为何物，崇祯末我地偏处栽种。虽三尺童子，莫不食烟，风俗顿改。

《金丝录》序②

汪师韩

烟草之名，若石马、浦城、衡阳之系以地，黄紫以色，生熟以制。大率市暨卖买之名，传于牛童马走之口，以余所闻，曰打姆巴古，曰淡巴菰，曰淡巴菇，曰大孖古，曰淡肉果，曰担不归，曰醺，曰金丝醺，曰金丝烟，曰芬草，曰烟酒，总名曰烟。世未悉其名，莫究所始，遂疑起自。近百年来者，暇日采诸旧闻，附以词流题咏，归之于惩戒，汇为《金丝录》。昔东皋子述太乐署史、焦革、酒法，桑苎翁备言茶之原、之法、之具，并尊以为经。以烟草铺菜畛啜历乱，冬春浮食籍之百瓮，准禹之万口，茶铛酒榼时交进焉。著于录或者不为文士所鄙笑邪。

乾隆二年岁在强圉大荒落阳月上湖居士自序

烟　龙③

袁　枚

张宁人，言其邻老善食烟，手一竹管长五尺许，已三十余年矣。忽有道者过门，顾张所持烟管曰：“君此物得人精气，久已成烟龙，疗怯者有效，他日有索者勿轻与。”一日，果有典商来，云其子患怯症，如君有旧竹烟管，乞市以疗。乃以价七十千，截半尺去。其子服之，瘵虫尽化紫水而下。

他日又遇前道者于门，出残管示之。曰：“龙已伤尾，尚可活。须再食十年，乃可作还丹药也。”求其法，但笑不言，径去。其竹管至今犹存，张曾见之，果光泽，须发毕照。夜悬壁间，一切毒虫皆不敢近。

---

① 〔清〕李王逋：《蚓庵琐语》，成书于康熙年间。李王逋，清嘉兴人。

② 〔清〕汪师韩：《金丝录》。汪师韩，清乾隆年间钱塘人。

③ 〔清〕袁枚：《续子不语》。袁枚（1716—1797 年），钱塘人，清代诗人。清乾隆进士，入翰林。

郑翁以烟叶致富①

郑翁，鄞人也。幼失怙恃，孤苦零丁，行乞至余姚。姚多木棉，棉熟时，主人雇贫家儿收花，郑亦与是役，籍以糊口。棉田之左为市街，有烟肆焉。肆主为老者，常手持烟管临街坐，见收花之诸贫儿多有以花易糖果者，惟一儿则采花盈筐即交主人，未尝染诸儿恶习。肆主见之久，心嘉之。询其里姓，曰："汝愿为吾肆佣乎？"曰："吾一窭人子，有噉饭处足矣，佣云乎哉？"肆主嘉，即招之入肆。

郑操作无懈，暇时常就主翁习书及簿记法，主嘉其勤，亦乐教之。郑质敏，未岁，即能代主司会计。主媪喜其勤信，欲婿之。谓主翁曰："吾等衰年，仅有一女，宜赘二婿以养老。郑某少年勤信，必非终贫者，可妻也。"翁善之，以语郑，郑不敢辞，翁媪皆喜，即择日成礼，赘郑。女亦善治生，翁媪以年老，肆中事均委郑夫妇。郑多心计，当运烟叶泛舟至某处，同业约迟日上山，使种烟家久待，得因以减价，违者罚演戏置酒。约定，众烟客多为牧猪奴戏(按：指赌博)。郑夙不习此，在舟中无事，乃独行入山。人以烟商久未开市来，见有一客来，皆欢迎之，咸问市情。郑对以近来销行不畅，烟客多停业，予以旧业，故勉为一行也。种烟者闻讯，争以烟叶与郑，大减其值，收之。及交易券定，诸客上山，则烟叶已尽为郑有。不得已，向郑转购，责郑违约，郑以此时利市三倍。归家后，即演剧置酒，延请同业以如约。由是业日益兴，不数年，积资巨万矣。

淡巴菰赋②

全祖望

今淡巴菰之行遍天下，而莫能考其自出。以其兴之勃也，则亦无故实可稽。姚旅以为来自吕宋。按：淡巴者，原属吕宋旁近小国名。王圻言其明初曾入贡，有城郭、宫室、市易，君臣有礼。但淡巴之种入上国，其始事者亦莫知为谁。黎士宏曰始于日本，传于漳州之石马，然亦不能得其详。爰作赋以志之，或有博雅君子补予阙焉。

将以解忧则有酒，将以消渴则有茶。鼎足者谁？菰材最嘉。酒最早成，茶稍晚出，至于是菰，实始近日。凡百材之所成，必报功于千古。酒户则祖杜康，茶仙则宗陆羽。吾欲考先菰以议礼，盖茫然未悉其何人。笑文献之有阙，将汜祭其何因。原夫雕菰之始，载在《曲礼》，受种为茭，结穗为米，紫蘀为里，绿节为围，于焉作饭，绝世所希，其在《尔雅》，更名水蒋，芦中之族，斯称雄长，是菰实非其种也。或曰是，即《说文》之所谓菸，抑《广韵》之所谓蔫，古尝志之，今广其传。譬之屈骚之兰，于今不振，其争芳者崛起之。允迢迢淡巴，非我域中，僻居荒海，旷世来同，何其嘉植，不胫而趋，普天之下，靡往不俱。彼夫河西之焉支，夜郎之邛竹，当其倾国所相争良，以易地而弗育。而是菰则五沃之土，随在而生，满篝以获，有作必成。不以形化，而以气融。不以味餍，而以臭通。当夫始至，尚多所怪其习，尝者半在塞外。是以皇皇厉禁，颁自思

① 〔清〕徐珂：《清稗类钞·农商类》。

② 〔清〕全祖望：《鲒埼亭集》卷三。全祖望(1705—1755年)，鄞县人，清乾隆元年(1736年)进士。

陵，市司所至，有犯必惩。而且琅琦督相，视为野葛（原注：吾乡钱忠介公最恶之）。梁溪明府，指为旱魃（原注：见《南北略》）。黄山徵君，明火勿污（原注：歙人宗谊事）。赏心尚少，知己尚孤。岂知金丝之薰，足供清欢神效，所在莫如辟寒。若夫蠲烦涤闷，则灵谖之流；通神道气，则仙茅其俦。槟榔消瘴，橄榄祛毒，其用之广，较菰不足。而且达人畸士，以写情愫；翰林墨卿，以资冥助。于是或采湘君之竹，或资贝子之铜，各制器而尚象，且尽态以极工。时则吐云如龙，吐雾如豹，呼吸之间，清空香妙。更有出别裁于旧制，构巧思以独宣，诋火攻为下策，夸鲸吸于共川。厥壶以玉，厥匙以金，比之佩镌，足慰我心。是以茂苑尚书雅传，三嗜必不得已去一去二，独爱是菰，长陪研席王马和钱，更增一癖，风流可即，顾物兴思，谁修菰祭，以公为尸（原注：长洲韩慕庐尚书，嗜酒及棋，与此而三，或问之以必不得已之说，初云去棋，继云去酒，时人传为佳话）。且夫醒可醉，醉可醒，是固酒户之所宜也。饥可饱，饱可饥，是又胃神之所依也。闲可忙，忙可闲，是又日用之所交资也。而或者惧其竭地力，耗土膏，欲长加夫屏绝，遂投畀于不毛，斯非三农之长，虑而无如众好之难。回观于仁草之称，而知其行世之未衰也，我闻淡巴，颇称乐土，寇盗潜踪，威仪楚楚。独于史传纪载阙然，聊凭盖露以补残编。

烟草唱和诗序①

厉 鹗

古之饮者，周礼：酒正三酒之外，又有浆人六饮，水、浆、醴、凉、医、酏之属，其厚薄有殊，大抵不离酒林耳。《三国·吴志·韦曜传》，始有茶荈之名，自是茗饮盛行于世，古所谓六饮者废矣。若今之烟草，明季出自吕宋国，亦谓之烟酒，以火不以水，盖饮类也，顾未有诗之者。当湖陆南香先生博物洽闻，领袖群雅，倡为青韵六首，一时名流和者数十人争先获隽，都为一编，而属序于予。予乡亦嗜此，以肺疾禁不复饮，几同毋旻论茶有利 ，累大之虑然。烟草之嗜，遍天下遂与茶角胜，茶有经有录，而烟草有诗，吾知好事者，当十手传钞，庶几彤管之贻，芳兰之佩也。

乾隆辛未季春二十有五日

禁吸纸烟类志②

宁波奉化县萧王庙地方孙姓，聚族而居，有孙君绍棠者，对于公益事件，素其热心，近见上海、杭州均议禁吸纸烟，遂函知族人。其议决公禁规约如下：

——我族人以后各宜劝禁吸食纸烟。

——以后族内大小各众会集，禁备纸烟，违者罚干事人洋五元。

——族内冠婚丧祭喜庆等事禁吸纸烟，违者罚事主洋二元。

——境内各铺户及摊头人等以十五日为限，禁卖纸烟。

——族内人家伙友庸工等，概不得吸纸烟，违者罚户主洋五角。

——境内各埠航船人等各相劝禁代带纸烟。

---

① 〔清〕厉鹗：《樊榭山房文集》卷二。厉鹗，钱塘人，此文清乾隆十六年（1751年）作。

② 宣统三年（1911年）八月五日《浙江日报》第四版。

——乞丐人等入境，有吸纸烟者禁施钱米。

浙江卷烟公卖局汇刊序[①]

蔡元培

语曰：前事不忘，后事之师。凡治一事，即有良法美意，而外缘牵制未必果能实施。苟当事者缘此沮丧，举一切法意掷诸故纸堆中，不复以问世，则他日一值有重提此议之机会，而无此依据，又不得不重为创法造意之准备，其不经济为何如邪？王君鲲徙前应浙江卷烟公卖筹备主任，有之职不过两阅月，而悉心擘画，理论章制，纲举目张，使见诸实际其成效盖可逆睹。因财政当局有改办统税之举，而一省公卖之计划遂以中辍，亦事之无可如何者也。然若不以是灰其心，举两月间所草之论议与章则，及一切单票图表之方式汇而印之，以告留意此案者，使他日重议公卖之期，得所依据，诚大公无我者之所为也。乐为之序，以表彰之。

浙江卷烟公卖局汇刊弁言[②]

马叙伦

建国12年吾浙始由省政府别征卷烟之税，名曰：卷烟特税。管其事者，新建夏君剑丞，余友也。夏君以文学名，顾善治事，管卷烟特税极有。所敛岁有益，他省几尽以为法焉。16年，我军既有浙江，吴兴张静江先生来主政治会议浙江分会席。方锐意建设利民之业。顾财无所出，则以卷烟于民害胜于利，多取之亦所以禁止，且惩。以卷烟贸利者，率削众以肥其寡。核之吾党之主义背，乃由会议决定变特税为公卖，而令省政府以王君鲲徙管其事。时余亦备员分会，且侧席政府，既信具盼王君能举其职，而为吾浙饶财以为利民之业。顾阴梗日出，而王君能排之，规制始炳然有理，而中枢又更其法。度王君不旋踵去其职，盖难中枢经制有深筹密算，而王君之区画独未甚睹其效为可惜也。王君乃会其数月劬劳之迹，编次而刊之以示于余，且属必言以弁其首。余以为异日中枢经制或复有张弛，则是编亦足备规模之考订，不徙存掌固而已，遂率书以报王君。

松阳县叶村乡嵩山村叶公墓碑文[③]

叶长昶公，生于道光三十年，卒于民国廿四年。轩公于洪杨时失学，遂习商，获利颇丰。烟叶益振，贩运扩充至沪滨。民国以来，至达南洋一带，披荆斩棘□□□□。松阳烟叶为全县收入之大宗，农尽种之力，商尽推销之能。隐隐中，全县交蒙其利者众。今世界不景气，百物壅滞，吾松烟大受其影响。设无远见之商，其关系岂不大哉！君适以是时，长运他乡，拓开销路。故亟为表其迹，以昭后人，并鉴来者。

龙泉代理县长叶伟奕撰于民国廿四年仲春

---

①② 王鲲徙：《浙江卷烟公卖局汇刊》。

③ 《浙江省烟草志》，浙江人民出版社1995年版，第658页。

劝戒烟歌①

王　苹

一、我劝种田人，香烟勿要吸。吃饭好充饥，吃茶好止渴，吃了香烟上了瘾，连之肥料也呒呸。一日用十钱，十日用一百，为何种田辛苦人，也把金钱成虚掷。劝君及早戒香烟。省了铜钱做衣服。

二、我劝做工人，香烟吃勿得。无论手工机器工，香烟一吃祸闯出，杭州闸口火车香烟火，烧坏头等车三节（民国22年2月7日）。大通轮船掼香烟（香烟火丢入硫磺桶内，以致肇祸），烧杀客人六七百。福昌纱厂丢烟头（闸北福昌纱厂，由于香烟头引火被烧），男女工人死七十。还有公路汽车中，禁止吸烟顾公益。香烟之害不可言，工人戒烟为第一。

三、我劝生意人，香烟吃勿得。无论小本大资本，吃了香烟成痼疾。指甲牙齿熏焦黄，每日一角月三十。银圆钞票变成灰，仔细算算值勿值。平日锱铢必较量，何独香烟偏挥霍。劝君早把香烟戒，经商节俭为第一。

四、我劝读书人，香烟吃勿得。平日学校讲卫生，何故香烟偏好吸，乌烟含有吗啡精，香烟含有尼古丁，同是毒品坏人肠，物一传十十传百。唯有湖州三中校长周（某）三，立地香烟戒勿吸。民众馆长费石师，自戒还戒别人吃。此真学界好模范，大家戒烟来得及。

五、我劝军警界，香烟勿要吸。军警不许吃香烟，总司令早已发通饬。保安队长王凤山，全团香烟不准吃，吃香烟者必严惩，爱己爱人又爱国。军警志愿在牺牲，何独香烟舍不得。试想一月饷几何，吸香烟者毫无益。每月不吃纸卷烟，寄家好作纪念物，父母妻子眼巴巴，望你稍稍有蓄积。劝君不再吃香烟，服从命令为天职。

六、我劝机关各团体，大家香烟勿要吃。非特自己勿吃烟，亦勿备烟请人吃，以烟请客最不敬，至理名言堪细绎，方今通令尚节俭，无益嗜好宜戒讫，香烟甚于鸦片烟，星星之火可亡国，君不见每月消耗香烟 廿七万，吴兴、长兴与广德。试将全国一统计，不赀之数堪咋舌，劝君节约戒香烟，勿再用烟来请客。庶几农村破产金融恐慌可救济，积铢累寸都有益，为民有利宜实行，机关团体须认识。

七、我劝女同胞，香烟吃勿得。切勿学时髦，吃此毒人物，损脑损肺损喉咙，浪费金钱真可惜。家庭卫生要知道，不吃香烟为第一。妇女同胞节省钱，买只飞机好救国。

三、企业歌曲选录

宁波卷烟厂为配合企业形象宣传，于1997年创作《大红鹰之歌》并在厂电视台播放。省烟草专卖局于1998年和2007年先后创作并传播彰显浙烟精神、富有时代特色的励志歌曲

① 《浙江省烟草志》，浙江人民出版社1995年版，第658—659页。王苹，仙居人，清光绪秀才，晚号半颠道人。《劝戒烟歌》编于20世纪30年代。

《浙烟之歌》《点燃芬芳》，将浙江烟草发展理念、宗旨和文化价值观融入企业歌曲，在行业内和社会上广为传唱，用音乐向人们传递浙江烟草信息。

大红鹰之歌①

1=D $\frac{4}{4}$ 黄 宏词

欢乐 欢快 1=/32 孟庆云曲

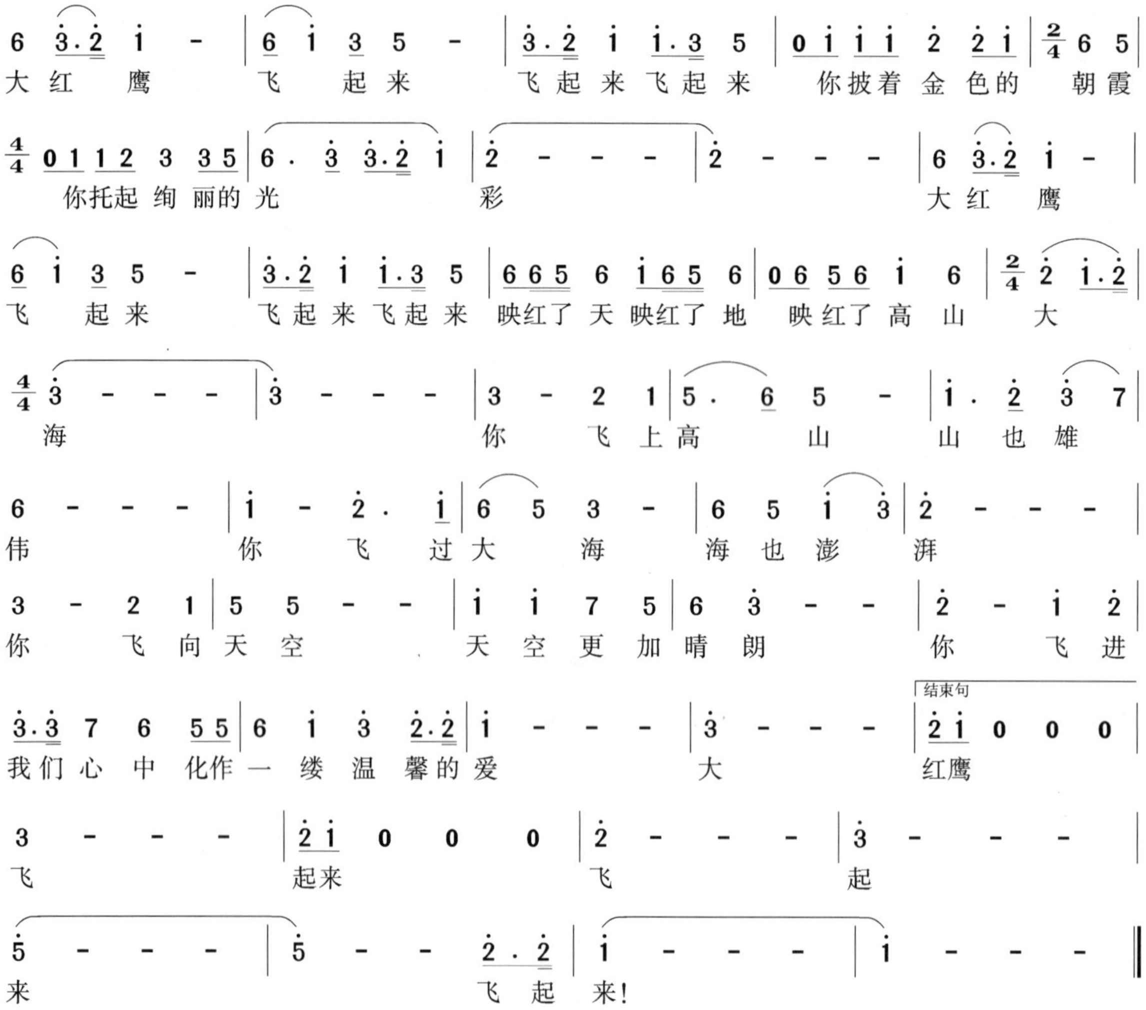

① 宁波卷烟厂提供。

浙烟之歌①

1=G

（领唱、合唱或齐唱）

集体 词曲

进行曲、意气风发地

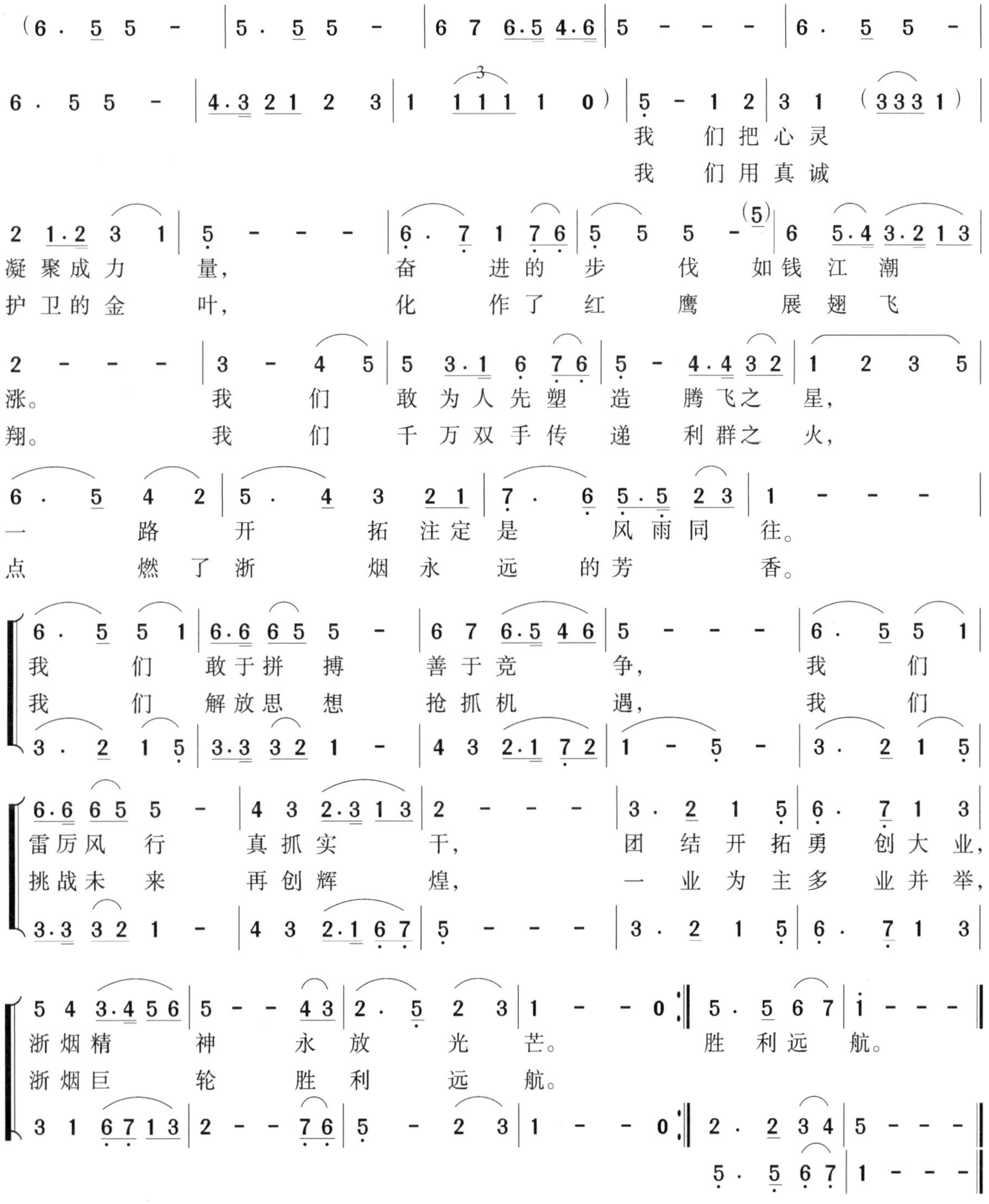

① 省烟草专卖局提供。

点燃芬芳①

——浙烟企业文化之歌

1=F 4/4　　　　　　　　　　　　钱建隆 词

中速 稍快　　　　　　　　　　　　文 武 曲

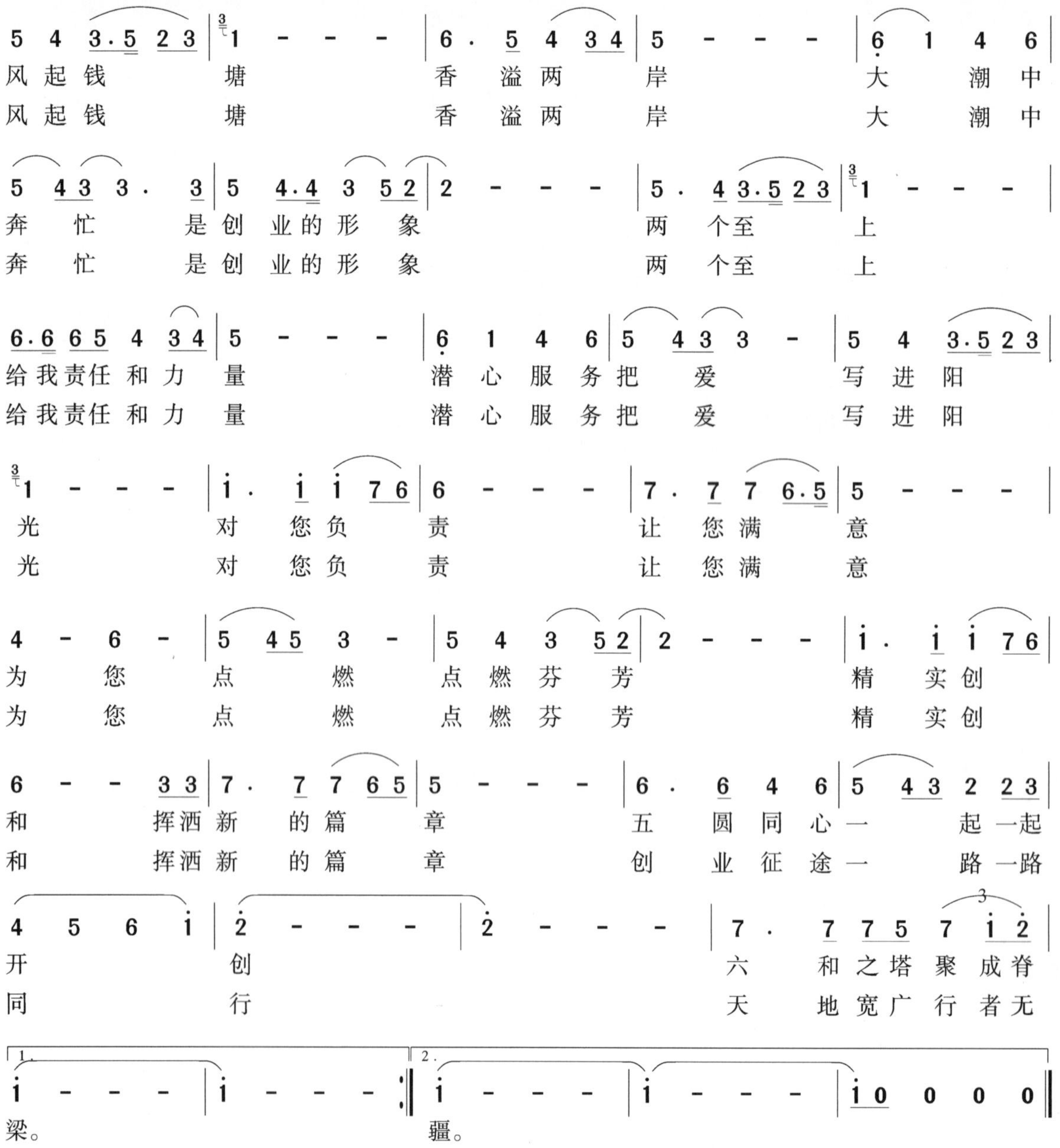

① 省烟草专卖局提供。

大事年表

时　间	大事纪要	资料来源
明嘉靖年间 (1522—1566年)	烟草始行内地，练溪一带广为种之。衢县王嘉盛铺始营业焦烟。	《练溪文献》卷二
	义乌人王思诚在衢县开王嘉盛铺经销烟丝。	民国《衢县志》卷六
清康熙十九年 (1680年)	奉文规定征收烟税，每斤征银二厘。	〔清〕康熙二十二年《金华府志》卷八
清嘉庆年间 (1796—1820年)	慈溪人宓宝城在杭州开设宓世昌烟庄。同治八年(1869年)，其子宓庄晓在此基础上于杭州清河坊设立宓大昌烟店，后成为浙江最大的烟丝店坊。	《经理日报》2012年3月14日，第12版
清咸丰三年 (1853年)	浙江继江苏之后，推行厘金，厘率为值百抽一。	《浙江省烟草志》，浙江人民出版社1995年版，大事记第3页
清光绪三十二年 (1906年)	杭州大通公司自制纸烟，纸质及烟味不亚于外烟。杭州纱厂生产纸烟，招纸遍贴通衢，力言凡热心爱国者，应改吸中国自制纸烟。	彭泽益:《中国近代手工业史资料》第2卷，中华书局1962年版，第34页
民国元年 (1912年)	是年，改革税制，全省烟酒捐开始划一征收。同时开征烟酒牌照税。	《浙江省烟草志》，浙江人民出版社1995年版，大事记第6页
民国4年 (1915年)	7月，财政部派员到浙，会同财政厅组建烟酒公卖筹备处，并核准公布《浙江省烟酒公卖局暂订施行细则》。10月，浙江省烟酒公卖局于杭州正式成立。	《浙江省烟草志》，浙江人民出版社1995年版，大事记第6页
	在巴拿马万国博览会上，杭州宓大昌选送的烟丝获铜牌奖。	《企业家日报》2013年7月3日，第12版
民国7年 (1918年)	《浙江烟酒公卖局拟订公栈劝征条例》经省长、财政部核准颁布施行。	《浙江省烟草志》，浙江人民出版社1995年版，大事记第7页
民国12年 (1923年)	3月，浙江省开征卷烟特税，在国内属创举。	中华民国政府财政部编《烟酒税史》卷七，第七章第三节，1929年编印

续表1

时　间	大事纪要	资料来源
民国14年(1925年)	1月,《浙江省征收卷烟特税暂行章程》公布。	《浙江卷烟总局汇刊》,民国15年7月印
民国16年(1927年)	中国国民党中央执行委员会政治会议浙江分会第二次会议议决实行卷烟公卖。5月24日,浙江省务委员会公布《浙江省卷烟公卖条例》。7月1日,开始实施卷烟公卖。	《浙江省烟草志》,浙江人民出版社1995年版,大事记第8页
民国18年(1929年)	新昌、开化、松阳、诸暨等地烟叶、旱烟分获西湖博览会优等、二等奖。	《浙江省烟草志》,浙江人民出版社1995年版,大事记第9页
民国26年(1937年)	5月,浙江省昆虫局中央农业实验所试用烟茎抗螟成功。经推广应用,烟茎供不应求。	《浙江省烟草志》,浙江人民出版社1995年版,大事记第10—11页
民国37年(1948年)	浙江省参议会通过《浙江省人民劝导戒纸烟实施纲要》。	《浙江省烟草志》,浙江人民出版社1995年版,大事记第13页
1949年	10月,中国人民解放军浙江省军区在杭州创办利群烟厂。	杭州卷烟厂档案1.1.2001-029
1951年	2月,上海烟草工业科学研究室和新昌农场组织试种的香料烟播种。后在新溪乡荷花塘村试种成功。	《浙江省烟草志》,浙江人民出版社1995年版,大事记第15页
1953年	我国第一个有关香料烟的标准由新昌县制订,后又修订为省标准。并为其他各省参照采用,至20世纪80年代。	《浙江省烟草志》,浙江人民出版社1995年版,大事记第16页
1963年	5月,浙江省人民委员会通知:除轻工部定点的利群烟厂、联工烟厂和省定点的桐乡雪茄烟厂外,其他未经中央和省定点的卷烟企业均于8月底前关闭。	浙江省人民委员会轻字574号
	8月16日,省商业厅等五厅局转发中央五部局《关于严格取缔和禁止手工卷烟生产销售的联合通知》,责成有关部门迅速采取行动,认真贯彻执行。	省商业厅商厅糖(63)字第240号、省财政厅(63)财税字第4107号、省轻工业厅(63)轻工食字第3938号、省工商行政管理局浙工商(63)字第501号、省供销社浙合行字第256号

续表 2

时 间	大事纪要	资料来源
1963 年	11 月 1 日，浙江省由国营商业统一开展高价卷烟销售工作。至 1966 年 2 月 1 日，高价卷烟一律转为平价。	省商业厅《关于国营商业统一经营高价卷烟的通知》(商厅粮字〔63〕第 339 号)
	12 月 14 日，地方国营利群烟厂改名国营杭州卷烟厂，公私合营联工烟厂改名公私合营宁波卷烟厂。	轻工业部(63)轻工烟字第 118 号
1964 年	1 月，杭州、宁波两卷烟厂划归轻工业部管理。	杭州卷烟厂档案 Y-028-03，宁波卷烟厂档案 312-1963-1
1965 年	5 月，杭州卷烟厂被第一轻工业部列为全国样板厂，成为全国卷烟行业 1965 年学赶的对象。	杭州卷烟厂档案 Y-102-02
	6 月，杭州、宁波两卷烟厂卷烟生产开始实行统一牌号、统一配方。	杭州卷烟厂档案 Y-109-62，宁波卷烟厂档案 312-1964-6
1969 年	7 月，杭州、宁波两卷烟厂的管理权分别下放到杭州市、宁波地区革命委员会。	杭州卷烟厂档案 Y-127-02，宁波卷烟厂档案 312-1969-1
1973 年	3 月 26 日至 4 月 6 日，全国卷烟工业大区协作组组长座谈会号召全国卷烟行业要“鼓足干劲学上海手表厂，只争朝夕，加快步伐赶杭州卷烟厂，力争上游”。	杭州卷烟厂档案 C-023-06
	是年，在全国外贸出口烟叶专业会议上，桐乡晒红烟被列为出口名晒烟，桐乡县被确定为全国名晒烟出口基地县。	《浙江省烟草志》，浙江人民出版社 1995 年版，大事记第 22 页
1974 年	5 月，杭州卷烟厂试制成功 LB2-15 型链板式贮丝机，10 月通过部级鉴定。	杭州卷烟厂档案 Y-148-33
1979 年	3 月，杭州、宁波两卷烟厂被中共浙江省委(以下简称省委)、浙江省人民政府(以下简称省政府)命名为全省大庆式先进企业。	杭州卷烟厂档案 1979-C-10，宁波卷烟厂档案 312-1979-2
	11 月 7 日，杭州卷烟厂“西湖”牌卷烟获轻工业部颁发的“全国轻工业优质产品证书”。	杭州卷烟厂档案 1979-C-11-07
1980 年	11 月，杭州卷烟厂和临海机械厂联合试制成功省内第一台滤嘴棒成型机。	杭州卷烟厂档案 1981-Y-11-12

续表 3

时　间	大事纪要	资料来源
1983 年	7 月，省政府通知，全省除杭州、宁波、桐乡 3 家烟厂外，其他计划外烟厂坚决予以关停。	《浙江省烟草志》，浙江人民出版社 1995 年版，大事记第 24 页
1984 年	3 月 29 日，省政府批准成立浙江省烟草公司（以下简称省烟草公司），同时挂牌浙江省烟草专卖局（以下简称省烟草专卖局），由浙江省轻工业厅代管。5 月，省烟草专卖局（公司）开始办公。	省政府《关于同意成立浙江省烟草公司的批复》（浙政发〔1984〕74 号）
	12 月 19 日，省政府办公厅发出《关于组建全省烟草公司的通知》。	省政府办公厅浙政办〔1984〕49 号
1985 年	6 月 15 日，省政府办公厅发出《关于建立市地县烟草专卖局的通知》，各级烟草专卖局受上级局和当地政府双重领导，以上级局领导为主。	省政府办公厅浙政办〔1985〕32 号
1986 年	7 月 28 日，杭州卷烟厂被国家经济委员会表彰为 1985 年度全国工业交通商业系统经济效益先进单位。该厂 1983—1985 年连续 3 年获此表彰，为全国烟草行业和浙江省工业交通商业系统唯一获此荣誉的单位。	国家经济委员会《关于表彰一九八五年度全国工业交通商业系统经济效益先进单位的通报》（经综〔1986〕446 号）
1987 年	4 月 19 日，经国务院有关部门批准，温州市进行计划外名优卷烟价格放开试点。	温州市政府办公室《印发〈温州市计划外卷烟价格放开实施办法〉的通知》（温政办〔1987〕106 号）
	6 月 24 日，省烟草专卖局（公司）下达《关于搞活卷烟流通的暂行规定》，规定系统内批发环节间实行计划分配与自由选购相结合。	省烟草专卖局 1987 年《大事记》
1988 年	2 月 12 日，省烟草公司召开全省烟厂厂长、财务、供销、计划、配方科长会议，研究烟叶紧缺问题，作出“统一思想、群策群力、开拓原料、共渡难关”的决策。	省烟草专卖局 1988 年《大事记》
	4 月 7 日，世界第一个无烟日。浙江各界开展不吸烟活动。省烟草公司停止售烟一天。	
	5 月 18 日，省烟草专卖局与省政府打击走私办公室、工商局、公安厅联合发出通知，要求各地依法打击重大卷烟走私贩私活动。	

续表 4

时　间	大事纪要	资料来源
1988 年	6 月 15 日，浙江省计经委、轻工业厅、工商行政管理局、烟草专卖局联合下文，对卷烟盘纸实行专卖管理。	《关于对卷烟盘纸实行专卖管理的通知》（浙计经工〔1988〕359 号、〔88〕轻计字 387 号、浙工商检〔1988〕25 号、〔88〕浙烟专字 13 号）
	6 月 30 日，杭州卷烟厂自行设计、研制的梗丝膨胀设备通过部级鉴定。	杭州卷烟厂档案 1-1988-6-07
	8 月 15 日，宁波卷烟厂引进干冰膨胀烟丝全套设备，该项目总投资 2950 万元，其中外汇 495 万美元。	宁波卷烟厂档案 6.2-11-1
	12 月 24 日，省政府领导批示，对义乌稠城卷烟市场进行治理整顿。翌年 4 月 5 日，义乌市政府关闭稠城卷烟市场。	省烟草专卖局 1988 年《大事记》
1989 年	5 月 22 日，桐乡雪茄烟厂更名为嘉兴卷烟厂。	省烟草专卖局《关于桐乡雪茄烟厂更改厂名的通知》（〔89〕浙烟专字 24 号）
	10 月 12 日，省政府办公厅转发省烟草专卖局、省工商行政管理局、省公安厅、省税务局、省打私办联合制定的《关于加强我省卷烟市场管理的意见》。	省政府办公厅浙政办〔1989〕13 号
1991 年	6 月 27 日，浙江全省实行卷烟调拨价格浮动。	省烟草专卖局《关于试行卷烟调拨价格浮动的通知》（〔91〕浙烟专财字 40 号）
	7 月 23 日，省政府在杭州召开全省打击卷烟走私贩私、整顿卷烟市场工作会议，专项研究布置全省打击卷烟走私、贩私、整顿卷烟市场的行动方案。	省烟草专卖局 1991 年《大事记》
	12 月，浙江省首批出口卷烟产品——宁波卷烟厂“鹿城”牌卷烟出口东南亚。杭州卷烟厂“保俶塔”“西湖”（金版）、“黑猫”牌卷烟出口。	《浙江烟草》1992 年第 2 期，封页
	12 月，浙江全省开展《烟草专卖法》宣传月、特别宣传周活动。12 月 16 日，省烟草专卖局举行宣传贯彻《烟草专卖法》新闻发布会。当晚，省人大常委会副主任吴敏达就浙江省如何宣传贯彻《烟草专卖法》发表电视讲话。12 月 22 日，全省开展《烟草专卖法》特别宣传日活动。	省烟草专卖局 1991 年《大事记》

续表 5

时　间	大事纪要	资料来源
1992 年	3 月 28 日，省烟草专卖局被省委、省政府授予扶贫先进集体。	省烟草专卖局 1992 年《大事记》
1994 年	4 月 29 日，宁波卷烟厂与美国菲利普·莫里斯(中国)集团在杭州签订来牌加工卷烟生产合同。	宁波卷烟厂档案 312-1994-0408-C-2
	6 月，浙江省“优质吃味型香料烟雄性不育系的转育及利用”科研项目在新昌县通过国家烟草专卖局鉴定，该项目填补了国内香料烟同类研究的空白。	省烟草专卖局 1994 年《大事记》
	7 月，在上海举办的“世界名烟酒博览会”上，宁波卷烟厂参展产品“大红鹰”获金奖，“北仑”(特醇)获优质产品奖。	宁波卷烟厂档案 312-1994-C-1201-086，312-1994-C-1201-087
1995 年	1 月，杭州卷烟厂“杭州”牌、宁波卷烟厂“大红鹰”牌卷烟获“浙江名牌产品”称号。	杭州卷烟厂档案 S3.0.012
	5 月 27 日，中国烟草总公司、宁波卷烟厂与美国菲利普·莫里斯(中国)集团生产共同牌号香烟合同签字仪式在杭州举行。	宁波卷烟厂档案 312-1995-0408-C-022
	6 月 26 日，省烟草专卖局与省政府打击走私办公室共同组建浙江省烟草拍卖行。	省烟草专卖局、省政府打击走私办公室《关于成立浙江省烟草拍卖行的通知》(浙烟专字〔95〕100 号)
1996 年	1 月 19 日，国家烟草专卖局批复同意杭州卷烟厂兼并嘉兴卷烟厂，原嘉兴卷烟厂改为杭州卷烟厂分厂。	国家烟草专卖局《关于杭州卷烟厂兼并嘉兴卷烟厂问题的批复》(国烟生〔1996〕第 8 号)
1997 年	3 月，经上海大世界吉尼斯总部确认，杭州卷烟厂设计、发行的“佰图卡”为中国最多不重样的烟卡，创上海大世界吉尼斯纪录。	杭州卷烟厂档案 S3.1.012
	8 月 18 日，省烟草专卖局、省政府法制局在浙江省烟草专卖局办公楼联合举行《烟草专卖法实施条例》新闻发布会。	《浙江烟草》1997 年第 3 期，第 1 页
	10 月，浙江省工商行政管理局授予“杭州”“宁波”牌卷烟商标为“浙江省著名商标”。	杭州卷烟厂档案 S3.0.018

续表 6

时　间	大事纪要	资料来源
1999 年	2 月 8 日，省委书记张德江在省委副书记、杭州市委书记李金明，副省长卢文舸，杭州市市长王永明等陪同下到杭州卷烟厂视察。	《浙江烟草》1999 年第 1 期，封三
	4 月 15 日，省烟草专卖局召开全省清理关闭卷烟交易市场座谈会。至 9 月 5 日，全省 17 个卷烟交易市场全部止式关闭。	省烟草专卖局《走进浙烟现象》，2000 年编，第 58 页
	12 月 7 日，省计经委、公安、监察、财政、交通、工商、烟草、技监、纠风办等九部门，联合下发《关于贯彻国务院办公厅国办发〔1999〕89 号文件开展卷烟打假专项活动的通知》。	省计经委等九部门文件（浙计经质〔1999〕1665 号、浙财工〔1999〕144 号）
2000 年	2 月 23 日，省委副书记、省长柴松岳在省计经委《"浙烟现象"的特征、本质和启示》调研报告上批示：浙江烟草行业快速、健康发展的经验，值得总结和推广。26 日，省委书记张德江在同一报告上批示："浙烟现象"确实值得总结，其经验值得推广。	《浙江烟草报》2000 年第 3 期，第 1 版
2001 年	"中国国际西湖情大红鹰玫瑰婚典"被国家工商行政管理局批准为全国第一个活动类注册商标。	宁波卷烟厂档案 312-040902-Y-050
	浙江省烟草系统生产卷烟 105.23 万箱，批发销售卷烟 155.01 万箱。实现工商税利 102.9 亿元，首次超过百亿元。	《浙江烟草》2002 年第 1 期，第 2 页
2002 年	2 月，经中国名牌战略委员会综合评价，国家质量监督检验检疫总局评定，"大红鹰"卷烟为"中国名牌产品"。	《浙江烟草报》2002 年第 9 期，第 1 版
	7 月，省长柴松岳、副省长卢文舸一行到庆元视察烤烟试种工作。	《浙江烟草报》2002 年第 7 期，第 1 版
2003 年	7 月 18 日，浙江烟草工商管理体制分设。浙江中烟工业公司（以下简称浙江中烟公司）办公地址为杭州市中河中路 217 号。	浙江中烟公司档案 2003. B. Y-0003
	是年，"利群阳光"公益活动获国家工商行政管理局的商标注册证书，是烟草行业第一个社会公益活动品牌。	杭州卷烟厂档案 4.4.1-010

续表 7

时　间	大事纪要	资料来源
2004 年	3 月,“大红鹰”被列为“2004 年(首届)中国市场知名品牌质量·信誉·服务满意单位烟草行业十大知名品牌”。	宁波卷烟厂档案 312-2004-C-1202-236
	8 月 31 日,省委书记习近平一行考察浙江卷烟工业。习近平肯定浙江卷烟工业取得的成绩,对浙江卷烟工业“内联外拓”的战略规划给予肯定,赞扬浙江卷烟工业审时度势、锐意改革、乘势而上的精神。	浙江中烟公司综合办公平台,2004 年 9 月 1 日《公司动态》
2005 年	7 月 14 日,省委组织部明确,全省各市、县烟草专卖局(公司)的领导干部实行双重管理体制,以上一级烟草专卖局(公司)党组管理为主,地方党委协助管理。	省委组织部《关于同意〈关于要求理顺省以下烟草专卖局(公司)干部管理体制的请示〉的批复》(浙组批〔2005〕200 号)
	9 月 1 日,“利群”品牌被评为中国名牌产品。	中国名牌战略推进委员会公告 2005 年第 5 号
	10 月 13 日,省政府办公厅通知:浙江烟草商业企业资产财务关系上划中国烟草总公司。	省政府办公厅浙政发〔2005〕88 号
	12 月 10 日,国家烟草专卖局、公安部授予温州市烟草专卖局专卖监督管理处“卷烟打假先进集体”称号。	国家烟草专卖局、公安部《关于表彰卷烟打假先进集体和先进个人的决定》(国烟专〔2005〕802 号)
	是年,“大红鹰”被评为 2004 年度中国最具影响力行业十佳品牌。	宁波卷烟厂档案 312-2005-C-1202-259
2006 年	2 月 24 日,省委书记习近平在省委常委、宁波市委书记巴音朝鲁的陪同下,考察宁波卷烟厂。	《浙江烟草》2006 年第 1 期,第 80 页
	4 月 13 日,全国卷烟销售网络建设现场会在杭州召开,国家烟草专卖局有关领导、全国各省级烟草专卖局(公司)代表及 36 个重点城市烟草公司经理共 200 余人参加会议。	《浙江烟草》2006 年第 2 期,第 4 页
	9 月 19 日,浙江卷烟工业联合重组揭牌仪式在省人民大会堂举行,浙江中烟公司与杭州卷烟厂、宁波卷烟厂的联合重组完成。	《浙江烟草》2006 年第 5 期,第 5 页

续表 8

时　间	大事纪要	资料来源
2007 年	1 月 27 日，省烟草专卖局和省公安厅在杭州联合召开全省卷烟打假总结表彰大会，副省长金德水出席会议。	《浙江烟草》2007 年第 1 期，第 21 页
	9 月 20 日，国家烟草专卖局同意省烟草公司投资设立 13 个全资子公司，同时取消全省 62 家县级烟草公司法人资格。至年底，全省 11 家市级烟草公司全部完成市级和所属县级单位工商注册变更登记，正式确立“三级法人、二级管理、一级营销”的母子公司管理模式。	国家烟草专卖局《关于中国烟草总公司浙江省公司建立母子公司体制改革的批复》(国烟法〔2007〕404 号)
	10 月 29 日，浙江中烟工业公司改制，依法更名为“浙江中烟工业有限责任公司”。	《浙江烟草》2007 年第 6 期，第 4 页
2007 年	12 月 14 日，副省长金德水在阅读省政府办公厅的专报信息《浙江再获全国卷烟打假特殊贡献奖》时作出批示。	省政府领导指示办理通知单，德水第 447 号
	12 月 27 日，在杭州召开的全国烟草行业第三次企业文化建设工作暨政研会秘书长会议上，浙江省烟草专卖商业系统的“精实之道”文化构架、“五圆同心”的母子文化，浙江中烟公司“精致、和谐、大气、开放”的企业文化得到国家烟草专卖局和全国同行的充分肯定。	《浙江烟草》2009 年第 4 期，第 17 页
2008 年	2 月，浙江中烟公司签订第一批烟草薄片的海外销售合同。3 月 22 日，第一批烟草薄片运抵中国台湾地区。	浙江中烟公司档案 0G. 2008-129
	7 月 28 日，国家烟草专卖局局长姜成康在《关于“浙沪 6·6 系列运销假烟网络案”的情况报告》上批示“很好！望彻底查清，扩大战果。”	嘉善县烟草专卖局(公司)档案
	7 月，浙江中烟公司国家级博士后工作站正式获国家人力资源和社会保障部批准。	《东方烟草报》2008 年 7 月 18 日，第 1 版
	12 月 25 日，浙江中烟公司杭州制造部“十一五”易地技改项目打下第一根桩，开始全面施工。	浙江中烟公司综合办公平台，2008 年 12 月 29 日《公司动态》
	是年，中央精神文明建设指导委员会办公室授予浙江省烟草专卖局(公司)“全国精神文明建设工作先进单位”称号。	中央精神文明建设指导委员会办公室 2009 年 1 月颁发荣誉证书

续表 9

时　间	大事纪要	资料来源
2009 年	5 月 8 日，浙江中烟公司被评为 2008 年度杭州市“工业兴市功勋企业”。	浙江中烟公司综合办公平台，2009 年 5 月 11 日《公司动态》
2010 年	11 月 22 日，“利群”品牌工业销量超过百万箱，“利群”品牌商业销量达到 100.16 万箱，“百万利群”的战略目标实现。	《浙江烟草》2011 年第 1 期，第 24 页
	12 月，浙江中烟公司被省委、省政府授予 2010 年度“低收入农户奔小康工程”结对帮扶工作先进单位。	浙江中烟公司档案 10G. 4-079
	是年，省烟草专卖局、省公安厅双双被国家烟草专卖局、公安部授予“全国卷烟打假工作特殊贡献奖”。是为继 2006 年、2007 年、2009 年之后，第四次获此荣誉。	国家烟草专卖局、公安部《关于表彰全国卷烟打假工作成绩突出的集体和个人的通报》(国烟专〔2011〕221 号)

编 后 记

根据中共浙江省委(以下简称省委)、浙江省人民政府(以下简称省政府)的统一部署和安排,浙江省烟草专卖局、中国烟草公司浙江省公司[同时出现时简称省烟草专卖局(公司)]及浙江中烟工业有限责任公司(以下简称浙江中烟公司)承编《浙江通志·烟草业志》(以下简称《烟草业志》)。《烟草业志》上溯明末浙江省烟草业的发端,下至2010年,内容涵盖了烟草种植、加工、经营、科技、专卖、管理、烟俗等方面,客观、真实地再现了浙江烟草业400多年的发展历史,特别是我国实行改革开放、烟草实行专卖制度后浙江烟草业变革、发展的历程。

《烟草业志》编纂工作经历了4个阶段。第一阶段,2011年9月至2012年9月。从2010年7月开始,省烟草专卖局(公司)、浙江中烟公司合力编纂第二部《浙江省烟草志》。2011年9月,接到承编《烟草业志》的任务后,两个单位党组经协商,确定在编纂好第二部《浙江省烟草志》基础上启动《烟草业志》编纂程序,在规定时间内高标准、高质量完成编纂任务。2012年6月开始,集中3个月的时间,编纂办公室主攻《烟草业志》篇目,9月26日,篇目通过了专家论证。第二阶段,2012年10月至2015年6月。按照篇目设置,对历史资料进行收集与甄别,以《浙江省烟草志》为基础,形成资料长编。2014年11月底初稿形成后,印发给各位编委征求意见。2015年4月下旬形成初审稿。6月25日,通过了《烟草业志》编纂委员会组织的初审。第三阶段,2015年7—9月。编纂办公室对初审会议专家评审意见逐条进行梳理,对志稿部分篇目、章节进行了调整,对内容进行了增补、删减和合并。9月下旬,形成复审稿,12月16日,通过了浙江省人民政府地方志办公室(以下简称省方志办)组织的复审。第四阶段,2015年12月下旬至2016年4月。对志稿作进一步修改完善,形成终审稿,报省方志办。2016年7月1日,通过了省政府组织的终审。参与《烟草业志》篇目论证和初审、复审的专家(按姓氏笔画排序)有:王林、华夫明、李志廷、张益山、陈文昌、郑明治、袁新国、钱锦根、章其祥、章福祥、阎乐民、葛旭鹏、蒋世杰、颜越虎、潘捷军、魏桥。

《烟草业志》编纂工作的顺利实施,是中国共产党浙江省烟草专卖局(公司)党组、中国共产党浙江中烟公司党组正确领导的结果。两单位党组经协商研究,明确第二部《浙江省烟草志》与《烟草业志》为同一套领导、工作机构,同一套编纂人员。要求两部志书统筹推进,交叉实施。建立了领导机构、工作机构,建立了工作机制和保障机制,做到编纂力量不变、工作要求不变、支持力度不变。

《烟草业志》编纂工作的顺利实施,是省方志办领导、专家精心指导的结果,数年来,在编纂人员的业务培训、篇目的制定、章节的安排、行文格式的规范、志稿的试写、初稿的审阅等方面,均进行了悉心的帮助和辅导。在《烟草业志》编纂的各个环节,省方志办多次组织专家与我们一起商讨研究，妥善地处理编纂中的问题。特别是《浙江通志》常务副总编潘捷军，副总编郑明治、李志廷多次实地调研，对《烟草业志》编纂提出意见和建议。责任编辑阎乐民十分关心《烟草业志》的编纂，对编修工作及时予以帮助和指导。省地方志专家委员会主任、省方志办原主任魏桥先后担任第一、第二部《浙江省烟草志》以及《烟草业志》顾问，他不仅指导篇目的修改，还对初稿体例进行严格把关。张杭平在《烟草业志》初稿形成后，侧重在文字上进行把关。中国烟草博物馆在资料的收集上提供了便利。

《烟草业志》编纂工作的顺利实施，是行业及相关单位和相关人士大力支持的结果。省烟草专卖局(公司)各部门及下属各市烟草专卖局(公司)、浙江中烟公司各部门及下属杭州卷烟厂、宁波卷烟厂大力协助，积极提供资料，在初稿征求意见期间，对承担的重点主审部分及相关内容进行认真的审核。省烟草专卖局(公司)、浙江中烟公司离任的各位老领导对编纂工作给予许多帮助和指导。

在此，对在《烟草业志》编修和评审工作过程中给予大力支持和帮助的各有关单位及各位领导、专家和烟草同人，表示诚挚的感谢!

《烟草业志》编纂工作的顺利实施，是全体编纂人员努力工作的结果。从编纂第二部《浙江省烟草志》到编修《烟草业志》形成终审稿，时间已近6年。2014年6月，第二部《浙江省烟草志》通过终审后，全体编纂人员将工作重点转移到编修《烟草业志》上来。编纂人员发扬连续作战的精神，服从组织需要，听从组织安排，保持恒心和毅力，钻进资料堆里，耕耘电脑桌前，佐证材料、核实数据，字斟句酌、一丝不苟，数易其稿，力求客观地反映浙江烟草业变化的过程，努力做到专志贵专、专中求新、新中求特，符合方志规律，切合烟草业实际。

《烟草业志》共设8章、34节。潘学敏负责《概述》《大事年表》的编纂，金继诚负责第一章的编纂，李正亮负责第二章的编纂，裘建荣负责第三章的编纂，贺永负责第四章、第六章的编纂，汪火根负责第五章的编纂，闾群负责第七章的编纂，孙琦负责第八章和《丛录》的编纂，最后由潘学敏负责统稿。

为《烟草业志》提供资料的人员(按姓氏笔画排序)有：丁以一、丁群亮、马力、马秋莲、王中富、王传尚、王炳法、王家侃、王耀炯、毛培林、方茂松、石崇礼、卢真祥、申屠瑛、叶霖、叶庆华、包诚善、乐梅新、冯连吉、冯培德、邢晋元、成一飞、吕飞平、朱云建、朱学红、孙琦、孙宜迟、任亚娣、华夫明、刘日华、刘冬荣、刘国栋、江子寅、池甘雨、许万声、许新红、芮滨、李悝、李士琅、李正冬、李正亮、杨小泰、杨应龙、杨鹤良、来志平、吴铮、吴翔、吴守锵、吴锡源、邱樟海、何惠民、汪火根、汪欢文、沈益、沈鹏、沈颖颖、宋省文、张艳、张云莲、张长瑞、张尧均、张仲文、张庆娜、张坚耀、张雨秋、张明兴、张明达、张凯泉、张健源、张海霞、张超平、陈开拓、陈明兴、陈金尉、邵晓慧、范迎庆、林立波、林侦丛、国沛虹、金继诚、周燕、周身愿、郑根培、单美娣、练慧平、胡建勋、侯正平、闾 群、娄晓平、祝志成、贺永、贺文胜、柴慧萍、钱瑛、钱健康、钱耀华、徐高仑、高长臣、郭虹、凌信炀、黄若平、盛勇、章莉、章福祥、葛建民、董锦甫、蒋晓平、蒋善航、韩国斋、傅林辨、傅新建、谢立明、谢秋林、楼炯友、楼影虹、裘建荣、阙紫法、蔡晓红、蔡萍萍、管放军、谭金奎、樊媛、潘学敏、潘昵琥、潘麟仁、颜时锋、魏少波。

《烟草业志》分管副总编为郑明治，分管副总纂为章其祥，责任编辑为阎乐民。

编纂《烟草业志》，尽管全体编纂人员竭尽全力，反复雕琢，但受资料和水平所限，不尽如人意之处在所难免，诚望修志界同人和广大读者提出宝贵意见。

《浙江通志·烟草业志》编纂办公室

2016年10月